राग माला

(विश्वप्रसिद्ध सितारवादक पंडित रवि शंकर की आत्मकथा)

राग माला

विश्वप्रसिद्ध सितारवादक पंडित रवि शंकर की आत्मकथा

रवि शंकर

सम्पादन और परिचय

जॉर्ज हैरिसन

अतिरिक्त वक्तव्य

ऑलिवर क्रास्क

अनुवाद

हरि किशोर पाण्डेय

भारतीय ज्ञानपीठ

लोकोदय ग्रन्थमाला : ग्रन्थांक 1396

ISBN : 978-93-87919-52-5

राग माला

(आत्मकथा)

रवि शंकर

सम्पादन और परिचय : जॉर्ज हैरिसन

अनुवाद : हरि किशोर पाण्डेय

संयोजन : अंशुमान पाण्डेय

प्रकाशक : **भारतीय ज्ञानपीठ**

18, इन्स्टीट्यूशनल एरिया, लोदी रोड, नयी दिल्ली-110 003

मुद्रक : शिवशक्ति प्रिंटर्स, दिल्ली-32

आवरण : महेश्वर

RAGA MALA

(Autobiography)

Edited and Introduced by George Harrison

Translated into Hindi by Hari Kishore Pandey

Published by

Bharatiya Jnanpith

18, Institutional Area, Lodi Road, New Delhi-110 003

Ph. : 011-24698417, 24626467; 23241619 (Daryaganj)

Mob. : 9350536020; e-mail : bjnanpith@gmail.com

sales@jnanpith.net; website : www.jnanpith.net

Second Edition : 2019

Price : Rs. 680

वर्ष 1997 में वेलकम रेन पब्लिशर्स, न्यू यॉर्क से अँग्रेज़ी में प्रकाशित 'रवि शंकर एन ऑटो बायोग्राफ़ी' (सम्पादन और परिचय : जॉर्ज हैरिसन) का हिन्दी अनुवाद

प्राक्कथन

जब पहली बार मैं रवि से मिला, मैंने उनमें एक गुण देखा जिसकी मैंने सदा उच्च अभिलाषा की थी। मैंने कभी वैसा रियाज़ नहीं किया है, कभी भी वहाँ तक नहीं पहुँचा हूँ जो करने में वे समर्थ हैं। वास्तव में, ऐसा कोई नहीं जिसके बारे में मैंने सुना हो, कम-से-कम पश्चिमी जगत में, जिसने संगीत-साधना की ऐसी दीप्ति प्राप्त की हो।

रवि मेरे पाश्चात्य और पौर्वात्य पक्षों के बीच एक सेतु बन गये। बहुत तरह से मैंने अपने को बस एक पैबन्द जोड़नेवाले के रूप में अनुभव किया है; मैं एक आदमी को दूसरे से जोड़ना पसन्द करता हूँ, एक प्रकार के विचार को दूसरे प्रकार की चीज से। रवि मेरे लिए विशिष्ट थे, क्योंकि उनके बिना इतनी आसानी से भारतीय अनुभूतियों में प्रवेश करने में मैं समर्थ नहीं हो पाता, मित्र के रूप में उन्हें पाकर, भारत में जो भी सर्वोत्तम है, उसका मैं अनुभव कर सका, और उसे तत्काल पा सकने में मैं सक्षम हुआ।

हाल ही में एक इंटरव्यू में मैंने कहा कि रवि के बिना मैं एक बासी, नीरस, बेसुरा बनकर रह गया होता। कुछ लोग अभी भी कह सकते हैं कि मैं एक उबाऊ, पुराना भोंपू हूँ, लेकिन प्राचीन भारतीय संस्कृति के द्वारा, कम से कम, मेरा जीवन समृद्ध हुआ, इसे गहराई मिली, और इसके लिए रवि मेरे सम्पर्क-सूत्र थे।

बिल्कुल शुरू से ही दूसरी चीज जो रवि के बारे में अच्छी लगी वह यह थी, कि यद्यपि एक तरफ तो वे एक महान शास्त्रीय संगीतकार थे, साथ ही वे एक मजेदार आदमी भी थे। वे जानते थे कि संसार में क्या हो रहा था, कौन सी पुस्तकें या फिल्में या नाटक निकले थे। प्रत्येक व्यक्ति जो उनके साथ था उसे वे उन चीजों में प्रवृत्त करते थे। यदि हम किसी कार में सफर भी कर रहे होते, वे कोई धुन रच रहे होते और हर आदमी को गाने के लिए कहते या कोई पुराना गीत हमें सिखाते या अलग-अलग युगों की धुनें या उनकी ताल-मात्रा कैसे गिनी जाये, यह हमें बताते। रवि के साथ हमेशा कुछ मनोरंजक चीज और बहुत हँसी-खुशी चलती रहती है। भारतीय संगीत का अपना एक गम्भीर पक्ष है, और फिर इसका एक हलका पक्ष और एक प्रहसनात्मक पक्ष भी। वे उसे भंगिमाओं में, जो उन्होंने एक नर्तक के रूप में सीखीं, और अपनी बड़ी मनोरंजक मुख-मुद्राओं में व्यक्त करते हैं।

वे एक गुरु और एक पिता के रूप में रहे हैं, लेकिन साथ ही, मैं मुख्यत: एक मित्र के रूप में ही उन्हें समझता हूँ, क्योंकि अधिकतर समय हम लोग हँसी-मजाक करते रहते हैं। कभी-कभी मैं उनके पिता की तरह होता हूँ। इतने शिशुवत् हो सकते हैं वे।

चारों तरफ संसार में क्या हो रहा है इसके प्रति सदा जिज्ञासु रहने पर भी और बहुत सी भौतिक झंझटों के अधीन रहने पर भी, कुछ अर्थों में वे फिर भी एक संन्यासी की तरह हैं। उन्होंने स्थितियों के प्रति सदा एक अनासक्ति बचाये रखी है। वे कोई झमेला ही नहीं करते। उन्हें कुछ संगीत दे दीजिए और काम चल जाएगा।

रवि ने अन्य भारतीय संगीतकारों के लिए आधार-भूमि तैयार की जो उनके कारण सारे संसार में अपना कार्यक्रम देने में सक्षम हुए, अत: संसार भर में भारतीय संगीत की स्वीकृति व्याप्त हो गयी है। किन्तु उनका प्रस्थान करना और प्रतिदिन अट्ठारह घंटे, सात वर्षों तक अध्ययन करना और एक ऐसे वाद्ययन्त्र में माहिर होना जो विश्व के अधिकांश भागों में अनजाना था और जिसमें, भारत के बाहर, किसी की कोई विशेष ललक नहीं थी और तब जीवन के शेष भाग में प्रत्येक व्यक्ति को उससे जोड़ने में बिताना—कैसा विस्मयकारी कार्य!

संगीत उनका जीवन है। इस जीवन में रियाज़ करते और बजाते उन्होंने इतने वर्ष बिताये हैं। वे संगीत हैं और संगीत वे। पचास वर्षों से ऊपर भ्रमण कर चुकने पर, रुकना मुश्किल है। यह उन्हें आगे चलाता रहता है, और इसलिए मैं सोचता हूँ निश्चय ही वे आगे बढ़ते ही रहेंगे।

गत 1994 में हम लोग रवि की पचहत्तरवीं वर्षगाँठ मनाने के तरीकों के बारे में सोच रहे थे। मैंने ब्रायन से पूछा कि क्या वे कोई पुस्तक प्रकाशित करना चाहते हैं और उन्होंने कहा—'हाँ'। रवि ने भी यह विचार पसन्द किया और तब हम लोगों ने इसकी तैयारी शुरू कर दी—और वस्तुत: इसमें दो वर्ष लगे हैं। मेरे अपने जीवन में रवि को, उनके संगीत को या उनकी पुस्तकों को पाना सदा ही कल्याणप्रद रहा है।

एक बार जब मैं कार चलाते उन्हें लन्दन ले जा रहा था, मैंने एक कैसेट चढ़ा दिया और मेरे दिमाग में यह बात आयी, "वे सम्भवत: सोचते हों कि यह सचमुच विचित्र संगीत है।" जब उन्होंने पूछा—"यह कौन है?" मैंने जवाब दिया—"ओह, यह कैब कैलोवे हैं, आप उन्हें नहीं जानेंगे।" और उन्होंने कहा—"अरे हाँ, मैंने इन्हें 1933 के आसपास कॉटन-क्लब में देखा था!" इस तरह मैं रवि की कहानी की बहुत बातें पहले से ही जानता था, उनके पिता का एक बैरिस्टर होना, कैसे वे अपने भाई उदय के साथ पेरिस में सयाने हुए और अमेरिका की उनकी यात्राएँ। लेकिन मैं बहुत सी तफसीलों के बारे में नहीं जानता था जो इस पुस्तक की पूरी कहानी में उभरकर आती हैं। ऐसी विस्मयकारी कहानी है यह—एक अविश्वसनीय सी कहानी रही है उनकी, और अभी भी है!

हरि : ॐ तत्सत्

—जॉर्ज हैरिसन

आमुख (सुर-सन्धान)

स्वभाव से मैं अतीत के बारे में नहीं सोचता; मैं सदा भविष्य के बारे में सोचता हूँ। फिर भी, मेरे पचहत्तरवें वर्ष में, जिस अवसर के लिए यह पुस्तक मूलत: अभिप्रेत थी, मेरी उपलब्धियों के बारे में कुछ सुगबुगाहट दिखाई पड़ी। यह मुझे अजीब लगता है—हालाँकि यह मुझे प्रसन्न और कृतज्ञ भी बनाता है। मैं महसूस करता हूँ कि जो भी सर्जनात्मक, संगीतात्मक और रूपायित होनेवाली चीजें मेरे मानस में उबलती और उफनती रही हैं उनके एक अंश-मात्र से अधिक कुछ करने में मैं सक्षम नहीं हुआ हूँ।

कैलिफोर्निया के एन्सिनिटास में यहाँ चतुर्दिक सौन्दर्यवाले इस सुन्दर मकान में बैठा, मैं जरूर महसूस करता हूँ कि जितना भी सम्भव हो उतना प्राप्त करने के लिए इस पृथ्वी-ग्रह पर कुछ दिन और ठहरना चाहूँगा, मेरी बड़ी प्रेरणाओं में से एक है मेरी बेटी, अनुष्का, जिसमें एक योग्य पात्री होने के सारे लक्षण विद्यमान हैं, अक्षरश: एक 'योग्य पात्र', मैं उसे प्रशिक्षित करना और जितना भी दे सकूँ देना चाहता हूँ जिससे कि वह हमारे महान संगीत के अनन्त पथ पर निरन्तर बहुत आगे की यात्रा कर सकें।

लोग हमेशा मुझसे पूछते हैं कि किस चीज के कारण मैं याद किया जाना चाहता हूँ, और मैं चाहूँगा कि अपनी गलतियों के कारण नहीं, बल्कि उन चीजों के कारण याद किया जाऊँ जिन्हें उपलब्ध करने में मैं सक्षम हुआ हूँ—वे चीजें जिन्होंने मेरे देश और बाहर के लोगों के दिलों को छुआ है। ईश्वर मेरे प्रति सदय रहा है और लगभग सारे संसार की मान्यता और प्रशंसा प्राप्त करने में मैं सचमुच भाग्यशाली रहा हूँ। यह मेरा सौभाग्य रहा है कि हमारे महान संगीत को संप्रेषणीय बनाने में कभी भी दिक्कतें नहीं पैदा हुई हैं। कई स्थानों में जहाँ लोगों ने कभी इसका नाम भी नहीं सुना था, वहाँ भी इसने त्वरित सफलता प्राप्त की है, और आज भी जहाँ कहीं भी मैं जाता हूँ, स्नेहपूर्ण स्वागत होता है।

दुर्भाग्य से आदमी को जीवन में बहुत सी विसंगतियों का सामना करना पड़ता है। पीछे के सारे प्रतिरोधों से मैंने संघर्ष किया है, उनसे बहुत प्रभावित भी नहीं हुआ हूँ, किन्तु इन बाद के वर्षों में यह बहुत अधिक कष्टकर रहा है, मुख्यत: स्वास्थ्य सम्बन्धी समस्याओं के कारण। तथापि, मेष राशि का होने से, मैं जब कभी गिरता भी हूँ तो सदा उछलकर फिर अपने पैरों पर खड़ा हो जाता हूँ। जब मैं किसी सर्जनात्मक रचना में क्रियाशील नहीं हो पाता, तो थोड़ी हताशा आती तो है, लेकिन चीजें अब सुधर रही हैं और हाल में मैं नयी योजनाएँ सँजोता रहा हूँ जो पुष्पित होती दीख रही हैं।

पिछले कुछ वर्षों में, जब से मैंने सुकन्या से विवाह किया, मैंने बड़ा आराम और सुख पाया है। हम दोनों न केवल एक दूसरे को प्रेम करते हैं, बल्कि उसने मुझे सभी भौतिक और सांसारिक चिन्ताओं से मुक्त कर दिया है, विशेषत: दुनियादारी के झमेलों को दूर करके जिन्हें कई वर्षों से मैंने पैदा कर दिया था। काम लेने में वह कभी-कभी कठोर स्वामिनी हो सकती है, लेकिन साथ ही बड़ी कोमल और प्रेममयी है। यद्यपि मेरे जीवन में बहुत बाद में चलकर वह मेरी पत्नी हुई, उसे मुझ तक लाने के लिए मैं

पुनः ईश्वर के प्रति कृतज्ञ हूँ।

किसी के लिए अपने ही जीवन पर पुस्तक लिखना आसान काम नहीं है, विशेषकर संसार के विभिन्न भागों में होती घटनाओं और असंख्य चरित्रों से होकर गुजर चुकने के बाद, जैसे कि मैं गुज़रा हूँ। मैं नियम का पाबन्द आदमी कभी नहीं रहा हूँ, तब भी जब मैंने नियमित डायरी लिखने की कोशिश की है, मैं सात या आठ दिनों से ज्यादा इसे जारी रखने में सक्षम नहीं हुआ! अब स्मृतियों के आधार पर लिखते हुए, मैंने कुछ दस्तावेजों, पत्रों, समाचारपत्रों की कतरनों, फोटो-अलबमों और कुछ बड़े प्रिय लोगों, जैसे मेरे कुछ वरिष्ठ शिष्यों, वयोवृद्ध सम्बन्धियों और मित्रों का सहारा लिया है जिनकी सहायता अमूल्य रही है। फिर भी कुछ स्थलों पर त्रुटियों का होना अनिवार्य है जिनके लिए मैं क्षमा याचना करता हूँ हालाँकि मेरे पास कोई उपाय नहीं है। यह पुस्तक विभिन्न प्रकार के श्रोताओं के लिए लिखी गयी है और बहुत जगह भारतीय संगीत-परम्परा के वर्णन करने में मैंने सुस्पष्ट होने का प्रयास किया है। स्वाभाविक है कि ये तफसीलें अभारतीय पाठकों के लिए हैं।

पूरी योजना को पूरा होने में दो वर्ष लगे, उम्मीद से ज्यादा। एक पेशेवर लेखक को भी एक किताब पूरी करने में अबाध एकाग्रता के महीनों (या वर्षों) लगते हैं, और यहाँ तो मेरी यात्राओं, संगीत-समारोहों, रिकॉर्डिंग और सम्पादन-सत्रों, रियाज़ और शिक्षण के बीच ऐसे चुनौती भरे कार्य का भार मुझे सौंपा गया है, जबकि कभी-कभी जेट-लैग, थकान और बीमारी ने मेरा बोझ और बढ़ा दिया है। मैं आपसे कहूँ, यह एक कठिन कार्य रहा है! किन्तु एक परितोषदायक कार्य भी।

इसके बाद प्रश्न आता है बिल्कुल बेबाक होने का और सब कुछ लिख देने का : सत्य। आजकल यही तो असली खेल है—और एक बड़ी वजह है कि ये उत्तेजित करनेवाली, बेबाक और सनसनीखेज़ पुस्तकें खूब बिकती भी हैं। फिर भी किसकी चुनरी में कोई दाग (या एकाधिक) नहीं होता? क्या आप में नहीं? मैं मध्यम मार्ग में विश्वास करता हूँ—यद्यपि मैं स्वयं भी इस पर सदा नहीं टिका हूँ—और उतना कहने की कोशिश की है जितना जरूरी है जबकि वह चीज छोड़ दी है जो कुछ लोगों के लिए तकलीफदेह हो या अभद्र हो। हिन्दुस्तानी में एक कहावत है, ''समझदारों के लिए इशारा ही काफी है।''

और आख़िरकार सत्य क्या है? यह सौन्दर्य की तरह है—देखनेवालों की आँखों में। अपनी फिल्म राशोमोन में महान अकीरा कुरोसावा ने बड़े अद्भुत ढंग से इसे दर्शाया है। परिदृश्य एक महत्त्वपूर्ण भूमिका निभाता है। अतीत और वर्तमान के वर्णन में प्रत्येक व्यक्ति और प्रत्येक उल्लिखित वस्तु के सन्दर्भ में मैंने यथासम्भव सच्चा रहने का प्रयास किया है, स्वयं अपने सन्बन्ध में भी, लेकिन यहाँ जो कुछ भी मैंने आपको कहा है वह है कहानी मेरे जीवन की, जैसी कि मैं उसे अब पाता हूँ।

इसमें कोई शक नहीं कि अपनी जीवन-यात्रा में कई बार और कई स्थानों पर मैं स्वयं के विरुद्ध भी गया हूँ। मैं निश्चित कह सकता हूँ कि यह पुस्तक में भी घटित हो चुकेगा, इस कारण कि इसे मैंने किस तरह लिखा है—विभिन्न जगहों पर (कैलिफोर्निया, दिल्ली, लन्दन, ग्लास्गो, हेनले और कई ट्रेनों में और वायुयानों में) भिन्न-भिन्न समयों में (1994 और 1997 के बीच) और भिन्न तरीकों से (कभी कलम से लिखते हुए, कभी टेप के लिए बोलते हुए, कभी लेख-प्रारूपों पर टिप्पणियाँ देते हुए)। हम सभी अपने विपरीत जाते हैं, और ऐसा अनिवार्य है। आप बड़ी आसानी से एक आत्मकथा लिख सकते हैं जिसमें आप किसी की प्रशंसा कर उसे आसमान पर चढ़ा देते हैं—आपका प्रेमी, आपका रसोइया या कोई भी—और दूसरे ऐसे व्यक्ति का उल्लेख छोड़ देते हैं जो वर्षों पहले आपकी सारी प्रशंसा का पात्र था। बाद के दूसरे दस या बीस वर्षों में आपको फिर अलग साथी मिल सकता है, एक अलग रसोइया, एक अलग परिदृश्य। इस जीवन में कुछ भी स्थायी नहीं, और मैं यह ऐसे व्यक्ति के सच्चे आत्मविश्वास

के साथ कह सकता हूँ जिसके हृदय में बार-बार परिवर्तन होता रहता है। यहाँ व्यक्त मेरे कुछ विचार पचास वर्ष या पच्चीस वर्ष पूर्व भिन्न हुए होते—या कभी-कभी पिछले ही सप्ताह! इसके लिए मैं क्षमा-याचना नहीं कर रहा हूँ क्योंकि यह दुर्निवार है, लेकिन यह हमेशा स्मरण रखने लायक है।

इस पुस्तक का शीर्षक है रागमाला—'रागों की माला'। रागमाला वादन की वह शैली है जिसमें वादक बहुत भिन्न रागों तक जाता है जबकि हमेशा मुख्य राग तक लौट आता है। इसी के समान यह पुस्तक लिखते समय मैंने बार-बार पाया है कि एक स्मृति ने दूसरी को प्रज्वलित कर दिया है, जिसका अनुसरण करता हुआ मैं लौट आऊँ वहाँ जहाँ मैं पहले था। इसलिए शायद आप पायेंगे इस पुस्तक को पढ़ना कुछ-कुछ हमारी रागमाला शैली का श्रवण करने की तरह है।

आप यह भी देखेंगे कि प्रत्येक अध्याय का नामकरण एक राग पर किया गया है जिसकी रचना मैंने की है, उन्हें एक क्रम से सजाया गया है जो हमारी उत्तर भारतीय संगीत प्रणाली के अनुसार काल-सिद्धान्त का अनुसरण करता है, प्रात:कालीन राग गंगेश्वरी (जिसका दुहरा औचित्य है क्योंकि गंगा बनारस की प्राणधारा है जहाँ मेरा जीवन शुरू हुआ) से आरम्भ करके अपराह्न, संध्या और रात्रि के रागों से होते हुए परमेश्वरी तक जो बहुत बीती रात या ब्राह्मवेला का राग है। पुस्तक के उपसंहार का नामकरण एक धुन पर किया है, एक हलकी लोकशैली की रचना जिससे अक्सर मैं अपने वादन समारोह का समापन करता हूँ।

मैं उन सबों को धन्यवाद देना चाहूँगा जिन्होंने मुझे इस पुस्तक के प्रकाशन में सहायता दी है, मुख्यत: जॉर्ज, सुकन्या, ब्रायन और ऑलिवर को। सतहत्तर वर्षों से भी ऊपर गुलाबों और काँटों भरे इतने विभिन्न पथों पर सही सलामत मुझे ले चलने के लिए परमात्मा को धन्यवाद देने के शब्द मेरे पास नहीं हैं। उन्हें प्रेम करते हुए और उनके प्रेम को लालायित, जीवन के शेष वर्षों के लिए उनकी कृपा और आर्शीर्वाद के लिए प्रार्थना करता हूँ।

अगस्त, 1997

अनुक्रम

एक
गंगेश्वरी

वह सारा संसार जहाँ बनारस में मैं पैदा हुआ था एक ऐसे भारत की तरह था जो दो हज़ार वर्ष पूर्व का था। कुछ मोटरगाड़ियों, साइकिलों और आधुनिकता के छोटे-बड़े चिह्नों को छोड़, जो मेरी चारों तरफ थे, हर वस्तु पुरानी थी : जीवन की शैली, नगर के मन्दिर और घाट। घाट (अक्षरशः ढालुवीं जगहें) नदी के तीर एक के ऊपर एक सीढ़ियों की शृंखलाएँ हैं, और बनारस अपने घाटों के लिए प्रसिद्ध है, क्योंकि यही वह जगह है जहाँ आप पूरे जीवन को देख सकते हैं, शिशु-जन्म से लेकर मृत्यु तक। वहाँ हर चीज घटित होती है। नाटक चलते रहते हैं, कृष्ण और राधा के कथा-वर्णन के गीत नर्तकों के द्वारा रूपायित होते रहते हैं या बंगला में गाये जाते भक्ति-कीर्तन और हिन्दी में गाये जाते भजन। बनारस इतना सार्वभौम है; इस तीर्थ-नगर में भारत के सभी भागों से लोग आते हैं। इसके पास ऐसी शक्ति है क्योंकि लोगों की आस्था इससे एकाकार हो जाती है; पुराने हिन्दू विधानों के अनुसार ये लोग यहाँ मरने और अपनी अन्त्येष्टि के लिए आते हैं, क्योंकि उनका विश्वास है कि वह उन्हें तत्काल निर्वाण प्रदान करेगा और इस प्रकार उन्हें पुनर्जन्म के चक्र से मुक्ति देगा।

बनारस का सबसे पुराना नाम काशी है। इस नगर का एक दूसरा पुराना नाम है वाराणसी जो फिर से चालू हो गया है। अँग्रेज भारत की बहुत जगहों के नाम का उच्चारण नहीं कर पाते थे इसलिए उन्हें विकृत कर दिया और कुछ शताब्दियों तक वाराणसी बनारस के नाम से जानी जाती रही।

एक बालक के रूप में मेरी सबसे बड़ी खुशी और उत्सुकता थी अपनी माँ, अपने भाइयों और भाइयों के मित्रों के साथ घाटों पर जाना। वहाँ इतनी अधिक क्रियाशीलता थी, इतना अधिक सहज मनोरंजन, संगीत के इतने विभिन्न प्रकार थे। बनारस में ध्वनि सब जगह है। मन्दिरों और महलों में बजती शहनाई को सुनना...नदी के किनारे महाराजाओं की अटारियाँ और महल थे, उनमें बहुतों के अपने शहनाई-वादक थे। इन संगीतकारों के प्रतिदिन पाँच या छः समय बजाने के कार्य थे—खूब सुबह, मध्य प्रातः, दोपहर, शुरूशाम, शाम और रात को। निरन्तर कोई भी खास समय बजाये जानेवाले सुन्दर रागों को सुना करता था और कुल मिलाकर यह एक अपने संगीत की रचना करता था। वे सभी राग सचमुच बड़े सुन्दर ढंग से एक लयात्मकता में घुलमिल जाते थे। बनारस में घाटों का यह विशेष स्वर अद्वितीय था। यह आज भी वहाँ है, लेकिन अब पहले जैसा नहीं। अब यह एक कर्कश ध्वनिसमूह हो गया है और हिन्दी फिल्म-संगीत के पॉप, रॉक और रैप तत्त्वों से मिलकर बाजारू हो गया है।

एक युवा भारतीय के लिए जिसके भाग्य में राष्ट्र के शास्त्रीय संगीत के चरम शिखर की उपलब्धि लिखी थी ऐसे उच्चतम आध्यात्मिक वातावरण में पलना-बढ़ना एक शुभ आरम्भ था। किन्तु अपनी उपलब्धियों की ओर रविशंकर के विकास का मार्ग परम्परागत नहीं हो सकता था। उनके आरम्भिक वर्ष एक मिश्रण थे, उदात्त और पार्थिव, अभाव और अति, समर्पण और सतहीपन, पूर्व पश्चिम के—एक विशिष्ट हिन्दुस्तानी संगीतकार के लिए एक अपारम्परिक

पृष्ठभूमि। तथापि तत्त्वों की यह विविधता उनमें घुलकर अन्ततः एक सार्वभौमिक कलात्मक रसायन में उभर गयी।

शुरू से ही शुरू करें तो रविशंकर का जन्म बनारस नगर के तिलभांडेश्वर नाम की गली में अपने परिवार के किराये के मकान में 7 अप्रैल, 1920 में हुआ था। हजारों वर्ष पुराना, बनारस एक हिन्दू के लिए पृथ्वी पर सबसे पवित्र स्थान है, महती माँ गंगा के किनारों पर स्थित दो हज़ार मन्दिरों और शिव के निवासधाम का प्रसिद्ध नगर।

रवि के पिता श्यामशंकर चौधुरी पूर्वी बंगाल (अब बांग्लादेश) के जेसोर के एक ब्राह्मण (हिन्दू वर्ण-व्यवस्था में सर्वोच्च पुरोहित जाति का सदस्य) थे। एक उच्चशिक्षा प्राप्त, संस्कारवान बंगाली के रूप में उन्होंने एक राजनयिक, वकील, दार्शनिक, लेखक, शौकिया संगीतकार के रूप में विशेषता अर्जित की। अब जो राजस्थान है उसकी एक देशी रियासत झालावाड़ के महाराजा के यहाँ करीब 1905 से उन्होंने दीवान (मुख्यमन्त्री) के रूप में सेवा की थी। इस अवधि में रवि की माँ हेमांगिनी से श्याम का सम्बन्ध-विच्छेद हो गया था और उन्हें बिना तलाक दिए उन्होंने दूसरा विवाह कर लिया था (तब के भारत में यह कोई गैरकानूनी बात नहीं थी, यद्यपि ऐसी घटना बहुत कम होती थी और इसे अच्छा नहीं माना जाता था। दो विवाहों को अवैध माननेवाला हिन्दू-विवाह-कानून केवल आजादी के बाद ही लागू किया गया था)। रवि के जन्म के कुछ ही पहले वे कलकत्ता और लन्दन में वकालत करने चले गये। जब रवि अभी कुछ ही महीने के हुए थे, श्याम के सबसे बड़े पुत्र उदय रॉयल कॉलेज ऑफ आर्ट, लन्दन में ललित कला का अध्ययन करने चले गये।

हेमांगिनी बनारस से करीब सत्तर मील दूर नसरथपुर नामक एक छोटे से गाँव की थीं। उनके पिता अभयचरण चक्रवर्ती एक समृद्ध जमींदार रहे थे— जैसे श्याम के पिता— और अपने यौवन-काल में वे एक निकट के शहर गाज़ीपुर में पत्थर के एक सुन्दर भवन में रही थीं। किन्तु उनके परिवार के पुरुषों की फिजूलखर्ची के फलस्वरूप वह दौलत चली गयी थी और जब श्याम चले गये, झालवाड़ महाराजा द्वारा पेन्शन पर गुज़ारा करती हुई हेमांगिनी ने अपने बच्चों को पाल-पोसकर बड़ा किया। रवि अथवा रवीन्द्र जैसा कि जन्म पर उनका नामकरण हुआ था, उनकी अन्तिम सन्तान थे, जीवित अन्य चार भाइयों में सबसे छोटे भाई से इनकी उम्र का अन्तर करीब दस वर्ष का था।

बंगला में जैसा उच्चारण किया जाता है मेरा पूरा नाम है 'रोवीन्द्रो शौंकोर चौधुरी'। यह नाम 'रवि' अर्थात् 'सूर्य' संस्कृत से निकला है जो प्रायः सभी आधुनिक भारतीय भाषाओं का उद्गम है। संस्कृत से बंगला में उच्चारण बहुत बदल गया है और इसलिए संस्कृत के 'रवीन्द्र' और 'रवि' बंगला में 'रोवीन्द्रो' और 'रोवि' हो गये। अतः बंगला में शुरू में मुझे रोवीन्द्रो पुकारा जाता था (यद्यपि अजीब बात थी अँग्रेज़ी ढंग से यह लिखा जाता था 'रोवीन्द्रा'); यह तो बाद में हुआ कि जब मैं बीस या इक्कीस वर्ष का था तो मैंने बदलकर अपना नाम रवि कर लिया जिस प्रकार भारत के अधिकतर भागों में प्रचलित है।

बचपन से मेरा घर का नाम 'रोबू' था। मेरे परिवार के कुछ लोग और मित्र इसी नाम से पुकारते हैं। इसी तरह मेरे भाई राजेन्द्र को राजू पुकारा जाता था और देवेन्द्र को देबू। मैं राजू को मेजदा भी (अर्थात् मंझले भाई) कहता था और देबू को सेजदा (अर्थात् सँझले भाई)।

मेरे परिवार की आरम्भिक उपाधि थी चट्टोपाध्याय (अँग्रेज इस शब्द का भी उच्चारण नहीं कर पाते थे, अतः जब वे आए तो इसे उन्होंने चटर्जी में बदल दिया, यही कारण है कि अब बहुत से चटर्जी मिलते हैं जैसे बनर्जी और मुखर्जी (मूलतः बन्दोपाध्याय और मुखोपाध्याय)। बाद में मुसलमान शासकों

तिलभांडेश्वर गली, बनारस के मकान पर, जहाँ उनका जन्म हुआ

ने मेरे पूर्वजों को ज़ागीर दी और उन्हें जमींदार बना दिया। उसके साथ ही उन्हें चौधुरी की पदवी भी प्रदान की गयी जिसने उसके बाद आगे चलकर हमारे नाम की उपाधि चट्टोपाध्याय को हटा दिया। कुछ पीढ़ियों तक वास्तव में हम लोगों को हरचौधुरी कहा जाता था क्योंकि हम लोग एक शिवमन्दिर में पूजा किया करते थे (शिव का एक दूसरा नाम हर है)। उदयपुर में जहाँ मेरे भाई उदय सन् 1900 में पैदा हुए थे (जिस पर उनका नाम रखा गया था) मेरे पिता ने चौधुरी उपाधि छोड़ दी थी और उसके बाद केवल शंकर का प्रयोग करने लगे—जिसे तब से आज तक हम लोगों ने कायम रखा है।

मेरी माँ को सात बेटे थे किन्तु, आप मानें या न मानें, बेटियाँ थीं ही नहीं। वे बहुत चाहती थीं कि उन्हें एक बेटी हो—और मैं एक बहन पाने से वंचित रह गया। उदय सबसे जेठ पुत्र थे (और इसलिए हम सभी भाई उन्हें दादा कहते थे), बादवाला बच्चा मृत पैदा हुआ और तब आए राजेन्द्र (1905 में जन्मे), देवेन्द्र (1908) और भूपेन्द्र (1911)।

इसके बादवाला एक असाधारण बच्चा था, जिसका घर का नाम पुचुनिया था जो केवल दस महीने का होकर मर गया, जबकि हर आदमी समझता था कि वह दो वर्ष का था। वह तगड़ा और स्वस्थ था और पाँच या छः महीने की उम्र में वह अजीब चीजें किया करता था जिस पर कोई विश्वास नहीं कर सकता था। वह बहुत जल्दी चलने और बोलने लगा था, और बड़ा बुद्धिमान था; ऐसी चीजें वह कर सकता था जिनके बारे में दिमाग चकरा देनेवाली कहानियाँ हैं। कभी-कभी महाराजा आते थे क्योंकि इस बालक को वे बहुत चाहते थे। पुचुनिया चाहता था कि महाराजा अपना सिगार पियें और सिगार पीने और धुआँ फेंकने की नकल करता था।

भूपेन्द्र जिन्हें मैं छोटदा कहता था हम सबसे लम्बे थे, लगभग पाँच फीट आठ इंच। वे बहुत सुन्दर थे, घुँघराले बालोंवाले, वे कविता और गीत लिखा करते थे जिनके विषय में मेरे भाई लोग उन्हें तंग किया करते थे। वे फुटबॉल खेलने या किसी दूसरे खेल में रुचि नहीं रखते थे, यद्यपि वे काफी तगड़े थे; कभी-कभी वे लोग उन्हें चिढ़ाते तो वे घर ही पर रहते थे और एक लड़की की तरह रोने लगते थे। मैं उनसे निकटतम था। हम दोनों मित्रों की तरह थे। कभी-कभी हम लोग छत पर साथ बैठा करते थे; वे हारमोनियम बजाते और हम दोनों गाते।

•

1917 या 1918 में जिन दिनों मेरे पिता झालवाड़ में थे, उन्होंने मिस मॉरेल नाम की एक अँग्रेजी महिला से विवाह कर लिया था। यहीं मेरे माता-पिता के बीच खाई चौड़ी हो गयी थी; वे लोग अलग-अलग रहते रहे थे, और तब मेरी माँ को झालवाड़ में एक भवन दिया गया था। मिस मॉरेल 1925 या 1926 के आसपास ऐसे समय मर गयीं जब मेरे पिता कलकत्ता में वकालत कर रहे थे; उन दोनों को बच्चे नहीं थे। अपने जीवन के शेष भाग को बिताने मेरे पिता पश्चिमी देशों को लौट गये, समय-समय लन्दन, जेनेवा और न्यूयॉर्क में रहते हुए।

1920 में उनके कलकत्ता के लिए झालवाड़ को छोड़ने के बाद मेरी माँ बनारस चली आईं और मेरे तथा मेरे भाइयों के साथ रहने लगीं (दादा पहले ही घर छोड़ चुके थे)। हमारे सभी सरो-सामान के साथ वह झालवाड़ से दो या तीन सन्दूकें भी ले आईं जो उन उपहारों से भरी थीं जो उन्हें दस-बारह सालों में मिले थे। वह महारानी की बड़ी अन्तरंग सखी थीं और जैसा उन दिनों का रिवाज़ था, राज-परिवार में किसी त्यौहार पर या किसी के जन्मदिन पर वे लोग उपहार देते थे—नाक की सोने या हीरे की कीलें, कान की हीरे की बालियाँ, सोने का ब्रैसेलेट, लॉकेट या चेन और सोने की ज़री के काम की कीमती साड़ियाँ।

यह तय था कि हर महीने झालवाड़ से भेजी गयी पेन्शन हमें मिलेगी। दो सौ रुपये की राशि निश्चित थी, जो उन दिनों के हिसाब से काफी मोटी रकम थी—किन्तु वे रजवाड़ों के दिन भी थे जब कुलीनों के नौकरों में बहुत चोर और लुटेरे भी थे, उनमें से कुछ तो प्रत्येक पाँच या दस रुपये ले लेते थे। एक या दो सालों के भीतर जिस समय तक यह हम लोगों के पास पहुँचता था, सिकुड़कर साठ रुपये हो जाता था, हालाँकि सरकारी तौर पर उन लोगों की बही में यह दो सौ रुपये ही रहता था। एक माँ के लिए उसके बच्चों को देने को, और उनके कॉलेज और स्कूल की शिक्षा, घर-किराया और घरेलू खर्चों और चारों में सबसे छोटे मेरे लिए तो साठ रुपये कुछ नहीं थे (आज की दर से करीब दो अमरीकी डालर)।

मेरे पिता हमें कभी कुछ नहीं भेजते थे, क्योंकि उनके अनुमान से हम लोगों का इन्तज़ाम हो गया था। मैं नहीं जानता कि क्या मेरी माँ इतनी स्वाभिमानिनी थीं कि उन्होंने मेरे पिता को यह जानने न दिया कि वे लोग हमें पूरी रकम नहीं भेजते थे। माँ ने उन्हें कुछ नहीं बताया मैं समझता हूँ मेरे भाइयों ने इसके बारे में उनसे जरूर सम्पर्क करने का प्रयत्न किया था। मेरे लिए यह एक रहस्य था, मेरे पिता का यह पहलू; क्योंकि चाहे जो कुछ भी वे कर रहे थे, पैसा तो हमेशा कमा रहे थे—हो सकता है बहुत ज्यादा नहीं, किन्तु कानूनी सलाह के काम और अध्यापन से उन्हें आमदनी थी। कलकत्ते में कुछ छात्रों की उनकी पढ़ाई में प्रत्येक को एक पाउंड भेजकर वे सहायता किया करते थे (और उन दिनों एक पाउंड अच्छी रकम थी) और मेरी बुआओं (उनकी बहनें) को भी पैसे भेजते थे, जिनमें से कुछ विधवा हो गयी थीं। इन सभी लोगों के प्रति वे बड़े उदार थे, किन्तु जहाँ तक हम लोगों का सम्बन्ध था उन्होंने कोई मदद नहीं भेजी। उस समय यह अजीब लगता था, यद्यपि बहुत बाद में इसे ज्यादा अच्छी तरह मैं जरूर समझ सका।

मैंने अपनी माँ को दुख भोगते देखा। पैसे की उस छोटी राशि से वह घर की व्यवस्था करतीं, हमारी शिक्षा का खर्च उठातीं और हमें कभी भूखा नहीं रहने देतीं—लेकिन हम लोग बड़ी मितव्ययिता से रहते थे। वह एक निपुण रसोइया थीं। जो कुछ भी वह पकातीं हमारे लिए वह अमृत-तुल्य था; अगर वह सादा पालक भी बनातीं तो यह भात के साथ बड़ा सुस्वादु लगता। मेरे भाई लोग अपने कुछ मित्रों को घर लाते और वे सभी कहते, 'ओह, काकी, हम लोग खाना चाहते हैं! हम लोग सुनते हैं कि आप बड़ा अच्छा खाना पकाती हैं।' मेरी माँ कभी इनकार नहीं करती थीं चाहे वे इसके लिए तैयार हों या न हों। वे लोग और माँग-माँगकर खाते, और हम सभी भी। लेकिन जब वे लोग चले जाते थे तो कुछ खाना बचा नहीं रहता था और वे कुछ गुड़ खा लेतीं और नल से भर-बर्तन पानी पी लेतीं। मैं उन्हें ऐसा करते बहुत बार देखता था और उनके लिए दुखी होता था। मैं माँ से बहुत आत्मीय था। मैंने उनकी सारी व्यथा और एकाकीपन देखा, लेकिन तब भी उन्होंने अपनी कटुता नहीं दिखाई; वे पूर्णत: प्रेममयी थीं।

जिन दिनों हम अधिक गरीबी झेल रहे थे, वे सन्दूकों में एक को खोलतीं और सोने की एक चूड़ी या कान की बाली निकालतीं या कोई कीमती साड़ी और शाम को जब सड़कें अधिक सूनी होतीं, वे एक शाल ओढ़ लेतीं जिससे लोग उन्हें नहीं पहचानें, और मुझे साथ गली के आखिर में मेन रोड की एक दूकान में ले जातीं। यह ऐसी दूकान थी जहाँ तरह-तरह के तेल बिकते थे। दूकान का मालिक हमारा मकान-मालिक भी था और बहुत धनी था, और 'माताजी' कहकर मेरी माँ का बड़ा आदर करता था (यह एक भारतीय परम्परा है कि बड़ी उम्र की औरतों को कम उम्र वाले 'माताजी' सम्बोधित करते हैं जैसे समवयस्क औरतों को 'बहनजी' और बहुत कम उम्रवाली को 'बेटी') उन चीजों में से वे किसी को गिरवी रखतीं और सम्भवत: बीस-पच्चीस रुपये पातीं, उन थोड़े दिनों में उन्होंने हमें इसी तरह पोसकर बड़ा किया।

उन्होंने एक सिंगर सिलाई-मशीन भी खरीदी थी और कुछ अतिरिक्त कमाई के लिए वे औरतों के

ब्लाउज़ सींतीं जिन्हें कोई आदमी आकर ले जाता। इसमें उनकी मदद के लिए उनके दूर के भाई बृजबिहारी आकर हम लोगों के साथ रहने लगे। मेरी माँ ने सचमुच बहुत संघर्ष किया।

अब तक हम लोग उसी गली में, जहाँ मैं पैदा हुआ था, एक दूसरे मकान में रहने लगे थे, लेकिन दूसरी तरफ। हमारे सामने बंगाली जमींदारों का एक बड़ा धनी परिवार था जो महाराजाओं की तरह रहता था। उनके पास एक कोठी थी, टेनिस-कोर्ट थे, फूलों से भरी काफी जमीन थी, वृक्ष, फल, सब्जियाँ थीं और थी एक मोटर गाड़ी जो उन दिनों एक बहुत बड़ी चीज होती थी। वे विशेष उत्सव करते थे जिसमें बहुत से प्रसिद्ध संगीतज्ञ उनके घर आते थे, दो भाइयों, उनके बच्चों और पोते-पोतियों का यह एक संयुक्त परिवार था। पोते-पोतियों में बुलू नाम का एक लड़का था जो उसी स्कूल में पढ़ता था जिसमें मैं, और हम लोग अच्छे दोस्त हो गये थे। मैं उनके घर खेलने जाया करता था, और मेरे भाई मेजदा भी टेनिस खेलने जाया करते थे।

मेजदा एक खिलाड़ी थे, बनारस में कुछ समय तक बैडमिंटन में वे चैम्पियन रहे, और वे क्रिकेट भी खेला करते थे। संगीत-समिति नामक एक सामाजिक सांस्कृतिक संस्था के वे सदस्य भी थे जहाँ वे वाद्य यन्त्रों को बजाया करते थे—कॉर्नेट, हारमोनियम, दिलरुबा, इसराज़ और एक छोटा सितार भी, जो मेरे घर के कमरे के एक कोने में रखा जाता था। हमारे घर में उनके कुछ वाद्ययन्त्र थे और मेरे लिए वे सबसे महत्त्वपूर्ण खिलौने थे। जब कभी मेरे भाई लोग बाहर रहते और मेरी माँ रसोईघर में व्यस्त होतीं, मुझसे जितना बढ़िया हो सकता था मैं सितार झनझनाया करता था। हारमोनियम उससे आसान था, क्योंकि इसमें मुझे कुल मिलाकर करना यही था कि पियानों की पटरियों की तरह इसकी पटरियों को दबाना भर था और बायें हाथ से भाँथी दबानी थी। जो कुछ भी गीत मैं जानता था—और मैं रवीन्द्रनाथ टैगोर रचित कुछ गीत (हम उसे रवीन्द्र-संगीत कहते हैं) अपने मेजदा के एक मित्र बेचूदा से सीख रहा था—जितना ठीक मुझसे बन पड़ता था बजाता-गाता था।

सामनेवाले उसके बड़े मकान में दोपहरों में अपने मित्र बुलू के साथ खेलते समय बिताता था, और यही जगह थी जहाँ पहली बार मैंने वैभव देखा। ऊपर तल्ले में रहती स्त्रियाँ—माताएँ, बहनें और चचेरी बहनें—मुझे बहुत मानती थीं। वे ऐसी स्वादिष्ट चीजें जैसे पूड़ी, हलवा और तरह-तरह की मिठाइयाँ और फल संगमरमर की तश्तरियों में परोसकर खिलाती थीं, संगमरमर की टेबुल पर रखे संगमरमर के प्यालों में रस पिलाती थीं! आप कल्पना कर सकते हैं कि कितना बड़ा प्रभाव इसका मुझ पर पड़ा था, चूँकि मेरा परिवार उस समय बड़े कठिन आर्थिक समय से गुज़र रहा था।

ये मेरे आरम्भिक वर्ष थे, चारों तरफ हर चीज देखते हुए, गरीबी और ऐश्वर्य, और बनारस के दृश्यों, ध्वनियों और आध्यात्मिक सुरभि से सिक्त होते हुए।

पढ़ना बचपन से मेरा नशा था जिस क्षण से मैंने वर्णमाला पहचाननी शुरू की, मुख्यत: बंगला में और तब अँग्रेजी में। करीब पाँच वर्ष की उम्र में मैंने बंगला में पढ़ना शुरू किया, ज्यादातर बच्चों की पुस्तकें, और मैं इसे इतनी जल्दी सीख गया कि करीब एक साल के भीतर मेरे हाथ जो कुछ भी लगा पढ़ने लगा। घर में भाइयों की बहुत सी किताबें थीं, जासूसी पुस्तकें, रूमानी कथाएँ और दूसरी कहानियाँ। रवीन्द्रनाथ टैगोर और द्विजेन्द्र लाल राय में रुचि हो गयी थी—जिन्होंने बहुत सुन्दर गीत, पुस्तकें, कहानियाँ और नाटक लिखे थे—और अपने चहेते लेखक शरतचन्द्र चटर्जी की कृतियों में। उसके बाद मैं बार-बार

पौराणिक ग्रन्थों की ओर आकृष्ट होता गया। महाभारत और रामायण के महाकाव्य शीघ्र ही मेरे पसन्दीदा हो गये, ठीक जैसे अब मेरी बेटी उनके प्रति आकृष्ट है।

जो कुछ भी मैं पढ़ता मेरी कल्पना को स्फुरित करता था और चूँकि मैं एकाकी था, आईने के सामने खड़ा होना और उन कथाओं को अभिनीत करना जो मेरा मनोवेग हो गया। मैं ही नायक था, नायिका था, प्रेमी था या प्रतिनायक। मुश्किल से कोई मेरा साथ देनेवाला था क्योंकि मेरे भाई स्कूल या कॉलेज में होते थे; इस तरह मैं अपना मनोरंजन करता था जब तक मेरा प्रवेश स्कूल में न हुआ और वहाँ मैंने मित्र नहीं बनाए।

1927 और 1929 के बीच मैंने केवल दो वर्षों तक बंगाली-टोला हाईस्कूल में पढ़ाई की। मुझे एक घटना याद है जो आठ साल की उम्र के आस-पास घटी। मेरे वर्ग का एक साथी जो बड़ा नटखट था बहुत दिनों तक मुझे कहता रहा कि उसका परिवार एक घर बनवा रहा था और उसमें बिजली लगायी जा रही थी जो बहुत कम घरों में थी। आखिरकार उसने कहा, ''मेरे साथ चलो और मैं तुम्हें एक ऐसी आश्चर्यजनक चीज दिखाऊँगा जो तुम्हें बहुत अच्छी लगेगी। तुम इसमें विश्वास नहीं करोगे। हम लोगों के पास मिठाइयाँ और फल हैं और तुम उन्हें ले सकते हो।''

इस तरह एक दिन क्लास के बाद वह मुझे उस अधबने मकान के पास ले गया जो स्कूल से दूर नहीं था। किसी नये बन रहे मकान की तरह वहाँ चारों ओर चीजें बिखरी पड़ी थीं। वह मुझे एक दीवार के पास ले गया और मुझसे बिजली का एक जिन्दा तार छूने को कहा—और मुझे बिजली लग गयी। कैसा आघातपूर्ण अनुभव था! आप वहाँ मेरे रूप की कल्पना कर सकते हैं : क्रोधित, चिल्लाता और साथ ही रोता हुआ और उसे पीटना चाहता हुआ। यह उसकी कितनी निर्दयता थी और मेरी कैसी मूर्खता—आज भी मैं इसके बारे में सोचता हूँ और अपनी मूर्खता समझ नहीं पाता। उसके बाद मैंने फिर उसे नहीं देखा—मैंने देखना चाहा भी नहीं।

(यह मुझे बिजली-झटके के एक दूसरे अनुभव की याद दिलाता है। 1995 की जनवरी में सुकन्या

बंगाली टोला हाई स्कूल जहाँ रवि ने सात और नौ की उम्र के बीच पढ़ाई की।

और मैं कलकत्ते में एक मित्र के घर ठहरे हुए थे, जहाँ शावर के नीचे नहाते मुझे बिजली लगी थी। लगता है, पानी गर्म करनेवाले गीजर से रिसकर बिजली दीवार में आ गयी थी, और जैसे मैंने दीवार को छुआ मेरा पूरा शरीर लाखों तरंगों और कम्पनों के झटके में आया! पानी और बिजली एक साथ मिल जाने से, यह एक आश्चर्य ही था—मेरे जीवन के अनेक आश्चर्यों में एक—कि मैं जीवित बच गया।)

एक दिन मेरे एक दूसरे दोस्त ने बताया कि हमारे त्रिदेवों (ब्रह्मा, विष्णु और शिव) में एक भगवान शिव और उनकी पत्नी पार्वती (देवी माँ) मनुष्य रूप धारण कर एक घर में आए हैं। स्वभावत: मैं बड़ा उत्कंठित हुआ, और हम लोग क्लास से भाग गये और करीब एक बजे एक धनी आदमी के घर पहुँचे। वहाँ एक कमरे में बैठे बहुत से लोग भजन गा रहे थे और मैंने शिवजी की तरह दाढ़ी और बालों के जटाजूट में एक भद्रपुरुष को देखा। अपने गले में वे रुद्राक्ष की एक माला धारण किये हुए थे जो लाल रंग के सूखे फल के बीजों से बना होता है और माना जाता है कि उससे आध्यात्मिक शक्ति विकीर्ण होती है (यह शिव के अधिकांश भक्तों के द्वारा धारण किया जाता है)। महिला बहुत सुन्दर थीं, गोरे रंग की, लाल किनारी की उज्ज्वल साड़ी पहनी हुई। उनके बाल की भी जटायें हो गयी थीं और ललाट पर एक गोल लाल टीका था। वे दोनों इतने प्रभायुक्त थे, विशेषत: वह महिला, कि मैंने अनुभव किया कि वे सचमुच शिव और पार्वती थे।

बहुत वर्षों बाद मुझे पता चला कि वे एक बड़ी प्रसिद्ध महिला योगी थीं, माता आनन्दमयी। उनके आश्रम हर जगह थे, लाखों शिष्यों वाले, लेकिन वे अपनी सफलता के प्रति अनासक्त थीं; वे पूर्ववत् अद्भुत आत्मा बनी रहीं। विवाह के कुछ वर्ष बाद उनके पति उनके शिष्य हो गये थे और जब तक जीवित रहे वैसे ही बने रहे। साठ के दशक के आरम्भ में मैं उनसे फिर मिला और जब मैंने बचपन के दिनों की उस घटना को उन्हें बताया, वे हँसने लगीं। अस्सी के दशक के आरम्भ तक, जब वे मरीं, मैं उनका भक्त बना रहा। वे उन महानतम आत्माओं में एक थीं जिनसे मैं मिला। एक सच्ची सतत प्रेममयी माँ! मैं उनसे बड़ा प्रेम करता था और उनका स्नेह और आशीर्वाद प्राप्त करने में मैं बड़ा सौभाग्यशाली था।

जब तक मेरा परिवार झालवाड़ में रहा संगीत सुनने के बहुत अवसर होते थे। झालवाड़ के अपने संगीतकार नहीं थे लेकिन प्रसिद्ध संगीतकार और नर्तक प्राय: प्रदर्शन के लिए दरबार में आते थे, अत: मेरी माँ ने उनमें से कुछ को, विशेषकर महिला संगीतज्ञों और गायिकाओं को सुना था—प्रसिद्ध नाम थे, जैसे गौहर जान, मलका जान, ज़ोहरा बाई और कज्जनबाई। महाराजा के दरबार में अपने नियमित कार्यक्रम के बाद ये महिला गायिकाएँ महारानी के समक्ष जनाना-दरबार में उपस्थित होती थीं, जो (महारानी) अपने निकट सम्बन्धियों, सखियों और वरिष्ठ अधिकारियों की पत्नियों के साथ होती थीं। कभी-कभी पुरुष संगीतकार भी कार्यक्रम देते थे, किन्तु उन अवसरों पर महिलाओं को कुश के महीन बुने चिक के पर्दों के पीछे अँधेरे में बैठना होता था जिसके बीच से वे तो देख सकती थीं मगर जो उन्हें मर्दों की निगाहों की ओट में रखता था।

आज तक भारत में एक परम्परा चलती आई है जिसके द्वारा सभी पीढ़ियों की औरतें ढोलक पर एक साथ गाती हैं। विभिन्न उत्सवों जैसे शिशु-जन्म, विवाह, फसल-कटनी का त्यौहार, होली या दीवाली पर औरतें बहुत सुन्दर गाती थीं। मेरी माँ को संगीत की अच्छी-खासी प्रतिभा थी, और उन्हें कोमल मगर बहुत मधुर आवाज का वरदान मिला था; वे कई प्रकार के लोक-संगीत और ठुमरी, कजरी और दादरा जैसे अर्ध-शास्त्रीय संगीत भी जानती थीं।

बनारस में तीसरी मंजिल की समतल छत पर शाम को अपनी माँ की गोद में सर रखकर लेटना

मुझे बड़ा सुखप्रद लगता था। वे मुझे थपकी देती थीं और रात्रि के निर्मल (उन दिनों प्रदूषणमुक्त) आकाश को निहारता मैं उनकी सुन्दर आवाज में उनका गाना सुनता था। बिना चन्द्रमा का आकाश मुझे अच्छा लगता था; नक्षत्रों की ज्योति इतनी प्रखर होती थी कि वे अपना ही प्रकाश फेंकते थे। वे मुझे सभी तारों के नाम बताती थीं और हमारे देवी-देवताओं की पौराणिक कथाएँ सुनाया करती थीं। कभी-कभी, चूँकि बात करने को कोई दूसरा नहीं होता, वे अपने झालवाड़ के दिनों के बारे में बोलतीं कि कैसे मेरे भाई राजकुमारों की तरह रहा करते थे; वे सबसे अच्छे स्कूलों में पढ़ा करते थे और खेलने के लिए उनके पास बाघ का एक बच्चा भी था। नौकरों, नौकरानियों और मालियों के विशाल दल और संतरियों, जो उन्हें और मेरे भाइयों को हर बार गुज़रने पर सलामी ठोंकते थे, के साथ वे अपनी कोठी का वर्णन करती थीं। मुझे ये सारी कहानियाँ एक परी-कथा की तरह लगती थीं और मुझे कुछ-कुछ ईर्ष्या भी होती थी।

वे अपने बचपन के बारे में भी कहानियाँ कहती थीं, विशेषकर अपने दादा के मनमौजीपन के बारे में जो क्रोधी मगर साथ ही बड़े उदार-हृदय थे, जिन्हें जीवन को भोगने की उद्दाम बुभुक्षा थी और सबसे अच्छे पहलवानों, घोड़ों और—जैसी कि आप उम्मीद करेंगे—रखैलों पर पैसा बहाने का शौक। वे बड़े धनी जमींदार रहे थे। असल में उन्होंने ही गाजीपुर की कोठी बनवाई थी और नसरथपुर में उनके बंगले और मकान भी थे। दोनों जगहों के बीच यात्रा के लिए वे दो घोड़ों की एक तेज गाड़ी का उपयोग करते थे, यद्यपि उन्हें गाजीपुर में जो उन दिनों अपने सचमुच उत्कर्ष पर था, रहने में ज्यादा मज़ा आता था। वह कोठी पूरी की पूरी पत्थर की बनी और परम्परागत शैली में जालीदार नक्काशी से सजी एक भव्य भवन थी, लेकिन उनकी मृत्यु के बाद सबकुछ बेमरम्मत हालत में छोड़ दिया गया। उनके बेटों ने पारिवारिक परम्परा के अनुसार नसरथपुर में फिर रहना शुरू किया, जिससे, मेरे बचपन में, जब कभी हम बनारस से बाहर जाते थे, जैसे हम गर्मी में (मेरे भाइयों के स्कूल या कॉलेज की छुट्टियों में) तो गाजीपुर नहीं, नसरथपुर ही जाते थे। मैं उस कोठी में गया जरूर था और वहाँ एक-दो रात टिका भी था, लेकिन मेरी पहली यात्रा तक वहाँ रहने लायक केवल थोड़े से कमरे बचे थे।

हेमांगिनी शंकर, रवि की माँ

हर साल नसरथपुर में वे दो महीने जो मैं बिताता था, अविस्मरणीय होते थे। ज्यादातर हम लोग छोटो दादामोशाय के घर ठहरते थे जो मेरी माँ के चाचा थे। बारामदेवाले एक चौकोर आँगन की चारों ओर उनका एकतल्ला मकान अवस्थित था। एक बहुत बड़ा बागीचा था—उसके कुछ भाग में इतने पेड़ थे कि यह एक जंगल की तरह लगता था—जो करीब बीसों प्रकार के उष्णकटिबंधीय रसदार फलों वाला था, सीताफल, जामुन, आम, लीची, अमरूद, कटहल। उस घर में मेरी करीब दर्जन भर जवान मामियाँ, मामा और ममेरे भाई थे जिनकी उम्र चार से चौदह वर्षों के बीच थी, और सारा दिन हम लोग लुका-छिपी खेलते बागीचे में घूमते रहते थे, पेड़ों पर चढ़ते और उन अद्भुत फलों को खाने को टूट पड़ते। 114 डिग्री फॉरेनहाइट वाले उस उमस भरे मौसम में, बाग के उस गहरे कुएँ के लिए हम बड़े कृतज्ञ थे। उसका पानी बर्फ की तरह ठंडा रहता था, भीषण गर्मी में भी। हम सभी एक कतार में बैठ जाते

थे और अपनी बारी की प्रतीक्षा करते थे जब नौकर कुएँ से बाल्टी में पानी खींचते और एक-एक कर हम लोगों पर उँड़ेलते थे। हम लोग आनन्द में चिल्लाते थे।

हममें जो शहरी थे उन्हें दोपहर में देशी ढंग से ठंडा किये अँधेरे कमरों में झपकी लेनी पड़ती थी। छत के बीच एक विशेष प्रकार का पंखा था जिसे एक नौकर लड़का बाहर दीवार के पास बैठकर एक रस्सी के द्वारा खींचा करता था। खिड़कियाँ और दरवाजे खसखस की टाट से बन्द रहते थे, सुगन्धित कुश की पट्टियाँ जिन्हें थोड़ी-थोड़ी देर पर पानी छिड़ककर रखा जाता था। बाहर के गर्म झोंके इन टट्टियों से होकर ठंडी हवा हो जाते थे। एक सुगन्ध-युक्त एयरकंडिशनिंग का असर होता था। यह आनन्ददायक रूप से शीतल होता था। आज हम जिस बिजली पर आश्रित हैं उसके बिना भी जीने में पुराने जमाने के लोग कितने चतुरबुद्धि थे!

नसरथपुर के बड़े भोजों के विषय में आपको अवश्य बताना चाहूँगा (भोजन सदा मेरा प्रिय विषय होने के कारण)। मेरे सभी बड़े मामा शिकारी थे और हर सुबह बन्दूकें लेकर निकलते थे—और बहुत से शिकार मारकर लौटते थे: बतखें और तीतर, कभी-कभी जंगली हरिण और एक बार तो एक जंगली सुअर भी। वे दूर की झीलों और अपने बड़े पोखरों से झींगा, केंकड़े और दूसरी मछलियाँ पकड़ते थे। पकाने का भार मेरी माँ की चाची पर था। वे एक लम्बी, तगड़ी और आकर्षक महिला थीं और एक बेजोड़ रसोइया। हम लोग उन्हें नानी के बदले 'बोउदी' कहते थे, क्योंकि नानी पद के हिसाब से वे बहुत कम उम्र की थीं। मेरी माँ और सभी छोटी मामियों की सहायता से वे दर्जनों स्वादिष्ट भोजन तैयार करती थीं—मुर्गी और खस्सी का मांस, शिकारियों की पकड़ी मछलियाँ और मांस, बाग की सब्जियाँ, सलाद, चरपरे और खट्टे मसाले और चटनियाँ, खास तरह की रोटियाँ और चावल, सारा पकाना शुद्ध घी या तेल में होता था। घर की बनी पुष्टिकर मक्खनदार छाछ, घर की गायों और भैंसों के दूध से बनायी जाती थी और हर खाने का अन्त हम लोग मलाई, रबड़ी, खीर या दूसरी मिठाइयों से करते थे। वे अद्भुत खाने होते थे। ध्यान रखिये, यह भर दिन में दो बार होता था। हम लोग दोपहर का खाना करीब दो बजे खाते और तब जब हम उछल-कूद करते लड़के दिन भर धमाचौकड़ी करके थककर चूर हो जाते, तो रात दस या ग्यारह बजे हमें खाने के लिए फिर जगाया जाता, इस सबके ऊपर जीभर कर भोर का नाश्ता था और सुस्वादु नमकीन के साथ दोपहर की चाय। ऐसी कुशलता और स्नेहपूर्ण ढंग से बनाये भोजन और अनजान मसालों की सुगन्ध मुझे आज भी याद है।

बनारस में घर पर, हर पूर्णिमा को, भगवान विष्णु की आराधना का विशेष आयोजन सत्यनारायण पूजा हम लोग करते थे। उन अवसरों पर भोग की जो चीजें बनती थीं मुझे बहुत प्रिय थीं: कतरे गये फल और मिठाइयाँ खासकर सिन्नी, एक विशेष मिष्टान्न जो दूध, आटा, कतरे केलों, किशमिश, काजू, पिश्ता और दूसरे फलों से बनता था। यह बड़ा अच्छा लगता था खासकर चूँकि हम लोगों ने कभी इतने प्रकार के भोजन नहीं पाये थे। अपने झालवाड़ के शुरू के दिनों में भाइयों ने तो इसे अनुभव किया था, लेकिन मेरे लिये तो इन साधारण चीजों का भी बहुत महत्त्व था।

अपने बाल्यकाल की उस अवधि में मैं अपनी माँ के बहुत निकट अनुभव करता था। वह एक सुन्दर समय था। नाटकों से वे बहुत से बंगाली गीतों को जान गयी थीं। उन दिनों केवल मूक फिल्मों का ज़माना था, इसलिए ज्यादातर लोकप्रिय गीत तो प्रसिद्ध रंगमंचीय गीतिनाट्यों से आते थे। दशहरे में हर रात इनमें से कोई नाटक होता था (दशहरा जिसे दुर्गापूजा भी कहते हैं रामायण-वर्णित राम द्वारा रावण की पराजय का वार्षिक पर्व है जो सितम्बर-अक्टूबर के आसपास मनाया जाता है। इसकी चार-पाँच दिनों की अवधि में अपने भाइयों और दूसरे व्रतियों की भीड़ के साथ हम खूब सबेरे दुर्गामन्दिर जाते थे)। नाटकों के बहुत से क्लब थे जिनमें मेजदा का क्लब संगीत-समिति भी था और कुछ कलकत्ते के,

जिनमें से प्रत्येक एक नाटक की तैयारी के लिए तीन-चार महीनों तक रिहर्सल करता था। ये दशहरापर्व के मुख्य आकर्षण थे, और मेरी माँ उनसे बहुत से गीत जान गयी थीं।

इनमें से कुछ नाटकों को मैं देखने जाता और उन्हें बड़ा भावोत्तेजक पाता था, यद्यपि कुछ देर के बाद मैं अक्सर सो जाता था—जैसा सभी बच्चे करते हैं। एक अवसर पर जब मैं सात या आठ साल का रहा होऊँगा, संगीत-समिति के द्वारा अभिनीत नाटक बिल्वमंगल जिसे विभिन्न प्रकार से पन्द्रहवीं और सोलहवीं सदी के कई महान सन्तों के जीवन से जोड़ा जाता है, के खेल के दौरान एक विचित्र घटना हुई। यह कथा एक धनी और भले आदमी के बारे में थी जिसे सुन्दर पत्नी थी मगर वह एक वेश्या के प्रति आसक्त हो गया था। वह उसे चाहती थी लेकिन हमेशा उसे समझाती थी, 'तुम्हारे घर में तुम्हारी ऐसी सुन्दर पत्नी है। उसे छोड़कर तुम कैसे मेरे पास आ पाते हो?' उसकी बुद्धि मारी गयी थी, और वह बार-बार उसके साथ रहने और उसके गीत सुनने उसके यहाँ जाया करता था।

एक दिन गयी रात बड़ा पानी बरस रहा था और उस वेश्या के घर के आगे का दरवाज़ा बन्द था। वह अधीर उसे भीतर बुलाने के लिए पुकार रहा था, लेकिन वेश्या ने अस्वीकार कर दिया। तब उसने बारामदे से लटके एक रस्से को देखा और उसके सहारे चढ़कर उसके कमरे में आ गया। उसे देख हक्की-बक्की वेश्या ने पूछा, 'तुम घर में कैसे आए?' जब उसने सारी बात बतायी तो वह घबरा गयी, क्योंकि बाहर कोई रस्सा लटक तो नहीं रहा था। वे दोनों देखने गये—और देखा कि यह एक साँप था। अब वेश्या ने साफ जवाब दे दिया—'तुम यह क्यों कर रहे हो? मात्र मेरे इस शरीर के लिए? तुम इतने दीवाने हो कि तुमने एक रस्से और एक साँप में फर्क नहीं समझा! यह प्रेम जो तुम कहते हो कि मुझसे करते हो; यदि तुम उसका एक-चौथाई भी परमात्मा को समर्पित करते तो तुम्हें उनके दर्शन हो जाते और तुम मुक्त हो जाते।' इन शब्दों से उसे एक धक्का लगा, वह पलटा और घर चला आया। उसके बाद वह महान सन्तों में एक हुआ और उसने बड़े सुन्दर भजन लिखे।

उस शाम नाटक के दौरान मैं न सो सका! मैं बड़ी विह्वलता से इसे देख रहा था। मध्यान्तर में मेजदा के मित्रों में एक मुझे चिढ़ा रहा था, 'वह लड़की तुम्हें कैसी लगती है जो नायिका है?' नाटक के वस्त्रों और विस्मयकारी मेकअप में वह सचमुच मुझे बड़ी सुन्दर दिखती थी। मुझे उस पात्र से प्रेम हो गया था। उन्होंने मुझसे पूछा कि क्या मैं उससे मिलना चाहता था। मैंने सोचा ऐसी चीजें करना उचित नहीं और मैं शरमाता था—लेकिन फिर भी भावोद्दीप्त! वह मुझे रंगमंच के पीछे ले गये जहाँ सभी पात्र आराम कर रहे थे।

फिर भी, उन दिनों इन नाटकों में औरत की भूमिका केवल मर्द ही करते थे। रंगमंच के पीछे उस पात्र ने अपना नकली केश, ब्लाउज़ और बनावटी स्तन उतार दिए थे। आराम के लिए तह की गयी साड़ी के साथ वहाँ बैठा वह बिल्कुल काला-कलूटा था और पी रहा था, उसमें भी बीड़ी, जो ज्यादातर मजदूर और गरीब तबके के लोग पीते हैं। मैं इसे समझ नहीं पाया क्योंकि मुझे बताया गया था कि वह तो एक 'औरत' था। मेजदा के मित्र अब लोट-पोट हो रहे थे, बार-बार कहते हुए—'रोबू को तुमसे प्रेम हो गया है,' बालों से भरी काली छाती और टाँगों वाला वह पात्र एक हिजड़े की तरह लगता था। हर आदमी हँस रहा था, किन्तु मैं रोने लगा और घर जाना चाहने लगा, अतः आखिरकार मैं पूरा नाटक न देख सका, कैसी आघातपूर्ण अवमानना!

हमारे यहाँ बनारस में कुछ सिनेमाघर थे, और आज भी सिनेमा के मेरे प्रथम अनुभव की याद ताजा है जब मैं कोई ढाई या तीन साल का था। मैं अपने भाई भूपेन्द्र और उनके एकाध मित्रों के साथ हॉलीवुड की एक जंगल-फिल्म देखने गया था। मैं ऐसा अनुमान नहीं करता कि यह सचमुच एक 3-डी फिल्म रही

होगी, लेकिन एक दृश्य था जिसमें लगा कि एक बाघ एकदम छलाँग लगाकर पर्दे के बाहर आ गया—भय से मेरी तो जान ही निकल गयी। मैं चीखने लगा और उन लोगों को मुझे बहुत बुखार में घर ले जाना पड़ा।

धीरे-धीरे मैं कलकत्ते में बनी मूक फिल्में देखने लगा। उन दिनों कलकत्ता असली गुणवत्तावाली फिल्में बनाता था, जैसे पिछली शताब्दी के अग्रगण्य लेखकों में बंकिमचन्द्र चटर्जी की कपालकुंडला। उन्होंने 'वन्देमातरम्' भी लिखा जो आज हमारे महानतम राष्ट्रगीतों में एक है। केवल दूसरी फिल्म जो मुझे याद है वह 'दुर्गेशनन्दिनी' उस लेखक की लिखी थी लेकिन निश्चय ही मैंने कुछ दूसरी फिल्में भी देखीं जिनमें कुछ बम्बई की थीं। डगलस फेयरबैंक्स सीनियर और एल्मों लिंकन की भूमिकाओंवाली हॉलीवुड की फिल्मों की भी कुछ धुँधली यादें हैं। वे केवल मूक फिल्में थीं, लेकिन सिनेमा पर मैं जान देता था। ठीक उसी समय से सिनेमा के प्रति मेरी आसक्ति शुरू हुई।

जब 1930 में पश्चिमी देशों के लिए हम लोगों ने बनारस छोड़ दिया, हमें दो दिन बम्बई में रुकना पड़ा था और यहीं मैंने प्रथम वाक्-चित्र देखा। यह अंशत: वाक् और अंशत: ध्वनिप्रभावों वाला था। पूरा का पूरा वाक्-चित्र मैंने बाद में पेरिस में देखा।

ब्रिटिश संस्कृति के प्रति हम लोगों में बड़ा आदरभाव था, लेकिन निश्चय ही हम उनका उपनिवेशवाद पसन्द नहीं करते थे। अत: सामान्यत: मैं ब्रिटिश लोगों के प्रति परस्पर विरोधी भाव के वातावरण में पला-बढ़ा—प्रेम और घृणा। अँग्रेजों के यहाँ से चले जाने के पच्चीस वर्ष पूर्व की अवधि, जब राष्ट्रवादी भावना जोरों पर थी और काँग्रेस शक्तिशाली होती जा रही थी—यह एक बुरा समय था क्योंकि अँग्रेज़ सचमुच पाशविक और अत्याचारी हो गये थे। टॉमी लोग जो पुलिसमैन या प्रशासकों के रूप में भारत भेजे गये थे, मैं समझता हूँ कि उसी तरह के लोग थे जो ऑस्ट्रेलिया में दंडात्मक शिविरों को चलाने के लिए भेजे गये थे; वे इतने शिक्षित तो थे कि कार्यालयों को चला सकते थे लेकिन उच्च शिक्षा प्राप्त नहीं थे, और वे बड़े क्रूर लोग थे। वे इसलिए चुने गये थे क्योंकि अँग्रेज़ एक देश का शासन कर रहे थे और इसके लिए बुद्धिवादी व्यक्तियों और समझौतावादियों को नहीं भेज सकते थे। मैं इसे समझ सकता हूँ, लेकिन दुर्भाग्य से हमने सोचा कि सभी अँग्रेज़ ऐसे ही होते हैं। वे लोगों को पीटते और हम लोग उनसे भयभीत थे।

मेरा राजनीतिक ज्ञान बहुत कम था—एक क्षेत्र और एक अवधि तक सीमित—तथापि बनारस में होने से मैं गाँधी और असहयोग वाली काँग्रेस के बारे में सुना करता था, या किसी स्वतन्त्रता सेनानी के विषय में, जिसने किसी अँग्रेज़ मजिस्ट्रेट या कलक्टर को गोली मारी। बहुत भय और उत्तेजना थी। छिपकर चलनेवाला आन्दोलन बंगाल, पंजाब और महाराष्ट्र से चलता था; इस बीच कभी कोई क्रान्तिकारी कार्यकर्त्ता बनारस से गुज़रता तो भय का एक वातावरण बन जाता। जब कभी हम लोग किसी पुलिसमैन को देखते तो अकारण भी भयभीत हो जाते, मानो हमीं लोगों ने कुछ गड़बड़ की हो।

चटर्जी का गीत 'वन्देमातरम्' भारत माता की प्रशंसा में एक बड़ा प्रभावोत्पादक गीत था और अँग्रेज़ों के विरुद्ध क्रान्तिकारियों की पार्टी का गीत बन गया था। जिस पुस्तक आनन्दमठ से यह गीत लिया गया था उस पर पाबन्दी लग गयी थी। 'वन्देमातरम्' अँग्रेज़ी सरकार में अजीब मानसिक त्रास उत्पन्न कर देता था, हर जगह ऐसे भारतीय स्थानीय पुलिस अधिकारी और जासूस थे जो अँग्रेज़ों के आज्ञाकारी थे, और जो कोई इसकी एक पंक्ति भी बोल देता उसे वे गिरफ्तार कर लेते थे। मैं यह सब सुनता हुआ ही सयाना हुआ था, सहानुभूति रखता हुआ, किन्तु इसमें संलग्न नहीं था; और बाद में जब मैंने खुद आनन्दमठ पढ़ा तो लगता था कि कोई गन्दी चीज पढ़ रहा हूँ जो छिपाई जानी चाहिए जिससे मैं पकड़ा न जाऊँ और जेल न भेज दिया जाऊँ।

मैं करीब आठ साल का था जब पिताजी हम लोगों के पास आए, जीवन में यह पहली बार था

जब मैंने उन्हें देखा था। बनारस में जहाँ हम रहते थे उससे काफी दूर एक बड़े ऊँचे दर्ज़े के होटल, होटल दे पेरिस, में वे ठहरे थे जो सैनिक छावनी के इलाके में था, एक बड़ा साफ-सुथरा इलाका, जहाँ थोड़े से अँग्रेज़ और भारतीय अधिकारी रहते थे। मेरे पिता के साथ दो महिलाएँ थीं : हॉलैंड की मैडम हेन्नी जो उनकी सबसे हाल की गर्ल-फ्रेंड थीं और स्वर्गीया मिस मॉरेल की छोटी चचेरी बहन, मिस जोन्स।

मैं बड़ा डरा हुआ था। सेविल रो के एक बहुत बढ़िया सूट में वे आए थे, बड़े चुस्त और सुन्दर। महिलाएँ तो हमारे घर कभी नहीं आईं, लेकिन वे अपने आप एक दिन बड़े सबेरे मुझे उस होटल में, जहाँ वे ठहरे थे, ले जाने के लिए आए। मैं गया और उन लोगों के साथ नाश्ता किया, और मैं बड़ा भयातुर था।

करीब सात वर्ष के रवि अपने मामा कुंजबिहारी बनर्जी के साथ फोटोग्राफर ने आँख झपकाने को मना किया, जिससे अचम्भित दृष्टि

मैडम हेन्नी कुछ भारी-भरकम थीं; बहुत धनी और देखने में अच्छी और उनके शरीर से एक अजीब खुशबू आती थी। मिस जोन्स छोटे कद की एक चुहिया जैसी थीं, लेकिन थीं एकदम अँग्रेज़। मैडम हेन्नी शुद्ध अँग्रेज़ी बोलने की कोशिश कर रही थीं, लेकिन मैं समझ गया कि बोलने में वे ज़ोर डाल-डालकर उच्चारण कर रही थीं। टेबुल पर बैठकर अँग्रेज़ी नाश्ता करने का मेरा यह पहला अनुभव था। हम लोगों ने तले अंडे और टोस्ट खाये। मैंने उन लोगों को बिना छुरी से काटते हुए, काँटों का प्रयोग करते देखा, और मैं नहीं जानता था कि क्या करूँ, क्योंकि तब तक मैंने अपने हाथों का ही प्रयोग किया था। काँटे-छुरी का कैसे प्रयोग किया जाता है उन महिलाओं द्वारा मुझे बताया गया, लेकिन मैं दुखी और क्षुब्ध था और करीब-करीब रुआँसा। छुरी और काँटे मेरी सँभाल के नहीं थे और मैंने नहीं समझा कि तले अंडों को कैसे खाया जाय—खासकर उसकी ज़र्दी जो मेरे कपड़ों पर गिर पड़ी। तब उन लोगों ने मुझे दस्तरखान के तौलिए का इस्तेमाल सिखाया, और दूसरी तरफ से मेरे पिता और ज्यादा निर्देश दे रहे थे। मैं नहीं जानता था कि नाश्ते से मैं कैसे उबरा!

उस समय मैं उनसे तीन-चार दिनों के लिए मिला था। एक दिन उन्होंने मुझे एक बहुत बड़ा बैलून खरीद दिया, जो मेरे लिए बड़ी नयी चीज थी, और तब मुझे घाट की ओर ले गये; और जब हम सीढ़ियों से उतर रहे थे उनके एक दोस्त मिले—वह व्यक्ति जो हमारे पहली बार बनारस आने पर हमारे अभिभावक रहे थे। उन लोगों ने बातचीत शुरू की, इसलिए मैंने अपना मन बैलून से खेलने में लगाया। पन्द्रह मिनट बीत गये, फिर आधा घंटा, और मैं ऊब रहा था। एकाएक एक विस्फोट हुआ, बैलून फट गया। मेरे पिता ने मेरी ओर ताका, फिर बात में लग गये। फिर पन्द्रह मिनट बीते और इधर-उधर घूमने और दृश्य देखने की इच्छा से ज्यादा ऊब होने लगी। अन्त में वे मित्र चले गये और मैं घर लौटने को तैयार था, किन्तु मेरे पिता ने मेरे कन्धे पकड़ लिये और मुझे झकझोरा। बाद में मुझे भाइयों के द्वारा बताया गया कि वे कभी किसी को मारते नहीं थे, जब भी वे क्रुद्ध होते, वे सिर्फ कन्धे पकड़कर झकझोरते और बिगड़ते थे। यही उनके द्वारा एकमात्र दंड था। मुझे याद नहीं कि उन्होंने क्या कहा था—शायद बैलून से सम्बन्धित कुछ या

पंडित श्याम शंकर, रवि के पिता जी

शायद ठीक से खड़ा नहीं था—लेकिन मुझे इससे बहुत चोट पहुँची थी। मैंने कभी उनके प्रति प्रेम का अनुभव नहीं किया था; उन्होंने कभी भी मुझे न अपनी बाँहों में लिया था न मुझे स्नेह से छुआ था। मैं रोने लगा, यद्यपि अपने को रोकने का प्रयत्न किया था। उस समय सचमुच उनके प्रति मुझे कोई लगाव महसूस नहीं हो रहा था। उन्होंने मुझे घर पहुँचाया और अपने होटल लौट गये।

उनके साथ इस पहली मुलाकात में मुझे कॉलोन की खुशबू याद है। उन्होंने मुझे लाल स्याही की एक सुन्दर शीशी भी दी थी जो स्याही की तरह बिल्कुल नहीं महकती थी; उसमें से गुलाब की सुगन्ध आती थी। गन्धों के प्रति मैं सदा संवेदनशील रहा हूँ। वह बड़ा विचित्र और उत्तेजक अनुभव था। उसके बाद से आगे मैं कभी-कभी उस शीशी को खोलता था और सूँघता था मगर उससे लिखता कभी नहीं था।

उन्होंने उस समय एक काम बड़ा अच्छा किया; उन्होंने हम लोगों के लिए मझोले कद का एक शेवरलेट वैन खरीद दिया। सेजदा ने अभी-अभी कॉलेज का दूसरा वर्ष पास किया था, लेकिन मेरे पिता ने कहा—'पढ़ने से क्या फायदा? तुम्हें कुछ उद्योग करना चाहिए'। अतः हम लोगों ने गाजीपुर से म्होव तक एक बस-सेवा चलाई। यह सफल हुआ और हम लोगों ने अच्छा पैसा कमाना शुरू कर दिया। बाद में एक ड्राइवर रखा गया और तब भूपेन्द्र भी आ गये, इस प्रकार दोनों भाई एक साथ यह करने लगे।

किन्तु आठ या दस महीने के भीतर इलाके में प्लेग की महामारी फैल गयी। भूपेन्द्र इससे बीमार पड़ गये और तीन दिनों के भीतर उनकी मृत्यु हो गयी। हम लोग बनारस में थे जहाँ मैं स्कूल में पढ़ता था, और उसी बस पर उनका शव लाया गया। यह मृत्यु से मेरा प्रथम साक्षात्कार था, और मेरा दिल टूट गया था। उनका न होना मुझे बड़ा खलता था! आप कल्पना कर सकते हैं अपने अट्ठारह वर्षीय लड़के को खोकर मेरी माँ ने कैसा अनुभव किया होगा। बस में हमारी रुचि खत्म हो गयी और उसे हम लोगों ने बेच दिया।

मेरे पिता असामान्य व्यक्ति थे। यह बहुत बाद की बात है कि मैं उनके बारे में सबकुछ जान पाया, इसलिए मैं अपने बचपन में लगभग घृणा करता था, स्वभावतः मेरी सहानुभूति मेरी माँ के प्रति थी। मेरे पिता का दूसरी स्त्रियों के साथ रहते हुए मेरी माँ से अलग होना, माँ को बहुत दुख देता था, और यह देखना मेरे लिए बड़ा दुखद था, यद्यपि वे उनके बारे में कभी कुछ बुरा नहीं कहती थीं। किन्तु बाद में, जब मुझे तथ्यों का पता चला, पिता के प्रति मेरी भावना क्रमशः बदल गयी।

उन लोगों का विवाह परम्परागत रूप से तय हुआ था। उनके पिता, कलिया गाँव के जमींदार

वरदाशंकर चौधुरी ने एक विवाह करानेवाले के माध्यम से इसे ठीक किया था। उन्हें दूरस्थ गाँव के एक जमींदार की एक बेटी की खबर मिली, और जैसाकि रिवाज़ है, उन्होंने कुंडली मिलाई। मेरे पिता ने शादी करने से बहुत बार इनकार किया था, मगर किसी कारणवश वे इस बार राजी हो गये, और उन लोगों की शादी हो गयी। उम्र में लगभग नौ वर्ष का फर्क था। मेरी माँ करीब ग्यारह की थीं (तत्कालीन युग में एक दुलहन के लिए यह असामान्य बात नहीं थी) और वे बीस के जरूर रहे होंगे।

वे इतने प्रकांडबुद्धि थे और मेरी माँ इतनी सीधी-सादी, गाँव की एक लड़की। वे अँग्रेज़ी नहीं जानती थीं और मुश्किल से बंगला में लिख-पढ़ सकती थीं। उनकी लिखावट एक बच्चे जैसी थी। पिता उनसे किसी विषय पर बात नहीं कर सकते थे। उन्होंने उन्हें अँग्रेज़ी और बंगला पढ़ाने की कोशिश की, और सम्भवतः जल्दी ही यह छोड़ दिया, लेकिन यह सचमुच उन दुखद चीजों में से एक था। वे हमेशा यहाँ-वहाँ यात्रा करते रहते थे। उन्होंने ऐसे लोगों को पाया जिनसे उनका जुड़ाव हो सकता था। जब कभी वे माँ के यहाँ आते वे गर्भवती हो जातीं, और शायद मात्र यही एक सम्बन्ध उन दोनों के बीच था। मैं समझता हूँ कि कैसे उन दोनों के बीच कभी आत्मीय सम्बन्ध न हो सका।

पिता के परिवार में काफी पैसे की आमदनी थी और जिन्हें बहुत ज़्यादा जमीन और जायदाद हुई होती, लेकिन वे कहते थे कि वे यह नहीं चाहते, और बस अपने रिश्तेदारों को यह दे दिया करते थे, उन्होंने कभी पैसा नहीं बचाया, न सचमुच हम लोगों को कुछ भेजते थे। बहुत चीजों में काफी दुनियादार होते हुए भी वे बड़े तटस्थ थे, एक विचित्र अति तक। मैं सोचता हूँ मेरे भाइयों (कम से कम दादा और मैं) को यह प्रवृत्ति उनसे मिली थी—सब कुछ पाना मगर रखना कुछ नहीं।

मेरे पिता संस्कृत के एक बड़े विद्वान थे, उन्होंने कलकत्ता विश्वविद्यालय से एम.ए. किया, लन्दन के मिडल टेम्पुल से बैरिस्टर हुए और प्रिवी काउन्सिल के मेम्बर भी। एक बड़े योगी के साथ करीब दो वर्षों तक एक गुफा में उन्होंने योग का, बनारस में वैदिक मन्त्रों का (सम्भवतः महाराष्ट्र में भी) तथा जेनेवा में फ्रेंच का अध्ययन किया। 1931 में जेनेवा विश्वविद्यालय से 'द नेचर एण्ड इबोलूशन ऑफ द पॉलिटिकल रेलेशन्स बिट्वीन दि इंडियन स्टेट एंड द ब्रिटिश इम्पीरियल गवर्नमेन्ट' शीर्षक थीसिस के लिए राजनीति-विज्ञान में डॉक्टरेट की उपाधि से पुरस्कृत हुए, मान्यतानुसार फ्रेंच में डॉक्टरेट पानेवाले प्रथम भारतीय। बाद में जेनेवा में राष्ट्रमंडल में उन्होंने एक कानूनी पद प्राप्त किया, और रोरिक-म्युजियम के आमन्त्रण पर न्यूयॉर्क में भारतीय दर्शन पढ़ाने और बाद में कोलम्बिया विश्वविद्यालय चले गये।

उन्होंने वाक्-संस्कार (वायसकल्चर) में भी विशेषज्ञता प्राप्त की, वह शैली जो स्वर को उदात्त बनाने की पद्धति में प्रवीणता हासिल करने की थी। उन्होंने पश्चिमी शैली का अनुकरण किया यद्यपि भारत के पास इसकी अपनी शैली थी—इसका उपयोग किया जाता था जब लोग बड़े खुले सभागारों या महलों में गाते थे, माइक्रोफोन-युग के पहले। आजकल, दुर्भाग्यवश, हमारे सभी गायक माइक्रोफोन पर आश्रित हैं और इनमें से कुछ की आवाज तो गुनगुनाहट मात्र है। मैंने उन्हें जेनेवा के एक चैपेल में एक विशेष अवसर पर सुना था। उन्होंने वैदिक मन्त्रों का पाठ किया, ज्यादातर सामवेद से—और मुझे तो विश्वास ही न हुआ कि यह मेरे पिता थे! मैं उनका यह पक्ष बिल्कुल नहीं जानता था। जब उन्होंने मन्त्रोच्चार किया तो उनकी शक्तिशाली, स्पष्ट, मधुर और समृद्धवाणी चारों ओर गुंजायमान होने लगी। जब वे लेक्चर देते तो वेदों के संस्कृत श्लोकों का मौलिक शैली में पाठ करते हुए इसका प्रदर्शन भी करते जाते थे।

उन्होंने बहुत सी पुस्तकें भी लिखीं, हालाँकि जहाँ तक मुझे मालूम है, केवल दो ही प्रकाशित हुईं, दोनों लन्दन में : पहली थी 1914 में बुद्ध एंड हिज़ सेइंग्ज, बुद्ध के जीवन, विचारों और वचनों पर एक निर्देशिका, दूसरी 1924 की विट एंड विज़डम ऑफ इंडिया भारत के विभिन्न भागों में प्रचलित हास्यप्रद लघुकथाओं का एक संग्रह थी। मैं नहीं जानता कि अब वे पांडुलिपियाँ कहाँ हैं। बहुत-सी

अन्य अप्रकाशित पांडुलिपियाँ भी थीं, जिनमें एक का मुझे स्मरण है जिसके आवरण पर बड़े 'एल' से लाइट, लाइफ, लॉ एण्ड लव मैंने देखा था। एक भारतीय जीवनशैली पर एक विचार-विमर्श था, ज्यादातर मनुसंहिता से सम्बन्धित। दूसरी का नाम था द रिलीजन एंड फिलॉसफी ऑफ यूनिवर्सल ब्रदरहुड। ये मुद्रित रूप में कभी नहीं आईं। यद्यपि वे न्यूयॉर्क के रोरिक फाउंडेशन के द्वारा उन्हें प्रकाशित कराने में समर्थ थे। यह सब और भी बताता है कि वे दौलत और यश के बारे में महत्त्वाकांक्षी नहीं थे।

बनारस के कुछ-कुछ एकाकी और कठोर संयमित जीवन से रवि को दस साल की उम्र में उनके सबसे जेठे भाई दादा की देखरेख में पेरिस के महानगरीय जीवन की चकाचौंध और कोलाहल में पहुँचा दिया गया : विश्वविश्रुत उदयशंकर, भारतीय नृत्य और संगीत को पश्चिम लानेवाले। इस सांस्कृतिक पथ प्रदर्शक के विषय में जेम्स ज्वायस ने लिखा था: 'स्टेज पर उनके चरणों की गति एक अर्द्ध-दैवी प्राणी की तरह होती है। मेरा विश्वास कीजिए, इस संसार में अभी भी कुछ सुन्दर चीजें बची हैं।'

दादा के प्रति मैंने सदा अगाध श्रद्धा और प्रेम का अनुभव किया है। उन्हें मैं अपने गुरुओं में एक मानता हूँ, क्योंकि अपने आरम्भिक वर्षों में जो मैंने उनकी मंडली के साथ बिताये, वे मेरे साथ पितातुल्य अधिक थे। उन्होंने मुझे कुछ महत्त्वपूर्ण चीजें सिखाईं जैसे हमारी कला, संस्कृति और विरासत के प्रति प्रेम और आदरभाव रखना—मेरा ध्यान इसकी ओर खींचनेवाले वे प्रथम व्यक्ति थे—और रंगमंच-व्यवस्था, प्रदर्शन-कला, स्टेज के तौर-तरीके और अनुशासन, इनकी विधियाँ, संचालन और शिष्टाचार के बारे में बहुत कुछ। इसने सचमुच मेरी सहायता की। और हाँ, स्त्रियों और सेक्स के प्रति उनकी अतृप्त कामना ने भी मेरे जीवन में मुझे बहुत प्रभावित किया!

लन्दन में एक चित्रकार के रूप में उन्होंने अपना जीवन आरम्भ किया था, लेकिन मई, 1923 में कॉवेंट गार्डेन में अन्ना पावलोवा ने उन्हें एक भारतीय बैले में नृत्य-रचना और कुछ नृत्य-प्रदर्शन करते भी देखा, जो मेरे पिता के द्वारा प्रस्तुत और लिखित था जिसका शीर्षक था द ग्रेट मोगल्स चैम्बर ऑफ ड्रीम्स। यह ब्रिटेन में वस्तुतः प्रथम भारतीय प्रस्तुति थी। मेरे पिता बड़े संगीत-प्रवण और रचनात्मक थे, यद्यपि वे पेशेवर नहीं थे, और उन्होंने 1915 से लन्दन में कई प्रकार के विभिन्न कार्यक्रम प्रस्तुत किये थे। नृत्य-रचना के विषय में भी वे दादा को सलाह दिया करते थे। दादा के गुरु थे सर विलियम रॉथेन्स्टीन, रॉयल कॉलेज ऑफ आर्ट के ललित कला विभाग के अध्यक्ष, जो मेरे पिता के द्वारा कॉवेंट गार्डेन वाली प्रस्तुति में आमन्त्रित थे। यह सर विलियम ही थे जो पावलोवा को साथ लाए थे। रॉयल कॉलेज ऑफ आर्ट से पहले ही दादा को गुणवत्ता के लिए रजतपदक प्राप्त हो चुका था, और भावी कलाकार के रूप में उन्हें दादा से बड़ी उम्मीदें थीं। लेकिन इस शाम ने दादा के पूरे जीवन और कैरियर को बदल दिया।

इसके पूर्व पावलोवा भारत आ चुकी थीं, और वहाँ जो कुछ उन्होंने देखा था उस पर मुग्ध थीं। भारतीय नृत्यशैलियों और वस्त्रसज्जा के बारे में कुछ करने को वे बहुत उत्सुक थीं, लेकिन उन्होंने महसूस किया था कि वे स्वयं अपने बूते यह नहीं कर सकती थीं। जब उन्होंने मेरे भाई को देखा, उन्हें तुरन्त लगा कि यह एक व्यक्ति है जो उनकी मदद कर सकता है। उन्होंने प्रस्ताव किया कि वे (भाई) उन्हें दो बैले, हिन्दू वेडिंग और राधाकृष्ण, की रचना में साथ दें जिन्हें वे अपने ओरिएंटल इम्प्रेशन नामक प्रस्तुति के अंग के रूप में देना चाहती थीं। सर विलियम इस बारे में बहुत खुश नहीं थे; वे अपने शिष्य को बहुत चाहते थे और जानते थे कि दादा का भविष्य एक चित्रकार के रूप में उज्ज्वल होता, लेकिन वे इसे रोक न सके। दादा सचमुच ऐसे सुन्दर अवसर के बारे में झूम उठे। पावलोवा की मंडली के साथ उन्होंने कनाडा, यू.एस.ए., मेक्सिको और दक्षिण अमेरिका का भ्रमण करते बिताया, उन दो बैले की नृत्य-रचना की और राधा के रूप में पावलोवा के साथ स्वयं कृष्ण की भूमिका में नृत्य भी किया।

दादा की सचमुच नृत्य में पहले से कोई दृढ़ पृष्ठभूमि नहीं थी। बनारस या नसरथपुर जैसी जगहों

में रह चुकने से उन्होंने वर्ष के विभिन्न उत्सवों पर चमारों या धोबियों के नृत्य या दूसरे लोक नृत्य देखे थे। उदयपुर और झालवाड़ में उन्होंने अर्द्ध-लोक नृत्यों नाच, घांगोर, घूमर देखे थे और जब बम्बई में थे तो त्यौहार-नृत्यों जैसे गरबा, रास और डाँडिया को देखा था। झालवाड़ में उन्होंने कुछ दूसरी शैलियाँ भी देखी थीं जहाँ भारत के विभिन्न भागों से प्रसिद्ध नर्तक आते थे, उन्होंने प्रख्यात गोकीबाई को भी देखा था जो हाथी के लम्बे दाँतों पर खड़े मंच पर नाचती थी और सारंगी-तबला वादक हाथी की पीठ पर हौदे में बैठते थे! उन्होंने इन सभी नृत्य-शैलियों को आत्मसात किया था और मन में रख लिया था।

ललित कला और भारतीय भित्तिचित्रों की पुस्तकों का अध्ययन करते समय एलोरा, अजन्ता, महाबलीपुरम और वाघ की प्राचीन गुफाओं के चित्रों, प्रस्तर-शिल्पों, युगानुरूप परिधानों में देवी-देवताओं की नृत्य-मुद्राओं के चित्रों पर वे मुग्ध हो उठे थे। एक अद्‌भुत चित्रकार होने के नाते उन स्थिर मूर्तियों की मात्र मुद्राओं से उन नृत्यगतियों को मनःचक्षु से वे देख सकते थे।

उदय का पावलोवा का साथ एक साल से ज्यादा न रहा (पावलोवा ने पाश्चात्य कलाओं की अपेक्षा परम्परागत भारतीय कलाओं पर अधिक ध्यान केन्द्रित करने को उन्हें उत्साहित किया था), लेकिन वे यूरोप में अगले पाँच वर्षों तक रहे। पहले वे लन्दन में रहे फिर तीन या चार वर्षों तक पेरिस में जहाँ के स्वच्छन्द (बोहीमियन) कलात्मक वातावरण को उन्होंने पूरब की कला के प्रति अधिक ग्रहणशील पाया। उस समय यश अर्जन के संघर्ष में बिताई अवधि के बाद, लगा सहसा उनका भाग्योदय हो गया। उनकी भेंट दो महिलाओं से हुई जिन्होंने उन्हें बड़ा प्रोत्साहित किया, युवती सिमोन बारबियर (या सिमकी जिस नाम से वह प्रसिद्ध थीं), शुरू में पेरिस की प्रतिभा-सम्पन्न पियानोवादिका, लेकिन जो शीघ्र ही उनकी नृत्यसंगिनी बन गयीं; और ज़्यूरिक की शिल्पी और कलाकार एलिस बोनर जो उदय की रचनात्मक प्रतिभा के पोषण के प्रति शुद्धरूप से समर्पित थीं और जिन्होंने अपना काफी धन उदय की अपनी भारतीय नृत्य-मंडली स्थापित करने में लगाया। 1929 में जब वे भारत लौटे, बोनर उनके साथ आईं जिससे कि वे अपनी नृत्यमंडली के साथ पाश्चात्य-भ्रमण के स्वप्न को साकार कर सकें। उन्हें संगीतकारों और नर्तकों की एक टोली बनाने की आवश्यकता थी और पेरिस लौटने के पहले वे भारत के विभिन्न क्षेत्रों की कलाओं और उनके इतिहास का अधिक गहराई से अध्ययन कर अपनी तैयारी पूरी कर लेना चाहते थे।

यह प्रथम अवसर था जब रवि ने अपने जीवन में अपने सबसे जेठे भाई को देखा था।

जब दादा एलिस बोनर के साथ भारत आए तो उन लोगों ने करीब एक वर्ष तक पूरे भारत, विशेषतः दक्षिण भारत, का भ्रमण किया, जहाँ नृत्य के दो प्राचीन शास्त्रीय रूप हैं। प्राचीनतम को भरतनाट्यम कहा जाता है जो तमिलनाडु में मद्रास के आसपास के क्षेत्र का है और तब है केरल (तब का मालाबार) के लोगों द्वारा अभिनीत

पंडित श्याम शंकर, रवि के पिता जी

नृत्य-नाट्य जिसे कथकली कहा जाता है। दादा के और मेरे अनुसार कथकली संसार भर में नृत्य और नाटक की सम्मिलित शैली का श्रेष्ठतम रूप था और है। निकला तो यह भरतनाट्यम से ही किन्तु महाभारत और रामायण की कथाओं की प्रस्तुति की इसने अपनी शैली विकसित की।

कथकली घर के बाहर खुली जगह में सारी रात चलता है, दोनों तरफ तेल के बहुत बड़े-बड़े लैम्पों (बिजली नहीं) के प्रकाश में, विशेष निर्मित परिधानों और बड़ी कलात्मक आकृतियों के मेकअप में जिसे चेहरे पर सूखने में आठ से बारह घंटे लगते हैं। भूमिकाएँ कलाकारों के द्वारा अभिनीत होती हैं जिनमें से प्रत्येक किसी विशेष चरित्र की भूमिका में अधिक प्रवीण होता है, जैसे कृष्ण, अर्जुन, पांडव-भ्राताओं में से कोई, राम, रावण या हनुमान। स्त्री-चरित्रों की भूमिकाएँ पुरुषों के द्वारा की जाती हैं। यह अभिनय, अभिव्यक्तियों, नेत्र-संचालनों, संकेत-भाषा का नृत्य-नाट्य है। हाथ के इशारों और मुख-मुद्राओं से इसमें कुछ भी अभिव्यक्त किया जा सकता है।

इन्हें देखते हुए दादा ने दक्षिण में ठहरकर करीब तीन महीने बिताये। इशारे की भाषा में उन्होंने करीब पचास या साठ शब्द या मुहावरे, सीखे जैसे, 'यहाँ आओ', 'जाओ', 'कौन हो तुम?', 'एक सुन्दर स्त्री' और 'राजा'। उन्होंने शरीर की मौलिक भंगिमाओं, पदनिक्षेप, हाथ और आँखों के इशारों साथ ही नौ रसों को समझा (नौ मुख्य मनोदशाएँ जिनकी अभिव्यक्ति विशेषत: भारतीय अभिनय-कला की केन्द्रीय विशेषता है) जिनका कथकली में बड़ा महत्त्व है। जितने थोड़े समय वे वहाँ रहे उसमें उन्होंने जितना हो सका हृदयंगम किया, बिना सचमुच सीखने की गहराइयों में गये।

इसके बाद दूसरी नृत्यशैलियों को देखने के लिए भारत भर में घूमे, भरतनाट्यम में जो सर्वोत्तम था उसे अनुभव करने मद्रास गये, छाऊ के लिए बिहार और उड़ीसा के इलाकों में और सुन्दर मणिपुरी शैली के लिए भारत के उत्तर-पूर्वी भाग में, और साथ ही विभिन्न लोकनृत्यों और भील और संथाल समेत आदिवासी नृत्यों को भी देखा। उन्होंने अपने स्वप्न-स्थलों को देखने में भी बहुत दिन बिताये : एलोरा, अजन्ता, बादामी और बाघ की प्राचीन गुफाएँ और कोणार्क और महाबलीपुरम की उत्कीर्ण श्रेष्ठ शिल्पकला। अपने बचपन के नृत्य के अनुभवों के साथ जो कुछ इस वर्ष उन्होंने देखा उससे वे समृद्ध और अनुप्रेरित हुए और अपनी चित्रकार की दृष्टि के साथ उन्होंने नृत्य की एक अपनी शैली विकसित की जिसकी शिक्षा उन्होंने हम सबों को देनी शुरू की जब दूसरे साल उनके साथ हमलोग पेरिस आ गये।

दादा ने अधिकतर खुद सीखा था। यह तो बहुत बाद में हुआ कि शंकरन नम्बूदरी जो केरल में त्रिवेन्द्रम के नजदीक के थे, उनके प्रथम गुरु हुए जब 1934 में हम लोग करीब छ:-सात महीने कलकत्ते में थे। यही समय था जब दादा ने अपने महान गुरु की सहायता से नृत्य-प्रकरण 'कार्तिकेय' की रचना की (शिव के छोटे पुत्र और गणेश के भाई) जिसमें एक दुष्ट राक्षस को मारने के पूर्व युद्ध की तैयारी करते कार्तिकेय को दर्शाया गया था। शंकरन नम्बूदरी से मैंने भी कुछ महीनों तक उचित रीति से आरम्भिक प्रशिक्षण लिया था, यही कारण है कि कथकली की मेरी समझ अच्छी है। दादा की एकमात्र दूसरे प्रशिक्षण की अवधि अल्मोड़ा के सांस्कृतिक केन्द्र में थी जिसे उन्होंने हिमालय में स्थापित किया था। सच्ची बात आपको बताऊँ, वे उतने अच्छे शिक्षार्थी नहीं थे—हम दूसरे लोग सीखने में जितना समय लगाते उससे वस्तुत: उन्हें ज्यादा समय लगता था। मौलिक चीज़ों से आरम्भ कर, बैठकर अभ्यास करना उनका गुण नहीं था। किन्तु नृत्य की एक मुद्रा देखकर वे स्वयं कई मुद्राएँ रच लेने में माहिर थे। इतनी रचनात्मक प्रतिभा थी उनमें! दुर्भाग्यवश पदों पर आसीन कला-राजनीतिज्ञों, दम्भियों और छद्म कलाप्रेमियों ने न उन्हें 'शास्त्रीय' न 'पारम्परिक' माना—और उन पर पाश्चात्य के अनुकरण का दोष लगाया!

1930 में जब तक दादा ने अपनी मंडली बनाई तब तक उन्होंने कलाई, तलहथी, उँगलियों और हाथ की संकेत-भाषा और गर्दन, कन्धों, कमर और नितम्ब संचालन और पदसंचालन की भंगिमाओं से

स्वयं की नृत्य शैली गढ़ ली थी। आँखों और मुख की उनकी अभिव्यक्तियाँ कथकली से बहुत प्रभावित हुई थीं। पूरी बाँह का जल की लहर की तरह संचालन उनकी विशेषता थी (जैसी कि आप 1948 की उनकी फिल्म कल्पना में देख सकते हैं)। उन्होंने अपने नृत्य-रूपों का आविष्कार भी किया, जैसे इन्द्र, गन्धर्व और सँपेरा, एकल नृत्य किये (सदा दुहराने की फरमाइश पूरी करते हुए); और उन्होंने अर्द्ध-बैले और समूह-नृत्य भी किये—उदाहरणतः गजासुरवध।

दक्षिण के भ्रमण के बाद दादा कलकत्ता चले गये जहाँ उनकी भेंट हरेन घोष से हुई, जो बाद में चलकर प्रसिद्ध-संचालक (इम्प्रेसारियो) हुए। जो कुछ भी हरेन प्रस्तुत कर देते सफल हो जाता था, केवल उनके नाम का होना महत्त्वपूर्ण हो जाता था (दादा भी हों तब तो और भी)। कलकत्ता और निकटस्थ नगरों में पहले ही उन्होंने नृत्य-प्रदर्शनी आरम्भ कर दिए थे, उन्होंने दादा के बारे में सुना था और सौभाग्यवश उनसे भेंट भी हो गयी। कलकत्ते के सर्वश्रेष्ठ सिनेमाघर द न्यू एम्पायर में वे दादा को प्रस्तुत करना चाहते थे : जो मुख्यतः एक सिनेमाहॉल था जिसमें बहुत सुन्दर और अपने आपमें पूर्ण एक स्टेज भी था जो अक्सर विदेशी प्रदर्शकों के लिए था जो कलकत्ता आते थे। दादा के पास संगीतकार नहीं थे, यद्यपि उनके पास कुछ परिधान थे और कुछ का एलिस बोनर ने जैसे-तैसे इन्तजाम किया था; अतः हरेन घोष ने दादा को कार्यक्रम के लिए मनाने की व्यवस्था कर ली।

कलकत्ते में ही दादा की मुलाकात हुई तिमिर बरन से, प्रथम शास्त्रीय संगीतज्ञ जिन्होंने मुझे प्रभावित किया, वे एक बड़े गुणवान व्यक्ति थे, देखने में पौरुषयुक्त व्यक्तित्व; साँवले और लम्बे, घुँघराले बालोंवाले। वे अभी-अभी मैहर से लौटे थे, जहाँ करीब साढ़े चार वर्ष उन्होंने बाबा अल्लाउद्दीन खाँ, महान संगीतज्ञ जो बाद मेरे अपने गुरु हुए, से सरोद सीखा था। बाबा की मैहर-मंडली से प्रेरित तिमिर ने अपने परिवार के सदस्यों और शिक्षार्थियों को जोड़कर एक छोटा घरेलू ऑरकेस्ट्रा बना लिया था। जब दादा ने यह सुना वे बड़े प्रभावित हुए और तिमिर को उस शो के लिए संगीत देने को कहा।

दादा ने कुछ एकल नृत्यों का प्रदर्शन किया, मुख्यतः गन्धर्व, इन्द्र, सँपेरा और नाच जिसके लिए वे स्त्री-रूप में एक बड़ा राजस्थानी लहँगा पहनते थे। अपनी कलात्मक प्रस्तुति और व्यक्तित्व से उन्होंने कलकत्ते में हलचल मचा दी—यह एक ऐसी चीज थी जिसे उस नगर ने पहले कभी नहीं देखा था। दादा का पिछला जीवन-वृत्त अखबारों में छपा; कैसे वे पावलोवा के साथ रहे और उन्हें भारतीय नृत्यकला सिखाई। वे एक सुपरस्टार बन गये—सचमुच उन दिनों के प्रथम नर्तक सुपरस्टार।

उदय अपने परिवार को अपने स्वप्नों के बारे में बताने बनारस पहुँचे। वे चाहते थे कि वे लोग इसे

साकार करने में उनके साथ हो जाएँ, और आखिरकार कुछ कठिनाइयों के बाद, वे उन्हें विश्वास भी दिला सके। सफलता एकदम निश्चित तो नहीं लगती थी, लेकिन उन लोगों ने एक बार आजमाने के लिहाज से यहाँ से उखड़कर संसार के दूसरी तरफ जाने का निर्णय कर लिया।

राजेन्द्र ने मास्टर डिग्री का अपना अध्ययन छोड़ दिया, और देवेन्द्र ने अपने स्नातक का। इसी प्रकार रवि की चचेरी बहन मीना (जिसका नाम कनकलता भी था) और उसके पिता केदार शंकर चाचा भी जो एक ड्रम-वादक थे और फ्रेंच-कट दाढ़ी रखते थे साथ हो गये थे। सभी भाई उन्हें काका कहते थे। उन लोगों के मामा वृजबिहारी (जिन्हें बाद में मातुल भी कहा जाता था) इस उभरती मंडली के नये रंगरूट थे। वे वास्तव में हेमांगिनी के दूर के एक चचेरे भाई थे लेकिन उनके द्वारा ही बचपन से उनका लालन-पालन हुआ था। बहुत से शौकिया संगीतकार भी संलग्न किये गये और तिमिर बरन को संगीत-निदेशक नियुक्त किया गया; और तब उदय ने अपने घर को सँभालने के लिए अपनी माँ को भी पेरिस साथ चलने को कहा— जिसका मतलब था कि दस साल के रोबू को भी जाना था। इस सम्भावना पर वे हर्षित हो उठे थे। 1930 के अन्त में वे एक नये जीवन के लिए पेरिस रवाना हो रहे थे।

दो
बैरागी

रोबू, रोबू! ओट! ओट! दुष्टु छेले!

मैंने गहरी नींद में यह सुना जब मैं एक अजीब सपना देख रहा था कि मैं नहा रहा था, एक गर्म झरने के नीचे था एक गर्म पोखर में बैठा था...लेकिन तभी मैंने अनुभव किया कि मेरी माँ मुझे झकझोर रही थीं और जगकर मैंने जाना कि मैंने बिछावन गीला कर दिया था और वह मुझे जगाने की कोशिश कर रही थीं।

अभी करीब बहुत सवेरा था और सबके ऊपर जगह थी पेरिस। मुझे बुरा लगा। मैं दस वर्ष का था और मेरी यह कमजोरी थी; बीच-बीच में कभी यह हो जाया करता था। वास्तव में मुझे याद है बनारस में हर रात मेरे सोने जाने से पहले मेरी माँ लगभग एक मन्त्र की तरह मुझसे एक दोहा बंगला में पढ़वाती थीं,

'घरे शोतोन बाइरे मोतोन
शोतोन मोतोन दुई भाई'

और सोने जाने के पहले बायीं तरफ तकिया पटकना। इसका अर्थ था : सोने घर के भीतर जाना, और पेशाब करने घर के बाहर, यद्यपि सोना और पेशाब करना (शोतोन और मोतोन) दो भाइयों की तरह हैं, इसके बाद तकिया पटकना एक टोना था, या उसी तरह की कोई चीज।

एक तरह से यह हास्यास्पद था। बाहर बड़ी ठंडक थी, शून्य से नीचे, ज़मीन पर बर्फ पड़ रही थी। और अपनी निद्रावस्था में जो आनन्ददायक गर्माहट मैं महसूस कर रहा था, उस जाड़े में उठना और बिछावन और कपड़े बदलना....सचमुच मुझे बड़ी तकलीफ होती थी।

पेरिस में होना एक स्वप्न की तरह था। 1930 में जब हम लोग पहुँचे थे, मुझे थोड़ा बुखार था जो उसी क्षण शुरू हो गया था जब ट्रेन पर हम लोगों ने बनारस छोड़ा था, और यह सारी उत्तेजना और नयेपन के साथ समुद्र के जहाज पर भी जारी रहा।

जन्म से ही मैं बनारस के जादुई प्रभाव से घिरा था और वहाँ से मैंने बम्बई तक की रेल यात्रा की। बम्बई पहले से ही मेरे लिए अविश्वसनीय था। इतने सारे सिनेमाघरों को देखना!—मैंने सचमुच प्रथम वाक्चित्र देखा—मेरे लिए तो यह बहुत कुछ था।

तब जहाज की यात्रा शुरू हुई। जहाज द एस०एस० गैंजेज़ जो इटालियन था, एक पूरे नगर की तरह था। कुछ दिनों तक डेक पर दौड़ने में मुझे बड़ा मज़ा आया, और चार सीटों वाले छोटे केबिन बड़े

अच्छे लगे। गर्म और ठंडे पानीवाले बेसिन को देखकर बड़ा मज़ा आता था, और शौचालय भी कितने भिन्न प्रकार का था। हर चीज मुझे हर्षित करती थी चूँकि यह नयी थी।

हमारी जो एकमात्र समस्या थी वह भोजन की थी। कुछ दिन तो वे भात और करी देते थे जो ठीक था पर अन्य दिनों को टमाटर की चटनी के साथ स्पैगेटी देते थे। दादा, जो बड़े स्नेहपूर्ण और साथ ही कड़े अनुशासक थे, चाहते थे कि हम पश्चिमी जीवन के तरीकों की आदत लगाएँ। इसलिए वे हम पर भारतीय नहीं, पश्चिमी ढंग से बनाए पास्ता और मांस खाने के लिए ज़ोर देते थे। यात्रा का यह भाग मुझे अच्छा नहीं लगा। मैंने विवशता में खाया मगर तीसरा दिन आते-आते जहाज डोलने लगा क्योंकि समुद्र तूफानी था और हम सभी बीमार हो गये। बचपन से ही यात्रा के दौरान मैं कमजोर रहता था; कार और समुद्र यात्रा मुझे बहुत लगती थी (लेकिन ट्रेन नहीं)। जिस क्षण समुद्र में लहरें उठने लगीं, टमाटर-सॉस के साथ सारा स्पैगेटी बाहर आ गया। मेरी तो हालत खराब थी। तीन या चार वर्षों के बाद भी, जब मैं पश्चिम की हर चीज का अभ्यस्त हो गया था, फिर भी डर से मैं स्पैगेटी और टमाटर-सॉस नहीं खा सकता था।

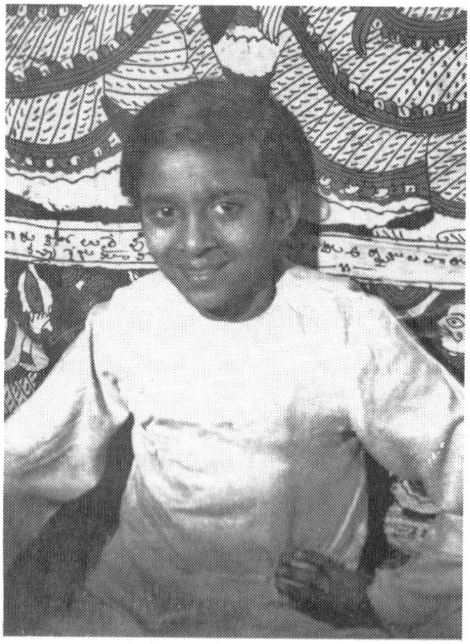

रवि पेरिस पहुँचने के तुरन्त बाद

हम अदन और पोर्ट सईद जैसे स्थानों से गुज़रे। हम कुछ ही घंटों के लिए पोर्ट सईद में रुके थे, लेकिन यह मन्त्रमुग्ध कर देनेवाला था, क्योंकि पहुँचने के तुरन्त बाद ही हम लोगों ने कुछ स्थानीय लोगों को जादू दिखाते देखा जो न जाने कैसे गौरैये और कबूतर निकाल देते थे। मेरे लिए यह जादुई देश था, यद्यपि हमें सावधान किया गया था कि यदि हम चौकन्ने न रहे तो हमारे बटुए और दूसरी कीमती चीजों के गायब हो जाने का सबसे बड़ा जादू हो सकता था। बम्बई छोड़ने के दस-ग्यारह दिनों के बाद हम इटली के ब्रिन्दिसी पहुँचे और वहाँ से हम लोग ट्रेन से वेनिस होते हुए पेरिस गये। ट्रेन-यात्राएँ बड़ी अद्‌भुत थीं। हमारे यहाँ के डिब्बों से वहाँ के डिब्बे बड़े भिन्न थे, बड़े स्वच्छ और मोहक।

वेनिस स्वर्ग की तरह था : हजारों कबूतरों से भरा अद्‌भुत सान मार्को प्लाज़ा। यह किसी जादुई शहर की तरह लगता था, सड़कें नहीं, केवल पानी, गाड़ियाँ नहीं, केवल गोंदोले—और गोंदोलावाले गम्भीर स्वर में 'ओ सोलमियो' गाते हुए। मकान बेजोड़ थे और इतालवी भाषा सुनने में मुझे संगीत की तरह लगती थी, आज भी लगती है। इतालवियों के लिए मुझे बड़ा प्रेम है। उनकी प्राचीन संस्कृति अद्‌भुत है और उनके नगर सुन्दर हैं, लेकिन इससे अधिक जिसके लिए मैं इतालवियों के प्रति श्रद्धावान हूँ वह है उनका शिशुवत गुण : पुरुष मज़ाकिया होते हैं, हँसी-मज़ाक से भरे हमेशा हँसते हुए और चिकोटी काटने का मज़ा लेते हुए। वे तो जान लेकर भी बच सकते हैं और मैं पहली बार पहुँचने पर स्त्रियों को देख अवाक् था, इतना मेक-अप इतनी खुशबू और सुन्दर सुघड़ टाँगों वाली—मेरा तो बुखार फिर बढ़ने लगा!

अन्त में पेरिस में हम लोग उस मकान में पहुँचे जहाँ हमें ठहरना था, पेरिस सेज़िएम के 121 रू दे पेरिस में। छोटी कोठी से मिलता-जुलता यह हमारा एक पुराना आकर्षक मकान था, छोटी फर्शों के आठ से दस कमरे, निचले तल्ले पर एक बड़े हॉल के साथ। मुझे अपनी माँ के साथ एक कमरे में रहना था।

हर चीज भारत से लायी गयी थी। मेरे भाई और एलिस बोनर अपने भारत-भ्रमण के दौरान इकट्ठे

किये गये सारे वाद्ययन्त्र और परिधान सामग्री हमारे साथ जहाज पर ले आए थे; इनसे भरे बड़े-बड़े बक्से थे। हम सभी एलिस को बहुत मानते थे, उन्होंने सचमुच मेरे भाई की यह मंडली बनाने में बड़ी सहायता की थी।

कुछ दिनों के भीतर हमने दो या तीन सहयात्री दर्जिनियों का इन्तज़ाम किया, जो परिधान बनाने के काम में जुट गयीं। मैंने गज़ के गज़ चाँदी-सोने के ज़री के कपड़े देखे जिनसे सिर और शरीर के विभिन्न परिधान बनाये जाते, और शरीर के लिए हमारे पास आभूषण थे। सब चीज हज़ारों वर्ष की प्राचीन पहनावे की शैली में बनायी गयी जिसे एलोरा, महाबलीपुरम और अजन्ता के गुफा-शिल्पों में देख सकते हैं। इतने सारे रंगों के बीच मैं तो जैसे जादू की दुनिया में था।

इसके बाद बाहर निकले वाद्ययन्त्र। डेढ़ सौ प्रकार के, अधिकतर लोक-वाद्य, किन्तु हमारे पास शास्त्रीय यन्त्र भी थे : वीणा, सितार, सरोद, सारंगी, सरिन्दा, बाँसुरियाँ, शहनाई, शास्त्रीय और लोकसंगीत वाले ढोल, उत्तर भारत से दक्षिण भारत तक आदिवासी ढोल। यद्यपि मैं स्वयं भारतीय था, मैंने ऐसी चीज़ें नहीं देखी थीं। किसी संग्रहालय में भी मैंने ऐसा संग्रह नहीं देखा था।

दादा के सभी प्रकार के मित्र हमारे अभिवादन को आए, और सुदूर देश से आए लोगों को देखने को उत्कंठित कलाकार और समाचार-पत्र, पत्रिकाओं के लोग भी। अन्तिम तिथि निश्चित थी। हम 1930 के अन्त में आए थे और पहला शो 3 मार्च, 1931 को थिएटर डेस चैम्प्स एलिसीज़ में तय था। काम तेज़ी से चल रहा था, और जल्दी ही रिहर्सल भी शुरू हो गये। दादा के पास नर्तकों की अच्छी संख्या थी और शो एक रूप धारण कर रहा था। मैं इसमें भाग ले तो रहा था मगर गम्भीरता से नहीं, क्योंकि वे मुझे पेरिस के एक स्कूल में दाखिला दिलवाने की योजना कर रहे थे।

बनारस, जहाँ मैं दो वर्ष स्कूल में था, छोड़ने के बाद मेरी स्कूली पढ़ाई चौपट हो गयी थी। मैं भाग्यशाली था कि मेरे भाई खासकर मेजदा और सेजदा मुझे अँग्रेज़ी, गणित, ज्यामिती और कुछ अलजबरा पढ़ा रहे थे; यह सब चलता रहा, लेकिन यह मेरे नियमित अध्ययन के जीवन का सचमुच अंत था। आगे करीब दो वर्षों के लिए पेरिस के मिचेल आंज मॉलितोर ज़िले के एल एकोल सेंट जोसेफ स्कूल में गया, हालाँकि भाषा की समस्या के कारण मुझे निचले वर्ग में प्रवेश लेना पड़ा। एकमात्र लाभ जो मुझे हुआ वह था फ्रेंच भाषा-ज्ञान। यह एक कैथोलिक स्कूल था और हमें फ्रेंच में प्रार्थना करनी होती थी, जो मैं तोते की तरह रट गया था। बस इतना ही, पढ़ाई-वढ़ाई कुछ ज्यादा न थी। शुरू में तो लड़कों ने मेरी बड़ी रैगिंग की लेकिन मैं दूसरों से उम्र में एक-दो साल बड़ा था और खूब तेज दौड़ सकता था। मैं उन्हें मारकर भागता था और वे मुझे पकड़ नहीं पाते थे। कुछ समय बाद सब शान्त हो गया। स्कूल करीब दो मील था लेकिन मुझे पैदल जाना अच्छा लगता था, पीठ पर बस्ता, सर पर बेरे और ढीले-चौड़े निकरों में। रास्ते में मैं सूसेट चूसने का मज़ा लेता था, तरह-तरह के रंग-स्वाद के चपटे, गोल बॉनबॉन। शुरू में मुझे भाइयों ने रोशनी-सिगनल के पास सड़क पार करना सिखाया, बाद में यह आसान हो गया।

उस समय पेरिस संसार की कला-राजधानी था। लगता था कि सभी विदेशी कलाकार या तो वहाँ अपने देश छोड़कर रहते थे या आते रहते थे। अमेरिका से आनेवालों की भारी संख्या थी और मैं सभी से मिलता था, ऐसा लगता है—मुझे गरट्रूड स्टेन की अच्छी याद है और हेनरी मिलर और कोल पोर्टर की धुँधली—लेकिन बिना यह जाने कि वे कौन थे और कैसे प्रसिद्ध थे। यही समय गुर्जिएफ, रुडॉल्फ स्टेनर और डैडाइज्म का था। हैश और दूसरे ड्रग चल निकले थे लेकिन काफी सयाने और परिपक्वों तक सीमित थे।

जैज़, शास्त्रीय संगीतकारों, बैले और फ्लैमेन्को नर्तकों के साथ बड़े मज़े का जीवन था। एलिस बोनर की चाची (मौसी) हम लोगों के एक मित्र से ब्याही थीं, एक अमरीकी के साथ, जो चेलो बजाते

थे और जिनका घर एक सेलोन की तरह था। उस घर में मैंने बहुत से पेरिस के प्रसिद्ध संगीतकारों को देखा।

पावलोवा के बारे में बहुत कुछ सुनकर और उनकी फिल्में देखने पर मुझे लगता था मानो मैं उन्हें जानता था। फिर भी, दुर्भाग्यवश, हमारे पेरिस पहुँचने के कुछ महीने बाद उनकी मृत्यु हो गयी और फिर उनसे कभी भेंट न हुई। लेकिन हम लोगों ने स्पेनी नर्तक आर्जेंटिना और एस्कुडेरो को देखे, क्रीगर (जर्मन नर्तक—जो मुंडित सर नाचते थे) और टेरेसिना को। मैं अपने भाइयों के साथ ऑपेरा और बेले देखने जाता रहा था और धीरे-धीरे ऐसे महान संगीतकारों जैसे गिटारवादक आन्द्रेस सेगोविया, चेलोवादक पैब्लो कॉसल्स, पियानोवादक पेदेरव्स्की और शाल्यापिन बैस स्वर वाले को पेरिस ऑपेरा में देखता-सुनता रहा था। जब शाल्यापिन गाते थे तो मैं अपने पेट में एक अजीब कम्पन्न अनुभव करता था और लगता था कि झाड़-फानूस काँप रहे हों। इसके बाद थे जास्चा हेफेज, फ्रिट्ज क्रेस्लर, ज्यॉर्जिस एनेस्को, स्त्राविन्सकी और तौस्कानिनी।

इन सभी अद्वितीय कलाकारों को देखना और कुछ से मिलना और बार-बार उन्हें सुनना, संसार के विभिन्न भागों में, एक अद्‌भुत अनुभव था। पेरिस के स्कूल में पियानों के कुछ शिक्षण को छोड़कर पाश्चात्य संगीत की कोई समुचित शिक्षा न मिलने पर भी मैंने प्रत्यक्ष या रेकॉर्ड किया इतना शास्त्रीय संगीत सुना कि वह मेरे बिल्कुल अनुकूल हो गया। यह स्वभावत: मेरे अन्दर था; मैं अच्छे संगीत के बारे में जानता था और प्रसिद्ध संगीत रचयिताओं और उनकी रचनाओं के बारे में भी।

इन ख्यातिप्राप्त लोगों में से कुछ हमारे यहाँ भी आते थे; सेगोविया, एनेस्को, अभिनेता ज्यार्जिस और नडमिल्ला पिटोएफ और माइकेल चेखव (ऐन्टन चेखव का भतीजा)। इन सभी प्रसिद्ध लोगों से मैं अपने घर—रू दि पेरिस में आप्लावित हो रहा था और तब जब शुरू 1932 में हम लोग 17 रू डि बेल वेडेयर में चले गये उसके बाद।

अपने बचपन में मैंने जैसे भावोत्तेजक सुन्दर दिनों का अनुभव किया उसे प्राप्त करने का सौभाग्य बहुत कम लोगों को हुआ है। हालाँकि मैं जानता था कि जिन्हें मैं जानता था वे महान थे, तो भी उस समय मुझे ऐसे सुख का भान नहीं था। मैंने इसे सहज मान लिया था। केवल अब पीछे मुड़कर देखने पर उन सारे अनुभवों का मोल पहचान पाता हूँ।

मैं बहुत सी फ्रेंच फिल्में देखा करता था। कॉमेडियन ज्यॉर्जिए मिल्टन मेरे मनपसन्द अभिनेता थे, और गैबी मोर्ले और ज्यॉं गैविन भी बड़े प्रिय थे। 78 आर.पी.एम रेकॉर्डों पर मेरे पास शास्त्रीय संगीत का एक अच्छा संग्रह था, फ्लूट, चेलो, सिम्फनी ऑरकेस्ट्रा। मेरे पास बहुत सा जैज़ और फ्रांसीसी एकॉर्डियन संगीत भी था; लोक रागाश्रित और फिल्मी गीत, एडिथ पियफ इत्यादि। मैंने उस समय जोसेफीन बेकर या मिस्टिंगुएट को नहीं देखा था, लेकिन उन्हें बहुत बाद में देखा जब मैं (और वे भी) बहुत सयाना हो गया था। कसीनो दे पेरिस की सुन्दर, साँवली अमरीकी नर्तकी जोसेफीन बेकर का आवास एक शैतो की तरह मेरे एक मित्र के घर के पास था, जहाँ मैं जाया करता था। उसने बहुत से बच्चों को गोद ले लिया था। वह केलों के साथ इस गीत 'यस वी हैव नो बनानाज़' पर नाचने के लिए प्रसिद्ध थी। फ्रांसीसी नर्तकी मिस्टिंगुएट भी उतनी ही मशहूर थी। वह अपनी टाँगों के लिए प्रसिद्ध थी अपनी उम्र के साठवें दशक में भी, जब मैंने उसे देखा।

उन दिनों जिस चीज से मैं रोमांचित हो उठता था वह थीं औरतें। मुझे लगता है उन दिनों वे आज की अपेक्षा बहुत ज़्यादा मेक-अप और खुशबू का प्रयोग करती थीं। लिपस्टिक गाढ़ा होता था, आँखों में अक्सर मस्कारा होता था, रूज और सेंट थे...और उन घुमावदार टाँगों के कारण वे मझे दीवाना कर देती थीं। मैं उनके निकट होना चाहता था, उन्हें सूँघना और छूना चाहता था—मैं अपने को रोक नहीं पाता था। और वे मुझे प्यार करती थीं! निश्चय ही यह समझतीं कि मैं एक छोटा सुन्दर बच्चा हूँ वे मुझे दुलारतीं और चूमती थीं—लेकिन वे यह नहीं समझ पाती थीं कि मैं एक छोटे लड़के की तरह अनुभव नहीं करता

1931 के आरम्भ में मण्डली के पेरिस वाले घर के बगीचे में तबले पर विष्णुदास शिराली, टौस पर अन्नदा चरण भट्टाचार्य (बेचू) सितार पर रवि, सरोद पर तिमिर बरण, बाँसुरी पर राजेन्द्र शंकर

था। हमेशा मैं उत्तेजित रहता था!

हम लोगों के मित्र पति-पत्नी ज्यॉर्जिस और नडमिला पितोएफ को करीब पाँच बेटियाँ थीं, दस और अट्ठारह वर्षों के बीच की, और दो पुत्र थे। मैं उन लोगों से बड़ा मित्रवत था और बोइ डि बोलोन में उनके घर जाने का आनन्द लेता था, और मैं उनकी सारी पुत्रियों को प्यार करता था। वे रूसी थीं, और सुन्दर और नाम थे जैसे, नाडिया, नडमिला और स्वेतलाना।

पेरिस की वह अवधि आज भी मेरी स्मृति में ताज़ा है। आज भी ऐसे प्रसिद्ध और सुन्दर लोगों के बारे में सोचकर हर्ष होता है; उस दृश्य, स्वर, गन्ध, संगीत और नृत्य में आवेष्ठित होने में, हर आदमी का प्रेमास्पद बनने और प्रशंसित होने में और सचमुच निरन्तर उन सभी छोटी लड़कियों और सयानी औरतों के प्रेमपाश में होने में, जिन्हें मैंने देखा या जिनसे मिला।

इस सबका परिणाम हुआ कि मैं जल्दी सयाना हो गया, जैसा कि शो-बिजनेस में अनिवार्य है—जैसा कि बीटलों में से एक जॉर्ज ने स्वयं अपने बारे में भी स्वीकार किया है, मैं तो उम्र में और भी छोटा था। मुझे लगता है कि वस्तुत: बचपन का रूप मुझे बहुत कम प्राप्त हुआ। पेरिस में शुरू से ही मैं सयाने लोगों के साथ आ पड़ा था जैसे मेरे भाई लोग। काम करने के समय तो अच्छा लगता था, लेकिन ऐसा समय भी होता जब वे लोग आराम कर रहे होते, कुछ तो पीते और उन्हें गर्लफ्रेंड भी थीं। कभी-कभी बिना यह विचार किए कि वहाँ तो नग्न दृश्य या अतिश्रृंगारिक प्रकरण होंगे, वे लोग मुझे लेकर कुछ प्रदर्शनों में जाते थे। यह सब उन्हें बड़ा परेशान करनेवाला था। अगर ऐसे दृश्य आते तो वे लोग मुझे बाहर ले जाते, लेकिन आप सच मानिये तब तक मैं काफी देख चुका होता था।

पेरिस में मंडली के संगीत-समारोहों में शुरू से ही मैं गाता, नाचता और कुछ यन्त्रों को बजाता रहा था, लेकिन जब तक मैं साढ़े बारह वर्ष का हुआ, उन लोगों ने टूर में अपने साथ मुझे ले जाना शुरू किया। नर्तक और संगत करनेवाले संगीतकार दोनों रूपों में मुझे लगाना शुरू किया।

हम लोग सम्पूर्ण यूरोप में बस-यात्रा करते थे : फ्रांस, स्विट्ज़रलैंड, इटली, जर्मनी, हॉलैंड, बेल्जियम, चेकोस्लोवाकिया, ऑस्ट्रिया, हंगरी, युगोस्वालिया—यहाँ तक कि सुदूर रूमानिया, बल्गेरिया, एस्टोनिया,

लिथुआनिया और लैटविया; रूस और यूनान को छोड़कर सब जगह; हालाँकि बाद में मैंने इनकी भी कई बार यात्राएँ कीं।

प्रथम विश्वयुद्ध की बर्बादी यूरोप के होटलों में स्पष्ट परिलक्षित थी। कमरों में बेसिन की जगह पानी के जग थे और अगर गर्म पानी के बेसिन थे भी तो बाथरूम थे ही नहीं। उन दिनों केवल वैभवशाली होटलों में ही कमरों के साथ बाथरूम थे और वह भी कुछ थोड़े ही सुइटों में; हमें कॉरिडोर से नीचे जाना पड़ता था। लन्दन में भी ऐसा ही था जहाँ 1932 में मैं पहली बार गया था। इम्पीरियल होटल या रसेल स्क्वायर के रॉयल होटल जहाँ भी हम ठहरे, किसी में भी सुइट के साथ बाथरूम नहीं था। इस असुविधा का अर्थ यह था कि आदमी हफ्ते में एक या दो बार ही नहा सकता था और आमतौर से इसके लिए अलग से पैसे भी देने पड़ते थे। नगरों से दूर भी जब हम लोग किसी रेस्तराँ या कैफे में गये, शौचालय बाहर एक छोटी कुटिया में होता था, खुले शौचालय की दुर्गन्धवाला। भारत की तरह हमें खुले मैदान में जाना ज्यादा अच्छा लगता।

विलासरहित होने के बावजूद मेरी दृष्टि में फ्रांसीसी होटल लगभग पूर्ण लगते थे। कम से कम उनके होटल के कमरों में एक शौचालय था। वे इतने सुरुचिपूर्ण थे—भोजन, मदिरा, खुशबू, स्त्रियों और प्रेम के विषय में। जीवन के प्रति उनका दृष्टिकोण बड़ा कलात्मक, रूमानी और विश्वासपूर्ण था (और है)। क्रोयसाण्ट, ब्रायोचेज, बैगुएट्स और सचमुच स्त्रियों से प्रातःकालीन सड़कों पर आती सुगन्ध मुझे बड़ी प्यारी लगती थी (अजीब बात है कि मैं प्रायः स्त्रियों का इतना जिक्र क्यों करता हूँ)। मैंने हमेशा फ्रांसीसी भोजन पसन्द किया है और खासकर फ्रांस में फ्रांसीसी भोजन। इसे बाहर खाने में बड़ा फर्क हो जाता है, हो सकता है पानी का असर हो या शायद मक्खन का, या कोई चीज है जो हैरिकॉट्स वर्ट्स या पामेस ब्राइटिस को अँग्रेजी और अमरीकी ढंग से पके बीन और चिप से अलग कर देती है। फ्रांसीसी पाक-कला के लिए मेरी बड़ी कमजोरी है—आलू, सलाद और बैगुएट के साथ एक सादे आमलेट के लिए भी। फ्रांस के बहुत बड़े मशहूर रेस्तराँओं में अक्सर गया हूँ—रोतोन्दे, कुपोल, मैक्सिम के या दूसरे—लेकिन मैंने सड़कों से दूर छोटे रेस्त्राँओं को अधिक पसन्द किया है जहाँ थालियाँ न केवल सस्ती थीं बल्कि अधिक स्वादिष्ट भी।

उस समय फ्रांस और उसकी संस्कृति और भाषा से मेरा इतना गहरा प्रेम था कि आज भी मैं उससे मुक्त नहीं हूँ। मगर इसके दूसरे पहलू को भी महसूस जरूर करता हूँ : इसका गर्वीलापन, दूसरों को नीची निगाह से देखना—अमरीकी और अँग्रजों को, विशेषकर पहले को। बहुत वर्षों बाद यह देखना एक विडम्बना ही है कि कैसे स्वयं फ्रांसीसी भी शेष संसार की तरह अमेरिका की कोका-कोला, जीन्स, बर्गर और एम.टी.वी की संस्कृति से प्रभावित हो गया है।

पेरिस, ऐम्सटर्डैम, और ब्रसेल्स के बाद लन्दन निराशाजनक लगा। ये दिन थे जब इसके पीले कुहासे अधिक थे जैसा कि आप लन्दन में बने श्वेत-श्याम फिल्मों में देख सकते हैं। मार्ग के सारे मकान एक ही प्रकार के दिखते थे। सभी भवन धूसरित थे धुन्ध, धुएँ और कोयले की राख के कारण। रॉयल होटल जहाँ हम ठहरे थे एक बैरक की तरह था। उस समय औसत लन्दनवासी के साथ एक अजनबी सा सम्बन्ध था। भारतीयों के पीछे 'कलूटा! कलूटा! कलूटा!' चिल्लाते दौड़ते बच्चों की घटनाएँ भी हुआ करती थीं और अगर भारतीय अकेला चलता मिल जाता तो समस्याएँ खड़ी हो जातीं। किन्तु लन्दन की अँग्रेजी जब बोली जाती तो उसके आकर्षक उच्चारण पर मैं हर्षित होता था और एक नगर के रूप में स्वयं लन्दन अपने दर्शनीय स्थानों—हाइड पार्क, किव गार्डेन्स, ब्रिटिश म्यूज़ियम, मादाम तुसौद के संग्रहालय, लन्दन के टावर—के साथ बड़ा प्रभावशाली था। यह बड़ा विस्तृत लगता था। सबसे अधिक जिसने मुझे प्रभावित किया वह थी ट्यूब रेल क्योंकि पेरिस की मेट्रो की तुलना में या यूरोप की अन्य रेलों की, यह सबसे साफ-सुथरी और आकर्षक लगती थी; सुन्दर, गोल और रंगीन।

दूसरी चीज था भोजन। मछली और चिप्स मेरे पसन्दीदा थे, और नाश्ता सचमुच मुझे बहुत अच्छा

लगता था, क्योंकि पेट भर जाता था; नाश्ते के रूप में इतने प्रकार की चीजों के बाद लंच की जरूरत न थी—बेकन, अंडे, पॉरिज, मछली या कभी-कभी मटन-चॉप भी। लियोंस कॉर्नर हाउसेज़ सबसे बड़े और अच्छे रेस्तराँ थे। अब वे कहाँ चले गये हैं मैं नहीं जानता। हमारा पसन्दीदा लेस्टर स्क्वायर में था, जहाँ वे भुने चिकेन के ऊपर अंडा डालकर बनाया करते थे, पिष्टी की तरह, जिसे आलू चिप्स के साथ परोसते थे, जो स्वादिष्ट था। हम लोग अक्सर पिकैडिली और लेस्टर स्क्वायर के बीच वेस्ट एंड के सुन्दरतम स्थानोंवाले इलाके की ओर निकल जाया करते थे, जहाँ सिनेमाघर और भारतीय रेस्तराँ भी थे। यद्यपि भारतीय रेस्तराँ बहुत कम थे, हम लोग यथा सम्भव अधिकतर उनमें खाते थे। लेकिन ज्यादातर दूसरे रेस्तराँओं में अच्छा खाना नहीं मिलता था, और विश्वास मानिये, उस समय सामान्यत: लन्दन उतना आकर्षक नहीं था।

ब्रिटिश द्वीपसमूह के ग्रामीण क्षेत्र मुझे बड़े प्रिय हैं। ज्यादातर जगहों से इसकी घनी हरियाली अलग है, वर्षा के कारण इसके पौधे बड़े सुडौल हैं। जब मैं यात्रा पर होता हूँ, मैं जान-बूझकर ट्रेनों से चलता हूँ, जो बड़ा आनन्ददायक होता है। लेकिन उस आरम्भिक यात्रा में हमें अँग्रेजी देहातों को देखने का सौभाग्य प्राप्त नहीं हुआ क्योंकि लन्दन के बाहर बहुत स्थानों पर हमारे कार्यक्रम नहीं हुए। असल में यद्यपि दादा को लन्दन में बड़ी सफलता मिली थी, इंग्लैंड के बाकी हिस्से अपेक्षाकृत प्रभावित नहीं हुए थे। उन दिनों ब्रिटिश लोगों के बारे में कुछ ऐसी बात थी। दादा को बरमिंघम, मैन्चेस्टर या लीड्स क्यों नहीं निमन्त्रित किया गया? क्योंकि देश के अधिकांश भाग को भारतीय संस्कृति में रुचि नहीं थी।

इसके बाद मैंने जर्मनों को भी जाना। जिन जर्मनों को मैंने जाना वे आज के जर्मनों से भिन्न थे। सचमुच उन दिनों उनकी स्थिति बुरी थी। प्रथम विश्वयुद्ध के प्रभावों के कारण, गुज़ारे के लिए पर्याप्त भोजन नहीं था; लेकिन उनके बौद्धिक और सांस्कृतिक पक्षों से मैं बड़ा प्रभावित हुआ था। जर्मनी पहला देश था जहाँ लोग हमें देख, 'गांधी, गांधी, टैगोर' चिल्लाते। पूरे देश में हम लोग बस द्वारा छोटे शहरों, दूरस्थ गाँवों और नगरों में भी गये—कुल मिलाकर अस्सी भिन्न स्थानों पर। उनके पास सुन्दर रंगशाला थी और भारत के बारे में उनकी जानकारी फ्रांसीसियों, इतालवियों या अँग्रेजों से कहीं ज्यादा थी। उनकी गुणग्राहकता से हमें महसूस हुआ कि हमारे देश और लोगों के प्रति उनमें बड़ा श्रद्धा-भाव था।

जर्मनी के बाद सबसे स्वागतातुर देश था चेकोस्लोवाकिया। उसके बारे में मेरे सभी खयाल बड़े अच्छे थे; इतना छोटा देश, लेकिन फिर भी भारत के बारे में वे कितना जानते थे!—महाभारत के बारे में भी, क्योंकि वे हमें आवाज़ देते थे—'गीता! गीता!' उन दिनों हमें इसमें विश्वास नहीं होता था। उन्नत सांस्कृतिक चेतना वाला दूसरा देश था पोलैंड जहाँ हमने लोगों को कलाओं में बड़ा मग्न और आनन्द लेते देखा। फिर भी यह जर्मनी था जिसने मुझे बहुत मुग्ध किया, लोगों के विस्तृत ज्ञान और समृद्ध संगीत के कारण।

द्वितीय विश्वयुद्ध के दौरान भारत में बहुतों ने मन में यह इच्छा पाल ली थी कि हिटलर जीत जाए, क्योंकि मन के भीतर हम अँग्रेजों को पसन्द नहीं करते थे। राजनीतिक रूप से हम दमित थे। हम जर्मनी के हरवस्तु से प्यार करते थे; यह मजबूत, ठोस था (इसके विपरीत जापान छोटा और कमज़ोर था। वहाँ की हर चीज बड़ी तुनुक थी—हम लोग जानते थे कि जो भी जापानी खिलौने हम खरीदते दो दिनों के अन्दर टूट जाते थे)। जर्मनी के अतिरिक्त, हम सोचते थे, ब्रिटिश चीज़ें, जैसे उसकी कारें मजबूत होती थीं। हमारी ब्रिटिश-विरोधी भावना के बावजूद हममें ब्रितानी मजबूती और ईमानदारी का आदर था। राजभाषा अँग्रेजी और शिष्टाचार काफी प्रचलन में थे और भारतीय अधिकारियों और छोटे रईसों के द्वारा उनका अनुकरण किया जाता था।

तब के महानगर कलकत्ता में ही ब्रितानी प्रभुत्व आरम्भ हुआ था; व्यापार का प्रारम्भिक केन्द्र, 1911 तक यह वस्तुत: राजधानी था (जब यह दिल्ली चली गयी)। बंगाली होने के कारण मैं उस स्वर्णयुग को, जो अट्ठारहवीं शती के अन्त से बीसवीं के आरम्भ तक था, जानता था, जब कलकत्ता

रवि सितार पर

प्रमुख नगर था और बंगाल में पुनर्जागरण का आरम्भ हुआ था—टैगोर, रामकृष्ण, विवेकानन्द और करीब-करीब सभी प्रसिद्ध वैज्ञानिक, लेखक, डॉक्टर, वकील और शिक्षक वहीं के होते थे। इसने बंगालियों को गर्व-दीप्ति और एक दम्भी दृष्टिकोण दिया था (बहुत कुछ फ्रांसीसियों की तरह)। 'जो बंगाल आज सोचता है, वही कल पूरा भारत सोचता है', बंगालियों के दुर्भाग्य से इस शती के मध्य से चीज़ें बदल गयी हैं, और अब हम लोग प्रत्येक क्षेत्र में प्रधानता नहीं रखते, अब भारतीय नेतृत्व में सभी राज्यों की बराबर भागीदारी है।

घर देखने और परिवार के लिए खाना पकाने के लिए मेरी माँ 1930 में पेरिस आयी थीं। तब पेरिस में बहुत कम भारतीय रेस्तराँ थे; किराने की भारतीय दूकानें नहीं थीं; प्लेस डि ला मैडेलीन में बड़े गिरजाघर टॉमस कुक ऑफिस के नजदीक जहाँ हम हर हफ्ते भारत से आई अपनी डाक लेने जाते थे, हेडियार्ड नाम की एक यूनानी दूकान थी (आज भी है) जो सभी प्रकार के मसाले और विदेशी फल बेचती थी। यह हमारी मनपसन्द दूकान थी और उन सभी मसालों की फिर गंध लेना बड़ा अच्छा लगता था और आमों या लीचियों को देखना। मेरी माँ बहुत सीधे-सादे भोजन पकाया करती थीं। बहुत सी भारतीय सब्जियाँ जैसे ओकरा उन्हें नहीं मिल पाती थी, अतः ज्यादातर आलू, मटर, हैरिकॉट्स वर्ट्स, फूलगोभी और बंधागोभी रहती थी। दालें सम्भव नहीं थीं, और बदले में जो मिल जाती थीं वे पकाती थीं। लेकिन बस इतनी थोड़ी सब्जियों, मुर्गी के मांस, मछली, खस्सी के मांस और उनके पास के सीमित मसालों में वे प्याज, लहसुन, अदरक और कुछ लाल मिर्च लगा देती थीं—और जो कुछ वे बना देतीं फिर भी बड़ा स्वादिष्ट होता था!

ज्यादातर वे घर ही में रहतीं, खासकर जब मैं स्कूल जा रहा था। हम दोनों परस्पर बहुत निकट थे। कभी-कभी मेरी माँ या कुछ मित्रों के साथ मैं और मेरे भाई बॉइ डि बोलोन के पार्क या चिड़ियाघर जाते थे और वहाँ मुझे बड़ा आनन्द आता था। लूवर म्यूजियम, तूलरी गार्डेन्स और वर्साइ के हमारे भ्रमण मुझे बहुत अच्छे लगे। मैं उतना ही प्रभावित इससे हुआ कि यूरोप की ग्रीष्मऋतु कितनी भिन्न है वहाँ के शिशिर से, जो इतना हिमोज्वल और ठंडा होता था।

इसी समय मैंने और अधिक पढ़ाई शुरू कर दी थी। जो भी हाथ लग जाता था मैं पढ़ता था। हमारी पौराणिक कथाएँ, महाभारत और रामायण, टैगोर का महान साहित्य और बंगला में विभिन्न नाटक। फ्रेंच में भी मैं बहुत कुछ पढ़ रहा था, बच्चों की कॉमिक-बुक्स से लेकर, इतिहास, जासूसी, गम्भीर पुस्तकें, भौगोलिक पत्रिकाओं से लेकर ज्यूल्स बर्न, विक्टर ह्यूगो और एमिल जोला; बॉलजैक की अतिकामुक कहानियाँ भी। चौदह या पन्द्रह वर्ष की उम्र के पहले तक मेरे भाई मुझे अँग्रेजी सुलेख और विवरणी पढ़ाते रहे; लेकिन यह धीरे-धीरे कम होता गया और मेरी शिक्षा मुख्यतः देखने, सुनने और पढ़ने से प्राप्त हुई। किसी चीज की अपेक्षा मैंने जीवन से अधिक शिक्षा ली।

पेरिस में करीब दो वर्ष रहने के बाद मेरी माँ भारत लौटीं। वे और नहीं सह सकती थीं। उन्होंने

कुछ कम कष्टसाध्य यात्राएँ की थीं—वे मॉन्टेकार्लो गयीं और उदाहरण के लिए, जर्मनी में छोटी-मोटी बस यात्रा की थी—लेकिन सचमुच कहीं बहूत दूर की यात्रा नहीं की। वे कभी लन्दन नहीं गयीं। ज्यादातर मेरी देख-भाल के लिए वे पेरिस में ही रहीं—क्योंकि वहाँ मैं स्कूल में पढ़ रहा था—लेकिन 1932 में मेरे भाइयों ने मुझे यात्राओं पर ले जाना शुरू किया।

इसलिए वे एलिस बोनर के साथ जो वहाँ कुछ सामान लाने जा रही थीं, भारत चली गयीं। माँ बनारस में अकेली एक किराये के मकान में रहने लगीं, लेकिन उनके साथ एक नौकर था जो उनका खयाल रखता था, और उनके बगल के पड़ोसी मेजदा के एक मित्र थे जो करीब मेरे परिवार के सदस्य की तरह थे। वे वहाँ प्रसन्न और सुरक्षित थीं।

1932 में उनके चले जाने के बाद मैंने ढाई वर्षों तक उन्हें नहीं देखा। इस बीच हम लोग अपनी अमेरिका की यात्रा पर गये और तब बाद में 1934 में हम लोगों ने भारत की ही यात्रा की, जब मैंने बनारस में उनके साथ कुछ समय बिताया, और यह सचमुच बहुत अच्छा था। हम दोनों हमेशा सबसे अच्छे मित्र थे, बहुत खुले दिल के और आत्मीय।

फ्रांस में मुझे अपने पिता का व्यवहार और अच्छी तरह समझ में आया। जब वे राष्ट्रमंडल में जेनेवा में स्थापित थे, हमारे पास पेरिस दो या तीन दिनों के लिए आए थे, और तब मैंने अपनी माँ में वैमनस्य भाव देखा था। जब तक उनका मन बहुत कड़वा हो चुका था। यद्यपि उन्होंने इसे दूसरों पर प्रकट नहीं करने की बहुत कोशिश की, वे पिता के प्रति बातचीत में रूक्ष और संक्षिप्त थीं और जब कभी वे साथ होते हम लोग एक तनावभरे वातावरण का अनुभव करते। यह बड़ा दुखद था।

उस समय उन्होंने मेरी माँ, चचेरी बहन मीना और मुझे जेनेवा आने का निमन्त्रण दिया था जहाँ उनका एक विशाल अपार्टमेंट था। मादाम हेनी उनकी देख-रेख करती थीं और मिस जोन्स भी वहाँ थीं। यह व्यवस्था वे कैसे चलाते थे यह मेरे लिए एक रहस्य था। क्या यह घर-गृहस्थी थी, क्या मिस जोन्स मात्र उनकी देखभाल करती थीं? हो सकता है यही हो, क्योंकि साफ कहें तो, वे उतनी आकर्षक नहीं थीं। यह एक बहुत बड़ा अपार्टमेंट था। वहीं मैंने देखा कि कितनी अच्छी तरह वे रहते थे। हम तीनों एक कमरे में ठहरे थे।

तब तक मैं छुरी, काँटा और चम्मच का प्रयोग जान गया था। इसलिए दिक्कतें कम आईं, लेकिन तौभी मादाम हेनी बड़ी दबंग थीं। स्वभावत. वहाँ अधिकार का भाव था : स्वामिनी वहीं थीं। फिर भी मैं उन्हें पसन्द करता था; वे गठीली और मनमोहक थीं और माँ के प्रति बड़ी अच्छी। वे झगड़ालू नहीं थीं। वहाँ हम करीब दो हफ्ते ठहरे जो पिता के साथ हमारे रहने की सबसे लम्बी अवधि थी। इस अवसर के अतिरिक्त तीन-चार बार पेरिस जाना, एकाध बार न्यूयॉर्क में भेंट और बनारस की वह प्रथम संक्षिप्त यात्रा। अपने जीवन में सारा समय जो मैंने पिता के साथ बिताया कुल मिलाकर एक महीना भी नहीं होगा।

मेरे भाइयों में भी पिता के प्रति कुछ वैसा ही वैमनस्यभाव था क्योंकि वे भी मेरी माँ के दुःख से व्यथित थे—केवल दादा को छोड़कर जिन्होंने मेरे पिता के साथ बहुत समय व्यतीत किया था, जब वे लन्दन में पढ़ रहे थे। दोनों में बहस होती थी; दादा हम लोगों से ज्यादा स्पष्टवादी थे क्योंकि वे सबसे बड़े पुत्र थे और वे पिता की बातों का जवाब दे देते थे। स्वयं पश्चिम में रहते हुए, दादा उन्हें ज्यादा अच्छी तरह समझ सकते थे, खासकर स्त्रियों के प्रति उनके प्रेम को—यह स्वाभाविक था क्योंकि दादा भी उसमें माहिर थे।

किन्तु धीरे-धीरे अपने भाइयों के द्वारा मैंने अपने पिता के बारे में दूसरी बातें भी जानीं—उन चीजों के बारे में जो झालवाड़ के महाराजा से लोगों के कल्याण के लिए उन्होंने उपलब्ध की थीं, और भारत

के रजवाड़ों के सबसे अच्छे पुस्तकालयों में एक की व्यवस्था के उनके प्रयत्न के बारे में। उन लोगों ने उनके ज्ञान के बारे में मुझे बताया और यह भी कि वे एक सज्जन आदमी थे।

1932 यूरोप में मेरी पहली यात्रा को शुरू करने के अतिरिक्त युनाइटेड स्टेट्स की मेरी पहली यात्रा का वर्ष भी था। यह एक बिल्कुल दूसरा अनुभव था। करीब पैंतीस वर्ष पूर्व तक यूरोप से अमेरिका जाने का सांस्कृतिक झटका वैसा ही था जैसा भारत से यूरोप जाने का, आधुनिकता की चमक-दमक, आकर्षण और परिवर्तन के साथ। आज संसार के सारे नगर प्राय: एक दूसरे की तरह हो गये हैं—पेरिस, तोकियो और सिंगापुर उतने ही विकसित हैं जितना न्यूयॉर्क—किन्तु उन दिनों ऐसा नहीं था।

उस यात्रा का हर कदम पहले की यात्रा से अधिक उत्तेजक प्रमाणित हो रहा था। बनारस और बम्बई के बीच फर्क रहा था, इसके बाद बम्बई उलटा था प्रकाश के नगर पेरिस का! हर बार बिजली के प्रकाश से अधिक चकाचौंध करने वाला हो रहा था—लेकिन 1932 के अन्त में जब मैं न्यूयॉर्क पहुँचा, तो इसने तो पहले की सारी चीजों को पीछे छोड़ दिया।

जब हम बन्दरगाह पहुँचे उस उत्तेजना को मैं कभी नहीं भूलूँगा। हवाई जहाज से पहुँचने में वह बात कभी नहीं हो सकती; एकदम सुबह नौका से संसार की सबसे ऊँची इमारत नये एम्पायर स्टेट को देखना—और धुँधलके और कुहासे से क्रमश: उभरता क्रिस्लर बिल्डिंग, और जहाजों की कुहासे में सावधान करती सीटियाँ....मैं आपको बताऊँ, मुझे फिर बुखार चढ़ गया! जब कभी मैं उत्तेजित हुआ, बुखार का अनुभव हुआ।

हम सभी महाराजाओं की पोशाक में थे, शेरवानी और पगड़ी के औपचारिक परिधानों में, और हमारे जहाज के लगने के पहले समाचार पत्रों के फोटोग्राफर, पायलट नौका पर हमारी तस्वीरें लेने आ गये। यह बड़ा उत्तेजक था! यह सोलोमन ह्युरॉक का विचार था कि हम सभी उस तरह की पोशाक में हों। वे हमारे व्यवस्थापक थे—सदा के महानतम—एक सुपर शो-मैन की तरह। भारत के हरेन घोष की तरह (उनसे भी ज्यादा), यह शीर्षक "सोलोमन ह्युरॉक प्रस्तुत करते हैं...." ही उनके शो में लोगों की जुटान निश्चित करने के लिए काफी होता था। उनका बॉक्स-ऑफिस आकर्षण जबर्दस्त था।

फिफ्टी-नाइन्थ स्ट्रीट और सिक्स्थ ऐवेन्यु के कोने पर वहाँ से सेंट्रल पार्क के सामने वाले सेंट मॉरिट्ज़ के होटल में हमें कार द्वारा ले जाया गया। उस समय सेंट मॉरिट्ज गरिमापूर्ण था, न्यूयॉर्क के सर्वोत्तम होटलों में से एक—करीब-करीब वॉल्डौर्फ ऐस्टोरिया और न्यूयॉर्कर की बराबरी का। हमारे कमरे तीसवीं मंज़िल पर थे, सामने नीचे पार्क था, और उन्हें देख मुझे विश्वास नहीं होता था, और यह देखिए! हमारे पास संलग्न बाथरूम भी थे। लन्दन और पेरिस से जीवन का ढंग बहुत भिन्न था। वहाँ कमरे बड़े ठंडे होते थे, लेकिन हम दिसम्बर के महीने में अमेरिका पहुँचे थे और फिर भी कमरे के भीतर सिर्फ गंजी पहने हुए थे।

सुबह पहियेवाले ठेले पर वेटर नाश्ता लाता था। कॉर्नफ्लेक, क्रीम, गरमागरम सुनहरे टोस्ट के साथ। बेकन और सॉस के साथ ऊपर की ओर पीले भाग वाला तला अंडा मुझे बहुत प्रिय था। यह चीज पहले ही लन्दन में मुझे प्राप्त थी, लेकिन वर्षों से यह मेरा हरदम पसन्दीदा भोजन था। अगर अँग्रेजी लंच के लिए नहीं तो अँग्रेजी नाश्ते के लिए मुझे विशेष कमज़ोरी थी; मैं पीले, तराशे मांस (कभी-कभी अधपका और खून लगा) रेवड़चीनी की पुडिंग हरे पुदीने की चटनी के साथ, की परवाह नहीं करता था। यद्यपि मुझे अँग्रेजी मछली और चिप्स बहुत प्रिय था, आज भी है।

न्यूयॉर्क की प्रथम यात्रा बिल्कुल अविस्मरणीय थी। चकाचौंध करनेवाले प्रकाश वाला टाइम्स स्क्वायर मुझे बहुत पसन्द था, और सारे सिनेमाघर—विशेषकर द पैरामाउण्ट सिनेमाघर! एक के बाद दूसरी मैंने कभी इतनी फिल्में नहीं देखी हैं, और हम लोग बहुत से थियेटर में भी गये। हर चीज बड़ी चित्ताकर्षक थी।

इसके बाद थे स्काइस्क्रेपर। उन्हें ताकने पर हमारी गर्दन टेढ़ी हो जाती थी, जैसी सबकी होती है। न्यूयॉर्क में एक भारतीय सज्जन के द्वारा मुझे एक बड़ी पुरानी कहानी कही गयी थी जिसे आप शायद पसन्द करें। यह एक भाई के बारे में भी जो पहली बार उस समय स्टेट्स गया था जब वहाँ ट्रामें थीं, और स्काइस्क्रेपर्स पर मुग्ध हो गया था। ट्राम में बैठा वह खिड़की से सर निकालकर ऊपर ताकता था, और एक दिन जब वह ऐसा कर रहा था कि कोई चिल्लाया 'हे मैन, लुक आउट! लुक आउट!' इस पर उसने गर्दन और बाहर निकाल ली और उधर से आती ट्राम से उसे चोट लग गयी!

बाद की यात्राओं में जब हम लोग स्टेट्स गये, हमारी मंडली के अधिकतर सदस्य प्रथम श्रेणी के होटलों में नहीं बल्कि दूसरी श्रेणी के होटलों में ठहरे या कभी-कभी उनसे भी सस्ते होटलों में, क्योंकि हम दूसरे मनोरंजनों के लिए पैसे बचाना चाहते थे। एक-दो बार जब हमें कोई जगह नहीं मिलती थी (उन दिनों मोटेल नहीं थे) तो हमें बिल्कुल गन्दे होटल में टिकना पड़ता था। फिर भी, चाहे जितना सस्ता हो, हर रूम में सेंट्रल हिटिंग और सुइट से लगे बाथरूम की व्यवस्था थी। इससे मैं बहुत प्रभावित हुआ। एक ही चीज मुझे पसन्द न आती थी, एक ही स्थान से ताप का नियन्त्रण होता था, तब बड़ा गर्म हो जाता था; अगर बाहर शून्य डिग्री से नीचे ताप था, हम लोग खिड़की नहीं खोलते थे, क्योंकि हवा जो भीतर आती जमा देनेवाली होती, इसलिए हम लोग भीतर टी.शर्ट पहनते थे, कभी-कभी मुझे पसीना होने लगता था और साँस लेने में कठिनाई होती थी।

उस प्रथम यात्रा में हम शिकागो भी गये। शिकागो सचमुच हवा के झोंकों का शहर है और इसकी ऊँची इमारतें इलास्टिकी बनी लगती थीं, जिससे आँधी में वे झूमने लगती थीं। हम लोग एक होटल की छब्बीसवीं या अट्ठाइसवीं मंजिल पर ठहरे और वहाँ पहुँचकर मैं भयातुर हो गया। कमरा इतना हिल रहा था कि मैं पुकारता—'हम लोग नीचे उतरें, भूकम्प हो रहा है।' हम लोग झील के पास ज्यादातर काँग्रेस होटल में ठहरते, जो उन दिनों काफी महँगा और प्रतिष्ठित था। ताप शून्य से दस या पन्द्रह डिग्री फॉरेनहाइट नीचे था—इतना ठंडा कि कुछ मकान आगे जब हम सिंफनी ऑरकेस्ट्रा हॉल पहुँचे, हम लोगों को महसूस हुआ कि अब मर रहे हैं। बर्फ की आँधी में हमें झुककर चलना पड़ता था, नाक के नीचे बर्फ जम जाती थी, यह मेरे अनुभव का सबसे ठंडा मौसम था। बाद में क्यूबेक, कनाडा में तो 36 डिग्री फॉरेनहाइट का भी मैंने सामना किया। उस समय होटल से टैक्सी तक जाने में कुछ ही क्षणों में नाक के नीचे ठोस बर्फ जम जाती थी, या टैक्सी से कॉन्सर्ट हॉल तक जाने में। वैसे मौसम में बहुत देर तक बाहर रहने के विरुद्ध हमें सावधान किया गया था क्योंकि पाले के कारण हमारी नाक और कान के गिर जाने का खतरा था—और विशेषकर बस से यात्रा करते समय बाहर पेशाब करने से मना किया गया था!

दादा के साथ अमेरिका की चार यात्राओं 1932-33, 33-34, 36-37, 37-38 में फिल्मसंसार का नशा मुझमें चरम पर था। यह अमेरिका की खासियत थी कि वहाँ आठ या

दस बजे सुबह सिनेमाघर खुलते थे और कुछ तो रात भर चलते थे। इस तरह अपनी मंडली के एक या दो मित्रों के साथ, खाली दिन जब हमें कोई कार्यक्रम नहीं देना होता, तीन-तीन फिल्में देखने का मेरा सिनेमा का चक्कर शुरू हुआ। कभी-कभी अपना शो करके हम रात को देखने चले जाते थे। मेरे पास सभी अभिनेताओं के चित्र थे, कुछ के ऑटोग्राफ और फोटोप्ले और मूवी मिरर जैसी चलचित्र पत्रिकाएँ भी मैं खरीदता था। पेरिस, लन्दन, बर्लिन या दूसरी जगहों की तरह विशाल और सुन्दर सिनेमागृह थे। सिनेमा का राज था, टेलीविज़न ने अभी इसका मोल नहीं घटाया था।

सिनेमा के संसार में सबके राजा और सम्राट थे चार्ली चैपलिन। कोई न था जो उनकी प्रशंसा न करे और ज्याँ रेनॉयर ने आगे चलकर जो उनके बारे में कहा उसकी मैं हमेशा याद करता हूँ। यह उस समय की बात है जब मैं अपने मित्र ज्याँ राइबो और उनकी पत्नी कृष्णा के पेरिस वाले घर पर फ्रांसीसी फिल्म, साहित्य और कला-संसार के बहुत से प्रसिद्ध लोगों के साथ एक कॉकटेल पार्टी में उपस्थित था। उदाहरण के लिए हेनरी कार्टियर ब्रेसों वहाँ थे। इन सब लोगों की बातचीत सुनते मैंने किसी को रेनॉयर से पूछते सुना—"क्या आप ऐसे दस निर्देशकों के नाम बता सकते हैं, जिन्हें आप संसार में सर्वोत्तम मानते हैं?" वे बेहिचक बोले, 'बिल्कुल! शार्लत, शार्लत, शार्लत, शार्लत, शार्लत, शार्लत, शार्लत, शार्लत, शार्लत, शार्लत!' शार्लत फ्रांसीसी नाम था चार्ली का, और यह भी उसके द्वारा कहा गया जो स्वयं एक महान निर्देशक था! चैपलिन मेरे भी सदा के लिए पसन्दीदा हैं। आज का कोई ऐसा निर्देशक नहीं जो उनके प्रभाव से बचा हो।

फिल्मों के बाद जो चीज मुझे सबसे ज्यादा आकर्षित करती थी वह थी वउदविल। मैं बड़ा खुशकिस्मत रहा हूँ, मैंने विल रोजर्स, एड्डी कैण्टर, एडविन, डब्लू.सी. फील्ड्स इन सभी कलाकारों और संगीतकारों को देखा है। हर थियेटर में सिनेमा और वउदविल का जुड़ा हुआ शो होता था, जिसमें एक मुख्य फिल्म होती थी, सम्भवत: कोई कार्टून, समाचार (मूवीटोन या पैथे), चार्लीचेज या लॉरेल और हार्डी का कोई संक्षिप्त हास्य-प्रकरण और तब करीब एक घंटे का वउदविल शो जिसमें कोई प्रसिद्ध अभिनेता, एक कोरस और तब कॉमेडियन का एक संक्षिप्त अंक होता था। वउदविल की अवधारणा अद्‌भुत थी। कुल मिलाकर तीन घंटे का मनोरंजन था और अगर फिल्म लम्बी हो तो करीब साढ़े तीन घंटे का। फिल्मों के कई लोग वउदविल से ही प्रसिद्ध हुए। फिल्मी कॉमेडियनों में जिन्होंने मुझे सबसे आकर्षित किया वे थे—चैपलिन, बस्टर कीटन, एड्डीकैंटर, मार्क्स-बन्धु और हैरल्ड लॉयड। बहुत बाद में चलकर डैनी मेरे पसन्दीदा बने।

मैं 'रॉकेटों' का बड़ा प्रशंसक था, रेडियो सिटी म्यूजिक हॉल के सुन्दर और लम्बे नर्तक—अपने छोटे परिधानों में उपस्थित कैनकैन नृत्य के लिए वे पूरे मंच को भर देते थे। साठ के दशक के मध्य से मैंने लास वेगास में बुद्धि चकरा देनेवाले शो देखे, लेकिन तीस के दशक के आरम्भ में रेडियो सिटी के ये मंच के शो थे जो मुझे बहुत मुग्ध करते थे, अत्यल्प वस्त्रों में अंगसौष्ठव वाली लड़कियों वाले शो (निस्संदेह यह उसके पहले की बात है जब—चार वर्ष बाद—मैंने मिंस्की के बर्लेस्क शो देखे, 52वें मार्ग पर के नाइटक्लब और पेरिस के रात्रि जीवन का पूर्णत: अनावृत रूप। मैंने स्ट्रिपटीज़ शो देखे, और न्यूयॉर्क में पंखानृत्य की रानी सैली रैंड्स को भी देखा।)

बाद के कुछ वर्षों में जैज़ संगीतकारों का भी सामना हुआ—लुई आर्मस्ट्रांग, ड्यूक एलिंग्टन, काउंट बेसी और कॉटन-क्लब में दो या तीन बार कैब कैलोवे का भी। इसके बाद के वर्षों में चार्ली पार्कर के बारे में सुना। मैं जैज़-संगीत के प्रति बड़ा आकृष्ट हो रहा था। उस समय का पुराना जैज़ आज भी मेरे मन पर गहरा अंकित है क्योंकि मैंने उसमें बड़ी निश्छलता, जीवन्तता और हार्दिकता पायी थी। उनका संगीत उतना बौद्धिक नहीं था जैसे सुरहीन, आधुनिक और अवाँ गार्द प्रकार के आज आप सुनते हैं, लेकिन यह मुझे अधिक अच्छा लगता है।

हम लोगों की सफलता के साथ दादा अत्यधिक प्रसिद्ध होते जा रहे थे, तीस के दशक और सम्भवत:

चालीस के दशक के आरम्भ में गाँधी और टैगोर के बाद 'शंकर' ही सबसे जाने-माने भारतीय थे। दादा सुपरस्टार हो गये थे। वे यूरोप में इतने लोकप्रिय हो गये थे कि, अतलांतक के दूसरी ओर, जो कोई भी कला, नृत्य और शो-बिजनेस के संसार में था, उन्हें और हमारी प्रसिद्ध मंडली को हमारे वहाँ पहुँचने के पहले से जानता था; लेकिन उस समय तक अमेरिका कला-प्रसार की अपनी बेजोड़ दक्षता विकसित कर चुका था, और सोलोमन ह्यूरॉक इसमें पहले ही काफी तैयारी कर चुके थे—उन्होंने हमारे लिये उत्तम प्रचार-अभियान की व्यवस्था की थी।

दादा के अब इतना प्रसिद्ध होने से, सोल ह्यूरॉक यह सुनिश्चित कर सकते थे कि जब कभी हम लोग फिल्म-स्टूडियो जाएँ तो हम सर्वोच्च स्टारों से मिलते। चलचित्रों का शौकीन होने के कारण, हॉलीवुड का मेरा अनुभव मस्त कर देनेवाला था। मेरे लिए उत्तेजना का मुख्य मापदण्ड बुखार था और जब मैं पैरामाउंट और एमजीएम स्टूडियो जाता मेरा उत्ताप फिर बढ़ जाता! जोन क्रॉफर्ड, मिर्ना लॉय, क्लार्क गेबल, जॉन बैरीमोर, लायनेल बैरीमोर, ईथेल बैरीमोर, और सभी दूसरे जिनके बारे में मैं सपने देखा करता था—असीम सुख था यह।

हॉलीवुड में थे हम लोग, बड़ा बढ़िया समय कट रहा था, और एक दिन हम अभिनेत्री मेरी ड्रेस्लर द्वारा आयोजित एक चाय-पार्टी में गये जो सोल ह्यूरॉक की मित्र थीं। तब तक वे साठवें वर्ष में प्रवेश कर गयी थीं, बड़ी प्रसिद्ध कॉमेडियेन और बॉक्स-आफिस अभिनेत्री। वालेस बियरी के साथ उन्होंने जो फिल्में बनाईं, बड़ी लोकप्रिय हुईं : टगबोट ऐनी, मिन एंड बिल, डिनर ऐट एट। सभी सर्वश्रेष्ठ सितारे उनकी पार्टी में थे, और यह एक स्वप्नवत् अनुभव था, उन लोगों से मिलना, उन लोगों के साथ चाय पीना और उनसे बातें करना। उनमें से कुछ मुझे छू रहे थे और इस तरह की बातें बोल रहे थे, 'कितना अच्छा है' और 'सुन्दर है न?' उस समय मैंने मेरी ड्रेस्लर को अपने दो भाइयों के साथ बैठे और किसी विषय पर बड़ी गंभीरता से बात करते देखा। मेरे भाई कह रहे थे, 'नहीं, नहीं! खेद है, यह संभव नहीं है', जब मैं थोड़ा करीब गया तो मैंने जाना कि मेरी ड्रेस्लर दादा से कह रही थीं कि वे मेरे प्रति इतनी आकृष्ट थीं कि मुझे गोद लेना चाहती थीं। मेरे भाई इनकार कर रहे थे। मैं बड़े गुस्से में था। मैंने उनसे पूछा, "आप इसको इजाजत क्यों नहीं देते?" मुझे अलग हट जाना पड़ा और रोकर अपनी भड़ास निकालनी पड़ी। मैं हॉलीवुड में रह जाता, फिल्म-स्टारों के साथ रहता....कितना सुन्दर जीवन! मैं हॉलीवुड में प्रथम भारतीय स्टार हुआ होता—साबू के भी पहले। उस समय मैं इसी को किसी चीज से अधिक पसन्द करता था।

हॉलीवुड की चमक-दमक से सम्मोहित और सामान्यत: अमेरिकी भौतिक सम्पन्नता से प्रभावित रवि जीवन का पूर्ण आनन्द ले रहे थे जो उस वातावरण से भिन्न था जिसमें केवल दो वर्ष पूर्व

वे रहे थे जैसा कि अनुमान किया जा सकता है। यह अमेरिका के साथ स्थायी प्रेम सम्बन्ध की शुरुआत थी जो आज तक कायम है। फिर भी उस कोमल वय में उसके राष्ट्रीय दम्भी दृष्टिकोणों से मुकाबला बड़ा दुखद था।

मुझे फ्रांस और फ्रांस के लोगों से विशेष प्रेम है, किन्तु यू.एस.ए. के प्रति भी मेरा यही विशेष भाव था, और फ्रांसीसियों और अँग्रेजों के द्वारा अमरीकियों की आलोचना कि वे असंस्कृत, जबरदस्त बड़बोले, पैसों के फेर में रहनेवाले और भौतिकवादी और मान्य अँग्रेजी के उच्चारण को विकृत करनेवाले हैं मुझे बहुत आहत करती थी। ऐसी टिप्पणियों से मुझे वैसी ही चोट लगती थी जैसी कोई फ्रांस की आलोचना करे तो, लोग कहते थे कि फ्रांसीसी दम्भी हैं जो धृष्टतापूर्वक मानते हैं कि उनकी संस्कृति सर्वश्रेष्ठ है। सचमुच उनके पास गर्व करने को बहुत कुछ है, उनका भोजन, इत्र, मदिराएँ, शैम्पेन, तौर-तरीके, कूटनीति, साहित्य, स्थापत्य और उनकी जीवन-शैली। किन्तु यह होता है जब आप एक देश से दूसरे देश में जाते हैं : आप हर जगह के दोनों पक्षों को देखते हैं। वे लोग जो अधिक यात्राएँ नहीं करते, सकारात्मक से ज्यादा नकारात्मक पक्ष की हरदम बात करते हैं। मैं अच्छी बातों को भी देख सका।

जीवन के निर्माणात्मक वर्षों में दुनियाभर की यात्रा करना, उस युग के ख्यातिलब्धों से मिलना और इतनी कम उम्र में अपने हिसाब से संगीत और नृत्य में एक स्टार बन जाना विकसित होने का एक असाधारण तरीका था। 1932 के दिसम्बर में न्यूयार्क के अपने सर्वप्रथम कॉन्सर्ट के बाद उनके 'सुन्दर प्रदर्शन' का उल्लेख न्यूयॉर्क टाइम्स के रिव्यू में नृत्य-समालोचक जॉन मार्टिन के द्वारा किया गया। लगा कि रवि ने उन अवसरों का आनन्द लेते हुए अपने मार्ग पर इस सद्यः रूपान्तरण को स्वीकार किया और इसमें कोई शक नहीं कि कच्ची उम्र का होने से यह सामंजस्य अधिक सुगम हो गया था।

मैंने अपने पिता को फिर न्यूयॉर्क में देखा जब वे रोरिक-संस्थान में थे। इस संस्थान के संस्थापक निकोलस रोरिक एक रूसी काउंट थे, बहुत बड़े विद्वान, कुलीन और चित्रकार। उनके पुत्र जो भारत में रहते थे वे भी एक चित्रकार थे। दुबारा जब हम लोगों ने न्यूयॉर्क में कार्यक्रम किया, सेज दा, मीना और मैं रिवरसाइड ड्राइव वाले मार्ग पर रोरिक म्यूज़ियम बिल्डिंग में मेरे पिता के अपार्टमेंट में ठहरे। उस समय वे अकेले थे—अब मैडम हेनी नहीं थीं—किन्तु उनके पास सुन्दर स्त्रियाँ भेंट करने आती थीं और बहुत से पुरुष अतिथि भी। रोरिक म्यूज़ियम में भारतीय दर्शन पर व्याख्यान-माला देने के लिए वे निमन्त्रित किये गये थे और बाद में—कोलम्बिया विश्वविद्यालय में, और अपने आगन्तुकों के लिए वे एक शिक्षक के रूप में थे, वे सचमुच एक बदले हुए व्यक्ति लगते थे और वे जो भी थे उसके लिए मैं उन्हें पसन्द करने लगा था।

जितना अधिक मैंने उनके विषय में जाना उतना अधिक उनके प्रति मेरा आक्रोश कम होता गया और उनके लिए मेरा आदर और श्रद्धा बढ़ती गयी, और अब मैं पूरी स्थिति को उसकी सही पीठिका में देख सकता हूँ, मैं उनका व्यवहार समझता हूँ और उन्हें दोष नहीं देता। वे एक महान व्यक्ति थे मगर उन्हें उतना यश न मिला, उन्होंने कभी प्रसिद्धि की परवाह नहीं की, यदि करते तो जोड़-तोड़ से उसका फायदा उठा सकते थे। वे कई महत्त्वपूर्ण कार्यों में संलग्न थे, कानून, दर्शन, राजनीति और साथ ही लीग ऑफ नेशन्स, और जिस समय वे बनारस में थे जब हिन्दू विश्वविद्यालय बन रहा था, महान मदनमोहन मालवीय की वे मदद कर रहे थे जो बाद में गाँधी जी की राजनीति में साथ हो गये। उसके बाद वे डब्लू.बी. यीट्स और झालवाड़ महाराजा के साथ उस समिति में थे जो 1913 में रवीन्द्रनाथ टैगोर को नोबेल लॉरिएट बनने में मदद के लिए बनायी गयी थी। किन्तु मेरे पिता पर्दे के पीछे ही रहे, प्रसिद्धि के प्रति तटस्थ।

1933 में हम लोगों ने पहली बार भारत का भ्रमण किया और कलकत्ता गये और यहीं पहली बार मैंने रवीन्द्रनाथ टैगोर को देखा। हम सभी शान्तिनिकेतन गये, वह विश्वविद्यालय जो पश्चिमी बंगाल के बोलपुर में उन्होंने स्थापित किया था, जहाँ उन्होंने जीवन का आधा भाग व्यतीत किया। बाद में यह विस्तृत होकर विशाल परिसर हो गया जिसे विश्वभारती कहा गया। टैगोर ने शान्तिनिकेतन की अवधारणा आश्रम के ढाँचे पर की थी, वृक्षों के नीचे कक्षाओं के साथ, और ज़ोर नृत्य संगीत और ललित कला पर था, यद्यपि वहाँ नियमित अध्ययन की व्यवस्था भी थी। कथकली और मणिपुरी शैली के नर्तक वहाँ थे (टैगोर की पसन्दीदा नृत्यशैलियाँ और संयोगवश दादा की भी)और ऐसे सांस्कृतिक केन्द्र में ऐसे नर्तकों को लानेवाले वे प्रथम व्यक्ति थे। उनके व्यक्तित्व से यह एक अद्वितीय स्थान बन गया था। मैं बहुत प्रभावित था।

पूरा जीवन संसार भर में ऐसे महत्त्वपूर्ण लोगों को देख चुकने पर भी मुझे टैगोर के व्यक्तित्व की तरह का आदमी अभी तक नहीं मिला है। यह सूर्य को देखने जैसा था, वे बड़े प्रभावान थे। मेरे लिये जिसने उनकी कविताएँ, उपन्यास और निबन्ध पढ़े थे और उनके रचे गीत गाए थे, वे एक मिथक-पुरुष, एक पौराणिक नायक हो गये थे। उन्हें देखना ताजमहल या एकल टावर को देखना था; आप असंख्य चित्र देखते हैं और उनके बारे में इतना कुछ सुनते हैं कि आपको लगता है आप पहले से ही उन्हें जानते हैं, फिर भी जब भी आप उन्हें देखें तो बुद्धि चकरा जाती है। पूर्णत: कलाकार होने से वे जानते थे कि कैसे कपड़े पहने जाएँ, कैसा दिखाई पड़ा जाए, किस तरह बैठा जाए—वे एक लम्बा परिधान पहनते थे और एक ऊँची कुर्सी पर आसीन होते थे। मुखाकृति में उत्कृष्टतम लगते थे; उनका शरीर, उनकी ऊँचाई, उनका नाक-नक्श, उनकी दाढ़ी, उनके बाल। वे बड़ी ऊँची आवाज में बोलते थे जो दूसरे किसी में हास्यास्पद लगती, लेकिन कुछ समय बाद लोग उसके अभ्यस्त हो जाते थे।

उनसे भेंट एक चमत्कारपूर्ण अनुभव था, विशेषकर जब उन्होंने मेरे सर पर हाथ रखकर आशीर्वाद दिया था। मेरे पिता उन्हें याद थे जिन्हें वे पंडित शंकर कहते थे—और मेरे भाई उस समय तक प्रसिद्धि प्राप्त कर चुके थे; अत: जो शब्द आशीर्वाद में उन्होंने कहे वे थे, ''बाबार मोतो होवो, दादार मोतो होवो'' जिसका अर्थ था—'अपने पिता की तरह होवो, अपने भाई की तरह होवो'। उस क्षण मुझमें कुछ जादू सा हुआ—जैसे विद्युत की धाराएँ मेरे भीतर दौड़ रही हों।

निश्चय ही बंगाली होने के कारण टैगोर के द्वारा मेरा इतना विचलित होना स्वाभाविक है, किन्तु मैं जरूर अनुभव करता हूँ कि यदि वे पश्चिम में पैदा हुए होते तो वे अब तक शेक्सपियर और गेटे की तरह समावृत हुए होते। यद्यपि उन्होंने साहित्य का नोबेल पुरस्कार जीता और बहुत अनूदित भी हुए हैं, वे इतने लोकप्रिय और संसार में ख्यातनाम नहीं हुए जितना उन्हें होना चाहिए था। उन्होंने जो कुछ किया उसका रक्षण बड़े चाव से विश्वभारती कर रहा है, और उतना काफी नहीं कर रहा है जिससे संसार उनकी महानता को जाने। आप सभी लोग जो उनके लेखन और गीतों से अपरिचित हैं मैं अनुशंसा करता हूँ कि आप जाएँ और स्वयं उन्हें खोजें।

प्रथम बार भारत लौटने तक रवि उत्तरोत्तर संगीत के प्रति आकृष्ट हो रहे थे। पहले से ही मंडली के सितारवादक विष्णुदास शिराली और सरोदवादक तिमिरबरन के प्रसंशक रवि ने जब तिमिर के भतीजे भोम्बोल (असली नाम अमियकान्ति भट्टाचार्य) को कलकत्ते में सितार बजाते सुना तो उस युवक के अपने गुरु एनायत खाँ के छात्र बनने को प्रेरित हुए।

दूसरे साल 1934 में जब मंडली भारत लौटी तो रवि ने व्यवस्था की कि वे भी एनायत खाँ के शिष्य हो जाएँगे। फिर भी, गण्डा बाँधने के अनुष्ठान के एक रात पूर्व टायफायड का आक्रमण हुआ और वे अस्पताल ले जाए गये। उन्हें वह अनुष्ठान छोड़ने को विवश होना पड़ा जो इस बात का स्पष्ट संकेत था कि गुरु अब दूसरे होंगे। भारतीय संगीतकार में नियति की धारणा का बड़ा महत्त्व है। 1934 के उत्तरार्द्ध में जब सितारवादक गोकुल नाग थोड़े दिनों के लिए मंडली के साथ हुए तो उनके गहरे प्रभाव के कारण सितार में इनकी रुचि और बलवती हुई। करीब-करीब उसी समय ये और उदय कलकत्ते के अखिल बंगाल संगीत समारोह में उपस्थित हुए। यहाँ रवि की भेंट पहली बार प्रख्यात शास्त्रीय संगीतज्ञ उस्ताद अल्लाउद्दीन खाँ से हुई जो सरोद के उस्ताद और आधुनिक भारतीय वाद्य-संगीत के पथप्रदर्शक थे, वह व्यक्ति जो बाद में उनके गुरु हुए। स्व. महान अल्लाउद्दीन खाँ या बाबा (अर्थात् पिता) जो रवि अपने गुरु को कहते हैं, अपने युवा पुत्र अली अकबर खाँ के साथ अपना वादन-कार्यक्रम दे रहे थे।

मैंने पहली बार 1934 में कलकत्ते में बाबा और अली अकबर को देखा, तीन या चार दिसम्बर को, जब मैं चौदह साल का था और अली अकबर बारह के। बाबा संगीत-उत्सवों में से एक (भारत में समारोह कहा जाता है) में भाग लेने आए थे और सभी महत्त्वपूर्ण संगीतकार भी वहाँ थे। अधिकांश संगीतकार उत्तर भारत के थे केवल दो दक्षिण नर्तकों को छोड़कर जिन्हें दादा ले आए थे। एक थी सर्वश्रेष्ठ महान भरतनाट्यम नर्तकी बाल सरस्वती अठारह वर्ष की किशोरी और सुन्दर लड़की जिसके प्रेम में मैं पहले ही दीवाना हो चुका था, और दूसरे थे शंकर नम्बूदरी, कथकली के श्रेष्ठतम नर्तक और उस समय के हमारे नृत्य-गुरु। यह शायद पहली बार था कि इन दोनों, प्रत्येक अपनी शैली का सर्वश्रेष्ठ प्रवर्त्तक, ने कलकत्ते में जनता के लिए अपना प्रदर्शन किया।

जाने-माने संगीतकारों में थे प्रसिद्ध उस्ताद फैयाज़ खाँ। वे बड़ौदा के थे और आगरा घराने से सम्बन्धित थे—विशिष्ट परम्परागत शैली जो आगरा नगर में केन्द्रित थी। (घराना-प्रथा की विस्तृत चर्चा मैं अध्याय 9 में करूँगा), बहुत मर्दाना और तगड़े, उनकी आवाज बड़ी दमदार थी—बैसो बैरिटोन जैसी, जो उन दिनों भारतीय संगीतकारों में असामान्य थी। वे एक प्राणवान और बहुमुखी प्रतिभा के गायक थे: सभी भिन्न शैलियों में गानेवाले—आलाप, ध्रुपद, धमार, ख़याल, ठुमरी और अन्त में गज़ल भी। वे महाराजा की तरह पोशाक पहनते थे, पगड़ी, ज़री की लम्बी अचकन, और पुराने ढंग से एक सैनिक जेनरल की तरह अपने सारे तमगे पहने रहते थे। वे बड़े रोबदार दिखते थे, उनके केवल स्टेज पर आने और बैठने से ही लोग प्रभावित हो जाते; और तब जब वे गाते—अज़ब असर होता था उनका!

बाबा के दो कार्यक्रम थे। पहला था मैहर-बैंड के साथ। बनारस से करीब 160 मील दक्खिन जब बाबा मैहर में दरबार के संगीतकार नियुक्त हुए थे, महाराजा ने उन्हें कहा था कि वे एक छोटा ऑरकेस्ट्रा बनाना चाहते हैं जैसा कि दूसरे रजवाड़ों में थे। मैहर में संगीतकारों का एकदम अभाव था, इसलिए बाबा ने जो किया वह यह था कि छोटे-छोटे बच्चों (कुछ तो अनाथ) को लिया जिनमें संगीत था ही नहीं और धीरे-धीरे उन्हें ठोक-पीटकर संगीतकार बनने को बाध्य कर दिया। उन्हें गढ़ने और एकसाथ वादन योग्य बनाने में उन्हें तीन या चार वर्ष लगे।

यह मैहर-बैंड अद्भुत था। बाबा ने उनके लिए शास्त्रीय ढाँचे में बहुत-सी रचनाएँ कीं और कुछ हलके या अर्द्धशास्त्रीय ढंग की जो शो के अन्त में लोगों की फरमाइश पर बजायी जाएँ। उस संगीत-समारोह में वे सभी अठारह से लेकर बाईस साल के बीच के थे, और मैं इस बात पर चकित था कि कैसे

राजसी कपड़ों में उदय, रवि और केदार। 1932 के दिसम्बर में न्यूयार्क के बन्दरगाह पर उतरते

उन्होंने उन्हें इतने वाद्ययन्त्र सिखा दिए थे, भारतीय और पश्चिमी दोनों प्रकार के। उनमें से एक तो घरेलू स्टील की पाइप से बना हुआ एक बाजा भी बजा रहा था, जाइलोफोन की तरह का। बाबा का दूसरा, घर का बना यन्त्र था सितार-बैंजो, नीचे की ओर आधा बैंजो और ऊपर की ओर आधा सितार। बाबा उनका संचालन भी करते और खुद वायलिन भी बजाते, जो वे बहुत बढ़िया बजाते थे और बायें हाथ से। वे दाहिने हाथ का प्रयोग लिखने और दूसरे यन्त्रों को बजाने में करते थे, लेकिन वायलिन और सरोद में नहीं। उनके दोनों हाथ की दक्षता ने मुझे विस्मित कर दिया था। मैं ध्यान से देख रहा था, और अचरज से देखा कि स्टेज पर भी वे कभी-कभी बिगड़ जाते थे और बजानेवालों को पीट देते थे—अपने रेदा से।

उनके चेहरे की सरलता, फिर भी, बड़ी मोहक थी। पुराने जमाने के लोगों की तरह उनकी पाँच या छः दिन की बढ़ी दाढ़ी होती, और चूँकि बाल पहले ही पक चुके थे इसलिए वे दाढ़ी काली रंगते। एक गोल काली टोपी, ऊँची धोती और एक साधारण अँगरखे में, महाराजा की तरह पोशाक वाले दूसरे संगीतकारों के बीच उनकी पहचान अलग थी। लोगों ने उनकी इस सादगी को बहुत पसन्द किया।

दूसरे दिन, उनके दूसरे प्रदर्शन में, बारह वर्ष के अली अकबर ने उनके साथ संगत की। मूलतः बाबा का स्वभाव कार्यक्रम देनेवाले का नहीं था। बाद में उन्होंने मुझे कहा था, ''मैं घबरा जाता हूँ और सब कुछ भूल जाता हूँ—थोड़े से शौकिया लेकिन अधिकतर अज्ञानी लोगों के लिए बजाते हुए। उनसे गलती हो जाती; तारों पर वे गहरी चोट कर देते, वे टूट जाते जिस पर फिर तुरन्त उन्हें तार चढ़ाना पड़ता और सुर मिलाना पड़ता। अगर तबलावादक संगत में उनसे कमजोर होता (और किसी भी वाद्य की तरह बाबा तबले में भी दक्ष थे) तो वे क्रोधित हो जाते, ड्रमों को पकड़ लेते और खुद बजाने लगते। आप अनुमान कर सकते हैं कि श्रोताओं को यह सब कितना अच्छा लगता होगा, यह एक मनमौजी किस्म का प्रदर्शन होता था। बाद के वर्षों में मुझे दुख होता था कि लोग उनके बारे में गलत ख्याल रखने लगे थे, क्योंकि लोगों के सामने वे उस विस्मयकारी संगीत को मुश्किल से पैदा कर सकते थे जिसमें वे पारंगत थे (और जो मैंने उनसे सुना था) एकान्त में और थोड़े से संवेदनशील श्रोताओं के लिए।

उस समय अली अकबर उतने प्रभावकारी नहीं थे। वे बाबा से डरे हुए लगते थे, जो रह-रहकर उनकी ओर आँखें तरेरते थे जब वे अपने पिता की इच्छा के अनुसार नहीं बजा पाते थे। इसके विपरीत

बाबा के प्रसिद्ध क्रोध के बावजूद मैं उनके संगीत से गहरा प्रभावित हुआ था; सौभाग्य से मैंने तिमिरबरन से उनके बारे में सब सुन रखा था। बाबा की क्रोधपूर्ण फटकार के बारे में हम लोगों को पहले ही बता दिया गया था, और उनके दूसरे पहलू के बारे में भी—कोमलता और भाव प्रवणता।

जब हम लोग कलकत्ता में थे, 1934 की शुरू गर्मियों में तिमिरबरन हम लोगों से हट गये थे जिस पर उनकी जगह विष्णुदास शिराली मंडली के नये संगीत-निर्देशक हुए। शिरालीजी अद्भुत और बहुमुखी प्रतिभा के संगीतकार थे। यद्यपि मुख्यत: वे गायक थे, सितार पर उनका स्पर्श और स्वर बड़ा मधुर था। वे तबला बजाने में बड़े प्रवीण थे, मगर उनकी खासियत थी तबला-तरंग, दस या बारह तबलों का सेट, प्रत्येक को भिन्न सुर में एक विशेष राग के लिए रखा जाता था, अर्द्धवृत्ताकार सजाया और दोनों हाथों से बजाया जाता था, और जलतरंग अलग-अलग आकार के चीनी मिट्टी के पानी-भरे प्याले विभिन्न सुरों के अनुकूल और जिन्हें दो लकड़ियों से बजाया जाता। अनुभव और दादा के विचारों से अनुप्राणित, शिरालीजी एक विस्मयकारी संगीत रचनाकार बन गये। यद्यपि मैंने औपचारिक रूप से उनसे कुछ नहीं सीखा, उन्होंने निश्चित रूप से मेरे सांगीतिक विकास को प्रभावित किया।

दुर्भाग्य से 1934 के अगस्त के अन्त में मेरी चचेरी बहन कनकलता के साथ-साथ मेरे साथ मेजदा और सेजदा ने भी मंडली को छोड़ देने का निश्चय किया।

अल्लाउद्दीन खाँ के स्वभाव के बारे में तिमिरबरन की पैनी दृष्टि सौभाग्यपूर्ण सिद्ध हुई, क्योंकि कलकत्ते के उस संगीत-समारोह के बाद उदयशंकर ने अपने यूरोप-यात्रा में एक वर्ष के लिए उस समादृत सरोदवादक को एकल-वादक के रूप में साथ देने के लिए मना लिया। इस बात के पूर्वज्ञान ने कि इस असाधारण संगीतकार का, जो स्टेज पर अपने शिष्यों को पीट देता था, एक दूसरा पहलू भी है रवि को अपने भावी गुरु से शीघ्र सौहार्द स्थापित करने में मदद की— और आगे चलकर यह बड़ा मूल्यवान सिद्ध हुआ।

यह तय हुआ कि उन लोगों के संसार-भ्रमण कर चुकने के बाद 1935 के अन्त में यूरोप में प्रदर्शनों के लिए अलाउद्दीन खाँ मंडली के और लोगों के साथ हो जाएँगे। अत: रवि यात्रा पर निकले जिसमें बर्मा, मलाया, सिंगापुर, हांगकांग, चीन, जापान और यू.एस.ए. निश्चित थे। फिर भी यह यात्रा दुखद ढंग से संक्षिप्त करनी पड़ी।

1935 में मेरे पिता ने वेदान्त पर अपने व्याख्यान छोड़ दिए, और कोलम्बिया विश्वविद्यालय और रोरिक फाउंडेशन छोड़ दिए। एकाएक लगा कि वे एक नये क्षेत्र में प्रवेश कर रहे थे। उन्हें एक साथ तीन बुलावे मिले थे। भारत में दो बड़े अच्छे कामों को मिलाकर, दोनों में बहुत बड़ी राशि मिलने की बात थी।

उन्हें बड़ौदा स्टेट के दीवान के पद पर आमन्त्रित किया गया था—आज के गुजरात का भाग, लेकिन उस समय का करीब चौथा सबसे बड़ा रजवाड़ा, और अतुल धनी। महाराजा कला और साहित्य के एक पारखी थे जिनसे मेरे पिता अपने झालवाड़ के दिनों में मिले थे और फिर लन्दन में; इसलिए वे इस नौकरी के प्रति बहुत आकृष्ट थे। आश्चर्य की बात कि उसी समय सरकार के द्वारा दिल्ली में उन्हें एक कानून-सम्बन्धी पद पर बुलाया गया था जिसमें तत्कालीन भारत के किसी सिविल-सर्वेंट को मिलने वाले सबसे ऊँचे वेतन का प्रस्ताव भी था।

तीसरा प्रस्ताव था इंग्लैंड में एक कानूनी मुकदमा देखने का जिसे भारत आते समय उन्होंने स्वीकार कर लिया था। यह पाकुड़ के भाइयों का प्रसिद्ध मुकदमा था, बंगाल के दो बड़े धनी जमींदार जो एक दूसरे से मुकदमा लड़ रहे थे और जो लन्दन के प्रिवीकाउंसिल में चल रहा था क्योंकि कलकत्ता या दिल्ली से इसका फैसला नहीं हो सका था। यह इतिहास में सबसे लम्बे मुकदमों में एक था। इसमें बहुत घोटाला हुआ था, पैसे और हत्या की बात उलझी थी। भाइयों में से एक ने इस मुकदमे को देखने के लिए मेरे पिता को बहुत बड़ी रकम देने का प्रस्ताव किया था, और इसलिए वे लन्दन चले गये। वहाँ वे एक

होटल में थे और प्रतिदिन सुबह वे मुकदमा देखने के लिए प्रिवी काउंसिल जाया करते थे।

विस्तार से बातें हम लोगों को बाद में, ज्यादातर लन्दन के भारतीय हाइकमिश्नर के कार्यालय के द्वारा, मालूम हुईं, और कोई कह नहीं सकता कि वे सब सही थीं या गलत, लेकिन जो हमें बताया गया वह इस प्रकार है। तीन या चार दिनों की सुनवाई के बाद केस मेरे पिता के लिए ठीक-ठीक चल रहा था। स्पष्टत: पहले की इस मुकद्दमे की सुनवाइयों में जब लगता कि एक बैरिस्टर जीत रहा है तो उसकी हत्या हो जाती। शुरू सितम्बर की इस सुबह बाहर लोग इक्के-दुक्के थे जब मेरे पिता ने होटल के बाहर सड़क पार की, लेकिन एक पुलिसमैन था जो उसी क्षण किनारे पर आ गया—और एक आदमी के दूसरे के सर पर एक हथियार से वार करते और घायल आदमी को जमीन पर गिरते देखा।

पुलिसमैन आगे दौड़ा लेकिन जब तक वह घायल आदमी के पास पहुँचता, आक्रमणकारी भाग चुका था। मेरे पिता के सर में गहरा घाव लगा था और नजदीक के अस्पताल के इन्टेंसिव केयर यूनिट में उन्हें ले जाया गया। औसत अँग्रेज से वे अच्छी अँग्रेजी जानते थे लेकिन अजीब बात हुई कि अस्पताल में वे कुछ बंगला में अटपटा बोल सके और कोई नहीं समझ पाया कि वे क्या कह रहे थे। अस्पताल ने हाइकमिश्नर को फोन किया, जो बंगाली थे और मेरे पिता को अच्छी तरह जानते थे। वे तुरन्त अस्पताल आए, लेकिन उनके पहुँचने के पहले मेरे पिता मर चुके थे; अत: हाइकमिश्नर ने नियमत: उनकी पहचान की और तब उनकी अन्त्येष्टि का प्रबन्ध किया। उनके कार्यालय ने हरेन घोष के पते से तुरन्त हम लोगों को टेलीग्राम भेजा, जो कलकत्ते में हम लोगों के एजेंट थे। उस समय हम लोग सिंगापुर में थे, चीन, जापान और यूनाइटेड स्टेट्स के लिए रवाना होनेवाले थे—जहाज से एक लम्बी यात्रा—लेकिन मेरे भाई ने सब कुछ रद्द कर दिया और हम लोग बनारस लौट आए जहाँ मेरी माँ थीं।

बातों को सुलझाने के हाइकमिश्नर के सारे प्रयत्नों के बावजूद बातें इतनी अस्पष्ट थीं और साक्ष्य इतना कमजोर था कि जो कुछ घटित हुआ उससे एक मुकदमा खड़ा करना असम्भव था। किसका हाथ था इसका कोई पक्का प्रमाण नहीं था, और यह आज तक एक रहस्य ही है।

बनारस में अपनी माँ के साथ उदय और रवि ने शोक की अवधि बिताई। परिणामस्वरूप टूर की योजना फिर से बनानी पड़ी। कालक्रम से यह तय हुआ कि ट्रूप बल्कि मध्य-पूर्व होते हुए यूरोप जाएगा। जाने की तिथि के कुछ हफ्ते पहले लोग रिहर्सल के लिए बम्बई में इकट्ठे हुए, और उनके साथ एक नयी नर्तकी ज़ोहरा हो गयीं। प्रस्थान के तुरन्त पहले बाबा अल्लाउद्दीन खाँ और अली अकबर भी पहुँच गये।

दूसरी बार बाबा को मैंने 1935 में नवम्बर में बम्बई छोड़ने के तुरन्त पहले देखा। करीब दो या तीन हफ्तों तक हम बम्बई के एक होटल में यात्रा की तैयारी और रिहर्सल करते हुए ठहरे थे, क्योंकि हम लोगों को सब कुछ फिर से व्यवस्थित करना था। हमारे प्रस्थान के लगभग पन्द्रह दिन पहले बाबा हमारे साथ हो गये और अली अकबर को भी साथ ले आए इस बात पर अड़ते हुए कि उनका लड़का भी हमारी यात्रा में साथ चलेगा।

यहीं अली अकबर से मेरी जान-पहचान हुई, पहली बार जब उन्हें देखा था उसके करीब एक साल बाद। सरोद वह बहुत मधुर बजाते थे लेकिन उस समय तो अभी बहुत आगे जाना था। बाबा के सामने वह विनम्र थे, डरे हुए भी। अत: आप मेरे आश्चर्य का अनुमान कर सकते हैं जब एक दिन उन्होंने अपनी जेब से गोल्ड फ्लेक सिगरेट का एक डब्बा निकाला और एक सिगरेट मुझे दी। यह मुझे सन्न करनेवाली चीज थी। बात यह नहीं थी कि पहले मैंने सिगरेट नहीं पी थी, मैंने कोशिश की थी, मगर मैंने उन्हें पसन्द नहीं किया था (मैंने बियर पीने की भी कोशिश की थी केवल एक मजा लेने के लिए और उससे उतना प्रभावित भी नहीं हुआ था) लेकिन बाबा का लड़का...केवल तेरह साल का...मैं आपसे कहूँ, मैं तो स्तब्ध रह गया!

मैं आशा कर रहा था कि हम दोनों दोस्त हो जाएँगे, चूँकि मैं जानता था कि हमें साथ ही समय बिताना था। किन्तु बम्बई में एक-दो हफ्ते के बाद अली अकबर ने फैसला किया कि वह हम लोगों के साथ यात्रा करना नहीं चाहते थे, क्योंकि बाबा के साथ जाकर हरदम मार खाने और फटकार सुनने से वह डरते थे। उसने मेरे मामा, जिन्हें हम लोगों ने मातुल नाम दे दिया था, से बात की (मातुल बंगला में मामा के लिए दूसरा शब्द है, और इसे हमने चुन लिया था जब हम पेरिस में थे क्योंकि मामा फ्रेंच में 'माँ' के लिए है। इसी प्रकार चाचा केदारशंकर को बंगला के हिसाब से काका कहा जाना चाहिए था लेकिन वह हम फ्रांस में नहीं कह सकते थे, अत: हमने उत्तर भारतीय हिन्दी और उर्दू शब्द चाचा में बदल दिया था) मातुल हर व्यक्ति से मित्रवत और स्नेहपूर्ण थे, जवाब चाहे बूढ़े। वे बड़े शान्त चित्त थे, एक अद्भुत बिचौलिये का कार्य करनेवाले, हर आदमी जिसे कोई समस्या होती थी उनसे बात करता था—बाबा भी मातुल के नजदीकी दोस्त हो गये थे।

अली अकबर करीब-करीब रोते हुए मातुल के पास पहुँचे और बोले कि उन्होंने अपनी माँ के बारे में सपना देखा था और उसे छोड़कर वह हम लोगों के साथ जाना नहीं चाहते। हालाँकि यह न जाने का एक बहाना, जो कहा गया था। मातुल ने उसे बाबा को बता दिया जो बड़े भावुक हो उठे, क्योंकि इसका उन्होंने सचमुच विश्वास कर लिया था। उन्होंने दादा से कहा कि उन्हें अली अकबर को छोड़ देना होगा और बोले कि उन्हें भी समझ में नहीं आता कि वे जाएँ कि नहीं। आखिर में उन्होंने जाने का फैसला कर लिया क्योंकि उन्होंने वचन दिया था और महाराजा भी चाहते थे कि वे जाएँ। अली अकबर को घर भेज दिया गया और हम लोग चलने को तैयार थे।

मेरी माँ हम लोगों को विदा करने आई थीं और बम्बई में दो हफ्ते उन्होंने मेरे साथ बिताये। जब हम लोग जहाज पर चढ़ने की तैयारी में डॉक पर खड़े थे, मैं बहुत उदास हो गया था और मेरी माँ भी बहुत भावुक हो उठी थीं, उन्हें मानो यह पूर्वाभास लगा कि वे मुझे अन्तिम बार देख रही हों। वे बाबा की ओर मुड़ीं जो नजदीक ही खड़े थे, "बाबा, यद्यपि रोबू थोड़ा चंचल है वह अभी बच्चा है और उसने हाल ही में अपने पिता को खोया है। चूँकि मैं आपके साथ नहीं चल रही हूँ और नहीं जानती कि फिर कभी उसे देख सकूँगी, कृपा करके अपने पुत्र की तरह उसकी भी देख-भाल कीजिएगा," यह कहते हुए उन्होंने मेरे दोनों हाथ पकड़े और बाबा के हाथों पर रख दिए।

राजेन्द्र, रवि, देवेन्द्र, हेमांगिनी और उदय 1932 में पेरिस के अपने घर 17 रू डे बेलवेडेयर के बाहर

बाबा बड़े भावुक आदमी थे और वे ज़ोर-ज़ोर से रोने लगे, "माँ, माँ, तुम रत्नगर्भा हो' (संकेत दादा की ओर था) तुम्हें एक बेटा है जो शिव का अवतार है। अब तक मेरा एक ही बेटा था, अली अकबर, लेकिन आज से मेरे दो बेटे हैं और रोबू मेरा बड़ा बेटा है।"

हम तीनों रो रहे थे। सचमुच बड़ी नाटकीय स्थिति थी! हम लोग तख्ते की सीढ़ी तक आए और जहाज पर चढ़ गये

और मैंने अपनी माँ को डॉक की तरफ सिसकते और दूर ओझल होते हुए देखा। यह अन्तिम बार था जब मैंने उन्हें देखा था।

आज संसार में लन्दन मेरा प्रिय नगर है, लेकिन भारत के प्रति अँग्रेजों के दमनात्मक औपनिवेशिक दृष्टिकोण के बारे में सुनता और उसके दबाव का दर्द अनुभव करता हुआ सयाना हुआ। सम्बन्ध खराब हो गये थे और भारत एक आतंकवादी देश होने की कगार पर पहुँच गया था, बड़ी गहरी ब्रिटिश-विरोधी भावना के कारण, जिसने मुझे प्रभावित किया था। हालाँकि ब्रिटेन में कुछ समय बिताने के बाद मेरी भावना बदल गयी। 1936 का वर्ष था जब डेभन के डार्टिंगटन हॉल में लम्बे ठहराव के बीच मेरे दृष्टिकोण में परिवर्तन आया।

बम्बई में बाबा हमारे साथ हुए उसके बाद ईजिप्ट और प्लैसटाइन (अब इज़रायल) होते हुए हम यूरोप आए। जब हम यात्रा कर रहे थे उसी बीच जहाज पर बाबा ने हमें सिखाना शुरू कर दिया था। उन्होंने सचमुच अपने पुत्र की तरह मुझे स्वीकार कर लिया था यद्यपि अब भी मैं उनसे बहुत डरता था। मंडली के साथ यात्रा करते इस अवधि में उनका व्यवहार बड़ा मधुर था। उन्होंने कभी गुस्सा नहीं किया। मुश्किल से कभी...जब राजा जॉर्ज षष्ठम के राजतिलक के समय हम तेल अबीब में थे, मेरे मित्र दुलाल सेन (मंडली के सरोदवादक जो भी बाबा से सरोद सीख रहे थे) और मैंने एक कीमती पाइप और टोबैकोपाउच अपने नये गुरु के लिए खरीदे, चूँकि मैं जानता था कि उन्हें भारतीय हुक्के की याद आती होगी। लेकिन जब उन्होंने उस उपहार को देखा तो उनकी आँखें भय से विस्फारित हो गयी, उनके रोंगटे लगभग खड़े हो गये, उन्होंने गुस्से में पूछा, 'क्या तुम लोग मुझे मुखाग्नि देने आए हो?' उसके बाद से हम लोग बाबा के मूड को पहले से ही आँकने में सावधान रहते थे!

इज़राइल से हम सीधे यूनान चले गये और तब युगोस्लाविया, बल्गेरया, रोमानिया, चेकोस्लोवाकिया और ऑस्ट्रिया और जर्मनी के कुछ भाग होते हुए पेरिस और पेरिस से इंग्लैंड। यही समय था जब हमने डार्टिंगटन हॉल में ठहराव की सबसे लम्बी अवधि बिताई।

हम लोग पहले ही एक बार डार्टिंगटन हॉल गये थे, कुछ दिनों के लिए एक या दो साल पहले। उस समय हम लोग एक छोटे लेकिन सुन्दर नजदीकी शहर टोटनेस में ठहरे थे। लन्दन के बाद यहाँ बड़ा चैन था। टोटनेस के सुन्दर छोटे मार्गों पर होटल थे और डेभनशायर की क्रीम इतनी अच्छी थी कि छोड़ते न बने, उन दिनों कॉलेस्टरॉल के भय के बिना जितना खा सकता था खाता था, थोड़ी चीनी के साथ। हम लोग सुन्दर एमहर्स्ट-परिवार से मिले थे—लियोनार्ड, उनकी पत्नी डॉरोथी और उनकी पुत्री (पहले पति से) बीट्रिस स्ट्रेट—और इसका अन्दाज लगाया था कि एक संस्था के रूप में डार्टिन्गटन हॉल क्या था। लियोनार्ड एमहर्स्ट एक असाधारण स्रष्टा थे और टैगोर के सच्चे भक्त थे (उन्होंने डार्टिंगटन हॉल को शान्तिनिकेतन के ढाँचे पर खड़ा किया था जहाँ वस्तुत: वे रहे थे; उन्होंने इसके बगलवाली समकक्ष संस्था श्रीनिकेतन के निर्माण में सहयोग भी किया था जो शिक्षा के ग्रामीण पक्ष, पढ़ाई और कृषि-सम्बन्धी गवेषणा का प्रतिनिधित्व करती थी) डार्टिंगटन हॉल आज भी वहाँ है; और अगर यह बदल गया है और अधिक अकादमिक हो गया है, फिर भी अभी भी उन सुखों से सम्पन्न है जिनकी सृष्टि लियोनार्ड ने की थी। कॉलेज सुन्दर हरी-भरी पहाड़ी के पार्श्व और शाद्वलों में एक खुले रंगमंच के साथ अवस्थित है। शान्तिनिकेतन की तरह डार्टिंगटन में सामान्य शिक्षा के वर्ग चलते थे, मगर अधिक महत्त्व नृत्य और संगीत को दिया जाता था, और विशेषत: नाटक को—शान्तिनिकेतन से भी अधिक।

उस ग्रीष्म में हम लोग करीब तीन महीने वहाँ ठहरे। हमें जगह दी गयी थी, और काम करने के लिए हमारे पास एक स्टूडियो भी था, जहाँ दादा ने कुछ नये गीतों की रचना की थी। पहले तो टोटनेस में हमारे लिए सुन्दर और बड़ा रेडवर्थ हाउस था, जहाँ हम साथ-साथ ठहरे थे; कहा जाता था कि मिस्टर सिंगर (सिलाई मशीन के निर्माता) ने इसे बनवाया था, जिन्होंने, मुझे लगता है, इसे इसाडोरा डन्कन को दे दिया था। बाद में डार्टिंगटन हॉल में हम एक बोर्डिंग-हाउस में ठहरे।

मेरे लिये सच्चा आनन्द था बाबा का हमारे साथ होना, उनसे सीखने के बारे में मैं बड़ा उत्सुक था। उन्होंने मुझे अधिकतर परम्परागत गीत सिखाए, लेकिन वे भी जिनकी रचना उन्होंने स्वयं की थी। वे बड़े रचनाशील थे; प्रतिदिन बजाने के लिए वे चार या पाँच गत या गीत लिखते थे। मैं सितार भी सीख रहा था, हालाँकि मैं अभी भी नृत्य पर ही ज्यादा ज़ोर दे रहा था।

पूरी ग्रीष्म ऋतु का वह अनुभव सुन्दर था। वहाँ बहुत से प्रसिद्ध लोग थे जिनमें दो जर्मन, जूस और लेडर, भी थे जिन्होंने अर्द्ध-आधुनिक बैले जैसे ग्रीन टेबुल की रचना की थी, नाटक विभाग के प्रधान थे माइकेल चेखव, एक अद्‌भुत अभिनेता जो रूसी स्वराघात के साथ अँग्रेज़ी बोलते थे। हम लोग उनकी कक्षाओं को ध्यान से देखते, और उनका शिक्षण का तरीका अभिनव था। जब युद्ध शुरू हो गया वे यू.एस.ए. चले गये और कुछ फिल्मों में अभिनय किया जिनमें हिचकॉक की 'स्पेलबाउंड' थी जिसमें उन्होंने इंग्रिड बर्गमैन के मनस्तत्व-शिक्षक की भूमिका की थी।

मैं समझता हूँ चेखव गुर्जिएफ और रूडोल्फ स्टेनर से गहरे प्रभावित थे, वे मनोवैज्ञानिक शक्तियों और डैडाइज़्म में गहरे पैठे हुए थे। मुझे मालूम हुआ कि उनकी जमात मादक द्रव्यों पर भी प्रयोग करती थी हालाँकि सम्भवत: हलके मादक द्रव्यों पर, जैसे हैशीश। तथापि मैंने अनुभव किया कि चेखव को कुछ मानसिक सिद्धि प्राप्त थी, वे केवल एक अभिनेता नहीं थे। जब वे आप पर नज़र डालें उनकी आँखों में सम्मोहन शक्ति होती थी। उस समय वे करीब पैंतालीस वर्ष के थे, किन्तु जब मैंने उन्हें एक बार एक परी-कथा के सत्रह या अठारह साल के राजकुमार का अभिनय करते देखा, मुझे इस पर विश्वास ही न हुआ; वे एक किशोर की तरह लगते थे। मैं समझता हूँ वह केवल अभिनय-कला नहीं थी, बल्कि उससे बढ़कर कोई चीज थी; क्योंकि यही चीज हमने कथकली नर्तकों में भी देखी थी।

कथकली-नर्तक धार्मिक लोग हैं जो गहन ध्यान करते हैं और योग और ध्यान का विपुल अभ्यास करते हैं, उससे अपनी शक्तियों को जागृत करते हैं। कुछ को सिद्धि या उपलब्धि प्राप्त है—यहाँ तात्पर्य है कला में उस शक्ति की प्राप्ति जिसका वे ध्यान कर रहे हों। करीब सत्तर वर्ष पहले कथकली का एक कलाकार था जिसने हनुमान की भूमिका में विशेषता प्राप्त की थी और इस भूमिका में उसे सिद्धि थी। यह प्रमाणित सत्य है कि भारी परिधानों, मेकअप और दूसरे अलंकरणों के साथ जब वह भूमिका करता था तो ऐसी छलाँगें लगाता था जो मनुष्य के द्वारा सम्भव नहीं थीं। एक बार वह पीछे की ओर ऐसा कूदा कि बगलवाले मकान की पहली मंजिल की छत पर पहुँच गया। मैं जरूर मानता हूँ कि गहन एकाग्रता से इस प्रकार कोई आदमी दूसरे की तरह भी हो सकता है।

स्वयं दादा को इस प्रकार की मन:शक्ति थी, उनके भीतर वह गहन शक्ति। जब वह स्टेज पर होते वह पूर्णत: बदल जाते थे। यदि वे शिव की भूमिका कर रहे होते तो लोग सम्मोहित हो जाते और विश्वास करने लगते कि वे सचमुच शिव थे, विशेषत: भारतीय लोग जिन्हें उस परम्परा का ज्ञान था और वैसी श्रद्धा की अनुभूति थी। मैं जानता हूँ कि स्टेज पर जाने के पूर्व विंग में प्रतीक्षा करते हुए वे आँखें बन्द कर लिया करते और अपनी भूमिका की आत्मा को पूर्णत: व्यक्त करने के लिए गहरी साँसें लिया करते थे—चाहे वह कृष्ण, शिव या कोई भूमिका हो। इस कला में सिमकी भी बहुत दक्ष थीं; दादा के प्रशिक्षण में वे एक विस्मयकारी नर्तकी हुईं। यद्यपि वे फ्रांसीसी थीं, उन्होंने दादा से भारतीय नृत्य सीखा और आत्मसात किया था, और अलग से कथकली की बहुत और भरतनाट्यम की थोड़ी शिक्षा भी ली थी। एक साथ वे सच्चे कृष्ण और राधा या शिव और पार्वती लगते थे।

साधारण अभिनय की कक्षाओं से चेखव की कक्षाएँ बहुत भिन्न थीं। वे अपने छात्रों को कहते थे कि दरवाजे पर ध्यान इतना एकाग्र करो वह स्वत: खुल जाए, और उनमें से कुछ के द्वारा मुझे बताया गया था कि वे ऐसा कर सकते थे; या इसी प्रकार वे पियानो को केवल मन:शक्ति से खिसका सकते थे। यह सब अभ्यास प्रशिक्षण के अंग थे। डिपार्टमेंट अद्‌भुत था, और मैं जानता हूँ कि दादा चेखव से अत्यधिक प्रभावित हुए थे।

सुन्दर बीट्रिस स्ट्रेट चेखव की एक शिष्या थीं। वह एक यूनानी देवी की तरह लगती थीं। जब दादा पहली बार उनसे मिले थे, वे केवल उन्नीस की थीं, और तब जब हम लोग 1936 में इंग्लैंड लौटे वे इक्कीस की जरूर रही होंगी। वे दोनों परस्पर बहुत घुले-मिले थे और बीट्रिस ने बाद में हिमालयन कल्चरल सेंटर की स्थापना में सहायता के लिए बहुत कुछ किया, मुख्यत: आर्थिक रूप से; वस्तुत: एमहर्स्ट परिवार के सभी सदस्यों ने उनकी मदद की। वे आज भी ब्रॉडवे में अभिनय कर रही हैं, और बहुत सी फिल्मों में भी रही हैं जैसे 'नेटवर्क' (जिसके लिए उन्होंने ऑस्कर पुरस्कार जीता) और स्पिलबर्ग की प्रस्तुति 'पोल्टर जीस्ट' में।

मैं बाद के वर्षों में (1956 के बाद) तीन या चार बार लौटकर डार्टिंगटन हॉल गया, बार्न थिएटर में कार्यक्रम देता हुआ। वहाँ वस्तुत: एक बहुत अच्छा संगीत-विभाग था, लेकिन 1936 में मैं इसके बारे में बहुत नहीं जानता था। मैं नृत्य और नाटक विभागों से अधिक परिचित था और नयी रचनाओं में मैंने भाग लिया जिन्हें मेरे भाई बना रहे थे जैसे "द डांस कॉम्पिटीशन बिटवीन शिव एंड पार्वती।"

इस नृत्य के बारे में मैं आपको बताऊँ : कहानी नारद के बारे में एक झगड़े को लेकर है, एक बड़े ऋषि जो देवों और देवियों के बीच झगड़ा लगाने के लिए प्रसिद्ध थे। उन्होंने शिव और पार्वती के बीच बहस छिड़वा दी कि कौन बड़ा नर्तक है, दोनों को यह कहकर उकसाते हुए कि उन्होंने तो एक दूसरे से बड़ा कहते सुना था। कहानी बचकानी लगती है, किन्तु यही हमारी हिन्दू पौराणिक कथाओं की सुन्दरता है; हमारी सभी कथाओं में, दूर अतीत के पुराण, महाभारत और रामायण से लेकर, हमें अपने देवताओं और देवियों के लिए अगाध भक्ति और श्रद्धा है किन्तु हम उन्हें मनुष्यों की तरह भी देखते हैं उनके प्रणय-जीवन, ईर्ष्याओं, क्रोध, क्षुद्रता और अन्यायों के साथ।

इस समस्या के समाधान के लिए एक प्रतियोगिता निश्चित की गयी। जो कुछ भी शिव करते, पार्वती को भी दिखाना था कि वे भी वैसा कर सकती थीं। इस प्रकार 'नौ रस' का अभिनय आरम्भ हुआ। भारतीय प्रदर्शन-कलाओं में, प्रत्येक कलात्मक रचना को नौ रसों में एक को अभिव्यक्त करना

चाहिए, और शिव और पार्वती ने प्रत्येक की बारी-बारी से नृत्याभिव्यक्ति की। पहले उन्होंने (शिव) श्रृंगार नृत्य किया जो कामोद्दीपक है। तब दूसरा हास्य जिसका अर्थ है प्रहसनात्मक, और तीसरा करुण या विषण्ण और सभी दूसरे रस बारी-बारी से, रौद्र, वीर, भयानक, वीभत्स, अद्भुत और अन्त में नौवाँ शान्त। अन्त में पार्वती ज्यादा नहीं तो उतना ही अच्छा कर रही थीं जितना शिव, अत: शिव ने सोचा कि अब एक ही चीज शेष है जो वे कर सकते थे। उन्होंने सारे वस्त्र उतार दिए और बिल्कुल नग्न, शक्तिशाली शैली में नृत्य करने लगे जिसे अर्द्ध-तांडव कहा जाता है, एक पैर उठाकर चारों ओर कूदते हुए नाचना (निश्चय ही दादा ने स्टेज पर अपने कपड़े नहीं उतार दिए थे—वह केवल मुद्राओं से प्रदर्शित किया गया था)। पार्वती लजा गयीं और उन्होंने हार मान ली। शिव बड़े चतुर निकले!

उस समय पहली बार मैंने स्वयं एक नृत्य-रचना की थी जिसे मैंने चित्र सेना नाम दिया था। यह साढ़े चार मिनट की रचना थी, कत्थक शैली में बड़ी गंत्यात्मकता (उत्तर भारत की एक नृत्य शैली) बहुत पदसंचालन के काम और मुद्राभिव्यक्ति के साथ। जब मैं अमेरिका लौटा तो न्यूयॉर्क टाइम्स में जॉन मार्टिन लिखित एक सुन्दर रिव्यू मुझे प्राप्त हुआ।

डार्टिंगटन हॉल एक सुन्दर अनुभव था। सुबह से शाम तक नृत्य और संगीत था, नाटक और संगीत विभाग में छात्रों से मिलना, संसार के विभिन्न देशों से आए लोगों से दोस्ती करना। मैं विशेषकर खुश था कि हमारी नृत्यांगना ज़ोहरा की सुन्दर छोटी बहन उज़रा उस ग्रीष्म ॠतु में हमारी मंडली में आ गयी थी। शुरू से ही हम दोनों बहुत अच्छे दोस्त हो गये। इस सबके साथ निस्सन्देह भारतीय शास्त्रीय संगीत की नयी खोज की मेरी दुनिया भी थी, और थे मेरे गुरु बाबा अल्लाउद्दीन, जिन्हें मैं प्यार करता था और जिन्होंने पिता की तरह मुझे प्यार किया जो पिता मुझे कभी नहीं मिले। यह मेरे जीवन का स्मरणीय भाग था।

गरमी के अन्त में हम लोग यूरोप के कुछ स्थानों के भ्रमण को निकले, लन्दन और पेरिस मिलाकर, और उस समय बाबा की मंडली का साथ देने की एक वर्ष की अवधि-सीमा भी समाप्त हो गयी थी। मैहर के राजा के साथ दादा का अनुबन्ध भी समाप्त हो चला था, और अब बाबा को लौटना था। फिर भी, अभी हमारे भ्रमण के दो महीने बाकी थे और हम लोग उसमें एक या दो महीने और जोड़ने की योजना कर रहे थे जिससे कि अमेरिका जाएँ। बाबा इस योजना से हर्षित थे, लेकिन वे अपने बेटे, अली अकबर के बारे में बहुत चिन्तित भी थे।

आज अली अकबर संसार के सर्वश्रेष्ठ संगीतकारों में एक हैं—सरोद के उस्ताद—लेकिन पहले उस समय बाबा ने समाचार सुना कि वे ठीक से अभ्यास नहीं कर रहे थे, और डर गये थे कि वह कहीं रास्ता भटक न जाएँ अकेले अपनी माँ के साथ भारत में होने से। मैहर के दीवान का इस आशय का एक पत्र आया कि उन्हें तुरन्त लौट आना चाहिए अली अकबर की ख़ातिर। इसने बाबा को हिला दिया और हम लोगों को उन्हें जाने देना पड़ा। 1937 की जनवरी में बिना बाबा के हम लोग स्टेट्स की तीसरी यात्रा पर निकले, और करीब तीन महीनों तक सब जगह भ्रमण किया।

हम लोगों के पास से बाबा के मैहर लौटने के कुछ दिन बाद 1936 के नवम्बर के अन्त में एक सुबह पेरिस में एतोएल के बहुत निकट के 'होटेल दे अकेशिया में मैं अपने रूम में था जब एक फोन आया। यह मेरे मित्र दुलाल थे जो मेरे कमरे में ही ठहरे थे। यद्यपि वे मुझसे छ: या सात वर्ष बड़े थे, हम लोग बड़े दोस्त थे और एक भाई की तरह वे मेरा बहुत खयाल रखते थे। वे बोले, 'रोबू, क्या तुम नीचे आ सकते हो? हम सभी दादा के कमरे में हैं।'

कभी-कभी हम योजना बनाने के लिए दादा के कमरे में मीटिंग किया करते थे; लेकिन, पता नहीं, शायद उनके बोलने के ढंग से, मुझे लगा कि कुछ गड़बड़ है। मैं तुरन्त नीचे आया और दादा, सिमकी,

जोहरा, उज़रा और मंडली के बाकी लोगों को वहाँ बैठे देखा। वे सभी बिल्कुल अजीब चुप्पी साधे लग रहे थे। सामान्यत: हर आदमी खुशी में बातें किया करता था, किन्तु जब मैं अन्दर गया सभी बहुत खामोश हो गये। दादा ने आगे आकर एक पत्र मुझे दिया। मैंने उनकी और सभी दूसरों की ओर देखा, और इतना ही बोला, 'माँ?' पत्र में था कि वे मर गयी थीं।

नसरथपुर में जमीन के एक टुकड़े पर वे एक छोटा सा घर बना रही थीं, जहाँ उनके पास रहने मेजदा और सेजदा गये थे। सेजदा की शादी ठीक हो गयी थी और माँ विवाह की सारी तैयारियाँ करने में लगी थीं, जिसमें बड़ा परिश्रम करना पड़ा था। वे विवाह के पहले मकान पूरा कर लेना चाहती थीं, इसलिए वे मिस्तिरियों के साथ चौबीसों घंटे काम कर रही थीं। लेकिन यह बरसात का अन्त था और ज्यादातर वे वर्षा में भींग जाया करती थीं। घर समय पर पूरा हो गया लेकिन तब तक उन्हें बुखार हो गया जिसके बारे में उन्होंने किसी को नहीं बताया। उन्हें गम्भीर न्यूमोनिया हो गया था और गाँव में दवा-उपचार की सुविधा नहीं के बराबर थी। सेजदा का कृष्णा से विवाह हो जाने के कुछ दिन बाद मेरी माँ मर गयीं। मेरे लिए यह समाचार हृदय विदारक था, क्योंकि मैं माँ का बहुत आत्मीय था।

वह घर आज भी वहाँ है, और सेजदा हाल तक कृष्णाबउदी के साथ वहाँ रहे। मेरे भाइयों में वे ही अभी तक जीवित हैं। करीब नब्बे की उम्र में, वय के हिसाब से काफी तन्दुरुस्त हैं, इतनी फुर्तीवाले कि वे उछलते चलते हैं। अब वे अपनी पत्नी और पुत्री के साथ इलाहाबाद में रहते हैं। जब वे जवान थे तो बड़े गुस्सैल स्वभाव के थे, लेकिन अब वे बहुत परिपक्व हो गये हैं, मजाक पसन्द और स्नेहयुक्त। मैं उन्हें बहुत प्यार करता हूँ।

जब बाबा ने हमारी मंडली छोड़ दी तो मैं बड़े असमंजस में था। उन परिस्थितियों और कम समय में जो मिलता था उसमें संगीत में मैं गहरे पैठ गया था, और पहली बार भारतीय शास्त्रीय संगीत की महानता मैंने अनुभव की। उनके जाने के बाद, कुछ समय तक, मैंने सरोद शुरू किया क्योंकि मैं उनसे बड़ा प्रभावित था, हालाँकि वे चाहते थे कि मैं सितार ही चालू रखूँ क्योंकि इसमें मेरी पहले ही पक्की जानकारी हो गयी थी। दूसरी तरफ मैं युवा हो रहा था और नृत्य के लिए मुझे प्रशंसा मिल रही थी, विशेषकर जब एकल नृत्य करता। मैं बेचैनी में था कि क्या करूँ। मैं बाबा का मार्ग अपनाना चाहता था। उन्होंने बार-बार मुझसे कहा था, "यह जीवन जो तुम जी रहे हो, सही रास्ता नहीं है। तुम सभी चीजें थोड़ी-थोड़ी सीख लोगे, दक्षता किसी में नहीं होगी।" उनकी हिन्दी कहावत थी—'एक साधे सब सधे, सब साधे सब जाय।'

वे मेरी हँसी नहीं उड़ाते थे मगर जो ख़ास जीवन मैं जी रहा था उसके बारे में बड़ी फटकार लगाते थे। मैं अच्छे कपड़ों और छैल-छबीला होने का शौकीन था और उन्होंने लड़कियों के विषय में मेरी कमजोरी भाँप ली थी। यद्यपि उनके सामने मैं बहुत चौकन्ना रहता था, वे जानते थे; और वे चिन्तित थे कि मैं केवल नर्तक बन जाऊँगा और अपनी जिन्दगी बरबाद कर लूँगा। उन्होंने कहा था, "मैं तुम्हें सिखाऊँगा क्योंकि तुममें सब प्रतिभा है, लेकिन तुम हर चीज छोड़ दो और मेरे पास आ जाओ।" उनके चले जाने के बाद पत्रों के माध्यम से हमारा उनसे सम्पर्क रहा, और उन्होंने बार-बार मुझसे यही कहा। यह बराबर मेरे कानो में गूँजता रहता था।

1936 से 1938 के बीच मैं पेरिस में उन सभी जगहों में गया जहाँ बचपन में जाने में सक्षम न था। इसी अवधि में मेरी जिज्ञासाएँ और अतृप्त इच्छाएँ परिपूर्ण हुईं।

अपने ग्रुप के कुछ मित्रों के साथ विशेष रात्रि-स्थलों को जैसे द पैंथियन और द स्फिंक्स जाया करता था। कभी-कभी हम लोग वहाँ संस्कृति-मन्त्री या वाणिज्य- मन्त्री को देखते थे जिन्हें लड़कियाँ जो एक अँगूठी या चेन के अतिरिक्त कुछ नहीं पहने होतीं, मदिरा सेवन कराती थीं। कमरे में हर चीज के साथ शो होते, प्रत्यक्ष प्रेम-दृश्य—प्राकृतिक और कुछ अप्राकृतिक तरीके से। पूरी रात के मजे और आनन्द के लिए अधिकतम पाँच अँग्रेजी पाउंड लगते थे। एक तरह से यह चकित करने वाला था कि

किसी को ऐसे क्लबों में कुछ अनैतिक नहीं लगता था, लेकिन चीज खुल्लम-खुल्ला थी; यह लिजलिजा और गन्दा नहीं था। जब मैं द्वितीय विश्वयुद्ध के बाद आया हर चीज बदल चुकी थी, और पेरिस ऐम्सटर्डैम या हैम्बर्ग की तरह हो गया था। वह खुलापन नहीं रह गया था। पेरिस में अब भी नाइटक्लब और कैबरे हैं, लेकिन अब वह बात नहीं है; वे किसी दूसरे स्ट्रिपटीज़ क्लब की तरह हैं। उन दिनों वे विशेष थे—खासकर द स्फिंक्स, इससे अधिक कहने की आवश्यकता नहीं!

डेढ़ वर्ष बीत गये और हम अभी टूर कर रहे थे। 1937 के दिसम्बर में हम यूनाइटेड स्टेट्स लौट गये, और एक बार फिर मेरे नृत्य के अच्छे रिव्यू आ रहे थे। यद्यपि मैं कड़ी शराब के प्रति कभी आकृष्ट नहीं हुआ। मैं कभी-कभी बीयर और मदिरापान का आनन्द लेने लगा था। लड़कियों के साथ मेरे बहुत अनुभव हुए लेकिन कभी स्थायी नहीं; केवल उज़रा को छोड़कर, जिससे मेरा बहुत लगाव था।

यूरोप में युद्ध के आगमन के कारण दादा ने भारत लौटकर एक सांस्कृतिक केन्द्र की स्थापना की योजना शुरू करने का निर्णय लिया, और अमेरिका की उस चौथी यात्रा के बाद मंडली तोड़ दी गयी और हम घर लौट आए। मैं जानता था कि यही समय था फैसला लेने का, और मैंने मैहर जाने का निश्चय किया।

आज मैं आपको गर्व से कह सकता हूँ कि आज भारत के जीवित संगीतकारों में पश्चिम आनेवाला (1930 में) और यूरोप, यू.एस.ए. (चालीस राज्यो में) या दूसरी जगह दूर-दूर तक यात्रा करनेवाला मैं प्रथम था—मैंने प्रथम ऐलबम के लिए सितार और इसराज़ भी बजाये जिसे टूप के द्वारा 1937 में रिकॉर्ड किया गया और आर.सी.ए.—विक्टर रेकॉर्ड पर निकाला गया।

रवि ने अपनी युवावस्था के लगभग आठ वर्ष टूप के साथ संसार के भ्रमण में बिताये थे और पश्चिमी जगत में स्टार कोटि के जीवन के आनन्द और चकाचौंध के अभ्यस्त थे। फिर भी जब ये दिन समाप्त होने को थे उन्होंने दो भिन्न रास्तों के बीच अपने को खिंचा पाया। एक तरफ था वह जाना हुआ आनन्द और नर्तक के रूप में एक सम्भावनापूर्ण भविष्य। दूसरी तरफ थी परम्परागत गुरु-शिष्य प्रशिक्षण की कठोरता के प्रति समर्पण की सम्भावना, अनिश्चित परिणामवाली एक लम्बी प्रक्रिया और स्वयं स्वीकार किये गये ऐश्वर्य विलासी के सांसारिक जीवन से लाखों मील दूर। फिर भी नियति अपना कार्य कर रही थी।

तीन
रंगेश्वरी

यह 1938 का मई माह था जब हम लोग भारत लौटे और तब तक यह स्पष्ट हो गया था कि यूरोप के पूरे पैमाने पर एक युद्ध हो जाएगा। इसी बीच दादा ने अल्मोड़ा में एक सांस्कृतिक केन्द्र खोलने की योजना बनाई थी, इस प्रकार सब कुछ एक साथ घटित हो रहा था। मैंने दादा को बताया कि मैं मैहर बाबा के पास जा रहा हूँ। दादा समझे कि मैं बस कुछ महीनों के लिए जाऊँगा और फिर उनके केन्द्र में एक नर्तक के रूप में काम करने आ जाऊँगा, इसलिए उन्होंने बुरा नहीं माना। मैं चुप रहा, मैं जानता था कि मैं हमेशा के लिए जाऊँगा और नर्तक के रूप में और काम नहीं करूँगा क्योंकि संगीत का खिंचाव मैं अनुभव कर रहा था।

सबसे पहले मैं नसरथपुर अपनी माँ के घर अपने गाँव गया। मैं बड़ा उदास था, बार-बार उनकी याद आती थी लेकिन करीब चार वर्षों के बाद मेजदा से मिलने की मुझे खुशी थी (सेजदा बनारस में कृष्णा बऊदी के साथ थे)। मैं वहाँ एक महीना ठहरा जिसमें मेरा यज्ञोपवीत संस्कार हुआ। एक ब्राह्मण के जीवन में विवाह के साथ यह सर्वाधिक महत्त्वपूर्ण संस्कारों में से एक है। यह सामान्यत: बारह साल की उम्र में सम्पन्न हो जाता है, लेकिन उस समय तक अठारह साल का होने से मुझे देर हो गयी थी—देरी अनिवार्य थी चूँकि पिछले कुछ वर्षों में भारत से अधिकतर मैं बाहर रहा था। एक ममेरे भाई और एक चाचा के साथ जो दोनों मुझसे छोटे थे, यह संस्कार सम्पन्न हुआ। हम लोगों ने सर मुँड़ाये, वे सारे विधि-विधान पूरे किये जो ब्राह्मण को पूर्ण आध्यात्मिक वयस्कता में प्रवेश कराते हैं। ऐसा लगा मैंने एक परिव्राजक-जीवन में प्रवेश कर अपने शरीर और मन को शुद्ध कर लिया था।

बाबा से पहले से मेरा पत्राचार चलता रहा था, एक शिष्य के रूप में आने और उनसे सीखने की इजाज़त माँगते हुए। वे बड़े खुश थे और यह कहते हुए कि यह सर्वोत्तम होगा, पड़ोस का एक मकान मेरे ठहरने के लिए दे दिया था। शुरू में वे और उनका परिवार वहाँ रहता था लेकिन उससे अलग बाबा ने एक घर बनाया था और सौभाग्य से पहला मकान अब खाली था। हम लोगों ने तिथि और व्यवस्था निश्चित कर ली थी।

अत: मेरे यज्ञोपवीत के कुछ हफ्ते बाद 1938 की जुलाई में मेजदा के द्वारा मैं मैहर ले जाया गया। मेरे अपने भाइयों में वे मेरे सबसे प्रिय थे। वे हममें सबसे अधिक शिक्षित थे—बड़े बुद्धिमान—और हर चीज में रुचि लेते थे; हँसी-मजाक़ से भरे और हमेशा श्लेषालंकार में बोलने वाले। मैं वस्तुत: उन्हें प्यार करता था। उन्होंने कभी एक छोटे बच्चे की तरह मुझसे बर्ताव नहीं किया; हम लोग ज्यादा दोस्त की तरह थे, हालाँकि वे मुझसे पन्द्रह साल बड़े थे और अपने सभी भाइयों के बीच मैं एक बालक था।

अपने नर्तक होने के वर्षों में मैंने सूटों, हर प्रकार के दूसरे वस्त्रों, सुन्दर कुर्त्तों का भी एक अद्भुत संग्रह बना लिया था, लेकिन मैहर जाने के लिए मैंने सीधे-सादे, मोटे, उजले, हाथ के बुने खद्दर के कुर्तों, उसी कपड़े के पायजामों और साधारण बंडियों का ऑर्डर दिया, मामूली, चादर तकियों वाले बिस्तर के साथ। वे सभी एक टिन के सस्ते बक्से में रखे गये जिसे मैंने खासकर खरीदा था। बाबा वे मुझे इसी

रूप में देखा—सादी पोशाक और सामान के साथ—जब हम लोग मैहर पहुँचे।

हो सकता है यह सब एक तरह का नाटक था, लेकिन मैं बाबा को खुश करना चाहता था क्योंकि उन्होंने मुझे अक्सर कहा था कि मैं एक तड़क-भड़कवाला आदमी हूँ। वे कहते थे, 'तुम केवल फैन्सी कपड़े पहनना, बनना-ठनना चाहते हो।' मैं जब पहुँचा तो उस समय भी मेरा सर मुँड़ा हुआ था—बस छोटे-छोटे बाल निकल रहे थे—और ऊपर जनेऊ के साथ सीधे-सादे कपड़ों में वे मुझे पहचान न सके। यह पहली बार था जब मेरी माँ के मरने के बाद हम मिले थे, और वे रोने लगे। उस रूप में मुझे देखकर वे बड़े भावुक हो उठे थे। 'तुमने अपना क्या हाल बना रखा है?' उन्होंने पूछा, लेकिन मैं यह भी जानता था कि वे भीतर-भीतर खुश भी थे। मैं यह भाँप गया था। आँखों में आँसू भरे उन्होंने मेरा आलिंगन किया। मेरे भाई और मेरे सामने उन्होंने उस दिन जो बम्बई में कहा था उसे दुहराया, ''मैंने तुम्हारी माँ को वचन दिया था कि मैं तुम्हें अपने बेटे के रूप में स्वीकार कर लूँगा, और तुम वही होने जा रहे हो।'' वे बोलते गये, ''मेरी इच्छा है कि तुम मेरे घर में रहते, लेकिन मैं समझता हूँ कि तुम अलग रहना चाहोगे।'' हम लोगों ने ज़ोर दिया कि बाबा पर बोझ नहीं बनना चाहते। मेरी व्यवस्था करने, कुछ जरूरी ऑरकेस्ट्रा चीजों को खरीदने में मेरी मदद करने और मेरा खाना पकाने के लिए एक नौकर ठीक करने के लिए मेजदा मेरे नये मकान में करीब एक हफ्ता मेरे साथ ठहरे।

उनके चले जाने के बाद उस मकान में बिल्कुल अकेले मुझे बहुत डर लगता था। अकेला महसूस करने के अलावा दिक्कत भी थी, पाटी से बँधी मोटी नारियल की रस्सीवाली खाट थी। वह बहुत गड़ती थी, मेरी पतली सूती तोशक के उस पर बिछाने के बाद भी। बचाव के लिए मुझे एक मच्छरदानी का इस्तेमाल करना पड़ता था और वहाँ बहुत अधिक मक्खियाँ, तिलचट्टे और छिपकलियाँ भी थीं; जबकि रात में मैं साँपों और बिच्छुओं को चारों ओर रेंगते देखता था, और घर के नजदीक भेड़ियों और सियारों का हुआँ-हुआँ सुनता था। ऐसा अनुभव पहले कभी नहीं हुआ था। सारे संसार में चार या पाँच सितारा होटलों में ठहरने का आदी होने से मेरी आदत बिल्कुल खराब हो गयी थी।

रवि के लिए मैहर में करीब सात वर्षों तक ठहरने का अर्थ था संगीत और अपने गुरु के प्रति पूर्ण प्रतिबद्धता। दिन पर दिन संगीत को आत्मसात करने में बीतते थे। प्रारम्भिक पाठ से शुरू करके नियमतः कठोर अभ्यास से प्रवीणता की प्राप्ति तक, एक लड़के के लिए जिसका अधिकांश पलना-बढ़ना, अपनी जड़ों से दूर, पश्चिम में हुआ था, और ऐसे समय जब भारत में परम्परागत मूल्यों के प्रति निष्ठा पर उँगली उठायी जा रही थी, यह असाधारण श्रद्धा थी जो उनमें अपने गुरु के प्रति थी। संगीतकार रविशंकर के विकास में यह कालखंड निस्सन्देह सबसे महत्त्वपूर्ण था। जैसा कि उन्होंने स्वयं अपनी फिल्म 'राग' में कहा था—'एक गुरु बनाना मेरे जीवन का सबसे बड़ा निर्णय था। सम्पूर्ण समर्पण, वर्षों की अचल भक्ति और अनुशासन की यह माँग करता था।' गुरु-शिष्य सम्बन्ध अद्वितीय रूप से शक्तिशाली सम्बन्ध है, जिसके केन्द्र में है एक को एक के द्वारा मौखिक शिक्षण का तरीका। युगों से चले आते ज्ञान का लाभ उठाने के लिए गुरु की आज्ञा के पूर्ण पालन में अहंकार को समर्पित कर देना होता है, जो पढ़ाया जाता है उसे बिना प्रश्न किये स्वीकार करना होता है। तकनीकी दक्षता प्राप्त करने से भी महत्त्वपूर्ण (हालाँकि वह भी बहुत आवश्यक है) है प्रत्येक राग की आत्मा के गुरु से प्रत्यक्ष ग्रहण करने की प्रक्रिया, और संगीत की आत्मा को ग्रहण करना; बिना इस भाव के सच्चे-सही स्वतन्त्रलयकारी की उसकी शक्तियों में कमी आ जाती है। यह सम्बन्ध उतना ही आध्यात्मिक है जितना सांसारिक, क्योंकि गुरु उसे उस आनन्दातिरेक में प्रवेश कराता है जो संगीत की सच्ची प्रवीणता और इन्द्रियातीत सम्भावनाओं का प्रमाण है।

बाबा के साथ मेरे सम्बन्ध का आरम्भ तो एक भय के साथ हुआ था, किन्तु बम्बई के डॉक पर उस स्मरणीय घटना के बाद जब मेरी माँ ने उनसे अपने ही बेटे की तरह मेरा ख्याल रखने की अश्रुपूर्ण याचना की थी, चीजें एकाएक नाटकीय ढंग से बदल गयी थीं। उन्होंने मुझे सचमुच वह प्रेम और स्नेह दिया जो मैंने अपने पिता से कभी नहीं पाया था। इसके बाद जब वे मेरे गुरु हो गये, यह अद्भुत सम्बन्ध और सुन्दर बन्धन में विकसित हो गया।

संगीत की दृष्टि से बाबा का व्यक्तित्व विशाल था। पब्लिक के सामने अपने कार्यक्रम में जिस ज्ञानराशि को वे प्रकट करते थे वह अविश्वसनीय थी, यद्यपि मैं महसूस करता था कि वे ऐसी भूमिका के लिए बने ही नहीं थे। एकान्त जीवन में वे आश्चर्यचकित कर देनेवाले थे। उनके साथ अकेले या कभी-कभी उनके पुत्र और पुत्री की उपस्थिति में भी मैहर में सीखते समय मैंने उन्हें सैकड़ों बार सुना था, और अपने उस छोटे से कमरे में अपने संगीत से दो मिनट के अन्दर वे हम लोगों को रुला देते थे। उनमें इतना गहरा स्पर्श था, उनकी शैली इतनी शुद्ध थी, और सिखाते वक्त या स्वयं अकेले रियाज़ करते वक्त भी किसी एक राग पर टिके रहने और घंटों उसके विस्तार का कैसा धैर्य था!

हम लोग हमेशा महसूस करते थे कि संगीत के लिए केवल आठ वर्ष की अवस्था में घर से भागकर उन्होंने कितने दुख झेले थे। भारत के धुर उत्तर-पूर्वी भाग त्रिपुरा के एक गाँव शिवपुर में घुमक्कड़ संगीतकारों की एक मंडली में वे सम्मिलित हो गये थे। यह भिन्न प्रकार के संगीतकारों की एक मंडली थी, केवल शास्त्रीय ही नहीं लोक शैली के भी, किन्तु असाधारण प्रतिभावान होने से उन्होंने उन लोगों से बहुत कुछ सीखा। अब के बांग्लादेश की राजधानी ढाका नगर में वे आए थे और वहाँ बहुत दिनों के बाद कालक्रम से वे कलकत्ता चले आए जब वे चौदह या पन्द्रह वर्ष के थे। उस समय तक उन्होंने तालवाद्य—तबला, पखावज और बंगला ढोल—बजाना सीख लिया था और साथ ही शहनाई, क्लैरिनेट, कॉर्नेट और तुरही भी।

संगीत की उनकी चाह अदम्य थी। खेलने-कूदने में समय न बर्बाद कर सेक्स की प्रवृत्ति का शमन करते हुए वे सभी चीजों से अलग रहे। जब वे उन संगीतकारों के साथ भी रहे जो बहुत शराब और गाँजा पीते, वेश्याओं के यहाँ जाते, वे आत्मनियन्त्रण में कठोर व्रती रहे। वे पुरानी भारतीय आस्था को मानते थे

कि योग, ध्यान, कुश्ती, संगीत, नृत्य या कोई ईप्सित कर्म जो प्रवीणता के लिए अतुल शक्ति और एकाग्रता की माँग करते हैं उनमें आदमी की प्रशिक्षण की अवधि में शक्ति और ऊर्जा बढ़ाने के लिए वीर्य-रक्षण जरूर करना चाहिए।

वर्षों के संयमित अविचल अभ्यास ने उन्हें एक कठोरता प्रदान की थी। मूलत: वे एक बड़े दयालु व्यक्ति थे, लोक सेवा की गहरी भावना से युक्त—घर आए मेहमानों के बारे में उनका यह खयाल रखना कि उन लोगों ने ठीक से खाया कि नहीं, वे ठीक से सोये कि नहीं और सभी सम्भव सुविधाएँ उन्हें मिलीं कि नहीं, मेहमानों को बड़ी मुश्किल में डाल देता था। फिर भी अगर कुछ दुर्भाग्यपूर्ण घटता तो उन लोगों पर वे इतने क्रोधित हो उठते कि विश्वास नहीं होता था कि ये वही बाबा हैं।

मैहर में जब मैंने अली अकबर को सरोद बजाते सुना तो चकित था : बम्बई के नवम्बर, 1935 के बाद कैसा अद्‌भुत परिवर्तन था! जब से मै उनसे अलग हुआ था उसके बाद क्या घटित हुआ था यह कहानी तो मैंने बाद में सुनी। हम लोगों की यात्रा से लौटकर बाबा ने उन्हें अच्छी हालत में नहीं देखा था, रियाज़ नहीं करने के कारण। जब बाबा ने सभी हलके संगीत और फिल्मी रेकॉर्ड जो अली अकबर ने खरीद रखे थे देखे तो इस पर वे इतने क्रुद्ध हुए कि उन्हें पीटने लगे। जब वे क्रोध में होते तो बाबा पागल हो जाते थे। उन्होंने अली अकबर को एक पेड़ से बाँधा और छड़ी से पीटा और वहाँ उन्हें दो या तीन दिनों तक रखा—ऐसा निर्मम व्यवहार! इसके बाद बाबा उन्हें सिखाने लगे, उन्हें जगाने के लिए करीब तीन बजे भोर में उठना, उन्हें बैठाना और प्रतिदिन बारह से पन्द्रह घंटों तक रियाज़ कराना।

उन ढाई वर्षों में अली अकबर के साथ जो हुआ वह तो जादू था। इस अन्तर पर तो मुझे विश्वास ही न होता था। बाबा ने संगीत में उनका रूपान्तरण कर दिया था। वह अब सयाने हो गये थे; वह अब सोलह के थे, संगीत में परिपक्व और प्रवीण। एक बार निर्दयता से तंग आकर वह घर से भाग गये थे, लेकिन लौट आए थे, और इस बीच बाबा ने उनकी शादी पन्द्रह की उम्र में पुराने रिवाज़ के मुताबिक तय कर दी थी। किन्तु कुछ बातों में बाबा बड़े अजीब थे! यौन, ड्रग और मदिरा के बारे में वे इतने सनकी थे कि उन्होंने अली अकबर की शादी तो कर दी मगर उम्मीद करते थे कि वह ब्रह्मचर्य का पालन करें और अपनी पत्नी से अलग सोचें। वे चाहते थे कि वे पवित्र बने रहें और केवल संगीत में ही भाग लें (हालाँकि अली अकबर ने बात को गुप्त रखने का वचन लेकर मुझसे कहा कि जब-जब उनसे हो सका उन्होंने बाबा की आज्ञा का उल्लंघन किया था)।

संगीत, लय और स्वरमाधुर्य अली अकबर के रक्त में थे, लेकिन संगीतकार बनने में साधना की कठोरता में उनकी रुचि नहीं थी। आज भी वे कहते हैं, 'मुझे अजीब लगता है कि रोबू ने इसे इतनी गम्भीरता से क्यों लिया'। आज उस्ताद अली अकबरखाँ सरोद में सबसे बड़ा नाम है; मैं महसूस करता हूँ कि यदि बाबा वह सब नहीं करते जो उन्होंने किया, तो कहानी बिल्कुल दूसरी होती। अली अकबर को संगीतकार बनने को बाध्य होना पड़ा, लेकिन ऐसा उचित ही हुआ। जो भी कष्ट उन्होंने उठाये वे उन्हें ऐसा अप्रतिम संगीतकार बनाने में बाबा की ओर से वरदान ही साबित हुए।

मेरे मैहर पहुँचने के समय से आलूभाई (अली अकबर को मैं हमेशा ऐसे ही पुकारता हूँ) और मैं अन्तरंग मित्र हो गये। वे रोज आते थे और मैहर शहर के केन्द्र मन्दिर या नजदीक के कुछ सुन्दर स्थलों तक टहलकर जाया करते थे। मैंने उन्हें एक भले और मृदुल व्यक्ति के रूप में पाया और बाबा के उल्टे वे कभी भी गुस्सा नहीं दिखाते थे। यद्यपि बाबा से वे बहुत डरते रहते, वे बाहर से बिल्कुल शान्त रहते थे। उन्हें दुनियादारी का ज्ञान भी नहीं था और मैहर में रहने ज्यादा दोस्त न रहने, अधिक शिक्षा न होने से यह स्वाभाविक भी था—केवल प्राइवेट ट्यूटरों से थोड़ी शिक्षा हुई थी।

अपने क्षेत्र में बाबा बहुत भिन्न थे। जिस वर्ष वे हमारे साथ यूरोप की नृत्य-यात्रा पर थे वे लगभग सदा मृदुल और बात माननेवाले रहे। मैहर में, लगता था, उनके चारों ओर जैसे अग्नि-ज्वाल फूट रहा हो। आलूभाई, अन्नपूर्णा (आलूभाई की बहन), उनके सम्बन्धी और माँ भी—बाबा की पत्नी (जिन्हें मैं

भी माँ कहता था), हर कोई उनसे डरता था। मैंने अपने जीवन में जितनी महीयसी महिलाओं को देखा है, माँ उनमें एक थीं, एक सुन्दर आत्मा वाली नारी जिसने मुझे माँ का प्रेम दिया जिससे मैं इतना वंचित था। बाबा के अपने परिवार के बहुत से सदस्य बाबा से सीखने आए, लेकिन उनमें कोई भी ज्यादा दिन नहीं ठहरा। हर व्यक्ति में अवगुण होते हैं, और मैं जहाँ तक समझता हूँ, बाबा का केवल यही अवगुणवाला पक्ष था—उनका राक्षसी क्रोध।

मुझे इससे कुछ दिक्कत जैसी हुई। हर आदमी को भयातुर और कभी-कभी उन लोगों के झूठ बोलने को देख मुझे चोट लगती थी। अपनी माँ और अपने भाइयों के साथ मेरे लिए झूठ बोलने का कभी कोई कारण न रहा। मैं डरता नहीं था, मैं बिगड़ चुका था—कभी कुछ करने का आदेश न पाने और इतने आजाद और खुले जीवन को जी चुकने के कारण। जीवन की सारी सच्चाइयों को मैं जान चुका था—जब हम लोग यात्रा पर थे दादा, गर्मी-सूजाक की बीमारी से बचने, गलत तरह की लड़कियों के द्वारा गुमराह किये जाने के बारे में बताया करते थे। पश्चिम के व्यतीत मेरे जीवन ने मुझे अच्छी तरह सिखा दिया था। अत: मैहर की मर्यादित सीमा में आबद्ध होने में मुझे बहुत समय लगा, यद्यपि मैंने स्वीकार कर लिया था कि वर्जना के कठोर जीवन से मुझे गुजरना ही होगा।

रवि का प्रशिक्षण अच्छी तरह चल रहा था, लेकिन बाबा का तूफानी स्वभाव ऐसा था कि अपने शिष्यों की त्रुटियों को देखकर वे कभी-कभी निराश हो जाते थे। फिर भी रवि के लिए उनके स्नेह और उनकी माँ को दिया उनका वचन उन्हें उस व्यवहार से रोकता था जो अली अकबर और दूसरे छात्रों के प्रति वे करते थे। रवि के सामने अपना गुस्सा दिखाने के बजाय बाबा एकाएक सिखाने की बैठकी खत्म कर देते थे, केवल एक अवसर पर वे अपना नियन्त्रण खो बैठे और अपनी भावना व्यक्त कर दी थी, और यह घटना दर्शाती है कि रवि किस तरह इस स्खलन के अभ्यस्त हो गये थे।

एक दिन, हो सकता है मेरे मैहर जाने के तीन या चार माह बाद, मैं तोड़ा-जमजमा वाली गत जो बाबा सिखा रहे थे, बजा नहीं पाता था, और कमजोर कलाइयों के लिए उन्होंने मुझे फटकारा, 'जा और कलाइयों में पहनने के लिए कुछ चूड़ियाँ खरीद ले। तू तो एक कमज़ोर छोटी लड़की की तरह है!'

मैंने अपना सितार उठाया और अपने घर चला आया। इस तरह डाँट सुनने की आदत नहीं थी, मैं

अल्लाउद्दीन ख़ान एवं रवि, उदय शंकर इंडिया कल्चर सेन्टर अल्मोड़ा में

बड़ा दुखी था। यह सोचकर कि 'ऐसे सब मुझसे न होगा' मैंने बोरिया-बिस्तर बाँध लिया और घर के लिए अगली गाड़ी पकड़ने की योजना बना ली जो अगले दिन सुबह थी। आलूभाई ने यह घटना सुन ली थी और जब मैं अपना थोड़ा सा असबाब बाँध रहा था, वे आए और मुझे रुकने के लिए मनाने लगे, 'यह न करो, तुम्हीं केवल ऐसे आदमी हो जिस पर न उन्होंने कभी हाथ उठाया है, न बरसे हैं, तुम नहीं जानते मैंने कितना झेला है। वे मुझे एक पेड़ पर बाँध देते थे और सुबह, दुपहर और रात को पीटते थे। यह तो कुछ नहीं है।' लेकिन किसी प्रकार जाने का मैंने निर्णय कर लिया था और सबसे विदा लेने उनके घर गया। माँ ने जाकर बाबा से मिलने को कहा, और मैं उनके छोटे से कमरे में गया।

बिछावन पर एक चटाई थी जिस पर वे सिखाते, रियाज़ करते और सोते थे। फ्रेम में मढ़ने के लिए मेरा एक फोटो काटकर निकालते हुए वे वहाँ बैठे थे, 'क्या तुम वह दिन भूल गये हो जब तुम्हारी माँ ने तुम्हारा हाथ मेरे हाथों में दिया था और मैंने वचन दिया था कि तुम मेरे जेठे लड़के की तरह होगे?' वे बोले, 'अगर चाहते हो तो जाओ लेकिन मुझे तुम बहुत दुखी करोगे। वे यह ऐसे रुँधे गले से बोले कि मेरा कलेजा ऐंठ गया और मैं अपराधबोध से भर गया। हम दोनों रोने लगे, और इसके बाद उन्होंने मुझे अपनी बाँहों में भर लिया।

उस दृश्य के बाद मैं नहीं गया और उस दिन के बाद मेरी गलतियों पर बाबा ने कभी भृकुटि टेढ़ी न की। वे मेरे प्रति बड़े दयालु थे। वे सचमुच बाहर चले जाते और किसी को पीटकर अपना गुस्सा ठंडा कर लेते—अगर किसी को पाते नहीं तो किसी आवारा कुत्ते को ही पीट देते।

जब किसी पर बाबा का गुस्सा फट पड़ता, बाद में वे फिर धरती के सबसे विनम्र और दयालु व्यक्ति हो जाते थे। अपने पोते-पोतियों या किन्हीं बच्चों के साथ उन्हें देखना तो एक नज़ारा था। वे उनके साथ नाचते, घोड़ा बनकर पीठ पर चढ़ाते, मज़ेदार कहानियाँ सुनाते, अपनी दाढ़ी उन्हें खींचने देते—और इसका आनन्द लेते। जब वे छोटे बच्चों को पढ़ा रहे होते तो सारे संसार का धैर्य उनमें होता था। हम लोगों को विश्वास ही न होता कि ये वही व्यक्ति हैं जिनके भय से कभी-कभी हमारी जान निकल जाती थी!

मुझे याद नहीं कि जब मैं मैहर पहुँचा तो अपने साथ सितार ले गया था या नहीं, हालाँकि यह सम्भव है कि मैं ले गया था जो मैंने अपने भाई की मंडली में से रखा था जिसका साउंड बॉक्स टिन का था लकड़ी का तूम्बा नहीं। लेकिन मैं जैसे ही पहुँचा तुरन्त बाबा ने अपने भाई को एक सितार के लिए ऑर्डर दे दिया। आएत अली खाँ साहेब स्वयं एक प्रतिभाशाली संगीतकार थे जिन्होंने सुरबहार बजाने में विशेष दक्षता प्राप्त की थी। उन्होंने बाबा से सीखा था और बाद में फिर थोड़े दिनों के लिए बाबा के गुरु उस्ताद वज़ीर खाँ से सीखने रामपुर चले गये थे। ब्राह्मण बेरिया और कोमिल्ला के बीच के इलाके में आएत अली खाँ को लोग अच्छी तरह जानते थे और संगीत में उनके बहुत से छात्र थे, लेकिन अन्ततः वे यन्त्रों को बनाने की ओर मुड़ गये थे, और उस क्षेत्र में वे माहिर थे। उन्होंने अपने भाई के लिए सरोद बनाना शुरू किया इसलिए वे सारे सरोद जो बाबा एक खास तारीख के बाद से बजाते थे (मैं समझता हूँ तीस के दशक के आरम्भ में) वे सब उनके छोटे भाई के बनाये हुए थे—और इसके बाद उन्होंने एक दूकान और एक कारखाना ब्राह्मण बेरिया में खड़ा किया और उन्होंने सितार और सुरबहार भी बनाने शुरू किये।

यह पहला सितार मेरे पास बहुत कम समय में पहुँच गया। यह आकार में बहुत बड़ा था और नीचे एक गोल तूम्बी की जगह चपटा था जिसे कछुआ कहा जाता था (तूम्बी कछुए की पीठ की तरह लगती है)। यह बहुत बढ़िया आवाज देता था। फिर भी एक दिन दुपहर को जब मैं झपकी ले रहा था उस तूम्बी से एक अजीब आवाज निकलती सुनकर जग गया। ध्यान से देखने पर मैंने एक छेद देखा—और तब मैं

समझा कि यह कीड़ों से भरी थी। तूम्बी अभी पूरी तरह पकी नहीं थी जैसी होनी चाहए और इसमें कीड़े लग गये थे। वह सितार भेज दिया गया और उसके बदले एक दूसरा सितार मेरे पास पहुँचा दिया गया।

वास्तव में जब मैं मैहर में था बाबा के भाई ने मेरे लिये दो और सितार बनाये, एक मद्धिम भूरे रंग का और एक गाढ़ा भूरा, करीब-करीब काला। यह आखिर वाला ही वाद्ययन्त्र था जिसका बाबा से सीखते या रियाज़ करते समय मैं प्रयोग करता था।

जिनका सितारवादन मेरे लिये एक प्रेरणा था लखनऊ के उन महान उस्ताद युसुफ अली खाँ का बनाया सुरबहार की तरह का एक दूसरा बड़ा सितार भी मेरे पास था। लखनऊ के मेनरोड में अमीनाबाद में उनकी एक दूकान थी, और जब कभी मैं उस शहर गया (जैसाकि वहाँ, अपने रेडियोप्रोग्राम की रिकार्डिंग शुरू करने के बाद, मैं नियमित जाया करता था) उन्हें काम करते देखते समय बिताता था। वे बहुत अद्भुत आदमी थे, बड़े स्नेहपूर्ण। अपने प्रथम संगीत समारोह में मैंने यही सितार बजाया। 1939 के दिसम्बर में मेरे मैहर आने के डेढ़ वर्ष बाद एक सुबह इलाहाबाद के बड़े शहर की एक म्यूजिक-कान्फरेन्स में यह अविस्मरणीय अवसर आया। उत्तर भारत के सर्वश्रेष्ठ संगीतकार पहली पंक्ति में बैठे थे, जैसे महान उस्ताद फैयाज़ खाँ, उस्ताद मुश्ताक हुसैन, पंडित ओंकारनाथ समेत। शास्त्रीय मंच पर यह मेरा प्रथम कॉन्सर्ट था और भारत में मेरा प्रथम कार्यक्रम भी—और अत्यन्त सफल हुआ। यही कारण था कि 1989 में मैंने अपने प्रदर्शन का पचासवाँ वर्ष मानाया—और अब यह अट्ठावनवाँ वर्ष है।

उस सितार से कुछ वर्षों तक मेरा काम अच्छा चला, लेकिन 1942 तक मैंने कलकत्ते के कनाईलाल को एक नये सितार का ऑर्डर देने का निर्णय किया। कनाईलाल तीन भाइयों में सबसे बड़े थे—दूसरे थे बलाई और तीसरे थे निताई—जो ट्रामों, कारों और लोगों के आवागमन और फेरीवालों और मोटरों के हॉर्न के शोर भरे तत्कालीन कलकत्ते के व्यस्ततम मार्ग अपर चितपुर रोड पर अवस्थित कनाईलाल एंड ब्रदर्स नामक छोटी दूकान में एक साथ काम करते थे। यह मुझे दंग कर देता था कि उस शोरगुल में वे कैसे काम करते थे! चालीस के दशक के पूर्वार्द्ध तक यह इलाका वेश्याओं और नाचने-गानेवाली लड़कियों के लिए भी मशहूर था। अगर आप रात को गुजरते तो नाचती लड़कियों के पैर के घुँघरुओं, उनके गायन और वाद्यसंगीत को भी सुन सकते थे।

कनाई की प्रसिद्धि किसी गाथानायक सी थी। उनकी तरह सितार कोई नहीं बना सकता था। उन दिनों के पूर्वी भारत के सभी महान सितारवादक जैसे उस्ताद इनायत खाँ और मुश्ताक अली खाँ उन्हीं के बनाये वाद्य यन्त्र बजाते थे। मैं उनके पास पहले भी गया था और हम दोनों एक दूसरे को जानते थे, इसलिए मैंने अपने बताये ढंग से एक सितार बनाने को उनसे कहा। उन्होंने और उनके भाइयों ने अपनी सारी शक्ति लगा दी और ठीक उसी तरह बनाने में काफी समय लिया। भाइयों में प्रत्येक ने अपना योगदान किया; बलाई लकड़ी के काम के जिम्मेवार थे, निताई ने डिजाइन बनाया और कनाईलाल ने जवारी बनाया, जवारी बनाना बड़ा टेढ़ा है, खास तरह से उसकी सतह को रगड़ना पड़ता है और तारों को ठीक आवाज के लिए खास कोण पर रखना पड़ता है, जबकि सहचारी तारों की ध्वनि को उचित ढंग से झंकृत होना पड़ता है। भिन्न-भिन्न सितारों की अनेक प्रकार की आवाजें होती हैं जो आप पसन्द करें—टिन की तरह भी आवाज़ें, भन-भन की तरह की आवाजें और मोटी आवाजें—लेकिन मैंने अपने मन में (ईश्वर की सहायता से) ऐसी आवाज विकसित कर ली थी जो मेरी खास आवाज हो गयी।

यह मार्च, 1944 के आसपास की बात थी कि आखिरकार वह सितार पूरा बन गया और उसे लाने मैं कलकत्ता गया। यह अद्भुत था; उस तरह की नक्काशी, वैसी खास आवाज़ और तारों के उस विशिष्ट संयोजन का पहला नमूना—षडजपंचम (तीसरा तार असल में 'निचला पाँचवाँ' मध्य सा से दो ऑक्टेव नींचे प से मिला) भिन्न था और मोटे (बेस) तार सुरबहार की तरह बहुत मद्धम थे (जैसे मेरे दूसरे बड़े सितारों पर, लेकिन यह प्रथम बार था कि कनाईलाल के द्वारा ऐसी शैली प्रस्तुत की गयी थी और कलकत्ते

में भी पहली बार)। इसके तुरन्त बाद से इस डिजाइन को रविशंकर मॉडेल कहा जाने लगा, और आज भी उसी नाम का प्रयोग होता है। बहुत से कारीगरों ने इस मॉडेल की नकल की है।

मूलतः मुसलमान होने से बाबा का परिवार कुछ पर्दे का पालन करता था। माना जाता है कि औरतें बुर्के से अपने चेहरे ढँकेंगी और परिवार के निकटतम व्यक्तियों को छोड़ दूसरों के सामने नहीं होंगी। किन्तु एक बंगाली मुसलमान होने से बाबा उतने रूढ़िवादी नहीं थे जैसे भारत के शेष भागों में मुसलमान हैं—अब तो कट्टरपन्थ के पुनर्जागरण से और अधिक। मेरे वहाँ रहने के पहले दिन से ही उन्होंने अन्दर जाकर माँ से मिलने की इजाज़त दे दी थी, और मैं अन्नपूर्णा से भी मिला जिसने मुझे नमस्कार किया (जैसा कि भारत में परम्परागत रूप से छोटी उम्र का आदमी करता है, उसने मेरे पाँव छुए)। मैं अक्सर जब तालीम के लिए वहाँ होता तो बाबा के घर दिन और रात का खाना खाता या चाय पीता था।

जब हम पहली बार मिले अन्नपूर्णा बड़ी शर्मीली थी। यद्यपि वह सयानी लगती थी, वह मुश्किल से तेरह वर्ष की होगी। मैं अठारह का था। यह वह समय था जब वह पहले से ही सितार का अभ्यास कर रही थी और बाबा उसे सुरबहार सिखाने की सोच रहे थे लेकिन अभी शुरू नहीं किया था। कभी एकाध बार जब बाबा वहाँ नहीं होते, आलूभाई अपने कमरे में मुझे अड्डे (गपशप) के लिए ले जाते थे, और कभी-कभी अन्नपूर्णा भी साथ हो जाती और मैं विदूषक का काम कर उन्हें खूब हँसाता था। वह (अन्नपूर्णा) और मैं कभी अलग से नहीं मिलते, यह हमेशा माँ या आलूभाई के सामने होता।

अन्नपूर्णा बड़ी बुद्धिमती और आकर्षक थी, सुन्दर आँखोंवाली और आलूभाई से कुछ हलके रंग की। किन्तु मैंने अपने मन को व्यवस्थित कर लिया था; यह मेरे गुरु का घर था, और यह मेरे गुरु की लड़की थी और कभी भी उसके प्रति आसक्ति के भाव को अपने अन्दर आने न दिया, उसकी विनोदवृत्ति और उसकी खिलखिलाहटों की प्रशंसा को छोड़कर। आलूभाई भी बहुत बुद्धिमान हैं मगर उनका बाहरी रूप इतना शान्त है कि यह

दिखाई नहीं पड़ता। अन्नपूर्णा चुलबुली थी और यह तो मैंने बाद में समझा कि उसका मिजाज कितना गर्म है। इस दृष्टि से वह अपने पिता के समान है। आलूभाई ज्यादातर, अपनी माँ की तरह, अपनी भावनाओं पर नियन्त्रण रख सकते हैं।

1939 में मैहर में जब मैं सीख रहा था उसके दूसरे वर्ष सेजदा बऊदी और उनका छोटा बच्चा अरुण आए। वे मेरे छोटे से घर में ठहरे, और बऊदी अक्सर पड़ोसवाले घर माँ, बाबा, आलूभाई और अन्नपूर्णा के यहाँ जाया करती थीं। बाबा उन्हें बहुत मानते थे और अक्सर खाने पर बुलाते, और वे उस परिवार से बहुत घुल-मिल गयी थीं।

हमारे देश में भाभियों का अपने देवरों से सदा बेजोड़ सुन्दर रिश्ता रहा है। यह ऐसी चीज है जो इस उपमहाद्वीप को छोड़कर कहीं दिखाई नहीं देती। ये दो परस्पर बड़े घुले-मिले होते हैं, साथ मज़ाक करते हैं और बहुत कटाक्षों का आदान-प्रदान करते हैं, लेकिन साथ ही यह बहन और अन्तरंग मित्र का एक मिश्रण है, जिससे अपनी समस्याएँ कह सकते हैं और खुलकर मज़ाक कर सकते हैं।

एक दिन बऊदी, सेजदा, आलूभाई और मैं चाय पीते बैठे थे, और न जाने कहाँ से बऊदी ने हम सबों के सामने कह दिया, 'अली अकबर, अगर हम रोबू और अन्नपूर्णा का विवाह करा दें तो कितना अच्छा होगा? कितनी सुन्दर बात होगी यह!' आलूभाई उनसे सहमत हो गये, लेकिन मैं सन्न हो गया। मैंने तुरत पलटकर जवाब दिया, 'बेवकूफी न करो! ऐसी बात न कहो।' इसने मुझे बैचेन कर दिया क्योंकि इस तरह का विचार मैंने पसन्द नहीं किया। उस समय तो विवाह की बात मेरे दिमाग में कभी आई ही नहीं, अपने संगीत के साथ मुझे लम्बी दूरी तय करनी थी, और बाद में तो इसके लिए बहुत समय था। मैं तो बीस साल का भी नहीं था।

फिर भी बऊदी ने वहीं खत्म नहीं किया। उन्होंने माँ से भी बात की, और यह बाबा के कानों तक पहुँची। तब एक दिन बऊदी ने बाबा के सामने कह दिया। 'यह कैसे हो सकता है?' उन्होंने कहा, 'बामन होई की कोरे चाँद धोरे?'—जिसका अर्थ है, 'वामन होकर मैं चाँद छूने की कोशिश कैसे कर सकता हूँ?'

यह विष्णु की पौराणिक कथा का प्रसंग था। विष्णु के नौ अवतार हुए हैं, मत्स्य, कच्छप, बाराह, नरसिंह, वामन और इसके बाद परशुराम, राम, कृष्ण और बुद्ध — और आखिर में कल्कि रूप होंगे (नाशकर्त्ता) जिन्हें अभी अवतार लेना है। बाबा का मतलब था, 'मैं एक मुसलमान हूँ जबकि तुम एक हिन्दू-ब्राह्मण। यह कैसे हो सकता है?'

बऊदी ने जवाब दिया, 'नहीं, आप एक ब्राह्मण से ज्यादा अच्छे हैं। आप इतने महान व्यक्ति और संगीतकार हैं, आप गन्धर्व हैं!'—एक स्वर्गिक संगीतकार। अत: बीज बऊदी के द्वारा रोप दिया गया।

मार्च, 1940 में भारत भर में बयासी दिनों की यात्रा जो मंडली ने पूरी की उसके बाद अल्मोड़ा की पहाड़ियों में उदयशंकर इंडिया कल्चर सेंटर के द्वार खुल गये, अपने भाइयों और मंडली के मित्रों में रवि यहाँ पुन: सम्मिलित हो गये, और अपने पुराने और नये जीवन के आकर्षण के बीच झूलने लगे।

अठारह वर्ष की उम्र तक दादा से लगातार सम्पर्क के बाद मैं दादा से अलग हो चुका था क्योंकि मैं संगीत और बाबा की दुनिया में पूरी तरह चला गया था। इस बीच दादा ने अल्मोड़ा सेंटर की स्थापना कर दी थी। यद्यपि नियमत: यह 1939 में खुला था, छात्रों का प्रथम प्रवेश 1940 में हुआ। उन्होंने संगीत-भाग को सँभालने के लिए बाबा को नियन्त्रित किया और मैं बाबा के साथ आया। 1940 और 42 के बीच दो वर्षों तक प्रति वर्ष हम करीब चार महीने साथ रहे—दो वर्ष से सेंटर के ही ग्रीष्म अध्ययनशाला में और इसके बाद जाड़े में प्रतिवर्ष भारत भर में भ्रमण करते हुए।

दादा के द्वारा मेजदा भी एक शिक्षक नियुक्त किये गये थे, इसलिए कृष्णा बऊदी वहाँ थीं, और मेजदा तो थे ही। मुझे लगता है कि बऊदी ने वहाँ मेरे मामा (मातुल) से बात करके शादी के मसले को आगे बढ़ा दिया था। मामा सब चीज के मध्यस्थ थे और जब बाबा और मैं वहाँ पहुँचे, बात चल निकली थी।

इस बात पर मैं तूल नहीं देता था, मेरा ध्यान कठिन अभ्यास पर था, और अल्मोड़ा में मैं फिर उज़रा के पास आ गया था जिसके प्रति अपने को मैंने तीव्र रूप से आकृष्ट पाया—और हम दोनों की प्रणय-लीला फिर चलने लगी। यह एक साहसिक अभिसार था। जब कभी दुपहर को मैं चुपके से निकल जाता या रात को जब बाबा बगल के घर में सोये रहते, मैं उसके पास चला जाता और हम दोनों उन्मत्त सुख के कुछ घंटे साथ बिताते। मैं अपने को रोक नहीं सकता था; मैं भूखा था, इतने दिनों के मैहर के ब्रह्मचर्य के कारण, और हम दोनों एक दूसरे के प्रति आकृष्ट थे।

जबकि यह सब चल रहा था, मामा और हर कोई विवाह के बारे में बात कर रहा था और यह करीब-करीब पक्का था। जब दादा ने इसके बारे में सुना वे बड़े खुश हुए, और धीरे-धीरे मैं भी मन में इसे स्वीकार करने लगा था। बाबा पहले ही मुझे अपना पुत्र मान चुके थे, आलूभाई के साथ सिखाते हुए, और मैं सोच रहा था कि भारतीय घराना-प्रथा के अनुसार (जिसमें संगीत-ज्ञान व्यक्तिगत शिक्षा के द्वारा प्राय: उसी परिवार के आगे की पीढ़ियों को प्रदत्त की जाती है) यह और भी अच्छा होगा कि मैं उस परिवार का सचमुच अंग हो जाऊँ। न प्रेम था, न रोमांस था न कोई लल्लो-चप्पो थी अन्नपूर्णा और मेरे बीच, बावजूद इसके कि उस समय लोग जो भी सोचते हों। मैं नहीं जानता कि सचमुच विवाह के पहले इस मेल के बारे में वह क्या महसूस करती थी, हालाँकि मुझे कहा गया कि वह 'सहमत' है (किन्तु विवाह की रात मैं यह जानकर हर्षित था कि कितनी सम्पूर्ण भावना से वह मुझे प्रेम करती थी)।

तो मेरी यह दशा थी, शारीरिक और भावनात्मक रूप से एक के साथ उलझा था और साथ ही दूसरी से विवाह की तैयारी कर रहा था। नारकीय यन्त्रणा का मैं अनुभव कर रहा था!

उस जाड़े में दादा के साथ यात्रा एक विचित्र अनुभव थी। दादा ने बाबा से पूछा कि यदि मैं (रवि) उस मंडली में नर्तक के रूप में सम्मिलित हो जाऊँ तो वे बुरा तो नहीं मानेंगे क्योंकि बाबा एकल सरोदवादक के रूप में जा रहे थे। मुझे बड़ा आश्चर्य हुआ कि बाबा सहमत हो गये, लेकिन मैं तो डरा चौकन्ना हो गया कि बाबा तो देखेंगे।

उस यात्रा में बाबा की एक दूसरी विशेषता का उदाहरण मिला। माना जाता था कि पन्द्रह-बीस मिनट तक बाबा शो में एकलवादन करेंगे, लेकिन उन्होंने मेरे भाई से पूछा कि क्या वे नर्तकों के लिए और संगीतकारों के साथ संगत में शामिल हो सकते हैं। 1936 की यूरोपीय यात्रा में उन्होंने ऐसा किया था। दादा बिल्कुल घबरा गये क्योंकि संगीत-रचनाएँ पूरी शास्त्रीय नहीं थीं; कुछ लोक-संगीत पर आधारित थीं और इसके बाद उनके आधुनिक नृत्य के आइटम थे जिनमें सामाजिक टिप्पणीवाला 'लेबर एंड मशीनरी' भी था जो मनुष्य पर मशीनों के कुप्रभाव का प्रदर्शन था। फिर भी बाबा ने कहा कि उनको कोई एतराज नहीं था, और उन्होंने ड्रम, गौंग, चन्द्रसारंग (उनका अपना बनाया रेदा से बजानेवाला यन्त्र—कुछ अंश सरिन्दा, कुछ वायलिन और कुछ सारंगी वाला) बजाने की तैयारी की। शास्त्रीय संगीतज्ञ प्राय: बड़े अड़ियल होते हैं, हर चीज को नीची निगाह से देखनेवाले—नृत्य, दूसरे प्रकार के संगीत और लोकवाद्य-यन्त्रों को। किन्तु यहाँ तो उस युग के महानतम संगीतकारों में से एक सभी दूसरे संगीतकारों और बच्चों के साथ निरहंकार बैठा लोक-ड्रम, सिम्बल या गौंग बजा रहा था। अविश्वसनीय था यह!

यात्रा में हर समय मैंने वही नियम-क्रम अपनाये रखा; जितना सम्भव हो बाबा से सीखना और रियाज़ करना। जहाँ कहीं भी हम लोग जाते, मैं उनके साथ ही ठहरा करता था, लेकिन उस जाड़े भर मैंने उज़रा से अपना कामोत्तप्त सम्बन्ध जारी रखा। यह एक उलझन भरी स्थिति थी। मेरे भावी विवाह के बारे में सुनकर यात्रा के अन्त में उसने मंडली छोड़ दी जिससे मैंने अपने को अपराधी और आहत अनुभव किया। बहुत वर्षों के बाद हम फिर मिले, तब तक उसका विवाह हो चुका था और दुर्भाग्यवश वह विधवा भी हो गयी थी और हमारे बीच का सम्मोहन समाप्त हो चुका था।

जब दूसरे वर्ष बाबा के साथ मैं अल्मोड़ा लौटा, शादी पक्की हो चुकी थी। तय हुआ कि यह दादा के सेंटर में सम्पन्न हो और एक तिथि निश्चित हो गयी। आलूभाई भी संगीत-विभाग में शामिल हो गये

थे, और वे वहाँ एक कॉटेज में अपनी पत्नी जुबेदा और अपने बच्चे आशीष के साथ रह रहे थे। यहीं अन्नपूर्णा और उसकी माँ ठहरी थीं जब वे विवाह के लिए अल्मोड़ा आई थीं।

बाबा बहुत कुछ ऐसा करते जो मुझे चकित कर देता था। वे एक पक्के मुसलमान थे दिन में पाँचों वक्त नमाज़ पढ़ते और वे मक्का और मदीना भी हो आए थे। फिर भी साथ ही अपने रहने के ढंग में वे खासे हिन्दू थे, क्योंकि वे एक बंगाली हिन्दू गाँव में पैदा हुए थे और वहाँ से उन्होंने रिवाज अपनाये थे। एक मुसलमान की तरह उन्होंने कभी सुअर का मांस नहीं खाया, लेकिन गोमांस भी नहीं खाया क्योंकि यह हिन्दुओं के लिए वर्जित है, कभी-कभी वे बकरे या मुर्गी का मांस खाते मगर उसमें वे मुसलमानी रिवाज़ का अनुसरण करते, वह हलाल होना चाहिए। यद्यपि वे मुसलमान थे, आज भी यदि आप उनके घर जाएँ चारों दीवारों पर मक्का और कुरान की लिखी आयतों की तस्वीरों के साथ कृष्ण, शिव, काली, गणेश, सरस्वती, ईसामसीह, मेरी, बुद्ध और ज़रथुष्ट्र के चित्र देख सकते हैं। किसी मुसलमान के घर में आपको ऐसी चीजें शायद नहीं मिलेंगी। बाबा सूफ़ी अधिक थे। मेरी सच्ची कामना है कि दोनों के बीच गहरी खाइयों की जगह आज भारत में हिन्दुओं और मुसलमानों के बीच और अधिक सहिष्णुता और सहानुभूति हो।

विवाह के पहले वास्तव में बाबा ने राय दी कि अन्नपूर्णा हिन्दू हो जाय। जब एक हिन्दू और एक मुसलमान शादी करते हैं तो निन्यानबे प्रतिशत स्थितियों में यह हिन्दू लड़का या लड़की होती है जिसे इस्लाम कबूल करना पड़ता है। ऐसे बहुत कम उदाहरण हैं जिसमें रजिस्ट्री से हुए विवाह में प्रत्येक अपना धर्म कायम रखता हो, लेकिन हमारी जैसी बात तो कभी सुनी न गयी थी!

अतएव 1941 की 15 मई की सुबह एक सुधरे और उदारवादी हिन्दू-सम्प्रदाय आर्यसमाज के द्वारा अन्नपूर्णा का धर्मान्तरण किया गया और उसी दिन शाम को हिन्दू रीति के अनुसार हमारा विवाह हो गया।

अल्मोड़ा में अपने विभिन्न क्षेत्रों में चार महान गुरु थे। उनमें बाबा एक थे। इसके बाद थे शंकरन नम्बूदिरी जिनके अधिकार में कथकली था। हम लोगों के पास मणिपुरी नृत्य-शैली के सबसे सुन्दर गुरु अमोबी सिन्हा थे। और भरतनाट्यम के लिये

रवि और अन्नपूर्णा 1953 के आसपास

कंडप्पन पिल्लै, गुरु जिन्होंने प्रसिद्ध बाल सरस्वती को प्रशिक्षित किया था (लक्ष्मी ने भी, जिनसे मेजदा ने विवाह किया था, कंडप्पन पिल्लै से मद्रास में प्रशिक्षण प्राप्त किया था)। ये चारों अपने क्षेत्र के शिखर-पुरुष थे और सबके ऊपर दादा के साथ हिमालय में करीब छः हजार फीट ऊँचे आदर्श स्वर्गिक अनुकूल परिवेश में स्थित अल्मोड़ा सेंटर को उन लोगों ने एक अद्वितीय स्थल बना दिया था।

इन अद्‌भुत गुरुओं के साथ प्रधानाचार्य के रूप में वहाँ मैंने दादा का एक दूसरा पक्ष देखा। अपने श्रेष्ठ व्यक्तित्व के साथ नयी नृत्य-रचनाएँ करते, सामान्य कक्षाएँ लेते—और शिक्षा देते हुए। माइकेल चेखव से प्रभावित, अपनी कल्पना और रचनात्मक मन को लगाते उन्होंने अपनी तकनीक और अपने विचार विकसित किये। अपने युवाकाल में दादा सम्मोहन और जादू का अभ्यास भी करते थे, और एक दूसरा लाभ था। उन्होंने कथकली या जो कुछ भी उन्होंने देखा था उसका मिश्रण किया और अपनी सामान्य कक्षा में इन सभी विषयों को लागू किया।

वे एक सैनिक सार्जेंट की तरह थे, हमेशा छात्रों को बताते हुए कि कैसे ठीक से खड़ा हुआ जाता है, पेट भीतर, छाती उभरी और सिर तना हुआ, शरीर की सही भंगिमा के साथ और हाथों को झुलाते हुए। इन कक्षाओं में वे कुछ महत्त्वपूर्ण अभ्यास कराते थे। वे लोगों को बैठ जाने, आँखें बन्द करने, फर्श को स्पर्श करने और कल्पना करने को कि वे बर्फ की तरह ठंडे जल की सतह पर हाथ रख रहे हों कहते थे। इसके बाद वे इसे बदलकर गर्म जल की स्थिति देते, उसके बाद गर्म बालू की, मानो वे मरुभूमि में बैठे हों और तब बालू को शीतल सूखे समुद्र-तट में बदले या बर्फ में, इत्यादि—और इनमें से प्रत्येक संवेदना का अनुभव करता, जैसा मैंने किया जब मैं एक कक्षा में उपस्थित हुआ था।

उनके करिश्माई शिक्षण का दूसरा उदाहरण मिला ग्रीष्मकालीन पाठशाला में, जब स्टूडियो में करीब एक सौ छात्र थे। यह एक भीड़ थी लेकिन वे लोगों को चारों तरफ तेजी से चलने और ध्यान रखने को कहते कि किसी के शरीर से धक्का न लगे। 'यदि तुम हजारों चींटियों को एक साथ देखो' वे कहा करते, 'तो तुम देखोगे कि वे कभी टकराती नहीं। बस स्वाभाविक ढंग से चलो।' और छात्रों में भी परस्पर स्पर्श नहीं होता था, जबकि लगता था कि वे ज़रूर टकरा जाएँगे।

यह दुर्भाग्यपूर्ण था कि अल्मोड़ा सेंटर की स्थापना द्वितीय विश्व-युद्ध के बीच हुई थी। इसके पहले बीट्रिस स्ट्रेट, उनके माता-पिता और दूसरे स्रोतों (ज्यादातर यूनाइटेड स्टेट्स और यूरोप में) से मदद मिली थी, लेकिन यह सब धीरे-धीरे युद्ध के बीच बन्द हो गयी। मेरे भाई सदा ऊँचे लक्ष्य रखते थे, और उस सेंटर का ढाँचा करीब-करीब अमरीकी शैली में बनाया गया था, एक पहाड़ी के पूरे शिखर को ढँकते हुए। एक विशाल स्टूडियो था एक मंच, परिधानकक्ष, कार्यशाला, वस्त्रागार, एक अलग संगीत-स्टूडियो और छात्रों और शिक्षकों के लिए विशेष कॉटिजों के साथ। बहुत से नर्तकों और संगीतकारों, और बड़ी संख्या में स्टाफ के साथ यह एक शानदार कार्यकलाप था। अगर वह जीवित रह जाता, तो संसार में यह एक अद्वितीय कला-केन्द्र हो गया होता, किन्तु चूँकि सारी आर्थिक सहायता बन्द हो गयी, दादा उसे कायम न रख सके। आज कलाओं के क्षेत्र में हमारी सरकार उदारतापूर्वक खर्च कर रही है, लेकिन उन दिनों इस तरह की कोई चीज ब्रिटिश राज से नहीं मिलती थी, यद्यपि विडम्बना यह कि भारत अभी भी ब्रिटिश-मुकुट का हीरा था—हालाँकि लुढ़कता हुआ। दुख है कि 1944 में सेंटर को बन्द कर देना पड़ा। मंडली के कुछ छात्रों और सदस्यों को छोड़कर, जो दादा के साथ रह गये, सभी दूसरे छात्र और स्टाफ के लोग अपने जीवन के नये अभियान के लिये चले गये।

अल्मोड़ा छोड़ने के बाद दादा अपनी फिल्म 'कल्पना' बनाने के लिए मद्रास चले गये, इस पर करीब तीन वर्ष लगे। यह पहली फिल्म थी जो उन्होंने बनायी थी, लेकिन यह विस्मयकारी है। यह अपने युग से बहुत आगे की चीज थी, तकनीकी और कलात्मक दोनों तरह से, और यह बड़ी प्रभावकारी रही। बहुत वर्ष तक वे और मैं एक दूसरे से अलग हो गये थे। मैंने मैहर में सीखना जारी रखा, जिसके बाद मैं बम्बई चला गया जबकि वे मद्रास में थे।

राजेन्द्र का लक्ष्मी से विवाह सबसे बाएँ कमला, रवि बाएँ से दूसरे, उदय दाहिने से दूसरे

अपनी शादी के बाद मैहर में उस छोटे मकान से हटकर मैं पड़ोसवाले मकान में बाबा के साथ चला गया, जिन्होंने ऊपरी मंजिल पर दो सटे कमरों वाला हिस्सा हमें दे दिया, हमारे बगल में अपने पहले वाले कमरे में आलूभाई रहते थे।

विवाहित होना मेरे लिये एक अजीब अनुभव था, क्योंकि उस समय मैं अभी भी उज़रा के प्रति आकृष्ट था। यद्यपि मेरे जीवन में पहले ही भिन्न-भिन्न औरतों के साथ कई अनुभव हो चुके थे, विवाह बिल्कुल अलग चीज था। मैंने समझा कि मुझे अपने को और अपनी चाहतों को बदलना होगा और अन्नपूर्णा के प्रति वफादार रहना होगा, अपने गुरु की बेटी और संगीत के प्रति।

न जाने कैसे मुझमें अपने अतीत जीवन के बारे में अपराधबोध बढ़ने लगे, और जैसे-जैसे समय बीतने लगा, यह बढ़ता गया। अपने वैवाहिक जीवन में शारीरिक रूप से मैं उन्मादी था। अन्नपूर्णा भी जवान और आवेगमयी थी, और साथ ही हमें अपने संगीत का अभ्यास भी करना था; अतः यह एक भयानक तनाव का समय था, हम दोनों के लिए नींद न आने और आराम न पाने का समय।

और तब...मैं नहीं जानता मैंने यह क्यों किया। हमें इसका सामना करना चाहिए। मैं जवान और अपरिपक्व था—हो सकता है शारीरिक रूप से अनुभवी, लेकिन मन का कच्चा। मैं केवल इक्कीस का था और अन्नपूर्णा पन्द्रह की, सोलहवें में चल रही थी। उस समय तक मैं उसे बड़ा प्रेम करने लगा था, और मैंने सोचा, 'मैं अपना जीवन बिल्कुल नये सिरे से शुरू करूँगा, और सब कुछ कहकर जी हलका कर लूँगा।' अतः मैं अपने अतीत जीवन के बारे में उससे सब बकने लगा, और बार-बार खासकर उज़रा के बारे

में बताया कि कैसे मैंने उसे प्यार किया था, और कि कैसे वह सब अब समाप्त हो गया था। यह मेरी मूर्खता थी, क्योंकि अन्नपूर्णा जवान थी और उसका मन बड़ा भावुक था—वह हमेशा रोमानी पुस्तकें, उपन्यास पढ़ती थी। ज़ाहिर था कि इसने उसे गहरा दुख दिया और आहत किया।

हमारे विवाह के दो महीने के भीतर हम दोनों ने जाना कि वह गर्भवती है। मैं निश्चित समझता हूँ कि यह शादी के तुरन्त बाद हुआ होगा—सारी सावधानियों के बावजूद! हर आदमी खुश था कि उसे बच्चा होगा, हम भी थे, मगर उन परिस्थितियों में मेरे मन में दुविधापूर्ण भावनाएँ थीं, जब हम दोनों को संगीत पर कठिन काम करना था। मैंने सोचा कि यह बच्चा होने का समुचित समय नहीं था, और इसके आर्थिक पक्ष की बात भी सोच रहा था। मैंने एक सिद्धान्त अपनाया था। बाबा से इस बात पर मैं अड़ा था, भोजन के अलावा हमारी जो भी आवश्यकताएँ थीं—कपड़े, खाने-पीने और घरेलू चीजों के लिए पैसे मैं दूँगा। यह कठिन समय था। जब दादा समझ गये थे कि मैं मैहर से नहीं लौटूँगा, पिछले कुछ महीनों से जो खर्च वे मुझे भेज रहे थे उन्होंने बन्द कर दिया। किराने की दूकानवाला शंकर जो संगीत-प्रेमी और मेरा दोस्त था अपनी दूकान से पुर्जे पर उधार दिया करता था, लेकिन उसका तो पहले से ही बहुत बाकी था। पैसे की बड़ी तंगी थी।

हमारी आमदनी का ज़रिया था ऑल इंडिया रेडियो जिस पर 1940 से मैंने प्रोग्राम देना शुरू किया था। प्राय: बाबा अपने छात्रों को प्रोग्राम की इजाज़त तब तक नहीं देते थे जब तक तैयारी न हो; मगर मुझे उन्होंने पहले ही कह दिया था कि मुझे इज़ाजत दे देंगे, उन्होंने ऑल इंडिया रेडियो, लखनऊ से बात की थी जहाँ वे प्रोग्राम देते थे और उनकी अनुशंसा से वे मुझे हर दो महीने पर एक दिन के अन्तर से दो प्रोग्राम देने को बुलाते थे। कभी-कभी अन्य प्रोग्राम भी हो जाते थे, लेकिन आर्थिक दृष्टि से यह काफी नहीं था। अब जबकि बच्चा भी होनेवाला था, मैं बड़ा चिन्तित था।

यही सयम था जब मैंने ऑल इंडिया रेडियो पर कार्यक्रम देना शुरू किया था कि मैंने रवीन्द्र की जगह अपने को रवि कहना शुरू किया। मैंने महसूस करना शुरू किया कि मैं केवल बंगाली नहीं बल्कि एक भारतीय हूँ और मैं अपना वैश्विक और अन्तर्राष्ट्रीय रूप देने का प्रयास कर रहा था। रवि शंकर सुनने में ठीक लगता था और मैंने उद्घोषकों को रेडियो पर इसी तरह परिचय देने को कहा भी था। ऑल इंडिया रेडियो भारत भर में सुना जाता था, इसलिए लोग मुझे मेरे नये नाम से जानने लगे। कोई भी जो

अल्मोड़ा के नृत्य क्लास में विद्यार्थी

नहीं जानता था कि मैं बंगाली हूँ, हमेशा समझता था कि मैं संयुक्त प्रान्त (अब उत्तर प्रदेश), राजस्थान या गुजरात का रहनेवाला था। मैं यही चाहता था, बंगाली होने का मुझे गर्व है लेकिन इसने, भारतीय अर्थ में, मुझे अधिक अन्तर्राष्ट्रीय बना दिया।

आलूभाई हमेशा बड़े मृदु थे। अपने पिता के विपरीत थे वे जो हमेशा कोई चीज छिपाते न थे—चाहे वह कितना भी नाखुशगवार क्यों नहीं—जिससे कि हमेशा वे भीतर से स्वच्छ अनुभव कर सकते थे। बाबा ईमानदार थे, वे कुछ मन में नहीं रखते थे। लेकिन आलूभाई किसी को चोट नहीं पहुँचा सकते थे, और सारा दर्द और चोट दिल में रखकर बहुत सहते थे। उन दिनों हम एक दूसरे के बहुत निकट थे, और वे मेरा बड़ा भरोसा करते थे। दुनियादारी के अपने अनुभवों और गली-कूचे की जानकारी के कारण मैं उनसे दो वर्ष से भी अधिक उम्र का अनुभव करता था। बहुत विषयों में मैं उनका विश्वासपात्र और मार्गदर्शक हो गया था।

मेरे विवाह हो जाने के बाद बहुत बार ऐसा हुआ कि बाबा अन्नपूर्णा और मुझे साथ सिखाते थे, और कभी-कभी आलूभाई भी हम लोगों के साथ बैठते। उस समय मैं सुरबहार बजाता था, एक मोटे स्वर का सितार, जैसी कि अन्नपूर्णा बजाती। सितार और सरोद का सुर भिन्न स्तर पर मिला होता है, अत: जब बाबा हम लोगों को सरोद बजाकर सिखाते, जैसाकि वे कभी-कभी करते (दूसरे अवसरों पर वे गाकर सिखाते) मुझे अपने सितार को उनके सुर से मिलाना पड़ता। यहीं आलूभाई के साथ मेरी जुगलबन्दी का बीज पड़ा।

मैं बाबा के साथ स्टेज पर बजाने भिन्न-भिन्न नगरों के बहुत से समारोहों में गया, यद्यपि मैं मात्र उनके सरोद में पीछे से सितार के सहारे का योगदान करता था। यह जुगलबन्दी नहीं थी, यह ज्यादा एक छात्र का स्टेज़ पर अपने गुरु के साथ प्रशिक्षण लेने की तरह था। बहुत समारोहों में आलूभाई बाबा की एक तरफ बैठते और वे और मैं साथ

रियाज करने और बजाने के अभ्यस्त हो गये। वस्तुत: ठीक से कार्यक्रम देने का मेरा पहला अवसर दिसम्बर, 1939 में इलाहाबाद के समारोह में आया। मैं उस्ताद यूसुफ अली खाँ के बड़े सितार का प्रयोग कर रहा था, अत: मेरे सितार का सुर का स्तर उनके सरोद से मेल खाता था। एक साथ हम लोगों ने एक प्रात:कालीन राग बजाया, मियाँ की तोड़ी, और यह हम दोनों की अद्‌भुत विजय थी।

इन वर्षों में आलूभाई और मैं बड़े अच्छे दोस्त थे। 1940 के आरम्भ में मैंने यूजिक सुपरवाइजर होकर ऑल इंडिया रेडियो लखनऊ के साथ कुछ वर्षों तक काम किया। उन अवसरों पर जब मैं अपने प्रोग्राम के लिए लखनऊ जाया करता था, मैं उनके साथ ठहरता और हम दोनों नज़दीक के कानपुर और इलाहाबाद नगरों में साथ कार्यक्रम देते। मेरे मैहर छोड़ देने और 1944 के अन्त में बम्बई चले जाने के बाद भी यह जारी रहा।

हम लोगों की संगत एक अद्‌भुत जुगलबन्दी में पुष्पित हो उठी। हम लोग मैहर से अभी-अभी आए थे और साथ थे, हमारे बीच बड़ा प्रेम था और बाद के बारह वर्षों तक यह शानदार रहा। यह करीब-करीब एक बिल्कुल नयी चीज भी थी, क्योंकि परम्परागत रूप से भारतीय संगीतकार एकल ही बजाते थे, सिर्फ जब शिष्य गुरु का साथ देते उसे छोड़कर। कुछ गायन की जुगलबन्दी तो होती थी मगर वादन की कभी नहीं; और दो भिन्न वाद्ययन्त्रों, सितार और सरोद, के बीच जुगलबन्दी तो सुनी नहीं गयी थी।

हमारे डुएट के लिए जुगलबन्दी शब्द का नियमित प्रयोग होने लगा था। मोटे रूप में अनुवाद करें तो इसका अर्थ है 'बँधे जुड़वाँ', अत: हमारी आत्मीय सहभागिता के लिए यह एक सटीक शब्द था; इस समय हम लोगों में पूर्ण सामंजस्य था।

30 मार्च, 1942 को अन्नपूर्णा ने हमारे पुत्र शुभेन्द्र को जन्म दिया। आठ पाउंड का वह एक सुन्दर शिशु था और उसे देख हम दोनों बड़े खुश थे; वह घुँघराले बालों और सुन्दर नाक-नक्श वाला पैदा हुआ था। जन्म घर पर डॉक्टरों की सहायता से हुआ था, और मैं वहाँ था, अत: यह बहुत कुछ आधुनिक ढंग की तरह था जिसमें बाप भी भाग लेता है।

फिर भी करीब आठ हफ्तों के बाद, शुभो ने रोना शुरू किया और सोता ही नहीं था। हम उसकी देखभाल बारी-बारी से करते, लेकिन जब अन्नपूर्णा भी उसकी देखभाल करती मैं जागता रहता था। इस तरह दो-तीन हफ्तों तक चलता रहा, और डॉक्टर पता न कर सका कि समस्या क्या थी। हम लोग घबरा रहे थे। अन्त में उसने पता किया कि यह आन्त्रावरोध था, एक बहुत कम पाया जानेवाला रोग; अन्न अन्तड़ियों में फँस जाता है और असह्य दर्द होता है। उसने शुभो को एक मामूली रेचक दवा दी, और सौभाग्य से उसने नली खोल दी और कम-से-कम दर्द दूर हो गया।

मगर उस तकलीफ के कारण शुभो को रात को न सोने की आदत हो गयी। यह करीब अगले वर्ष तक जारी रही, और धीरे-धीरे मैंने अन्नपूर्णा के व्यक्तित्व में परिवर्तन होते देखा। हम दोनों के लिए यह बड़ा तनाव पैदा करनेवाला था, और हमारे स्वभाव में रुक्षता आ जाती थी। उस समय मैं भी कोई बेकार की बात सहन नहीं कर पाता, और हम लोग एक साथ गुस्से में आ जाते थे। पहले मैं नहीं जानता था, लेकिन मैंने तब पाया कि उसे अपने पिता का स्वभाव मिला था। वह मुझे दुत्कार कर कहती, 'तुमने केवल संगीत के लिए मुझसे विवाह किया है। तुम मुझे प्यार नहीं करते! तुम्हारे साथ इतनी सुन्दर औरतें रहीं!' यह तुनुकमिजाजी हमेशा बढ़ती ही गयी।

मैंने महसूस किया कि किसी तरह उसके अभियोग सही थे, लेकिन उस समय तक मैं समझा था कि उससे प्रायश्चित की तरह सब कुछ कहकर मैंने अपने को शुद्ध कर लिया है। मैं उससे बोला, 'अब सारा अतीत बीत गया है और हम एक नयी शुरुआत करेंगे। मैं तुमसे प्यार करता हूँ', जो मैं सचमुच करता था। फिर भी उसका रोष और तुनुकमिज़ाजी और बढ़ती गयी और मेरी प्रतिक्रियाएँ भी। उस समय

हम बाबा के मकान में ऊपर रहते थे, इसलिए मैं ज़ोर से चिल्लाता न था कि वे कहीं सुन न लें। यह करीब एक रोज़मर्रा हो गया—अक्सर दिन में एक से ज्यादा बार—और धीरे-धीरे इसने मुझे भयानक अपराधबोध से भर दिया। विडम्बना यह कि मैं समझता था कि मैं उसे गहराई से प्यार करता हूँ, लेकिन उसे कभी इसका विश्वास न हुआ। वह किसी भी दूसरी औरत से पागलपन की हद तक जलने लगी जिससे मैं बात करता। जब कभी मैं दूसरे शहर के किसी प्रोग्राम से लौटता, वह वहाँ मेरे प्रणय-व्यापार का दोषारोपण करती। यह उसमें एक मनोवैज्ञानिक ग्रन्थि की तरह हो गया था।

बाद के वर्षों में मुझे बहुत अवसर मिले। मैं जवान था, प्रसिद्ध हो रहा था, और इर्द-गिर्द मँडराने वाली और हमेशा 'हरी झंडी' देनेवाली लड़कियाँ भी थीं। मेरे लिए प्रेम-पाश में फँसना आसान था, फिर भी जब मैं सैकड़ों या हजारों मील दूर भी गया, मैंने बाबा की तरह होने का प्रयत्न किया, मानो मैं यौन-विरोधी, नारी-विरोधी होऊँ, हमेशा यह सोचता हुआ कि कैसे निस्सन्देह पवित्र बना रहूँ। इस तरह इन्द्रिय-दमन से एक प्रकार से मैं अपने को मार रहा था, अपने अतीत के लिए प्रायश्चित्त करता हुआ, फिर भी जब कभी मैं घर लौटता, मुझे उस तूफान से फिर गुजरना पड़ता था।

स्थिति बड़ी खराब हो गयी, और शुभो की नींद की समस्याओं और उसके ऊपर हम दोनों के हर दिन दस घंटे से ऊपर रियाज़ की जरूरत के साथ, यह एक ऐसी भयानक अग्निपरीक्षा थी जिसकी कल्पना मात्र की जा सकती है। 1944 के अन्त तक जब तक हम लोग मैहर में रहे यह करीब सारे समय चलता रहा, और बुरा ही होता गया।

अन्नपूर्णा के स्वास्थ्य में कुछ गड़बड़ी भी हो गयी थी, और 1943 में मैं उसे दिखाने दिल्ली ले गया। अंतड़ी की समस्या का पता लगा और दवा-दारू के बाद वह ठीक हो गयी। बड़े उद्योगपति लाला सर श्रीराम के साथ करीब छः महीने हम दिल्ली में ठहरे। उनकी पुत्रवधू, शीला भरतराम, मुझसे सितार सीख रही थीं।

जून, 1944 में मैहर लौटने पर मुझे गठिया-ज्वर की गम्भीर बीमारी हो गयी। दो-तीन दिनों तक मेरा बुखार 106° तक चला गया; मुझे नहीं मालूम कि मैं बचा कैसे। मुझे मस्तिष्क-ज्वर था और अड़-बड़ बोलता था। बाबा मेरी रोगशय्या के पास आया करते और मैं कभी-कभी थोड़ा होश में आता था, यद्यपि मस्तिष्क विकृति में सब धुन्ध की तरह था। आज भी इसे सोचकर मैं घबराता हूँ, किन्तु जब वे मुझे देखने आते मैं क्रोधित हो उठता और उन पर चिल्ला पड़ता, उन रोष भरे शब्दों को बोलता हुआ जिनसे वे अपने छात्रों को डाँटा करते थे।

मतिभ्रम की अवस्था में मुझे सारी कहानियाँ चित्रवत् दिखाई पड़तीं, कुछ सुन्दर, कुछ भयानक—यह सिनेमा देखने की तरह था। मैं एक-दो सेकंड तक लोगों को पहचान पाता, फिर सब गड्डमड्ड हो जाता। किसी तरह मैं अच्छा हुआ, लेकिन डॉक्टर मैत्रा, मुख्य डॉक्टर जिन्होंने मेरी चिकित्सा की, बोले कि भविष्य में मुझे हृदय के प्रति सावधान रहना पड़ेगा, क्योंकि उम्र बढ़ने पर मुझे समस्या हो सकती थी।

अपनी गम्भीर बीमारी के दौरान रवि ने निश्चय किया, बाबा के साथ करीब सात वर्षों तक पूरा समय सीखने के बाद, मैहर छोड़ने का समय अब आ गया था। 1944 के अक्तूबर में उन्होंने गुरु को छोड़ दिया और अपने पूरे परिवार को हटाकर बम्बई ले गये। बाबा के साथ गहरा सम्बन्ध बना रहा, जैसा कि यह एक भारतीय संगीतकार और उसके गुरु के बीच रहना चाहिए; 1955 तक रवि ने प्रतिवर्ष उनके साथ मैहर में करीब दो या तीन महीने बिताना जारी रखा। फिर भी अपना स्वयं का जीवन-वृत्त चुनने में, उन्होंने बाबा की छाया से निकलना और अपना नाम स्वयं कमाना शुरू कर दिया था यद्यपि वे (बाबा) बड़े स्नेहपूर्ण थे।

अपनी रीति में कभी नहीं कहते कि हमने सीखना बन्द कर दिया है, क्योंकि गुरु से सीखने की प्रक्रिया कभी समाप्त नहीं हो सकती। फिर भी मैंने पहले से ही रेडियो पर कार्यक्रम देना शुरू कर दिया

स्वास्थ्य की खराबी के बाद डॉक्टर ने कहा कि मुझे स्थान परिवर्तन की आवश्यकता है। इसके अतिरिक्त हमारा वैवाहिक जीवन उन दिनों बहुत दु:खपूर्ण हो रहा था, और अन्नपूर्णा के बुरे स्वास्थ्य के कारण भी हमलोगों ने सोचा कि बम्बई चले जाना सबसे अच्छा होगा। बाबा ने अनमने ही इज़ाजत दे दी कि हम जायें। उस समय तक शुभो करीब ढाई वर्ष का था। बम्बई में मेजदा के बगल में हमलोगों ने एक घर लिया जो बाम्बे टॉकीज़ की एक फ़िल्म कम्पनी के लिए एक वृत्तचित्र पहले ही वहाँ लिख रहे थे। मैं पुन: स्वस्थ हो रहा था।

उदय शंकर अपने पुत्र आनंद संग फ़िल्म 'कल्पना' के निर्माण के समय

चार

मनमञ्जरी

मेरे अपने विवाह के वर्ष 1941 में, बाद में मेजदा ने अल्मोड़ा में लक्ष्मी शास्त्री से विवाह कर लिया था। लक्ष्मी और उनकी छोटी बहन, जिन्हें हम लोग तब सरस्वती पुकारते थे, हालाँकि बाद में उन्होंने अपना एक दूसरा नाम कमला रख लिया था, दोनों अल्मोड़ा केन्द्र में नर्तकी थीं। उस साल जब वे वहाँ पहुँची थीं लक्ष्मी करीब पन्द्रह साल की थीं और कमला तेरह की, और उस पहली भेंट में कमला और मैं अच्छे दोस्त हो गये थे।

दूसरी बार मैंने उन्हें तीन वर्षों के बाद देखा जब मैंने 1944 के शुरू में कनाईलाल वाला अपना अमर सितार लेने कलकत्ते की छोटी यात्रा की, और मैं बिल्कुल चमत्कृत हो उठा था, न केवल सितार से बल्कि कमला से भी! अब तक वह एक सुन्दर युवती हो गयी थी और मैं उसकी ओर बहुत आकृष्ट हुआ था। अन्नपूर्णा के और मेरे बम्बई पहुँचने के कुछ माह पहले कमला अपनी माँ के साथ वहाँ मलाड के उपनगरीय इलाके में मेजदा और लक्ष्मी के पास रहने चली गयी थी। उसे देखकर मेरी खुशी का ठिकाना न रहा। प्राय: मैं उनके घर जाता था, कभी अकेले और कभी अन्नपूर्णा और छोटे से शुभो के साथ, और हम लोग वहाँ दक्षिण भारतीय खाना और हल्का-फुल्का कुछ खाते थे।

अन्नपूर्णा का स्वास्थ्य अभी भी खराब था लेकिन मेरी ताकत बढ़ रही थी, स्वास्थ्य अच्छा हो रहा था और आगे क्या करना है मैं इसकी योजना बना रहा था। बम्बई में रिकॉर्डिंग कम्पनी हिज़ मास्टर्स वॉयस के संगीत-विभाग में एक प्रशिक्षु के रूप में मैंने नौकरी पकड़ ली। यही समय था जब कमला और मैं एक दूसरे के अधिक निकट आ गये, हालाँकि वस्तुत: कुछ घटित नहीं हुआ।

मेरे विवाह के बाद यह पहली बार था कि मैं किसी दूसरे के प्रति इतनी गहराई से आकृष्ट हो गया था। अन्नपूर्णा तो हर किसी के साथ मुझ पर शक करती ही थी, इसलिए कमला के साथ मुझ पर शक करना उसके लिए कुछ नया नहीं था—केवल इस बार वह सच था। हम लोगों को कभी एक-दूसरे को छूने का भी अवसर नहीं मिला था, मगर थोड़ा अभिसार चलता, प्रेम-दग्ध शब्दोंवाले कागज के टुकड़ों का हमारे बीच आदान-प्रदान होता था। हमारी छोटी मुलाकातें होतीं जिनमें मैं कहता था कि मैं उसे प्यार करता हूँ और वह भी वही कहती—बस इतना ही। फिर भी अन्नपूर्णा को पता लग गया और—हे भगवान!—मेरे भाई और लक्ष्मी भी जान गये, और वे बहुत घबरा गये। उन्होंने कमला की शादी करके उसे विदा कर देने के लिए किसी वर की तलाश शुरू कर दी। प्रसिद्ध फिल्म-निर्देशक अमिय चक्रवर्ती उन लोगों के घर आया करते थे और उसे बहुत पसन्द करते थे, और उन दोनों के बीच विवाह तय कर दिया गया।

अन्नपूर्णा गुस्से में थी और मैहर लौट जाना चाहती थी। बम्बई के उस घर में केवल दो महीनों के बाद वह शुभो को साथ लेकर मेरे पास से चली गयी। फिर भी वह जानती थी कि कमला से मेरा कोई गहरा लगाव नहीं है और कमला के विवाह करके चले जाने के कुछ महीने बाद वह मेरे पास लौट आई। मगर इस बीच मैंने भी घर छोड़ दिया और जनवरी, 1945 में बम्बई के निकट उपनगरीय स्थान अंधेरी में चला गया, जहाँ मैं भारतीय साम्यवादी दल की सांस्कृतिक टुकड़ी 'भारतीय जननाट्य संघ' (इप्टा) में सम्मिलित हो गया। यह पहले तो अधिकतर एक कला-संगठन था और मैंने बैले और छोटे नृत्य-कार्यक्रमों को बनाने में प्रसन्नता का अनुभव किया।

रवि को इस मंडली की मंचीय प्रस्तुतियों के लिए संगीत-निदेशक के रूप में नियुक्त किया गया था। शीघ्र ही वे इंडिया इम्मौर्टल नामक (प्रथम आदिष्ट कार्यक्रम) बैले के लिए संगीत-रचना करने लगे थे, ब्रिटिश काल के तुरत पहले से शुरू करके भारत के सांस्कृतिक और राजनीतिक इतिहास का एक नृत्य-रूपक।

इसमें मैं करीब जी-जान से लग गया क्योंकि अन्नपूर्णा के चले जाने और कमला के विवाह हो जाने से मैं बड़ी बुरी मानसिक स्थिति में था। मन से सब कुछ बाहर निकाल देने और अपनी ऊर्जा को रचनात्मक पक्ष में लगा देने का मेरे लिये यह बहुत बढ़िया अवसर था। एक बागवाले बड़े मकान में मेरे पास एक कमरा था (संलग्न बाथरूम के साथ); टुकड़ी की सभी जवान लड़कियाँ और लड़के घर में रहते थे, और यह एक अत्यन्त अनुशासित जीवन था, सैनिक नियम की तरह। प्रात:काल सब लोग पाँच बजे उठ जाते, हाथ-मुँह धोकर तैयार हो जाते, साढ़े छ: बजे नाश्ता करते, और तब प्रतिदिन आठ से दस घंटे तक काम करते थे। मैंने पाया कि फिर मुझे वहाँ कुछ सुन्दर जवान लड़कियों से 'हरी झंडी' मिलने लगी थी, लेकिन मैंने ब्रह्मचर्य के खोल में छिप जाने का निश्चय कर लिया था।

उस समय इप्टा मेरे लिए आदर्श था। करीब आठ महीने तक मैं अनुप्रेरित रहा और पूरी जगह को प्यार किया। मनोरंजक, रचनात्मक कार्य करने का वहाँ बहुत अवसर था; सचमुच यही जगह थी जहाँ मुझे मंचीय प्रस्तुति और फिल्म के काम का पहला अनुभव हुआ।

बैले-संगीत का मेरा प्रथम प्रयोग इंडिया इम्मौर्टल की प्रस्तुति में हुआ, जिसकी नृत्य-संरचना मेरे मित्र शान्तिवर्द्धन ने की थी। पूर्वी भारत के पहाड़ी क्षेत्र के नृत्य की तिपेराह शैली के सर्वोत्तम प्रतिपादकों में शान्ति एक थे, और एक प्रवीण नृत्य-रचयिता भी। पहले 1940 में वे दादा के केन्द्र में सम्मिलित हुए थे, और शीघ्र ही हम मित्र हो गये थे। मैं उन्हें प्यार करता था और जब हम 1940-41 और 1941-42 में दादा की मंडली के साथ भारत में भ्रमण कर रहे थे, उनके साथ बड़ी मौज-मस्ती थी।

इप्टा के मेरे साउंड ट्रैक संगीत-जीवन का आरम्भ एक ही साथ दो फिल्मों की संगीत-रचना से हुआ था, करीब एक महीने के अन्तराल पर वे थीं। के.ए. अब्बास की 'धरती के लाल' और चेतन आनन्द की 'नीचा नगर'। वे दोनों बहुत यथार्थवादी थीं, जमीनी सच्चाइयों की फिल्में, गरीबों की दरिद्रता और उनके शोषण से सम्बन्धित, और इस प्रकार लीक से हटकर क्योंकि ज्यादातर भारतीय फिल्मों के विषय पौराणिक या ऐतिहासिक होते थे, और अगर सामाजिक होते भी थे तो वे बिल्कुल कृत्रिम, वास्तविकता से रहित होते थे।

उस समय तक भारतीय फिल्मों में पहले से ही अयथार्थता की प्रवृत्ति स्थापित हो चुकी थी। आज यह सारी सीमाएँ तोड़ चुकी हैं, उनमें करीब नब्बे प्रतिशत उधार की या गढ़ी कहानियों पर आधारित हैं, आठ से दस गीतों और नृत्य-प्रकरणोंवाली। लड़ाई-भिड़ाई और हिंसा हमेशा इन फिल्मों की एक विशेषता रही है, और यद्यपि (बिल्कुल हाल तक) पर्दे पर चुम्बन और नग्नता की इजाजत नहीं मिली है, सम्भाषण और गाने द्वयर्थक और अश्लीलता से भरे होते हैं, अश्लील नृत्यों और परिधानों के कामोद्दीपक खुलेपन के साथ। ये दमित वासनावाली जनता के बड़े वर्ग के लिए बनाये जाते थे (और हैं)। निस्सन्देह कुछ प्रसिद्ध फिल्म-निर्माता भी हमेशा से रहे हैं जो कभी-कभी महत्त्वपूर्ण तस्वीरें बनाते हैं। विशेषकर सत्यजित राय के आगमन के बाद से कलकत्ते, बम्बई और मद्रास में कुछ निर्देशक हुए हैं जिन्होंने महत्त्वपूर्ण, विश्व-स्तर की कुछ फिल्में बनायी हैं, लेकिन अक्सर वे बॉक्स-ऑफिस की दृष्टि से नफेवाली नहीं हैं।

उनमें 1945-46 में बनी ये दो इप्टा-समर्थित फिल्में प्रथम थीं जो असली लोगों, उनके जीवन और समस्याओं से सम्बन्धित थीं। समीक्षकों और बुद्धिजीवियों के द्वारा वे प्रशंसित हुईं, और विदेश में उन्होंने पुरस्कार और प्राइज भी जीते—किन्तु स्वाभाविक था कि वे व्यापारिक दृष्टि से असफल रहीं!

घटनानुरूप संगीत पर ज़ोर डालते हुए और चित्रित अनुभवों—दुख और शोषण—के उपयुक्त संगीत की एक नयी शैली को विकसित करने के मेरे प्रयोग की दृष्टि से ये बहुत बढ़िया थीं। दोनों फिल्मों में

कुछ गीत भी थे, मुख्यत: लोकशैली में, लेकिन स्थिति की जैसी माँग थी कुछ अर्द्ध-शास्त्रीय शैली में भी। मेरी भाभी लक्ष्मी ने इन्हें गाया और तबसे मेरे स्टेज, फिल्म और रिकॉडिंग के कार्यक्रमों में गाया है। जितना सम्भव था मैंने कम-से-कम वाद्यों का प्रयोग करने की कोशिश की, और उस समय के सामान्य रिवाज़ के विपरीत मैंने मात्र वायलिन, चेलो या क्लैरिनेट के साथ पश्चिमी वाद्यों के बदले भारतीय वाद्यों का ही अधिकतम उपयोग किया। इन्हीं सुर-सन्धानों से मैं बहुत खुश हुआ क्योंकि ये नवीन थे। पार्श्वध्वनि के लिए वाद्यों के बदले मुँह से दी गयी आवाजों या जरूरत के अनुसार संगीत का प्रयोग करने वाला मैं भारत में पहला व्यक्ति रहा होऊँगा।

शुरू में इप्टा का अपने ऊपर कोई दबाव मैंने महसूस नहीं किया, लेकिन कुछ महीनों बाद कुछ चीजें जो घटित होने लगीं उनसे मैं चिन्तित होने लगा। कम्युनिस्ट पार्टी के प्रधान कार्यालय से निर्देश आ रहे थे, और हम लोगों का काम करीब-करीब पत्रकारिता के स्वभाव का होने लगा। अगर कोई दंगा होता तो हम लोगों को उस पर कोई बैले बनाने को कहा जाता, या हम लोगों को काश्मीर में हुई किसी गड़बड़ी पर कुछ लिखना होता या बंगाल के अकाल पर। मेरी रुचि उस कलात्मक स्वतन्त्रता में थी जो वहाँ शुरू में थी। धीरे-धीरे मैंने लड़के और लड़कियों को कार्लमार्क्स पर पुस्तकें पढ़ते देखा और मैंने अनुभव किया वे सभी पक्के साम्यवादी थे। शुरू में तो मुझे इससे कोई फर्क नहीं पड़ा, क्योंकि मैं केवल रचनात्मक पक्ष ले रहा था और संगीत-निर्माण की स्वतन्त्रता, और सचमुच उसी ने मुझे आकर्षित किया। किन्तु कुछ समय बाद मैंने गहरी राजनीतिक संलिप्तता देखी, और यह दमघोंटू लगने लगा।

कुछ घटनाएँ थीं जिनसे मैं बहुत चिढ़ गया। उदाहरण के लिए युवा वर्ग बराबर जवाहरलाल नेहरू के विरुद्ध बोलता रहता था जिससे मैं तंग हो गया क्योंकि मैं पंडित नेहरू को सदा पसन्द करता था—उस समय वे मेरी दृष्टि में एक नायक की तरह थे। एक बार ऐसा हुआ कि साम्यवादी दल के एक प्रसिद्ध व्यक्ति, रजनी पाम दत्त, जो आधे अँग्रेज और आधे भारतीय थे, इंग्लैंड से भ्रमण पर आए थे। चूँकि एक फिल्म के लिए संगीत के रिकार्डिंग के लिए फिल्म स्टूडियो में व्यस्त था, मैं वहाँ अँधेरी में उन्हें देखने के लिए उपस्थित नहीं था और वहाँ के एक प्रसंग के बारे में बाद में सुना। उन्होंने वहाँ दुपहर बिताई थी, और लगता है वहाँ युवाओं ने अन्य सवालों के बीच, यह संकेत करते हुए कि नेहरू देश के लिए अच्छा काम नहीं कर रहे हैं, नेहरू के विषय में उनके विचारों के बारे में पूछा। दत्त क्रुद्ध हो गये और बोले—"व्यक्तिगत रूप से मैं नेहरू का बड़ा प्रशंसक हूँ। वे एक अद्‌भुत नेता हैं और आप लोगों को उनका आदर करना चाहिए।" इस प्रश्न पर वह उन लोगों पर गुस्से में थे। उनके चले जाने के बाद मैं शाम को लौटा और पाया कि उस दिन के बाद से वे सभी नेहरू की प्रशंसा करने लगे थे। आप इसे अच्छा नहीं कह सकते—उन लोगों ने ऐसे अपने विचार बदल दिये थे मानो ग्रामोफोन के तवे पर कोई रेकॉर्ड चढ़ा दिया हो।

बम्बई और कलकत्ते में कार्यक्रम देते हुए इंडिया इम्मौर्टल बैले के साथ हम लोगों ने 1945 में भ्रमण किया, और उसके बाद, जैसा कि अब और मैं नहीं सह सकता था, मैंने शुरू 1946 में इप्टा छोड़ दिया। यह एक साल की अवधि बड़ी अच्छी थी जब तक मैंने साम्यवादी दल का दबाव अनुभव नहीं किया था।

सांस्कृतिक दस्ते की उसी अवधि के बीच की बात थी कि एक लोकप्रिय गीत 'सारे जहाँ से अच्छा हिन्दोस्ताँ हमारा' की धुन फिर से बनाने को मुझसे कहा गया। तत्कालीन युग के प्रसिद्ध कवियों में एक मुहम्मद इकबाल के द्वारा 1904 में मूल कविता लिखी गयी थी। उस समय विभाजन नहीं हुआ था, अत: वे पंजाब के एक भारतीय मुसलमान कवि थे और यह गीत पूरे भारत के लिए था। धुन की मेरे द्वारा पुनर्रचना के पूर्व सुर लम्बा और खिंचा हुआ था और ऊर्जा नहीं थी, यह धीमी गति से गाया जाता था,

लगभग एक शोकगीत की तरह।

मेरी नयी धुन क्षिप्र थी और गीत को एक प्रसन्न भाव प्रदान करती थी। ऑल इंडिया रेडियो के वायुतरंगों पर लोकप्रिय होकर यह धीरे-धीरे एक राष्ट्र-गान के रूप में माना जाने लगा, खासकर स्वतन्त्रता के बाद। प्रधान गीत, निस्सन्देह, टैगोर द्वारा लिखित हमारा राष्ट्र गान 'जन-गण-मन' था। पहले से ही एक दूसरा महत्त्वपूर्ण राष्ट्र-गीत था 'वन्देमातरम्', लेकिन 'सारे जहाँ से अच्छा' धीरे-धीरे दूसरा प्रिय स्थान पा गया। यह हर जगह अपनी नयी रचना में बजाया जाने लगा और बड़ा लोकप्रिय हो गया। यह आज भी है और सब चीज में, स्थानीय सभाओं से लेकर दिल्ली में गणतन्त्र-दिवस (26 जनवरी) के 'बीटिंग ऑफ द रिट्रीट' परेड पर बजता है।

फिर भी, भारत में भी बहुत से लोग यह नहीं जानते कि यह धुन मेरी बनाई हुई है। बाद के वर्षों में बहुत से दूसरे संगीतकारों को इसके बनाने का श्रेय दिया गया है। मैं जरूर इस बात पर चिन्तित हो जाता हूँ! हाल में ख्यातिलब्ध लतामंगेशकर द्वारा गाये राष्ट्रीय गीतों के एच.एम.वी.(आर.पी.जी.) द्वारा निकाले कैसेट के भीतरी कार्ड पर यह पढ़कर मैं बड़ा आहत हुआ कि 'सारे जहाँ से अच्छा' के संगीत का श्रेय परम्परा को जाता है! भारत में संगीत-रचना की कापीराइट की कोई प्रथा नहीं थी। यह केवल हाल में शुरू हुई है और अभी भी यह उचित रीति से व्यवस्थित नहीं है। आश्चर्य होता है कि इस तरह की स्थितियों में पश्चिम में संगीत-रचनाकार कितने पैसे कमाते हैं?

1945 में मैंने अपने प्रथम राग, प्रातःकालीन राग नट भैरव के मेरे अपने संस्करण, की रचना की थी। मैंने इसे समारोहों और रेडियोप्रोग्रामों में बजाना शुरू किया और शीघ्र ही यह दूसरे संगीतकारों में भी लोकप्रिय हो गया। मैंने अपने पूरे जीवन में बहुत से जो मौलिक राग बनाये हैं, उनमें यह एक है।

रवि ही इप्टा को छोड़नेवाले अकेले व्यक्ति नहीं थे। अन्य पाँच (चार नर्तक और एक संगीतकार) जो सभी पहले उदय के अल्मोड़ा केन्द्र में रहे थे, का इसी तरह भ्रम टूट गया था! शान्तिवर्द्धन; सचिन शंकर, रवि के चचेरे भाई, और नरेन्द्र शर्मा—दोनों अच्छे नर्तक और नृत्य-रचयिता; एक नृत्य छात्र प्रभात गांगुली जो कुछ वर्षों तक सिमकी से विवाहित थे; और बहुमुखी प्रतिभा के तालवादक अवनीदास गुप्त, बहुत वर्षों तक उदय की मंडली के सदस्य। इंडियन नैशनल थियेटर द्वारा प्रायोजित एक कला-मंडली का रवि ने निर्माण किया और बोरीवली चले गये, बम्बई के एक उपनगर, जहाँ वे एक बड़े आकर्षक बंगले में ठहरे जिसमें राजेन्द्र और लक्ष्मी पहले से ही रहते थे। शीघ्र ही वह घर बड़े शंकर-परिवार और मित्रों जिनमें रवि के इप्टावाले पाँच सहकर्मी थे और मामा जो बहुत वर्षों के बाद उदय के पास से चले गये थे, सबका अपना घर हो गया। बचपन से ही रवि ने मामा को बहुत प्यार किया था और महत्त्वाकांक्षी कलाकारों की इस मंडली को रवि के मामा के धैर्य, चतुर सलाह और आसानी से मिलनेवाली दक्षता और रंगकर्म की प्रतिभा, प्रकाशव्यवस्था, परिधान और मुखौटे बनाने की कला से बड़ी सहायता मिली।

बोरीवली के मडगाँवकर बंगले में जो वे तीन वर्ष मैंने बिताये बड़े घटनाप्रधान थे और मेरे जीवन में बड़े परिवर्तन ले आए। यह पहला अवसर था जब अन्नपूर्णा, शुभो, अपने दो भाइयों (क्योंकि मेजदा भी बाद में हमारे साथ हो गये थे), उनकी पत्नियों और बच्चों, मामा, मेरे प्रिय मित्र शान्ति और इप्टा के अन्य लोगों के साथ मैंने उस आनन्द का अनुभव किया जो एक भरे-पूरे परिवार में पाया जाता है। पंडित नेहरू की पुस्तक 'डिस्कवरी ऑफ इंडिया' जो स्वर्णयुग (ईसा से करीब पाँचवीं सदी) से वर्तमान तक पर आधारित ढाई घंटे की प्रस्तुति का जो मैंने निर्माण किया उससे मैंने और अधिक आनन्द प्राप्त किया। प्रमुख राजनीतिक दल जिसने, निस्सन्देह, महान नेताओं जैसे तिलक, गाँधी और नेहरू के अधीन अँग्रेजों से स्वतन्त्र होने का संघर्ष किया उसके सांस्कृतिक विभाग इंडियन नेशनल थियेटर के द्वारा यह प्रायोजित और समर्पित था।

अपने बंगले के शयन-कक्ष, रहने के कमरे, भोजन-कक्ष और रसोईघर से घिरे गहरे चौकोर आँगन

में हमने अपना रिहर्सल शुरू किया। आँगन एक तिरपाल से ढँका था जो हमें छाँह देता और मामूली वर्षा से बचाता था। जब मानसून की बारिशें आतीं, जो कभी-कभी सात-सात दिनों तक लगातार होतीं, हमें अपना रिहर्सल रोक देना पड़ता था—पूरा आँगन एक स्विमिंग-पूल की तरह हो जाता था। इसमें अपने खाने के लिए कुछ मछलियाँ भी हम पकड़ते थे।

बाद में जब बैले-सह-ऑपेरा का एक रूप स्थिर हुआ, हम लोगों ने बाहर बागीचे में एक विशाल पंडाल बनवाया। यह एक विशाल तम्बू (शामियाना भी कहते हैं) होता है जिसमें एक स्टेज होता है जिसके बगल और पीछे कपड़े की दीवारों से बँटे प्रसाधन-कक्ष होते हैं। एक सजावट भरी चाँदनी ऊपर या बगल को ढँक देती है (यदि जरूरत पड़े)। हमारे प्रायोजक और मित्र, प्रेसवाले और अन्य महत्त्वपूर्ण लोग हमारे रिहर्सल पंडाल में देखने आते। हमारे संगीत और प्रस्तुति की नवीन धारणा की उनसे भूरि-भूरि प्रशंसा सुनकर हम हर्षित हो उठते थे।

मेरी व्यक्तिगत समस्याएँ अभी भी थीं और पत्नी के साथ कभी-कभी झड़पें होती थीं, खासकर मलाड में कमला के साथ हुई घटना के बाद, जिसके बाद सचमुच अन्नपूर्णा एक लम्बी अवधि के लिए मैहर चली गयी थी जबकि मैं इप्टा के साथ था। लेकिन इसे छोड़कर इस समय शो की तैयारी में वह अद्भुत सहायक हुई, लक्ष्मी (और बाद में कृष्णा बऊदी, जो आ गयी) का खाना पकाने और करीब 35 आदमियों को खिलाने में सहयोग करती हुई।

इसके साथ ही अन्नपूर्णा सितार बजाती और रिहर्सल और कार्यक्रमों में कोरस में भाग लेती थी। हर आदमी उसके इस पहलू की तारीफ करता था। 1947-48 की उस अवधि में उसने मेरे साथ भिन्न-भिन्न संगीत-सभाओं में कुछ सुरबहार की जुगलबन्दी भी की थी। वह कभी अकेली बजाना नहीं चाहती थी, इसलिए मुझे उसके साथ बजाना पड़ता था (इस समय मैं सितार और सुरबहार दोनों बजाता था—जो वायलिन और चेलो दोनों बजाने की तरह है—लेकिन चूँकि मुझे सितार बजाकर जीविका-उपार्जन करना था, मैंने धीरे-धीरे सुरबहार छोड़ दिया)।

मार्च, 1947 में एशियन कान्फ्रेन्स की एक विशाल सभा में द डिस्कवरी ऑफ इंडिया की हमारी प्रस्तुति के लिए आई.एन.टी. ने हमारे दिल्ली जाने की व्यवस्था की। गाँधी, नेहरू, पटेल, राजाजी और राधाकृष्णन को मिलाकर सभी महान नेता और महत्त्वपूर्ण लोग वहाँ थे। यह हम लोगों के लिए एक रोमांचक अनुभव था, और शो को अपूर्व सफलता मिली।

शुभो के साथ 1940 के दशक में

इस प्रस्तुति ने उस पुस्तक के जटिल ऐतिहासिक प्रसंगों के वर्णन का जहाँ तक हो सका दिए गये समय में सटीक अनुसरण किया। सेट और मंच साधारण थे— परम्परागत भारतीय शैली में विशिष्ट युगों को प्रदर्शित करने के लिए अभिनेताओं ने दृश्य-निर्माण के लिए सीधे-सादे कट-आउट लगाए— लेकिन रवि के संगीत-प्रभावों से प्रस्तुति साधारण होने पर भी प्रभावोत्पदक थी, और इसे काफी प्रशंसा भी मिली। कहा जाता है कि अपने ही महाकाव्यात्मक ग्रन्थ का ऐसा रूपांकन देखकर नेहरू ने टिप्पणी की कि यह तो पुस्तक से अधिक अच्छा बैले था।

अपने इप्टा के काम के बाद चलकर दि डिस्कवरी ऑफ इंडिया ने यह दिखाया कि रवि की संगीत-रचनाएँ शीघ्रता से परिपक्व हो रही थीं। उदय के सिद्धान्तों से अभी भी परिचालित, एक बार फिर उन्होंने पश्चिमी वाद्यों के प्रयोग से अपने को रोका था, लेकिन उन्होंने कुछ ध्वनि-प्रभावों और भारतीय वाद्य के नवीन-प्रयोगों को अंगीकार किया था।

अप्रैल में बम्बई लौटकर एक्सेल्सियर थियेटर में हमने सात शो दिए, जिनका भी अच्छा स्वागत हुआ। इसके बाद, फिर भी, बेचारी लक्ष्मी को प्लूरिसी हो गया जिसने उसके उज्ज्वल नृत्य-जीवन को त्याग देने पर उसे विवश किया। बदले में वह बम्बई में रुक गयी और अब्दुल रहमान खाँ के साथ उसने शास्त्रीय गायन का प्रशिक्षण लिया। बहुत वर्षों तक मैंने भी उसे कुछ राग सिखाये और कुछ अपने रचित ख्याल और ठुमरी रचनाएँ भी। बड़ी सुन्दर गायिका के रूप में वह विकसित हुई और भारत और पश्चिमी देशों के श्रोताओं की प्रिय रही, और अपनी अद्‌भुत आवाज़ में भावनाओं को व्यक्त करने के लिए उनका स्नेहभाजन बनी।

लक्ष्मी की बीमारी के समय ही आई.एन.टी. ने हमें समर्थन देना बन्द कर दिया और हम कठिन स्थिति में पड़ गये। लेकिन हम सभी भाइयों, हमारे पाँच दूसरों और मामा ने अपना एक ग्रुप बनाना तय किया जिसे हमने इंडिया रिनासाँ आर्टिस्ट्स नाम दिया। कई महीनों तक अगले साल की प्रस्तुति के लिए अपने प्रदर्शन को अच्छा बनाने के निमित्त हमने कड़ी मेहनत की।

मई, 1947 से आरम्भ कर, इस अवधि में, बहुत-सी बड़ी राष्ट्रीय घटनाएँ हुईं और साथ ही मेरे संघर्षों में से बड़ों की शुरुआत हुई। यह एक महत्त्वपूर्ण समय था। 15 अगस्त को महान युग-परिवर्तन आया, भारत की स्वतन्त्रता का। इस समाचार के प्रसारण के लिए उन दिनों टी.वी. नहीं था, लेकिन रेडियो प्रसारण उत्तम था : बोरीवली के घर में अर्द्धरात्रि को हमारा पूरा परिवार, मित्रगण, कुल मिलाकर तीस या चालीस लोग इकट्ठे बैठे थे, राष्ट्र को दी गयी नेहरू की प्रसिद्ध स्पीच 'ट्रीस्ट विद डेस्टिनी' सुनते हुए। कैसी हर्षोत्तेजना थी यह! आजादी की खुशी महसूस करने के साथ ही मैं अपने देश के विभाजन और उसके परिणामों से बड़ा आहत हुआ—निर्मम साम्प्रदायिक नर संहार और अपने घर से उखड़े और नयी सीमाओं को पार करने की यन्त्रणा झेलते लाखों शरणार्थी। इसके बाद 31 जनवरी, 1948 को गाँधी जी की हत्या की दुर्भाग्यपूर्ण घटना हुई। उस समय दिखाने के लिए हमारा शो करीब-करीब तैयार था, लेकिन हम लोगों ने महात्माजी की मृत्यु के साथ कुछ हाल में घटी घटनाओं को जोड़कर इसे अद्यतन बताना चाहा।

बम्बई शो के बाद सेजदा कृष्णा बऊदी और अपने दो बच्चों के साथ हमारे नवस्थापित इंडिया रिनासाँ आर्टिस्ट में सम्मिलित होने आ गये। यह कठिन समय था, क्योंकि मैं जो सितार-वादन से कमाकर घर लाता, और जो कुछ मित्र दे रहे थे और जो हमारी मंडली के प्रत्येक सदस्य के गहरे त्याग से जुटता था उसे छोड़कर हमें कोई आर्थिक सहायता नहीं मिलती थी।

मुझे अपने दो प्रिय दोस्तों शान्ताराम उल्लाल तथा बटुकभाई दीवानजी और खासकर अपने शिष्यों में एक हरिहर राव से सहायता मिलती थी—उन्होंने मुझसे 1946 के आरम्भ में सीखना शुरू किया था। चूँकि मेरे पास टेलीफोन नहीं था, हफ्ते में तीन या चार बार मुझे लोकल इलेक्ट्रिक ट्रेन से तेईस मील चर्चगेट स्टेशन जाना पड़ता था, और तब दो या तीन मील शहर के भीतर उनसे मिलने पैदल जाना पड़ता

था। वे तीनों इस ज़िले में काम करते थे जहाँ करीब सभी बैंक और स्टॉक एक्सचेंज मार्केट (जिसे शेयर बाज़ार कहते थे) अवस्थित थे। प्रायः मुझे उनमें से एक से लंच की छुट्टी के समय भेंट हो जाती थी और हम साथ स्वादिष्ट अल्पाहार करते—तरह-तरह के कटे फल, या महाराष्ट्रीय शैली की पूड़ी, पटलभाजी और दूधी हलवा। हरिहर मुझे हमेशा उडीपी शैली के दक्षिणी अल्पाहार और कॉफी पर आमन्त्रित करते थे। कभी-कभी मैं कुछ दूर पर उनके घर भी जाता था, जहाँ उनके बड़े सौतेले भाई तारानाथ राव (एक अद्‌भुत तबलावादक और शिक्षक) और भतीजे (सभी संगीतकार) मुझे बड़ा स्नेह और आदर देते थे—और सुन्दर लंच भी!

यद्यपि ये सभी खाने स्वादिष्ट होते थे, मेरा जाना केवल मौज के लिए नहीं था। इन्हीं मित्रों के माध्यम से मैं, जितना सम्भव हो सके, संगीत-गोष्ठियों और धनी लोगों के अपने घरों, या दूसरे शहरों में सितार-वादन का काम लेना चाहता था। वे मेरे निजी एजेंटों की तरह थे—बिना किसी कमीशन की माँग करते! इन तीनों से जो स्नेह और सहायता मुझे मिली उसे मैं कभी नहीं भूलूँगा। यह वास्तव में मेरे सबसे खराब समय की बात है, जब मुझे एक जमात की देखभाल करनी थी और इतने लोगों को खिलाना था। हर रात घर बोरीवली मैं थककर चकनाचूर लौटता था।

रवि की रचनात्मक शक्तियों के विकास में कोई सन्देह नहीं था, मगर ऐसे दबाव में वे आर्थिक, भावनात्मक और आत्मिक गहरे संकट से गुज़र रहे थे, अपनी निम्नतम स्थिति में उन्होंने अपने जीवन का अन्त करने का भी संकल्प किया। उन्होंने सावधानी से आत्महत्या की योजना बनाई, यह निश्चय करके कि वे चलती गाड़ी के नीचे अपने को फेंक देंगे दिन निश्चित करके यहाँ तक कि राजेन्द्र और पुलिस को अन्तिम पत्र तैयार करने की हद तक गये।

मगर निश्चित दिन के तुरन्त पहले उनका एक आदमी से ऐसा असाधारण सामना हुआ जिसने इनके जीवन में एक मोड़ ला दिया। 1948 में दुपहर को रवि के घर से गुज़रते हुए टाट बाबा नाम के आध्यात्मिक गुरु और योगी (यह नाम उनका टाट के कपड़े पहनने के कारण था) रुके और बाथरूम के इस्तेमाल के लिए पूछा। आगन्तुक के रूप पर मुग्ध और उनकी चारों तरफ एक प्रभामंडल देख, रवि तुरन्त उनके लिए सितार बजाने को सहमत हो गये, यह बिल्कुल भूलते हुए कि उस शाम जोधपुर के राजकुमार के सामने उन्होंने बजाने की व्यवस्था की थी— काफी पैसा फीस लेकर। फिर भी किसी प्रकार वे योगी रवि के छूट गये कार्यक्रम और आत्मघाती निराशा के बारे में जान गये थे, क्योंकि सितार-वादन के उपरान्त उन्होंने उनसे कहा, 'जो पैसा आज रात तुम्हें नहीं मिला उसका कई गुना तुम्हारे पास आएगा। कोई बेवकूफी का काम मत करो।' इस प्रकार रवि का आध्यात्मिक परिवर्तन हो गया।

बचपन से मुझे आध्यात्मिक विषयों में बड़ी रुचि और जिज्ञासा थी, विशेष शक्तियों वाले सन्तों और योगियों के बारे में सुना जो तन्त्र-मन्त्र दिखाते थे—कुछ जो हवा में वस्तुएँ मँगा देते थे, जो स्वयं अन्तर्धान हो सकते थे और फिर दूसरी जगह उपस्थित हो जाते या एक ही समय दो स्थानों पर दिखाई पड़ सकते थे। मैं उन कहानियों में विश्वास करता था क्योंकि मैंने उन्हें उन लोगों से सुना था जिनमें मेरी आस्था थी।

मेरे जीवन के पहले अठारह वर्षों में मुझे किन्हीं महान योगियों से भेंट होने का अवसर नहीं मिला था। मैं केवल कुछ हठयोगियों से मिला था जो अद्‌भुत शारीरिक करामात दिखा सकते थे। उदाहरण के लिए मैंने एक को देखा जो आधा दूध और आधा पानी भरे कटोरे को लेकर सब द्रव अपने लिंग से सोख ले सकता था और फिर उसे बाहर निकाल सकता था—एक तिनके की तरह! इसके बाद वह दम्भ में बोलता था कि वह किसी स्त्री में उसी प्रकार प्रवेश कर सकता था और अपने लिंग से उसका सारा 'जीवन-रस' सोख सकता था।

मैं मानता हूँ कि इस तरह का कारनामा मनोरंजक था, लेकिन इसने मुझे खास प्रभावित नहीं किया।

1948 के आसपास पूना में अपना बनाया राग मनमंजरी बजाया

टाट बाबा पहले योगी थे जिनके सम्पर्क में मैं आया था, और वे तब आए थे जब मैं मन और आत्मा की निम्नतम दशा में था। उनका व्यक्तित्व असाधारण था और उनमें से एक अमोघ शक्ति प्रवाहित होती थी। उसके बाद से आगे लगा कि मेरी सारी समस्याएँ गायब हो गयीं और चीजें बड़ी तेज गति से बदल गयीं। मैं उनमें विश्वास करता था और उन्होंने बहुत प्रेम और शक्ति प्रदान की। उन्होंने मुझे मन्त्र भी दिया जो कोई समय-समय पर या ज्यादा अच्छा हो कि सदा मन में जपा करें।

करीब बीस वर्षों तक सब कुछ बहुत अच्छा था, लेकिन बाद में मैंने अनुभव किया कि बहुत अर्थों में वे किसी भी मनुष्य की तरह एक सामान्य मनुष्य थे, दुर्बलताओं, रुक्ष और कोमल वृत्तियों के साथ। उन्होंने साधना, सांसारिक वस्तुओं के परम्परागत भारतीय त्याग और एक गुरु के निर्देशन में अनुशासित रूप से अध्यात्म, संगीत और अन्य मार्ग से आत्मज्ञान की उपलब्धि की थी। फिर भी, योगी अपनी शक्ति खो सकते हैं यदि वे उचित मार्ग पर न रहें और यह साधना कायम न रखें। वे पैसे, नारियों, यौन या सत्ता के विभिन्न जालों में फँस सकते हैं। इसी प्रकार हमारे पुराणों में कहानियाँ हैं महान आत्माओं की जो एक सुन्दर अप्सरा (स्वर्ग की परी) के प्रति आकृष्ट हो जाते हैं और अपनी सिद्धि खोकर किसी भी दूसरे मनुष्य की तरह हो जाते हैं। यद्यपि अपने गुरु की आलोचना वर्जित है, मैं जरूर अनुभव करता हूँ कि टाट बाबा पहले की अपनी परमशक्ति से कई सीढ़ियाँ नीचे गिरे थे। क्रमशः उनका शक्ति-स्फुरण कम हो गया जैसे कोई बैटरी कम हो जाती है।

इससे मुझे बड़ा दुख हुआ, लेकिन मैं वे अद्भुत वर्ष कभी नहीं भूलूँगा जब वे बड़े शक्ति-सम्पन्न थे और हम परस्पर 'सम्पृक्त' थे। चूँकि वे मेरी समस्याएँ हल करते थे और सदा मेरी रक्षा कर रहे थे, मैंने गहराई से उनकी उपस्थिति का अनुभव किया था, उन दिनों की उनकी कृपा और स्नेह के लिए मैं सदा उनका कृतज्ञ रहूँगा।

1973 में टाट बाबा की मृत्यु के बाद कुछ वर्षों तक मुझे लगा मैंने एक पिता को खो दिया था। मैं उन पर बड़ा निर्भर करता रहा था। जब वे उपस्थित नहीं भी होते, मुझे हमेशा विश्वास रहता कि किन्हीं खतरनाक क्षणों में वे मेरी रक्षा कर रहे हैं। उतनी निर्भरता का स्तर सचमुच ठीक नहीं है। किसी को अपने भीतर शक्ति और आत्मविश्वास होना चाहिए, आदर्श यही है।

दो या तीन वर्षों के बाद लॉस एंजिलिस में मेरे एक मित्र, रिचर्ड बॉक ने, जो महान

योगी सत्य साईं बाबा के भक्त थे, बंगलोर में जहाँ मैं एक वादन-कार्यक्रम दे रहा था, उनसे मेरी भेंट की व्यवस्था की। मैं उनके दर्शनों के लिए गया। सत्य साईं बाबा हमारे सबसे प्रसिद्ध और लोकप्रिय योगियों में से एक हैं, और मैंने उनके जादू-मन्त्र और वस्तुओं को उपस्थित कर देने—लॉकेट, अँगूठियाँ, हीरे, जो कुछ भी—के बारे में किताबें पढ़ी थीं; उन्हें वह विशेष शक्ति प्राप्त है; और इससे आगे उनकी महान दार्शनिक और धार्मिक शिक्षाएँ। मैं उनकी उपस्थिति से एकदम अभिभूत हो गया था। वे बड़े प्रेमपूर्ण थे। मानो वे मुझे पहले से जानते हों, वे मुझे तीन या चार मिनट के लिए अलग ले गये और मेरे जीवन के बारे में करीब-करीब सब कुछ बता दिया : मैं क्या करने जा रहा था, मेरी समस्याएँ, मेरी आशंकाएँ, मेरी आशाएँ। मैंने कहा मैं केवल उनका आशीर्वाद चाहता हूँ, और वे बोले, 'अगर मैं तुम्हारा गुरु नहीं तो कोई बात नहीं। मैं तुम्हारी माँ या तुम्हारे पिता की तरह हूँ, मुझे कोई एक मानो या दोनों।' उन्होंने मुझे आशीर्वाद और विभूति दी—अपूर्व सुगन्धवाली पवित्र उजली राख।

ऐसे ही इसकी शुरुआत हुई। कुछ वर्षों तक मैंने फिर अनुभव किया कि कोई देवदूत मेरी रक्षा कर रहा था, और इससे मेरा बड़ा मनोबल बढ़ा। कई बार मैंने उनके जन्म-दिन पर बजाया, और उन्होंने लाल या पन्ना जड़े लॉकेट दिए जो वे बस ऐसे ही उत्पन्न कर देते थे जैसा कि उनके बारे में प्रसिद्ध है। उन्होंने मुझे एक ज़िर्कान अँगूठी दी थी। कुछ दिनों में यह कुछ ढीली हो गयी थी। मैं उनके पास गया और इसे मैंने दिखाया। बहुत से लोगों के सामने जो बाज की आँखों से ताक रहे थे, उन्होंने अँगूठी लौटा दी और मैंने पहन ली, हालाँकि यह वही अँगूठी लगती थी, लेकिन मुझे मालूम हो गया कि यह दूसरी है। न केवल यह मेरी उंगली में ठीक बैठी, यह असली हीरे और 22 कैरेट सोने की बनी थी।

आप चाहें तो उन्हें एक जादूगर कहें, पर यह केवल एक तरह का खेल है—जिसे हम उनकी लीला के रूप में जानते हैं (जैसे कृष्ण की लीला, गोपियों से छेड़-छाड़ का उनका खेल)। वे एक जादूगर से बहुत ऊपर हैं। वे सचमुच हीरे मँगा देते हैं या नहीं, मैं मानता हूँ मँगा देते हैं, उनकी मुख्य शक्ति है कि वे आपसे बात करके आपके मन में प्रवेश कर सकते हैं। वे सीधी-सादी गहरे अर्थवाली रूपक-कथाएँ कहते हैं, और उन्होंने कई लोगों के जीवन को बदल दिया है। उनका दूसरा पक्ष है लोगों को रोगमुक्त करना। मैं वैसे लोगों से मिला हूँ जिन्हें उन्होंने मृत्यु के बाद जिला दिया है, और दूसरे जिनकी आँखों की दृष्टि वापस मिल गयी है। इसका यह मतलब नहीं कि वे हर आदमी को अच्छा कर देते हैं—ऐसे बहुत उदाहरण हैं जहाँ वे कहते हैं कि थोड़े समय के लिए वे आराम तो दे सकते हैं, लेकिन मरने से उन्हें बचा नहीं सकते, उन्हें तो जाना है। कभी-कभी वे लोग बाद में उनके विरोध में हो जाते हैं, लेकिन शायद यह स्वाभाविक है। उनके नाम पर एक विशाल विश्वविद्यालय है और पुट्टपारथी के उनके मुख्य आश्रम की बगल में भारत के प्रसिद्ध अस्पतालों में से भी एक, एक सुदूर गाँव जहाँ बंगलोर से सड़क द्वारा पाँच घंटे में जाया जा सकता है।

उनके पास यह असीम शक्ति है और प्रसिद्धि बढ़ रही है। उनके शिष्यों की संख्या लाखों में है—साम्यवादी चीन, रूस, अफ्रीका, मेक्सिको, जापान में—तब भी वे कभी भारत से बाहर नहीं गये हैं। वे कभी पैसा नहीं माँगते, लेकिन लोग भेजते ही हैं। एन.आर.आई. के द्वारा बिना माँगे ही उनके अस्पताल को आर्थिक योगदान मिला—भारतीयों से जो बाहर रहते हैं। विदेश जाने और पाश्चात्यों को अपनी जादुई शक्ति से प्रभावित करने की परवाह न करने के कारण मैं उनका सचमुच आदर करता हूँ। उनको जरूरत भी नहीं है, चूँकि लाख भक्त उनके पास पुट्टपारथी आए हैं और आते रहते हैं। 1996 में उनके 70वें जन्मदिन के समारोह में बीस लाख लोगों ने भाग लिया था।

सत्य साईं बाबा खुद एक संगीतकार हैं : वे सुन्दर गाते हैं और भजन बनाते हैं। वे संगीत से प्रेम करते हैं और उसे समझते भी हैं; खासकर कर्नाटक पद्धति का, और उत्तर और दक्षिण भारत के संगीतकार समान रूप से उनके पास गाने और बजाने के लिए जुटते हैं। कुछ सालों से हम अलग हुए हैं, फिर भी

मैं अभी भी उनके बारे में सोचता हूँ और उनसे प्रार्थना करता हूँ। जब मुझे लगे कि वे मुझे बुला रहे हैं; मैं उनके पास जाऊँगा।

मेरी जीवन-यात्रा के दौरान बहुत से पहुँचे हुए स्वामी और योगी आए हैं जिनसे मैं मिला हूँ, और प्रभावित हुआ हूँ। मैं उनके प्रति श्रद्धानिवेदित कर प्रसन्न हूँ और प्राय: उनके लिए बजाया भी है। उनमें एक थीं माता आनन्दमयी जी, असीम प्रेम और सहानुभूतिवाली महिला-सन्त। तमिल नगर कांचीपुरम के कांची के महान कामकोटिशंकराचार्य से भी मैं मिला जो अपनी वय के अस्सी के दशक में थे। उनकी पूजा जीवन्त परमात्मा के रूप में की जाती थी। यदि वे चाहते तो महाराजा की तरह रह सकते थे क्योंकि सारे संसार में करोड़पति उनके भक्त थे, लेकिन वे कभी कार, ट्रेन या हवाई जहाज में यात्रा नहीं करते, केवल पैदल या एक हाथी पर, और उनके पास रहने को एक घर भी नहीं था—वे यथासम्भव घर के बाहर पेड़ों के नीचे रहते थे, या यदि ठंडक रही तो मंदिर के पास एक स्थान था जहाँ वे बैठते थे। वे बहुत सादा भोजन करते और केवल एक कोपीन धारण करते या जाड़े में शॉल की तरह कोई सूती वस्त्र। उनकी आँखों से ऐसा प्रेम बरसता था। उन्हें देखना चिलचिलाती गर्मी में शीतल स्नान की तरह था। मैं उनसे चार बार मिला और उनके लिए तीन बार बजाया; अविस्मरणीय रूप से एक बार मद्रास में बाहर आम के पेड़ के नीचे जहाँ बगल में उनका हाथी खड़ा था। दुपहर की जलानेवाली गर्मी के बावजूद न मेरा सितार न अल्लारखा का तबला बेसुरे हुए। मुझे बड़ी सुन्दर अनुभूति हुई—पता नहीं कैसे समय बीत गया।

जिस समय मैं बाहर गया उस समय पश्चिम में एक बड़ा नाम था महाऋषि महेश योगी। उन्होंने ट्रान्सेंडेंटल मेडिटेशन या टी.एम. की स्थापना की थी जो बहुत लोगों, अमेरिकी प्रशासनवालों के भी, बीच लोकप्रिय हुआ। वे बड़े करिश्माई थे और बहुत लोगों को उन्होंने आकर्षित किया। आज सम्भवत: पश्चिम में वे सबसे प्रसिद्ध योगी हैं। उनके अनुयायी हर जगह हैं—यू.एस.ए. के मध्य-पश्चिम में एक विश्वविद्यालय भी है।

स्वामी भक्तिवेदान्त के चलाये हरे कृष्ण-आंदोलन की तरह बहुतों ने उनका अनुसरण किया। स्वामीजी कलकत्ते के एक बड़े अच्छे, सीधे-सादे व्यक्ति थे, लेकिन कृष्ण-सम्प्रदाय के गहरे अनुयायी थे। पहले से बिना किसी ठोस आधार के उन्होंने कृष्णानुयायियों का एक साम्राज्य खड़ा कर दिया था जिसे इस्कॉन (कृष्ण-चेतना का अन्तर्राष्ट्रीय समाज) जाना जाता है, और इसका उन्हें बहुत बड़ा श्रेय है। पश्चिमी लोग भक्त हो गये हैं और हर जगह उन्होंने सुन्दर-स्वच्छ मन्दिर बनाये हैं। वे भजन गाते हैं और खूब बढ़िया भोजन करते हैं। कुछ लोग महसूस करते हैं कि वे बहुत धक्कम धक्का करते हैं, लेकिन बहुत कुछ है जो उनके बारे में बहुत अच्छा है।

निस्सन्देह कुछ योगियों ने रौल्सरॉयस गाड़ियाँ इकट्ठी कर और कुछ मामलों में आध्यात्मिक शुचिता के लिए यौनाचार का मार्ग अपनाकर अपने लिये अपयश भी कमाया। लेकिन ऐसे लोग हैं जो इन सब चीजों में विश्वास करते हैं। यदि उन लोगों ने दूसरों की मदद की है, जो सबसे महत्त्वपूर्ण बात है, तो उनके विरुद्ध मैं कुछ नहीं कहता। वह तो बड़ा अच्छा है। मगर बाहर से कुछ कहानियाँ जो सुनाई पड़ती हैं, अजीब हैं।

दुर्भाग्यवश यह हो सकता है कि, यद्यपि ये स्वामी स्वयं में अच्छे और सही व्यक्ति हैं, अमेरिका जैसी जगहों में उनके भक्त देर-सबेर उनके प्रयत्नों को एक संस्थागत कार्यशैली प्रदान कर देते हैं। वे विशाल आश्रम बनाते हैं और यह एक बाज़ार की तरह हो जाता है। ये सुन्दर प्राणी जो स्वयं सचमुच बिल्कुल बुरे नहीं हैं, इसके द्वारा गुमराह हो जाते हैं। और इन अमरीकी दूरस्थ धर्माचार्यों को देखने से मुझे लगा है कि धर्म से बढ़कर कोई व्यापार नहीं है, न केवल यू.एस. में, बल्कि हर जगह, भारत में भी। विश्वास नहीं होता कि यह कितना व्यापारिक हो गया है। किसी से भी बढ़कर अमरीकी इतने सीधे होते हैं कि आप किसी चीज का उन्हें विश्वास दिला सकते हैं। यही है जो उन्हें एक खुलापन देता है और

गतिशील बनाता है, लेकिन यह उन्हें नुकसान उठाने योग्य भी बना देता है, खासकर धर्म और अध्यात्म के क्षेत्र में। वे कुछ दूसरी चीज खोज रहे हैं, अपने सारे सांसारिक सुखों—'सब देखा, सब किया'—के बाद वे कुछ गहरी अनुभूति चाहते हैं। अत: ठगों के द्वारा शोषित होने के वे आसान शिकार हो जाते हैं। जिन थोड़े महान सन्तों का मैंने उल्लेख किया है उनमें से प्रत्येक के बदले आप सौ नीम-हकीम गिन सकते हैं। यह बड़े दुख की बात है। और यू.एस.ए. सबसे बड़ा बाजार है—यह उतना आप यूरोप में नहीं पा सकते, लेकिन यह वहाँ भी शुरू हो गया है।

योगियों और सन्तों की एक दूसरी जमात है जिसका प्रभाव मेरे जीवन पर रहा है—वे जिनके बारे में मैंने केवल पढ़ा या सुना है। अपने बचपन में मैं ऐसे आध्यात्मिक गुरुओं के जादुई करिश्मों के बारे में जानने को सदा उत्सुक रहता था, जैसे लाहिड़ी महाशय या उनके प्रसिद्ध मित्र तैलंग स्वामी जिनके बारे में प्रसिद्ध था कि वे सौ वर्ष के ऊपर के थे और सचमुच जिनका वजन 100 पाउंड से ज्यादा था। लाहिड़ी महाशय के गुरु, बाबाजी, जो अपूर्व और बड़े शक्तिशाली योगी हैं जिनके बारे में कहा जाता था कि वे कई सौ वर्षों के हैं। वे लोगों के सामने नहीं आते, लेकिन माना जाता है कि अभी भी जिन्दा हैं, हिमालय में रहते हुए। इसके बाद मैं विशेष रूप से रामकृष्ण परमहंस के प्रति कहानियों से आकृष्ट हुआ था, कलकत्ते के एक महान सन्त और योगी और उनके शिष्य स्वामी विवेकानन्द के प्रति।

विवेकानन्द कलकत्ते के एक महत्त्वपूर्ण परिवार के थे लेकिन उन्होंने सांसारिक जीवन का त्याग कर एक संन्यासी होना पसन्द किया। उनके उपदेश रामकृष्ण के विचारों और युगों पुराने वेदान्त-दर्शन पर आधारित उनके सिद्धान्तों के मिश्रण थे। उनका राजयोग और हठयोग अद्वितीय पुस्तकें हैं। चमत्कृत कर देनेवाले रूप और एक महान व्यक्तित्व के धनी, जैसा आप उनके चित्रों में देख सकते हैं, वे हिन्दू धर्म और दर्शन के सारतत्त्व को पाश्चात्य के समक्ष उपस्थित करनेवाले और इस तरह प्रस्तुत करनेवाले जिसे पश्चिमी लोग समझ सकें, प्रथम संन्यासी थे। 1893 में अज्ञात और अपनी उम्र के बीसवें वर्ष के दशक में वे शिकागो में वर्ल्ड काँग्रेस ऑफ रिलीजन्स में पहुँचे। उन्हें बोलने को बस कुछ ही मिनट दिए गये थे लेकिन जिस क्षण वे खड़े हुए और विषय-प्रवेश के शब्द बोले, ''अमेरिका के भाइयो और बहनो'' तो जादू हो गया : तत्क्षण उन्होंने श्रोताओं को भावोद्दीप्त कर दिया और उन्हें तीन दिनों तक बोलने दिया गया।

उन्होंने सारे प्रमुख अमरीकी नगरों में रामकृष्ण मिशन (कभी-कभी वेदान्त सोसायटीज नाम से भी ख्यात) की स्थापना की। धीरे-धीरे वे सारे एशिया, यूरोप और अफ्रीका में भी फैल गये। उनका तरीका बुद्धिमत्तापूर्ण था : उन्होंने पाश्चात्यों को हिन्दू-धर्म में दीक्षित नहीं किया। उन्होंने उनसे पुराने मन्त्रों का हमेशा उच्चारण नहीं कराया, या उन्हें संस्कृत सीखने या कृष्ण की पूजा करने को विवश नहीं किया। रामकृष्ण मिशन के पूजागृह चर्चों की तरह थे, रामकृष्ण, जीजस क्राइस्ट और बुद्ध के चित्रों के साथ। और उनके अनुयायी रोक-टोक नहीं करते। विवेकानन्द ने इस बात पर ध्यान दिया कि कोई त्रस्त-भीत अनुभव न करे। वे अत्यन्त सफल और लोकप्रिय हुए और मुझमें उनके लिए सदा अपार प्रशंसा रही है।

1948 के अन्त में ऑल इंडिया रेडियो ने विदेश-सेवा प्रभाग के लिए इसके नये वाद्य-वृन्द के रचयिता-संचालक की अतिरिक्त भूमिका के साथ रवि को संगीत निर्देशक का पद प्रदान किया। यह अद्वितीय प्रतिष्ठा थी। राष्ट्रीय रेडियो-तन्त्र में वे एकमात्र संगीतकार नियुक्त नहीं थे। किन्तु इतनी वरीयता के पद पर इसके पहले कोई नियुक्त नहीं हुआ था—और वह भी अट्ठाइस वर्ष की उम्र में। वे स्थान छोड़ दिल्ली चले गये और फरवरी, 1949 में अपना पद-भार सँभाल लिया।

मेरे ऑल इंडिया रेडियो में पद-ग्रहण करने में डॉ. नारायण मेनन का बड़ा हाथ था। पहली बार 1946 के आसपास मैं उनसे मिला था जब वे लन्दन में बी.बी.सी. के साथ थे। वे कर्नाटक शैली के एक शौकिया वीणा-वादक थे और पश्चिमी संगीत और उत्तर भारतीय हिन्दुस्तानी शैली दोनों का उन्हें उत्तम

ज्ञान था। मैहर में मैंने उनके कुछ बी.बी.सी. प्रोग्राम सुने थे जिनमें उन्होंने प्रदर्शन के साथ भारतीय संगीत का परिचय प्रस्तुत किया था, और उन्होंने मुझे बहुत प्रभावित किया था।

आजादी के पहले कुछ बड़ी देशी रियासतों के अपने रेडियो-स्टेशन थे और जब नारायण ने बी.बी.सी. छोड़ा, वे बड़ौदा राज्य ब्रॉडकास्टिंग स्टेशन के निदेशक हो गये। उनकी सलाह पर बी.बी.सी. ने मुझे लन्दन में उनका पद ग्रहण करने को कहा, लेकिन अन्नपूर्णा ने इतनी हाय-तौबा मचाई कि मुझे इसे अस्वीकार कर देना पड़ा।

नारायण पहले व्यक्ति थे जिन्होंने मेरे रचनात्मक पक्ष को देखा और उसका मोल समझा और जब उन्होंने ऑल इंडिया रेडियो के मुख्यालय नयी दिल्ली में पदभार ग्रहण किया तो एक बार फिर उनकी ही सलाह पर मुझे संगीत निर्देशक के रूप में पद ग्रहण करने के लिए बुलाया गया। हम अन्तरंग मित्र हो गये। वे और उनकी पत्नी रेखा दिल्ली के रुचिसम्पन्न सामाजिक व्यक्तियों में लोकप्रिय हो गये, विशेषत: विदेशी कूटनीतिज्ञों के बीच।

यह अत्यन्त दुखद है कि नारायण की तरह का बौद्धिक और ऊर्जा सम्पन्न विद्वान अपनी वय के अस्सीवें वर्ष के दशक के बीच दिल्ली में अलज़ाइमर की बढ़ी हुई बीमारी भोग रहा है। सुन्दर रेखा जो दुबली-पतली, और स्वयं बूढ़ी हैं अभी भी उनका स्नेहपूर्ण ख़याल रख रही हैं। भगवान उन्हें सुखी रखें।

जब मैं ऑल इंडिया रेडियो के लिए काम करता था लगभग सात वर्षों की अवधि अत्यन्त घटना प्रधान रही। बहुत से उत्थान-पतन हुए, हर्षित करनेवाली सफलताएँ और निराशाएँ, सुख और दुख। यही समय था जब मेरा कद और यश एक व्यक्तित्व में विकसित हुआ, कार्यक्रम देने के लिए देशभर से लगातार बढ़ती हुई माँग के साथ। प्रतिदिन सैलानी-सह-आगन्तुक ऑल इंडिया रेडियो देखने आते थे और मैं मुख्य आकर्षणों में एक हो गया था, विशेषत: बाद में जब मैं स्टूडियो नं. 1 (सबसे बड़ा) में अपने कक्ष के ऑर्केस्ट्रा वाद्य-वृन्द के साथ रिहर्सल कर रहा था। इसने मुझे गर्वस्फीत किया, लेकिन कभी-कभी मैं अजीब सा अनुभव करता था।

ऑल इंडिया रेडियो के लिए बहुत-सी रचनाओं में मुझे कुछ मुख्य याद हैं, जैसे 'पूर्णिमात्रयम' बुद्ध के जीवन पर एक संक्षिप्त ध्वनि-काव्य, ऐसा नाम इसलिए दिया गया क्योंकि उनका जन्म, ज्ञान-प्राप्ति और निर्वाण तीनों पूर्णिमा के दिन ही हुए। टैगोर की प्रसिद्ध कविता 'निर्झरेर स्वप्नभंग' का ऑकेस्ट्रा रूपान्तरण भी था और टैगोर की दूसरी ख्यातिप्राप्त कविता पर आधारित 'शिशुतीर्थ'। मैंने एक रेडियो फीचर पर कड़ी मेहनत की जिसे मैंने मियाँ तानसेन के जीवन पर प्रस्तुत किया, जिसका नाम सम्पूर्ण हिन्दुस्तानी परम्परा में सर्वश्रेष्ठ और सर्वाधिक समावृत है, और जिन्हें नाद-सिद्ध कहा जाता था (जिसका अर्थ है कि उन्हें योगसिद्धि से ध्वनि पर सम्पूर्ण नियन्त्रण था)। एक मित्र और अद्‌भुत नाटक-प्रस्तोता एस.एस.एस. ठाकुर ने नाटक, कथोपकथन और सामान्य प्रस्तुति में मेरी सहायता की। इस फीचर की बड़ी प्रशंसा हुई। मेरे लिये व्यक्तिगत रूप से यह विशेष घटना थी, क्योंकि बाबा के अन्तिम गुरु, उस्ताद वज़ीर खाँ, सीधे मियाँ तानसेन के वंशज थे और इसलिए मैं सेनियाबीनकार शैली, जैसा इसे कहा जाता है, बाबा से सीखने में काफी सौभाग्यशाली रहा।

ऑल इंडिया रेडियो में कुछ लोग थे जो मेरे प्रति भयानक ईर्ष्यालु थे और किसी तरह से मुझे बदनाम करने का प्रयत्न करते थे। हालाँकि अधिकतर समय मेरे नक्षत्र बहुत अच्छे थे, और मैं बच गया!

विदेश सेवा प्रभाग में तीन वर्ष रहने के बाद रवि गृह-सेवा विभाग में चले गये जहाँ उन्हें आर्केस्ट्रा कार्य को वाद्यवृन्द, एक विस्तारित वाद्य-समूह, (राष्ट्रीय आर्केस्ट्रा) में विकसित करने का अवसर मिला। पश्चिमी वाद्ययन्त्रों के प्रति उदय द्वारा प्रेरित वितृष्णा को त्यागकर अब उन्होंने भारतीय संगीताधार को रखते हुए और प्रधानत: भारतीय वाद्ययन्त्रों का उपयोग करते हुए, लेकिन अपने कान उन पाश्चात्य ध्वनियों की ओर भी रखते हुए जिन्हें पैदा किया जा सकता था, उनकी

वाद्यवृन्द नाम से राष्ट्रीय ऑरकेस्ट्रा ऑल इंडिया रेडियो में काम करते हुए बनाया।

सम्भावनाओं की खोज की। पश्चिमी ध्वनि के प्रति इस खुलेपन ने पश्चिमी जगत में बाद के उनके बहुत से संगीत-अभियानों का पूर्वाभास दिया—जिसके बारे में आगे व्यक्त किया जाएगा।

'वाद्यवृन्द' एक राष्ट्रीय कक्ष-आर्केस्ट्रा था जिसकी मैंने स्थापना की थी जिसने अधिकतर भारतीय वाद्ययन्त्रों (सितार, सरोद, वीणा, बाँसुरी, सारंगी, शहनाई) का प्रयोग किया, लेकिन थोड़े पाश्चात्य यन्त्रों का भी—मुख्यत: वायलिन, चेलो, डबल बैस और क्लैरिनेट। एक तरह से नयी शैली की सृष्टि करके मैं एक रचनाकार के रूप में पथ-प्रवर्त्तन कर रहा था, स्वभावत: पाश्चात्य शास्त्रीय, जैज़, फ्लैमेंको संगीत जिसे मैंने अपनी जवानी में सुना था, उसकी आवाज से प्रभावित हुआ था; और पुराने भारतीय सरल आर्केस्ट्रा जिसमें सभी संगीतकार साथ-साथ एक ही सुरलय में बजाते थे, उसका भी प्रभाव था; किसी भी चीज से ज्यादा मैहर में बाबा के प्रयोग के उदाहरण का प्रभाव था। ये सारे विचार मेरे दिमाग में थे, मगर मैं कुछ भिन्न करना चाहता था—पाश्चात्य ऑकेस्ट्रा संगीत भी नकल किये बिना और साथ ही भारतीय एक सुरलय में नहीं बजाते हुए एक नया तरीका खोजना। मैंने बहुत से नये प्रयोग किये और आज वे विशेष प्रयोग अभी भी बहुत से संगीत-रचनाकारों द्वारा अपनाये जा रहे हैं, जबकि दूसरों ने नये विचारों के साथ उनका और विस्तार किया है।

मेरे नियोजकों ने मुझे बहुत आज़ादी दे रखी थी। जितने दिन मैं वहाँ काम कर रहा था मैंने सितार-वादन का कार्यक्रम देना जारी रखा। ऑल इंडिया रेडियो उद्योग है और प्राय: जब कोई चाहे छुट्टी मिलनी मुश्किल होती थी, लेकिन मेरे लिये नियम में उन लोगों ने ढील दी थी और मुझे वादन-समारोह, कलकत्ते में फिल्म की संगीत-रचना और भारत भर में भ्रमण की इजाज़त दी गयी थी।

सरकार ने दिल्ली में मुझे एक आरामदेह घर भी दिया था। मैंने सर्वेंट्स क्वार्टर्स को दो बेड-रूम में बदल दिया, और पहली बार पुरानी गुरुकुल-परम्परानुसार दो या तीन शिष्यों को रखा, तालीम, भोजन और आवास की इजाजत देते हुए (तब से मैंने इसे ज़ारी रखा है, कभी-कभी एक साथ पाँच या छ: छात्रों तक रखते हुए)। शुभो बढ़ रहा था और एक तरह से कहिए—घर का मोर्चा अपेक्षाकृत शान्त था। ऑल इंडिया रेडियो में बहुत-सी आकर्षक औरतें थीं, और फिर 'हरी झंडी' भी मिली; लेकिन यद्यपि मुझे

उकसाया जाता मैं 'दुस्साध्य' होने का अधिकतम अभिनय कर रहा था!

1953 के अन्तिम भाग या 1954 के आरम्भ में टाट बाबा शायद एक हफ्ता ठहरे थे, और जब वहाँ थे वे जो कार लाए थे उसे चलाने के लिए मुझे उत्साहित किया। इसके पूर्व कारों में मेरी रुचि नहीं रही थी, लेकिन उनके ड्राइवर द्वारा तीन-चार दिन सिखाने के बाद, गर्व से फूला मैंने एक दिन अपने सहकर्मियों को अपना जोश दिखाने का फैसला किया। मैंने इसके लिए बहुत खतरनाक समय चुना—करीब पाँच बजे शाम, जब दिल्ली के ऑफिसों में हजारों काम करनेवाले साइकिलों से घर लौट रहे थे। सभी साइकिल सवार चतुराई से भीड़ बचा रहे थे—सिर्फ एक को छोड़कर जो सर्र से मेरी सीध में आया जब मैं ऑल इंडिया रेडियो के मुख्य-द्वार में घुस रहा था। तुरन्त मैंने ब्रेक की ओर पैर बढ़ाया, लेकिन बदले में अनुभवहीनता के कारण एक्सेलरेटर दबा दिया, और कार झोंके से आगे बढ़ी और दरवान की टाँग में रगड़ मारती गेट के कोने से टकरा गयी! कैसा हंगामा! अपनी घबराहट में और इस भय में कि कितनी आसानी से मैं तो उसे मार ही डालता—मैं नहीं जानता इसके बाद क्या हुआ, लेकिन बेचारा दरवान, एक तगड़ा आदमी जिसे मैं अच्छी तरह जानता था, दो हफ्ते तक अस्पताल में रहा। मैंने उसके अस्पताल में रहने का खर्च दिया और उसके लिए एक बकरी भी खरीद दी कि स्वास्थ्य-लाभ के साथ उसे अच्छी बकरी के दूध का पथ्य मिले।

इस घटना के बाद मन में इतना डर था कि बहुत दिनों तक मैं कारों से अलग ही रहा, और वास्तव में कार चलाने की कोई कोशिश नहीं की जब तक साठ के दशक के अन्त में मैं लॉस एंजिलिस नहीं गया, जिस समय मैंने किराये का एक 'ओल्ड्समोबाइल कटलैस' लेकर ठीक से सीखा। तब भी कैलिफोर्निया, जहाँ सड़कें बड़ी अच्छी हैं, के बाहर मैंने कभी कार नहीं चलाई, और 1983 में जब मेरा लाइसेंस खत्म हो गया मैंने कभी उसका नवीकरण नहीं कराया है।

ऑल इंडिया रेडियो में रहते मैं फिल्मों में संगीत देने की ओर मुड़ा। वे अधिकतर कलकत्ते में बनी बंगला फिल्में थीं, सत्यजित राय की 'अपू कथात्रय' से आरम्भ करके।

मैं समझता हूँ, मैं पहली बार सत्यजित राय से बम्बई में मिला था, किसी समय 1944 के अन्त में। मेरी एक पारिवारिक मित्र, एक बड़ी अच्छी महिला गायिका, के वे एक सम्बन्धी थे। असामान्य रूप से लम्बे (छः फीट चार इंच) और उस समय बहुत पतले, यूनानी नाक-नक्श वाले वे एक आकर्षक व्यक्ति थे। हम एक दूसरे को जानते थे, यद्यपि अन्तरंग नहीं थे। यद्यपि पहले-पहल उन्होंने मुझे रेडियो पर ही सुना था लेकिन वे मेरे संगीत की प्रशंसा करते थे; लेकिन 1945 के अन्त में मैंने अपना प्रथम कॉन्सर्ट कलकत्ते में दिया था—मैं उस बड़ी सफलता का हर्षरोमांच नहीं भूल सकता। जब मैं कलकत्ता जाता था तो वे और मैं मिलते थे और आगे के सालों में चलकर हम हर बार एक दूसरे को और अच्छी तरह समझने लगे थे चूँकि वे मेरे अधिकांश प्रोग्रामों में आते थे।

इस बीच उन्होंने लन्दन में फिल्मों का अध्ययन भी किया और कलकत्ते की एक विज्ञापन-कम्पनी के कला-निदेशक बन गये। 1940 के अन्त और 1950 के शुरू के आसपास, मैं कलकत्ते के बड़े और पुराने होटलों में से एक द ग्रेट ईस्टर्न होटल में ठहरा करता था जो उनके ऑफिस के निकट था और बहुत बार जब वे वहाँ जा रहे होते या खाने के समय हम लोग थोड़ी देर के लिए मिलते थे। हम बड़े मित्रवत् हो गये। सब कुछ बस इतना ही था जब तक वे अपनी फिल्म पाथेर पांचाली के लिए मेरे पास नहीं आए।

राय का फिल्म में प्रथम उत्कृष्ट प्रवेश विभूतिभूषण बनर्जी की लोकप्रिय पुस्तक पर आधारित था जो पुस्तक उन्हें भा गयी थी जब उसके संक्षिप्त बाल-संस्करण के लिए वे लकड़ी पर उत्कीर्ण चित्रावली तैयार कर रहे थे (रवि ने भी चालीस के दशक के आरम्भ में इसे पढ़ा था और इसकी प्रशंसा की थी) फ्रेंच निर्देशक ज्याँ रेनॉयर के 'द रिवर' के फिल्माए जाने के पूर्व उनके कलकत्ता आगमन पर राय उनसे मिले थे और उनके उत्साहवर्द्धन से प्रेरित हुए थे। एक छोटे से बंगाली गाँव में गरीबी और त्रासदी के बीच पलते-बढ़ते एक छोटे बच्चे अपू की बनर्जी-लिखित कहानी पर

अपनी फिल्म बनाने की बात राय के मन में घर कर गयी थी।

बंगाल के मुख्यमन्त्री डॉ. बी.सी. राय ने पाथेर पांचाली के निर्माण में काफी सहायता की थी, किन्तु सत्यजित को अभी आर्थिक समस्याएँ हो रही थीं। तथापि यह करीब-करीब पूरी हो गयी थी और वे चाहते थे कि मैं इसके लिए संगीत दूँ। उन्होंने मुझे फिल्म के क्षिप्र अंश दिखाए और जब मैंने उन्हें देखा तो प्रेरित हो उठा, मैंने तुरन्त कहा कि मैं इसे करना बहुत पसन्द करूँगा। पर्दे पर देखते हुए पहले ही मैं उसका भाव-संगीत अपने दिमाग में सुन सका था जिसे मैंने बाद में गाया और उन्होंने पसन्द किया।

मैं समझता हूँ कि यह मेरे अगली बार कलकत्ता जाने पर हुआ कि मैंने स्वयं, अपने सहायक आलोक डे (एक मेधावी बाँसुरीवादक और व्यवस्थापक भी) और पाँच या छ: दूसरे संगीतकारों के साथ एक ही बैठक में आठ या नौ घंटे, रात गये तक फिल्म के स्कोर की रिकॉर्डिंग कर ली। मैं फिल्म का एक खंड देखता, मोटा-मोटी उसके समय का अन्दाज़ा लगाता, तब उस संगीत को गाता या सितार पर उसे बजाता, और संगीतकारों के लिए आलोक उसकी भारतीय स्वरलिपि बना लेते थे। हम उसे तत्क्षण स्टूडियो में रिकॉर्ड कर लेते थे। संगीत लिपि तैयार करने की यही शैली मुझे पसन्द है और कुछ हद तक अभी भी यही प्रयोग करता हूँ। हालाँकि अब वीडियो, कम्प्यूटरीकृत समय निर्धारण और टाइम-क्लिक की बड़ी सुविधा हो गयी है। मैंने अपनी सभी अच्छी कृतियाँ फिल्म के पर्दे पर देखते और कुछ स्वरलिपि लिखते बनायी हैं चूँकि मेरा उद्‌देश्य फिल्म के भाव को आत्मसात करना रहा है। मैं तुरन्त रचना करता हूँ, दो या तीन बार रिहर्सल करता हूँ और तब हम रिकॉर्डिंग कर लेते हैं।

रवि, पं. नेहरू और सत्यजित राय

पाथेर पांचाली 1955 में रिलीज हुई, और इसके बाद मैंने कुछ वर्षों के भीतर सत्यजित राय की तीन फिल्मों का संगीत दिया। अपू कथात्रय 1956 में अपराजितो के साथ जारी रहा और तीसरा भाग था 1959 में अपूर संसार। 1958 में मैंने सत्यजित के पारस पाथर को संगीत दिया, अत: कुल मिलाकर मैंने उनकी चार फिल्मों के लिए संगीत दिया।

किन्तु मेरे हिसाब से पाथेर पांचाली उनकी सर्वश्रेष्ठ फिल्म थी जो उन्होंने बनाई और किसी के द्वारा बनाई सर्वोत्तम फिल्मों में एक जो मैंने देखी, क्योंकि उसमें सब कुछ घुलमिलकर एक हो गया था—एक अच्छे लेखक की प्रभावशाली कहानी, उत्कृष्ट निर्देशन, सम्पादन और अभिनय। मैं भी प्रेरित हो गया था और मैं सोचता हूँ, वह मेरी किसी भी समय की रचनाओं में सर्वोत्तम है। यह एक अमर फिल्म है; वर्षों बाद भी जब मैं इसे संसार भर में टी.वी. स्टेशनों पर देखता हूँ, यह अभी भी मुझे गहराई से छूती है।

समीक्षा की दृष्टि से यह एक बड़ी विजय थी, बहुत उत्सवों में पुरस्कार जीतनेवाली, और अपनी अकेली पहली फिल्म से ही राय संसार-प्रसिद्ध फिल्म-निर्देशक हो गये थे। वे और अधिक नाम कमाते गये और हो सकता है तकनीकी दृष्टि से उन्होंने बेहतर फिल्में बनाई हों, लेकिन अभी भी मैं महसूस करता हूँ कि पाथेर पांचाली की अलग गरिमा है। इसमें कुछ बहुत खास चीज थी—वह निश्छल सरलता जो निरहंकार हृदय से सीधे निकलती है।

पाथेर पांचाली भारतीय सिनेमा में मील का पत्थर थी, 1956 में कान्स इंटरनैशनल फिल्म फेस्टिवल में 'बेस्ट ह्यूमन डाक्युमेंट' के रूप में पुरस्कृत होनेवाली और यह सर्वत्र माना जाता है कि उपमहादेश से आनेवाली यह सबसे महत्त्वपूर्ण फिल्म है, किसी भी जगह किसी भी फिल्म से मुकाबला करनेवाली। इसके संगीत निर्देशक की तरह इसके निर्देशक भारतीयों के लिए, और खासकर बंगालियों के लिए एक सांस्कृतिक देवोपम पुरुष और नायक हो गये, और पूरे जीवन ऐसे बने रहे।

सत्यजित राय का व्यक्तित्व प्रभावशाली था और ईश्वर ने उन्हें वह कद और गम्भीर आवाज दी थी जिसने उन्हें और प्रभावशाली बना दिया था। असाधारण बहुमुखी प्रतिभा और संस्कार के पुरुष, उनका सम्बन्ध यशस्वी लेखकों के परिवार से था, बच्चों के लिए उन्होंने पुस्तकें लिखीं और फिल्मों में आने के पहले ही प्रसिद्ध कथा-चित्रकार के रूप में प्रसिद्ध हो गये थे।

पाश्चात्य और पौर्वात्य दोनों संगीतों की उन्हें अच्छी समझ थी, और बाद में उन्होंने तय किया कि अपनी फिल्मों के लिए खुद ही संगीत देना बेहतर होगा। हम दोनों में कुछ गलतफहमी हो गयी थी। मेरे दिल को बड़ी चोट लगी थी क्योंकि उन्होंने कहीं लिखा था कि मैं बैले और स्टेज के संगीत का तो बेजोड़ रचयिता था, लेकिन वे सोचते थे कि फिल्म तो दूसरी चीज है। उन्होंने एक बार मुझे लिखा था कि दुख की बात है कि मैं फिल्मों की संगीत-रचना के लिए अधिक समय नहीं दे पाया। यह सच था—यह काम करो-चलते बनो वाली नीति थी जब भी मैंने किसी के लिए संगीत रचना की। मैं नगर में पहुँचता, फिल्म देखता, स्टूडियो जाता और संगीत रच देता। सम्पादन, मिश्रण और सुधार के लिए मुझे समय न था। फिर भी मैं मानता हूँ कि जो भी प्रथम बार बना सदा सर्वोत्तम रहा, और जब कभी मैंने किसी रचना को दुबारा करने की कोशिश की तो वह उतनी अच्छी न हुई।

मैं इस कथन में विश्वास करता हूँ—'रोम पहुँचने के बहुत रास्ते हैं।' यदि आप संसार के दस सर्वोत्तम संगीत-निर्देशकों को लें, तो वे सभी एक फ़िल्म के लिए भिन्न-भिन्न प्रकार के संगीत देंगे। कुछ जैज़ का प्रयोग करेंगे, कुछ इलेक्ट्रॉनिक ध्वनि का, अन्य सिंथेसाइज़र का प्रयोग करेंगे, पाश्चात्य शास्त्रीय एक भारतीय स्पर्श केवल ध्वनि-प्रभाव का या यहाँ तक कि 'चुप्पी' का! और अगर आप भिन्न श्रोताओं को प्रत्येक का निष्पक्ष निर्णय करने को कहें, तो अधिकांश कहेंगे कि उन्हें अच्छा लगा और बड़ा सुसंगत था। अगर सत्यजित सोचते थे कि अपनी फिल्म के लिए संगीत देने के वे योग्य थे—और लोगों ने उसे पसन्द भी किया—तो वे अवश्य योग्य रहे होंगे। निर्देशक तो मालिक होता है—और विशेषकर जब उसकी उच्चता वह हो जो सत्यजित ने संसार भर में अर्जित की थी।

उन्होंने ऐसी ऊँची फिल्में बनाईं। पाथेर पांचाली, चारुलता, कांचनजंघा और जलसाघर सदा मेरी स्मृति में प्रमुख रहेंगी।

अप्रैल, 1992 में सत्यजित राय की मृत्यु के समय, रवि दिल्ली में एक एलबम बना रहे थे। एक शाम स्टूडियो से जब देर से वे घर पहुँचे उन्हें समाचार मिला। दूसरे दिन अपने आप उन्होंने एक रचना कर ली जिसका शीर्षक उन्होंने दिया—'फेअरवेल, माईफ्रेंड' (एच.एम.वी. इंडिया के उसी नाम के अलबम में सम्मिलित)।

बहुत दिन नहीं बीते कि पाथेर पांचाली के बाद मुझे कलकत्ते एक दूसरे उत्तम निर्देशक तपन सिनहा की फिल्म का संगीत देने के लिए आमन्त्रित किया गया। काबुलीवाला रवीन्द्रनाथ टैगोर की एक छोटी कहानी पर आधारित थी। इस मार्मिक कथा की पृष्ठभूमि थी कलकत्ता, और यह अफगानिस्तान के एक

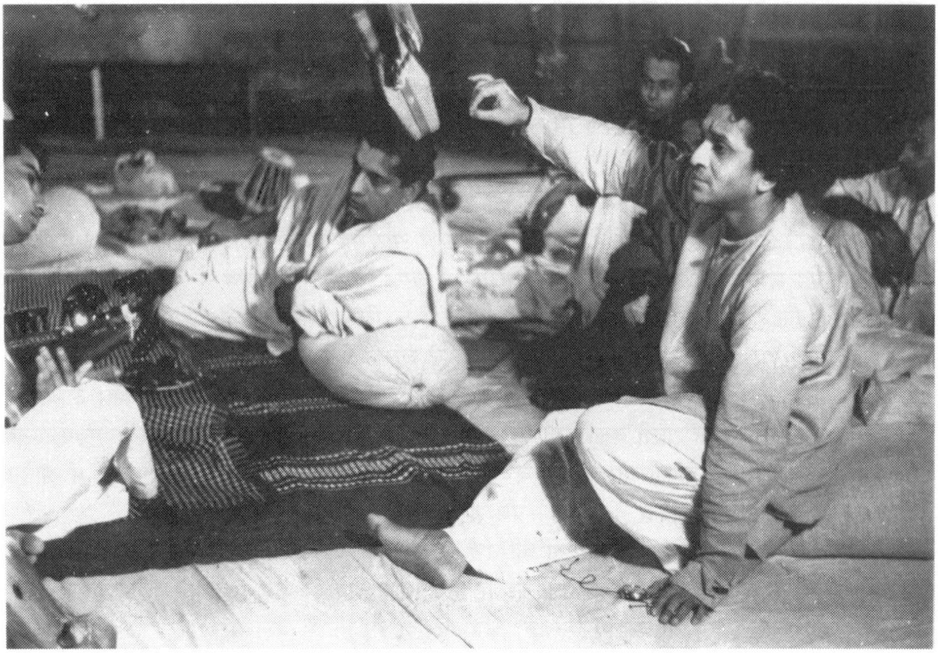

पाथेर पांचाली का निर्देशन करते हुए सत्यजित राय रवि के साथ

निवासी से सम्बन्धित है। सौभाग्य से उसी समय के आसपास अफगानिस्तान के महामहिम राजा के लिए सितारवादन को मुझे काबुल आमन्त्रित किया गया था, और वहाँ मैंने मूल काबुली लोक-संगीत को खूब सुना था। मैंने इस ज्ञान का उपयोग उस पृष्ठभूमि का सृजन करने में किया जिसके लिए केन्द्रीय चरित्र के कान अभ्यस्त थे।

जून, 1957 में बर्लिन फिल्मोत्सव में इस फिल्म ने सिलवर बेयर पुरस्कार जीता, जबकि उसी उत्सव में रविशंकर उस वर्ष के सर्वोत्कृष्ट फिल्म संगीत निर्देशक के रूप में चुने गये।

इन फिल्मों और ऑल इंडिया रेडियो के अलावा दिल्ली में मेरे कार्यकलापों में विभिन्नता थी। 1949 में मैंने झंकार नाम की एक संगीत मंडली बनाई जिसे मैं अपनी मित्र, एक बहुत धनी महिला श्रीमती सुमित्रा चरतराम, और हरिहर राव के सहयोग से चलाता था। यह हरिहर थे जिन्होंने, मुझसे सीखना जारी रखने के लिए 1950 में बम्बई से दिल्ली आकर इन संगीत-अभियानों में मेरी बड़ी मदद की। मैंने साप्ताहिक वादन से आरम्भ किया, आमतौर से शनिवारों को सर शंकर लाल की एक बड़ी कोठी में, जो सर श्रीराम के भाई थे। ज्यादातर समय मैं एक तबलावादक के साथ अकेले बजाता था यद्यपि मैं नियमित रूप से कुछ संगीतकार मित्रों को भी बजाने के लिए कहता था, जो वे करते थे। हमारे श्रोता सीमित संख्या में थे, मित्र और संगीत-प्रेमी, और हम लोग कोई प्रवेश-शुल्क नहीं लेते थे, एक उचित संगीतात्मक वातावरण के निर्माण की दृष्टि से।

करीब एक वर्ष के बाद हम लोग धीरे-धीरे कुछ प्रसिद्ध संगीतकारों को जब वे दिल्ली में होते थे, झंकार-मंडली के लिए कार्यक्रम देने को आमन्त्रित करने में सक्षम हो गये। श्रीमती चरतराम की सहायता से हम उन्हें नाम-मात्र को फीस देने को राजी

करने में भी सक्षम हुए, और हालाँकि जितना वे अक्सर लेते थे यह उससे बहुत कम होता था, वे लोग इससे आनन्दित होते थे क्योंकि उन्हें बहुत अच्छी जानकारी रखनेवाले प्राइवेट श्रोता मिलते थे।

धीरे-धीरे झंकार-मंडली बढ़ती गयी और जब यह करीब दो वर्षों तक चलती रही थी, हम लोग तीन दिनों का लम्बा संगीत-उत्सव करते थे जिसमें दस से पन्द्रह संगीतकार होते—जिनमें कुछ बड़े नाम होते। बहुत से दूसरे संगीतकार थे जिन्होंने इसके पहले दिल्ली में इतने बड़े श्रोता समूह के लिए कार्यक्रम नहीं दिया था, और मैं उन्हें उनके लिए पहली बार वहाँ आमन्त्रित कर रहा था। ये प्रोग्राम पंडाल में मंचित होते थे—बगल का भाग ढँका होता क्योंकि ये जाड़े के मौसम में होते, दिसम्बर और शुरू फरवरी के बीच। श्रोताओं की चारों तरफ हम लोग हीटर रखते थे।

दिल्ली बहुत जमाने से उत्तम संगीतकारों को उत्पन्न करने के लिए मशहूर रही थी, लेकिन जीविकोपार्जन के लिए उन्हें दूसरे नगरों और महानगरों में जाना पड़ता था। मुगल शासकों के चले जाने के बाद नगर में संगीत के अधिक श्रोता नहीं रहे थे, और बचे हुए रईसों की संख्या भी कम हो गयी थी। कई दशकों तक यही स्थिति थी, और जब मैं 1949 में पहली बार वहाँ गया, तब भी यह बात सच थी। गन्धर्व महाविद्यालय के नाम से एक संगीत-विद्यालय था जो कभी-कभी कार्यक्रम कराता था, लेकिन उसे छोड़कर श्रोताओं की बड़ी संख्या के लिए कुछ नहीं था। वस्तुतः दिल्ली में जीवन्त संगीत की प्रस्तुति झंकार म्यूज़िक सर्किल के द्वारा ही शुरू की गयी।

बाद में मैंने सलाह दी कि कुछ दूसरे संगीत-आश्रयदाताओं को भी सम्मिलित होना चाहिए और एक समिति बननी चाहिए। और शीघ्र ही (जैसा कि भारत में आम बात है) समिति में एक संगीत-राजनीति शुरू हो गयी। मैं इस वातावरण से खिन्न हो उठा और हट गया। लेकिन संगीत-मंडली प्रगति करती रही और इस कार्य और संगठन को आरम्भ करने के गर्व से मुझे भरते हुए यह आज भी भारतीय कला-केन्द्र के नाम से अवस्थित है। सुमित्रा चरतराम और उनकी लड़की आज भी सफलतापूर्वक इसे चला रही हैं और इसी नाम से उन्होंने नृत्य और संगीत की एक संस्था जोड़ दी है।

दूसरा कार्य जो मुझे पश्चिमी जगत में ले गया उसका सम्बन्ध मेरे बहुत अच्छे मित्र लुई डी सान से है। वे बेल्जियम के दूतावास में मन्त्री थे, बड़े धनी (उनके पास अपना हवाई जहाज था) और एक सुन्दर पियानो-वादक। वे घर पर पियानो-गोष्ठियाँ करते और जब भी कोई पश्चिमी संगीतकार दिल्ली आते वे उन्हें कार्यक्रम देने के लिए निमन्त्रित करते थे।

ऑल इंडिया रेडियो में नियुक्ति के बाद मैं उनसे मिला। वे बड़े संगीत प्रेमी थे और हम दोनों मित्र हो गये। मैंने दो बार उनके आवास पर उनके और अन्य दूतावासों के उनके मित्रों के सामने बजाया। न केवल राजदूत या मन्त्रीगण, बल्कि निचले अधिकारी भी उपस्थित थे। उनमें से कुछ भारत में दो या तीन वर्षों तक रहे थे, फिर भी उन्हें भारतीय संगीत की कोई जानकारी नहीं थी; अगर उन्होंने इसे सुना भी था तो प्रभावित नहीं हुए थे। वे कुछ इस तरह की चीजें कहा करते थे, 'यह बस लगातार चलता ही जाता है' या 'यह सुनने में बिल्ली की म्याऊँ करने की तरह लगता है'—उसी तरह की टिप्पणियाँ जो मैंने 1930 के दशक में पेरिस या दूसरी जगहों में सुनी थीं। अपने शास्त्रीय संगीत के प्रेमी होने के बावजूद हमारे संगीत में सुनने की कौन-सी चीज है, इसे वे नहीं जानते थे। मैं यह सोचता हुआ क्रोधित हो जाता था कि, 'यह दुख की बात है कि वे हमारे संगीत की महानता समझ नहीं पाते।' लेकिन मैंने अनुभव किया कि वे ऐसा क्यों अनुभव करते थे : वे उन सारे तत्त्वों को इसमें नहीं पाते थे जिनके आदी वे पश्चिमी संगीत में थे।

पहली बार जब लुई ने मुझे अपने आवास पर बजाने को कहा, उन्होंने अपने करीब पैंतीस मित्रों को एकत्र किया। उन लोगों के लिए बजाने के पहले मैंने करीब पाँच मिनट तक संगीत की व्याख्या के लिए बात की। मैंने इसकी तुलना पश्चिमी प्रणाली से की; भिन्नताएँ कहाँ हैं, और क्यों यह इतना भिन्न

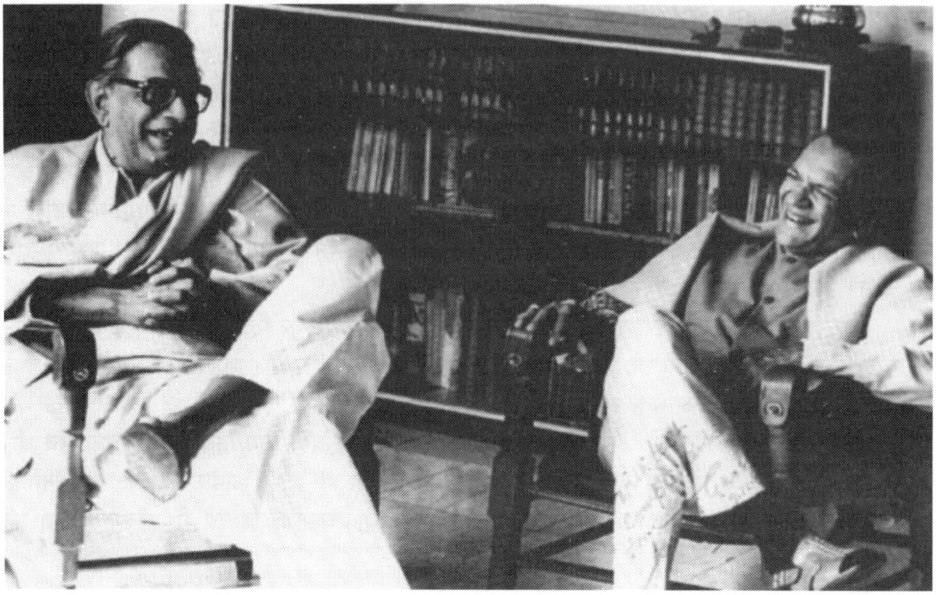

1984 में सत्यजित राय के साथ

है। मैंने इसकी सरलतम विशेषताएँ बताईं, जैसे कि हम लोग विभिन्न रागों में गाते-बजाते भी सा को बदलकर सुर नहीं लगाते। मैंने समझाया कि यहाँ कॉर्ड, काउंटर प्वाइंट, गति या समायोजन (हारमनी) नहीं जो पाश्चात्य संगीत के आवश्यक तत्त्व हैं; कि हम लोग माधुर्य और लय-संश्लेष पर अधिक ज़ोर देते हैं, तालों और रागों पर आधारित सहसा स्वतन्त्रलयकारी कर देते हैं। मैंने उन्हें स्पष्ट किया कि राग क्या हैं; उनके रूप, प्रयोग में आए सुरों की आरोही और अवरोही संरचना, और दिन के भिन्न-भिन्न समयों के साथ उनका सम्बन्ध—प्रात:काल, दोपहर, संध्या और रात्रि—या ऋतुओं या विशेष अवसरों से; और रसों की उनके द्वारा अभिव्यक्ति। मैंने ताल के बारे में बताया, और प्रत्येक चक्र में मात्रा-विभाग। उदाहरण के लिए, मेरा तबलावादक कुछ चक्रों को बजाता : सात मात्रा का रूपकताल (विभक्त 3-2-2) या दस का झपताल (2-3-2-3)। मैंने दिखाया कि कैसे उँगलियों से गिनकर या ताली देकर इन विभागों को हम बताते हैं।

हमारा सारा दृष्टिकोण भिन्न है; यह व्यक्तिगत संगीत है। किसी राग का विस्तार घंटों तक हो सकता है, जबकि उस दिन मेरे श्रोताओं में जो थे वे ऐसी किसी संगीत के अभ्यस्त न थे (केवल कुछ सिम्फनी की गतों को छोड़) जो बीस या पच्चीस मिनट से ज्यादा चले। जब तक वे रुचि न लेते और समझने का प्रयत्न न करते उनके लिए दुविधा में होना या ऊबना स्वाभाविक था।

मैंने इन प्रारम्भिक विचारों को समझाया और तब वे बिल्कुल मुग्ध हो उठे। वे बस बच्चों की तरह थे जो सीधे भाव तक पहुँचते हैं। वे कहते थे, 'हे परमात्मा! हम लोग भारतीय संगीत सुनने का प्रयत्न करते रहे हैं। और हम उसमें प्रवेश नहीं कर पाते थे, किन्तु आपने हमारे समझने के लिए इसे बड़ा आसान कर दिया है।' उन लोगों ने इसका भावात्मक सन्दर्भ और आध्यात्मिक गुण महसूस किया, कलाप्रवीणता की प्रशंसा की और पाया कि साथ ही यह मनोरंजक भी हो सकता है; वे कहते कि जैज़ जैसा भावोद्दीपक। शीघ्र ही दिल्ली के सामाजिक महत्त्व के कुछ लोग (लुई के और मेरे भारतीय मित्र) जो भारतीय संगीत से उतने ही अनभिज्ञ थे इस अलग मंडली में शरीक हो गये।

शुरू के ही उन दिनों से रवि ने अपने श्रोताओं और स्वयं अपने लिए उम्मीदें खड़ी कर दी थीं। वे उन लोगों से संगीत के लिए उचित स्तरीय आदर की माँग करते थे। वे ज़ोर डालते थे कि उनके

कार्यक्रम के बीच उपस्थित लोगों में से कोई भी धूम्रपान, मदिरापान, बातचीत, जैसी उन दिनों आम बात थी, या कोई अनुचित व्यवहार न करे और वे एक ऊँचे मंच पर बैठना और श्रोताओं का नीचे फर्श पर बैठना पसन्द करते थे।

बाबा से सीखते हुए मैंने उन्हें हमेशा कहते सुना था कि संगीत कितना पवित्र है और कैसे जब आप कार्यक्रम दे रहे हों, इसकी पवित्रता अक्षुण्ण रहनी चाहिए। यह केवल शारीरिक रूप से आप पर ही लागू नहीं है, बल्कि वातावरण भी उसके उपयुक्त होना चाहिए। इस दिशा में दादा से मेरे आरम्भिक सम्पर्क ने भी मुझे प्रभावित किया था। मैं बाबा से भी ज्यादा इस बारे में कट्टर हो गया था कि जहाँ अवांछनीय शोर-शराबा होता मैं कभी नहीं बजाता, और जब कभी ऐसी समस्याएँ उठतीं मैं अत्यन्त कठोर हो जाता था।

मैं एक छोटा मंच पसन्द करता था। लुई डी सान का घर एक छोटा स्थान था और वहाँ मैं इस पर जोर नहीं देता था, लेकिन जब बड़ा हॉल होता तो मैं इस पर जोर डालता था। मैं हमेशा माँग करता था कि हर आदमी धूम्रपान और मदिरापन बन्द कर दे और मैं उन्हें ठीक से फर्श पर बैठने को कहता था (निस्सन्देह जो वृद्ध थे या जिन्हें पैरों में कोई तकलीफ थी उन्हें कुर्सी पर बैठने दिया जाता था)।

धनी भारतीयों और रजवाड़ों के लोगों के साथ अक्सर समस्याएँ खड़ी होती थीं। दो या तीन अवसरों पर कार्यक्रम देने के लिए मैं निमन्त्रित हुआ था (और अकूत पैसा भी मिला था)। तथापि पहुँचकर मैं देखता कि हर कोई पी रहा था और एक बड़े कमरे में लगी कुर्सियों और फर्श पर मामूली दरी के साथ हॉल बेतरतीब था। मैं विनम्रतापूर्वक तब तक बजाने से इनकार कर देता जब तक एक मंच खड़ा न किया जाय। सामान्यतः मुझे शुरू में ही सहायक अधिकारी को कहना पड़ता जो हमेशा जवाब देता 'नहीं'— कि इसके पूर्व उन लोगों ने प्रसिद्ध संगीतकारों को निमन्त्रित किया था और किसी ने कोई बखेड़ा खड़ा नहीं किया। यह एक तरह से कहना था कि 'आप एक कम उम्र के संगीतकार हैं और बेसिर-पैर की माँग कर रहे हैं!'

मुझे कहना पड़ता था, 'माफ कीजिए, मैं आदर एक व्यक्ति के रूप में अपने लिए नहीं चाहता, किन्तु संगीत के लिए चाहता हूँ, जिसे मैंने अपने गुरु और उनकी महान परम्परा से सीखा है। मैं अपने श्रोताओं को धूम्रपान या मदिरापान करते देखना नहीं चाहता; उन्हें केवल शान्त बैठे रहना और संगीत सुनते रहना चाहिए। और यदि श्रोता कुर्सी पर बैठें, तो मैं चाहता हूँ कि दरी से ढँके मैं ऊँचे चबूतरे या मंच पर बैठूँ।'

यह कुछ बार हुआ और सौभाग्य से हर बार जब मेजबान आता तो मैं उसे अँग्रेजी में स्थिति के बारे में बता सकता था। वह मेरी ईमानदारी समझ जाता और मेरे और जिन सीधे संगीतकारों से पहले उसका पाला पड़ा था उनके बीच फ़र्क़ कर सका, जो किसी भी प्रस्ताव से सहमत हो जाते थे।

अपने पूरे भारतीय जीवनक्रम में अपने श्रोताओं से उचित व्यवहार को मैंने बड़ा महत्त्व दिया। सामान्यतः सम्मेलनों में ऐसा होता कि श्रोता बहुत व्यथित करते। बहुत लोग देर से आते, आपस में बातें करते, चाय, ठंडा पेय या नाश्ते की दूकान से बादाम खरीदते और वादन-कार्यक्रम के बीच मुँह चलाते रहते या जब जी होता उठकर बाथरूम चले जाते थे। यह संगीत के अनादर की हद थी और मेरी एकाग्रता भंग कर देती थी। सौभाग्य से अब चीजें बहुत बदल गयी हैं, खासकर दिल्ली, बम्बई, कलकत्ता जैसे बड़े नगरों में जहाँ श्रोताओं का व्यवहार बेहतर है। लेकिन शुरू में तो मुझे बड़ा हल्ला-गुल्ला करना पड़ा, प्रेस कॉन्फरेन्सों में यह कहते हुए कि हम लोगों में अधिक अनुशासन और शिष्टाचार होना चाहिए। इसके लिए मेरी कड़ी आलोचना हुई। बहुतों ने टिप्पणी की : 'क्या पंडित जी उम्मीद करते हैं कि हम मूरत की तरह बैठे रहें?' तो भी पश्चिम में श्रोता शिष्टाचार निभाते हैं। यह माना गया है कि पब्लिक में कार्यक्रम के अपने लम्बे इतिहास के कारण पाश्चात्यों को शास्त्रीय संगीत-समारोहों की औपचारिकताओं को आत्मसात करने में वर्षों का समय मिला, और इस प्रकार की चीज हमारे देश के लिए बिल्कुल नयी

बायें से दायें चतुर लाल, गायक ए. कानन, यहूदी मेनुहिन, रवि, सारंगी वादक राम नारायण और दुलाल सेन दिल्ली में—1952

है। इसी प्रकार दक्षिण भारत में स्थिति बहुत अच्छी है क्योंकि उनके यहाँ बड़े जनसमूहों के मन्दिरों में संगीत-समारोह में जाने की लम्बी परम्परा रही है, हालाँकि कभी-कभी मुझे मद्रास में समस्याएँ हुई हैं जब लोग देर से आते हैं और अन्तिम कार्यक्रम के पहले ही उठ जाते हैं।

हाल में मैंने इंग्लैंड की महारानी के लिए दिए कार्यक्रम में विशेष व्यवस्था पर जोर डाला था। अप्रैल, 1990 में तत्कालीन भारतीय राष्ट्रपति श्री आर.वेंकटरमण के लन्दन के राजकीय दौरे में महारानी ने उनके सम्मान में एक स्वागत-भोज दिया और राष्ट्रपति ने उसी ढंग से प्रत्युत्तर भी देना चाहा। तय किया गया कि इसका आयोजन इंडियन हाई कमीशन में न हो, बल्कि सेंट जेम्सेज कोर्ट होटल में हो। चूँकि मैं श्री वेंकटरमण से मित्रवत हूँ, हाई कमीशन ने मुझसे भोज में कार्यक्रम देने का आग्रह किया।

मेरे लिए यह बड़े सम्मान और हर्ष की बात थी, लेकिन मैंने पूछा कि क्या ऐसी व्यवस्था हो सकती है कि ठीक भोज के समय यह सितार-वादन न हो, क्योंकि जब खाना-पीना चल रहा हो मैं कार्यक्रम नहीं दे सकता। मेरे आग्रह पर इस विशेष अवसर के आयोजकों ने मेरे लिये और साथ के संगीतकारों के लिए एक मंच खड़ा किया और महारानी और राजपरिवार के और साथ ही हमारे राष्ट्रपति और उनकी पत्नी के साथ कुर्सियों पर बैठने की व्यवस्था की। मैंने करीब चालीस मिनट तक बजाया और उच्च प्रशंसा का अनुभव किया। सुकन्या, अनुष्का और मैंने भोज के पूर्व पन्द्रह या बीस मिनट तक महारानी, प्रिंस फिलिफ, प्रिंसेस डायना और प्रिंस चार्ल्स जी से एकान्त भेंट की। प्रिंस चार्ल्स जो चेलो सीखते थे विशेष उत्साही थे। हम लोग पहले भी मिले थे जब वे वेस्टमिंस्टर ऐवी और रॉयल एलबर्ट हॉल में मेरे कार्यक्रम में उपस्थित हुए थे।

चालीस या पचास के दशकों तक संगीतकारों के प्रति भारतीय दृष्टिकोण

उन कहानियों की याद दिलाता है जो आप मोजार्ट और एकाध शताब्दी पहले दूसरे बड़े नामों के बारे में सुनते हैं, जिन्हें केवल रसोईघर में भोजन करने का आदेश था। मैंने इसके विरुद्ध विद्रोह किया, और अन्तत: ये दिक्कतें खत्म हो गयीं। उसके बाद मुझे कोई समस्या नहीं हुई।

अपने अनुभव से जो एक मात्र तुलनात्मक उदाहरण जिनका दे सकता हूँ वे थे अमेरिका में जैज़ संगीतकार जैसे कि वे चालीस या पचास वर्ष पहले थे। यद्यपि अपनी कला के लिए प्रशंसित, फिर भी सामाजिक दृष्टि से वे अछूत थे। मुझे यह समझ में आ गया कि क्यों उनमें से अधिकांश दारू और ड्रग के कारण बहिष्कृत थे। कार्यक्रम देते समय उन्हें प्रेरणाहीन, कोलाहलपूर्ण और धुआँ भरे वातावरण से अलग रहना पड़ता था। उससे वे इतने सुन्दर संगीत को उत्पन्न कर सकने में सक्षम होते। पच्चीस या पचास बरस पहले तक उत्तर भारत के महान संगीतज्ञों में से अनेक—धारी, मीरासी या कत्थक—उन जैज़ संगीतकारों की तरह थे, अधिकतर अशिक्षित, शराबी या नशे के आदी। उन्हें वह अब सहना पड़ता था जो उनके और उनके महान संगीत के लिए अपमानजनक था।

इस सबके कारण मुझे एक विद्रोही माना जाता था। मैं उन संगीतकारों की कोटि में नहीं था, और इसलिए संगीत के प्रति दृष्टिकोण में मुझे बड़े परिवर्तन लाने में बहुत आसानी हुई। अब चीजें बदल गयी हैं और यह देखकर मैं खुश हूँ। ये सभी संगीतकार अच्छी तरह शिक्षित हैं और शिष्ट व्यवहारयुक्त हैं और उन्होंने अपनी आदतें और रवैया बदल लिया है। वे सामाजिक दृष्टि से स्वीकृत भी हैं और आदृत भी।

लुई डी सान के घर मेरी प्राइवेट संगीत गोष्ठियाँ अधिक लोकप्रिय होती जा रही थीं। श्रोता राग के आलाप और जोड़ वाले हिस्से का स्वाद भी समझने लगे थे जो शुरू में बिना तबले की संगत के धीमी गति, प्रशान्त और आध्यात्मिक भाव से अकेले सितार पर बजाया जाता है। अन्तत: लुई और उनके कुछ अन्य मित्रों ने मुझसे कहना शुरू किया, 'रवि, आप क्यों नहीं बाहर जाते हैं और पश्चिम में हमारे लोगों को भारतीय संगीत समझाते हैं? हमने देखा है कि आप पहले व्यक्ति हैं जो यह कर सकते हैं।'

उसी समय मुझे यह लगा : पश्चिम जाने का विचार। मैं आश्वस्त था कि मैं यह कर सकता था। उस समय अच्छे कार्यक्रम देनेवाले कलाकार नहीं थे जो धारा प्रवाह अँग्रेजी बोल सकते और जो हमारे संगीत के स्वभाव को विदेशी श्रोताओं के समक्ष व्यक्त करते। यह एक चुनौती थी : एक उत्तरदायित्व जो बचपन में पश्चिम में अपने पूर्वानुभवों के आधार पर और पश्चिमी मन की मेरी समझ पर मैंने अपने ऊपर लिया।

मेरी प्रथम सोवियत यात्रा 1954 में थी, जब मैं पंडित नेहरू के द्वारा भेजे गये विशाल, प्रतिष्ठित प्रथम सांस्कृतिक शिष्ट-मंडल के साथ गया, ठीक जैसे यू.एस.एस.आर. से बोलशोई बैले और लोक संगीत मंडलियों व शिष्टमंडल भारत आए। हमें सब जगह राजसी सत्कार मिला, यात्रा में संगीतकारों की बड़ी संख्या थी और वैसे ही कथकली, भरतनाट्यम और मणिपुरी नृत्यकार भी थे। मुझे बजाने को केवल पन्द्रह या बीस मिनट का समय था, मगर हम लोगों ने बोलशोई थिएटर और मॉस्को में चाइकोव्स्की हॉल में कार्यक्रम दिया और लेनिनग्राद, कीव, जॉर्जिया में त्बीलिसी, आर्मीनिया में येरेवान, सोची के ब्लैकसी रिज़ोर्ट और उजबेकिस्तान में ताशकन्द गये।

यह एक अपूर्व अनुभव था, एक अविस्मरणीय सैर। लेनिनग्राद के हर्मिटेज के द्वारा मैं चकित अभिभूत था—महानतम संग्रहालयों में से एक द ब्रिटिश म्यूजियम की तरह लूवर, और मेट्रोपोलिटन—और पीटर महान के महल के समान कोटि का। अपनी सारी संस्कृति और सुन्दरता को कायम रखे हुए लेनिनग्राद का प्रभाव किसी यूरोपी महानगर की तरह था, हालाँकि सामान्य सुविधाओं और सेवाओं का स्तर पश्चिमी यूरोप की तुलना में कमजोर था। यू.एस.एस.आर. के सभी विभिन्न क्षेत्रों को देखना सम्मोहक भी था जैसे, यूक्रेन या आर्मीनिया, जहाँ उन लोगों ने अपने परम्परागत लोक-संगीत को बचा रखा था, यद्यपि उन्होंने इसे चमका

बम्बई में 1950 के दशक में अली अकबर खाँ (सरोद) और चतुरलाल (तबला) के साथ बजाते हुए

दिया था इसकी पार्थिव रुक्षता को हटाकर जोकि लोक-संगीत की सुन्दरता है। जॉर्जिया में मुझे एक सुखद आश्चर्य हुआ—एक वृंद-संगीत जिसे हम देखने गये थे—स्थानीय वाद्ययन्त्रों वाला कमरे में होनेवाले आरकेस्ट्रा (जिसमें बालालाइका भी था)—ने साढ़े तीन मिनट की मेरी एक ऑरकेस्ट्रा-रचना कारवाँ बजायी, जिसे 78 आर.पी.एम. डिस्क पर भारत में रिकॉर्ड किया गया था। एक भारतीय चीज बहुत अच्छी तरह बजाते सुनना आश्चर्यप्रद था।

बड़ी अजीब बात थी कि उस समय मैं देखने में महान रूसी कवि पुश्किन की तरह लगता था। 5 फुट 3 इंच का होने से निस्सन्देह मैं कद में उनसे काफी छोटा हूँ, लेकिन उनका रंग भी मद्धिम था। जहाँ कहीं भी हम यात्रा कर रहे थे लोग मुझे आवाज लगाते, 'पुश्किन, पुश्किन, पुश्किन!' मुझे तो एक निदेशक ने जो उनके बारे में एक फिल्म बना रहे थे, एक भूमिका देने की बात भी कही।

हम लोगों को बड़े प्रभावशाली पायोनियर्स स्कूल भी दिखाये गये। पालने से शुरू करके बच्चों को ऐक्रोबैटिक्स और जिमनास्टिक्स सिखाया जा रहा था और यह ध्यानपूर्वक देखा जा रहा था कि नृत्य, संगीत, हस्तशिल्प कला, चित्रकारी या जो भी चीज हो, किस तरफ उनकी प्रवृत्ति है, करीब पाँच वर्षों की उम्र से वे चुने हुए बच्चे पैलेस ऑफ पायोनियर जाते जहाँ उन्हें विशिष्ट प्रतिभाओं की ओर उन्मुख किया जाता और सामान्य शिक्षा भी दी जाती थी। उद्देश्य था यह सुनिश्चित करना कि हर व्यक्ति वह करे जिसके वह योग्य हो। यह ऐसी चीज थी जिसे मैंने पसन्द किया। संसार भर में बच्चों में प्रतिभा है, लेकिन अक्सर उन्हें पहचाना और उत्साहित नहीं किया जाता।

फिर भी बहुत सी चीजें थीं जिन्होंने मुझे उद्विग्न किया, और इस पथप्रवर्त्तक शिक्षा-संगठन का एक बुरा पक्ष भी था। हम लोगों ने अनुभव किया कि हर व्यक्ति को शमित किया जा रहा था। विशेषत: कला के क्षेत्र में। सभी कलाकार, लेखक और संगीतकार एकरूप कठोर नियन्त्रण में थे। उन्हें कहा जाता कि क्या करना, बजाय इसके कि उनकी रचनात्मक शक्ति और स्वतन्त्रता को अभिव्यक्ति की छूट दी जाय। दमघोंटू वातावरण बिल्कुल स्पष्ट था।

रवि (दाहिने) भारतीय पेंटर के.एस. कुलकर्णी और अमेरिकन कौंट्रैल्टो मेरियन ऐंडर्सन, त्रिवेणी कला संगम की निर्देशक सुन्दरी श्रीधरनी के घर पर

हम लोग बुलगानिन और अन्य बड़े राजनेताओं से मिले और ऐसे महारथियों से भी जैसे शोस्ताकोविच, खाचातुरीयन और बैले नर्तकियों गलीना उलानोवा और माया प्लिस्लेत्जकाया (मेरी माया से भेंट फिर 1996 में विश्व आर्थिक मंच पर बेस्ले में हुई—वे 1954 में हमारी यात्रा की याद कर आत्मविभोर हुई जा रही थीं)। मुझे यह भी याद है कि कैसे, तमाम ताम-झाम बड़े लंचों और भोज की पार्टियों, कैवियर, वोडका और शैम्पेन और दुभाषिया सुन्दरियों (जिनसे कोई मटकी-झटकी तो कर सकता, कभी छू नहीं सकता था) के बावजूद जो भी हम बोलें (अपनी मातृभाषा में भी) और जो भी हम करें (अपने बन्द कमरों में भी) उसके विषय में भी पहले ही सावधान कर दिया गया था। हमें सलाह दी गयी कि हम पर गुप्त नज़र रखी जा रही थी 'खुला कैमरा' से। यू.एस.एस.आर. और भारत के बीच 'मीर' (शान्ति), प्रेम और बन्धुत्व की इतनी लम्बी-चौड़ी बातों के बीच यह सब बड़ा दमघोंटू और अटपटा था।

उस यात्रा में किशन महाराज तबले पर मेरी संगत कर रहे थे। चालीस के मध्य दशक के बाद किशन ने सारे भारत में मेरे साथ बहुत समारोहों में कार्यक्रम दिया। आज वे तबला-वादन के बनारस घराने के शिखर-पुरुष हैं। मैंने उनके साथ बजाने का अत्यन्त आनन्द लिया है, खासकर कम सामान्य तालों में जैसे धमार (चौदह मात्राएँ), पंचम सवारी (पन्द्रह) और शिखर (सत्रह)। गिने जानेवाले तालों और खुलाबाज बजाने में—पखावज-वादन के खुले हाथ की पौरुषपूर्ण शैली—वे असाधारण हैं। हमसे तीन वर्ष छोटे वे आज भी सुदर्शन व्यक्तित्व के हैं और हम अभी भी बड़े अच्छे दोस्त हैं।

उन दिनों यह कहा जाता था कि लोग जितना रविशंकर और किशनमहाराज को सुनने के लिए आते थे उतना ही देखने के लिए भी।

सोवियत रूस के बाद हम प्राग, वार्सा, पोज़नान गये और हम लोगों ने वार्सों के निकट शोपिन का जन्मस्थान देखा। बहुत वर्षों बाद भारत के बाहर कदम रखना और उन जगहों पर लौटना जहाँ पश्चिम

में मैं रहा था, एक सुखद अनुभव था और पहली बार यू.एस.एस.आर. की यात्रा करना भी मेरे लिए बड़ा हर्षोत्तेजक भी था।

1952 में यहूदी मेनुहिन दिल्ली आए और मेरी उनसे भेंट नारायण मेनन के घर हुई। अब तक नारायण मेनन ऑल इंडिया रेडियो के महानिदेशक हो गये थे। एक दिन उन्होंने यहूदी को नाश्ते पर बुलाया और ड्राइंग रूम में सुबह की बैठकी का आयोजन किया और मुझसे पूछा कि क्या मैं बजाना चाहता था। यह पूछे जाने पर मैं प्रसन्न था और एक युवा तबलावादक चतुरलाल के साथ मैंने बजाया जिन्हें मैं अपने संगतकार के रूप में प्रशिक्षित कर रहा था और जो मेरे आरकेस्ट्रा में काम कर रहे थे। आरम्भ से ही कुछ घटित हुआ। यह पहली बार था कि यहूदी ने भारतीय संगीत सुना था और वे अभिभूत हुए थे—इससे एकदम भावविभोर। हमारी मित्रता तभी शुरू हो गयी। यद्यपि मैंने पेरिस के अपने दिनों में देखा था, जब वे मुश्किल से (और हाफपैंट पहने हुए) पन्द्रह के थे और मैं केवल ग्यारह का, हम लोग उस समय एक दूसरे को नहीं जानते थे। मेरे भाई लोग उनके गुरु ज्यॉर्जिस इनेस्को से भलीभाँति परिचित थे, जो पेरिसवाले हमारे घर कुछ बार आए थे, लेकिन यह पहली बार था कि मुझे यहूदी से परिचित कराया गया था।

यहूदी मेनुहिन : पेरिस में मुझसे भेंट को रवि का याद रखना एक मनोरंजक बात है, क्योंकि वह तो आयी-गयी हो गयी थी—मैंने उसे याद न रखा। किन्तु इसने किसी चीज का बीज जरूर बो दिया होगा क्योंकि उस समय इनेस्को पहले ही जोर डाल चुके थे कि मैं पेरिस में बाली और वियतनाम का संगीत सुनने एक्सपोजिशन कोलोनिएल जाऊँ। और तब जब मैंने उनके लिए एक अफ्रीकी रेकॉर्ड बजाया तो वे बिल्कुल विमुग्ध हो गये थे।

पीछे मुड़कर देखना और यह देखना कि बीज कैसे बो दिए गये थे और यह कि मैं केवल उनकी भावी नियति में योगदान दे रहा हूँ एक आश्चर्य की बात है। चाहे यह मेरे पिता का लोगों की सामाजिक परिस्थिति से पहले से ही लगाव हो, शिक्षण और बच्चों के प्रति मेरी माँ का या इनेस्को की विदेशी या अज्ञात संगीत के प्रति रुचि, मैं यह बिल्कुल साफ देख सकता हूँ कि मैं इन सारे प्रभावों का जीवन्त परिणाम हूँ। अत: यह बड़ा मनोरंजक है कि मेरा सामना पेरिस में रवि से हो।

किन्तु जो गम्भीर प्रभाव उन्होंने डाला—अविस्मरणीय!—वह पहली बार था जब दिल्ली में मैंने चतुरलाल के साथ उन्हें बजाते सुना। वह एक ऐसी संगीत-सृष्टि थी जिसका मैं केवल स्वप्न ही देख सकता था क्योंकि इसका सम्बन्ध मात्र स्कोर से नहीं था। इसमें सब कुछ का सम्बन्ध आन्तरिक भाव से था जिसका वादक अनुसरण करता है और जो उसे संचालित करता है, एक साधारण और कठोर अनुशासन के आधार पर पश्चिम में हम जो सीखते हैं उससे ज्यादा अनुशासित : क्योंकि भारतीय संगीत में आप स्केलों और तालों की प्रवीणता के लिए पर्याप्त सीखते हैं, लेकिन उसमें से आप अपनी सृष्टि करना सीखते हैं, सूत्रों की दी गयी संख्या में से। भारतीय संगीत में यह बिल्कुल स्पष्ट है : संगीतकार जो सूत्रों में ही आबद्ध बजाता है, करीब उतना नीरस संगीत बजाता है जितना सुनने की आपकी इच्छा हो। लेकिन तब जब आप सूत्रों का आवरण तोड़ देते हैं और यह एक जीवन्त कृति के रूप में निकल आती है...! जब रवि बजाते हैं तो यही होता है।

यहूदी भारत से लौट गये, और बीच में एक बार उन्होंने उस संगीत के निराले उपहार के लिए जो मैंने उन्हें दिया था, मुझे धन्यवाद-पत्र लिखा। मैंने उन्हें एक बहुत विशिष्ट व्यक्ति पाया : दयालु, विनम्र और प्रेम से भरा।

1955 में किसी समय की बात है कि उनके पास से एक टेलीग्राम पहुँचा जिसमें था कि न्यूयॉर्क में एशिया सोसाइटी एक भारत-उत्सव का आयोजन कर रहा था जिसके वे मेज़बान थे। उन्होंने मुझे उस उत्सव के अंग-रूप में वहाँ आने और म्यूज़ियम ऑफ मॉडर्न आर्ट में कार्यक्रम देने के लिए कहा था। यह सम्भावना बड़ी आकर्षक थी किन्तु उस समय मेरे विवाह की सारी समस्याओं के चलते, घर के मोर्चे से

बड़ी रुकावटें मिल रही थीं, और इन तनावों से मैंने नहीं जाने का फैसला किया। मैं किसी को यह कह नहीं सकता था, ऐसा कारण देना मूर्खतापूर्ण होता कि कारण पारिवारिक दबाव था।

मैंने यहूदी को समझाते हुए टेलीग्राम दिया कि आना तो मेरे लिए प्रिय होता, लेकिन खेद प्रकट किया कि एक अन्य वचनबद्धता के कारण मैं नहीं आ सकता था। फिर भी मैंने सोचा कि किसी दूसरे को जाना चाहिए, इसलिए अली अकबर खाँ के सरोदवादन की सलाह दी। एक जवाब यह आया कि 'अली अकबर खाँ कौन है और सरोद क्या है?' यह यहूदी की गलती नहीं थी कि वे नहीं जानते थे, न यह आलूभाई की अवमानना थी, लेकिन सब कुछ बस ऐसे ही था। मैंने बताया कि वे मेरे गुरु के पुत्र थे और भारतीय महान वादकों में से एक—निश्चित रूप से सबसे बड़े सरोद-वादक—और कि मैं निश्चित समझता था कि वे सर्वश्रेष्ठ व्यक्ति होंगे। यह समय पर तय हो गया और मैंने उनके साथ चतुरलाल के जाने का भी इन्तजाम कर दिया।

इस प्रकार 1955 में आलूभाई और चतुरलाल यू.एस.ए. में कार्यक्रम देने आए। उनका कार्यक्रम न्यूयॉर्क में बड़ा सफल हुआ, खासकर चतुरलाल के लिए जो एक प्रसिद्ध व्यक्ति हो गये। उनके चेहरे का भाव बड़ा आकर्षक होता था और जब कभी वे मुस्कराते उनके उजले दाँत चमकते। अमरीकियों में जिन्होंने उन्हें सुना और देखा उनके दीवाने हो गये और उस समय वे वही थे जो ज़ाकिर हुसैन बाद में हुए; सचमुच बड़ा यौनाकर्षण-सम्पन्न एक करिश्माई युवा मूर्ति। चतुरलाल एलिस्टेयर कुक के एक टी.वी. प्रोग्राम 'ऑमनिबस' पर आए जो पूरे राष्ट्र में दिखाया गया जिस पर उन्होंने एक जैज़-ड्रमर के साथ बजाया था। कार्यक्रम के पहले यहूदी ने आलूभाई का परिचय दिया और अपने पहले एल.पी. के रिकार्डिंग पर भी।

इधर कुछ समय से विभिन्न कारणों से रवि पश्चिम में एक बड़ी जिम्मेदारी उठाने की ओर धीरे-धीरे बढ़ रहे थे : पश्चिमी मन की उनकी समझ; वाद्य-वृन्द में पश्चिमी यन्त्रों के प्रयोग; संगीत-रचना जो उन्होंने बैले और फिल्मों के लिए की; सोवियत संघ के लोगों को भारतीय संगीत से परिचित कराने में सफलता; और लुई डी सान की विदेशी कूटनीतिज्ञों की मंडली से परिचित कराना; उनकी यहूदी मेनुहिन से मित्रता जिन्होंने भारतीय संगीत की खोज में इतनी रुचि दिखाई। ये सभी कारक और दूसरे ऊपर से अदृश्य लगने वाले कारक भी रविशंकर को आगे बढ़ा रहे थे, एक व्यक्ति को जो अपने देश के संगीत की सुन्दरता के भाव से पूरित था और इसके प्रति वांछनीय श्रद्धा से, दूसरों को इसके अनुभव कराने के अपने जीवनोद्देश्य की ओर।

अन्नपूर्णा जब 1956 के शुरू में मेरे पास से चली गयी, सब कुछ अपने आप घटित हो गया। जब 1944 में बम्बई में वह मेरे पास से हटी थी तो यह उतनी गम्भीर बात नहीं थी; लेकिन यह तो एक दूसरी चीज थी।

अन्नपूर्णा का प्रस्थान रवि की प्रथम पश्चिम-यात्रा में एकल वादक का कारक बना है और उनके जीवनवृत्त में एक नये अन्तर्राष्ट्रीय पक्ष का उदय— जिन लोगों को उन्होंने अपने किशोरावस्था में देखा था उन तक भारतीय संगीत को लाने का एक व्यक्तिगत संघर्ष-अभियान। वे सफलता के प्रति आश्वस्त थे।

पीछे मुड़कर देखने पर यह अपरिहार्य लग सकता है कि ऐसे सर्वोच्च संगीतकार ऐसे वाक्पटु और सार्वभौम पुरुष ने भारतीय संगीत के नये क्षितिजों का सन्धान किया था। किन्तु 1956 में पश्चिम की ओर प्रयाण अँधेरे में लगाई गयी एक छलाँग थी, चाहे जितना भी आश्वस्त उन्होंने अपने भविष्य के बारे में महसूस किया हो।

पाँच

सुरञ्जनी

1956 तक हमारे वैवाहिक सम्बन्ध में अनेक समस्याएँ आ गयी थीं, और जनवरी में तो गहरी टूटन आ गयी। विस्तार से वर्णन करना तो अभद्रता होगी : इतना कहना काफी है कि यह एक बड़ी समस्या थी और मैं टूट गया था! अन्नपूर्णा पहले अपने पिता के पास मैहर चली गयी और तब कलकत्ता, जहाँ वह आलूभाई के साथ करीब तीन बरस रही। शुभो के लिए यह आघातपूर्ण था, जो तब चौदह वर्ष का था और स्कूल का छात्र था। चूँकि मैं लगातार भारत-भ्रमण कर रहा था, वह दिल्ली में सेजदा के घर चला गया, जहाँ वह अपनी स्कूली पढ़ाई करने बहुत चित्रकारी करने और रेखांकन में समर्थ हुआ। यह पहले ही स्पष्ट हो गया था कि उसे कलात्मक प्रतिभा थी।

उसी समय के आस-पास मैंने ऑल इंडिया रेडियो से त्याग-पत्र दे दिया। मैं इससे ऊब रहा था, और यद्यपि मैं जानता था कि वाद्यवृन्द के अपने प्रयोगों से मैं काफी विकसित हो चुका था, अधिक कुछ पाना नहीं था, सो यह समय था हट जाने का। घर में अकेला मैं बहुत दुखी भी था और दिल्ली से उस समय काफी मन भर गया था। देश से निकलने का यह उचित समय लगा, और साथ ही भाग्य ने मेरा साथ दिया। सामाजिक रूप से प्रतिष्ठित और धनी एक मेरे पारसी मित्र और पश्चिमी संगीत के प्रेमी जमशेद नारियलवाला ने जो बम्बई में रहते थे, लन्दन के एक संगीत-व्यवस्थापक जॉन कोस्ट से मुझे परिचित करा दिया था जिन्होंने मेरे लिये एक यात्रा का प्रस्ताव रखा। अत: 1956 के सितम्बर में मैं यूरोप रवाना हुआ। शुरू में मेरा गन्तव्य लन्दन था जहाँ पश्चिम में एक एकल कलाकार के रूप में पहला कदम उठाते मुझे एक मित्र के साथ ठहरना था। इस एकल यात्रा में मेरे साथ चतुरलाल और नोडु मल्लिक थे।

नोडु से मेरी पहली भेंट 1943 में हुई थी जब वे दादा की मंडली के सरोदवादक मेरे प्रिय मित्र दुलाल सेन के घर आया करते थे। नोडु बड़े शर्मीले स्वभाव के आदमी थे। एक वाद्य बनानेवाले, जैसा मुझे कहा गया था, हालाँकि मैंने उस समय उनकी कोई भी कारीगरी देखी नहीं थी। उन्होंने कभी भी नियमित प्रशिक्षण नहीं लिया था, केवल पुरानी परम्परा के सितार बनानेवालों, कनाईलाल और कुछ दूसरों को बनाते देख उन्होंने सीखा था। लेकिन नोडु में सच्ची प्रतिभा थी और मन्द्र और आलाप की ध्वनियों पर ज़ोर देकर जो विशेष स्वर मैंने विकसित किया था उसमें उसने दक्षता प्राप्त की थी। हमारी अक्सर परस्पर भेंट होती और हम अच्छे दोस्त हो गये थे। पचास के आरम्भिक दशक में उन्होंने मुझे कुछ सितार दिखाए थे जो उन्होंने बनाये थे, और जब 1956 में मैं पश्चिम जाने के लिए आया, मैंने उन्हें साथ चलने को कहा। उन्हें समारोहों में तानपूरा बजाना था और मेरे सितार का खयाल रखना था, जब जरूरत हो जवारी ठीक करनी थी। भारत से साथ बाहर के अभियान ने हममें विशेष निकटता ला दी।

चूँकि पश्चिम में वे अपने अनुयायी बनाने को तत्पर हुए, रवि को आजीविका अर्जन के लिए उतने बड़े समारोहों में बजाना पड़ा जिन्हें बहुत पहले वे भारत में छोड़ चुके थे। लेकिन शिखर-कलाकार की चमक-दमक और सुखद दिन उनका लक्ष्य न था। आखिरकार एक मँजे हुए अन्तर्राष्ट्रीय कलाकार जो वे अपनी किशोरावस्था में रह चुके थे, रवि तो पहले ही उस मोहकता

का अनुभव कर चुके थे जो पश्चिम उन्हें दे सकता था। उनका लक्ष्य दूसरा था।

इंडिया आर्ट्स सोसाइटी द्वारा प्रस्तुत मेरा पहला कॉन्सर्ट लन्दन के फ्रेंड्स हाउस में 12 अक्टूबर को था। ब्रिटेन की उस यात्रा में मुझे छोटे समारोहों में बजाना था जैसे कानवे हॉल और विगमोर हॉल। लन्दन ने मेरा स्नेहपूर्ण स्वागत किया, लेकिन इसकी भारतीय जनसंख्या उस समय आज से छोटी थी, और पश्चिम लौटकर उस प्रथम अभियान में यह स्पष्ट था कि भारतीय कलाओं के मूल्यांकन में ब्रिटिश लोग अभी भी जर्मनी और यूनाइटेड स्टेट्स से पीछे थे।

दुर्भाग्य से अँग्रेजों ने राज के ज़माने में हमारी प्रदर्शन-कलाओं (नृत्य-नाट्य-वादन-गायन) में रुचि नहीं ली थी—यद्यपि उन्होंने उन्हें अलग छोड़ दिया, जो एक तरह से अच्छा ही हुआ। लेकिन एक दूसरे बड़े उपनिवेशवादी राष्ट्र हॉलैंड से तुलना के हिसाब से यह फायदेमन्द नहीं रहा। नीदरलैंड के साम्राज्य में जावा, बाली और सुमात्रा थे (डच ईस्ट इंडीज) और यह अद्भुत था कि कैसे डच लोगों ने उन लोगों की संस्कृति से प्रेम किया जिन पर वे शासन कर रहे थे। जब मैं मुश्किल से बारह का था तो पेरिस में विशाल एक्सपोजिशन कोलोनिएल में जाने का सौभाग्य मिला था। वहाँ डचों ने बाली और जावा की तर्ज पर सुन्दर पावेलियन और पैगोडे बनाये थे, और एक पूरा बाली का गेमलैन ट्रूप उन्होंने बनाया जहाँ हम लोगों ने पहली बार उसे सुना और साथ ही जावा के छायानाट्य और बाली के नृत्य को। एमस्टर्डम और हेग में उनके उपनिवेशों के संग्रहों के रख-रखाव के लिए म्यूजियम बनवाये गये थे। ब्रिटिश म्यूजियम में रखी भारतीय मूर्तिकलाओं, कलाकृतियों और पुरानी पांडुलिपियों को छोड़ अँग्रेजों के पास कुछ नहीं था।

फिर भी जर्मनों के द्वारा बमबारी के परिणाम में, 1956 में लन्दन मेरे मन को भा गया! युद्ध पूर्व की स्थिति की तुलना में वहाँ बहुत साफ-सुथरे भवन थे और कुहासा समाप्त हो गया था। हर जगह विश्व-स्तर के रेस्तराँ बन गये थे और केवल भारतीय नहीं किसी भी देश के, जिसका भी आप नाम लें।

तब से मैंने हमेशा महसूस किया है कि लन्दन मेरा मनपसन्द नगर है। वास्तव में सुकन्या से विवाह करने के बाद मैंने वहाँ रहने का फैसला किया, मगर पाया कि मौसम मेरे अनुकूल नहीं था। वर्ष के दो या तीन महीने लन्दन का नज़ारा अद्भुत होता है। जब सूरज उगता है यह बहुत सुन्दर लगता है और नगर अपनी संपूर्ण महिमा में उपस्थित होता है। किन्तु हाल के मेरी हृदय-सम्बन्धी तकलीफों के बाद से मुझे प्रतिदिन नियमित व्यायाम करना पड़ा है और बस यह इतना ठंडा और आर्द्र है जिससे लन्दन में रहा नहीं जा सकता, वर्ष के नौ या दस महीनों के दरम्यान। हम इसके बदले दक्षिणी कैलिफोर्निया चले गये।

मुझे ब्रिटेन के क्षेत्रों में पैर जमाने में बड़ा लम्बा समय लगा, किसी दूसरे देश से बहुत अधिक। तब क्रमश: मेरी भेंट अधिक मनोरंजक लोगों से हुई और उसने अँग्रेज लोगों के बारे में मेरा दृष्टिकोण पूर्णत: बदल दिया, धीरे-धीरे उन आरम्भिक प्रभावों को छोड़ते हुए, अँग्रजों की सहानुभूति-शून्यता जो पीछे के 1930 के दशक में मेरे मन में बैठ गयी थी।

मेरी प्रथम एकल-यात्रा का दूसरा ठहराव था जर्मनी, जहाँ कई संगीत-कॉन्सर्ट आयोजित किये गये थे। एक बार फिर जर्मनी भारतीय संस्कृति के प्रति विशेषत: ग्रहणशील लगा जैसा कि मेरे युद्धपूर्व की यात्राओं में था। इस यात्रा का आयोजन स्टुटगार्ड स्थित भारतीय छात्र-संगठन भारत-मजलिस, के द्वारा किया गया था, लेकिन मैं सारे देश में गया। युद्ध के बाद ग्यारह वर्ष बीत गये थे और जब पहले मैं गया था तब से वहाँ मैंने बहुत परिवर्तन देखे। अर्थ-व्यवस्था अभी-अभी सुधरनी शुरू हुई थी, लेकिन यह तीस के दशक के पूर्वार्द्ध की याद दिलाती थी जब जर्मन लोग प्रथम विश्वयुद्ध के बाद के दुष्परिणाम झेल रहे थे। जो परिवर्तन मैंने अब देखे वे अधिकतर लोगों में थे, और खासकर युवापीढ़ी में। वे अपने पैरों पर खड़ा होने और अपने आत्मसम्मान को पुन: प्राप्त करने के लिए जी-तोड़ परिश्रम कर रहे थे। इसके बाद के वर्षों में फ्रांसीसियों और जापानियों की तरह (और अँग्रेजों की तरह भी) उन्होंने अभूतपूर्व आर्थिक समृद्धि प्राप्त कर ली है, किन्तु मैं उन्हें अब अधिक भौतिकवादी और स्पष्टत: यू.एस.ए. के प्रभाव में

पाता हूँ, यद्यपि वे बाहर से अमरीकीकरण के आकर्षण के प्रति घृणा व्यक्त करते हैं।

एक अलग बात : बारी से वे ही प्रभाव एशियाई और तीसरी दुनिया के दूसरे देशों में पहुँचे, वे भारत भी पहुँचे हैं, नये आर्थिक विकासों और बहुराष्ट्रीय कम्पनियों के साथ। इसका सबसे बुरा प्रभाव है एक तरफ गरीबी, भूख और जनसंख्यावृद्धि और दूसरी ओर नव धनाढ्यों (जिनमें से बहुत काली अर्थ-व्यवस्था से अपना धन कमाते हैं) के बीच चौड़ी खाई का बनना। हैम्बर्गर, कोकाकोला और एम.टी.वी. संस्कृति का आक्रमण अब भारत में स्पष्ट है, लेकिन जीवन की यह शैली बड़े नगरों के थोड़े रईसों के लिए ही उपयुक्त है। शेष भारत की प्राथमिकता है भोजन, घर और ऐसी जीवन-शैली जो उनके स्वास्थ्य, आत्मसम्मान और पहचान को कायम रखती है। इस सबके ऊपर, वर्तमान में दुर्भाग्यवश हम राजनीतिक उथल-पुथल, हिंसा, आतंकवाद, पृथकतावाद, सम्प्रदायवाद प्रदूषण और भ्रष्टाचार के कष्ट भी झेल रहे हैं, जिनमें नशाखोरी और खासकर एड्स की चिन्ताएँ भी जुड़ गयी हैं, जो भयानक पैमाने पर घुस आया है। भारत के लिए यह उपद्रवी समय है।

1956 की ओर। नवम्बर में जर्मनी की यात्रा पूरी करने पर और ऐटलांटिक की ओर प्रस्थान से पूर्व मैं थोड़े समय के लिए दो वादन-कार्यक्रम देने और पश्चिम में अपना प्रथम लांग-प्लेइंग ऐलबम बनाने को लौटा था। जोग, सिंहेन्द्र मध्यमान और अहीरभैरव रागों के साथ ई.एम.आई. ने अगले अप्रैल में 'रविशंकर प्लेज़ थ्री क्लासिकल रागाज़' शीर्षक से एल.पी. निकाला।

अमेरिका में तीस के दशक में बीते मेरे सुखमय दिनों के बाद और पिछले वर्ष की बुलाहट छूट जाने की निराशा के बाद एशिया सोसाइटी की दो महिलाओं, बीटी गॉर्डन और ऐन लॉलिन द्वारा प्रस्तुत और रॉकफेलर तृतीय के द्वारा प्रायोजित टूर के लिए मैं बड़े हर्ष के साथ न्यूयॉर्क पहुँचा। एजेंट थीं इजाडोरा बेनेट जिन्होंने यात्रा की व्यवस्था की थी जिसमें मुख्यत: शिक्षा परिसरों को ध्यान में रखा गया था। न्यूयॉर्क में मेरा प्रथम कॉन्सर्ट विशाल कॉफमान ऑडिटोरियम में यंग मेन्स हिब्रू एसोसिएशन के लिए था। उस समय न्यूयॉर्क में उतने भारतीय नहीं थे जितना आज हैं, लेकिन मैंने कुछ से अच्छी मित्रता स्थापित कर ली (जिनमें करुणा मैत्र जिनके रिवरसाइड अपार्टमेंट में मैं ठहरा था और गोपाल सान्याल थे) और वह शो शानदार रूप से सफल हुआ। उस इलाके में हम लोगों ने और जगहों में भी वादन किया जिनमें, कैलिफोर्निया-प्रस्थान के पहले, वोस्टन और फिलाडेल्फिया थी।

सनशाइन स्टेट मुझे तुरत भा गया। वर्ष में अधिकांश समय मेरा यह मुख्य आवास, खासकर मौसम

1956 के आखिर में लन्दन में

और प्राकृतिक सौन्दर्य के कारण बड़ा आकर्षक है। यह बड़ा उत्फुल्लता प्रदान करनेवाला है समुद्र, हरी-भरी पहाड़ियाँ, पर्वत और मरुस्थल, सब जगह कार से एक घंटे के भीतर जाया जा सकता है। आपको रिवेयरा का, हिमालय का, आनन्द मिलेगा, आप कुछ भी पा सकते हैं। यह क्षेत्र आनन्दाभिषिक्त है।

अपने वेस्टकोस्ट पहुँचने के पहले मैंने कुछ मित्रों से फोन पर बात करके वहाँ स्वयं कुछ कॉन्सर्टों का आयोजन कर लिया था। प्रथम कार्यक्रम 1957 के जनवरी में लॉस एन्जिलिस में सनसेट बोलीवर्द पर 'सेल्फ रियलाइजेशन फेलोशिप' (एस.आर.एफ.) केन्द्र पर हुआ। तहखाने में उनका एक छोटा हॉल था, और एक आनन्ददायक सन्ध्या के लिए करीब 200 लोग उपस्थित हुए।

एस.आर.एफ. स्वामी परमहंस योगानन्द के द्वारा स्थापित किया गया था जिन्होंने प्रसिद्ध पुस्तक 'ऑटोबायोग्राफी ऑफ ए योगी' लिखी थी जिसे बाद में मैंने जॉर्ज हैरिसन को दिया था जिनके जीवन को इसने बहुत परिवर्तित कर दिया। यह एक अत्यन्त असाधारण और अच्छी तरह से लिखी पुस्तक है जो भारत के आध्यात्मिक जीवन की समझ देती है, उस व्यक्ति के द्वारा प्रणीत जिसे आत्मज्ञान हो चुका था और जिसने भारतीय महान आध्यात्मिक धरोहर के प्रति श्रद्धा और उसका बोध पश्चिमी जगत तक लाने के लिए बहुत कुछ किया था।

अमेरिका में भारत के प्रथम आध्यात्मिक अग्रदूत स्वामी विवेकानन्द थे जिन्होंने रामकृष्ण-मठों की स्थापना की थी। उसी तरह मगर कुछ हल्के स्तर पर स्वामी योगानन्द 1920 में पश्चिम आए और अपने एस.आर.एफ. केन्द्र स्थापित किये, जिनमें लॉस एंजिलिस में तीन और स्टेट्स के दूसरे कई भागों में अन्य केन्द्र—उनमें से एक तो कैलिफोर्निया के मेरे गृह-नगर एनसिनिटास में। तीस के दशक मे स्टेट्स में दो बार उनसे मिलने का मुझे सौभाग्य प्राप्त हुआ था, यद्यपि अपनी उस कच्ची उम्र में मैंने उनका मूल्य समझा न था। उन्होंने इतने सहज और सरल ढंग से व्यवहार किया था कि उनके चेहरे से प्रभावित होने के अतिरिक्त मैंने उन्हें किसी भी दूसरे आदमी से भिन्न न समझा था। बाद में जब मेरा ज्ञान बढ़ा (और कलकत्ते में उनके परिवार को जानने के द्वारा) तो उनके बारे में मेरी प्रशंसा बढ़ी।

रामकृष्णमिशन और एस.आर.एफ. केन्द्र हृदय से मेरे प्रिय हैं। उनके प्रदर्शनविरक्त अनुयायी हिन्दू-धर्म का व्यापार नहीं करते, अपने योग, मंचों, तन्त्रों, कुंडलिनी और चक्रों के प्रभाव का लाभ उठाकर लाखों डालरों की कमाई में उनकी रुचि नहीं है। एनसिनिटास जो प्रशान्त महासागर के तट पर सुन्दर प्राकृतिक परिदृश्य में अवस्थित मेरे घर से करीब साढ़े तीन मील दूर है, वहाँ से एस.आर.एफ. केन्द्र में जाना एक आनन्ददायक अनुभव है। सभी संन्यासी (जिन्हें भाई और बहन नाम से सम्बोधित करते हैं) बड़े प्रभविष्णु और मृदु हैं और बड़ी शान्ति का अनुभव करते दीखते हैं। स्वामी जी स्वयं 1952 में मरे, लेकिन उनकी प्रधान शिष्या श्री दयामाता जिनकी उम्र अब 83 की है, उनके बाद संगठन की उत्तराधिकारिणी हुईं। सुकन्या, अनुष्का और मैं उनके बड़े आत्मीय हैं। वे गरिमामयी, दयामयी और सुन्दर हैं—प्रेम उनसे बस झरता रहता है। लॉस एंजिलिस के निकट माउंट वाशिंगटन में एस.आर.एफ. के मुख्यालय में वे रहती हैं। एनसिनिटास में वर्तमान स्थानीय प्रधान हम लोगों के प्रिय मित्र, भाई मित्रानन्द हैं जो अधीत, कुशाग्रबुद्धि और यथार्थ जीवन से परिचित हैं।

1957 में सनसेट बोलीवर्द में एस.आर.एफ. में मेरी भेंट रिचर्ड बॉक से हुई जैज़-संगीत के गहरे रसिक, जिन्होंने हाल में वर्ल्ड पैसिफिक नाम से एक स्वतन्त्र जॉज कम्पनी खोल ली थी। डिक उसी नाम से मेरा रिकार्डिंग करना चाहते थे और शीघ्र ही किया भी। एस.आर.एफ. के बाद मैं सैन फ्रांसिस्को चला गया जहाँ, मेरे ईस्ट कोस्ट लौटने के पूर्व, दो ऑडिटोरियमों में कुछ और संगीत-समारोह आयोजित किये गये थे।

फिर न्यूयॉर्क में लौटने के बाद अब कुछ रिकॉर्डिंग करने का समय था। दो माह पूर्व मेरे 'बिग ऐपल' पहुँचने पर, मेरा ध्यान एक सरल मुस्कान वाले प्रसन्नमुख व्यक्ति की ओर खिंचा, जॉर्ज एबैकियान की ओर, जो कोलम्बिया रेकॉर्ड्स में अन्तर्राष्ट्रीय विभाग के निदेशक थे और जैज़-संगीत के प्रवीण

प्रेमी। हम तुरन्त बड़े अच्छे दोस्त हो गये। जॉर्ज के परिवारवाले आर्मीनियन हैं जिनका हाल तक पूर्वी कम्बलों का बहुत बड़ा थोक व्यापार था और वर्षों तक उन्होंने कालीनों और कम्बलों की न्यूयॉर्क में उन मंचों पर आपूर्ति की थी जिन पर बैठकर मैंने सितारवादन किया था। उनकी पत्नी अनाहिद अजेमियान कॉन्सर्टों की जानी-मानी वायलिन वादिका थीं। मार्च और मई के बीच कोलम्बिया में पुराने 10 स्ट्रीट स्टूडियो में मेरे तीन सत्रों की रिकॉर्डिंग जैज़ ने की थी जिससे मेरे दो एल.पी. स्टेट्स में रिलीज़ हुए थे। चतुरलाल ने संगत की थी और मैंने बजाये गये रागों और तालों का संक्षिप्त परिचय बोलकर दिया था।

कोलम्बिया द्वारा इन दो प्रकाशनों से अलग, बहुत वर्षों तक यू.एस.ए. में मैंने जो रेकॉर्ड्स बनाये सब डिक बॉक के वर्ल्ड पैसिफिक के नाम से ही थे। शुरू से ही अमेरिका में मेरे ये दो प्रगाढ़ मित्र मिले, हर तट पर एक।

भारतीय संगीत की मूल्यवत्ता को फैलाने को उत्कंठित, रवि ने केवल इसका प्रदर्शन ही नहीं किया बल्कि समझदारी से और प्रवाहपूर्ण भाषा में इसकी व्याख्या भी की। आवश्यकतानुसार अँग्रेजी और फ्रेंच में संप्रेषण में सक्षम होने से बड़ी आसानी से सांस्कृतिक खाइयों को वे पाट सके और एक अग्रदूत के रूप में इसने उनकी प्रगति में बड़ी सहायता की।

यद्यपि मेरी एकल विदेश-यात्रा में कुछ ही समारोह हुए, फिर उन्होंने ऐसी स्तरीय रुचि उत्पन्न कर दी थी कि यूरोप तथा अमेरिका में मेरा भविष्य सुरक्षित हो गया था। मैं बहुत से संगीतकारों से मिला विशेषत: जैज़-क्षेत्र के। निश्चय ही वहाँ कुछ भारतविद् भी थे—वे हर महानगर में थे : पेरिस, लन्दन, बर्लिन, न्यूयॉर्क—लेकिन उनमें बहुसंख्यक हमारे संगीत के बारे में खास कुछ ज्ञान नहीं रखते थे। अत: लौटती बार मेरे श्रोताओं में अधिकतर जैज़-संगीतकार और जैज़-संगीत के शौकीन ही थे।

भारतीय और जैज़ दोनों में स्वतन्त्र लयकारी सामान्य रूप से होने से बहुत से लोग मान लेते हैं कि हमारा संगीत जैज़ की तरह है—जो सच्चाई से परे है। जैज़ में स्वतन्त्र लयकारी पश्चिमी कॉर्ड, हारमनी और खास मूल-धुन (थीम) पर आधारित है। भारतीय शास्त्रीय संगीत में किसी मूल-धुन (थीम) पर स्वतन्त्र लयकारी करते हैं, या तो एक गीत के रूप में या चुने हुए राग (हजारों में एक) पर आधारित किसी गत में, नियमों के बन्धन में संश्लिष्ट लय-संरचनाओं और समय-चक्र को ध्यान में रखते हुए, जिनमें से प्रत्येक में तीन से 108 मात्राओं के बीच कुछ भी हो सकता है। एक गुरु के साथ मौखिक परम्परा में और पारम्परिक अनुशासन का कड़ाई से पालन करते हुए बारह से पन्द्रह वर्षों का प्रशिक्षण लेने पर ही कोई अन्तिम लक्ष्य तक पहुँच सकता है। और वह यह है कि स्वतन्त्र लयकारी में आकाश की सीमा तक जा सकता है, और तब भी हमारे संगीत में स्वतन्त्र लयकारी का प्रतिशत कलाकार की रचनाशीलता पर निर्भर करता है।

न्यूयॉर्क में मेरे ठहराव के बीच मॉन्ट्रियल से रोज़ेट रेनशॉ नामक महिला मुझसे मिलने आई थी। वे मैकगिल विश्वविद्यालय में भारतीय संगीत का पाठ्यक्रम पढ़ा रही थीं। जब हम लोग होटल की लॉबी में बात कर रहे थे, उन्होंने कहा कि उन्होंने पाथेर पांचाली देखी थी और उन्होंने जो भी अत्यन्त सुन्दर संगीत सुना था उसमें इसकी संगीत-रचना एक थी। उनकी आँखों में आँसू आ रहे थे और जो इतनी गहराई से इसका मोल समझ रहा हो उससे मिलना मेरे लिए बड़ा हृदयस्पर्शी था।

उन्होंने मुझे नॉरमन मैकलारेन के बारे में बताया, एक प्रतिष्ठित व्यक्ति जो उस समय कनाडियन ब्रॉडकास्टिंग कारपोरेशन में थे। नॉर्मन अविरल प्रतिभावाले थे; एक नूतन उद्भावना करनेवाले ऐनिमेटर जिन्होंने बेजोड़ संक्षिप्त फिल्में बनाईं, बहुत से मौलिक श्रव्य और दृश्य तकनीकों का प्रयोग कर सामाजिक सन्देशों को व्यक्त करने में समर्थ फिल्में। हॉलीवुड ने विपुल राशि देकर उन्हें बुलाना चाहा किन्तु मॉन्ट्रियल से उन्हें खींच लाने में कभी सफल नहीं हुआ। स्पष्टत: नॉर्मन ने अपनी संक्षिप्त नयी फिल्म 'ए चेयरी टेल' के लिए चाहा कि मैं उसमें संगीत दूँ। संगीत रचना के क्षेत्र में कोई भी चीज हमेशा मुझमें रुचि उत्पन्न करती थी, अत: मैंने मॉन्ट्रियल की यात्रा की और उनसे मिला।

एक मामूली पिन लेकर और कुछ फिल्म पर छेद करके उन्होंने अपनी नयी तकनीकों में एक का प्रदर्शन किया कि जब उसे फिर चलाया जाता था तो टिक-टिक ध्वनि उत्पन्न होती थी। ध्वनि की तीव्रता और लयात्मक ढाँचे को छेदों के आकार, उनकी संख्या और उनके बीच की दूरी के द्वारा वे नियंत्रित करते थे। यह बिल्कुल नयी चीज थी—इसमें वे बड़े दक्ष थे।

इसके बाद उन्होंने मुझे 'ए चेयरी टेल' दिखाई। जितनी फिल्मों में मैंने संगीत दिया है उनमें यह मेरी हमेशा पसन्दीदा रहेगी। बिना डायलॉग के यह एक फन्तासी थी, मुश्किल से दस मिनट की, मगर मर्मस्पर्शी और मनोरंजक दोनों, और मानवीय सम्बन्धों का एक सुन्दर रूपक। क्लॉड जुट्रा एक आदमी का अभिनय करते हैं जो कुर्सी पर बैठना चाहता है। बार-बार कुर्सी उन्हें बैठने नहीं देती, लेकिन हर बार जब वे उससे दूर जाते हैं तो यह शरमाती उन्हें प्रणयामन्त्रण देती है, फिर से कोशिश करने को उकसाती है—लेकिन जब वे बैठने की कोशिश करते हैं तो एक बार फिर वह हट जाती है और वे अपने नितम्बों के बल गिर पड़ते हैं! बेचारे घबरा जाते हैं लेकिन तब एकाएक उन्हें लगता है : हो सकता है कि कुर्सी उन पर बैठना चाहती हो? अत: वे एक आसन की तरह फर्श पर घुटने के बल झुक जाते हैं और कुर्सी खुशी से उन पर बैठ जाती है। अब सन्तुष्ट होकर वह उतर जाती है और उन्हें अपने ऊपर बैठने देती है।

यह एक सामान्य ऐनिमेशन फिल्म नहीं थी; यह जीवन्त अभिनय था—क्लॉड जुट्रा सचमुच स्टेज पर एक काले पर्दे के सामने जाते हैं और वहाँ एक कुर्सी है। चतुराई से तकनीक का प्रयोग किया गया था—बदलती स्पीड की शूटिंग, स्वरोत्तेजना और एक कठपुतली की तरह एक धागे से कुर्सी का अदृश्य संचालन—और यह सब इतने सुन्दर तरीके से किया गया था कि कुर्सी सचमुच के करीब एक आदमी की तरह लगती है।

संगीत देने के पूर्व मैंने इसे कुछ बार देखा, हमेशा की तरह फिल्म के साथ ही संगीत-रचना करते और बजाते हुए—केवल सितार, तबला (चतुरलाल को बताते हुए कि क्या बजाना है) और एक झाँझ (जो नोडु मल्लिक बजाते) का उपयोग करते हुए। यह इतना अच्छा बना कि भिन्न देशों में सारे संसार के समारोहों में दिखाया गया और इसने पुरस्कार पर पुरस्कार जीते। ऐसे प्रतिभाशाली आदमी के साथ काम करना जिनके लिए मेरे मन में अपार श्रद्धा थी, एक अपूर्व अनुभव था। आज भी यह फिल्म बिल्कुल ताज़ा और नयी लगती है।

पश्चिम में अपने अभियान के एक वर्ष के कुछ ही बाद रवि अपनी प्रतिभा के पूर्ण विस्तार का प्रदर्शन कर रहे थे और लोगों का ध्यान काफी आकर्षित कर चुके थे। 1957-58 में सर्वश्रेष्ठ लघुचित्र पर अकेडमी पुरस्कार के लिए 'ए चेयरी टेल' का नाम भेजा गया था। ब्रिटिश फिल्म अकैडमी से इसने विशिष्ट पुरस्कार भी जीते और वेनिस, रपालो और कनाडियन फिल्म अवार्ड के दूसरे पुरस्कार भी। वेनिस के उसी फिल्मोत्सव में रवि की संगीत-रचना वाली सत्यजित राय की 'अपराजितो' ने गोल्डन लॉयन पुरस्कार जीता।

मई, 1957 में उत्तरी अमेरिका से ब्रिटेन, फ्रांस, इटली, बेल्जियम और हॉलैंड की तीन महीने की यात्रा पर वे यूरोप लौटे। घर, दिल्ली रवाना होने के पूर्व लन्दन में ई.एम.आई. के साथ उन्होंने और भी रिकॉर्डिंग किये। यद्यपि वे निर्भीक यात्री होते जा रहे थे वर्षान्त के पूर्व वे यूरोप लौट आए।

उस समय यूरोप में मैंने एक और फिल्म का ध्वन्यंकन किया—'द फ्लूट ऐंड दि ऐरो'। 1957 में बाद में मैं इसके निर्देशक आर्नी सक्सडौर्फ से इस पर विमर्श करने स्वीडन चला गया। मध्य भारत में फिल्माई यह मुरिया नामक एक जनजाति के बारे में थी, ऐसे कृत्रिमता से अछूते लोग गोटल में रहते सामूहिक जीवन-शैली वाले, जिनके अपने अजीब प्राचीन रिवाज़ थे। लन्दन से आए थोड़े से संगीतकारों, अपने तबले के संगतकार और अपने सितार का उपयोग कर मैंने संगीत दिया था।

भारत के बाहर मेरे क्रिया-कलापों ने घर पर मेरी बहुत व्यस्तता होने से फिर भी मुझे नहीं रोका और जैसे समय बीतता गया मैं वहाँ अपने विचारों और अभियानों में और महत्त्वाकांक्षी होता गया। अपने

सारे कॉन्सर्टों के अतिरिक्त मैं वृत्तचित्रों और चलचित्रों में संगीत का योगदान कर रहा था अधिकतर कलकत्ते में, और तब मार्च, 1958 में दिल्ली में मैंने अपनी प्रथम वृहत कृति—मेलोडी ऐंड रिद्म मंचित की। इसमें मुझे सहायता मिली एक सांस्कृतिक संगठन 'त्रिवेणी कला संगम' से जिसकी निर्देशिका, सुन्दरी श्रीधरनी, अल्मोड़ा केन्द्र में मेरे भाई की छात्रा रही थीं और मेरी एक प्रिय मित्र। आर्ट्स ऐंड क्राफ्ट्स हॉल में इस प्रस्तुति का आयोजन करने में उन्होंने मेरी मदद की। मेरा विचार था कि एक बिना नृत्य के पूर्णतः संगीत-कार्यक्रम प्रस्तुत किया जाए, कुछ ऐसी चीज जिसे इसके पूर्व भारत में गम्भीरता से नहीं किया गया था। परम्परावादियों और भक्तिगीतों के प्रेमियों की रुचि का ध्यान रखते हुए

भी पूरी धारणा नयी थी, संगीत को एक प्रगतिशील स्पर्श देने की। मेलोडी ऐंड रिद्म समूह-गायन और एक मँझोले आकार के आरकेस्ट्रा को जोड़कर बना था—शायद कुल मिलाकर साठ लड़के और लड़कियाँ। बैठकर गानेवालों—जैसी कि भारतीय परम्परा है—के बदले वे विभिन्न दीर्घाओं पर खड़े थे, जैसा कि पश्चिम में होता है, और उनके सामने फर्श पर करीब आठ बेस तानपूरा बजानेवाले बैठे थे। देखने में यह बड़ा प्रभावकारी था। मैंने ध्यान रखा था कि लड़कियाँ आकर्षक साड़ियों में हों और लड़के कुरते पायजामे पहने हों। प्रकाश और सज्जा को सम्पूर्ण प्रभाव की वृद्धि में योगदान की दृष्टि से व्यवस्थित किया गया था, और सम्पूर्ण प्रस्तुति बड़ी नयनाभिराम थी। हरिहर राव प्रस्तुति-प्रबन्धक थे।

एक दिन जब हम लोग दिल्ली के एक पुराने मकान में रिहर्सल कर रहे थे, संसद के एक महत्त्वपूर्ण सदस्य और दूसरे प्रतिष्ठित लोग हमें देखने आए। समाप्ति पर उन्होंने घोषणा की उसी दिन पहले ही संसद में पंडित नेहरू ने मेरे नाम की चर्चा की थी यह स्पष्ट कहते हुए कि संगीत के माध्यम से पश्चिमी जगत में भारत को प्रस्तुत करते हुए युवा रविशंकर एक 'सांस्कृतिक राजदूत' के रूप में बड़ा सुन्दर काम कर रहे थे। मैं अवाक् रह गया।....मैं विह्वल और आह्लादित था—महसूस हुआ कि स्वयं उस महान व्यक्ति के मुख से निकली यह सबसे आश्चर्यजनक प्रशस्ति थी, जिनके प्रति मेरी बड़ी श्रद्धा थी।

मेलोडी ऐंड रिद्म का कार्यक्रम विभिन्न चीजों से बना था लेकिन मैंने एक विषय तत्त्व रखा था : यह हिन्दुस्तानी संगीत के पूरे इतिहास को घेरता था—ध्रुपद-धमार गायन से शुरू करके रास्ता तय करते हुए समकालीन रूपों, खयाल, टप्पा, तराना, ठुमरी तक कुल मिलाकर, और इसके बाद लोकगीतों और तब आधुनिक संगीत-रचनाओं तक, बीच-बीच में कुछ आरकेस्ट्रा अंशों के साथ।

एक लोरी-गीत था जिसमें लक्ष्मीशंकर एक शिशु (वास्तव में एक गुड़िया) के लिए गा रही थीं। हल्के नीले प्रकाश में यह एक मोहक, शान्तिदायक रचना थी। एक रात पंडित नेहरू कार्यक्रम में आए। उन दिनों प्रधानमन्त्री के रूप में वे सदा अत्यन्त व्यस्त और क्रियाशील थे, या तो यात्रा करते हुए या

पार्लियामेंट और अपने कार्यालय में घंटों बिताते हुए। उस समय वे एक सुपर-स्टार की तरह थे; जहाँ कहीं वे जाते, लोग उन्हें देखना, छूना और उनसे बात करना चाहते। यद्यपि हम लोगों ने उन्हें निमन्त्रित किया था हम लोगों ने सोचा नहीं था कि उन्हें शो में आने के लिए समय मिलेगा या स्फूर्ति रहेगी, लेकिन आश्चर्य कि वे आए और केन्द्रीय बॉक्स में बैठे। वह एक अद्वितीय घटना थी। सामान्यत: लोरी-गीत के बाद उसकी तुमुलप्रशंसा होती थी, लेकिन उस शाम करीब-करीब पूर्ण शान्ति थी। सारा दिन बेचारे संसद के लम्बे-चौड़े भाषण झेलते रहे थे और चूँकि उनका स्वभाव गर्म था वे भड़क उठते थे—और ऐसे थकान-भरे दिन के बाद उस लोरी ने उन्हें सुला दिया था। वे खर्राटे ले रहे थे। सारे श्रोता इस बात को जान गये, क्योंकि करीब सात सौ लोगों का यह एक छोटा हॉल था, और यद्यपि लोगों ने हल्की तालियाँ शुरू की थीं कि रुक गये। वे उनको व्यवधान देना नहीं चाहते थे, यह बड़ा अच्छा लगा, प्रेम और आदर जो लोगों में उनके लिए था।

शो खत्म होने के बाद—अब जगे हुए—वे स्वयं (उन दिनों आजकल की तरह सुरक्षा जैसी चीज मुश्किल से पायी जाती थी) दौड़कर मंच पर आए और मुझे आलिंगन में बाँध लिया। वे बड़े विभोर थे, और उन्होंने दिल खोलकर मुझे और मेरी मंडली के शेष लोगों को बधाइयाँ दीं।

ऐसी विजय से अभिषिक्त होने पर भी रवि उपलब्धियों को सँजोते आराम करनेवाले नहीं थे। अतीत के बारे में विशेष चिन्ता करना उनके स्वभाव में नहीं है, और किसी हाल में उन्हें पीछे मुड़कर देखने की जरूरत नहीं थी। संगीत की लौ उनके भीतर जल रही थी और इसने उनमें आवेगमय आत्मविश्वास भर दिया था। अगले कुछ वर्षों में उन्होंने भारत में बिताये समय के साथ ही अन्तर्राष्ट्रीय यात्राओं में तेज़ कदम बढ़ाए, विदेशों में कॉन्सर्टों, रिकॉर्डिंग और समारोहों के लिए अक्सर यात्राएँ कीं।

अप्रैल के शेष भाग में मैं पहली बार जापान गया। एक बार फिर मैं एक सांस्कृतिक शिष्टमंडल का अंग था, यद्यपि यह 1954 के रूसवाले शिष्टमंडल से छोटा था। अबकी लेकिन मैं दल का नेतृत्व कर रहा था इसलिए मेरा पद ऊँचा था, विशेषकर चूँकि इस तरह के राजकीय शिष्टमंडल हमेशा प्रशासनिक अधिकारियों के नेतृत्व में होते थे। अल्लारखा ने तबले पर और हरिहर राव ने तानपूरे पर मेरी संगत की, और अन्य संगीतकार थे शिष्टमंडल की दो महिला नर्तकियों के साथ—सुन्दर दमयन्ती जोशी जिन्होंने कत्थक शैली की गरिमा, सौन्दर्य और कोमल तत्त्वों में विशेषता प्राप्त की थी, और भरतनाट्यम की किशोरी नर्तकी कमला लक्ष्मण। अद्‌भुत कमला लक्ष्मण सचमुच देखने में बिल्कुल साधारण लगती थीं लेकिन एक बार जब वे वस्त्र सज्जित हो स्टेज पर मेक-अप में जातीं तो—हे भगवान! वे एक चमत्कारी व्यक्तित्व में बदल जातीं, और नर्तकी भी कैसी!

बचपन में एक राष्ट्र के रूप में, अपने तुनुक खिलौनों के कारण, जापान ने मुझे प्रभावित नहीं किया था, और स्वाभाविक था कि युद्ध ने उसके प्रति विरोधी भावनाओं की वृद्धि मुझमें की थी, लेकिन जब हम लोग वहाँ गये और कार्यक्रम दिया तो मेरी दृष्टि पूर्णत: बदल गयी। जापानियों ने मुझे परास्त कर दिया। यह देखना आश्चर्यजनक था कि कैसे अपने कैमरों और कारों के साथ वे आर्थिक और तकनीकी दृष्टि से पूरे विश्व से स्पर्द्धा कर रहे थे। वे केवल पश्चिम की नकल ही नहीं कर रहे थे, वरन् वस्तुत: उसकी उपलब्धियों से आगे जा रहे थे। फिर भी जो मुझे सर्वाधिक प्रिय लगा, वह था उनका प्रकृति के प्रति आवेगमय आकर्षण (महीनेभर की यात्रा जापानी चेरी-पुष्पों की ऋतु के मध्य चली), शिष्टाचार के प्रति उनका प्रेम और नयी पीढ़ी की अतिआधुनिकतावाद के बीच उनकी समृद्ध होती परम्पराएँ; लोग अपनी पुरानी जीवन-शैली कायम रखे हुए थे, अपने किमोनो पहने हुए और अपने मकान बाँसों और दूसरी हलकी चीजों से बनाते हुए—आरामदेह और फिर भी वैज्ञानिक रीतिवाले। ऐसा सौन्दर्य है उनकी परम्परा में।

हम लोगों ने तोकियो, नागोया, तोकुशिमा, हिरोशिमा, फूकुओका, कोबे, ओसाका, नारा, क्योतो,

हाकोदाते, सापोरो और असाहिकावा के नगरों का भ्रमण किया। यह मेरी पहली यात्रा होने के कारण मैं डर रहा था कि हम लोगों का स्वागत कैसे होगा, फिर भी हर जगह हमारा बड़ा सौहार्दपूर्ण स्वागत हुआ और वहाँ कार्यक्रम देना एक आनन्ददायक अनुभव था। जापानी श्रोताओं में बहुत आदरपूर्ण व्यवहार की प्रवृत्ति है, लेकिन वे सचमुच भारतीय संगीत के अत्यधिक प्रशंसक हैं। उनके चेहरे से आपको पता नहीं चलेगा कि वे सचमुच प्रभावित हैं। लेकिन कभी-कभी जापानी लोग किसी कॉन्सर्ट के बाद मुझसे मिलने आए हैं, और बस उनसे कुछ कहते नहीं बनता; यह बताता है कि कितनी गहराई से उन्होंने संगीत का अनुभव किया है। मैंने एक अपने जापानी संगीत प्रेमी से मिले एक स्मरणीय, हालाँकि भयानक पत्र, को रखा है, अँग्रेजी में लिखा एक लम्बा पत्र है, जिसने मुझे चकित कर दिया जब वह मुझे मिला, क्योंकि स्याही का रंग अजीब तरह का था, न नीला न लाल न भूरा। हार्दिक उत्साह से उस महिला ने वर्णन किया था कि वह मेरे संगीत से कितना प्रेम करती थी और आत्मिक रूप से कितनी गहराई से वह मुझसे जुड़ी थी, लेकिन आखिरी पंक्तियों ने मेरे रोंगटे खड़े कर दिए...''वह संगीत मेरी आन्तरिक गहराइयों तक पहुँचा और इसलिए मैं अपने रक्त से लिख रही हूँ...''

उस प्रथम यात्रा से लौटकर मैं हांगकांग होता हुआ भारत आया, एक स्मरणीय यात्रा पूरी करके। तब से मैं उगते सूरज के उस देश में बराबर गया हूँ। यह मुझे चकित करता है कि कैसे जापानियों में हर चीज के श्रोता हैं। वे न केवल रॉक और पॉप को हृदय से लगाते हैं जो अब करीब विश्वजनीन संप्रेषण-माध्यम बन गये हैं, बल्कि संगीत के सभी प्रकारों को; पश्चिमी शास्त्रीय संगीत और ऑपेरा से लेकर जैज़, लोक संगीत, ग्राम्य—और पाश्चात्य से लेकर मध्ययुगीन संगीत तक। और भारतीय संगीत को भी। आप नाम रखें और वे हाँ कहेंगे। उनके भोजन स्वादिष्ट हैं—टेम्पोरा, सुशि, टेरियाकी—और उनके तौर-तरीके प्रसन्न करनेवाले हैं। कुछ जापानी हैं जो परम्परागत औपचारिक आचार-संहिताओं से मुक्त हो गये हैं और अन्तर्राष्ट्रीय हो गये हैं और उनके माध्यम से मैंने समझा है कि संस्कृतियों का संघर्ष और बहुत समस्याएँ खड़ी कर रहा है। पश्चिमीकरण उनके समाज में इतनी दूर तक व्याप्त हो गया है कि नयी पीढ़ी करीब-करीब विद्रोह कर रही है। लेकिन यह पूर्णतः नहीं बदली है, और मुझे यह सुखद लगता है कि जोर अभी भी शिष्ट आचरण पर है।

पश्चिम की मेरी एकल वादन यात्रा के बाद, जो करीब बारह महीनों तक चली थी, मैं करीब हर वर्ष या कभी-कभी एक वर्ष के अन्तराल पर कार्यक्रम देने जाता था और हर बार हर जगह श्रोताओं की संख्या बढ़ती जाती थी। अगले एक या दो वर्षों में मेरे ब्रिटिश कॉन्सर्ट दो के बीच बँटकर आयोजित थे, जॉन कोस्ट और एशियन म्यूजिक सर्किल, एशिया भर के संगीत को पश्चिम में बढ़ावा देने के लिए लन्दन स्थित 1953 में स्थापित एक संगठन जिसके प्रधान यहूदी मेनुहिन थे और जो अयाना अंगाडी द्वारा संचालित था। मेरे प्रथम आगमन के दो वर्ष के भीतर 4 अक्टूबर 1958 को जॉन कोस्ट ने रॉयल फेस्टिवल हॉल में मेरी प्रस्तुति की जिसमें अल्लारखा ने संगत की थी। यह वस्तुतः पश्चिम में मेरा प्रथम बड़ा कॉन्सर्ट था और पहली बार कोई भारतीय वादक मुख्य फेस्टिवल हॉल में उपस्थित हुआ था, और यह खचाखच भरा था!

लन्दन के ऐब्बी रोड स्टेडियम में ई.एम.आई. के लिए तीन दिनों की रिकॉर्डिंग के सत्र के बाद (जिसमें ई.एम.आई के 'म्यूजिक ऑफ इंडिया सीरीज' के लिए अगले रिलीज की सामग्री इकट्ठी हुई) रवि ने संयुक्त राष्ट्र दिवस पर (24 अक्टूबर) पेरिस में यूनेस्को के ग्रेट हॉल में एक आनन्दपूर्ण कॉन्सर्ट के लिए इंग्लिश चैनल पार किया। ले सिमेनीम्युजिकेल डी पेरिस के अंशरूप में यूनेस्को और इंटरनेशनल म्यूजिक काउंसिल के द्वारा आयोजित पाँच सप्ताह का संगीत उत्सव इस कार्यक्रम में संसार भर के चार प्रसिद्ध एकल प्रस्तुति के साथ फ्रेंच नेशनल ऑक्रेस्ट्रा के चैम्बर ऑरकेस्ट्रा प्रस्तुत किया था।

जापान से प्रसिद्ध अन्धे कोतो वादक शिनिची युयिको आए थे, प्रसिद्ध अन्धे कोतोवादक, और इसके बाद रूस से उस युग के महानतम वायलिन वादकों में एक डेविड आइस्त्राख थे और यहूदी भी।

डेविड और यहूदी ने बाख के कॉन्सर्टो फॉर टू वायलिन्स बजाया और अल्लारखा ने मेरे सितार–वादन में संगत की। मुझे बस थोड़ा सा समय दिया गया था। लेकिन इन सारे प्रसिद्ध नामों के साथ उपस्थित होना मेरे लिए बड़ा हर्षोत्पादक था, सभी उपस्थितों के लिए एक अपूर्व अनुभव।

1958 की मेरी यात्रा यूनाईटेड स्टेट्स की ओर नहीं हुई। अत: नवम्बर में मैं भारत लौट आया, और उसी समय की बात है कि दिल्ली में अन्नपूर्णा मेरे पास आ गयी। उसके बाद से हममें से तीनों एक घर में साथ रहे जिसे हाल ही में हेली रोड में मैंने लिया था। शुभो अभी भी स्कूल जा रहा था और इस समय तक ललित कला में उसकी काफी गति हो गयी थी, लेकिन उसी समय के बाद से अन्नपूर्णा ने उसे सितार सिखाने में स्वयं अधिक रुचि ली, यद्यपि उसका ध्यान दो लक्ष्यों के बीच बँटा था—कला और संगीत। हालाँकि अन्नपूर्णा और मैंने बहुत कोशिश की थी मगर हम दोनों के बीच कुछ टूट चुका था, और अब तक मैंने अपनी पुरानी प्रणयिनी कमला से दृढ़तर सम्बन्ध स्थापित कर लिया था जो 1957 में विधवा हो गयी थी। जितना हो सकता था और जहाँ तक सम्भव होता हम आपस में मिलते थे।

1960 में मैंने दिल्ली छोड़ दी और मालाबार हिल में, बम्बई का एक पॉश एरिया, एक फ्लैट खरीद लिया। अगले वर्ष शुरू में ही अन्नपूर्णा और शुभो वहाँ मेरे साथ आ गये किन्तु अब तक अन्नपूर्णा से मेरा सम्बन्ध पूरा बिगड़ चुका था। जब फरवरी, 1967 में मैंने हमेशा के लिए उसे छोड़ दिया तब तक बम्बई में वह मेरे साथ रही, लेकिन हमारे बीच सब कुछ समाप्त हो गया था। बम्बई जाने के बाद मैं ज्यादा समय कमला के साथ बिता रहा था बहुत आत्मीय अनुभव करते हुए, जितना कभी नहीं किया; यद्यपि मैं स्वीकार करता हूँ कि यह मुझे उन कामोद्दीप्त सम्बन्धों से न रोक सका जो सारे संसार की मेरी व्यग्र यात्राओं में हर जगह हुए।

यूनेस्को महोत्सव के बाद पश्चिम की मेरी दूसरी यात्रा 1959 के शेष भाग में हुई, जब बहुत से बड़े नगरों को मिलाकर मेरी यू.एस.ए. की यात्रा निश्चित की गयी। कॉलेज, विश्वविद्यालय और नाटक–

गृह सामान्य आयोजन-स्थल थे, और मैंने संग्रहालयों में भी व्याख्यान-युक्त प्रदर्शन किये। एक बार फिर मैंने पूरे यूरोप का भ्रमण किया। 1960 के प्राग वसन्तोत्सव में सितार वादन के लिए तबले पर शशि बेल्लारी की संगत के साथ उपस्थित हुआ।

मैं अभी भी भारत में फिल्म का काम कर रहा था। ज्यादातर संगीत रचनाएँ जो मैंने कीं वे कलकत्ते में निर्मित बंगाली फिल्मों के लिए थीं, लेकिन बम्बई में बनी दो हिन्दी फिल्में मेरे लिए स्मरणीय अनुभव के रूप में उभरीं। 1960 में रिलीज होने के बाद 'अनुराधा' की प्रशंसापूर्ण समीक्षाएँ आईं और भारत में इसने राष्ट्रपति पुरस्कार जीता। यह गीत प्रधान फिल्म थी, करीब छः या सात गीत और सभी-के-सभी हिट हुए, चूँकि प्रख्यात पार्श्व गायिका लता मंगेशकर ने उन्हें गाया था (भारतीय फिल्मों में परम्परागत रूप से सभी गीत पेशेवर पार्श्व गायकों या अदृश्य गायकों द्वारा गाए जाते हैं न कि पर्दे पर वास्तविक अभिनेताओं के द्वारा)। एक सुन्दर निर्देशक, हृषिकेश मुखर्जी, सहानुभूतिपूर्ण और संगीतानुरागी थे, और गीत लेखक थे मेरे मन-पसन्द शैलेन्द्र। ऐसे प्रतिभावान सहकर्मियों के साथ संगीत रचना करना बड़ा संतोषप्रद और आनन्दप्रद था। मैं उस फिल्म की हीरोइन के रूप में मेरी प्रिय मित्र सुन्दर लीला नायडू के उनके द्वारा चयन में थोड़ा भागीदार था।

अगले दो वर्षों के भीतर मुझसे एक दूसरी महत्त्वपूर्ण फिल्म 'गोदान' में संगीत रचना देने को कहा गया, लखनऊ के महान हिन्दी लेखक प्रेमचन्द की इस शताब्दी के आरम्भ में लिखी प्रसिद्ध कहानी। ग्रामीण भारत की पृष्ठभूमि में लिखित इसका विषय है एक गरीब किसान पर एक जमींदार का अत्याचार और कैसे उसकी जिन्दगी बरबाद हो जाती है; एक दुखभरी किन्तु सुन्दर कथा। दुर्भाग्य से एक नये निदेशक के द्वारा बनायी फिल्म आशानुरूप न हुई, हालाँकि खुशी की बात थी कि संगीत बड़ा प्रशंसित हुआ। इसके लिए मैंने अपने जन्म-स्थान बनारस के निकट उत्तर प्रदेश के क्षेत्रीय लोक-संगीत के तत्त्व पर ज़ोर दिया था। लता मंगेशकर उनकी बहन आशा, गीता दत्त और प्रसिद्ध पुरुष गायक रफ़ी, मन्नाडे और मुकेश सबों ने पार्श्व गायक के रूप में गाया। लता ने बाद में मुझे बताया था कि उन्होंने 'गोदान' के संगीत को बहुत पसन्द किया था।

पचास के दशक के अन्त तक मैंने कनाई लाल वाले अपने सितार का इतने कार्यक्रमों में उपयोग किया था कि यह सचमुच अनुपयोगी हो गया था, अतः फैसला किया था कि एक नये सितार का ऑर्डर दूँ, जो नोडु मल्लिक के द्वारा बनायी जाए। कनाई लाल वाला मॉडल हल्की आवाज देता था और षडज यद्यपि ठीक था, उसका स्तर वह नहीं था जो मैं चाहता था। यह 1961 की बात है कि नोडू ने मेरे नये मालाबार हिल अपार्टमेंट में मुझे अपनी बनाई चीज दी। उन्होंने वस्तुतः एक ही साथ दो बनाये थे, दूसरा मेरे एक वरीय शिष्य जो मेरे साथ दिल्ली में और बाद में बम्बई में थे अमिय दासगुप्त, उनके लिए था। ये दोनों यन्त्र लगभग एक ही तरह के थे लेकिन तो भी हर सितार अलग होता है। नोडु ने मुझसे कहा कि मैं जो चाहूँ चुन लूँ और कुछ महीने अपना सितार बजाने के बाद अमिय और मैंने अदला बदली कर ली, क्योंकि उनके वाले की आवाज मुझे अधिक पसन्द थी। वह सितार आज भी मेरा प्रधान सितार है, जिससे मैं अपने अधिकतर कार्यक्रम देता हूँ।

नोडु के बनाए जवारी की बहुत विशेषताएँ थीं। यह गम्भीर ध्वनि देता था और मेरे बोस वाले तार गर्जन की तरह थे। लेकिन जैसा कि नोडु ने मुझे समझाया, 'आपको दोनों चीजें नहीं मिल सकती हैं। अगर आप यह आवाज चाहते हैं—जो आपकी आवाज है—तो आपको किसी चीज को छोड़ना पड़ेगा'। और इस सितार की कमी यह थी कि यह मुझे मींड में रोकता था, अर्थात् एक स्वर से दूसरे स्वर में जाने के लिए तारों को बगल में खींचना पड़ता था। उदाहरण के लिए सा से खींचकर करीब साढ़े चार स्वर से अधिक ऊँचा मैं नहीं उठा सकता था। दूसरे बहुत सितारों पर आप पाँच या साढ़े पाँच स्वर ऊपर चढ़ सकते हैं। अतः मींड स्वरावलियों को मुझे बहुत सीमित रखना पड़ता था जो मेरे प्रदर्शन की विशेष बात थी।

नोडू ने बहुत सितार नहीं बनाए क्योंकि वे अकेले सारा काम करते थे, मुख्य काम से लेकर सजावट तक का, कभी किसी सहायक से काम नहीं लेते थे और हमेशा उन्हें लकड़ी के एक ही टुकड़े से बनाते थे। बाद के वर्षों में उन्होंने मेरे लिये दो और सितार बनाए, और एक सुर-बहार भी। जो सितार उन्होंने मुझे दिए उनमें से एक उतनी अच्छी आवाज नहीं देता था, और जब मैंने उन्हें ऐसा कहा तो वे बड़े क्रोधित हुए और उसे वापस ले लिया—उन्होंने उसे खुद करीब-करीब तोड़ ही दिया। लेकिन दूसरा अच्छा बजता था और मैंने उसे रख लिया था। बहुत वर्षों के बाद बड़ी कुशलता से इसकी मरम्मत हुई और तब मैंने इसे अपनी बेटी अनुष्का को दे दिया। नोडू के बनाये दो और सितार मेरे अपने छात्रों के द्वारा मुझे दिए गये, जिनमें अमिय वाला था जो उनके मरने पर मुझे दिया गया। इस प्रकार मेरे पास अब उनके चार सितार हैं। वे मेरे लिए बड़े मूल्यवान हैं।

नोडू का सारा नशा सितार पर काम करने और ध्वनि पर रिसर्च करने का था। उन्होंने कभी शादी नहीं की न कभी सेक्स में उनकी कोई रुचि ही लगती थी। मैं इस विषय में उन्हें कभी-कभी 'नो-डू' कहकर चिढ़ाता था। कुछ जगहों में मैं उन्हें अपना ससुर कहकर भी उनका परिचय देता था, और लोग हक्के-बक्के रह जाते थे जब तक मैं उन्हें तर्क से न समझाता : मैं अपने सितार को अपनी पत्नी समझता था, जबकि नोडू महसूस करते थे कि जो सितार वो बनाते वे करीब-करीब उनके बच्चे थे!

वे तुनुक मिजाज थे और बड़ी ज़िद भी करते, अत: कभी-कभी हममें अनबन हो जाती! लेकिन वे सचमुच एक अद्‌भुत व्यक्ति थे और एक महान मित्र। 80 के दशक के आरम्भ तक मेरे तानपूरा वादक के रूप में यात्रा करते हुए और मेरे सितार की देख-रेख करते उन्होंने लगातार मेरे साथ यात्रा की। मैं उन्हें बहुत मानता था; कुछ साल पहले उनकी मृत्यु हो गयी और उनके बिना मुझे बड़ा सूना-सूना लगता है।

जब से उनका केन्द्र बन्द हो गया था दादा से मेरा सम्पर्क ज्यादा नहीं रहा था। अल्मोड़ा में 1941 में मेरी शादी के कुछ महीने बाद, उनकी भी वहाँ शादी अमला से हो गयी थी। हम लोगों की उनसे पहली भेंट 1931-32 में हुई थी जब वे पेरिस में एक आकर्षक नर्तकी थीं। वे मुझसे एक साल बड़ी हैं। और उस समय हम अच्छे मित्र बन गये थे—मैं बच्चे की तरह कल्पना करता था कि मैं उनसे प्रेम करता हूँ। बाद में अल्मोड़ा में जब केन्द्र खुला, वे ट्रूप के साथ हो गयी थीं, और यह दादा थे जो उनसे गहरा प्रेम करने लगे थे।

बाद के वर्षों में दादा की और मेरी संयोगवश भेंट होती रही, जब मैं कलकत्ता गया या कुछ दिनों के लिए मद्रास, पहले नहीं केवल 1961 से हम फिर साथ काम करने लगे थे। उस समय तक वे कुछ परिपक्व हो चुके थे। उन्हें हृदय-सम्बन्धी कुछ तकलीफें थीं जिन्होंने धीरे-धीरे उन्हें उस स्तर से नीचे कर दिया जब ये सुपर-स्टार थे, जब उन्हें एक देवता या राजा की तरह देखा जाता था। अभी भी उनकी मंडली थी और 1968 तक वे अमेरिका का भ्रमण करते रहे लेकिन अब पहले वाली बात नहीं थी। वे अमला, अपने पुत्र आनन्द और बेटी ममता के साथ कलकत्ते में बस गये थे और अब बहुत कुछ रचनात्मक नहीं कर रहे थे। 60 और 70 के दशकों के पूरे दौरान में दादा निराश लगते थे, चूँकि वे हमेशा एक सुपर स्टार और रचनाशील व्यक्ति रहे थे, एक दुर्दम्य व्यक्तित्ववाले, यह पारिवारिक आदमी होने का सादा जीवन उन्हें बिल्कुल संतुष्ट नहीं करता था।

जब कभी मैं कलकत्ता जाता था मैं राय देता था कि हम दोनों मिलकर कुछ नया करें, और बाद में बहुत मनाने पर उन्होंने मेरे संगीत के साथ एक बैले करने का निश्चय किया। मैंने अपना पूरा हृदय इसमें उड़ेल दिया था और यह एक अद्‌भुत अनुभव था। इस निर्मिति का मंचन टैगोर के जन्म (1861) की शत वार्षिकी मनाने के लिए किया गया, दादा और अमला ने टैगोर की कविताओं में एक पर आधारित 'सामान्य क्षति' शीर्षक से एक बैले बनाने का फैसला किया, एक सुन्दर किन्तु बिगड़ी और हठी जवान रानी की सरल कहानी, जिसका अभिनय अमला बऊदी ने किया। यह बैले वर्णन करता है कि कैसे जाड़े की ऋतु में वह एक नदी में स्नान करती है और काँपती हुई बाहर निकलती है। वह अपनी सखियों से

कहती है कि उसे कुछ गर्मी चाहिए और अड़ जाती है कि उसके लिए आग जलाने के लिए नजदीक के गरीब लोगों की झोंपड़ियाँ उजाड़ दें। उसके पति, महाराजा, क्रोधित हो जाते हैं और एक साल के लिए उसे राज्य से निकाल देते हैं। वनवास में वह बड़ा दुःख उठाती है क्योंकि पहले उसने कभी देखा नहीं है कि, बिना पैसे और पद के गरीब होने का मतलब क्या होता है। एक बुद्धिमान योगी उसे विनम्रता सीखने में मदद करता है और तब एक वर्ष बाद गरीबों के लिए कार्य कर वह शुद्ध होकर लौटती है और महाराजा उसे स्वीकार कर लेते हैं।

'सामान्य क्षति' का अर्थ है मामूली नुकसान—इसी रूप में वह अपने निर्णय को देखती है जो अपने को केवल गर्म रखने के लिए वह सारी झोंपड़ियाँ जला डालने को लेती है। राजा कहता है, "क्या तुम समझती हो कि तुमने क्या किया है? तुमने इन लोगों के घर जला दिए हैं?" लेकिन वह जवाब देती है, "कौन सी बड़ी बात हो गयी? यह तो केवल एक सामान्य क्षति है!"—बस मामूली नुकसान बस जरा सी हानि। "उनके नये घर बनवा दीजिए!" वह उद्गार व्यक्त करती है, उसी तरह जो याद दिलाता है मेरी एन्तोयनेट की, "वे केक खाएँ" जब उसने सुना कि पेरिस की गरीब जनता को खाने के लिए रोटी तक नहीं थी। यही है जो खासकर राजा को क्रोधित करता है और रानी को घर से निकाल देने के लिए उन्हें उत्तेजित करता है।

लक्ष्मी को फिर गायिका के रूप में प्रस्तुत किया गया था और उसने बाँसुरी वादक आलोक डे के साथ मेरी सहायता भी की थी। दादा के एक सहायक, कथकली नर्तक राघवन ने अपनी नृत्य रचना से मदद का बड़ा काम किया। इस प्रस्तुति में गायन और भारतीय यन्त्रों पर जोर था। यह मेरी कृतियों में एक थी जिसमें स्वर माधुरी और संगीत-प्रभाव बड़े नवीन परिवर्तनों का प्रयास करता, मैं बड़ा प्रेरित अनुभव कर रहा था—उदाहरण के लिए गायन के द्वारा वाद्य यन्त्रों की नकल करते हुए।

यह विपरीत भूमिकाओं का कौशल था— चूँकि सब भारतीय वाद्य संगीत आरम्भिक गायन के अनुसरण पर ही आधारित है, वैदिक मन्त्रोच्चार से लेकर आगे तक। यह निस्सन्देह एक ऐतिहासिक सम्बन्ध था जिसे इसके पहले निस्सन्देह रवि ने अपने मैलोडी और रिद्म में खोजा था।

दादा और मैंने मिलकर और अधिक भावी आयोजनों की योजना की। मैंने उनके छायानाटक 'लाइफ आफ बुद्ध' के लिए कुछ संगीत रचना की, लेकिन दुर्भाग्य से मेरे संगीत के साथ इसका कभी मंचन नहीं हुआ, और हम लोगों ने फिर कभी साथ साथ काम नहीं किया।

'सामान्य क्षति' के ड्रेस रिहर्सल के समय जॉर्ज लॉर्ड हेयरवुड आए थे जो उस समय ब्रिटिश काउंसिल के म्यूजिक एडवाइजरी कमिटी के अध्यक्ष थे। वे और उनकी सुन्दर प्रथम पत्नी मेरियन कलकत्ता आए थे और उन लोगों ने एक विशेष रिहर्सल देखा जो हम लोगों ने एक फिल्म स्टूडियो में आयोजित किया था। वे उससे प्रभावित हुए थे। "आपको जरूर इसे पश्चिम लाना चाहिए," उन्होंने मुझसे कहा था, लेकिन दुर्भाग्य वश मंडली बहुत बड़ी थी और इसलिए आर्थिक दृष्टि से यह सम्भव नहीं था।

पहली बार जॉर्ज और मेरियन से मैं लन्दन में मिला था जब कई बार आर्मी स्क्वायर होम वाले उनके घर गया था, एक बार वहाँ एक छोटी विशिष्ट गोष्ठी में बजाया भी था। वे महारानी के चचेरे भाई हैं लेकिन बड़े सीधे-सादे और मोहक व्यक्ति और संगीतकारों के द्वारा उनके क्षेत्र के ज्ञान के कारण बड़े समादृत भी। मेरियन एक बहुत अच्छी पियानो वादिका थीं और ऑल्डीवर्ग के समारोहों की मुख्य प्रेरक शक्ति। उनके माध्यम से मैं महान संगीत रचयिता बेंजामिन ब्रिटेन से मिला और हमारी दोस्ती हो गयी। ऐसे मधुर व्यक्ति और उनके मित्र पीटर पियर्स जिनकी आवाज गन्धर्वों की तरह थी जो हृदय को तुरत छू लेती थी।

1963 में मैं एडिनबरा फेस्टिवल मैं उपस्थित हुआ जिसके कला निर्देशक जॉर्ज हेयरवुड थे। वहाँ मेरी भेंट जूलियन ब्रीम, लैरी एडलर और बहुत दूसरे प्रसिद्ध संगीतकारों से हुई। भोजन के समय आइज़क स्टर्न ने अपनी मजेदार कहानियों से हम सबों को लोट-पोट कर दिया। लैरी एडलर भी बड़े हँसोड़ थे;

वे हमारे नामों को ऐसा तोड़-मरोड़ देते थे जिससे की अली अकबर, अली स्नैकवार हो गये, अल्ला रखा अल रॉकर हो गये और मैं रब्बी शंकर में बदल गया!

बाद के एक अवसर पर मैं जॉर्ज के पैतृक भवन हेयरवुड हाउस में अतिथि था। तब तक वे मैरियन से अलग और पैट्रिशिया से विवाहित हो चुके थे। जिन्हें मैंने बड़ा सहानुभूतिपूर्ण और विनोदी पाया। हेयरवुड की कोठी असल में एक महल की तरह अधिक लगती थी, निचली मंजिल एक संग्रहालय की तरह लगती थी। अपने ज़री के पर्दों, सजावट, फर्नीचर और दूसरी कीमती पारिवारिक धरोहरों की चीजों के साथ। वहाँ ठहरना दो दिनों का एक आनन्ददायक अनुभव रहा। मेरे राजसी कक्ष के बिछावन पर, कहा जाता था कि महारानी विक्टोरिया कुछ बार सो चुकी थीं। मैं नहीं जानता था कि उस महान रानी ने कैसे काम चलाया था, लेकिन मुझे उस ऊँचे बिछावन पर चढ़ने में बड़ी कठिनाई होती थी! मैं रात भर इसी भय से त्रस्त जागता भी रहा था कि पुराने युग के प्रेत उस युग के वस्त्रों में अँधेरे में मँडरा न रहे हों।

कलकत्ते के एक बेजोड़ तबलावादक कनाई दत्त को लेकर मैं 1961 के शेष भाग में एक बार फिर एशिया सोसाइटी परफॉर्मिंग आर्ट्स प्रोग्राम द्वारा प्रायोजित एक तट से दूसरे तट के भ्रमण के लिए मैं अमेरिका आया (इस यात्रा के बाद अल्लारखा और मैंने निकट सम्पर्क बढ़ा लिये। पहली बार जब मैं उन्हें ले आया वह जापानी यात्रा और 1958 में यूनेस्को के लिए कार्यक्रम देने के समय था, और 1962 के बाद 1985 तक वे लगातार विदेश में मेरे साथ संगत करनेवाले रहे), प्रिय नोडू मल्लिक भी हमारे साथ थे।

यह 1961-62 वाली यात्रा और भी लम्बी और पहले से बड़ी थी जिसमें कार्नेगी हॉल का मेरा प्रथम प्रोग्राम शामिल था। मेरा संगीत जैज़-परिदृश्य की सीमाओं के पार पहुँच रहा था और विभिन्न रुचियों के संगीत-श्रोताओं को आकर्षित कर रहा था। फिर भी यद्यपि हर बार मेरे श्रोता बढ़ रहे थे, तो भी बहुत कम दूसरे भारतीय संगीतकार पश्चिम आ रहे थे।

आलू भाई ने बेशक मैकगिल विश्वविद्यालय में कुछ समय तक पढ़ाया और बाद में सैम क्रिप्स और उनकी पत्नी लुइसी द्वारा निमन्त्रित सैन फ्रांसिस्को चले आए, जिन्होंने बाली और दूसरे एशियाई संगीत की एक संस्था खोली थी जहाँ महान भरतनाट्यम नर्तकी बाल सरस्वती भी पढ़ाती थीं। आलूभाई

जम गये और तब से वे बे एरिया में ही हैं जहाँ वे अपना अली अकबर कॉलेज ऑफ म्यूज़िक चलाते रहे हैं।

उनके विपरीत, मैंने किसी शिक्षण-संस्था में योगदान नहीं किया, यद्यपि बाद में मुझसे बम्बई में और लॉस एंजिलिस में किन्नर स्कूल ऑफ म्यूजिक खोलने का आग्रह किया गया (जो मैं तुरत आगे बताऊँगा)। 1965 के आरम्भ में लॉस एंजिलिस के यूनिवर्सिटी ऑफ कैलिफोर्निया में (यू.सी.एल.ए.) कुछ संक्षिप्त कार्यशालाएँ चलायीं, और 1967 के पतझड़ वाले सत्र में मैं न्यूयॉर्क के सिटी कॉलेज में विजिटिंग प्रोफेसर था; किन्तु इन पदों के अतिरिक्त भारत के बाहर लोगों को हमारे संगीत के बारे में शिक्षित करने का अपना तरीका जो मैंने अपनाया वह था भ्रमण, कॉन्सर्टों और प्रदर्शनों, टी.वी. पर या रेडियो-वार्ताओं के द्वारा, समाचारपत्रों और पत्रिकाओं को अनेक इंटरव्यू देते हुए—और अन्त में, 1968 में, 'माइ म्यूज़िक, माइलाइफ' नामक पुस्तक लिखकर।

इसी समय की बात है कि जब संसार के बहुत से दूसरे भागों के संगीत के साथ एथनोम्युज़िकॉलोजी शीर्षक के अधीन कोटि का मानकर भारतीय संगीत का अध्ययन किया जाने लगा तो इसके विरुद्ध संघर्ष में मैं उतर गया। हमारे लिए प्रतिपक्षी पश्चिमी संगीत के अतिरिक्त भारतीय शास्त्रीय संगीत एकमात्र मौलिक शास्त्रीय संगीत है। अपने विकास के अव्याहत इतिहास के साथ 2000 वर्ष से यह अधिक पुराना है और सबके ऊपर यह एक जीवन्त परम्परा है जो अभी भी विकासमान प्रक्रिया में है। मुझे यह भी याद है कि दक्षिण भारत के एक संगीताचार्य ने एक बार प्रस्ताव किया था कि चूँकि भारतीय संगीत अधिक पुराना है, यह तो पाश्चात्य शास्त्रीय संगीत है जिसे एथनिक म्यूजिक की कोटि में रखा जाना चाहिए। पाश्चात्यों में यह सदा दम्भपूर्ण और रोब गाँठनेवाला दृष्टिकोण रहा है कि हर दूसरे संगीत से पाश्चात्य संगीत को अलग करके देखें और भारतीय शास्त्रीय संगीत को 'एथनिक म्यूज़िक' का बिल्ला लगाकर वर्गीकरण करें, सारी अपाश्चात्य शैलियों के साथ, लोक-संगीत, जनजातीय संगीत और परम्परागत संगीत—जिसे प्राचीन पीठिका तो हो किन्तु जीवन्त, विकासशील परम्पराएँ न हों (निस्संदेह चीन, जापान, इंडोनेशिया और कुछ मध्यपूर्वी देश अपने परम्परागत संगीत को जीवित रखने के लिए अथक प्रयास कर रहे हैं)। मुझे यह देखकर खुशी है—शायद मेरे संघर्षाभियान से प्रभावित—पश्चिम में ऐसे बहुसंख्यक संगीत-विभागों ने अब अपना नाम 'वर्ल्ड म्यूजिक़' के रूप में बदल दिया है।

जब नवम्बर, 1961 में मैं वेस्ट कोस्ट पहुँचा, डिक बॉक ने पूरब-पश्चिम की एक रिकॉर्डिंग के लिए कई जैज़ संगीतकारों को इकट्ठा किया था : डेनिस बडिमीर को गिटार पर, बास पर गैरी पीकॉक, ड्रमों पर लुईस हेस और प्रसिद्ध जैज़ बाँसुरी वादक बड शैंक को। यद्यपि कनाईदत्त (तबला), हरिहर राव (ढोलक और करताल) और नोडू ने (ढोलक और मंजीरा) बजाया, मैंने उसमें स्वयं नहीं बजाया। मैंने मुख्य भाव-संगीत (मेलोडी) की रचना की थी जो राग धानी पर आधारित था (जो ब्लूज़ स्केल की तरह है) और प्रत्येक संगीतकार की स्वतन्त्रलयकारी (इम्प्रोवाइजेशन) का संचालन किया था। जैज़-शैली में अभारतीय संगीतकारों के साथ कार्य करने का यह मेरा पहला अनुभव था।

कैलिफोर्निया जैसे पश्चिमी अमरीकी राज्यों में गर्मी में पहाड़ियों पर झाड़ियों में आग लगती है। एक ऐसी भयानक आग लगी थी जो मेरे पहुँचने के एक या दो हफ्ते पहले लॉस एंजिलिस के विशाल क्षेत्रों को ध्वस्त कर चुकी थी। मैं पहुँचा और इसके विषय में लोग बातें कर रहे थे, अत: मैंने इस विशेष रचना को फायर नाइट का नाम दिया था।

इसके बाद आई सहभागिता वाली दूसरी रचना : पाथेर पांचाली के मूल भाव-संगीत पर एक स्वतन्त्र उद्भावना (इम्प्रोवाइजेशन)। इस बार अपने प्रशंसित साउंड ट्रैक पर रवि ने तीन विभिन्न लय-चक्रों (रिदमिक साइकिल्स) में उद्भावना के साथ नेतृत्व किया था। फिल्म में बाँस की बाँसुरी पर बजाये भाग को बड शैंक ने पश्चिमी बाँसुरी पर बजाया था और यह सम्मिलन दूसरे जैज़-वादकों, कनाईदत्त और रवि के कुछ शिष्यों के द्वारा पूर्णता को पहुँचाया गया—इसमें एक

बार फिर रवि के छात्र हरिहर राव भी सम्मिलित थे।

पचास के पूरे दशक में हरिहर राव दिल्ली में ही बने रहे, मुझसे सीखते हुए, मेरे संगीत कार्यक्रमों में सहायता करते हुए, त्रिवेणी कला संगम के स्कूल में संगीत और नृत्य की शिक्षा देते हुए और जापान शिष्टमंडल में मेरा साथ देते हुए। 1961 में उन्होंने फुलब्राइट स्कॉलरशिप प्राप्त किया और यूनाइटेड स्टेट्स के यू.सी.एल.ए. में अध्ययन के लिए चले गये। यद्यपि वे बड़े प्रतिभावान थे, फिर भी अपने को उन्होंने केवल सितार पर केन्द्रित रखना नहीं चाहा, इसके बदले उन्होंने अपनी योग्यता कई क्षेत्रों में वितरित की, सितार, तबला, लयकारी, संगीतशास्त्र और शिक्षण सब करते हुए। उन्होंने कुछ युवा जैज़-संगीतकारों को पढ़ाया जैसे, टॉम स्कॉट, डॉन एलिस, और एमिल रिचर्ड्स और उनके साथ एक भारतीय जैज़ की संयुक्त मंडली भी बनाई।

1960 के दशक के शेष भाग में जब मैं लॉस एंजिलिस में रुक गया तो हम दोनों फिर साथ हो गये। एक साथ हम दोनों ने 1973 में वहाँ रविशंकर म्यूज़िक सर्किल की स्थापना की। हॉलीवुड के हाइलैंडऐवेन्यु पर मेरे आवास में यह अनौपचारिक रूप से स्थापित किया गया था, अधिकतर औपचारिक कार्यक्रमों के ऑक्सि डेण्टल कॉलेज के चैपेल में आयोजित करने के पहले, जहाँ हम भारत से आनेवाले संगीतकारों को प्रस्तुत करते थे। उपस्थिति और सदस्यता बढ़ाने के लिए मैंने शुरू के दो वर्षों में कुछ मुफ्त कार्यक्रम भी दिए। आज हरिहर और उनकी पत्नी पावला की देख-रेख में म्यूजिक सर्किल (जैसा कि आज यह बस इस नाम से जाना जाता है) अभी भी भारत के शीर्षकलाकारों को भाग लेने के लिए बुलाकर सफलतापूर्वक नियमित कार्यक्रमों और वार्षिक उत्सवों का मंचन कर रहा है।

हरिहर को मैं उनके स्नेह और विनोदी स्वभाव के लिए बड़ा मानता हूँ। वे मेरे दुर्लभ शिष्यों में से एक हैं जिन्होंने पचास वर्षों के दौरान भी न तो अपना स्वभाव बदला है न दृष्टिकोण।

जुलाई, 1962 में बम्बई में मैंने अपनी संगीत-संस्था 'किन्नर' खोली, सबसे पहले ब्रीच कैण्डी स्कूल के परिसर में, तब दो वर्षों के बाद उसी मार्ग पर हटकर (वार्डेन रोड) भूलाभाई देसाई मेमोरियल इन्स्टीट्यूट नामक भवन में। यह संस्था सोली बाटलीवाला के द्वारा चलाई जाती थी। अपने युवाकाल में वे एक उदग्र साम्यवादी थे, लेकिन बाद में वे उस प्रसिद्ध वकील, राजनीतिज्ञ, और काँग्रेसी नेता मूलाभाई देसाई के साथ हो गये थे जिन्होंने अपने आवास से सटे इस संस्थान-परिसर की स्थापना की थी। उस महान व्यक्ति की मृत्यु के बाद सोलीभाई (जैसा हम लोग उन्हें पुकारते थे) के हाथ में मूलाभाई देसाई की परिसम्पत्तियों की व्यवस्था दे दी गयी थी। मानद अध्यक्षा तो मूलाभाई देसाई की विधवा थीं; सुन्दर महीयसी वृद्ध माधुरी देसाई जो अकूत वैभव की स्वामिनी थीं जिनके पास प्राचीन शिल्पों, चित्रकारियों और कला-सामग्रियों का उत्तम व्यक्तिगत संग्रह भी था, लेकिन सब कुछ की देख-भाल सोली भाई करते थे।

मैं जितने असाधारण और विशिष्ट व्यक्तियों से मिला उनमें सोली भाई एक थे। अधिकतर पारसियों की तरह वे उदार हृदय और दयालु थे, यद्यपि वे स्वयं काफी धनी नहीं थे कि परोपकारी हों, करीब चालीस वर्षों से ऊपर उन्होंने अपना सारा समय और ऊर्जा सैकड़ों चित्रकारों, शिल्पियों, नर्तकों और संगीतकारों को काम और रचना करने की जगह या भवन में क्लास लेने की छूट देकर और अनेक बार संस्था के द्वारा उनकी आर्थिक सहायता या व्यक्तिगत सहयोग में समर्पित कर दी थी। उनकी अमूल्य सहायता के लिए मैं सदा उनका ऋणी रहा हूँ। उन्होंने न केवल किन्नर की कक्षाओं को परिसर में चलाने की इजाजत दी, बल्कि 1964 में हमारे दूसरे संगीत के प्रदर्शन 'नव रस रंग' के रिहर्सल के लिए भी, जिसके लिए इससे भी बढ़कर उन्होंने मेरे लिए प्रोमोटर भी खोजने की व्यवस्था की। किन्नर के लिए भारतीय संगीत में व्याख्यान-प्रदर्शन की शृंखला प्रस्तुत करने में भी उन्होंने सहायता की।

सितार, सरोद, बाँसुरी, तबला और गायन के शिक्षण पर केन्द्रित करते हुए मेरी नीयत किन्नर को एक विशिष्ट स्थान बनाने की थी। उच्च कक्षाओं के मेरे कुछ छात्र जैसे शमीम अहमद, कार्त्तिक कुमार,

शम्भुदास और सचदेव वाद्यसंगीत के क्लास लेते थे, जबकि गायन तुलसीदास शर्मा के द्वारा सिखाया जाता था (शमीम, जो आगरा घराने के हैं, उस समय मेरे शिष्य हुए जब वे किशोरवय थे। मेरे प्रति उनका प्रेम और समर्पण हृदयस्पर्शी है)। बहुत आग्रहों के बाद उत्तम कत्थक नृत्य शिक्षक हजारीलाल, जयपुर घरानेवाले, जो अपनी नर्तकी-पत्नी सुनयना के साथ आए, और कुछ समय के लिए एक जवान कुचिपुडि-शैली की नर्तकी सुमति कौशल को लेकर हमने नृत्य-कक्षाएँ भी आरम्भ कीं। मैं सब कुछ देखभाल कर रहा था लेकिन प्रतिदिन क्लास नहीं ले पाता था, क्योंकि छात्रों में अधिकतर आरम्भिक स्थिति के थे, और इसके ऊपर मैं यात्राएँ भी बहुत कर रहा था। बीच में हालाँकि, मैं स्पेशल क्लास ले लेता था।

अमियदास गुप्त भी शुरू से किन्नर में पढ़ा रहे थे, मेरे इतना बाहर रहने के कारण मैंने उन्हें स्कूल में वरीय शिक्षक नियुक्त कर दिया था। जब 1967 में लॉस एंजिलिस में मैंने किन्नर की दूसरी शाखा खोली, मैंने उन्हें उसे चलाने का प्रभार दे दिया, और जब हमने वह संस्था बन्द कर दी तो उन्होंने नवस्थापित कैलीफोर्निया इन्स्टीट्यूट ऑफ आर्ट्स में योगदान किया, थोड़ी-बहुत संगीत-रचना के काम के साथ ज्यादा ध्यान शिक्षण पर देते हुए। रचना कार्य में उन्होंने मेरी बम्बईवाली प्रस्तुति मेलोडी एंड रिद्म की शैली का अनुसरण किया। 1994 में उनकी मृत्यु हो गयी, और वे ऐसे दूसरे व्यक्ति हैं जिनकी मुझे बहुत याद आती है। वे इतने गरिमायुक्त थे। मनुष्यों में वे भद्रतम थे और एक बड़े धैर्यवान शिक्षक। हर आदमी जो उन्हें जानता था उनकी प्रशंसा करता और उनसे प्रेम।

जैसे ही पहला किन्नर खोला गया, मैंने मेलोडी एंड रिद्म की एक पुनरीक्षित प्रस्तुति करनी चाही (जो इसके पूर्व दिल्ली में देखी गयी थी) और नवम्बर, 1962 तक यह तैयार हो गयी। हमने उन्हीं चीजों का प्रदर्शन किया जो मौलिक शो में थीं; और इसी प्रकार हमने संगीत के सम्पूर्ण इतिहास को घेरा, कैसे यह ध्रुपद से आगे विभिन्न गायन-शैलियों में विकसित हुआ। यह फिर भी, बहुत अच्छी प्रस्तुति थी अपेक्षाकृत अच्छे संगीतकारों की और बड़ी मंडली के साथ—कुल मिलाकर नब्बे। बम्बई के बिड़ला थियेटर में इसका प्रीमियर हुआ, और इसे शानदार सफलता मिली।

मेलोडी एंड रिद्म के बाद मैंने बम्बई के स्टेज-शो चंडालिका के लिए संगीत-रचना की। यह एक बड़ी प्रस्तुति थी, दक्षिण भारतीय अभिनेत्री वैजयन्तीमाला के द्वारा आयोजित, जो उस समय भारतीय फिल्माकाश की सर्वश्रेष्ठ तारिका थीं। आकर्षक शरीर-यष्टि से सम्पन्न वे एक सुन्दर मनोमुग्धकारी नर्तकी थीं। यह वह समय था जब वे फिल्मी पर्दे से हटकर स्टेज पर शास्त्रीय भरत-नाट्यम के प्रदर्शन के लिए लौटना चाहती थीं, इसलिए उन्होंने नृत्यरचना की और इस प्रस्तुति में मुख्य भूमिका निभायी।

चंडालिका रवीन्द्रनाथ टैगोर के गीति-नाट्य पर आधारित एक बैले था। मूल रूप में यह एक जातक कथा थी (बुद्ध-काल की) एक अछूत लड़की से सम्बन्धित, जिसे आनन्द का आशीर्वाद प्राप्त हुआ, बुद्ध के मुख्य शिष्यों में एक। कहानी मोहक है, लेकिन हम लोगों ने टैगोर के किसी मूल गीत का उपयोग नहीं करने का फैसला किया। टैगोरवाली कहानी का अक्सर प्रदर्शन होता है और मैंने इसे भिन्न रूप में प्रस्तुत करने को सोचा। जिस शैली का हम लोग प्रयोग कर रहे थे उसमें टैगोर के गीतों के प्रति न्याय करना सम्भव न होता। इसलिए हम लोगों ने उनके नाटक से केवल कहानी ली।

मेरे लिए आजमाने को नये विचार भी थे। वाद्यवृन्द के संगठन के समय से मैं कुछ मौलिक पश्चिमी वाद्यों का प्रयोग करता रहा था, वायलिन-परिवार (वायलिन, वायला, चेलो, डबल बास) और क्लैरिनेट मिलाकर, क्योंकि वे उसे अधिक बास और ऑक्टेव का विस्तार देकर सहवादन (ऑरकेस्ट्रेशन) को अधिक सशक्त बनाते थे। हमारे भारतीय वाद्य कमोबेश भारतीय लोगों की तरह हैं। हम बड़े वैयक्तिक हैं और मुश्किल से एक-दूसरे से सहमत होते हैं। उसी प्रकार हमारे वाद्ययन्त्र भी मुख्यत: एकल प्रदर्शन के उद्देश्य के लिए हैं और क्योंकि हम झंकारवाले मिलते-जुलते बहुत से तारों का प्रयोग करते हैं जो एक अलग भन-भन की आवाज देते हैं, उन्हें साथ बजाना सर्वोत्तम नहीं है। मैंने कोशिश की है, मैंने आठ या दस सितारों से काम किया है, सारंगियों और सरोदों से, लेकिन हमेशा यह समस्या खड़ी होती

है, खासकर जब एक रिकार्डिंग की जाती है। बजाने में भी वही बात है, चाहे संगीतकार जितनी अच्छी तरह बजायें, सबों का तरीका, स्पर्श और ध्वनि उत्पन्न करना अलग होता है। मूल ध्वनि एक समान और एक रूप नहीं होती जैसे कि पश्चिमी यन्त्रों जैसे वायलिन में होती है। इसलिए चंडालिका में मैंने फिर भारतीय वाद्यों के साथ कुछ पश्चिमी वाद्यों को मिलाया।

इस संगीत में भारत के भिन्न भागों के प्रभाव थे। हमारे अपने हिन्दुस्तानी रूपों के अलावा मैंने थोड़ा कर्नाटक शैली से जोड़ा, कुछ लोक-संगीत से और कुछ विशेष प्रभाव उत्पन्न किये जहाँ चंडालिका नामक चरित्र सर्पदेव नागदेवता की पूजा कर रहा है।

इस समय रवि ने कार्य की गति अबाध रूप से तेज रखी। 1963 में वे यूरोप लौटे, तीन बड़े संगीतोत्सवों में प्रदर्शन के लिए— लीड्स, प्राग और एडिनबरा। भारतीय संगीत का स्वरूप क्रमशः ऊँचा होता जा रहा था। यह एडिनबरा में स्पष्ट था जहाँ उस वर्ष उप-महादेश पर विशेष प्रकाश डाला गया था। रवि की कलाकारिता को समीक्षकों और लोगों की प्रशंसा मिली, जैसी कि बिसमिल्ला खाँ, सुब्बुलक्ष्मी और अली अकबर खाँ को मिली। मंच से बाहर रवि ने लोक गायक रोरी मैक़ ईवान से मित्रता स्थापित की जो उस वर्ष उस उत्सव में अपने भाई एलेक्जैन्डर के साथ उपस्थित हुए थे।

इस यूरोपीय यात्रा के बाद 1964 के उत्तरार्द्ध में अमेरिका की अपनी चौथी एकल यात्रा के पहले उन्होंने अपना ध्यान भारत की ओर मोड़ा। सामान्य क्षति, चंडालिका और मेलोडी ऐंड रिद्म की दुहरी प्रस्तुति के बाद भी मंच के लिए बड़ी प्रस्तुतियों की रचना का उनका जोश कभी कम न हुआ।

1964 में मैं इससे भी बड़ी प्रस्तुति देना चाहता था, इसलिए हम लोगों ने एक बड़ी मंडली इकट्ठी की और इसे 'नौ रस रंग' नाम दिया। (जिसका अनुवाद कुछ इस तरह होगा 'नौ मनोदशाओं के द्वारा मनोरंजन') मौलिक संगीत रचनाओं के साथ यह बिल्कुल नयी प्रस्तुति थी, मगर मैंने तत्त्वतः मेलोडी एंड रिद्म के ढाँचे को ही अपनाया था, इस अर्थ में कि यह इतिहास संगीत-रूपों से होकर विकसित होता था, भिन्नता यह थी कि इस बार हम लोगों ने और पीछे से शुरू किया था। शो का आरम्भ बोले गये शब्दों से हुआ था—'आरम्भ में नाद था...' और तब हम लोग मनुष्य द्वारा ध्वनि के आदि अनुभवों से शुरू करते थे : पक्षी का गीत, झींगुरों की झंकार, हाथों की ताली, पैरों की धमक, ऊँची आवाज पैदा करने के लिए नरकट की पतली सीटी, और आवाज के भिन्न टोन; यह धीरे-धीरे वैदिक मन्त्रों में विकसित होता था, जाति-गान, और संस्कृत में छन्द प्रबन्ध में, जिसके बाद नुम-तुम, आलापना, ध्रुपद, धमार, खयाल, टप्पा और ठुमरी और साथ ही ऑरकेस्ट्रा संगीत और आधुनिक गीत आते थे।

पंडित नेहरू की मृत्यु के कुछ महीने बाद यह प्रस्तुति आयोजित की गयी थी, इसलिए पहले आइटम के रूप में हमने उनके प्रति श्रद्धांजलि अर्पित की। एक कुर्सी पर, मंच के बीच में गुलाब का एक सुन्दर चित्र रखा गया नेहरू के प्रतीक रूप में, जो हमेशा अपनी शेरवानी के बटन-होल में एक ताजा गुलाब लगाते थे और एक संक्षिप्त स्तुति की तरह की चीज (जिसकी रचना मैंने राग हेम कल्याण में की थी) का वादन किया गया था। इस श्रद्धा-निवेदन से श्रोतागण विह्वल दीख पड़े थे।

नौरसरंग में कई प्रकार की चीजें थीं जिसमें नृत्य, जादू और बम्बई के सबसे अच्छे कठपुतली का खेल दिखानेवाले माधव लाल मास्टर्स द्वारा प्रदर्शित कठपुतली का खेल था। बहुत सी छोटी-छोटी चीजें भी दिखाई गयी थीं जो असामान्य थीं। एक खंड में हमने ऐसा दिखाया था मानो चरित्र मंच पर उड़ रहे हों। अँधेरे मंच पर पीछे लगे काले पर्दे के सामने नर्तकों के लिए (हल्के रंग के कपड़े पहने हुए) हम लोगों ने चबूतरा खड़ा किया (यह भी काले पर्दे में ढँका) दौड़कर उसे पार कर जाने के लिए। चबूतरा दर्शकों के लिए अदृश्य होने से वे हवा में उड़ते दिखाई देते थे। जादू के खेल का एक सरल तरीका लेकिन यह बड़ा प्रभावोत्पादक था!

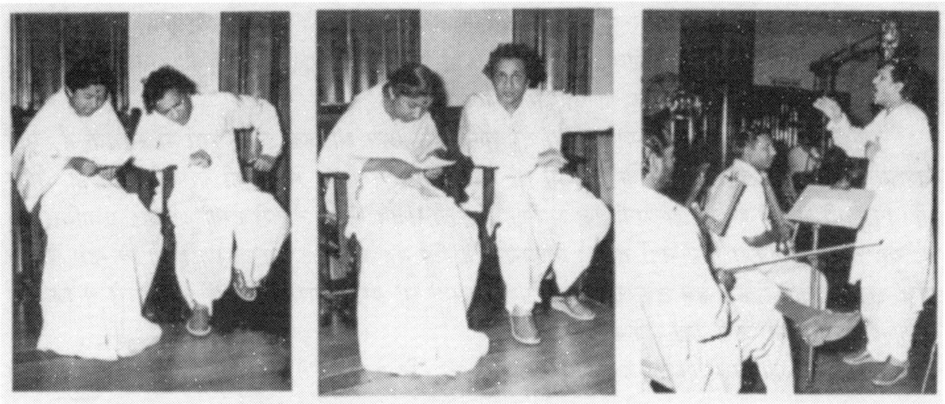

अतुलनीय गायिका लता मंगेशकर के साथ संगीत निर्देशन करते हुए

इंटरवल के बाद एक प्रहसन था, मेरी मनपसन्दों में एक, जिसमें स्पॉटलाइट कठपुतली शो के एक बूथ पर पड़ता था। यह मेरी एक कहानी थी, एक दूसरी गर्म मिजाज राजकुमारी के बारे में। इस बार इसका नाम था मधु गुलगुली (गुलगुली प्यार का एक शब्द था जो हम एक छोटी थुलथुल गुड़िया को कहते हैं) उसकी आँख की बरोनियाँ बड़ी-बड़ी थीं और यह बेट्टीबूप और मिस पिगी का मिला-जुला रूप होगी।

महाराजा, मधु गुलगुली के पिता, चाहते हैं कि उसका विवाह हो जाए, इसलिए उन लोगों ने स्वयंवर का आयोजन किया जिसमें राजकुमारों की एक टोली उसके द्वारा वरण के लिए आती है; उससे उम्मीद की जाती है कि वह अपने पसन्दीदा वर के गले में माला डालेगी। लेकिन मधु उनमें से किसी को पसन्द नहीं करती है और सबको ठुकरा देती है। इसके बाद शिकार खेलते समय वह जंगल में भटक जाती है और एक लकड़हारा उसे बचाता है। उसके प्रति कृतज्ञ होने के बदले वह ऐसा व्यवहार करती है मानो यह लकड़हारे का कर्तव्य हो, और उसके साथ एक नौकर की तरह बर्ताव करती है। स्वाभिमानी आदमी वह लकड़हारा उसका व्यवहार सहन नहीं करता और उसकी उजड्डता को सूद समेत लौटाता है। वह घबरा जाती है क्योंकि कभी कोई उसका सामना नहीं कर सका—लेकिन इसी कारण वह उसके प्रति आकृष्ट भी होती है। उसकी सुरक्षित वापसी से उसके पिता इतने प्रसन्न होते हैं कि वह उस लकड़हारे को वह जो चाहे देने को तैयार हैं; लेकिन लकड़हारा हर चीज अस्वीकार कर देता है और यह महाराजा को और भी प्रभावित करता है। इसी बीच राजकुमारी अपने पिता से कहती है, 'मुझे इस लकड़हारे से प्रेम हो गया है, मैं उससे विवाह करना चाहती हूँ।' पहले तो लकड़हारा इनकार करता है : 'वह बड़ी हठीली है, बड़ी घमंडी', लेकिन तब वह उसके पैरों पर गिर पड़ती है। यह देखकर कि कैसे उसने अपने अहंकार को छोड़ दिया है, लकड़हारा उससे विवाह को तैयार हो जाता है और शो का अन्त उनके सुखमय परिणयोत्सव में हो जाता है।

इस प्रस्तुति में एक दूसरी असामान्य बात थी। उन दिनों सबसे अच्छी टेप रिकार्डिंग मशीनों में एक बढ़िया इंगलिश फेरोग्राफ थी। अन्धों के एक स्कूल में कथोपकथन की रिकार्डिंग पहले ही हो चुकी थी जिसके स्टूडियो में दो डॉल्बी फेरोग्राफ थे। चूँकि मेरे पास भी उसी तरह की एक मशीन थी, मैं जानता था कि यह दुगुनी स्पीड की रिकार्डिंग कर सकती थी। हालाँकि मुझे डबल स्पीड के उपयोग का कम ज्ञान था, मैंने स्वयं उस कहानी के लिए तीन चरित्रों की आवाजों को तीन ध्वनि-उच्चता के अलग स्तरों पर रिकार्डिंग करते हुए इसकी कोशिश की। मैं मधु गुलगुली की पंक्तियाँ खुद बोला और उसका ठुमरी गीत गाया, बड़ी धीमी गति से, और तब उन्हें डबल स्पीड में चलाया। यह सुनने में अजीब लगता था! इस तकनीक को लोग कार्टूनों में सुनते हैं। लेकिन उस समय यह आम नहीं हुआ था, खासकर जीवन्त

प्रदर्शनों में। मेरे लिए तो यह बिल्कुल नया प्रयोग था। हर चरित्र को भिन्न आवाज में, एक नाटकीय शैली में पुराने हिंदी रंगमंच के नाटकों की तरह, रिकार्ड किया गया था। श्रोताओं को इसका आनन्द लेते देख बड़ा सन्तोष हुआ था; वे ठहाका मारकर हँस रहे थे।

शो की समूची धारणा दिमाग चकरा देनेवाली थी! अब भी जब इसके बारे में सोचता हूँ, मुझे विश्वास नहीं होता। इतने प्रकार के आइटम थे, किसी दूसरे ने भारत में इसकी बराबरी नहीं की, आज भी। फिर भी यद्यपि इसकी सनसनीखेज समीक्षा हुई थी, जिन लोगों ने इसे देखा था बड़े प्रभावित हुए थे, यह बॉक्स आफिस हिट नहीं हुआ। विडम्बना है कि यह मुख्यतः इस कारण हुआ कि हम केवल पाँच-छः शो कर सके। जब तक यह लोकप्रिय हो रहा था हमारे पास इतने पैसे नहीं बचे थे कि इस विशाल प्रस्तुति को जारी रख सकें।

अपने पूरे जीवन में लगता है करीब हर चीज जो रवि ने बनाई है, चाहे संगीत रचना, मंच प्रस्तुति या फिल्मी संगीत रचना वह अपने समय के पहले की गयी। भारतीय जनता के द्वारा उनके रचनात्मक कार्यों को, जब वे प्रस्तुत किये गये, मुश्किल से पूर्णतः समझा गया, क्योंकि बहुत सी धारणाएँ जो उनमें थीं, अपने समय से आगे थीं। समीक्षकों ने उनकी मौलिकता की सीमा की पहचान की मगर चारों ओर इन नवीनताओं की स्वीकृति में अगले दस-बीस साल लग गये जब तक दूसरे कलाकार भी आए और वही चीज कर रहे थे और उनके लिए श्रेय प्राप्त कर रहे थे। रवि की बहुत सी पुरानी रचनाएँ और प्रस्तुतियाँ आज भारत में उस समय से अधिक प्रशंसित हैं जब वे बनाई गयी थीं।

नौरसरंग के लिए डॉक्टर पेनिलोप एस्टाब्रूक मेरी सहायता कर रही थीं। मैं पहली बार उनसे 1960 में मिला जब मैं श्रीलंका गया, अपने प्रिय देशों में एक। इसके पास तरह-तरह के प्राकृतिक दृश्यों का सौन्दर्य है और सामान्यतः लोग बड़े अच्छे लगते हैं—जीयो और जीने दो, मौज-मस्ती वाले लोग, संगीत और कलाओं के शौकीन। यह हमारे अपने दक्षिण भारतीय राज्य केरल की याद दिलाता है। लायनेल एदिरिसिंघे, कोलम्बो के संगीत महाविद्यालय के स्वर्गीय प्राचार्य, मेरे मित्र थे जिन्होंने वहाँ भारतीय शास्त्रीय संगीत की शिक्षा और इसे लोकप्रिय बनाने के लिए बहुत कुछ किया।

ठीक जब मैं भारत के लिए रवाना हो रहा था, मेरी और पेनी की मुलाकात हुई। वह बड़ी अच्छी पियानो वादिका थीं, पश्चिमी संगीत में डॉक्टरेट और बैले और टैप डासिंग में अच्छी तरह प्रशिक्षित। यद्यपि मुख्यतः सिद्धान्तों की जानकार और सितार में मात्र नौसिखुआ वे भारतीय संगीत में बहुत रुचि लेती थीं और लायनेल से एक संक्षिप्त ट्रेनिंग कोर्स भी ले रही थीं। मैंने उनसे कहा कि यदि वे सितार सीखना चाहती हों तो बम्बई में उनका स्वागत है। एक साल के भीतर मैं उनसे फिर दिल्ली में मिला, और हम एक दूसरे के निकट आ गये। जिस समय मेरा किन्नर संगीत स्कूल और कुछ दूसरे अभियान आकार ग्रहण कर रहे थे, मैंने उनसे पूछा कि क्या वे मेरी मदद कर सकती थीं। वे बम्बई आ गयीं और स्कूल के खुलने में निकट से संलग्न हो गयी, जबकि कमला उसके प्रशासकीय पक्ष का खयाल रखने लगी। दोनों बड़ी घनिष्ठ मित्र हो गयीं और आज तक हैं। पेनी और मैंने एक साथ एक पुस्तिका का प्रकाशन किया, 'म्यूजिक मेमोरी', जिसमें छात्रों के लिए संगीत सम्बन्धी जानकारी थी, आधी भारतीय संगीत पर और आधी पश्चिमी संगीत पर। दूसरे कई अभियानों में भी उन्होंने उचित सहायता दी : मेलोडी एंड रिद्म की दूसरी प्रस्तुति, व्याख्यान प्रदर्शनों की एक स्मरणीय श्रृंखला जो मैंने भारतीय संगीत के इतिहास पर दिया (ग्राफिक्स में अमियदास गुप्त ने मेरी मदद की थी) और इस विशाल प्रस्तुति नौरसरंग में। इसके बाद उन्होंने 1964-65 में अल्लारखा, नोडु मल्लिक और मेरे साथ यू.एस.ए. का भ्रमण किया।

हमारा आत्मीय और अर्थपूर्ण सम्बन्ध चार-पाँच वर्षों तक चला, तब भी जब वहाँ कमला भी मुख्य रूप से थीं। जो मैं पेनी में सबसे प्रशंसा योग्य पाता हूँ वह यह है कि यद्यपि बहुत पहले हम अलग-अलग दिशाओं में चले गये, वह अभी भी बड़ी अच्छी मित्र हैं, स्नेहपूर्ण, अभी भी सीखने को

तत्पर और जब भी जरूरत हो हमेशा मदद को तैयार। सुकन्या से भी वह मित्रवत हैं और अनुष्का को प्यार करती है, जिसकी आरम्भिक पियानो शिक्षा में उन्होंने मदद दी थी।

पश्चिम में रवि की प्रगति अबाध रही। 1965 में उन्हें अमेरिकन सोसाइटी ऑफ कॉमपोजर्स, ऑथर्स एंड पब्लिशर्स के लिए निर्वाचित किया गया। जब उनकी प्रतिष्ठा और लोकप्रियता धीरे-धीरे बढ़ती गयी तब भी नये क्षेत्रों में अभियान और बहुविध विकास उन्होंने जारी रखा। पश्चिमी संगीत के बहुत और विविधक्षेत्र थे जो उनकी कलात्मकता के सम्मोहन में आए।

नए और भिन्न संगीत क्षेत्रों में प्रयोग की उनकी इच्छा शायद उनके संगीत जीवन का सबसे विवादास्पद पहलू है। इस प्रकार अपनी जिज्ञासा का अनुसरण करते हुए, उन पर दोष लगाए कि पश्चिमी प्रभाव से दूषित करके वे अपने ही संगीत को हल्का बना रहे हैं। यह भारतीय संगीत की शुद्धता और पवित्रता का मापदंड है कि इतनी आक्षेपयुक्त भावना उठी, लेकिन जैसा कि वे स्वयं कहेंगे, हमेशा उनके दो विशिष्ट रूप रहे हैं : अपने गुरु के द्वारा प्रदत्त महान परम्परा को कायम रखनेवाले शास्त्रीय सितार वादक तथा प्रदर्शक और संगीत रचयिता, सारे संसार के संगीत और नृत्य शैलियों में प्रयोग करते हुए विश्व संगीत में नवीन प्रयोगकर्ता। यद्यपि उन्होंने दिखाया है कि ये दोनों भूमिकाएँ समीचीन हैं, एक ही साथ दोनों वर्गों को सन्तुष्ट करना, विशेषत: उनके बहुत से भारतीय समकालीनों के कठोर, एकांगी दृष्टिकोण को देखते हुए, बहुत कठिन रहा है। उत्पन्न विवाद ने उनके पूरे जीवन का पीछा किया है, लेकिन जिस मार्ग को उन्होंने चुना है उससे विचलित नहीं किया है।

पिछले कुछ वर्षों में डिक् बॉक ने जॉन कॉल्ट्रेन के विषय में मुझसे बात की थी : कि कैसे वे भारत के द्वारा आकर्षित हुए, कैसे हमारे चहेते बने और कि मेरे सारे रिकॉर्ड उनके पास थे। 1964-65 के जाड़े में जब मैं अमेरिका वापस हुआ और एक तट से दूसरे तट तक के भ्रमण में करीब 42 वादन कार्यक्रम देता रहा था (फिर एक बार फिर एशिया सोसायटी के सहयोग से) डिक् उन्हें मुझसे भेंट कराने न्यूयॉर्क लाए।

अधिकांशत: जैज़ संगीतकारों से, जिनसे मैं इन वर्षों में मिला था, कॉल्ट्रेन का तरीका दूसरा था। अच्छा जैज़ सुनने के लिए मुझे अधिकतर बड़े नगरों जैसे न्यूयॉर्क, सैन फ्रांसिस्को और लॉस एंजिलिस के जैज़ केंद्रों पर जाना पड़ता था। इन स्थानों पर जिस समय ये प्रवीण संगीतकार बजा भी रहे होते, लोग मदिरापान, धूम्रपान, खाते रहते या बातें करते रहते थे। बीच में जब कोई संगीतकार कोई मोहक सोलो बजाता, तो श्रोता उसकी ओर ध्यान देते और जोरदार तालियाँ बजाकर उसकी तारीफ जताते। लेकिन वे स्थान धुएँ से इतने भरे होते (पुराने जमाने के लन्दन के कुहासों की तरह) कि मेरी आँखें जलने लगती थीं, उनसे पानी गिरने लगता था और मैं साँस नहीं ले पाता था। कुछ अत्यन्त आकर्षक संगीत के बावजूद जो कोई सुन पाता, वातावरण बड़ा विघ्नदायक था।

जब जॉन कॉल्ट्रेन मेरे पास आए, वे अपने समकालीनों से भिन्न दिखे : बड़े स्वच्छ, शिष्ट और विनम्र। स्पष्टत: करीब छ: महीने पहले उन्होंने नशा और मदिरा छोड़ दी थी, शाकाहारी हो गये थे और रामकृष्ण के ग्रन्थों को पढ़ना शुरू कर दिया था। एक जैज़ संगीतकार के लिए दूसरी अति पर जाना, खासकर उन दिनों, एक सुखद आश्चर्य था। वे भारतीय संगीत के बारे में उलझन में थे और मुझसे इसके बारे में सब कुछ पूछा। एक जैज़ कलाकार के रूप में निश्चित राग रूपों के अनुशासन और चौखटे के बीच स्वतन्त्र लयकारी की पद्धति पर वे चकित थे, हमारे तालों की संश्लिष्ट बुनावट पर और सबसे बढ़कर कि कैसे हम अपने संगीत में इतनी शान्ति और आध्यात्मिकता उत्पन्न कर देते हैं।

हम लोग कुछ बार मिले और मैंने उन्हें रागों और तालों के बारे में कुछ मूल बातें सिखाईं। वे कभी वाद्य लेकर नहीं बैठते थे, लेकिन मैं अपनी आवाज और सितार से प्रदर्शन करता जबकि वे कुछ नोट करते थे और मुझसे प्रश्न पूछते थे। हमारी तीन या चार बैठकें हुईं जिनके अन्त में उन्होंने कहा कि वे एक ऐसे अवसर की प्रतीक्षा कर रहे थे कि मेरे पास आएँ और अध्ययन में छ: महीने बिताएँ। जब दूसरी बार एक

छोटी यात्रा के लिए 1966 में मैं न्यूयॉर्क आया, हम लोग मिले, जब हमलोगों ने उनके लॉस एंजिलिस कुछ हफ्तों के लिए आने और मुझसे ठीक से सीखने के लिए एक तिथि निश्चित की। दुख की बात है कि उसके पहले उनकी मृत्यु हो गयी।

कॉल्ट्रेन का अपने भारतीय संगीत शिक्षक के प्रति आदर स्पष्ट था, उन्होंने अपने पुत्र का नाम रवि रखा था।

अमरीकी यात्रा और 1965 के आरम्भ में ऑस्ट्रेलिया और न्यूजीलैंड में कॉन्सर्टों के लिए लम्बी यात्रा के बाद, दूसरा ठहराव था पेरिस। वहाँ मैंने एक विशिष्ट संप्रदाय की फिल्म 'चैप्पैकवा' में संगीत का योगदान किया। जो निदेशक कॉनरैडरुक्स के द्वारा निर्मित थी। कॉनरेड ने कहानी को अपने ही जीवन पर आधारित किया था और मुख्य भूमिका स्वयं की थी। इसमें हिप्पी गुरु विलियम बरोज और ऐलेन गिन्सबर्ग भी अभिनेता थे मैं पहली बार कॉनरेड से न्यूयॉर्क में मिला था। और उन्हें एक असाधारण व्यक्ति के रूप में पाया था। इसके पहले वे नशा लेते रहे थे और जूरिक के एक क्लिनिक में इससे चंगे होकर बाहर निकल आए थे; 'चैप्पैकवा' में इनका चरित्र नायक भी इसी अनुभव से होकर गुजरता है। सचमुच मुझे लगा की कॉनरेड अभी-अभी एक हॉलीवुड फिल्म से बाहर आए हों; सुन्दर, मृदुल, विनोदी और खुशमिज़ाज और साथ ही झक्की भी। हम दोनों मित्र हो गये थे और ग्रीनिक्स के गाँव और इसके जैज़ केन्द्रों में घूमा करते थे।

पेरिस में उनका एक बड़ा भव्य अपार्टमैंट और एक आकर्षक उजली कनवर्टिवुल थंडरबर्ड कार थी जिसमें जोर से संगीत की तरह बजने वाला हॉर्न था। वहाँ वे सचमुच एक फिल्म स्टार की तरह व्यवहार करते थे। पेरिस के रात्रि जीवन में हमारे बड़े मजे थे—रिट्ज में शैम्पेन और केवियर वगैरह। उनकी एक बड़ी आकर्षक काली गर्लफ्रेंड थी और मेरी एक सुन्दर फ्रांसिसी साथी। एक दिन कॉनरैड एतोएल से अपनी थंडर बर्ड में हमें बैठाकर एवेन्यु दे चैम्प्स एलिसिज के मार्ग पर बड़ी तेज रफ्तार से गाड़ी चला रहे थे। तुरन्त हम लोगों ने दो सायरनों की तेज आवाज सुनी और पुलिस की दो गाड़ियों ने हमें रोका। गति सीमा से इतना अधिक तेज गाड़ी चलाने पर पुलिस ऑफिसर हम पर गुस्से में बोल रहा था, और दोनों लड़कियाँ और मैं बिल्कुल डर गये थे—लेकिन कॉनरेड नहीं घबराये। आत्मविश्वास और निर्दोषिता दिखाते उन्होंने बहाना किया कि वे फ्रेंच नहीं समझते। उनके टेन-गैलन हैट के नीचे से टेक्साज की स्वर भंगिमा में एक लम्बी और तेज आवाज आई : "लुक हियर, आहफिसर! आह डिडन्ट नो द स्पीड लिमिट एंड आहं वाज ड्राइविन लाइक वी डू बैक होम। अहम सॉरी!" पुलिसमैन ने इसमें से कुछ समझा कि नहीं यह तो सहज अनुमान लगाया जा सकता है लेकिन पीछे की ओर सवारियों की भीड़ और आने-जाने वालों की भीड़ जमा हो जाने के कारण उसने छोड़ दिया, बोला, 'एलोर्स, ऐलेई! फेटी अटेन्सन ला प्रोशेन फोई,' और हम लोगों के जाने का संकेत दिया।

शुरू में कॉनरेड ने योजना बनाई थी कि इसमें संगीत का काम सँभालने को वे ऑरनेट कोलमैन से कहें लेकिन उन्होंने मन बदल दिया और इसे मुझे दिया। भ्रमजालों, फन्तासियों के अनेक प्रकरणों, ध्यान साधना और भारतीय आध्यात्मिकता को मिलाकर यह एक अजीबोगरीब फिल्म थी। यद्यपि संगीत के लिए मैंने इसे एक झमेले वाला विषय पाया फिर भी यह एक चुनौती थी जिसे मैंने पसन्द किया। रिकॉर्डिंग के लिए, जो कि पेरिस के एक स्टूडियो में हुई, मैंने अल्ला रखा और स्थानीय छः या सात संगीतकारों का उपयोग किया। यहीं पहली बार मैं फिलिप ग्लास से मिला।

फिलिप न्यूयॉर्क के ज्वीलियर्ड स्कूल से स्नातक हुए थे और अनेक अमरीकी प्रतिभावान संगीतकारों की तरह संगीत की उच्च आराधिका नाडिया बुलैंगर से उच्चतर प्रशिक्षण लेने पेरिस आए थे। इस बीच एक गोष्ठी कलाकार के रूप में वे कुछ अलग से पैसे भी कमा रहे थे और चैप्पैकवा में एक संगीतकार के रूप में उन्हें काम भी मिल गया था। जिस क्षण हम लोग मिले उसी क्षण बात बन गयी। वे भारतीय संगीत में बड़ी रुचि रखते थे। कई दिन जो हमने साथ काम किया उस बीच मेरी रचनाओं का पश्चिमी

संगीत लिपि में रूपान्तर करने में सहयोग और दूसरे संगीतकारों का संचालन करने के अलावा, रागों, तालों और हम कैसे स्वतन्त्र लयकारी करते हैं इस पर बहुत सारे प्रश्न कर वे घंटों बिताते थे। तालों की हमारी विकसित गणितीय पद्धति पर वे मुग्ध थे।

न्यूयॉर्क में लौटकर 1967 में मैंने उनके लिए अल्लारखा के साथ कुछ तबला क्लासों की व्यवस्था की थी। कुछ वर्षों के लिए तो फिलिप से मेरा सम्पर्क बिल्कुल टूट गया मगर सत्तर के दशक के बीच किसी समय उनका नाम मेरे ध्यान में फिर आया, क्योंकि उनकी न्यूनतम-संगीत वाली शैली लोकप्रिय हो रही थी। उनके इस उल्लेख को पढ़कर मुझे सुखद आश्चर्य हुआ था कि पेरिस में मेरी मुलाकात ने उन्हें प्रभावित किया था और संगीत विषयक उनकी सोच को बदल दिया था।

फिलिप ग्लास : जब मेरी भेंट रवि से हुई तो मुझसे भिन्न संस्कृति के शास्त्रीय संगीत से यह मेरा पहला सम्पर्क था : भारत का परम्परागत शास्त्रीय संगीत। 1965 में भारतीय संगीत में अभी भी एक रहस्यमयता का भाव था। यह एक ऐसी रुचि थी जिससे बहुत लोग अंजान थे और जब मैं उनके साथ काम करने गया तो मैं इसके बारे में एक भी चीज नहीं जानता था। बहुत सी चीजें थीं जो उस प्रथम भेंट में बहुत प्रभावित करनेवाली थीं।

जिस चीज ने मुझे प्रभावित किया वह थी एक ऐसे आदमी से मिलने की जो रचयिता भी था और वादक भी, जिसने एक ही व्यक्ति में इन दोनों कार्यों का समाहार किया था। उस समय तक यद्यपि ऐतिहासिक दृष्टि से बहुत से रचयिता वादक हो चुके हैं—अतीत में मोजार्ट, बीथोवेन, लिस्त, चोपिन, रख़मनिनोव, बार्तोक़ तक हम जा सकते हैं—हाल के वर्षों में समकालीन पाश्चात्य संगीत में ऐसा नहीं पाया गया है। हमें युवा रचयिताओं के रूप में वादक बनने के लिए प्रोत्साहित नहीं किया जाता था। और रवि से जब मैं मिला तो मैंने देखा कि यह अलगाव था ही नहीं। यद्यपि बेशक वे लिखते रहे थे, संगीत का वादक न होना उनके लिए अकल्पनीय था, और उस समय से वे सितार कॉन्सर्टो और दूसरी चीजें करते रहे हैं और हाल के वर्षों में वादक के अतिरिक्त एक रचनाकार के रूप में उभरे हैं। लेकिन उस समय वे सचमुच एक रचयिता वादक के रूप में दिखे।

दूसरी चीज थी वह वास्तविक प्रणाली जिसमें भारतीय संगीत की संरचना होती है। संक्षेप में, पश्चिम में संगीत के तत्त्वों के रूप में हम सुरीलापन (मेलोडी), संस्वरता (हार्मोनी) और लय (रिद्म) की बात करते हैं। पाश्चात्य संगीत के ढाँचे को बढ़ने में मेलोडी और हार्मोनी की प्रधान भूमिका होती है, रिद्म ज्यादातर सजावट के तत्त्व के रूप में आता है। किन्तु पौर्वात्य संगीत में और सामान्यत: अपाश्चात्य संगीत में हार्मोनी का कार्य लगभग रहता ही नहीं, और कभी-कभी तो बिल्कुल अनुपस्थित रहता है। मेलोडी और रिद्म परस्पर सहचर होकर पूरे ढाँचे का निर्धारण करते हैं—और यह बहुत महत्त्वपूर्ण और व्यावहारिक धारणा थी।

एक नये रचयिता के रूप में मैं अपनी संगीत रचना के लिए एक नया तरीका ढूँढ़ रहा था। उस समय जिसे समकालीन संगीत कहा जाता था उससे मैं खुश नहीं था—जो बुलेज़ और स्टॉक हाउसेन और इलियट कार्टर का संगीत था—बड़े अच्छे संगीत रचयिता, किन्तु यह मुझसे अलग एक दूसरी पीढ़ी का संगीत था। रंगमंच पर जो मुझे अनुभव हो रहे थे उनके साथ भारतीय संगीत के इस सम्पर्क ने संगीत के विषय में एक नयी सोच के रास्ते पर मुझे बढ़ाया जिसमें रिद्म संरचना नियन्त्रण का कार्य करती है और हार्मोनी के बहुलांश को मैंने नहीं के बराबर कर दिया (यद्यपि मेलोडी की सामग्री भी बहुत कम कर दी गयी)। यही शुरुआत थी जिसे कुछ समीक्षकों ने मिनिमम म्यूजिक (न्यूनतम संगीत) का नाम दिया। इस प्रकार की संगीत रचना करनेवालों के बहुत बाद तक यह नाम चलता रहा, लेकिन जिस संगीत की रचना मैंने साठ के दशक के उत्तरार्द्ध और सत्तर के दशक के पूर्वार्द्ध में की उसमें रिद्म संरचना ही उसका असली प्रभाव था—और इसे मैंने रवि से लिया था।

तीसरी चीज जो रवि के बारे में बड़ी प्रभावित करनेवाली थी वह एक व्यक्ति के रूप में वे स्वयं थे; अत्यन्त सहानुभूतिपूर्ण, दयावान व्यक्ति मगर मात्र यही नहीं—एक ऐसा व्यक्ति जो वास्तव में युवा लोगों और युवा रचनाकारों में रुचि लेता था। हम लोग समकालीन संगीत के विषय में, आधुनिक संगीत के विषय में और उनके संगीत के विषय में घंटों बातें करते थे। वे हर चीज के प्रति जिज्ञासु थे—और अभी भी हैं। वे बड़ी खुली तबीयत के आदमी थे; वे मुझे उनके सम्पर्क में रहने के लिए उत्साहित करते थे, और जब, कुछ वर्ष बाद, न्यूयॉर्क के सिटी कॉलेज में कुछ समय के लिए वे और अल्लारखा पढ़ा रहे थे तो मैं फिर सम्पर्क में आ गया।

1966 में जॉर्ज हेरिसन से मिलने और लोकप्रिय संगीत संसार को भारतीय कक्षा में स्थापित कर देने के पूर्व ही रवि 60 के दशक के आरम्भ से मध्य तक आए लोक संगीत के ज्वार में हिप्पी आन्दोलन के आरम्भिक अवतरण के द्वारा अंगीकार कर लिये गये थे जिसके प्रकाश स्तम्भों में एक थे रोरी मैकईवान जिन्हें रवि 1961 के एडिनबरा उत्सव के समय से जानते थे। रोरी ने लन्दन के वेस्ट ब्रॉम्पटन जिले के कैटहार्ट रोड में उन्हें एक कॉटेज उधार दिया था, जो कुछ दिनों तक रवि के लिए वहाँ ठिकाना था।

रोरी स्कॉटलैंड के एक महत्त्वपूर्ण परिवार से आते थे, उनके पिता बैरोनेट थे। अपने सुन्दर भाई एलेक्जैन्डर के साथ उन्होंने गिटार पर पुराने और सुन्दर अँग्रेजी लोकगाथा गायन (बैलेड) का कार्य शुरू किया। लोकगीत के नये आन्दोलन के समय वे प्रसिद्ध हो गये थे। रोरी मेरे एक बड़े अच्छे मित्र थे और बड़ा आनन्द लेते हुए लन्दन में उनके आवास पर मैंने सम्भवत: दो बार वादन-कार्य किया। वे और उनकी सुन्दर पत्नी रोमाना करीब पचास या साठ भारतीय संगीत के गहरे प्रेमियों को निमन्त्रित करती थीं, और यह बड़ा लाभप्रद वातावरण था। उन्होंने एक आकर्षक जवान अमरीकी लोक गायिका कैरोलीन हेस्टर से मेरा परिचय भी कराया, जिनके लिए मैंने बंगाली नाविक-गीत 'माझी रे' की तर्ज पर कुछ गीत लिखे और व्यवस्था की, जिन्हें उन्होंने अपने ऐलबम के लिए रिकॉर्ड किया।

रॉक-संगीत के लिए दीवानगी के साथ, बीटलों और रौलिंग स्टोन्स के साथ ये लोकगीत और

लोकरॉक टोलियाँ भी लोकप्रिय हो रही थीं। 1965 के उत्तरार्द्ध और 1966 के आरम्भ में लोक-संगीत का एक नया आन्दोलन सारे ब्रिटेन के क्लबों में उभर रहा था। बेसिल डगलस (उस समय और बाद में बहुत वर्षों तक ब्रिटेन में मेरे मैनेजर) ने कुछ ऐसे स्थानों पर मेरे कार्यक्रम का आयोजन किया था। मैं बहुत प्रसन्न नहीं था क्योंकि यह पहला अवसर था जब मेरा परिचय हिप्पियों से कराया गया था। ये क्लब अजीब वस्त्र पहने लोगों से भरे थे, पुनर्जागरण काल या लुई चौदहवें शैलीवाले भड़कीले वस्त्र, मर्दों की दाढ़ियाँ लम्बी थीं, बाल लम्बे थे, गले में मालाएँ थीं, और स्त्रियाँ लम्बे, पुराने युग के कामदार वस्त्र में थीं।

इसके बाद था मारिजुआना और हैशिश, और इतना धूम्रपान और दुर्गन्ध छिपाने के लिए पैचुली अगरबत्ती की मधुर सुगन्ध। मुझे बजाना रोक देना पड़ा और मैं अड़ गया कि बेसिल डगलस यह सुनिश्चित करें कि मेरे कार्यक्रम के बीच धूम्रपान न हो। यहीं से ड्रग के विरुद्ध मेरे अभियान की शुरुआत हुई। हिप्पियों ने ध्यान से सुना लेकिन उनमें ज्यादातर जड़ीभूत हो गये थे। मैं नहीं कह सकता कि वे कितना एल.एस.डी. या और भी कड़े नशे का सेवन करते थे मगर हैश और मारिजुआना तो बिल्कुल साफ थे। इन विचित्र युवा पिशाचों को देखने का यह मेरा पहला अनुभव था!

यह बात नहीं थी कि मैं इन हिप्पियों को समझता नहीं था। साठ के दशक के शुरू में मैं कुछ बीटनिकों से सैन फ्रांसिस्को और लॉस एंजिलिस में मिला था। वे बीटनिक अधिकतर कलाकार थे : प्रधान कवि, चित्रकार और लेखक, अधिकांश चालीस के ऊपर—परिपक्व लोग जिन्होंने पहले ही कुछ उपलब्धियाँ प्राप्त कर ली थीं और कोई मंजिल तय कर ली थी, नशे के बावजूद मैं उनकी प्रशंसा करता था। पूरे दृश्य के बारे में मैंने और अधिक जानकारी प्राप्त कर ली थी और जानता था कि कैसे आल्डस हक्स्ले जैसे लोग ड्रग के साथ प्रयोग कर रहे थे। इसके भी पहले यूरोप में हिप्पियों के पितामहों का मुझे स्मरण है, जो 1930 के दशक के आरम्भ में पेरिस में मौजूद थे—परम्पराविरोधी (बोहीमियन) लोग। बीटनिकों की तरह वे लोग भी परिपक्व उपलब्धि वाले लोग थे, अधिकतर जाने-माने चित्रकार, लेखक, अभिनेता और नृत्य-रचनाकार। लगता था कि हैशिश और कोकेन उनके लिए मुख्य कला-संजीवनी थे। सबसे आगे थे गुर्जिएफ। आरम्भ में एक नर्तक, उन्होंने डैडेइज्म की रहस्य विद्या को लोकप्रिय बनाया था। रुडॉल्फ स्टीनर इन लोगों में गुरु रहे थे, और मैंने उनकी कुछ पुस्तकें पढ़ी थीं और उन्हें रुचिकर पाया था।

यह भी बात नहीं थी कि मैंने किसी नशे के सेवन की कोशिश कभी न की हो। दूध में बादाम, गुलाब की पंखुरियाँ, सूरजमुखी के बीज और दूसरी चीजों से मिली भाँग के एक सुस्वादु पेय का मैंने भारत में कुछ बार अनुभव किया था। इससे हालाँकि, मुझे डर लगता था, और मैं हमेशा बहुत कम लेने की कोशिश करता था। यह सामान्यत: लोगों को बहुत हँसाता है, बहुत भोजन कराता है और तब सुला देता है, लेकिन एक अवसर पर किसी ने मेरे पेय में बहुत ज्यादा भाँग मिला दी थी और मेरा बुरा हाल कर दिया था। मुझे भयंकर धड़कन होने लगी थी और अनुभव हुआ मानो मुझे हवा में ऊँचा फेंक दिया गया और धड़ाम से बिछावन पर पटक दिया गया हो। दिमाग में मेरे आग लगी थी और भयानक रूप दिखाई पड़ रहे थे मेरी छाती भारी लग रही थी, गला सूख गया था और मैं गैलनों पानी पीना चाहता था—मैं सोच रहा था कि मैं मर रहा हूँ। इन अनुभवों ने मुझे डर से इतना भर दिया कि मैंने कोई कड़ा नशा करने की कोशिश नहीं की। एक बार न्यूयॉर्क में कुछ मित्रों ने मारिजुआना के कुछ कश लेने को कहा, लेकिन चूँकि मैं धूम्रपान नहीं करता, अत: मैंने धुआँ भीतर नहीं खींचा और सिवाय बुरे सरदर्द के मुझे कुछ न हुआ।

पहली बार 1965 में मैंने एल.एस.डी के बारे में सुना था। डिक बॉक ने, जिन्हें एक बार अनुभव हुआ था, मुझे आजमाने के लिए कहा। उन्होंने कहा, 'रवि,' यह सचमुच दिमाग को बढ़ा देता है। कल्पनाशक्ति के द्वारा आप बहुत कुछ कर सकते हैं। लेकिन यह मुझे आसक्त न कर सका और मैंने कहा

कि मुझे इसकी जरूरत नहीं थी। फिर भी, एक महिला ने, जिन्हें वे जानते थे, टिमॉथी लियरी के साथ एक आदमी पर एक छोटी फिल्म बनाई थी जो पेयोट मशरूम खाता है और उसे भ्रान्तियाँ आती हैं, पहले तो बड़े कामोद्रेक का आनन्द लेता है मगर बाद में एक बुरी गलती का अनुभव करता है। मैं लियरी और उनसे मिला, और जब उन्होंने और डिक ने उस फिल्म के लिए मुझे संगीत देने को कहा, मैं सहमत हो गया। यह विद्यापरिसरों में लोकप्रिय हो गया। क्योंकि यह ड्रग का महत्त्ववर्द्धन कर रहा था। मगर मैंने अनुभव किया कि मैं इस अभियान में फँस गया हूँ। यह ऐसी चीज है जिसके बारे में मुझे कभी प्रसन्नता न हुई और ऐसा करके मैंने कभी गर्व का अनुभव नहीं किया है। मैं विभ्रामक दवा के विरुद्ध हूँ।

मेरे लिए यह कला-प्रदर्शन है जो गहरे आनन्द की सृष्टि करता है, भौतिक, मानसिक और आध्यात्मिक रूप से। वर्षों की साधना से मैंने यह स्वभावजन्य 'उद्दीपक' या 'प्रेरक' विकसित कर लिया है जो, एक बार जब मैं अपने यन्त्र का सुर मिला लेता हूँ, तो शीघ्र कार्य करने लगता है—संसार विस्मृत हो जाता है, धीरे-धीरे मुझे बड़ी शान्ति और शक्ति का अनुभव होने लगता है, साथ ही विषाद या अत्यन्त आनन्द का भी। मुझे एक उच्चावस्था का सच्चा बोध होने लगता है, कभी-कभी 'उच्चतर' और 'उच्चतम' का भी। हर बार वह उस स्तर पर न घटित हो, लेकिन जब कुछ ठीक-ठाक हो—श्रोता, स्थान, ध्वनि, मेरा सितार ठीक साथ दे और मेरा मन इससे पूर्णत: एकतान हो—तो राग जीवन्त हो उठता है और मुझमें एक जादू हो जाता है। इसको समझाना कठिन है, इसी प्रकार का बोध कोई ध्यान के उच्च सोपान पर अनुभव कर सकता है या कभी-कभी प्रेम करते समय। जब मैं संगीत में गहरे उतर जाता हूँ तो ईश्वर के बहुत निकट अनुभव करता हूँ।

कभी-कभी मैं शैम्पेन, मदिरा और कॉगनैक का आनन्द भी लेता हूँ, किन्तु मैं नियमित पीनेवाला नहीं हूँ, और कभी-कभी जब इसमें पड़ता भी हूँ तो केवल वादन से बाहर, पहले नहीं जाता। बड़ा खराब लगता है जब लोग मत्त, लद्धड़ और नियन्त्रण से बाहर, हिंसक और अश्लील हो जाते हैं और झमेला बन जाते हैं—जैसाकि दुर्भाग्य से बहुत से कलाकार करते हैं, चाहे भारत में या यूरोप में। कुछ लोग जिन्हें मैंने बहुत प्यार किया, उन्होंने ड्रग या मदिरा के द्वारा, उन्होंने हमारे सुन्दर सम्बन्ध बिगाड़ते हुए घृणित व्यवहार किया है, और उनके कारण कुछ अकाल मृत्यु को प्राप्त हुए हैं।

पाश्चात्य जैज़, फिल्म, लोक और पॉप संगीत पर अपने ऊपरी प्रभाव के साथ, रवि हृदय से शास्त्रीय संगीतकार ही थे, और यह पश्चिम में उनके कार्यक्रमों में उतना ही स्पष्ट था जितना कि यह हमेशा भारत में रहा है। आज तक उन्होंने संसार भर में अपने सितार वादन के साथ जीवन्त हिंदुस्तानी शास्त्रीय संगीत के प्रति अपनी प्रतिबद्धता कायम रखी है।

अपनी परम्परा के प्रति यह समर्पण भाव प्रथम पाश्चात्य शास्त्रीय संगीतकार के साथ उनकी भागीदारी में बढ़ता हुआ परिलक्षित हुआ जिनसे वे मिले थे और जो भारतीय संगीत की गहराइयों को समझते थे। यह 1966 की बात है कि रवि द्वारा हजारों दूसरे क्षेत्रों को प्रकाशित करने के साथ ही उन दोनों ने अपनी पहली युगलबन्दी की।

इन वर्षों में यहूदी मेनुहिन और मैं सम्पर्क में रहे हैं। जब मैं 1956 में अपने आप लन्दन आया था, हम लोगों की भेंट हुई थी, हालाँकि वे बड़े व्यस्त थे (आज भी वे व्यस्ततम कलाकारों में एक हैं)। जबकि हम उसी नगर में थे हम परस्पर थोड़ी देर के लिए मिलते थे, जब फुर्सत में होते तो एक दूसरे की संगीत गोष्ठियों में उपस्थित होते और बीच में कभी कभार फोन करते और इसी तरह हम लोगों ने अपना सम्बन्ध बनाए रखा।

एक बार मैंने उन्हें सलाह दी थी कि बड़ा मनोरंजक होता यदि हम लोग एक युगलबन्दी करते लेकिन 1966 तक, जब हमने बाथ फेस्टिबल में बजाया जिसका वे निर्देशन कर रहे थे, यह न हो सका था—असल में पहले 1959 में ही उन्होंने इसकी स्थापना की थी। उन्होंने जाने माने जर्मन पियानो वादक और रचयिता पीटर फ्युक्टवैंगर को उस विशेष अवसर के लिए एक सितार-वायलिन की युगलबंदी की

रचना करने को कहा था। यह एक बड़ी मजेदार चीज थी जिसमें उन्होंने भारतीय राग तिलंग की तरह का स्केल लिया था। लेकिन सितार और सामान्यत: भारतीय संगीत की दृष्टि से न जाने क्यों मुझे बड़ा अजनबी लगा खासकर यदि मुझे इसे बजाना होता। मैंने यहूदी से यह साफ कहा, इसलिए उन्होंने कहा, 'ऐसी हालत में आप खुद एक नयी चीज क्यों नहीं लिखते?' उसके रचयिता को चोट नहीं पहुँचाने की गरज से मैं हिचकिचाया; लेकिन यहूदी इतने उत्साही थे कि मैं सहमत हो गया और उसी राग पर आधारित मैंने सर्वथा एक नयी रचना की। इसकी यहूदी के लिए पश्चिमी संगीत-लिपि की गयी जॉन बारहैम के द्वारा, एक अत्यन्त कुशल युवा पियानो वादक जो कुछ समय तक मेरे साथ अध्ययन कर चुके थे। इसमें यहूदी के लिए कुछ केडेन्जाज इस तरह लिखे गये थे कि यद्यपि यह स्वतन्त्र लयकारी की चीज नहीं थी फिर भी सुनने में लगती थी। हमारी युगलबन्दी का उस उत्सव में स्नेहपूर्ण स्वागत हुआ।

यहूदी मेनुहिन : पचास के दशक में मेरी पत्नी डायना और मैं प्राय: भारत जाते थे। एयर लाइन्स के द्वारा हमारे इतने सहकर्मी पहाड़ों में अटका दिए गये थे कि हमने केवल ट्रेन और नौका के द्वारा यात्रा करने का फैसला किया। जब तक कि नागरिक उड़ानों में रडार लग नहीं गये। इसलिए जेनेवा और वेनिस से हम लोग जहाज द्वारा दो बार भारत गये, और यह बड़ा सुखद रहा। प्रत्येक अवसर पर मेरी रवि से भेंट हुई और भारतीय शास्त्रीय संगीत के बारे में मैं थोड़ा और अधिक जान पाया। लेकिन साथ बजाने के लिए रवि का निमन्त्रण स्वीकार करने से पहले बहुत समय बीत गया, इसमें मुझे बहुत समय लगा था क्योंकि मैं महसूस करता था कि मैं किसी प्रकार इसके योग्य नहीं हूँ। अन्त में बाथ में वह महान क्षण आया जब आखिरकार मैंने कह दिया था कि मैं उनके साथ बजाऊँगा। मैं डर गया था, लेकिन हम लोगों ने रात-दिन काम किया, और जब हम काम कर रहे होते डायना एक भारतीय रेस्तराँ से हमारे लिए भोजन लाती थी। जब कभी हम काम नहीं करते होते तो या तो खाते या सोते, लेकिन बाकी समय हम लोगों ने डेढ़ दिन तक काम जारी रखा—और हमेशा अगरबत्ती जलती रहती थी। आखिरकार मैं रवि के साथ कुछ रचनाएँ बजाने में समर्थ हुआ, और तब हम लोगों ने एक कार्यक्रम दिया। मैं आपको विश्वास दिलाता हूँ कि उससे पहले मैं इतना कभी नहीं घबराया था। यह इतना सफल हुआ था कि हम लोगों को इसे उसी दिन दुबारा करना पड़ा—और उसके बाद मैं दीक्षित हो गया।

ई.एम.आई. तुरन्त उस युगलबन्दी को रिकार्ड करना चाहता था और आगे चलकर उसका 'स्वर काकली' शीर्षक से एक संशोधित रूप ईस्ट मीट्स वेस्ट त्रयी के ग्रैमी पुरस्कार विजेता ऐलबम में आया। एक ढाँचा जो दूसरे एल.पी. में दुहराया गया उसमें प्रत्येक मुख्य कलाकार के द्वारा युगलबन्दी रचनाओं के साथ एकल वादन भी किया गया था। इस प्रथम वॉल्यूम में प्रात: कालीन राग गुणकली पर आधारित मन में गूँजने वाले प्रभाती के ध्वनि चित्र से आरम्भ किया गया था।

यहूदी चाहते थे कि मैं उनके लिए एक दूसरी छोटी-सी रचना लिखूँ, और हम लोगों ने इसका नाम प्रभाती दिया। मैंने इसे यहूदी के लिए पिजिकैटो शैली में बजाने के लिए लिखा। इसमें एक जापानी स्वाद है चूँकि वे राग गुणकली के लिए वैसा ही स्केल रखते हैं।

वेस्ट मीट्स ईस्ट रिकॉर्ड इतना लोकप्रिय हुआ कि ई.एम.आई. ने हमसे एक और बनाने का आग्रह किया। इसमें राग मिश्र पीलू पर आधारित एक रचना दिखानी थी, जिसे हमने 1967 के 10 दिसम्बर को संयुक्त राष्ट्र मानवाधिकार दिवस के अवसर पर यू.एन. की मानवाधिकार घोषणा की बीसवीं वर्षगाँठ मनाने के लिए न्यूयॉर्क के संयुक्त राष्ट्र संघ वाले बड़े हॉल में प्रदर्शित किया। इस कॉन्सर्ट को फिल्माया गया। और पूरे संसार में इसका टेलीविजन पर प्रसारण हुआ।

यहूदी के साथ मेरी ये सहभागिताएँ किसी विदेशी कलाकार के साथ मेरी प्रथम कोटि की थीं। इसके बाद मुझे यह बेहतर लगा कि केवल शास्त्रीय संगीतकारों के साथ रिकॉर्ड करूँ और इसने मुझे विश्वास दिलाया कि मुझे हमेशा रचयिता होना चाहिए। इसके ऊपर जो भी संगीत बजाने के लिए हमने

चुना, चाहे रागों पर आधारित हो या लोक-धुनों पर, उसे भारतीय होना था। बाख और हैंडेल की तरह की चीज बजाने में मैं हिचकता था क्योंकि मुझे शक था कि उनके साथ न्याय कर सकूँगा। इसमें बहुत सी तक़नीकी कठिनाइयाँ हैं, जैसे एक ही समय भिन्न भागों को अलग-अलग तारों पर बजाना, जो भारतीय शास्त्रीय संगीत के लिए विजातीय चीज है।

1976 में उसी शीर्षक वेस्ट मीट्स ईस्ट से हमने एक तीसरा रिकॉर्ड तैयार किया। तब तक मेरी भेंट एक अप्रतिम बाँसुरी वादक से हुई थी, ज्याँ पियरे रामपाल। शुरू में वे एक कॉन्सर्ट के लिए लॉस एंजिलिस आए थे, और मैंने उन्हें खाने पर बुलाया था। वे बड़े महत्त्वपूर्ण संगीतकार हैं; मैंने दूसरे अपूर्व बाँसुरी वादकों को सुना है, लेकिन वे मेरे पसन्दीदा हैं। वे मेरे साथ या मेरी रचनाओं में से कोई बजाने को उत्सुक थे। इसलिए मैंने उनके लिए दो रचनाएँ लिखीं। 'द इनचान्टेड डॉन' राग तोडी पर आधारित (एक प्रात:कालीन राग) एक रचना थी, जो सिर्फ उनके लिए और एक हार्प के लिए लिखी गयी थी। चूँकि कोई तबला-वादक नहीं था, अत: मैंने रचना को ऐसा आकार देने को सोचा जिससे इसमें एक छोटा आलाप और जोड़ और एक ही गत हो; जबकि स्व. मार्टिन गेलियट के द्वारा बजाए गये हार्प का कुछ जगहों पर उपयोग किया गया था, मानो तानपूरा की भन-भन हो, और दूसरे स्थानों पर तबले की तरह घन वाद्य का प्रभाव उत्पन्न किया गया हो। विभिन्न तानों के मिश्रण और हार्प और बाँसुरी के बीच अदला-बदली के साथ यह सब सुनने में बड़ा आनन्ददायक लगा।

दूसरी रचना 'मॉर्निंग लव' बाँसुरी और सितार के लिए, अल्लारखा के तबला और कमला के तानपुरा वादन के साथ एक सद्य:स्फूर्त रचना थी। मैंने अपने सितार पर दूसरे स्वर रे का प्रयोग सा की तरह किया था, अत: ऋषभ तीव्र आधार स्वर हो जाता था (डी शार्प बीकेम द टानिक)। 'मॉर्निंग लव' नट भैरवी के कर्नाटक स्केल पर आधारित था, लेकिन यह अर्द्ध शास्त्रीय शैली में मेरा अपना निरूपण था, पाश्चात्य स्वरारोह शैली का उपयोग करते हुए इसे दूसरे रागों और लोकसुरों से जोड़ा गया था। (यद्यपि मॉड्यूलेशन सामान्यत: भारतीय संगीत में प्रयुक्त नहीं होता, लेकिन यह है जिससे हम भिन्न रागों को सा को दूसरे सुर में बदलकर बजाते हैं। इसे स्वर भेद कहते हैं।) ज्याँ पियरे ने बड़े सुन्दर ढंग से बजाया

और मुझे व्यक्तिगत रूप से वह रचना बड़ी प्रिय है, जितने सहवादन मैंने किये हैं उनमें यह मेरी पसन्दीदा है। उसके बाद से उन्होंने और मैंने पेरिस और लन्दन में दो या तीन बार बजाया है। मेरे सत्तरवें जन्मदिन पर रॉयल ऐलबर्ट हॉल कॉन्सर्ट को मिलाकर यहूदी ने भी बजाया था।

इस तीसरे रिकॉर्ड की दूसरी तरफ के लिए मैंने अपने और यहूदी मेनुहिन के लिए दो रचनाएँ लिखी थीं, 'ट्वाईलाईट मूड, (राग पूरिया कल्याण पर आधारित) और टेन्डरनेस' (नट भैरव के मेरे अपने रूपान्तर) पर आधारित। जहाँ तक रचना का सवाल है वे दोनों भी बड़ी अच्छी थीं। फिर, कुछ स्थल थे जहाँ मैंने एक केडेन्ज़ा लिखा जो बजाने पर स्वतन्त्र लयकारी की तरह लगता था, और तब तक यहूदी भी भारतीय संगीत बजाने में अधिक दक्ष हो गये थे।

यहूदी सदा भ्रमण करते रहते हैं; आजकल वादन से अधिक संचालन करते हुए, लेकिन तो भी एक महीने में दस से पन्द्रह कॉन्सर्ट करते हुए, अब भी जब वे अस्सी के हो गये हैं। शुक्र है कि वे बहुत गठीले हैं और अपना बहुत खयाल रखते हैं जिसमें हठयोगाभ्यास भी शामिल है। हम लोग आज भी नियमित मिलने का उपाय करते हैं और संगीत का हमारा सम्बन्ध आज तक जारी है। गस्ताद में उनके 'समर फेस्टिवल' में मैंने यहूदी के साथ तीन बार कार्यक्रम दिया है और लन्दन के साउथ वार्क कथिड्रेल में एक विशेष समारोह में हम दोनों ने बजाया था (एकल और साथ-साथ)। मैं एक व्याख्यान सह-प्रदर्शन और एक संक्षिप्त वादन के लिए उनके सर्रे के प्रसिद्ध संगीत विद्यालय में भी गया हूँ। सदा की तरह भारतीय संगीत का उनका प्रेम आज भी गहरा है : 1993 के लन्दन के रॉयल ऐलबर्ट हॉल वाले मेरे शो में वे अगली कतार में बैठे थे और बाद में जब मुझसे मिले तो उनकी आँखें भरी थीं जिससे मैं बड़ा विह्वल हो गया था।

उनकी प्रिया डायना के बिना कोई यहूदी के बारे में सोच नहीं सकता। वे अत्यन्त कुशाग्र बुद्धि हैं और कलाओं की विस्तृत जानकारी रखती हैं और हास्य-विनोद से भरी हैं। 1995 के मार्च में उन्होंने सुकन्या को और मुझे अपने लन्दन आवास पर भोजन के लिए निमन्त्रित किया था, और डायना ने अपनी हास्यप्रद कहानियों और आवाज की नकल से हमें हँसाकर लोट-पोट कर दिया था। यहूदी को भी अद्‌भुत लेखन और आशु भाषण कला की प्रतिभा मिली है : वे दोनों स्वयं संगीत की तरह ही हैं।

नवम्बर, 1995 में ब्रसेल्स के सर्क रॉयल में उन्होंने 'फ्रॉम द सितार टू द गिटार' नाम से एक उत्सव आयोजित किया, जिप्सियों की कला, संस्कृति, संगीत और नृत्य पर प्रकाश डालते हुए, उनकी ऐतिहासिक जड़ें भारत में खोजते और यह दर्शाते हुए कि कैसे वे मध्य पूर्व होते हुए यूरोप गये; एक समूह भू-मध्य सागर के उत्तर होते हुए रूस, बालकन देशों में और उनके पार; जबकि दूसरा समूह मोरक्को होते हुए स्पेन जहाँ उनकी कला महान संगीत और नृत्य रूप फ्लैमेंको में पुष्पित हुईं। इन दो आश्चर्यजनक प्रदर्शनों से प्राप्त धन 'इंटरनेशनल यहूदी मेनुहिन फाउंडेशन' को गया, जो संगीत के द्वारा संस्कृतियों के मिलन से अन्तर्राष्ट्रीय सद्‌भाव की वृद्धि में मूल्यवान दान का कार्य करता है।

मैं उस उत्सव का यहूदी के साथ सह-आयोजक था, और वे प्रत्येक कार्यक्रम प्रस्तुत करते बहुत सुन्दर बोले। समूची धारणा को समझाते हुए शो के आरम्भ में उनके परिचायक भाषण के बाद मैंने अपने दो नये रागों के ढाँचे पर रचना देते हुए संक्षिप्त सितार वादन से कार्यक्रम का आरम्भ किया; दोनों रात एक-एक राग बंजारा 24 तारीख को और पीलू बंजारा 25 तारीख को (बंजारा नाम है जिससे जिप्सी भारत में जाने जाते हैं)। अपूर्व तबला विशारद कुमार बोस ने मेरी संगत की जो 1985-91 के वर्षों में, जहाँ भी मैंने भ्रमण किया, मेरे तबला वादक रहे थे; सुकन्या ने तानपूरा बजाया था।

मैंने विशेष रूप से भारत से एक राजस्थानी संगीत और नृत्य मंडली को भाग लेने के लिए बुलाया था, और उन लोगों ने शो जारी रखा; मंगनिया और लांगा, अपने अद्‌भुत गायकों, ढोल, करताल और सारंगीनुमा वाद्यों वाले और साथ ही कालबेलिया शैली में नाचती दो अग्नि-शिखाओं सी जवान लड़कियाँ। उनके 20 मिनट के हर्ष-रोमांचकारी संक्षिप्त कार्यक्रम के बाद, घुमक्कड़ जिप्सी कलाकार आ गये; स्लोवेनिया

के लुडोविट कोवैक के द्वारा सिम्बैलम का सोलो; तीन अद्भुत रूसी जिप्सी, 'ट्रायोलोयको' जिनमें दो वायलिन वादक थे और एक गिटार वादक जो अच्छा गाते भी थे; इसके बाद काबिल अबदेल्ली के नेतृत्व में अल्जीरियाई संगीतकारों की मंडली। खंड के समापन के लिए थी सनसनी पैदा कर देनेवाली स्पेनी नर्तकी ब्लांका डेल रे और तीन गायकों और तीन गिटार वादकों वाली उनकी फ्लैमेंको मंडली। ब्लांका के पैरों का काम बड़ा कमाल का है और यद्यपि यह एक भिन्न शैली में था इसने मुझे फ्रेड एस्टेयर, एलिनोर पावेल और अमेरिका के कुछ महान काले टैप डांसरों की याद दिला दी जिन्हें मैंने अपने जवानी के दिनों में सुना और देखा था।

अन्तत: इसका भव्य समापन समारोह था जिसको ब्लांका, उनकी मंडली, दो राजस्थानी गायकों, उनके ढोलक और करताल वादकों, रूसी जिप्सियों और कुमार बोस को मिलाकर गठित और संचालित किया गया। कुमार के तबले, गाजी खाँ बर्ना के करताल और ब्लांका की स्पेनी शैली के टैप डान्सिंग के बीच बहुत तेज सवाल-जवाब का खंड भी आयोजित किया था। क्लाईमैक्स के रूप में सारी फ्लैमेंको मंडली साथ हो गयी थी। इस समापन समारोह ने हर्षध्वनि से सारा भवन गुँजा दिया था, और हमें 'एक बार और' की कई फरमाइशें पूरी करने के लिए विवश होना पड़ा था!

यहूदी के प्रति मेरे प्रेम, आदर और मित्रता के अतिरिक्त मेरे दिल में उनके लिए सच्ची प्रशंसा है। भारतीय आदर्श गुण विनय की वे मूर्ति हैं, जिसका मोटा-मोटी अर्थ है विनम्रता वे हमारे सारे कठिन रागों के प्रति मुग्ध हैं, ताल रचनाओं और स्वतन्त्र लयकारियों के प्रति और वे हर जगह खुले रूप में बात करते हैं कि मैंने उन्हें सिखाया है, और यह सचमुच प्रसन्नतादायक है। बहुत से पाश्चात्य संगीतकारों और संचालकों में श्रेष्ठता का अहं भाव है, लेकिन यहूदी में नहीं। और मैं कहूँ, न मेरे मित्रों जुबिन मेहता और फिलिप ग्लास में।

यहूदी केवल एक महान संगीतकार नहीं हैं बल्कि एक महान मनुष्य भी हैं, मैंने हमेशा ऐसा अनुभव किया है और कहा भी है। अब वे कृशकाय दीख पड़ सकते हैं लेकिन उस उम्र में भी जहाँ अधिकतर संगीतकार मन्द पड़ जाते हैं, वे आज भी वैसे ही व्यस्त और रचनात्मक हैं। अपनी विनयशीलता और दूसरे संगीतकारों और संसार में हर जगह की संगीत शैलियों के प्रति अपने प्रेम में वे अद्वितीय हैं—सदा जिज्ञासु, सीखने को उत्सुक, दूसरे संगीतकारों के उद्देश्यों के लिए कुछ करने को प्रयत्नशील। जिन बहुत से सम्मानों और पुरस्कारों को सारे संसार में उन्होंने पाया है उनके साथ ही इंग्लैंड में पहले उन्हें नाइट की उपाधि दी गयी और तब 1993 में लॉर्ड मेनुहिन की पदवी उन्हें प्रदान की गयी—सचमुच एक शास्त्रीय संगीतकार के लिए एक महान उपलब्धि, लेकिन ऐसी जिसके वे पूर्णत: योग्य हैं।

अब हम अपना ध्यान 1966 की ओर मोड़ते हैं, वह समय जब पहली बार रवि मेनुहिन के साथ एक भारतीय रचना पर सहवादन कर रहे थे। बाथ-उत्सव के उसी महीने जून, 1966 में वे अभी ही जॉर्ज हैरिसन से मिले थे और भारतीय शास्त्रीय संगीत— हाल तक पाश्चात्य श्रोताओं के लिए अनजान— के तथ्य का उद्घाटन करना चाहते थे, जो अमेरिका और यूरोप के बीच फैशन और सम्मिलित रचनात्मकता का पुष्पित होता हुआ केन्द्रीय आकर्षण था।

छह

कामेश्वरी

जॉर्ज हैरिसन से मैं पहली बार जून, 1966 में लन्दन में एक शाम अपने एक मित्र के घर पर मिला। उस समय यद्यपि मैंने बीटलों के बारे में सुना था, मैं सिर्फ यही जानता था कि उनकी मंडली काफी लोकप्रिय थी। आरम्भ से ही जॉर्ज के साथ कुछ बात बन गयी। वर्षों के दौरान तीन दूसरों से भिन्न अवसरों पर भेंट हुई, और रिंगो हमेशा बड़े स्नेहयुक्त और मित्रवत थे, लेकिन सचमुच मेरा उनमें से किसी से ज्यादा कुछ लेना-देना नहीं था।

जब हम मिले उसी क्षण से जॉर्ज ने प्रश्न करना शुरू कर दिया था, और मुझे महसूस हुआ कि वे सचमुच भारतीय संगीत और धर्म में रुचि रखते थे। वे एक मृदु और स्पष्टवादी युवा लगे। मैंने कहा कि मुझे बताया गया था कि उन्होंने सितार का उपयोग किया था, यद्यपि मैंने 'नार्वेजियन वुड' नामक गीत सुना नहीं था। वे बिल्कुल घबरा गये और पता चला कि एक युवक जो लन्दन में था उसके साथ उन्होंने कुछ बैठकी की थी (मेरे शिष्य स्व. मोतीराम, दिल्ली में), यह देखने के लिए कि उस वाद्य को कैसे पकड़ा जाता है और बजाने की आरम्भिक बातें सीखने के लिए। माना जाता था कि 'नार्वेजियन वुड' ने बड़ा शोर-शराबा मचाया था, लेकिन आगे चलकर जब मैंने वह गीत सुना तो सोचा कि सितार पर यह विचित्र ध्वनि उत्पन्न की गयी थी। हालाँकि परिणामस्वरूप हर जगह बीटलों के युवा चहेते इस वाद्य के प्रति लुब्ध हो गये थे।

उस समय जॉर्ज ने मुझसे सितार सीखने की इच्छा प्रकट की थी। मैंने उन्हें कहा कि सितार सीखना वायलिन या चेलो पर पाश्चात्य शास्त्रीय संगीत सीखने जैसा है। यह मात्र वाद्ययन्त्र पकड़ना और तारों पर चोट कर कुछ बजाने की बात नहीं है, जिसके बाद आप स्वयं (पर्याप्त प्रतिभा रहने पर) आगे बढ़ सकते हैं जैसा कि पश्चिमी पॉप-म्यूजिक में गिटार के साथ होता है। मैंने भारतीय संगीत की गम्भीरता को समझाते हुए यह उन्हें शिष्टतापूर्वक कहा।

मैंने कहा, 'मैंने अपने जीवन के बहुत वर्ष सितार को दिए हैं, और ईश्वर की कृपा से मैं काफी प्रसिद्ध हुआ हूँ—लेकिन फिर भी अपने अन्तरतम में यह जानता हूँ कि मुझे अभी लम्बी राह तय करनी है। इसका कोई अन्त नहीं है। यह सितार की केवल तकनीकी दक्षता नहीं है—आपको संगीत की पूरी जटिल प्रणाली सीखनी पड़ती है और उसकी गहराई में प्रवेश करना होता है। इसके ऊपर इसमें कोई निश्चित रचनाएँ नहीं हैं जिन्हें आप बजाते हैं—इसमें स्वतन्त्र रचनाकारी भी हैं। वे लयकारियाँ केवल जैज़ की तरह अपने से स्वतन्त्र बजाना नहीं है—आपको रागों और तालों में रहना और बिना सामने संगीत-लिपि रखे बजाना पड़ता है। मौखिक परम्परा होने से इसमें बहुत साल लगते हैं।'

'और कुशल या ज़ोर के ध्वन्याघात से मात्र श्रोताओं की इन्द्रियों को उत्तेजना देने से इसमें कुछ अधिक बात है। मेरा लक्ष्य सदा अपने साथ श्रोताओं को भीतर गहराई में ले जाना है, जैसे ध्यान में, परमात्मा तक पहुँचने के प्रयास की मधुर वेदना का अनुभव करना, आँखों में आँसू लाना, और पूर्णतः शान्त और शुद्ध होने का अनुभव करना।'

तब मैंने उनसे पूछा कि क्या वे इस पर कड़ी मेहनत के लिए समय और शक्ति लगा सकते हैं। उन्होंने कहा कि उनसे जो बन पड़ेगा करेंगे, और तत्क्षण हम लोगों ने एक तिथि निश्चित कर ली। मेरे होटल में आना उनके लिए व्यावहारिक नहीं था। अतः तुरन्त इसके बाद उन्होंने एशर में अपने घर आने का मुझे निमन्त्रण दिया, मैं हफ्ते में दो बार या कुछ इसी तरह जाता था। शुरू में मैंने उन्हें कुछ आरम्भिक बातें बताईं—कैसे ठीक से सितार पकड़ा जाए, दोनों हाथों की उँगलियाँ ठीक से कैसे चलाई जाएँ, और थोड़ा रियाज़। मैंने उन्हें सरगम से परिचित कराने के लिए सारे सुरों के नाम लिख दिए। यही बस सब कुछ था। हम लोगों ने तय किया कि अधिक गहराई से सीखने के लिए वे दो महीनों के लिए भारत आएँगे।

मैंने तीव्रता से अनुभव किया कि उनमें एक सुन्दर आत्मा है, और एक गुण देखा जिसे मैंने हमेशा बहुत मूल्यवान माना है और जिसे हमारी संस्कृति में प्रधान माना गया है—विनम्रता। यह देखते हुए कि वे इतने प्रसिद्ध थे—संसार में सर्वाधिक लोकप्रिय संगीत-मंडली के अंग, वे फिर भी बिल्कुल विनम्र थे, एक बाल-सुलभ गुण के साथ जो आज तक उन्होंने बचा रखा है।

जॉर्ज हैरिसन : रवि बड़े मित्रवत थे और उनसे बातचीत में आसानी थी। इस समय तक बीटलों की भेंट बहुतों से हो चुकी थी—प्रधानमन्त्रियों, प्रसिद्ध व्यक्तियों और राजवंशीय लोगों से—लेकिन मैं उस बिन्दु पर पहुँचा था जहाँ मैंने सोचा, 'मैं ऐसे आदमी से मिलता जो सचमुच मुझे प्रभावित करता', और यही समय था जब मैं रवि से मिला। वे प्रथम व्यक्ति थे जिन्होंने एक प्रतिष्ठित व्यक्ति होने से बढ़कर मुझे प्रभावित किया। रवि वैदिक संसार में मेरे प्रवेश की एक कड़ी थे। रवि ने पूर्ण सत्य से मेरा सम्बन्ध जोड़ा। मेरा मतलब है कि मेरी भेंट एलविस से हुई थी—जब मैं बालक था तो एलविस ने मुझे प्रभावित किया था और इसलिए प्रभावित किया कि उनसे मिलना शोहरत की बात थी—लेकिन आप बाद में उनके निकट जाकर नहीं कह सकते थे, 'एलविस, ब्रह्मांड में क्या घटित हो रहा है?'

रवि मेरे घर एशर आए, और तब उन्होंने उपाय किया था कि हम लोग दुपहर में एक या दो घंटे बैठें, और उन्होंने मुझे दिखाया कि सितार पर कैसे शुरू किया जाता है। इसके बाद उन्होंने अल्लारखा के आने की व्यवस्था की थी, और वे लोग एक छोटा कॉन्सर्ट देने जा रहे थे, अतः जॉन और रिंगो

आए और उन लोगों ने हम लोगों के लिए डेढ़ घंटा बजाया। यह सचमुच बड़ा अच्छा था।

जिस समय हम लोगों ने शुरू किया था, जो मुझे अहसास हुआ वह था—उनका धैर्य, सहानुभूति और विनम्रता। यह बात कि वे अपने पाँच-घंटों वाले कॉन्सर्टों में एक कर सकते थे, लेकिन साथ ही वे बैठ सकते थे और किसी को शुरू से आरम्भिक चीजें बता सकते थे कि कैसे सितार पकड़ा जाता है, कैसे सही स्थिति में बैठा जाता है, कैसे उँगली में आप मिजराब पहनेंगे, कैसे बजाना शुरू करेंगे। हम लोगों ने यह किया और उन्होंने मुझे स्केल पर बढ़ने की शुरुआत करा दी। और वे उसका रस लेते थे—वे शिकायत नहीं करते न इसके बारे में कभी गुस्सा हुए।

एक बात जो उन्होंने कही वह थी, 'क्या आप संगीत पढ़ते हैं?' मैंने कहा, 'नहीं' और मुझे लगा मेरा दिल बैठ गया। मैंने सोचा, मैं सम्भवत: उनका समय नष्ट करने के योग्य भी नहीं हूँ। लेकिन उन्होंने कहा, 'बहुत अच्छा, यह केवल हर हाल में आपको दुविधा ही में डालेगा।'

यह उसी भेंट की बात है कि हम लोगों ने आगे जब भी अवकाश की सुविधा हो उसमें मेरे भारत जाने और सचमुच सीखना शुरू करने की व्यवस्था की—और स्वयं भारत का आनन्द लेने, उसका अनुभव करने की। फिलीपीन की बीटल यात्रा से वापसी में मैं जुलाई में दिल्ली में ठहरा और मैंने रिखीराम से एक अच्छा सितार खरीदा, और ऐसा हुआ कि अमेरिका की अपनी पिछली यात्रा खत्म करने के बाद हमें अवकाश मिला, अत: मैं लौटकर गया और बम्बई में ठहरा और भारत में मैंने करीब छ: हफ्तों तक भ्रमण किया।

जॉर्ज से मिलने के बाद मैंने पता किया कि एक बीटल के रूप में दूसरे तीनों के बिना भी वे कितने लोकप्रिय थे। मैंने इस मंडली के कुछ रेकॉर्ड भी सुने और कलाकारों के रूप में उनका उद्देश्य क्या था इसका परिचय भी लिया। उनके बहुत से गीत और मेलोडी सुन्दर थे। मेरी सभी जवान भतीजियाँ और भतीजे बीटलों के बारे में हर्ष से फूले नहीं समाते थे, और जब उन लोगों ने सुना कि मैं उनसे मिल चुका था तो वे बड़े उत्कंठित हुए। मैं फ्रैंक सिनात्रा और एलविस प्रेस्ले के द्वारा, जब वे गाते, एक उन्मत्त वातावरण की सृष्टि कर देने के बारे में जानता था—खासकर लड़कियों की कतार से एलविस के गाना शुरू करने के पहले ही की तुमुल हर्ष-ध्वनि—और मुझे बताया गया कि बीटलों के साथ भी यही स्थिति थी, इससे भी ज्यादा दीवानगी की।

जब जॉर्ज और उनकी पहली पत्नी पैटी सितम्बर में बम्बई आए तो वे मिस्टर और मिसेज़ सैम वेल्स के नाम से आए थे। जॉर्ज ने मूँछें भी बढ़ा ली थीं और बाल काट लिये थे, और कस्टम और आप्रवासन के बिना देखे बाहर आ गये थे। उनके लिये सुन्दर ताजमहल होटल में एक सुइट बुक किया गया था; यह सब चुपचाप हुआ और कोई इसके बारे में नहीं जानता था। मैं उनसे होटल में मिला और वे एक-दो अवसरों पर मेरे अपार्टमेंट में आए। प्रशिक्षण शुरू हो गया। दस मिनट में मैंने उन्हें बहुत कुछ बता दिया लेकिन उन्हें रियाज़ की जरूरत थी और इस कारण अपने एक उच्चतर कक्षा के छात्र शम्भुदास को मैं लाया और उन्हें निर्देश देने और जो मैं पढ़ाता था उसका रियाज़ कराने के लिए और उँगलियों के चलाने की समस्या में उनकी मदद के लिए लगा दिया।

दूसरे या तीसरे दिन तक जॉर्ज को लगा कि किसी ने उन्हें नहीं पहचाना था। वे बहुत आश्वस्त हो गये और होटल की लॉबी तक देखने और कुछ खरीदने गये, लेकिन जब वे फिर ऊपर आ रहे थे तो वे एक जवान लिफ्टसहायक के द्वारा पहचान लिये गये जो एक युवा ईसाई था और एक शौकिया संगीतकार।

जॉर्ज हैरिसन : रवि ने मुझे यह कहते लिखा था, 'हो सकता है आप अपने को छिपा सकें? सम्भवत: मूँछें बढ़ा लें या कोई इसी तरह की चीज करें?' यह विचार कि मूँछ भेष बदल देगी कुछ बड़ा बचकाना लगता था। और जो हो, एक बीटल का मूँछों के साथ होना कुछ 'अप्रत्याशित था'....

यही समय था जब एक बड़ा हंगामा खड़ा हो गया था, हज़ारों लड़के-लड़कियाँ होटल के बाहर

सड़क पर चीखने लगे, 'हम जॉर्ज को देखना चाहते हैं'। इस तरह तो कुछ सीखना असम्भव था, इसलिए हम लोग काश्मीर के श्रीनगर भाग गये। वहाँ हम लोग एक सुन्दर हाउसबोट में ठहरे जिसमें संलग्न बाथरूम के साथ दो अलग-अलग कमरे थे। मैं कमला को साथ ले गया था और हम एक कमरे में ठहरे, जॉर्ज और पैटी दूसरे में। पैटी बहुत सुन्दर बच्चे की तरह और निश्छल थीं।

मैंने पहले ही जॉर्ज का परिचय योगानन्द की पुस्तक 'ऑटोबायोग्राफी ऑफ ए योगी' से करा दिया था। वे इस पर पूर्णत: मुग्ध थे, और विवेकानन्द की 'राजयोग' को जो मेरे भाई राजेन्द्र ने उन्हें दिया था, मिलाकर उन्होंने भारतीय दर्शन पर कुछ दूसरी पुस्तकें भी खरीद ली थीं। उनके पास 'आईचिंग' भी था। जब तक हम लोग वहाँ थे वे अध्ययन करते और मुझसे प्रश्न पूछते रहते थे। मैं बहुत से भारतीय शास्त्रीय एल.पी. भी लाया था, इसलिए गायन और वादन दोनों का हम लोग खूब संगीत बजाते थे, और मैं तो खैर उन्हें पढ़ा ही रहा था। वे योग के सम्पूर्ण क्षेत्र में भी विशेष रुचि लेते थे—केवल हठयोग नहीं, शारीरिक व्यायाम जो आपको मन एकाग्र करने और शरीर पर नियन्त्रण का प्रशिक्षण देता है, बल्कि मानस योग या ध्यान भी, जिसके लिए हठयोग आपको तैयार करता है।

मेरा हृदय उनके लिए प्रेम से द्रवित हो जाता था। उनकी खोज सुन्दर थी, हालाँकि साथ ही ज्यादातर यह एक बच्चे के प्रयास की तरह थी; उस समय वे पूर्णत: परिपक्व नहीं हुए थे। फिर भी हमारी परम्पराओं में खासकर धर्म, दर्शन और संगीत के क्षेत्र में, उनकी रुचि और जिज्ञासा वास्तविक थी। और भारतीय भोजन पर तो वे लट्टू थे!

इसके पहले कि उन्हें जाना पड़ा हम वहाँ कुछ हफ्ते रहे। केवल वही लम्बी अवधि थी प्रशिक्षण की जो उन्होंने मुझसे लिया। वे अभ्यास करना चाहते थे, और सीखने में वे तेज थे, लेकिन अपनी प्रतिबद्धताओं के कारण वे उतने दिन ठहर न सके जितने दिन वे चाहते थे। बीटलों के बीच पहले ही कुछ मतभेद खड़े हो गये थे लेकिन, फिर भी वे साथ थे और जॉर्ज द्वारा उन लोगों को आने के लिए मनाने पर ऋषिकेश के महाऋषि महेश योगी के आश्रम जाने के लिए पूरी मंडली फिर 1968 में भारत आई। उन्होंने अन्य तीनों को भारतीय दर्शन और धर्म की ओर प्रोत्साहित करने का प्रयत्न किया। मैं नहीं समझता हूँ कि उन लोगों की रुचि सचमुच थी, लेकिन जॉर्ज के कारण थोड़े दिनों तक उन लोगों ने यह कोशिश जरूर की।

जॉर्ज हैरिसन : मैं जब भारत गया तो योगियों के विषय में जानने की मेरी इच्छा थी। अत: यह मेरे लिए एक समानान्तर रुचि थी; भारतीय संगीत और हिमालय के योगी ये दोनों उस समय कार्यकलाप की सूची में प्रमुख थे—और वे अभी भी हैं। मेरे लिए सबसे बड़ी चीज यह थी कि जब मैं केवल बाईस वर्ष का था मैंने इससे अपने को जोड़ा, और पिछले तीस वर्षों में यह निरन्तर चलता रहा। बहुत से लोगों ने सोचा होगा कि यह एक फैशन की बात थी—और कुछ लोगों के लिए यह एक झुकाव—किन्तु मैं जानता था, मेरे लिए इसमें एक गहराई थी, और इसका अनुसरण करने के लिए मेरी इच्छा में एक उत्कटता थी।

आज मुड़कर देखने पर लगता है कि कोई अच्छा संयोग था कि पूर्व जन्म में कहीं अतीत में भारत से मेरा सम्बन्ध रहा हो। 1965 में कुछ घटित हुआ जिसने द्वार खोल दिया या पर्दा उठा दिया और मुझे प्रत्यक्ष दर्शन का अवसर दिया—'हिमालय के योगी—और यह संगीत क्या है?' कृष्ण की वंशी की ध्वनि के द्वारा हम एक-एक कर जगा दिए जाते हैं। उनकी वंशी कई रूपों में कार्य करती है।

अत: मैं भारत गया, और मैंने रवि से कहा, 'मैं योगियों के बारे में जानना चाहता हूँ।' उनके भाई राजेन्द्र और उन्होंने ये सारी पुस्तकें मुझे दीं, और एक पुस्तक जो राजू ने मुझे दी जिसने मुझे बहुत प्रभावित किया वह थी स्वामी विवेकानन्द की 'राजयोग'। आरम्भ में ही विवेकानन्द कहते हैं : हर आत्मा दिव्य शक्ति सम्पन्न है। लक्ष्य है उस देवत्व को व्यक्त करना। इसे कर्म और योग और प्रार्थना, एक या इन सभी साधनों से करो, और मुक्त हो जाओ। गिरजे, मन्दिर, कर्मकांड और

शास्त्र वचन केवल गौण चीजें हैं।

जैसे ही मैंने यह पढ़ा, मैंने सोचा, 'यही है जो मैं जानना चाहता हूँ!' लोगों ने मुझे एक कैथोलिक रूप में पालने-पोसने का प्रयत्न किया था, और मेरे लिए इसने कुछ नहीं दिया। किन्तु यह पढ़ना, 'हर आत्मा दिव्यशक्ति सम्पन्न है। लक्ष्य है देवत्व को व्यक्त करना'—और यहीं आप उसे कर सकते हैं—मेरे लिए बड़ा महत्त्वपूर्ण था। वही योग और हिंदू दर्शन का मूल तत्त्व है।

रवि ने मुझे 'ऑटोबायोग्राफी ऑफ ए योगी' भी दी। जिस क्षण मैंने पुस्तक के मुख्यपृष्ठ पर योगानन्द का चित्र देखा, उनकी आँखें मुझे भीतर तक भेद गयीं। और मुझे हतप्रभ कर दिया, और आज तक मैं योगानन्द के सम्मोहन में रहा हूँ। यह एक अद्‌भुत महान सत्य है।

जब हम लोग काश्मीर में हाउस बोट में थे जिसका मालिक उजली दाढ़ी वाला ठिंगना, बूढ़ा मिस्टर बट्ट था, रात को सचमुच बड़ी ठंड पड़ती थी, क्योंकि यह हिमालय की ऊँचाइयों में बसी झील में थी। मिस्टर बट्ट हम लोगों को सुबह उठाते और चाय बिस्कुट देते थे और मैं स्कार्फ और स्वेटर में बिछावन में उठकर बैठ जाता था, रवि को सुनता हुआ, जो बगल वाले कमरे में अपने सितार पर रियाज़ कर रहे होते—यह मेरा बड़ी सम्मानप्रद स्थिति में होना था।

जो मैं बताना चाहता हूँ वह है भारत का वह शुद्ध तत्त्व। भारत में आपका ध्यान आसानी से दुर्गन्ध, गन्दगी और गरीबी की ओर बँट सकता है, लेकिन मेरा सौभाग्य था कि रवि जैसा मित्र मिला था। जिन भारतीयों को मैंने देखा वे ऐसे लोग थे जो बहुत सबेरे उठते, स्नान करते, अपनी साफ धोती पहनते, पूजा करते और नाश्ते से पहले दो घंटे संगीत की साधना करते थे।

वे लोग जिन्हें अतीत के प्रतिपूर्ण श्रद्धा थी। मन्दिरों, सुगन्ध द्रव्यों और संगीत के साथ, सम्पूर्ण चीज—लगता था मैं एक सम्मानपूर्ण यात्रा पर था। सारे लोग जिनसे मैं मिला वे सर्वोत्तम संगीतकार थे और मुझे रत्नों को पाने के लिए कूड़ों को नहीं ढूँढ़ना पड़ा। वह अपने आप में कुछ वर्ष बचा लेने के बराबर था और एक तरह से गुरू ऐसा ही होता है—गुरु शब्द का अर्थ है अन्धकार को दूर कर देनेवाला।

जॉर्ज के चले जाने के कुछ दिनों बाद, बी.बी.सी. टेलीविजन की श्वेत-श्याम प्रस्तुति जोनाथन मिलर द्वारा निर्देशित 'एलिस इन वंडरलैंड' में संगीत देने के लिए मैं भी उड़कर लन्दन पहुँचा। इसमें बहुत से अभिनेता थे जिनमें पीटर कुक, एलेन बेनेट, पीटर सेलर्स, माइकेल रेडग्रेव, जॉन गिलगड, मैल्कम मगरिज और विल्फ्रेड ब्रैंबेल थे। एलिस इन वंडरलैंड स्वयं ऐसी कहानी है जिसमें भारतीय कुछ नहीं हैं, फिर भी ओबो को छोड़कर (महान लियॉन गुसेन्स के द्वारा बजाया) सभी प्रयुक्त वाद्य भारतीय थे; बाँसुरी, सितार, तबला, दूसरे ड्रम, और थोड़ा गायन का प्रभाव।

मेरे द्वारा 'एलिस' की संगीत रचना के बारे में सोचकर जोनाथन ने बड़ी हिम्मत दिखाई थी, और बेशक बहुत लोग सोच रहे थे, 'ये ध्वनियाँ क्यों?' शायद फिल्म में काम करनेवाले डर गये थे कि कहीं नतीजा ठीक न हो, लेकिन यह ठीक निकला-सौभाग्य से फिल्म के फन्तासी स्वभाव के कारण। बहुत वर्षों बाद मैंने इसे एक वीडियो कापी पर देखा जिसे बड़ी मुश्किल से प्राप्त किया गया था, और मैं चकित था; इसका प्रभाव महत्त्वपूर्ण तरीके से अति यथार्थवादी था।

1968 में मुझे एक दूसरी फिल्म के लिए संगीत देना था जिसकी विषय-वस्तु में भी भारतीय कुछ नहीं था : राल्फ नेल्सन की चार्ली। दोनों अवसरों पर अभारतीय फिल्मों के लिए भारतीय संगीत देना अटपटा लगा, मगर मैंने दोनों के सामंजस्य का प्रयत्न किया और मिश्रण ने दोनों ही फिल्मों में सफल काम किया।

एक लम्बी, बहुत लम्बी यात्रा के लिए 1967 की फरवरी में मैं भारत छोड़ने की योजना बना रहा था। जॉर्ज से मेरे सम्पर्क के पहले भी मेरे शास्त्रीय संगीत जीवन और जन-गोष्ठियों में मेरे वादन-कार्यक्रमों के द्वारा उस समय तक लोग मुझे अच्छी तरह जान गये थे। किन्तु बम्बई की घटना के बाद उनके और

मेरे सम्बन्धों पर कि कैसे मैं जॉर्ज का गुरु बन गया था, समाचारपत्रों में संसारभर में बड़ा प्रचार हुआ। यह जंगल की आग की तरह फैला। सितार के आकर्षण का ऐसा तेज प्रसार हुआ कि मेरे संगीत-समारोहों की बड़े पैमाने पर माँग होने लगी। मैं एक सुपरस्टार हो गया। आमतौर से मैं दो या तीन महीने के भ्रमण पर ही निकलता था, लेकिन इतने आग्रहों के कारण, मैंने अधिक समय ठहरने और लॉस एंजिलिस में एक मकान लेने की योजना बनाई। मेरी अनुपस्थिति में 'किन्नर' का काम मेरे कुछ शिष्यों की देख-रेख में चलते रहना था, यद्यपि धीरे-धीरे इसके कार्यों में शिथिलता आ गयी और दो वर्षों के बाद यह बन्द हो गया।

यह पहली बार था कि अपनी साथी के रूप में मैंने कमला के साथ यात्रा की थी। 1958 से हम लोगों का सम्बन्ध परस्पर प्रगाढ़ हो गया था, और जब भी और जहाँ सम्भव हुआ हम लोगों ने साथ-साथ समय बिताया। मेरी पत्नी अभी भी शुभो के साथ हमारे बम्बई वाले अपार्टमेंट में थी, मगर कमला और मैं अक्सर एक दूसरे से बराबर मिलते रहते थे, खासकर जब भी मैं कलकत्ता जाता जहाँ मैंने एक दूसरा अपार्टमेंट ले रखा था।

हम लोग अल्लारखा और नोडू मलिक के साथ रवाना हुए। अमेरिका जाने के मार्ग में हमने कुछ संगीत-समारोहों की व्यवस्था की थी—सर्वप्रथम सोवियत रूस में। यह मेरी वहाँ दूसरी यात्रा थी, लेकिन यह एक दुर्घटना थी और एक बड़ा अपमान, सिर्फ भारतीय और सोवियत नौकरशाहों के कारण जिन्होंने सब गड़बड़ कर दिया था। अगर मैं पहले से इन योजनाओं को जानता तो न गया होता।

कुछ दूसरे अवसरों पर सांस्कृतिक आदान-प्रदान का मैं अंग रहा हूँ जो हमारी सरकार द्वारा विदेशों में भेजा गया था, जिनमें अफ़ग़ानिस्तान, जापान, और तीन बार बांग्लादेश थे। ये यात्राएँ पेशे के लाभ की दृष्टि से आयोजित नहीं की जातीं, मगर सामान्यत: अभूतपूर्व सरकारी सम्मान प्राप्त करने में सौभाग्यशाली रहा हूँ और अपने प्रति सर्वोत्तम वी.आई.पी. व्यवहार का उपभोग किया है और विशाल और प्रशंसायुक्त श्रोता-समूहों के लिए कार्यक्रम देने का सन्तोष प्राप्त किया है। फिर भी, इस बार, भगवान भला करे भारत और सोवियत यूनियन दोनों के संस्कृति-मन्त्रालयों के कुछ लोगों का, केवल दो कार्यक्रम आयोजित किये गये। एक मॉस्को में और एक लेनिनग्राद में, प्रत्येक नगर में 'हाउस ऑफ कम्पोजर्स' में इनका आयोजन था! 150 से 200 तक लोगों के बैठने लायक ये छोटे हॉल थे, और श्रोताओं में अधिकतर वृद्ध संगीतकार और रचयिता थे, बाहरी कोई नहीं था। मुझे युवकों या जनता के लिए बजाने का अवसर नहीं दिया गया।

बीस वर्ष बाद मेरे रूस लौटने पर जनता के द्वारा मेरा अपार स्वागत हुआ, इसलिए मैं जानता हूँ कि 1967 की गड़बड़ी स्वयं रूसी लोगों का दोष नहीं थी। कुल मिलाकर रूसी लोग बड़े भावुक और संगीतप्रेमी हैं, लेकिन उस समय उन्हें भारत के संगीतकारों को सुनने का कोई अवसर नहीं मिला था। कुल जो वे जानते थे वे थीं पैसे कमानेवाली भारतीय फिल्में, जिनका वे स्वाद लेते थे। वहाँ भारतीय संगीत अत्यन्त लोकप्रिय था, खासकर वह गीत, 'आवारा हूँ' (राजकपूर की प्रसिद्ध फिल्म आवारा का) जिसे लोग उतनी ही अच्छी तरह जानते थे जैसे रूसी राष्ट्र-गान को।

यात्रा-मार्ग में लन्दन और पेरिस में, कुछ कॉन्सर्टों के बाद, हम लोग लॉस एंजिलिस पहुँचे जहाँ साउथ विस्टा के एक किराये के मकान में मैं कमला के साथ टिका। (बाद में भारत से एक रसोइया, वासुदेवन, को भोजन बनाने के लिए लाया)। भारतीय संगीत के एक विद्यालय की स्थापना की योजना पहले से ही थी। डिक बॉक और कुछ दूसरे मित्र किन्नर की एक लॉस एंजिलिस शाखा खोलने की बात पहले ही कर चुके थे। झुंड के झुंड छात्रों ने नाम लिखाए, और इसके पहले कि मैं जान पाता, मैं भीड़ के द्वारा गुमराह हो गया। पहले तो यह अच्छा विचार लगा और उस प्रवाह में बह गया; यह जानने में मुझे कुछ समय लगा कि ज्यादातर युवा-छात्रों का दृष्टिकोण बिल्कुल सतही था।

उस समय तक सारा दृश्य एक साथ घटित हो रहा था : हिप्पी-आन्दोलन पहले ही ज़ोरों पर था,

वियतनाम युद्ध विरोध, मादक द्रव्य का दृश्य, ध्यानयोग, भारत के प्रति आकर्षण, टिमोथी लियरी द्वारा नशाखोरी को प्रोत्साहन, ऐलेन गिंसबर्ग और ऐलेन वॉट्स (मादक द्रव्य-सेवन के तीन बड़े गुरु)...और इन सबके बीच में थे सितार और भारतीय संगीत। यह सब गड्डमड्ड हो गया था। जिससे मैं सचमुच चिढ़ता था, और मैंने इसके बारे में बात करनी शुरू कर दी थी, वह था कि कुछ लोग भारत का नाम हाउस ऑफ ड्रग्स के रूप में लेते थे। वे कहते थे, 'वहाँ हर आदमी नशा करता है—आप संगीत, ध्यान या योग नहीं कर सकते, यहाँ तक कि बिना इसके रतिकर्म भी नहीं कर सकते।' इन युवाओं के लिए नशा लेने का कोई कारण नहीं था—उनके उद्दीपन के लिए उनके भीतर स्वाभाविक यौवन लहरा रहा था, और उत्तेजना के लिए उन्हें नशे की जरूरत न थी। नशा लेने से कितने जीवन बर्बाद हो गये थे। दुर्भाग्य से आज भी, हालाँकि उस समय से अब यह कम दिखता है, कितने लोग बर्बाद किये जा रहे हैं, जैसे कैन्सर—और अब तो एड्स आगमन से खतरे और भी बढ़ गये हैं।

यूनाइटेड स्टेट्स में मेरे मैनेजर ने, जहाँ से भी काफी पैसेवाली माँग आ रही थी, वहाँ मेरी बुकिंग करते हुए मेरी बढ़ती हुई लोकप्रियता से स्वभावत: लाभ उठाया। अत: ऐसा हुआ कि मैंने मॉनटेरी पॉप फेस्टिवल में जून, 1967 में बजाया, जो मेरे लिए एक पूर्णत: नया अनुभव था। हिप्पी-दृश्य अपने चरम पर था। वातावरण में कुछ अच्छे प्रभाव भी थे, फ्लावर चिल्ड्रेन के साथ, प्रेम और शान्ति की उनकी पुकार और आध्यात्मिकता में उनकी रुचि के साथ।

फिर भी मुझे अपने कार्यक्रम के लिए बहुत-सी व्यवस्थाएँ बदलनी पड़ीं। उदाहरण के लिए, आयोजकों ने चाहा था कि शामवाली बैठक में मैं कुछ रॉक और पॉप स्टारों के साथ बजाऊँ। मेरे तुरत पहले या बाद में कोई कार्यक्रम न हो, इसलिए मैंने इस पर जोर दिया कि मेरा समय बदलकर रविवार की दुपहर को दिया जाए, जिससे कि भीड़ रॉक-वातावरण से प्रभावित न हो। अत: ड्रग लेनेवाले लोगों के वहाँ होने के बावजूद लोगों ने अपना ध्यान मेरे संगीत पर एकाग्र किया। समय दिन का था और वातावरण बड़ा सुन्दर—यह बड़े सन्तोषप्रद अनुभवों में एक था। बादल-भरे आकाश के नीचे स्टेज़ पर बैठकर मैंने ढाई घंटे से ऊपर बजाया...वर्षा की कुछ बूँदें आईं पर बन्द हो गयीं...और यह सचमुच जादू की तरह था। मैं प्रेरित हो गया था और उस अपराह्न बड़ा अच्छा कार्यक्रम दिया।

रवि की उपस्थिति के समय स्टेज पर रखने के लिए उत्सव-आयोजकों ने हवाई से हज़ारों ऑरकिड के फूल मँगाए थे। प्राकृतिक शक्तियाँ भी उनके कार्यक्रम को आशीर्वाद दे रही थीं; पूरे दिन पानी पड़ता रहा था, लेकिन उनके आने के आधा घंटा पहले पानी बन्द हो गया और धूप निकल आई थी—और जब उन्होंने समाप्त किया उसके बाद मूसलाधार वृष्टि हुई।
मॉनटेरी ने रवि को रॉक और पॉप-आकाश के नक्षत्रों को देखने का अवसर भी दिया, जो तब तक उनसे अपरिचित थे। यहाँ था एक गतिशील और शक्तिशाली संसार जिसमें बाँहें पसार कर उनका स्वागत किया गया—फिर भी केवल बारह महीने पहले उन्होंने मुश्किल से बीटलों का नाम सुना था।

मैं शुक्रवार को मॉन्टेरी पहुँचा था, अपने कार्यक्रम के दो दिन पूर्व, अतः मुझे कुछ प्रसिद्ध नामों को सुनने और एक पूर्णतः नये दृश्य को जानने का अवसर मिला था।

'द ग्रैजुएट' फिल्म में पहले ही उनके संगीत से परिचित होने से मैं साइमन और गारफुन्केल के प्रदर्शनों से प्रभावित था और उन्हें बहुत पसन्द करने लगा था। पॉल साइमन बड़ा बढ़िया संगीत रचते थे, और गारफुन्केल की आवाज एक देवदूत सी थी, सचमुच यही चीज है जो मैं रॉक और पॉप गायकों में नहीं पाता हूँ। उनमें अधिकतर मात्र अपनी प्रतिभा, अपनी प्रस्तुति और अपने गीतिकाव्यों से जाने जाते हैं (और मैं समझता हूँ अपनी अच्छी किस्मत से भी) लेकिन उनमें बहुत कम की आवाज अच्छी है, स्वर के सही पिच के साथ। डॉनोवन एक दूसरे अपवाद थे, जैसी जोन बएज़—अपने आकर्षक सौन्दर्य और सुन्दर व्यक्तित्व के साथ उनकी आवाज़ सुन्दर मखमली थी।

जेनिस जॉपलिन के बारे में बड़ी चर्चा थी—कि वह ड्रग की आदि थीं। और एक व्यक्ति के रूप में अमर्यादित। इस सबके बावजूद मैं अभिभूत था उस भावप्रवणता और विद्युत प्रभाव से, उस आवेग और आग से जो मुख्य रूप से उनमें प्रज्वलित होती थी। वे पूरी शक्ति से गाती थीं, पुराने जमाने के जैज़-गायकों की तरह। एक अद्‌भुत बिल्कुल भिन्न गायक जिन्होंने मुझ पर बड़ा प्रभाव डाला वे थे ओरिस रेडिंग जिनकी सुरीली आवाज मुझे साफ याद है। उनका चेहरा चिकना और सुन्दर था। छः महीने बाद एक हवाई दुर्घटना में उनकी मृत्यु एक दुखद क्षति थी।

फिर भी, आखिरी शाम को दो कार्यक्रम हुए जिन्होंने मुझे उद्विग्न कर दिया। मैंने जिमी हेन्ड्रिक्स के बारे में बहुत सुना था और जैसे ही उनके नाम की घोषणा हुई तुमुल हर्षध्वनि हुई। जब वे आए तो पहले तो मैं उन्हें बिल्कुल सुन ही न सका। क्योंकि श्रोताओं में बैठी लड़कियाँ जोर से चीख रही थीं। गिटार के अद्‌भुत वादक, वे अपने दीर्घ जीवन में वे एकल वादक हो सकते थे। मैं सचमुच उनकी उद्‌दाम उर्जस्विता और प्रवीणता का आनन्द ले रहा था, लेकिन दूसरे या तीसरे गीत के बाद उन्होंने सभी कलाबाजियाँ दिखानी शुरू कर दीं जिनके लिए वे प्रसिद्ध थे। पहले अश्लील हरकतों के साथ वे अपनी गिटार के साथ काम-क्रीडा कर रहे थे और उसने मुझे थोड़ा बेचैन किया क्योंकि हमारी संस्कृति में वाद्ययन्त्र के प्रति बड़ा आदर का भाव रहता है। हम इसे एक पवित्र चीज मानते हैं। और भद्‌दी बात तो अब आनेवाली थी : आखिर में एक धार्मिक कृत्य की तरह उन्होंने गिटार पर थोड़ा पेट्रोल डाला और उसमें आग लगा दी। यह एक अधार्मिक कृत्य लगा और मैं बड़ा क्षुब्ध था और मन में हुआ कि उठ जाऊँ और चला जाऊँ।

बाद में आए 'द हू'। मुझे अन्दाज नहीं था कि द हू कौन थे और मैंने उनकी आवाज को बहुत से दूसरे रॉक-ग्रुपों से अलग नहीं पाया। तब तक मैं थक चुका था, और बाद में चुपके खिसक जाने का उपाय कर रहा था, मगर जो इसके बाद हुआ उसके कारण तो मैं करीब-करीब वहाँ से भाग खड़ा हुआ! अगर जिमी हैन्ड्रिक्स की पैंतरेबाजियाँ मेरे लिए असह्य थीं तो यह तो उससे भी बुरा था। समापन के समय अपने वादन के अंग रूप में 'द हू' ने तारों को ज़ोर-ज़ोर से झनझनाना और स्टेज पर अपने वाद्ययन्त्रों को बड़ी सावधानी से तोड़ना और चूर-चूर करना शुरू कर दिया। यह तो हद थी! मैं अब और नहीं सह सकता था और मुँह, कानों और हृदय में खिन्न करनेवाली सनसनी के साथ चला आया—हालाँकि पहले

के कुछ वादकों की सुन्दर स्मृतियाँ अभी भी मेरे मन में हैं।

मान्टेरी में मैंने जिन्हें सुना वे कुछ दूसरी मंडलियाँ भी थीं जो हार्ड रॉक के भिन्न अमरीकी सम्प्रदाय की थीं, जिनमें 'जेफरसन एयरप्लेन' और 'द ग्रेटफुल डेड' थीं। सभी अमरीकी ग्रुपों में 'द ग्रेटफुल डेड' ही थी जो टिकाऊ रही, नब्बे के दशक तक हम लोगों की आदरास्पद। मॉन्टेरी में मैं जेरी गार्शिया से मिला और मिके हार्ट तो बहुत दिनों तक भारतीय संगीत के उत्साही प्रेमी रहे हैं। (सैन फ्रांसिस्को के 1995 के मेरे कॉन्सर्ट में मिके से भेंट आनन्ददायक थी, जो मेसनिक ऑडिटोरियम में जाकिर हुसैन के आमन्त्रण पर आयोजित था जो तबले पर मेरी संगत कर रहे थे। मिके अपना ध्वनि-उपकरण ले आए थे और पूरे कार्यक्रम के ध्वनिनियन्त्रण के प्रभारी वही थे)। लेकिन मॉन्टेरी में 'द ग्रेटफुल डेड' की आवाज मेरे लिए जरूरत से ज्यादा ऊँची थी, तालों के धमाके से मेरे कानों को चोट पहुँचती—यद्यपि युवा श्रोता इन हार्ड रॉक ग्रुपों के पीछे दीवाने दिखते थे और उनकी चीख-चिल्लाहट कभी बन्द नहीं होती थी।

हर कला-विधा की शैलियों की सरणियाँ होती हैं। साहित्य में कुछ कृतियाँ होती हैं जो आपका ज्ञान बढ़ाती हैं और आनन्दित करती हैं जब आप उन्हें पढ़ते हैं, और दूसरी हैं जो अधिक यथार्थवादी हैं, आपको जीवन-संघर्ष को आँकना सिखाती हैं। असमंजस और 'किसने किया' वाली रहस्यकथाएँ होती हैं जो भयप्रद कहानियों की ओर ले जाती हैं और इसके बाद जुगुप्सा उत्पन्न करनेवाली जिनमें जगह-जगह अमानवीय प्राणियों की रक्तिम तफसील होती है, कच्चे मांस, रक्त, शरीर के सारे स्त्रावों का मुक्त प्रवाह होता है। रूमानी और शृंगारपरक कृतियाँ होती हैं जो बड़ी सुन्दर होती हैं, जिन्हें सर्वश्रेष्ठ साहित्य में गिना जाता है—और इसके बाद नितान्त पॉरनोग्राफी हो सकती हैं, विकृतियाँ और यौन-सह-त्रास की कथाएँ, जुगुप्सित विस्तार के साथ सबका मिश्रण। उसी प्रकार, मैं समझता हूँ, संगीत में अनुभव के सभी स्तरों को पाते हैं। भारत में ये हमारे संगीत के जीवन्त तत्त्व हैं—हम उन्हें रस कहते हैं। बहुत मंडलियों के साथ, जैसे बीटल, मुझे रॉक-संगीत के बारे में कभी खिन्नता का भाव नहीं आया, लेकिन धीरे-धीरे जो मुझे बाद में सुनने को मिला वह भिन्न था। हार्ड रॉक की ऊँची और धमाकेदार आवाज़ एसिड रॉक और पंक रॉक, चीखती आवाजों का कानफाड़ू विस्तार, और लोहे सी खनखनाती आवाज, एक हिंस्रभाव

की सृष्टि करती है। बच्चे यौन-उन्माद की हिंसा में प्रवेश कर जाते थे जिनमें संगीतकार और श्रोता दोनों नशे में धुत होते थे। मैं उम्मीद करता था कि 'यह भी बीत जाएगा', चूँकि पॉप संगीत में हर चीज आती और चली जाती लगती है (जैसे जीवन में), किन्तु मैं डर गया हूँ कि ऐसी बात हुई नहीं है। यहाँ तक कि एम.टी.वी. के भी कुछ प्रोग्राम राक्षसी, हिंस्र भावनाओं को बढ़ा-चढ़ाकर दिखाते हैं, न केवल संगीत के द्वारा, बल्कि जो आप देखते हैं उसके द्वारा भी।

जॉर्ज से मिलने के बाद मैं बीटलों के संगीत के बारे में जिज्ञासु था। मैं उनकी आवाज के प्रति उतना आकृष्ट नहीं था क्योंकि वे अधिकतर कृत्रिम आवाज में गाते थे, जो तब से आज तक प्रचलन में रहता आया लगता है। जिन शब्दों को वे गाते थे उन्हें समझने में भी मुझे दिक्कत होती थी! लेकिन कुछ गीत जो उन्होंने लिखे उन्हें मैं जरूर पसन्द करता हूँ। विशेषत: जैर्ज़ का 'हियर कम्स द सन' और 'माइ स्वीट लॉर्ड' और बहुत से जॉन और पॉल द्वारा रचित। निश्चित रूप से उनमें बड़ी संगीतात्मकता थी और कॉर्ड और स्वर-समायोजन (ऑरकेस्ट्रेशन) में सुसंगति (हारमनी) और वाद्यसंगीत श्रेष्ठ हैं (जिनके लिए, मैं समझता हूँ, कुछ श्रेय उनके निर्माता जॉर्ज मार्टिन को जाता है)। लगभग उसी समय मैंने रोलिंग स्टोन्स को सुना जो बड़े जीवन्त और उद्दीपक थे, और एरिक क्लैप्टन के 'क्रीम डेज़' के बाद मैंने उनके संगीत कर्म की सराहना भी की।

मॉन्टेरी के बाद मैंने तीन या चार संगीतोत्सवों में कार्यक्रम दिया। मेरे व्यवस्थापक ने मुझे बुक किया था, इसलिए मैं उनकी अवहेलना न कर सका, लेकिन वहाँ होने के लिए मुझे अपने पर घृणा होती थी। भीड़ में लोग चीख रहे थे, चिल्ला रहे थे, धूम्रपान कर रहे थे, मैथुन कर रहे थे और सम्भोगरत थे—सभी नशे की उन्मत्त स्थिति में—यह एक भयानक अनुभव था। मैं अपने से पूछता था, 'मैं यहाँ क्यों हूँ?' मैंने अनुभव किया कि मैंने अपने संगीत को पंकिल और गन्दा कर दिया था। कभी-कभी मैं अपने सितार के साथ स्टेज से उतरकर हट जाता था क्योंकि यह सब बड़ा उच्छृंखल था, और जब वे फिर शान्त हो जाते तब लौटकर आता था।

मैं उनसे कहा करता था, 'जब आप बाख, बीथोवेन या मोजार्ट के कॉन्सर्ट में सुनने जाते हैं तब तो ऐसा व्यवहार नहीं करते' (स्वीकार्य रूप से, उनमें से बहुसंख्यक ऐसे किसी कॉन्सर्ट में शायद कभी नहीं गये थे)। 'आप में से बहुत तो वही लोग हैं, सिर्फ अलग कपड़ों में और अलग व्यवहार करते हुए। आप जो भी हों—सब कुछ जो मैं आपसे उम्मीद करता हूँ वह है गम्भीर होना, उचित व्यवहार करना, संगीत पर ध्यान एकाग्र करना, और इसे यौन और नशे से मत मिलाइये। मेरे लिए मेरा संगीत पवित्र है, और यह स्वयं आपको उन्मत्त कर सकता है! आपको इस अतिक्ति उत्तेजक की जरूरत नहीं है। मुझे एक अवसर दीजिए!' मुझे उन्हें यह बार-बार कहना पड़ता था। यह एक सुखद अनुभव नहीं था, लेकिन धीरे-धीरे उन्हें समझ में आने लगा और कुछ हद तक असर करने लगा।

रॉक फेस्टिवलों में रवि बुरी स्थिति में फँस गये थे। इतने उच्छृंखल व्यवहार ने उन्हें तंग कर दिया था और जो वातावरण बना था वह भारतीय शास्त्रीय संगीत के प्रदर्शन के लिए सर्वथा अनुपयुक्त था। कभी-कभी वहाँ से चले जाने का लोभ बहुत तीव्र होता था। किन्तु वे इन युवाओं के लिए स्नेह का अनुभव करते थे जो ज्ञान की खोज कर रहे थे, और वे आदरपूर्ण व्यवहार के लिए अपनी याचना पर दृढ़ रहे। उनके भीतर का प्रचारक इस कर्तव्य-भाव का अनुभव करता था कि वे उन्हें समझाते कि उन लोगों का आचरण गलत था—और इसके ऊपर अनावश्यक क्योंकि वे आध्यात्मिक आनन्द के लिए एक विकल्प-मार्ग प्रदान कर रहे थे।

अगले एकाध वर्षों में इसी प्रकार के बहुत से दृश्यों से मुझे गुजरना पड़ा था, न केवल अमेरिका में बल्कि यूरोप, दक्षिण अमेरिका, जापान, ऑस्ट्रेलिया—यहाँ तक कि मद्रास के 'मार्दी ग्रास फेस्ट' में भी! वे थोड़े से वर्ष उस तरह एक अग्नि-परीक्षा थे। मेरा नाम एक जादू की तरह था, और भीड़ें इतनी बड़ी होती थीं कि मुझे हॉल के बजाय स्टेडियमों में प्रदर्शन करना पड़ता था। लेकिन यह एक उन्मत्त युग था।

मॉन्टेरी ने रॉक-एन-रौल-संसार के प्रति मेरी आँखें जरूर खोलीं। बाद में मैंने सैन फ्रांसिस्को में हाइट ऐशबरी दृश्य देखा, और नशे से सम्बन्ध के कारण इस संगीत के परिणामों को देखकर काँप गया था। ये सभी युवा और सुन्दर लोग, और इनमें कुछ बड़े प्रतिभावान सभी इस सर्वनाश के द्वारा उसी तरह गुमराह हो गये थे, यह मैं देख रहा था। और इस सारे यौन-स्वैराचार के साथ—भगवान को धन्यवाद है कि उन दिनों एड्स नहीं था, नहीं तो संसार की आधी जनसंख्या साफ हो गयी होती।

इसके बाद उलझे-पुलझे विचारों का उथलापन भी था। भारत के प्रति इतना छिछला व्यवहार और इसकी महान संस्कृति का शोषण होता देख मैं अपमानित और आहत अनुभव करता था। योग, तन्त्र, मन्त्र, कुंडलिनी, गाँजा, हैशिश, कामसूत्र—सब मिलकर एक ऐसा मिश्रण बन गये थे जिसे हर कोई चख रहा था! यह मुझे भयभीत कर रहा था। खासकर मेरे अपने स्कूल खोल लेने पर। लॉस एंजिलिस के 'किन्नर' में जहाँ सैकड़ों लड़के प्रवेश ले रहे थे, मैंने केवल एक या दो को पाया जो वास्तव में भारतीय संगीत में रुचि रखते थे और इसमें कठिन परिश्रम कर रहे थे। ज्यादातर तो इसलिए यह कह रहे थे कि यह प्रचलन या फैशन था।

खोलने के कुछ सप्ताहों के भीतर ही मैंने समझ लिया था कि यह स्कूल सफल नहीं होगा, लेकिन उस समय मैं इसे रोक नहीं सका था (यह करीब ढाई वर्षों तक चलता रहा)। अमियदास गुप्त और मेरे कुछ वरीय छात्र इसके संचालन में लगे रहे थे, इसलिए मैं उतना समय नहीं दे रहा था; बीच में कभी पर्यवेक्षण के लिए अपना चेहरा दिखा देता था। लेकिन सभी लड़के मुझसे उम्मीद करते थे कि मैं गुरु की तरह वहाँ बैठूँ, कुछ आध्यात्मिक निर्देश देता रहूँ और जीवन और ध्यान पर प्रवचन करता रहूँ। इस क्षेत्र में महाऋषि महेश योगी हमारी महान धरोहर के क्षेत्र में बहुत अच्छा काम कर रहे थे, मगर मेरी मुख्य भाषा है संगीत। मैंने उन लोगों को यह समझाने का यथासाध्य प्रयत्न किया था।

मैं समझता हूँ 1967 के अन्त में यह मेरी पेरिस यात्रा की बात है कि मैंने कुछ संगीतकारों को सुना जो 'लेस स्त्रक्चरि सोनोरिस' कहे जाते थे, जिन्होंने शीशे के कटोरे की तरह ढाँचों से एक विशेष प्रकार की ध्वनि का आविष्कार किया था, जो वैसी ध्वनि उत्पन्न करते हैं जो शीशे के किनारों को नम उँगलियों से रगड़ने से आप निकाल सकते हैं। इन ढाँचों के बीच ध्वनि की भिन्न तीव्रताएँ थीं, ये ढाँचे भिन्न रूप और आकार के थे और भिन्न प्रकार के स्वर निकालते थे—डरावनी आवाजें, किन्तु सुन्दर, स्वर्गिक और विस्तृत। फ्रेंच संगीतकार सभी एक साथ बजाते थे, और वे बहुत जगह घेरते थे क्योंकि उतनी ध्वनियाँ निकालने के लिए बहुत से वाद्यों को रखना पड़ता था। मैं उनसे प्रेरित हुआ था और जब मुझसे ब्रिटिश आर्ट फिल्म 'वायला' के लिए संगीत रचने को कहा गया तो मैंने उनकी ध्वनियों को अल्लारखा के तबले, कमला के तानपुरे और अपने सितार के साथ उपयोग करने के लिए चुना। बाद में चलकर 1973 में यह रिकॉर्डिंग 'ट्रान्स माइग्रेशन मैकेबर' शीर्षक से एक ऐलबम के रूप में निकली।

'फेस्टिवल फ्रॉम इंडिया' के आयोजनों का स्तर उच्चतर था। 1968 में मैंने शिवकुमार शर्मा, साबरी खाँ, मिस्कीन खाँ (तबला और विभिन्न घन वाद्य), शरद् कुमार (शहनाई और बाँसुरी) और अपने शिष्य शमीम अहमद और लक्ष्मी शंकर को भी यू.एस.ए. आमन्त्रित किया। उन सबों के लिए, मैं समझता हूँ, पश्चिम में यह पहला अवसर था (हालाँकि इसके पहले लक्ष्मी 1962 में दादा की मंडली के साथ 'सामान्य क्षति' के मेरे संगीत का निर्देशन और प्रत्येक प्रस्तुति में संक्षिप्त एकल गायन देने पश्चिम आ चुकी थीं)। यह मंडली अल्लारखा, आशीष खाँ, पालघाट रघु (मृदंगम्) जितेन्द्र अभिषेकी (गायन), तारानाथ राव (तबले पर हरिहर के सौतेले भाई) फकीर मोहम्मद (ढोलक और तंबूरा) और कमला (गायन) से पूरी हो गयी थी। नोडू और अमिय ड्रोन बजाते थे। हम लोगों ने लॉस एंजिलिस में एक डबल ऐलबम सेट बनाया, डिक् बॉक के 'वर्ल्ड पैसिफ़िक स्टूडियो' में, जिन्होंने इसका निर्माण किया

और तब इसे 'फेस्टिवल फ्रॉम इंडिया' नाम से प्रकाशित किया था। यह बहुत सन्तोषप्रद रिकॉर्डिंग थी क्योंकि इसमें बहुत विभिन्न प्रकार की चीजें थीं, शास्त्रीय से लेकर लोक-शैली तक। ऐलबम रखने का बड़ा सुन्दर खोल था जिसे डिजाइन किया था जॉन स्टीवर्ड ने, बड़े प्यारे मित्र और एक अद्भुत कलाकार जिन्होंने तब से कुछ और ऐलबमों के लिए और मेरी पुस्तिकाओं के लिए शानदार कलाकृतियाँ बनाई हैं। रिकॉर्डिंग के बाद हम लोग एक तट से दूसरे तट की यात्रा पर निकल गये। कुछ हफ्तों तक कुछ कलाकारों ने मेरे 'किन्नर' विद्यालय में क्लास भी लिये थे।

प्रसिद्धि दरवाजे खोल देती है, यह सभी जानते हैं, और बड़ी प्रसिद्धि बड़े दरवाजे खोल देती है। रवि का नया रूप हॉलीवुड के किसी बड़े कलाकार की जीवन-शैली की तरह आया। यह ऐसी स्थिति थी जिसकी तैयारी तीस के दशक की यात्राओं से हो गयी थी और रवि ने इसे आसानी से अपना लिया जिसने अवसरों के पूरे उपभोग के लिए उन्हें समर्थ बनाया। इस प्रसिद्धि के दबावों को जो एकाएक आए थे, झेलने की बुद्धिमानी में वे कामयाब रहे—हालाँकि उतना अचानक नहीं, अगर हम विचार करें कि 1967 में वे 47 के हो चुके थे और एक दशक से ऊपर सिर्फ अपने भरोसे वे पश्चिम की यात्राएँ करते रहे थे।

जहाँ तक सुपर-स्टार होने या प्रसिद्धि की बात थी मैं बिल्कुल इसके शिखर पर था! मैं अनेक टॉक-शो में आया था; जॉनी कारसन (दो बार), डेविड फ्रास्ट, जॉय विशॉप, डिक कैवेट और माइक वैलेस को मिलाकर। मैं सड़क पर बिना भीड़ से घिरा चल नहीं सकता था, मेरे चहेते मेरे पीछे दौड़ते चिल्लाते, 'हाय रवि'! या 'हाय रव' भी! यह अविश्वसनीय था—हालाँकि यह मुझे बड़ा अच्छा लगता था, मैं इससे इनकार नहीं करूँगा।

मैं उस समय इतना व्यस्त रहता था कि ठीक से सोच नहीं पाता था। सभी चीजें एक ही साथ घट रही थीं : इतनी तेज गति से चलना, कॉन्सर्ट देना और उपस्थित होना, मैं नहीं जानता कि अगले दो वर्ष कहाँ निकल गये। लगता था कि मैं पूर्णतः अपने व्यवस्थापकों के हाथों में हूँ। सारी तारीखें वही तय करते। हर चीज धुँधली थी। फिर भी 47 की उम्र में इससे निपटने की मुझमें परिपक्वता थी। अगर मेरी उम्र कम रही होती तो मैं पूर्णतः दिशाहीन हो गया होता।

1967 और 1970 के बीच मैंने लॉस एंजिलिस में लगातार चार मकान किराये पर लिये। जब मैंने 'किन्नर' खोला था, हम लोग पहले वाले में रह रहे थे, और उसके बाद मैं हॉलीवुड हिल्स में एक विशाल मकान में चला गया जिसका प्रवेश द्वार चौथी मंजिल पर था। कुछ शो बिजनेस की पार्टियाँ और भोज वहीं हुए थे, मार्लन ब्रैंडो, पीटर सेलर्स, टेरेन्स स्टाम्प, सभी चार बीटलों और बहुत से दूसरों के साथ विभिन्न अवसरों पर। उन लोगों को भारतीय भोजन प्रिय था और हम लोग कुछ भारतीय संगीत भी देते थे। जब वे अपनी फिल्म 'द पार्टी' जिसकी वे शूटिंग कर रहे थे जिसमें एक भारतीय सितारवादक को उन्हें दिखाना था, पीटर सेलर्स मेरे बड़े अच्छे मित्र हो गये थे। उन्हें दिक्कतें हो रही थीं, इसलिए उन्होंने सितार पकड़ने के लिए बैठने का सही तरीका बताने का आग्रह किया। हम लोग अक्सर मिला करते थे। यथार्थ जीवन में उसी तरह जैसे कार्यक्रमों में, वे बड़े मजेदार आदमी थे सहानुभूतिपूर्ण और आकर्षक, लेकिन वे बड़े झक्की भी थे, वे एकाएक काम बन्द कर देते, खिन्न हो जाते और एकान्त चाहते थे। अपने घर पर एक संगीत गोष्ठी में मैं हेनरी मानसीनी और उनके पुत्र से मिला जो मेरे संगीत के प्रति बड़े उत्सुक थे।

1968 में लॉस एंजिलिस में मैं एक तीसरे मकान में चला गया जो, मुझे याद है कि मेरा आवास था जब मैं ड्राइविंग सीख रहा था। 1970 के शुरू में मैं एकाध महीना किराये के चौथे मकान में रहा जो डोरियन एवेन्यु पर था, हॉलीवुड के हाईलैंड एवेन्यु में चार कमरों वाले स्पेनी विला शैली वाले सुन्दर मकान को अन्ततः खरीदने और उसमें जाने के पहले।

मुझे याद है एक दिन मारलन ब्रैंडो ने मुझे फोन किया था और मेरे पहले वाले मकान पर आकर

मुझे पेरिस में यूनेस्को के चैरिटी-शो में कार्यक्रम देने के लिए निमन्त्रण दिया था जो दिसम्बर, 1967 में आयोजित था। लोगों की बड़ी रुचि थी क्योंकि जॉर्ज हैरिसन और जॉन लेनन भी शो में आ रहे थे। मैंने अल्लारखा के साथ केवल पन्द्रह मिनट का कार्यक्रम दिया था। शो में मेरी भेंट एलिजाबेथ टेलर, रिचर्ड बर्टन और सभी दूसरे भाग लेनेवालों से हुई जिनका मनुहार मारलन ब्रैंडो ने आने के लिए किया था। हम सभी पेरिस के जॉर्ज फाईव होटल में टिके थे और यह एक बड़ा सुन्दर अवसर था।

कुछ और बार मैं शेष बीटलों से मिला था, मगर जॉर्ज ही एक थे जिनसे मैं निकटतर होता गया। वे मेरे किन्नर-विद्यालय आए जैसे यहूदी मेनुहिन और कुछ दूसरे लोग आए थे। 1971 के बांग्लादेश के कॉन्सर्टों को मिलाकर मैं बॉब डेलन से भी कुछ बार मिला था। जॉन लेनन की तरह ही वे प्रत्येक व्यक्ति के श्रद्धास्पद थे, मगर हम कभी नजदीक नहीं हुए—मैं नहीं कह सकता कि वे अलग-थलग रहना चाहते थे या केवल शर्मीले थे। दूसरे संगीतकार जिनसे मेरी भेंट हुई वे थे 'द डोर्स' वाले जिम मॉरिसन, जो लॉस एंजिलिस में मेरे एकाध सितार-शिक्षण में उपस्थित हुए थे।

हॉलीवुड की पार्टियों की उसी अवधि में मेरी भेंट जुबीन मेहता से हुई थी, हालाँकि यह पहली बार नहीं था। जुबीन मेरे प्रिय मित्र हैं। वे पारसी सम्प्रदाय के हैं जो ज़ोरोऐष्ट्रियनों के वंश हैं, जो कई शताब्दी पूर्व फारस से आए और भारत के पश्चिमी भाग में बम्बई के इर्द-गिर्द बस गये थे। अधिकतर पारसी पाश्चात्य जीवन-शैली के हो गये हैं, उनमें से बहुत धनी उद्योगपति हैं। जुबीन के पिता, मेहली मेहता पाश्चात्य शास्त्रीय क्षेत्र के एक अपूर्व वायलिन वादक थे, सम्भवत: सर्वोत्तम जो भारत ने पैदा किया है। आज मेहली लॉस एंजिलिस में 'अमेरिकन यूथ सिम्फनी ऑरकेस्ट्रा' के प्रिय संचालक हैं। पूरे जीवन जुबीन पाश्चात्य संगीत में निमज्जित रहे हैं। वे बम्बई में पैदा हुए थे और उनके पिता ने उन्हें संगीत में प्रवेश दिलाया था, लेकिन मैं समझता हूँ मेहली ने महसूस किया था कि उनका प्रतिभावान पुत्र पश्चिम में और आगे प्रशिक्षण प्राप्त करे तो और अधिक अच्छा करेगा, और अठारह वर्ष की आयु में जुबीन को वियना भेजा गया। शीघ्र ही वे एक सुन्दर संगीत-संचालक के रूप में उभरे।

पहली बार उनसे मेरी भेंट साठ के दशक के शुरू में मॉन्ट्रियल में हुई थी जहाँ वे नगर की सिम्फनी ऑरकेस्ट्रा का संचालन कर रहे थे। मैं उनसे बड़ा प्रभावित हुआ था लेकिन यह भी पाया कि उन्हें भारतीय शास्त्रीय संगीत के बारे में बहुत जानकारी नहीं थी। हम फिर लॉस एंजिलिस में मिले जब उन्हें बड़ी प्रशस्ति दी जा रही थी क्योंकि वे लॉस एंजिलिस के फिलहार्मोनिक के संगीत-निर्देशक नियुक्त किये गये थे। जवान, सुन्दर और तुमुल प्रशंसायुक्त वे हॉलीवुड की सभी पार्टियों में चहेते 'जूबी बेबी' थे। वे आकर्षक और मजेदार आदमी थे और, यद्यपि उम्र में मुझसे बहुत साल छोटे थे, हम अच्छे दोस्त बन गये थे जैसे कि आज भी हैं।

जुबीन सचमुच अन्तर्राष्ट्रीय हैं : वे इज़राइल में काफी समय बिताते हैं जहाँ वे इजराइल फिल हार्मोनिक ऑरकेस्ट्रा के मुख्य संचालक हैं। वहाँ लोग उन्हें बहुत प्यार करते हैं और उन्हें अपनों में से एक समझते हैं। एक भारतीय का पश्चिमी शास्त्रीय क्षेत्र में शिखर संचालकों में एक के रूप में इतना सम्मानपूर्ण पद प्राप्त करना और उनकी पूर्णत: पाश्चात्य संगीत में संलग्नता के बावजूद अभी भी आन्तरिक भारतीयता बचाये रखना आश्चर्यजनक है। अपने तौर-तरीकों में, अपनी मातृभूमि और संस्कृति के प्रेम में।

पश्चिम में जब मेरा यशोगान किया जा रहा था, साथ ही भारत में झूठे प्रचार के प्रभावों को भी मैं अनुभव कर रहा था। मैं हमेशा समाचार की सुर्खियों में था लेकिन बहुत प्रशंसा के साथ ही मेरे हिप्पी हो जाने—या बीटलों में एक होने की ओर अपने संगीत को अपवित्र करने की भर्त्सना भी थी : इसके व्यापारीकरण, अमरीकीकरण और जैजीकरण और पाश्चात्यों के लिए 'शुद्ध संगीत' न बजाने का आरोप। ये ही शब्द थे जिनका बार-बार प्रयोग किया जाता था।

दूसरा आरोप था कि रागों के मेरे कार्यक्रम बहुत संक्षिप्त थे। कुछ लोग कह रहे थे, ''पश्चिम में वे एक राग आधे घंटे से अधिक नहीं बजाते हैं।'' इस तरह की टिप्पणी मूर्खतापूर्ण है और इसका कोई

अर्थ नहीं। यह समय का विस्तार नहीं जो महत्त्वपूर्ण हो, क्योंकि हमारा संगीत लिखित नहीं होता, 'बीस मिनट वाला राग' जैसी कोई चीज नहीं होती, एक 'एक घंटे वाला राग'! या कोई 'दो घंटे वाला राग' लम्बे समय से भारतीय संगीतकार भिन्न समय विस्तारों की रिकॉर्डिंग करते रहे हैं साढ़े तीन मिनट के 78 आरपीएम से होकर ईपी तक, इक्कीस मिनटों के एलपी तक, और रेडियो पर पन्द्रह से बीस मिनटों तक कार्यक्रम देते हुए—और उन लोगों ने महान कार्यक्रम दिए हैं चाहे गायन वादन की अवधि जो भी हो।

इस तरह की आलोचना से मुझे बड़ी चोट लगती थी, क्योंकि मैं तो ठीक इसके विपरीत कर रहा था : हमारे संगीत को उनकी समझ में लाने का प्रयत्न कर रहा था। भारत में जो कुछ भी कहा जा रहा था मैं उस सबके विरुद्ध संघर्ष कर रहा था, और जब भारत से प्रत्युत्तर पश्चिम में पहुँच रहा था बहुत से दकियानूस श्रोता सोचते थे कि मैंने अपनी आत्मा को शैतान के हाथों बेच दिया है, या कुछ इसी तरह की बात! हमारे संगीत के बहुत से गम्भीर और सुधी प्रशंसक, यूरोप और अमेरिका में भी, सोचते थे कि मैं बरबाद आदमी था। मुझे याद है पियरे बोलेज ने 'टाइम मैगज़ीन' के एक इंटरव्यू में कहा था कि कभी मैं अच्छा सितार बजाता था, अब जो मैं बजा रहा था वह तो 'नेपुल्स का बैंजो' था।

बहुत से आलोचक विशेषत: भारत में, मानते थे कि रवि अमरीकी दौलत का आकर्षण नहीं रोक पाये थे और अपने को बेच दिया था। गलत बातें कर उन्हें समाप्त कर देने के लिए 'रागों से दौलत तक' जैसे शीर्षक अखबारों में आते थे। रवि के लिए हालाँकि पैसा स्वभावत: प्रेय था, यह मूल चीज न था।

यह प्रश्न सही पूछा जा सकता था : मैं पश्चिम में यह सारा प्रयत्न क्यों कर रहा था? मैं यह इसलिए कर रहा था क्योंकि मैं अनुभव करता था कि मेरा एक प्रकार से यह कर्तव्य था, हमारे संगीत के प्रति लोगों की जानकारी बढ़ाने का आत्म स्वीकृत दायित्व। उस समय भारत को गलत ढंग से चित्रित करने की एक प्रवृत्ति थी और हमारे संगीत के गलत दिशा पकड़ने की। बेशक मेरे व्यवहार में एक प्रकार का अड़ियलपन था, किन्तु मैं चाहता था कि भारतीय संगीत को उसका उचित स्थान मिले। यद्यपि कभी-कभी मुझे उत्सुक युवा पाश्चात्यों के द्वारा अधीर कर दिया जाता था, लेकिन संगीत की माँग थी कि उसे बजाकर उन्हें सुनाया जाए और वह उचित रीति से समझा जाए और प्रशंसित हो।

मैं यह पैसे के लिए नहीं कर रहा था, हालाँकि पैसा बहुत आ रहा था। एक स्टार के रूप में जीवन का आनन्द भोगने के बावजूद मैं उतना भौतिक लाभ न उठा सका जितना उठा सकता था। मैंने हमेशा महसूस किया है कि सामान्यत: अमरीकी लोग बच्चों की तरह होते हैं, निष्कपट, सरल और संसार भर में आसानी से प्रभावित हो जानेवाले लोग। इसका अच्छा पहलू यह है कि यह प्रतिभावान और नये विचार वाले लोगों को बहुत अवसर प्रदान करता है। लेकिन यही कारण भी है कि उन महान प्रतिभाओं के साथ जो अमेरिका गये और जिन्होंने महान कार्य किये और सफलता और प्रशंसा प्राप्त की, उतनी ही संख्या नीम-हकीमों, तमाशा दिखानेवालों, वाक्-चातुर्य दिखानेवालों और पाखंडियों की भी रही है जिन्होंने धर्म के साथ-साथ अन्य क्षेत्रों में काफी कमाई की है। यदि मैं करोड़पति होना चाहता तो मुझे एक गेरुआ वस्त्रधारी स्वामी और एक मिले जुले राग-रॉक संगीत का राजा बनने का हर अवसर मिल जाता।

मैं संगीत के प्रति ईमानदार होने का प्रयत्न कर रहा था। मैंने कुछ प्रशंसकों के दृष्टिकोण और व्यवहार के प्रति आपत्ति जरूर उठाई, और मैं इससे खुश हूँ। धीरे-धीरे श्रोताओं में जो सतही थे उनका उन्मूलन हो गया, और उनमें बहुत जो बच गये, वे आज भी साथ हैं, मादक द्रव्यों से मुक्त और हमारे संगीत के प्रति वास्तव में श्रद्धावान।

इसी बीच मैंने बहुत से भारतीय संगीतकारों को, जिनके लिए द्वार मेरी सफलता के कारण खुले थे, अवसरों से लाभ उठाते देखा। वस्तुत: उनमें से बहुत जो संगीत को बाजारू बना देने के लिए शुरू में मेरी

आलोचना कर रहे थे, अवसर से लाभ उठाने अब झुंड-के-झुंड पश्चिम आने लगे। हमारे संगीत के प्रति पश्चिमी श्रोताओं में रुचि और आदर उत्पन्न करने के लिए मैंने यथासाध्य किया। हमारे बहुत से संगीतकारों के लिए ख्यात-वरिष्ठों से लेकर सम्भावनायुक्त युवाओं के लिए आने और प्रशंसापूर्ण श्रोताओं की विशाल संख्या पाने के लिए सफलता के द्वार खुल गये। फिर भी इनमें कुछ संगीतकार मेरी आलोचना करने में लगे रहे, अभी भी अधिकतर यह जताते हुए कि वे ही परम्परानुगामी हैं और 'शुद्ध सितार' के संरक्षक हैं जबकि मैं तो 'बीटल सितार' बजाता था।

इस विवाद और उनके अपने दुविधाग्रस्त दृष्टिकोण की चर्चा उनकी पुस्तक 'माई म्यूजिक, माई लाइफ' (1968 में प्रकाशित) में हुई थी, जिसमें उन्होंने भारतीय संगीत के मूल, महान गुरुओं, और उस समय तक अपने जीवन की विस्तार से चर्चा की थी और साथ ही सितार वादन के परम्परागत नियमों को भी दिया था।

रवि ने 'राग' फिल्म में इन्हीं विषयों की ओर संकेत भी किया था, एक ऐसे व्यक्ति द्वारा प्रस्तुत मर्मस्पर्शी दस्तावेज जो रचना भी कर रहा था और संस्कृतियों के पारस्परिक संघर्ष के बीच भी फँसा था। 1967 में शूटिंग आरम्भ हुई और भारत में चारों ओर और स्टेट्स में रवि का पीछा करती, 1968 के अन्त तक चलती रही; यद्यपि आर्थिक और तकनीकी समस्याओं के कारण जो देर हुई उसने यह किया कि 1971 के अन्त तक इस फिल्म का प्रीमियर सम्भव न हुआ। 'राग' ने वादक की तन्मयता और अमरीकी संगीत समारोहों के श्रोताओं की प्रशंसा को प्रदर्शित किया था और, भारत में फिल्माए सुन्दर दृश्यों में भारतीय संगीत और नृत्य के प्राचीन स्रोतों को सशक्त रूप में प्रतिबिम्बित किया था।

हर चीज के साथ जो उस समय घट रही थी मेरी फिल्म 'राग' का बनना भी चलता रहा। यह फिल्म सुन्दर ढंग से बनायी गयी थी, लेकिन इसमें पैसा मेरा लगा था, जो जरा खेद की बात थी क्योंकि

इसमें बहुत बड़ी धन-राशि लग गयी, और इसे मैं केवल बाद में अनुभव कर सका! जॉर्ज हैरिसन ने आखिर में कुछ मदद दी जिससे कि यह फिल्म रिलीज़ हो सके।

जब 1968 में मैं भारत में था, फिल्म यूनिट मेरे साथ चारों ओर गयी जिसमें मैहर में मेरे गुरु के पास जाना भी था। अमेरिका के बहुत से दूसरे चित्रांकन थे जैसे मॉन्टेरी पॉप फेस्टिवल और यहूदी मेनुहिन के साथ यू.एन. ह्यूमन राइट्स डे पर दिया कार्यक्रम। फिल्म बनानेवालों ने मेरी पुस्तक 'माई म्यूजिक, माई लाइफ' के कुछ अंश भी बैठाये थे और छायांकनों के साथ ही मेरे द्वारा पंक्तियों के पाठ की रिकार्डिंग भी की थी।

उसी साल जून में कैलिफोर्निया के तट पर स्थित 'बिग सर' में भी राग की शूटिंग चली। बिगसर गर्म झरनों की एक सुन्दर जगह है। बीच-बीच में मैं वहाँ इजालेन इंस्टीट्यूट जाया करता था, एकान्तवास की एक जगह, जहाँ लोग कुछ दिन रहकर आराम कर सकते थे और गर्म झरने में स्नान कर सकते थे। वहाँ हमेशा किसी-न-किसी सम्प्रदाय के गुरु प्रवचन के लिए होते थे। यह हिप्पियों के लिए बहुत अनुकूल था; बस प्रेम और शान्ति, काफी उन्मुक्त प्रेम के साथ। वहाँ कुछ डरानेवाले लोग भी थे जिन्होंने बताया कि कितनी बार उन्होंने यू.एफ.ओ. को उतरते देखा और कैसे उनकी भेंट दूसरे ग्रहों के लोगों से हुई थी—कुछ ने तो उनके साथ यौनाचार की बात भी कही थी! साथ ही वहाँ कुछ अच्छी चीजें भी चल रही थीं—योग और ध्यान की कक्षाएँ, बौद्ध धर्म, हिन्दू धर्म और सूफीवाद पर व्याख्यान भी। जॉर्ज आए थे, और उनको और कुछ छात्रों को मेरे द्वारा पढ़ाने का दृश्य भी फिल्माया गया।

मेरे कुछ सितार वादन को दिखाने के अलावा 'राग' में मेरे द्वारा कुछ संगीत प्रसंगों को भी दिखाया गया था। सारी विकृतियों को भी दर्शाया गया था—भारतीय संगीत का रॉक के साथ मिश्रण, हिप्पियों और मादक द्रव्यों को। उस खंड के लिए संगीत को आधुनिक शैली में रखा गया था जिसमें मेरे एक अमरीकी शिष्य कॉलिन वेलपॉट के द्वारा बहुतायत से इलेक्ट्रॉनिक ध्वनियों का प्रयोग किया गया था। वे 'ऑरिगन' नामक मंडली में थे और उन्होंने मुझसे सितार और अल्लारखा से कुछ तबला सीखा था। दुख की बात है कि कुछ वर्ष बाद जर्मनी में उनकी एक कार दुर्घटना में मृत्यु हो गयी थी।

'राग' अमेरिका और यूरोप में उस समय के भारतीय संगीत और संस्कृति और उसमें जो भूमिका मैंने अदा की थी उसका एक अच्छा वृत्तचित्र है। यह बाक्स ऑफिस सफलता न थी, न हो सकती थी, लेकिन आज भी यह वीडियो पर न्यूयॉर्क की एक कम्पनी 'मिस्टिक फायर' के माध्यम से उपलब्ध है।

'राग' की कहानी, हर चीज जो वे देख रहे थे उसके बारे में रवि की उन भावनाओं का एक अमर आलेख उपस्थित करती है, और उनके मन की इस झलक के लिए कुछ कथा प्रसंगों का उल्लेख यहाँ समुचित है। आधुनिक संसार के द्वारा भारत पर जो सांस्कृतिक परिवर्तन थोपा जा रहा था उस पर प्रसन्न और सशंकित दोनों होते हुए रवि प्राचीन भारतीय परम्पराओं के भविष्य के बारे में सोचते हैं और तब हवा के झकोरे खाते कैलिफोर्निया के तट पर फिल्माए एक अन्तिम चिन्तामग्न के दृश्य में वे विचार करते हैं कि अमेरिका को जानकारी देने के अपने प्रयत्नों में क्या वे पूर्णतः विवेकपूर्ण रहे हैं :

''विदेश में ऐसा भव्य स्वागत—हे भगवान! यह अभिभूत कर देनेवाला है! मैंने हमारे संगीत के लिए इतने प्रेम का पहले कभी अनुभव नहीं किया है। यह मुझे बड़ा प्रेरित करता है। लेकिन मैं सोचता हूँ कि वे कितना अंश समझ सकते हैं, और इस सबका परिणाम क्या होगा। हमारे संगीत में इतना कुछ है जिसकी जड़ें हजारों वर्ष पीछे तक गयी हैं, हमारे मन्दिरों में प्रार्थनाएँ, जीवन की व्यथा और संघर्ष, नदियों का निनाद, कालातीत मन्त्रोच्चार। बहुत सी चीजें मेरे भीतर होती हैं जब कभी मैं बजाता हूँ, जो कुछ भी मैं करता हूँ।''

'मैं सोचता हूँ कि क्या मैंने बहुत कुछ करने का प्रयत्न किया, कि कहीं मैंने अमेरिका में झूठी भूमिका तो नहीं निभाई। किसी तरह मैं बस इसे छोड़ नहीं सकता था। मैं अपने से पूछता रहता हूँ क्या

इस सारी भयानक विकृति से बचा जा सकता था? आप संस्कृति की सतही सफाई करके बहाना नहीं कर सकते कि आपको उत्तर मिल गया है। हम कौन हैं इसके सर्वोत्तम रूप को पाने के लिए हमें निश्चय ही अपनी सबसे गहरी जड़ों की ओर उन्मुख होना पड़ेगा। लेकिन यह एक सतत अन्वेषण है, उस चीज तक पहुँचने का प्रयत्न जिसे मैं देख सकता हूँ और अनुभव कर सकता हूँ, मैं लगभग जिसे छू सकता हूँ किन्तु जिसे कभी पकड़ नहीं सकता।'

मैहर में बाबा अलाउद्दीन खाँ और उनके तीन विद्यार्थी नलिन मजुमदार, सुप्रभात पाल और बिन्दु मुखर्जी के साथ

संगीत ही एकमात्र भाषा है जिसे सचमुच मैं जानता हूँ, क्योंकि मैं 'नाद ब्रह्म' में विश्वास करता हूँ, 'ध्वनि ईश्वर है।'

रॉक-समारोहों के मेरे कुछ अनुभव अगस्त, 1969 में वुड स्टॉक तक कायम रहे। यह भयत्रस्त कर देनेवाला अनुभव था। यदि मॉन्टेरी एक नये आन्दोलन या सुन्दर घटना की शुरुआत थी, मैं समझता हूँ कि वुडस्टॉक इसका लगभग अन्त था। हम लोगों को हेलीकॉप्टर से उस मोटेल से जाना था जहाँ कई मील दूर हम ठहरे थे, और ठीक स्टेज के पीछे उतरे। तबले पर अल्लारखा की संगत के साथ मैंने वादन किया, पाँच लाख श्रोताओं के सामने—लोगों का एक महासागर। बूँदाबाँदी हो रही थी और बड़ी ठंडक थी, किन्तु कीचड़ में वे सभी बहुत प्रसन्न थे, निश्चय ही वे चोट खा रहे थे, मगर वे इसका आनन्द ले रहे थे। इसने मुझे पानी में भैंसों की याद दिलाई जो आप भारत में देखते हैं, पंक में डूबी। वुडस्टॉक एक बड़ी पिकनिक पार्टी की तरह था और संगीत तो बस प्रसंगवश था।

मैं चाहता हूँ कि मैंने वहाँ नहीं बजाया होता, लेकिन मेरी प्रतिबद्धता के कारण मुझे बजाना पड़ा था। मेरे वाद्य के भींग जाने और बर्बाद हो जाने की चिन्ता मुझे इतनी हो रही थी कि यह प्रदर्शन बहुत भावप्रवण नहीं था, हालाँकि मैंने यथाशक्ति प्रयत्न किया था। जब मैं बाहर आया तो उस भीड़ से भावसमागम का कोई रास्ता न था—यह एक ऐसा विशाल श्रोतासमूह था। मुझे पता चला कि नशे के अतिरिक्त हिंसा, चोरी, लूट और बलात्कार भी हुए थे वुडस्टॉक में। यह वह चीज नहीं थी जिसे आप लोग इतनी महिमान्वित करते हैं।

कितना बड़ा अन्तर और सुख था जब मैं कार्नेगी हॉल या रॉयल फेस्टिवल हॉल के बन्द मर्यादित स्थलों पर प्रदर्शन कर रहा था जहाँ उच्छृंखल तत्त्व अनुपस्थित थे। इन ऑडिटोरियमों के अंधकार में अगर कहीं दूर बालकानी में एक सिगरेट भी जलाई जाती है तो मैं देख लेता और अपना सितार नीचे रख देता और कहता, 'कृपया धूम्रपान न करें।' अगर हूटिंग होती तो मैं आग्नेय नेत्रों से देखता और शान्ति की माँग करता जिससे मैं चित्त एकाग्र कर सकूँ। मैंने यह काम बराबर किया और इससे काम बना, उस वातावरण में होने से कम उम्र के श्रोता अपराधी अनुभव करते थे अगर उन्होंने अनादरपूर्ण बर्ताव किया होता।

मेरे दृढ़ निश्चय के बावजूद विरोधी आलोचनाओं से उत्पन्न शंकाएँ मेरे विवेक पर जरूर भारी पड़ने लगी थीं, और वुडस्टॉक के बाद मैं दूर भागना और अपने को शुद्ध करने की चाह रखने लगा। 1966 के आसपास से मेरे अधिकांश संगीत-कार्यक्रम पॉप या रॉक के प्रचारकों द्वारा संचालित किये गये

थे, और आगे चलकर मैंने अपने व्यवस्थापकों को छोड़ दिया और वैसे बहुत से कॉन्सर्टों को रद्द कर दिया जो शास्त्रीय संगीत के उन्नायकों द्वारा आयोजित नहीं किये गये थे। पूरे समय में प्रत्येक पतझड़ की ऋतु में कुछ महीनों के लिए भारत लौटता रहा था (1967 को छोड़कर)। किन्तु सत्तर के दशक के मध्य मैंने यू.एस.ए. में डेढ़ वर्षों तक बजाना छोड़ दिया और तब तक प्रतीक्षा की जब तक मुझे एक समुचित एजेंट शास्त्रीय संगीत का मिल गया। कुछ समय तक शास्त्रीय व्यवस्थापक मुझमें रुचि लेते नहीं दिखे, क्योंकि वे मुझे केवल पॉप और रॉक से ही जोड़ते थे।

केवल अपने निन्दकों के विरुद्ध अपने को प्रमाणित करने लिए भारत में मैं ऐसे कॉन्सर्टों की ओर लौटा जिनमें दो या तीन रागों को ही चार या पाँच घंटों से कम नहीं बजाता था। खुद बहुत शारीरिक श्रम उठाते मुझे यह कई वर्षों तक करना पडा। जब मैंने अब शास्त्रीय एजेंटों के द्वारा शास्त्रीय स्थलों पर आयोजित कॉन्सर्ट फिर से पश्चिम में शुरू किये, उसके बाद कुछ साल लगे किन्तु अस्सी के दशक के आरम्भ तक लोग मुझे फिर शास्त्रीय संगीत के शिखर-पुरुषों में से एक के रूप में स्वीकार करने लगे, एक परम्परावादी के रूप में। उन्होंने जाना कि मैं भटका नहीं था, और मेरा संगीत अभी भी वहाँ था।

पीछे मुड़कर देखने पर रवि की प्रतिष्ठा न केवल एक शास्त्रीय संगीतकार के रूप में सुरक्षित है, बल्कि सुपरस्टार होने की दीवानगी वाली उस अवधि में उनके क्रिया-कलापों के प्रभावों का लाभ और अधिक दिखता है। पुराने संगीत को उनके द्वारा नुकसान पहुँचाने की बात तो दूर, पाश्चात्य संस्कृति की मुख्य धारा में इसे अनुस्यूत कर वे युवाओं की बड़ी संख्या का, जिन्हें भारतीय वैभव का कोई पूर्व अनुभव नहीं था, ज्ञानवर्द्धन कर रहे थे। ये ही प्रशंसक थे जिन्हें उस संगीत के प्रति आदरपूर्ण व्यवहार और उसके मूल्यों की गहराई की खोज के प्रति उन्मुख किया गया था। सब सारी अतिश्लाघा और अर्थहीनता थम गयी तो यह साफ हो गया कि रवि ने बहुत लोगों के जीवन को प्रभावित कर दिया था।

वे कोई बिल्ला लगाना पसन्द नहीं करते, लेकिन यदि कोई 'विश्वसंगीत का धर्मपिता' होने का दावा करता है, तो यह निश्चय ही रवि होंगे बार-बार उन्होंने दिखाया है कि स्पष्टत: एक विदेशी कला-रूप को सफलतापूर्वक दूसरी संस्कृति के हृदय में प्रवेश कराना सम्भव है।

सुविधा की दृष्टि से पश्चिम में रवि का एकल संगीत-जीवन 1956 से तीन भागों में बाँटा जा सकता है। प्रारम्भ में उनका प्रभाव केवल शास्त्रीय क्षेत्र तक सीमित था, किन्तु 1966 से आगे एक दूसरा कालखंड आरम्भ हुआ जब वे युवा-चेतना के केन्द्र में अधिष्ठित हुए। कई वर्षों के बाद उन्होंने इस प्रकार के जीवन से शास्त्रीय पक्ष की ओर लौटने का फैसला किया, और तीसरी अवधि में, जो उनकी मनपसन्द रही है, और तब से आज तक कायम है, उन्होंने प्रथम दो भागों के लाभों के मिश्रण का आनन्द उठाया है : असाधारण स्तर की दूसरी अवधि में पहुँची जन-प्रशस्ति, यह जानने की सुरक्षा की उनका आधार परम्परागत शास्त्रीय खेमे में दृढ़ता से प्रतिष्ठित है, उन्हें यह स्वतन्त्रता प्रदान करती हुई कि सभी क्षेत्रों में, जिन्हें वे चाहें, चुन सकते हैं।

उस समय मैं खिन्न था क्योंकि भारत में मेरी बड़ी कठोर आलोचना से मुझमें एक मनोग्रन्थि विकसित हो गयी थी। उन थोड़े से वर्षों के लिए मुझमें एक सनकीपन घुस गया था। सारे हंगामे के साथ कुछ प्रचार जो मेरे विरुद्ध किये जा रहे थे उनमें मुझे विश्वास होने लगा था, यह महसूस करते हुए कि मैं जरूर कुछ गलत कर रहा था। हमेशा एक बीटल-गुरु कहलाना मुझे अच्छा नहीं लगता था; अगर यही सब कुछ है जिसके लिए मेरी प्रशंसा हो रही हो, तो यह ठीक नहीं था। जॉर्ज के प्रति मेरा प्रेम और स्नेह हमेशा एक सा बना रहा, जैसा कि आज है, लेकिन मैंने अपने लिये उनके नाम को कभी भुनाना नहीं चाहा।

सफलता के जिन शिखरों को साठ के दशक के अन्त और सत्तर के दशक के आरम्भ में मैंने चूमा था उनसे हटने में, पश्चिम के अपने नये प्रशंसकों, कुछ हद तक जॉर्ज से भी सम्बन्ध तोड़ने के प्रयास में मैं कुछ पलटी खा गया। एक खेमे को प्रसन्न करने के प्रयास में मैंने दूसरे को चोट पहुँचाई। कुछ औचित्य के साथ पश्चिम के मेरे युवा श्रद्धालुओं ने यह आपत्ति की कि जिन्होंने मुझे यश और वैभव दिया था उनकी ओर पीठ कर लेना मेरी कृतघ्नता की तरह था। कभी-कभी मैं अत्यन्त उग्र हो उठता था और कुछ उनकी भावनाओं को रौंद भी देता था।

यह एक अजीब स्थिति थी, और कभी-कभी यह आसान नहीं होती थी। मैं महसूस करता हूँ कि मैं सदा एक पहेली की तरह था, क्योंकि बहुत कम लोग सचमुच समझ पाते थे कि मेरा लक्ष्य क्या था, सम्भवत: लोग चीजें साफ-साफ चाहते हैं। शायद समकालीनों में केवल लियोनार्ड बर्नस्टीन ने कोटिबद्धता को लेकर इस प्रकार के संकटों का सामना किया जैसे मैंने, परम्परागत और आधुनिक के बीच, शास्त्रीय और लोक संगीत/जैज़ के बीच या रचनाकार और वादक के बीच।

फिर भी मैंने स्वयं यह नहीं जाना कि मैं लोगों के मन में कितने गहरे पैठ गया हूँ। रॉक और पॉप संगीत की दुनिया में अधिकतर कलाकार कुछ ही दिन चलाते हैं। मैं इससे विशेष रूप से अवगत था क्योंकि शास्त्रीय क्षेत्र बहुत भिन्न है। इसमें आप जीवन पर्यन्त जाने जाते हैं, और मरने के बाद भी। यद्यपि शास्त्रीय कलाकार उतनी लोकप्रियता या पैसा नहीं पाता जितना पॉप, रॉक या फिल्म स्टार, लोग कभी भी बाख, बीथोवेन और मोजार्ट, सेगोविया, कसाल्स और हेफेट्ज या टैगोर और त्यागराज को नहीं भूलेंगे। निस्सन्देह आधुनिक रिकॉर्डिंग तकनीक कुछ महान पॉप और रॉक संगीतकारों, जैसे बीटल्स, को जीवित रखेगी; किन्तु इस दृष्टि से शास्त्रीय संगीत और पॉप संगीत में बड़ा अन्तर है।

यद्यपि भारत में मैं ईर्ष्य स्थान बनाने में सौभाग्यशाली रहा हूँ, मैं पश्चिम में भी सौभाग्यशाली रहा हूँ जहाँ लोग मुझे नहीं भूले। आज भी उन्हीं वर्षों का अर्जित यश भोग रहा हूँ। जहाँ कहीं मैं जाता हूँ मेरी भेंट लोगों से होती है जो कृपापूर्वक कहते हैं कि कैसे मैंने उनके जीवन पर अपना प्रभाव डाला है। मैं हर जगह वही चीज अनुभव करता हूँ, न केवल युनाइटेड स्टेट्स में बल्कि सारे संसार में—और यह कोई भी कर सकता है : एक नलकूप बनानेवाला, एक टैक्सी चालक, एक कुली या सड़क पर ऑफिस में कोई भी। यह जानकर कि मैंने कितनी गहराई से लोगों को प्रभावित किया है। यह मुझे सदा के लिए आश्चर्यचकित करता है और ईश्वर के प्रति मुझे कृतज्ञ बनाता है।

कभी कभी पहचान लिये जाने पर बड़ी घबराहट होती है, ऐसे विचित्र प्रश्नों का जबाब देना जैसे, 'क्या मैं आपको याद हूँ? पच्चीस वर्ष पूर्व मैंने टिम्बकटू में आपके वादन कार्यक्रम के बाद आपसे ओटोग्राफ लिया था?' या पुरुषों के विश्रामालय में किसी प्रशंसक के द्वारा पकड़ लिया जाना जो प्रशंसा की झड़ी लगा देता है और आपको छोड़ना नही चाहता जब आप कह चुकते हैं कि आप वहाँ किस लिये हैं, उसके बाद भी। दूसरी ओर निसन्देह, एक ओटोग्राफ देने के बदले, लम्बे समय तक पूछ-ताछ के बदले अप्रवासन और कस्टम अधिकारियों के द्वारा पहचाना जाना और शीघ्र और शिष्ट ढंग से मुक्त कर दिया जाना बड़ी बात है।

उन वर्षों में मैं कुछ मानसिक व्यथा से गुजरा, लेकिन अब मैंने अपने विचार बदल लिये हैं। जो हुआ वह सर्वोत्तम के लिए हुआ, और सिर्फ मेरे लिये नहीं; इसने स्वयं भारतीय संगीत की मदद की हैं। हमारे सभी श्रेष्ठ संगीतकार जो पश्चिम से आने में आज समर्थ हो सके हैं और उत्साही श्रोताओं के समक्ष कार्यक्रम देते हैं, वे भी उन फलों का स्वाद ले रहे हैं, और उनकी सफलता है प्रमाण उन कार्यों के लाभों का जो अतीत में मैंने किये थे।

जो मैं उस हलचल वाले समय में कर रहा था, उसका अभी भी गलत अर्थ लगाया जा सकता है, लेकिन मेरे विभिन्न क्रिया-कलापों में एक सन्तुलन था। कुछ समय तक मैं एक पश्चिम ऑरकेस्ट्रा के साथ काम करने के विचार से बड़ा उत्साहित था, और 1970 में जो खुद भी दूसरी चीजें हो रही थीं बीच संगीत रचना और सितार वादन कॉन्सर्टों के लिए 'लन्दन सिम्फनी ऑरकेस्ट्रा से' एक माँग आई। इसमें एक नया तरीका अपनाया गया था, ऑरकेस्ट्रा वाले अंशों को सितार वाले अंश से अलग किया गया था जिसमें मैं अपने वादन में स्वतन्त्र लयकारी देता हूँ जिसके आखिर में मैं एक पूर्वनिश्चित संकेत देता हूँ जहाँ से ऑरकेस्ट्रा फिर शुरू हो जाए। एक साथ बजनेवाले अंश भी हैं जिसमें ऑरकेस्ट्रा और मैं साथ साथ बजाते हैं। नये तरीके के कारण इस अंश के लिए कम से कम तीन या चार रिहर्सलों की हमेशा जरूरत होती है। किन्तु विभिन्न तत्त्वों का अच्छा समंजन होता है और आज मैं इससे खुश हूँ।

मेरे एक अमरीकी छात्र, फ्रेड टॅाग, ने मेरी भारतीय स्वरलिपि से, अलग अलग वाद्यों पर बजाये जाने वाले अंशों को, पाश्चात्य स्वरलिपि में लिख दिया। महीन चीजों या तत्क्षण रचित अंश का मैंने उनके लिए सितार या पियानो पर प्रदर्शन किया था।

उस्ताद अल्लाउद्दीन खाँ को समर्पित यह समूहवादक पश्चिमी ऑरकेस्ट्रा के लिए लिखी गयी एक भारतीय रचना है जिसमें तबले का काम बौंगों और दूसरे अनेक पश्चिमी घन वाद्यों से लिया गया है जब तानपूरे के गुंजन का अनुकरण शुरू में दो हार्पों पर बाद में तारों पर किया गया है। स्वभावतः जोर स्वरमाधुरी और ताल लय पर है और इसके स्केल और ध्वनियाँ पश्चिमी कानों के लिए असामान्य है। फिर भी रवि गतियों के बीच लय परिवर्तन होने देते हैं, जैसे राग खमाज आधारित आरम्भिक गति से ऑरकेस्ट्रा जब आगे बढ़ता है तो सुर बदलकर दूसरी गति सिन्धी भैरवी में, संक्षिप्त तीसरी अड़ाना में और समापन वाली गति मांज खमाज में। प्रत्येक राग के मूलतत्त्व (जिसे राग-भाव कहा जाता है) को खोये बिना उन्होंने हारमनी और कॉर्ड का भी संक्षिप्त प्रयोग किया।

इसकी रचना में ढाई महीने लगे, और 28 जनवरी, 1971 को आन्द्रे प्रेविन के द्वारा संचालित, लन्दन के रॉयल फेस्टिवल हॉल में काफी प्रशंसा के बीच इसका प्रीमियर हुआ, यह प्रथम बार था जब किसी ने भारतीय रागों और तालों पर आधारित ऐसी महत्त्वाकांक्षी चीज रचने का प्रयास किया था, और वादक के रूप में उनकी उपस्थिति प्रथम थी,1971 से रवि ने सारे संसार में इसके प्रदर्शन के लिए अनेक निमन्त्रण स्वीकार किए हैं, सबसे हाल में मेक्सिको (अक्टूबर, 1993), सिंगापुर

और एंजर्स, फ्रांस (दोनों 1995 के 75वीं वर्षगाँठ समारोह के अंग रूप में) और (लन्दन के बारबिकन हॉल में मार्च, 1997 में)। फिर भी ऐसे कार्यक्रम उलझनों से हमेशा मुक्त नहीं रहे हैं।

जब मैं अपने ही सितार कॉन्सर्टों में किसी ऑरकेस्ट्रा के साथ बजाता हूँ तो अपनी ही कारा में अपने को बन्द महसूस करता हूँ। सब कुछ निश्चित रहता है; एक निश्चित बिन्दु पर मुझे शुरू करना होता है, और स्वतन्त्रलयकारी के बाद संकेत बजाता हूँ और संचालक की आँखों से सम्पर्क करता हूँ कि वह सही क्षण में ऑरकेस्ट्रा शुरू कर दे। जो कुछ भी मैं तत्काल लयकारी करता हूँ वह लिखित नहीं होता लेकिन इसकी कुछ सीमाएँ होती हैं, कुछ समय का मूल्य होता है।

मेरी सबसे बड़ी समस्या होती है जब मैं थोड़ी भी भूल सुनता हूँ, एक गलत लय, या एक गलत स्वर या तालगत कोई गलती, एक भी आदमी के द्वारा खासकर जब में क्रॉस कॉम्बिनेशन की चीज बजाता हूँ। मैं इतना बेचैन हो जाता हूँ कि अपनी भूमिका भी भूल जाता हूँ और सब गड़बड़ कर देता हूँ।

बहुत से पाश्चात्य संगीतकारों को भी समस्याएँ होती हैं। उदाहरण के लिए जब वे मींड़ बजाना चाहते हैं तो यह बड़ा बेसुरा हो जाता है, क्योंकि स्वरों के बीच की सूक्ष्म ध्वनियों को भी वे स्पर्श कर देते हैं, और हमारा तरीका यह नहीं है। हमारी मींड़ में प्रवीणता के लिए वर्षों लग जाते हैं; यह केवल ग्लिसैंडो या सरसराहट नहीं है। ताल के हिसाब से भी समस्याएँ हैं, सात, ग्यारह और दूसरे कुछ तालों के घुमावदार भारतीय चक्रों के कारण। युवा संगीतकार इसे बेहतर ढंग से समझ पाते हैं क्योंकि वे जैज़, पॉप और आधुनिक संगीत से परिचित हैं।

मैं उसमें भाग्यशाली हूँ, पश्चिमी संगीत को तकनीकी रूप से सीखे बिना मैं उसका मूल्यांकन करने में समर्थ हूँ—चाहे यह शास्त्रीय हो, जैज़ हो, ग्राम्य और पाश्चात्य, लोक संगीत हो या आधुनिक पॉप या रॉक। संसार भर में भ्रमण में बीते बचपन के दरम्यान, मैं सब प्रकार के संगीत से घिरा था, खासकर शास्त्रीय; मुझे उस युग के महान वादकों, गायकों और संचालकों को सुनने का अवसर मिला था। एक बच्चे के रूप में स्वत: आप चीजों को आत्मसात कर लेते हैं, इसलिए मेरे कान संगीत के विभिन्न प्रकारों के अभ्यस्त हो गये थे।

फिर भी यह जोर देकर कहा जाना चाहिए कि पाश्चात्य संगीत का मेरा औपचारिक ज्ञान बिल्कुल सीमित है। पेरिस में अपने युवाकाल में मैंने इसे सीखना जरूर शुरू किया था, लेकिन बहुत दिनों तक इसे जारी न रख सका था। मैं पश्चिमी स्वरलिपि को धीमी गतिवाले अंशों में पढ़ सकता हूँ और उसे लिख नहीं सकता—जब मैं पाश्चात्य संगीतकारों के लिए रचना कर रहा होता हूँ तो एक सहायक इसमें मेरी मदद करता है।

मेरी रुचियाँ अधिकतर बीसवीं शताब्दी पूर्व के संगीत की हैं, मैं सदा बरोक संगीत का प्रेमी रहा हूँ, खासकर बाक का संगीत जो एक भारतीय श्रोता के मूल्यांकन के लिए आसान है, क्योंकि वह इसमें आकर्षक स्वरमाधुर्य पाता है। उसी कारण से मेरा दूसरा मनपसन्द संगीतकार है मोजार्ट। मैं एकलवाद्य युक्त रचना को अधिक पसन्द करता हूँ, मुझे सिम्फनी संगीत को समझने में दिक्कत नहीं होती है, मगर हमेशा यह मुझे भावात्मक रूप से प्रभावित नहीं करता। बीथोवेन के सोनाटा और उनके कुछ सिम्फनी अंश मेरे हृदय को गहरा छूते हैं, और त्शाइकोव्सकी अत्यन्त मधुर हैं। जब बात ओपेरा की आती है तो बहुत कुछ प्रशंसनीय है मोजार्ट के 'मैजिक फ्लूट','डॉन गियोवानी'और 'मैरिज ऑफ फिगारो' में बिजेट के 'कार्मेन' और कुछ हल्के ऑपेरा और ओपेराओं में, लेकिन वैग्नर वाले लम्बे महदांशों में मुझे दिक्कत होती है।

शास्त्रीय चौखटे में बहुत हाल के संगीत को समझना मेरे लिए कठिन होता है, शोएनबर्ग और सुरहीन संगीत से लेकर अवाँगार्द, म्यूजिक कॉन्क्रेट, और इलेक्ट्रोनिक संगीत तक। अजीब बात है कि मुझे किसी बेसुरी चीज से दिक्कत होती है। जर्मनी के डार्म्स्टाट में संगीत का नियमित उत्सव होता है जिसमें सभी प्रसिद्ध आधुनिक रचयिताओं की रचनाएँ होती हैं, और मुझे सितारवादन के लिए वहाँ दो बार निमन्त्रित किया गया है। ऐसे स्थल पर मैं एक दिन पहले पहुँचूँ तो मैं इसका ध्यान रखता हूँ कि क्या

चल रहा है इसे सुनूँ। डाम्स्टॉट में उन दो अवसरों पर और तब से कम से कम दो बार मैंने देखा है कि मुझे अजीब समस्या हो जाती है।

यह रहस्यमय है कि यह कैसे होता है, लेकिन मैं पाता हूँ कि जब मैं उन्हें विचित्र ध्वनियों और बेसुरे मिश्रणों को सुनना शुरू करता हूँ, तो कुछ ही मिनटों में मेरे पेट में ऐंठन होने लगती है, और पेट की ऐंठन से भयानक सरदर्द शुरू हो जाता है और उबकाई आने लगती है। पहली बार मैंने सोचा कि ऐसे शारीरिक असर मात्र संयोग थे, कि मेरी तकलीफ का कारण कोई खराब खाना था जो मैंने खाया था, लेकिन यह बराबर घटित हुआ है, आज दिन तक! मैं अपने पर लज्जित होता हूँ क्योंकि हजारों लोग इस संगीत की भूरि-भूरि प्रशंसा करते हैं। यद्यपि मैं निश्चित मानता हूँ कि उनमें से अधिक लोग अपनी प्रशंसा में ईमानदार हैं, कोई यह सोच सकता है कि केवल दम्भ प्रेरित फैशन में वैसा व्यवहार कर रहे हैं। कभी कभी मैं बुद्धि के आधार पर चतुराई से किये गये संयोजनों को समझ सकता हूँ, फिर भी आधुनिक संगीत का पूरा विस्तार मैं संकोचपूर्वक स्वीकार करता हूँ, मेरे लिये एक शारीरिक व्यायाम बन जाता है। हो सकता है, मुझे और कठिन प्रयास करने पड़ेंगे।

1971 में जब हॉलीवुड के हाइलैंड एवेन्यु वाले अपने मकान में रह रहा था, बांग्लादेश की बड़ी समस्या खड़ी हो गयी थी। बांग्लादेश या पूर्वी पाकिस्तान जैसा कि यह उस समय जाना जाता था, पश्चिमी पाकिस्तान के शासन से स्वतन्त्र होना चाहता था। संकट भाषा समस्या से शुरू हुआ।

अब जो बांग्लादेश है उसमें मातृभाषा बांग्ला है, ठीक जैसे भारत में यह पश्चिम बंगाल के लोगों की है; यद्यपि बांग्लादेश में जनसंख्या प्रधानतः मुसलमानों की है (यही कारण है कि 1947 में यह क्षेत्र पूर्वी पाकिस्तान बना) जब कि पश्चिमी बंगाल मुख्यतः हिन्दू है। आज बांग्लादेश में हिन्दू 10-15प्रतिशत की अल्पसंख्या में हैं। 1971 में इस्लामाबाद की सरकार (पश्चिमी पाकिस्तान) दोनों पाकिस्तानों में उर्दू को राष्ट्रभाषा बनाने का प्रयत्न कर रही थी। बंगाली लोगों ने, जो पहले से ही सोचते थे कि उनके साथ दूसरी श्रेणी के नागरिक सा बर्ताव किया जा रहा था, कड़ी आपत्ति की।

भाषा की समस्या से बढ़कर यह संकट इस्लामाबाद की सरकार और पूर्वी क्षेत्र के विशाल बंगला भाषी जनसमुदाय के बीच संघर्ष में बदल गया। बंगाली स्वतन्त्रता चाहते थे और अनिवार्यतः युद्ध हो गया। इसके बाद भारत ने हस्तक्षेप किया और दुर्भाग्यवश यह वैमनस्य अब निस्सन्देह काश्मीर के मुख्य मुद्दे के रूप में भारत और पाकिस्तान के बीच आज भी कायम है। एक मुक्तिदाता के रूप में भारतीय सेना ने कदम बढ़ाए, बांग्लादेश सरकार की स्थापना की और तब लौट गयी। यह प्रशंसनीय था कि उन्होंने उस क्षेत्र पर अपना अधिकार नहीं रखा, जैसा कि रूसियों ने उन देशों के साथ किया था जिन्हें यूरोप में उन्होंने मुक्त कराया था।

जब यह सब हो रहा था मैंने सुना कि मेरे बहुत से दूर के सम्बन्धी हजारों हजार दूसरे शरणार्थियों के साथ कलकत्ता की ओर भाग रहे थे। मैं बड़ा चिन्तित हुआ। मेरे लिये यह कोई राजनीतिक या धार्मिक भावना नहीं थी, यह अधिकांश भाषिक थी। स्वयं बंगलाभाषी होने से बांग्लादेश और उससे भी अधिक उन शरणार्थियों के प्रति मैंने सहानुभूति का अनुभव किया, जो सीमा पार कर भारत में चले आये थे और बड़ा दुख भोग रहे थे, खासकर बच्चे।

मैंने बंगला में कुछ गीत लिखे और ऐपल रेकॉर्ड्स के लिए एक ई.पी. के रूप में उनकी रिकॉर्डिंग की । एक था 'जोय बांग्ला' जिसका अर्थ है 'बांग्लादेश की विजय हो'। दूसरा एक विषादगीत था, 'ओह, भौगोवान'। इसकी प्रथम पंक्ति थी, ओह भौगोवान, खोदा ताला। 'भौगवान' ईश्वर के लिए हिन्दू शब्द है जबकि 'खोदा' शब्द है मुसलमानों के लिए, इसका अर्थ है दोनों धर्मों के लोगों के लिए, 'ओह, ईश्वर'। मैंने गाया था :

'ओह, ईश्वर, तुम कहाँ हो? हम लोगों को इस तरह दुख भोगते देखते हो, इस प्रलय और इस युद्ध इस भूख में, हम इतना दुख क्यों भोगें, इन सारी विपत्तियों के साथ?'

इन शरणार्थियों की सहायता को पैसा उगाहने के लिए एक कॉन्सर्ट देने का विचार भी मेरे मन में आया—सामान्य से कुछ बड़े स्तर की चीज। जब मैं इस बारे में सोच रहा था, जैर्ज़ हैरिसन लॉस एंजिलिस में थे। वे सुबह मेरे घर आते थे, वहाँ समय बिताते थे, और वे समझ गये थे कि मैं किस स्थिति से गुजर रहा था। मैंने उनसे साफ-साफ पूछा, 'जैर्ज़, क्या आप मेरी मदद कर सकते हैं?' क्योंकि मैं जानता था कि यदि मैं स्वयं कोई कॉन्सर्ट देता तो अच्छा पैसा उगाहने में समर्थ नहीं होता। वे सचमुच द्रवित हो गये और बोले, 'हाँ, कुछ किया जाना चाहिए।' यही समय था जब उन्होंने अपना गीत 'बांग्लादेश' लिखा था।

जॉर्ज हैरिसन : युद्ध कुछ-कुछ चलता रहा था, और मैंने मुश्किल से उसके बारे सुना होगा, इस लिए उन्होंने बहुत सारे अखबारों के लेखों से मुझे अवगत कराया। वे कह रहे थे 'मैं मदद के लिए कुछ करने जा रहा हूँ। इसकी ओर कुछ ध्यान खींचिए, कुछ पैसे उगाहिए, मैं अपने स्वयं के कॉन्सर्ट से जो उगाह सकता हूँ, उससे बहुत ज्यादा, सम्भवतः दस या बीस हजार डॉलर जैसा कुछ।' यह उनके लिए एक बड़ी चीज करने की तरह था। और इसलिए मैं उसमें पड़ गया। प्रथम बात थी संसार का ध्यान उसकी ओर खींचना जो हो रहा था। यह पैसे की बात उतनी नहीं थी क्योंकि आप किसी को आज और कल खिला सकते हैं, फिर भी वे भूखे रहेंगे, लेकिन अगर उनका कत्ल हो रहा हो, तो आपको प्रयास करना है और पहले उसे रोकना है।

मैंने कहा, 'ठीक है, मैं शो करूँगा और मैं कुछ लोगों को कहूँगा कि आएँ और मदद करें। हम लोग कोशिश करेंगे और इसे एक बड़े शो का रूप देंगे और हो सकता है हम कुछ हजार के बदले दस लाख डॉलर उगाह लें।' अतः लोगों का सहयोग लेने के लिए मैंने टेलीफोन लगाया। पंचांग से शुभ दिन हमने निश्चित किया और हम लोगों ने पाया कि उन दिनों मैडिसन स्कवायर गार्डेन एक दिन खुला हुआ था—पहली अगस्त।

शुरू में केवल एक शो तय किया गया था, माँग इतनी बढ़ी की आगे चलकर एक ही दिन दो शो की व्यवस्था की गयी, दोपहर और शाम को । ये शानदार सफलता हुई। जैर्ज़ ने 'बांग्लादेश' और अपने कुछ दूसरे गीत गाये जबकि उनके मित्र बॉब डायलन, एरिक क्लैप्टन, बिली प्रेस्टन और कुछ दूसरे सब संगीतकारों ने अपने अपने एकाध कार्यक्रम दिये।

तबले पर अल्लारखा की संगत और कमला द्वारा बजाए गये तानपूरे के साथ आलुभाई और मेरे द्वारा की गयी ज़ुगलबन्दी से शो आरम्भ किया गया जो करीब आधा घंटा चला। शुरू में एक मजेदार घटना हुई। हम लोगों ने सुर मिला लिया था जिसके बाद ठीक वादन से पहले हम चुप थे, जिस पर श्रोताओं ने प्रशंसा में हर्षध्वनि की। इसलिए मैंने तुरन्त कहा, 'अगर आप हमारे सुर मिलाने को इतना पसन्द करते हैं तो मुझे आशा है कि हमारे बजाने का और अधिक आनन्द लेंगे।'

बांग्लादेश वाले कॉन्सर्टों पर तिहरे ऐलबम और एक फिल्म बनीं जिसने ग्रैमी पुरुस्कार जीता जिससे उस रात की आमदनी के साथ बांग्लादेश के लिए बहुत पैसे की उगाही हुई थी जिसकी व्यवस्था यूनिसेफ ने की थी (आखिरी गिनती तक चूँकि एलबम और वीडियो अभी भी बिक रहे हैं— चौदह मिलियन डॉलर आए थे)। तर्क-सम्मत रूप से कहा जा सकता है कि सबसे बड़ा लाभ यह था कि उस रात इसने सुदूर और अनजान संघर्ष और एक नये देश की ओर अन्तर्राष्ट्रीय ध्यान आकर्षित किया था।

रात भर में प्रेस कवरेज के कारण यह शब्द 'बांग्लादेश', उस देश का नाम सारे संसार में फैल गया। इस नये जन्मे देश के लिए इसने प्रचार की लहर दौड़ा दी।

1988 में मैं उनकी सरकार के राजनैतिक अतिथि के रूप से बांग्लादेश गया, और फिर 1992 और 1997 में पुनः निमन्त्रित हुआ। मैं नहीं बता सकता कि कैसा तुमुल स्वागत उन भ्रमणों में मेरा हुआ, राष्ट्रपति से लेकर साधारण व्यक्ति के द्वारा। हर आदमी ने मुझ पर प्रेम की झड़ी लगा दी। 1971 में कॉन्सर्ट के आयोजन में सहायता के लिए मेरे प्रति कृतज्ञता प्रकट की। दूसरे भ्रमण पर मैं अपनी पत्नी सुकन्या को भी साथ ले गया, और लोगों के द्वारा बड़ी श्रद्धा मिली। बांग्लादेशी मेरे पश्चिम बंगाल के लोगों के बहुत सदृश हैं; प्रेम से परिपूर्ण, तुनुकमन और भावुक, कविता, साहित्य, संगीत, नाटक, सिनेमा और प्रसिद्ध लोगों के लिए श्रद्धातुर। भोजन पर तो हम लोग झूम उठे, इसकी सुस्वादु सब्जियाँ और तरह तरह की मछली का सुन्दर पाक। चूँकि जो मेरे पूर्वज जेस्सोर से आए थे, लोगों ने मुझ पर अपना होने का अधिकार जताया—एक बांग्लादेशी।

रवि के लिए 1972 और 1973 दुख के वर्ष रहे, पहले तो उनके संगीत गुरु अल्लाउद्दीन खान

की मृत्यु से और तब उनके आध्यात्मिक गुरु टाट बाबा की मृत्यु से। न्यूयॉर्क के फिलहार्मोनिक हॉल में रवि और अली अकबर खाँ ने बाबा अल्लाउद्दीन की स्मृति में एक प्रसिद्ध जुगलबन्दी बजाई जिसमें अल्लारखा ने संगति की, जिसको ऐपल रेकॉर्ड्स पर डबल ऐलबम के रूप में निकाला गया।

इन सालों में बाबा के साथ मेरे सम्बन्ध अधिक उलझन भरे हो गये थे। शुरू में मेरे मैहर छोड़ने के बाद भी हम दोनों के बीच सुन्दर सम्बन्ध ज्यों का त्यों कायम रहा था, और बाद में दिल्ली तक भी रहा। यह केवल 1956 की शुरुआत की बात है जब हमारे विवाह में खटपट अपनी चरम सीमा पर पहुँच गयी और अन्नपूर्णा ने मुझे छोड़ दिया था (पहले मैहर में अपने पिता के पास लौटकर और बाद में कलकत्ते में आलुभाई के पास जाकर) जिससे चीजों में आमूलचूल परिवर्तन हो गया।

बाबा एक महान संगीतकार थे और अपने बड़े उग्र स्वभाव को छोड़कर बड़े उत्तम व्यक्ति थे। किन्तु तब भी वे हाड़-मांस के प्राणी ही थे और रक्त का सम्बन्ध ज्यादा गाढ़ा होता है। पिता और गुरु, जिनकी मैं इतनी कद्र करता था, से बदलकर वे श्वसुर मात्र रह गये थे, और क्रोध से पागल। बहुत से लोग जो मुझसे जलते थे, मेरी पत्नी का पक्ष लेने और सहानुभूति दर्शाने में एक साथ हो गये, जो हुई थीं उन घटनाओं को बढ़ा-चढ़ाकर कहकर बाबा के कान भर दिए और मुझे एक शैतान के रूप में प्रस्तुत किया। उस समय तक उनका स्वास्थ्य गिरना शुरू हो गया था और बुढ़ापे के कारण वे दिमाग से कमजोर भी हो रहे थे। मुझे श्राप देते वे क्रोध से पागल हो गये। उस घटना की सच्चाई में विश्वास न कर (जिसका यहाँ जिक्र करना लाभदायक न होगा) मेरे बारें में उन्हें जो कुछ कहा गया था उसे मान गये। उन्हें सन्तुष्ट करने का उपाय मेरे पास नहीं था, विशेषकर चूँकि मैं दिल्ली में रह रहा था। अत: बहुत तरह से यह पश्चिम की मेरी व्यक्तिगत यात्रा के लिए भारत छोड़ने का अच्छा अवसर था।

1958 के अन्त में जब अन्नपूर्णा मेरे पास लौट आई उसके बाद भी वे मुझसे क्रुद्ध ही रहे। यह तो कुछ वर्ष बीतने के बाद की बात है कि वे कुछ शान्त होने लगे, हालाँकि चीजें अब पहले की तरह नहीं थीं। अन्तिम बार जब 'राग' फिल्म बनाते समय मैं मैहर पहुँचा, मैंने देखा तो लगा कि उनका पहले वाला स्वभाव आ गया था, गुरु और पिता का रूप। इस भेंट के कुछ अंश फिल्म में देखे जा सकते हैं।

वे मेरे विरुद्ध इतने पूर्वाग्रहग्रस्त थे इससे मेरे हृदय में हमेशा बड़ी व्यथा होती थी, जिसके परिणामस्वरूप हम दोनों को चोट पहुँचती थी। अब फिर भी मैं शान्त हूँ और केवल उन वर्षों की बात सोचता हूँ जब हमारे बीच पिता पुत्र और गुरु शिष्य का सम्बन्ध था। स्वर्ग से उनकी आत्मा देख और जान सकती है कि मैंने अपने पूरे हृदय से उनको प्रेम किया और उनको श्रद्धा दी है, और मैंने ईमानदार रहने, और जो कुछ भी संगीत उनसे प्राप्त करने का सौभाग्य मुझे मिला, उसके प्रति न्याय करने का प्रयास किया है। मैं यह भी जानता हूँ कि जो भी प्रंशसा मैंने पायी और पा रहा हूँ उसका श्रेय केवल उनके संगीत के महान दान और आशीर्वादों का है।

जब बांग्लादेश वाले कॉन्सर्ट ने एक बार फिर रवि और जैर्ज़ हैरिसन के सहयोग की शक्ति सम्भावना प्रमाणित कर दी थी उसके बाद यह स्वाभाविक था कि वे अपने प्रथम संयुक्त रिकॉर्डिंग के कार्यक्रम पर विचार करते।

जॉर्ज के द्वारा निर्मित मेरे रेकॉडों में प्रथम था 'शंकर फैमली एंड फ्रेंड्स'। हम लोगों ने बैठकी देनेवाले कुछ पाश्चात्य संगीतकारों को जुटाया, ज्यादातर जैज़-क्षेत्र से, और तब अप्रैल, 1973 में कुछ दिनों के लिए हम लोगों ने लॉस एंजिलिस में 'ए एंड एम स्टूडियोज' को किराये पर लिया।

एक बार फिर मेरी रचनाएँ स्टूडियो में तत्क्षण की गयी। जब लोग इकट्ठे हुए, एक बैले के लिए कथा सूत्र को दिमाग में रखकर मैं तत्काल रचना करने लगा। इस बैले कीं मूल विषय वस्तु मेरी पसन्दीदा थी, जिस पर उसके बाद से मैंने फिर कुछ रचनाएँ की। पहली अवस्था है यूटोपिया जब हर व्यक्ति सुखी है, जैसा हम सोचते हैं कि बीते समय में या सुदूर अतित में संसार की यह स्थिति थी जब हर चीज अच्छी

और सुन्दर थी। दूसरी अवस्था में जीवन धीरे-धीरे विषम हो जाता है, क्रोध, हिंसा और अन्ततः युद्ध और पूर्ण संहार तक पहुँचकर जब हर चीज नष्ट हो जाती है। तब आप एक आवाज सुनते हैं जो कहती है, 'एक आशा है....फिर उठो....आशा है भविष्य के लिए' और हर व्यक्ति शान्ति और पर्यावरण की बात कर रहा है, और रचनात्मक कर्म की माँग कर रहा है।

एल. पी. की एक तरफ यही विषयगत रचना थी, एक पूरे बैले की धारणा और दूसरी तरफ कुछ वाद्य रचनाएँ और गीत थे। मैंने एक खास गीत 'आइ एम मिसिंग यू' नाम से लिखा, अँग्रेजी में जो मैंने थोड़े से लिखे हैं उनमें एक, एक सहज गीत जो मेरे अन्तर से स्फूर्त हुआ था जब मैं एक वायुयान में यात्रा कर रहा था : 'आइ एम मिसिंग यू, ओह कृष्णा वेयर आर यू? दो आई कान्ट सी यू, आई हियर योर फ्लूट ऑल द व्हाइल, प्लीज कम एंड वाइप माई टीयर्स एन्ड मेक मी स्माइल'

इस गीत के दो रूप साथ रखे गये थे। मुख्यतः लक्ष्मीशंकर के द्वारा गाये मूल भारतीय गीत में हम लोगों ने वृन्दावन की ध्वनियों और वातावरण को प्रेषित करने का प्रयास किया था, वह प्राचीन पवित्र नगर जहाँ कृष्ण सयाने हुए थे। वृन्दावन एक आश्चर्यजनक स्थान है। आज भी वहाँ लोग कृष्ण के बारे में वैसे ही बात करते हैं मानो आज भी वे उनके पड़ोस में रहने वाले एक छोटे बालक हैं। कहा जाता है कि आप अभी भी उन्हें नगर में वंशी बजाते सुन सकते हैं, अतः यह उचित था कि ध्वनि चित्रण में वंशी शुरू से आखिर तक रहे। इसी तरह हम अनुभव करते हैं कि वे सदा आसपास ही हैं । उन्हें 'पुरुषोत्तम' कहा जाता है—एक प्रकार के अतिमानव। वे प्रत्येक सम्भव गुणों के आधार थे—शिशुवत, नटखट ज्ञानी, योगी, श्रृंगारपूर्ण। व्यावहारिकता और आध्यात्मिकता के चरम रूप पर उनके उपदेशों का महानतम प्रमाण है गीता।

हम लोगों ने उसकी एक वैकल्पिक संगीत रचना की जिसमें लक्ष्मी ने वही गीत गाया था जिसमें संगीत की पुनर्रचना पश्चिमी पॉप शैली में जॉर्ज के द्वारा की गयी थी जिन्होंने भी एकोस्टि गिटार और ऑटोहार्प बजाए थे। इसमें आगे बिली प्रेस्टन को को बोर्ड पर, क्लास वुअरगान को बास गिटार पर, जिम केल्टनर और रिंगो स्टार को ड्रम पर रखा गया था, सैक्सोफोन टॉम स्कॉट ने बजाया और मरिम्बा और तालवाद्य पर एमिल रिचर्ड्स थे।

इस एलबम के लिए, जो जॉर्ज के 'डार्क हॉर्स' नाम पर रिलीज होना था, मैंने सन्तूर पर शिवकुमार शर्मा को विशेष रूप से बुलाया था, और बाँसुरी के लिए प्रथम बार मैं हरिप्रसाद चौरसिया को यू.एस.ए. लाया था। अल्लारखा ने तबला बजाया था। मैंने एक मेधावी युवा भारतीय वायलिनवादक, एल. सुब्रह्मण्यम को भी प्रवेश दिया था जिन्हें लॉस एंजिलिस के कैलीफोर्निया इन्स्टीट्यूट ऑफ आर्ट्स से पश्चिमी संगीत में डॉक्टरेट की उपाधि मिलने वाली थी। एक वादक और रचयिता के रूप में वे बहुत बाद में प्रसिद्ध हुए, लेकिन पश्चिम में उनका पहला प्रदर्शन इस रेकॉर्ड पर हुआ था और उस यात्रा में जो हम लोगों ने अगले वर्ष आयोजित की थी।

1974 में जॉर्ज बनारस मेरे नये मकान 'हेमांगन' के गृह प्रवेश के अवसर पर आए (शाब्दिक अर्थ स्वर्णिम आंगन, लेकिन मेरी माँ हेमांगिनी के नाम का स्मृति संकेत)। एक सुन्दर अनुष्ठान में आठ दक्षिण भारतीय ब्राह्मणों ने करीब डेढ़ घंटे तक वेदों से मन्त्रपाठ किया। बाद में जॉर्ज और मैंने विमर्श किया कि भविष्य में क्या किया जाय और उन्होंने सलाह दी, 'क्यों नहीं कुछ संगीतकारों को जिन्हें आप पसन्द करें बुलाएँ, और हम लोग यूरोप और अमेरिका की एक यात्रा करें?' मैं सहमत हुआ और प्रस्ताव किया कि शो को दो भागों में बाँटा जाय, एक में मैं भारतीय संगीतकारों के साथ रहूँ, और दूसरे में जॉर्ज अपनी मण्डली के साथ रहें।

हम सभी इंग्लैंड आए और सबसे पहले उस एलबम 'म्यूजिक फेस्टिवल फ्राम इंडिया' का रिहर्सल और रिकॉर्डिंग की गयी। जॉर्ज निर्माता थे। उस रिकॉर्ड के लिए वे ही संगीतकार थे जिनका एक वर्ष पूर्व आइ.ए. रिकॉर्डिंग के लिए मैंने उपयोग किया था : हरिप्रसाद, अल्लारखा, लक्ष्मीशंकर, शिवकुमार शर्मा

और एल. सुब्रह्मण्यम। कुछ दूसरे कलाकार भी थे मेरे शिष्यों में चार के साथ—कार्तिक कुमार (सितार पर), गोपाल कृष्ण (विचित्रवीणा) सत्यदेव पवार (वायलिन) और हरिहर रॉव (परकशन और संगीत प्रभावोत्पादक वाद्यों पर)—साथ ही सुल्तान खाँ (सारंगी)। टी.वी. गोपालकृष्णन (मृदंगम और गायन), कमलेश मैत्र (तबला तरंग, सरोद और घनवाद्य) और रिजराम देसाई (विभिन्न घनवाद्यों पर)। पहली बार मैंने अपनी भतीजी, विजी शंकर (लक्ष्मी की बेटी) को भी उतारा था जिसकी आवाज कोमल और सुन्दर थी (बाद में उसने एल. सुब्रह्मण्यम से शादी कर ली थी दुर्भाग्य से वह कम उम्र में ही ब्रेन कैंसर से फरवरी, 1995 में मर गयी)। रिकॉर्डिंग के दरम्यान मैं बेलग्रेविया में रह रहा था। जॉर्ज ने मेरे और कमला के लिए 'ईटन म्युज' में एक घर ठीक कर दिया था। हर रोज मुझे कार से हेनली जाना पड़ता था, वस्तुत: मैंने सारी रचनाएँ एम 4 पर कीं।

जॉर्ज हैरिसन : सभी दूसरे संगीतकार हेनली में इम्पीरियल होटल में ठहरे। मेरे पास एक एक्स जॉन और योको मर्सिडीज बेन्ज 600 स्ट्रेचलीमो था, और इम्पीरियल होटल से संगीतकारों को बैठा लेने और मेरे घर लाने के लिए एक ड्राइवर तैनात कर दिया था। यह बड़ा मनोरंजक था; काले शीशों वाली बड़ी उजली कार आती थी, दरवाजे खुलते थे, और ये सभी आश्चर्यजनक भारतीय उतरते थे। बड़ी गरिमामय बात थी।

एलबम के लिए अधिकांश संगीत मेरे घर के ड्रॉइंगरूम में जीवन्त बजाया गया था—हमारे माइक स्टूडियो तक गये थे। रवि हर आदमी को कहते कि उसकी भूमिका क्या थी, और क्या बजाना है। इसे याद रखने में भारतीय संगीतकार कुशल होते हैं। अगर उन्हें खास कुछ याद करने की जरूरत होती या कोई चीज विशेष कठिन होती तो वो लिख लेते थे और तब रवि कहते थे, 'ओ. के. रेडी?' वे उन्हें गिनकर भीतर लाते थे, और मैं सोचता, 'इससे गड़बड़ी हो जाएगी'। लेकिन हम लोग बजाना शुरू करते थे और तब परिणाम जादू की तरह हो जाता था।

जॉर्ज हमेशा भारतीय भोजन के शौकीन रहे हैं, और राय दी की हम अपने पुराने रसोइए, वासुदेवन को यू. एस. ए. से बुला लें। वह हमें भारतीय खाना देता जो हमारे रिहर्सल के बाद बड़ा अच्छा लगता था, बाबजूद इसके कि बाद में हम लोग काम पर लौटने के बजाय झपकी लेने की तरह महसूस करते थे।

हम लोगों ने कुछ हफ्तों में रिकॉर्डिंग समाप्त कर दी और इसके बाद हम लोगों ने (बिना जॉर्ज

1974 में म्यूजिक फ्रॉम इंडिया फेस्टिवल के रिकॉर्डिंग के लिए इकट्ठे संगीतकार अगली पंक्ति विजीशंकर, रवि, लक्ष्मी शंकर। दूसरी पंक्ति कुमार शंकर, एल. सुब्रह्मणियम, खड़े हुए कमलेश मैत्र, रिजराम देसाद, हरिहरराव, कार्त्तिक कुमार, शिवकुमार शर्मा, अल्लारखा, हरिप्रसाद चौरसिया, सुलतान खाँ, टी.वी. गोपालकृष्णन।

के) कार्यक्रम देते हुए युरोप में कुछ स्थानों का भ्रमण किया, म्यूनिख, स्टोकहोम, कोपेनहैगेन, पेरिस और अन्त में एक शाम लन्दन के ऐलबर्ट हॉल में। उसके बाद हम सभी लॉस एंजिलिस गये। जॉर्ज ने 'ए एंड एम स्टूडियो' में अपने संगीतकारों के साथ कुछ रिहर्सल किए और तब नवम्बर में हम लोग यात्रा पर निकल गये।

यह बहुत अच्छी तरह व्यवस्थित यात्रा थी। जॉर्ज ने एक सात सौ सात बोईंग की भी व्यवस्था हमारे लिए की थी, जिसके बाहरी भाग में एक बड़ा 'ॐ' चित्रित था और भीतरी भाग ऐसे व्यवस्थित था कि आगे वाला प्रथम वर्ग का स्थान एक महाराजा के आरामगाह की तरह कालीनों और मसनदों से परिपूर्ण था। पूरी यात्रा के लिए पूरा हवाई जहाज हमारा था। बड़े गद्दीदार बचाववाले बक्सों में हमारे संगीत वाद्य ध्वनि उपकरणों के साथ सड़क मार्ग से जा रहे थे। एक कार्यक्रम के बाद दूसरे शहर के लिए तीन ट्रकें रवाना होती थीं जबकि हम बाद में उड़कर जाते थे, जिससे कि जब हम जमीन पर उतरें और वायुयान से सीधे होटल (कार द्वारा) ले जाए जाते थे तो वहाँ उन लोगों से हमारी भेंट होती। एक ट्रक तो वासुदेवन के द्वारा रसोईघर में बदल दी गयी थी, जिससे कि होटल पहुँचने पर भारतीय खाना हम लोगों के लिए तैयार मिलता था।

जॉर्ज हैरिसन : यह बहुत बड़ी बात थी। हर व्यक्ति का अच्छा साथ रहा वायुयान पर, सभी भारतीय और पश्चिमी संगीतकारों का। इन उड़ानों में बड़ा अच्छा समय बीता। शो के बाद उड़ान भरना आसान था। अत: हॉल से भागकर हम अपनी खोली में चले आते और दौड़ते हवाई अड्डे पर पहुँचते और वायुयान पर कूद कर बैठ जाते थे। इसके बाद हम दूसरे शहर के लिए उड़ जाते

और प्लेन में शो के बाद एक छोटी पार्टी दी जाती थी और हम लोग रात को देर से पहुँचते थे इसलिए हम लोग पहले ही दूसरे शहर में पहुँच जाते थे अगले कार्यक्रम के लिए। जिम केल्टनर, एमिल रिचर्ड्स और टॉमी स्कॉट सभी भारतीयों से बड़े घुल मिल गये थे—उन वायुयान के उड़ानों में वे अल्लारखा के साथ भिन्न भिन्न ताल बजाते रहते थे। यह बड़ा अद्‌भुत था। और रसोईघर वाली ट्रक के साथ स्थिति यहाँ तक पहुँच जाती कि पश्चिमी संगीतकार भारतीय खाना खा रहे होते और भारतीय संगीतकार पिज्जा।

यात्रा के अमरीकी पड़ाव को 'डार्क हॉर्स टुअर' का नाम दिया गया था। पहले खंड में था मैं, संचालन करता हुआ, भारतीय संगीतकारों का नेतृत्व करता हुआ, छोटी संगीत-रचनाएँ बजाता हुआ अपने कार्यक्रम के साथ। दूसरे खंड में अपने संगीतकारों के साथ जॉर्ज थे, जिसके अन्त में 'आह ऐम मिसिंग यू' का पूर्वी और पश्चिमी संयुक्त रूप देने के लिए हम लोग साथ हो जाते थे जिससे लक्ष्मी ओर जॉर्ज (जो गिटार भी बजाते) का गायन होता जबकि भारतीय मंडली के कुछ लोग मेरे संचालन में कोरस की तरह जुड़ जाते थे।

दो महीनों तक 'मैडिसन स्क्वायर गार्डेन' जैसे भवनों में चालीस से ज्यादा प्रदर्शन में बजाते हुए हम पूरे स्टेट्स और कनाडा में घूमे। वादन-समारोहों में हर जगह पैसे आए, लेकिन एक या दो जगह समस्याएँ भी थीं। जॉर्ज बहुत बड़ी मेहनत कर रहे थे और नतीजा हुआ कि यात्रा के बीच उनका गला बैठ गया। वे अपने सभी नए गाने भी देना चाहते थे और अपने सभी पुराने लोकप्रिय गीतों के नहीं गाने पर ज़ोर दे रहे थे जिनके लिए लोग चिल्ला रहे थे। इसलिए जितनी उम्मीद थी उतनी बात बनी नहीं।

भारतीय और पॉप संगीत को आधा-आधा मिलाने में भी दिक्कत हुई। मैं समझता हूँ कि श्रोताओं का केवल दसवाँ भाग मेरे लिए आया था और बाकी जॉर्ज के लिए थे। कोई गुट सन्तुष्ट नहीं था। बेशक श्रोता उसी प्रकार के थे, लगातार चिल्लाते हुए रॉक प्रेमी पहले जिन्हें मैंने देखा था। समीक्षाएँ भी मद्धिम थीं लेकिन आर्थिक दृष्टि से यह असफलता नहीं थी, और कठिनाइयों के बावजूद हम लोगों ने कार्यक्रम का आनन्द उठाया और विशेषत: साथ भ्रमण का।

जॉर्ज हैरिसन : अमेरिका की यात्रा के दौरान हम राष्ट्रपति फोर्ड के पुत्र जैक फोर्ड से मिले। वे कहीं पश्चिम की ओर या मध्य पश्चिम में लकड़ी व्यवसायी होने के लिए अध्ययन कर रहे थे। वे बोले—'जब आप वाशिंगटन आवें तो मेरे घर आ सकते हैं—व्हाइट हाउस। वे स्वयं भी वहाँ नहीं गये थे लेकिन यात्रा के अन्त में हमारे वाशिंगटन वाले वादन-समारोह में विशेषत: वे वायुयान से आए, और हमारे वहाँ जाने की व्यवस्था कर दी। निक्सन ने अभी-अभी पद छोड़ा था और इसीलिए मैं वहाँ जाने को उत्सुक था। मैं देखना चाहता था कि वाटरगेट घोटाले के बाद वहाँ उसकी कितनी अनुगूँज बची थी।'

दो यात्राओं में उन्होंने हमारे जाने का आयोजन किया था। बिली प्रेस्टन, टॉमी स्काट, रवि, मैं और मेरे पिता (जो उस भ्रमण में मेरे साथ थे) तुरन्त भीतर ले जाए गये और हम लोगों ने राष्ट्रपति से भेंट की। हम लोग भवन के उपर व्यक्तिगत अपार्टमेंट में ले जाए गए, हमने ऊपर खाना खाया, नीचे आए और ओवल ऑफिस गये, और जब हम बाहर आए तो हम उस भारतीय मंडली में घुल-मिल गये थे जो बाद में पहुँची थी।

व्हाइट हाउस में पियानो बजाते हुए बिली प्रेस्टन का एक चित्र है। वे 200वें या 2000वें स्टेनवे पर 'गॉड ब्लेस अमेरिका' बजा रहे थे। व्हाइट हाउस में काफी अच्छा माहौल था, और यह मनोरंजक बात थी। मुझे विश्वास ही नहीं हुआ कि वह जगह इतनी आरामदेह लगती थी जितनी लगी, निक्सन युग के गुजरने के बाद।

दुर्भाग्य से मेरे हृदय ने पहली बार सावधान किया जब हम लोग शिकागो में थे। मैं पाँच दिनों तक

अस्पताल में 'इन्टेन्सिव केयर' में था। सौभाग्य से यह उतनी गम्भीर बात नहीं थी लेकिन भविष्य में अपने हृदय का ख्याल रखने की मुझे हिदायत दी गयी जिसने मुझे उस हिदायत की याद दिलाई जो डॉ. मैत्र ने मुझे 1944 में दिया था जब मुझे वातज्वर हुआ था। अबकी बार लगा कि इस तकलीफ का कारण था गर्जन भरा शोरगुल जिसे उस यात्रा में कुछ हफ्तों तक स्टेज मॉनीटरों की तरफसे मुझे सहना पड़ा था। कुछ नगरों के शो में मैं नहीं गया और बदले में लक्ष्मी को मेरी मंडली का संगीत संचालन करना पड़ा। मेरी एक अन्तरंग मित्र सू जोन्स यात्रा में मेरे साथ थीं और मेरी बीमारी में मेरा ख्याल रखने के लिए शिकागो में पीछे रुक गयी थीं। अन्तिम कार्यक्रमों के लिए वे मुझे फिर मंडली के पास ले गयीं, और मैं वह यात्रा पूरी करने में सक्षम हुआ।

उस समय एक दृष्टिकोण था (आज भी कभी कभी व्यक्त किया जाता है) कि रवि हिप्पी युग की मात्र एक घटना थे। यह आसानी से भुला दिया जा सकता है कि पश्चिम में वे एकल वादन का 1976 में बीसवाँ वर्ष बिता रहे थे। इस लक्ष्यसिद्धि का उत्सव मनाने के लिए उस वर्ष के मार्च में रवि ने संसार के विशालतम गोथिक ढाँचे और आजतक अधूरे, न्यूयॉर्क के कैथेड्रल ऑफ सेंट जॉन द डिवाइन में 6000 श्रोताओं के सामने शाम से सुबह तक के कार्यक्रम में बजाया। उस प्रेरणादायी वातावरण में रात के अन्तिम राग ने, कहा जाता है कि सारे श्रोताओं में रोमांच की एक लहर दौड़ा दी थी, जब रात भर की हल्की वर्षा के बाद वादन के अन्तिम पन्द्रह मिनटों में सूर्योदय और प्रभात की प्रथम किरणें खिड़कियों के धूमिल शीशों के पार उनके चहरे पर चमक रही थीं।

'ऐपल' को लेकर जॉर्ज की समस्याओं, और बीटलों के मुकदमों, और यात्रा में और उसके बाद गला बैठ जाने के साथ इस अवधि में मनोदशा में अजीब चढ़ाव-उतार से वे गुजर रहे थे। उनका मैनेजर भी मेरे साथ अटपटा व्यवहार कर रहा था जिससे यह संकेत मिलता था कि मैं जॉर्ज से अनुचित लाभ उठा रहा था। यात्रा के बाद जॉर्ज ने मुझसे कहा था कि मैं ईटन म्यूज वाला मकान ले सकता हूँ, किन्तु मैं चाहता था कि वे जानें कि मैं उनसे कोई फायदा उठाना नहीं चाहता, इसलिए मैंने उनके उदार दान को शिष्टता से अस्वीकार कर दिया था।

अगले कुछ वर्षों में हम दोनों के बीच सम्बन्ध नहीं के बराबर था। मैं ज्यादा समय भारत में बिता रहा था और हम उतना मिलते भी नहीं थे, लेकिन हमारे बीच का मजबूत बन्धन कायम रहा। हम सम्पर्क में बने रहे और फिर एक रचना (फ्रायर पार्क) 1987 के मेरे एलबम 'तन मन' पर साथ काम किया, लेकिन यह केवल पिछले पाँच वर्षों की बात है कि फिर हम अक्सर मिलते रहे हैं। 1992 में मेरे लिये ऐन्जियोप्लास्टी और ऑपरेशन के बाद वे मुझसे मिलने आए थे, और अब वे प्राय: अधिक कैलिफोर्निया या दिल्ली मेरे घरों पर आते हैं। अब हम पहले से अधिक निकट हो गये हैं।

सामान्यत: वे मेरे स्वास्थ्य के विषय में बड़े चिन्तित रहे हैं। मेरा स्वास्थ्य मेरे लिए भी एक बड़ी पहेली रहा है। मेरा कई बार ऑपरेशन हो चुका है, और समय समय पर पेट या हृदय की समस्याएँ खड़ी होती रही हैं, फिर भी मेरे भीतर कोई जो देहातीत है बहुत स्वस्थ लगता है। वह मुझे चला रहा है तब भी जब हर आदमी उम्मीद छोड़ बैठता है और सोचता है कि मेरा काम तमाम हो गया है। एक प्रकार से मैं सौभाग्यशाली हूँ अब तक, कसम खाकर कहता हूँ।

पिछले कुछ वर्षों में सुकन्या और मैं दोनों जॉर्ज की पत्नी ओलीविया के भी अच्छे मित्र बन गये हैं। वह एक शक्तिमती महिला हैं और जॉर्ज का बड़ा ख्याल रखती हैं और अपने सुन्दर पुत्र धानि का निस्सन्देह अद्भुत ख्याल। मैं धानि को बचपन से जानता हूँ। मैंने पहली बार उसे जॉर्ज के यहाँ देखा था जब मैं अपनी 1975 की ब्रिटेन यात्रा के बीच में था। उसकी उम्र कुछ ही महीने की थी, एक सुन्दर शिशु, और ओलीविया एक गरिमामयी प्रसन्नमुख माता। तत्क्षण मैंने उसके लिए ऊट-पटांग छोटा गीत लिखा, जो यों था, 'धानि...ओह धानि, ओह धानि...!'

जॉर्ज हैरिसन : धानि के जन्म के तुरन्त बाद रवि और अल्लारखा हम लोंगों के यहाँ ट्रेन से आए

और रीडिंग में मैंने उन्हें साथ ले लिया। वे बालक को देखने आए थे और रवि ने एक धुन लिखी 'धानि' धानि का नाम वस्तुतः भारतीय संगीत के अध्ययन से मिला सा रे ग म प ध नी सा। इसलिए उन्होंने यह गीत लिखा और अल्लारखा ने तबले के एक आधे, बायाँ को बजाया।

जॉर्ज के स्टूडियो में हमने एक साथ इसकी रिकॉर्डिंग की। स्वयं जॉर्ज गिटार पर थे। बाद में उन्होंने इसे बेस गिटार और कुछ दूसरे वाद्यों के साथ 'ओवर डब' किया। यह केवल मौज के लिए एक व्यक्तिगत रिकॉर्डिंग था, मगर मेरी बिल्कुल हाल की यात्रा में, 1996 की गर्मियों में, मेरे लिए पुनः इसे बजाकर उन्होंने एक आश्चर्य दिया, और इसे सुनकर मुझे बहुत अच्छा लगा। मेरी उसी यात्रा के बीच धानि ने अपना 18वाँ जन्मदिन मनाया। वह एक बहुत बुद्धिमान, सुन्दर और मजेदार आदमी के रूप में सयाना हो गया। लगता है सर्वथा नौका दौड़ में आठ में अग्रणी रहना उसके लिये नशा जैसा था। वह गिटार भी बजाता है और बड़ा संगीतमय है।

सुकन्या शंकर : जॉर्ज के बारे में जो शायद मुझे सबसे ज्यादा प्रभावित करता है वह है रवि जी से उनके सम्बन्ध की ईमानदारी। वे रवि जी के सभी रेकॉर्डों और गीतों से परिचित हैं और जानते हैं कि कैसे हर राग विकसित होता है। वे उन्हें बड़ी अच्छी तरह से जानते हैं। उन दोनों के बीच एक अद्वितीय सम्बन्ध है। वे बड़े आत्मीय हैं।

जॉर्ज की और मेरी दोस्ती बड़ी गहरी और मजबूत है। कभी-कभी मैं उनके पिता की तरह होता हूँ, और कभी-कभी वह भूमिका वे मेरे साथ निभाते हैं, जबकि साथ ही हम लोग शिक्षक और छात्र भी हैं और उसी के साथ अन्तरंग मित्र। वे मेरे मन को उत्फुल्ल कर देते हैं और मुझे उकसा कर 'फनी' और

जॉर्ज, रवि, पीटर सेलर्स 70 के दशक में

'पनी' भी बना देते हैं, जिससे मैं अपनी उपाधि 'पन डित' उनके लिए सार्थक करता हूँ!

उनके कुछ प्रधान गुण हैं। जिनका वे ख़्याल रखते हैं उन्हें मदद देने में वे अपनी मर्यादाएँ तोड़ देते हैं, वे इतने प्रेमपूर्ण और उदारमना हैं। वे भीतर से एक बालक की तरह भी हैं, और मज़ाक करना और शब्दों से खेलना पसन्द करते हैं—उनकी आँखों में वह चमक होती है, एक नटखट बच्चे की। जो लतीफे मैंने उन्हें सुनाये हैं वे हमेशा उन्हें याद रखते हैं और उन्हें यह कहते हुए फिर दुहराते हैं कि उन्होंने 'रवि से यह सुना था'।

दूसरा गुण जो उनमें है वह है एक ज्ञानी वृद्ध का जो राय देना और सिखाना चाहता है। वे क्या पढ़ते रहे हैं और भारतीय दर्शन से उन्होंने क्या आत्मसात किया है, इसके बारे में वे बात करते हैं—खासकर विवेकानन्द के 'राजयोग' से या योगानन्द और उनके गुरु श्री युक्तेश्वर के द्वारा। जॉर्ज लोगों को इस बारे में शिक्षा देने के लिए बड़े गम्भीर और उत्सुक रहते हैं। वे हमेशा कहते हैं कि भारतीय हर चीज को वे कितना पसन्द करते हैं...हमारा धर्म, दर्शन, संगीत, संस्कृति और भोजन। जब वे भारतीय दर्शन पर बात करते बहुत गम्भीर हो जाते हैं तो मैं उन्हें कभी-कभी चिढ़ाता हूँ और हँसी-मजाक से भरी धरती पर उतार लाता हूँ। किन्तु मैं जानता हूँ कि वे जो कहते हैं वस्तुत: उसमें आस्था रखते हैं। और वे भारतीय शास्त्रीय संगीत और अपने सभी मनपसन्द भारतीय कलाकारों में श्रद्धा रखते हैं।

उनकी बुरी मनोदशाएँ भी होती हैं जैसे हम सबों की—और उस समय जो कोई उनके गुस्से को छेड़े तो उसका भगवान ही भला करें! वे बड़े कठोर हो सकते हैं, वैसे वे हैं स्पष्टवादी, वे अपनी भावनाओं को छिपाते नहीं। वे अपने को पूर्णत: तटस्थ भी बना सकते हैं, बिल्कुल अन्यमनस्क और अविश्वासपूर्ण हो सकते हैं। निस्सन्देह इसे समझा जा सकता है, क्योंकि जिन लोगों का उन्होंने विश्वास किया है उनके द्वारा बहुत शोषित हुए हैं। आश्चर्य की बात है कि वे हमेशा ऐसे नहीं हैं, उन्हें अब भी लोगों के लिए बड़ी संवेदना है, खासकर साथी संगीतकारों के लिए।

उनकी श्रद्धा, आदर और प्रेम पाना बड़ा सुखद है, जैसा कि मैं भी उनके लिये अपने हृदय में इतने गहरे प्रेम का अनुभव करता हूँ।

सात
तिलक श्याम

जब उनका ध्यान पश्चिम से फिर अपनी जड़ों की सम्पुष्टि की ओर मुड़ा तो रवि 80 के दशक के आरम्भ से ज्यादा समय भारत में बिता रहे थे—खासकर दिल्ली में। अपने बंगाली पाठकों में संगीत के विशेषज्ञ श्रोताओं को लक्ष्य कर उन्होंने 1978 में बंगला भाषा में एक आत्म-कथा प्रकाशित की। जहाँ 'माई म्यूजिक, माई लाइफ' (1968) तकनीकी विस्तार में इसलिए संक्षिप्त था कि पश्चिमी श्रोता, जिनके लिए वह लक्षित था, के लिए कहीं दुरूह न हो, रवि ने 'राग-अनुराग' में अधिक जानकार लोगों के लिए भारतीय संगीत और संगीतकारों की गहन और समीचीन विवेचना की। यह पुस्तक 'रिसर्च इन्स्टीट्यूट फॉर म्यूजिक एंड द परफॉरमिंग आर्ट्स' (आर.आइ.एम.पी.ए.) के द्वारा प्रकाशित की गयी थी और कई भाषाओं में अनूदित हुई थी, हालाँकि अँग्रेजी में नहीं।

आर.आई.एम.पी.ए. एक कलात्मक प्रतिष्ठान था जो रवि ने स्वयं स्थापित किया था। लक्ष्य था कम उम्र के कलाकारों को स्वयं प्रगति करने और भारत में लोगों की मान्यता प्राप्त करने का अवसर प्रदान करना। बनारस में उनके नये आवास से कार्यों का आयोजन किया जाता था। आरआईएमपीए का खास कोई भवन नहीं था— फिर भी प्रति वर्ष यह चार या पाँच दिन के संगीत उत्सवों के आयोजन की व्यवस्था करता था जिसमें छः या सात सोलो प्रोग्राम भी जुड़े रहते थे। छः हफ्तों का एक त्वरित कोर्स और कार्य शिविर भी चलता था जिसमें उनके तीस से पचास उच्च स्तरीय छात्र, कुछ तो पश्चिमी देशों के, भाग लेते थे। यद्यपि ये समारोह 80 के दशक के आस-पास बन्द हो गये, एक संगठन के रूप में आर.आई.एम.पी.ए. आज भी जीवित हैं। (हालाँकि इस प्रगति में कहीं नाम का व्यक्तिकरण हो गया है। अक्षरों का अर्थ अब रविशंकर हो गया है) और इसके तत्त्वावधान में और अधिक अभियान आयोजित किये जाते हैं।

रवि एक पुस्तक के साथ तीन कैसेट वाले सेट के लिए भी जिम्मेवार थे जिसका शीर्षक था 'लर्निंग इंडियन म्यूजिक : ए सिस्टेमैटिक अप्रोच' जो न्यूयॉर्क के सिटी कॉलेज के प्रोफेसर एलिस बार्नेट की सहायता से प्रस्तुत किया गया था और यह 1970 में यू.एस.ए. में निकला था। अपने कला-रूप के विषय में जानकारी देने की दिशा में उनके ज़ारी प्रयत्नों का ही यह एक विस्तार था, जो उनके भव्य 'ऐन्थोलॉजी ऑफ इंडियन म्यूजिक' के सेट जो एक दशक पहले 'वर्ल्ड पैसिफिक' पर रिलीज़ हुआ था, के बाद आया था। बादवाला, जो विशेष रूप से रवि की प्रिय चीज है, एक डबल एलबम है जिसमें वादन द्वारा उदाहरणों के साथ भारतीय संगीत के इतिहास की मौखिक प्रस्तुति थी और साथ ही जॉन स्टीवर्ड के कला-चित्रण वाली पुस्तक थी।

1974 के सितम्बर में दादा की कलकत्ते में मृत्यु हो गयी। नगर के सारे सरकारी कार्यालय सम्मान में एक दिन के लिए बन्द रहे। विशालतम शवयात्रा के जुलूस जो कभी इस नगर में देखे गये उनमें यह एक था जिसमें लोग बड़ी संख्या में उन्हें श्रद्धांजलि देने के लिए उमड़ पड़े थे।

गत 1962 की 'सामान्य क्षति' के बाद दादा और मैंने एक साथ फिर कोई कलात्मक प्रस्तुति नहीं की थी। धीरे-धीरे उनकी स्वास्थ्य समस्याएँ अधिक बढ़ती गयीं और जब वे 1968 में अमेरिका आये, जो अपनी मंडली के साथ उनकी अन्तिम यात्रा प्रमाणित हुई, तो जब वे सान डिएगो में थे, उन्हें ब्रेन-हैमरेज हो गया और अस्पताल में भर्ती कराये गये। चूँकि मैं लॉस एंजिलिस में रह रहा था, स्वास्थ्य लाभ की अवधि में वे मेरे घर करीब छः हफ्तों तक ठहरे थे, मैं और विशेषत: कमला उनकी देख-भाल करते थे।

उस हाल में उन्हें देखने से बड़ा दुख होता था, क्योंकि पिछले सालों से जब वे एकदम अग्निपुंज की तरह थे, मैं उन्हें भूल नहीं सकता था—यह सुन्दर सुपरस्टार इतना शक्तिसम्पन्न और पौरुषयुक्त। दुर्भाग्य से अपने बुरे स्वास्थ्य के कारण उन्होंने अपने करिश्मा और अद्‌भुत वरदान का कुछ अंश खो दिया था और अपने अन्तिम वर्षों में वे एक दुखी और निराश व्यक्ति थे। मैं कभी-कभी उनसे भेंट करता था पर फिर हमने साथ काम नहीं किया।

दादा के दोनों बच्चों ने अपने लिए नाम कमाया है। अपनी सुन्दर नर्तकी पत्नी तनुश्री के साथ आनन्द अपने ट्रूप के संगीत-रचनाकार और निर्देशक हैं। ममता ने उसी तरह सत्यजित राय की कुछ फिल्मों को मिलाकर अपने लिए फिल्म-अभिनेत्री के रूप में बड़ी सफलता अर्जित की है। वह एक अपूर्व नर्तकी भी है, मंच पर दादा की याद दिलाती हुई। अमला बऊदी 'उदयशंकर इंडिया कल्चर सेंटर' की देख-भाल करती है, जिसकी उन्होंने कलकत्ते में स्थापना की। बहुत से किशोर छात्रों को उन्होंने उदयशंकर-नृत्यशैली पढ़ाई है और आज भी समर्पित भाव से सिखाना जारी रखे हुई हैं।

यह लज्जा की बात है कि दादा के गौरव और जो कुछ उन्होंने भारत के लिए किया, उसके लिए कुछ भी नहीं किया गया है। लोगों को उनकी महानता की याद दिलाने के लिए उनके विषय में बराबर बातें करता रहा हूँ। अभी भी हमारी सरकार ने उनकी स्मृति में किसी स्मारक या मूर्ति का निर्माण नहीं किया है, और लगता है कि यह केवल हाल की बात है कि पश्चिम बंगाल सरकार ने एक पथ का नाम उनके नाम पर रखा है। वर्तमान पीढ़ी उनके बारे में लगभग कुछ नहीं जानती। यही कारण है कि उनके सम्मान में एक उत्सव की प्रस्तुति के लिए मैं उत्सुक था—और दिसम्बर, 1983 में मैंने ऐसा किया। यह एक अभूतपूर्व सफलता थी।

उदय-उत्सव नाम से हम लोगों ने दिल्ली में चार दिनों के समारोह का मंचन किया। उपस्थित सभी लोगों के लिए यह एक मार्मिक अनुभव था, तत्कालीन प्रधानमन्त्री इंदिरा गाँधी सहित, जिन्होंने इस उत्सव का उद्‌घाटन किया था। अपने ट्रूप के साथ अमला, आनन्द और ममता ने इसमें भाग लिया, साथ ही दादा के छात्रों ने, जैसे सचिन शंकर और नरेन्द्र शर्मा। और भी बहुत प्रशंसकों और दूसरे बड़े कलाकारों ने उनकी स्मृति को अपनी श्रद्धा निवेदित की—केलू बाबू सहित, ओडिसी शैली के श्रेष्ठतम नर्तक और गुरू और वैजयन्तीमाला जिन्होंने भरतनाट्यम शैली में नृत्य किया।

लक्ष्मी और दूसरों की आवाजों का उपयोग करते हुए 'मनोहारिणी' नामक एक विशेष गायन-वादन रचना के साथ मैंने भी वादन का सहयोग देकर दादा को श्रद्धांजलि अर्पित की। अपनी संगिनी सैंड्रा हे के साथ मेरे एक अमरीकी मित्र ऐलेन कोजलोवस्की के द्वारा इसमें एक स्लाइड-शो का सन्निवेश भी किया गया था (अगली मई में उन्होंने एक दूसरे के साथ विवाह कर लिया था)।

सत्तर के दशक के अन्तिम भाग में डिकबॉक के माध्यम से ऐलेन पहली बार मेरे पास आए थे, एक फोटोग्राफर के रूप में, जो कुछ चित्र लेना चाहते थे। उनके कैमरे के साथ ही हम दोनों के बीच कुछ और भी घटित हुआ, और एक गहरे बन्धन का निर्माण शुरू हुआ। फोटोग्राफी से आगे बढ़ते वे ऑडियो, वीडियो और इन्टरएक्टिव क्षेत्रों में चले आए, और अब वे प्रिय सैंड्रा के साथ सैंटा मोनिका में एक निर्माण और निर्माणोत्तर कम्पनी की स्थापना कर चुके हैं। 1994 में वे सच्ची भारतीय पद्धति में वे मेरे शिष्य हो गये, उनका वाद्ययन्त्र था एकोस्टिक गिटार, यद्यपि अब वे दिल्ली के बिशनदास द्वारा बनाये एक नये

वाद्ययन्त्र पर सीखना शुरू कर चुके हैं जिसका नाम मैंने पुष्पवीणा दिया है (हाल में मैंने एक जॉर्ज को भी दिया है)। ऐलेन अधिकतर फ्लैमेंको संगीत बजाते हैं। वे मेरे बड़े प्रिय हैं और मैंने अपने बहुत से फोटो, अखबार की कतरनें, वीडियो और अन्य स्मृतिचिह्न उनके जिम्मे दिए हैं, जिन्हें उन्होंने एक भावी संग्रहालय के लिए संगठित किया है और अस्थायी तौर पर हमारे लिए उन चीजों की सुरक्षा कर रहे हैं। इनसे और दूसरी सामग्रियों के साथ सुकन्या भारत में मेरे भावी मकान में एक संग्रहालय खोलने की योजना बना रही है।

सत्तर के दशक के उत्तरार्द्ध में पश्चिम से अपना ध्यान हटाकर मैंने अपने विचारों को सदूर पूर्व के देशों की ओर मोड़ दिया। वर्षों तक मैंने महसूस किया था कि जापानी संगीतकारों के साथ मेरे काम करने की सम्भावना थी। मैंने अग्रणी जापानी वादकों के द्वारा तो कोतो बजाये जाते सुना था (उदाहरण के लिए 1950 में पेरिस में यूनेस्को-उत्सव के अवसर पर) और मैं उसकी ध्वनि पर मुग्ध हो गया था, गिटार और हार्प का इतना सुन्दर मिश्रण। मुझे बड़ी प्रिय थी शाकुहाची भी, बाँस की एक बड़ी बाँसुरी जो गहरी, आध्यात्मिक ध्वनि उत्पन्न करती है, जिसका गुण हमारी भारतीय बाँस की बाँसुरी से भी अच्छा है। जापानियों के पास कुछ पुराने चौदहवीं सदी के गीत हैं जो ऐसे स्केलों पर आधारित हैं जो हमारे कुछ रागों से मिलते हैं—जैसे बैरागी, गुनकली और शिवरंजनी, और कुछ हमारे पाँच स्तर वाले (पाँच स्तरों के स्केल वाले राग) जैसे भूपाली और दुर्गा। स्पष्ट था कि यह समानता किसी रचना में भारतीय और जापानी के मिलन-बिन्दु को पाना मेरे लिए आसान कर देगी।

जापान में पोलीग्राम ने रुचि उत्पन्न की और 1978 में तोकियो में मेरे एजेंट योशिरो वांकारा के माध्यम से एक कार्यक्रम तय किया गया। अत: उन्होंने इस सबकी व्यवस्था की और मैं गया। दो जापानी संगीतकारों के बारे में सुझाव दिया गया, जिन्हें मैंने पहले ही सुना था; कोतो में प्रवीण सुसुमू मियाशिता और होज़ान यामामोतो, शाकुहाची वाद्य पर। वे परम्परागत और साथ ही आधुनिक और जैज़-शैली का संगीत भी बजाते हैं और अनुभवी पेशेवर कलाकार हैं। विचार बड़ा आकर्षक था। अत: मैंने जापान का लम्बा सफर किया, विशेषकर यह रिकॉर्डिंग करने के लिए, जबकि इस यात्रा में तबला-वादन के लिए अल्लारखा मेरे साथ हो गये। मेरे दिमाग में कुछ राग पहले से ही थे और जापान में दो के बारे में मैंने फैसला कर लिया था। शाकुहाची वाली रचना के लिए मैंने शिवरंजनी राग चुना और इसका शीर्षक नम:

शिवाय रखा। कोतोवाली रचना के लिए मैंने दुर्गाराग को चुना और रचना के प्रथम चार स्वरों—प ध स प के सरगम नामों के अनुसार इसका शीर्षक पधसप रखा। जापानी संगीतकारों ने महसूस किया कि एक ऐसी रचना भी चाहिए जिसमें मैं भी भाग लूँ और उसके लिए उन्होंने चौदहवीं शती की एक परम्परागत सुन्दर धुन रोकुदान की राय दी। इसलिए मैंने इसकी पहली और दूसरी पंक्ति सीख ली और हम लोगों ने गीत को अलग-अलग, फिर साथ-साथ बजाना शुरू किया और क्रमशः स्वतन्त्र लयकारी करने लगे, बीच-बीच में मुख्य धुन पर लौटते हुए। मैं अक्सर जिस सितार का उपयोग करता हूँ उससे छोटे एक सितार का D से सुर मिलाकर मैंने उपयोग किया। मैं 'ईस्ट मीट्स वेस्ट' की तीन वॉल्युम तैयार कर चुका था, इसलिए जहाँ तक इस एलबम के नाम का सवाल था, मैंने विचार किया कि यह 'ईस्ट ग्रीट्स ईस्ट' हो। हर आदमी ने यह नाम पसन्द किया और हम लोगों ने रख लिया।

जून, 1985 में लॉस एंजिलिस के जापान-अमेरिका थियेटर में जापानी स्वाद की एक अन्य रचना की प्रस्तुति का संयोग बना। उनके 'रिदम्स ऑफ द वर्ल्ड' के लिए मैंने एक रचना बजायी जो जापानी थीम से आरम्भ कर धीरे-धीरे भारतीय धुनों तक पहुँचती हुई नाटकीय ढंग से डेढ़ घंटे तक चलती रही। भाग लेते सुन्दर संगीतकारों का समूह था; कोतो पर जूने कुरामोतो, शाकुहाची पर काजू मात्सुई, ओ-दाइको ड्रम पर जॉनी मोरी और गायन में लक्ष्मीशंकर, सरोद पर आशीष खाँ (आलूभाई के पुत्र), तबले पर स्वपन चौधरी, कुछ लोक-ड्रम और दूसरे लोकवाद्य थे। इस वादन-समूह का सहभागी मेरा पुत्र शुभो भी था जो इस अवधि में नियमित सितार-वादक था। एक या दो चीजों में मैंने स्वयं भाग लिया। एक बार फिर यह प्रस्तुति, मैंने अतीत में जो कुछ किया था, उससे अलग निकली। ऐलेन कॉज्लोव्सकी ने इस समारोह का एक वीडियो बनाया था।

इस शो में भाग लेने के लिए मैं प्रथम बार अपने बहुत से शिष्यों को यू.एस.ए. लाया था; तरुण भट्टाचार्या (संतूर), रमेश मिश्र (सारंगी), दया शंकर (शहनाई) और विश्वमोहन भट्ट स्लाइड-गिटार पर (विश्वमोहन ने, मेरे एक प्रिय शिष्य, बगलवाले तारों और समस्वरवाले तारों को जोड़ा, और अपने इस नये वाद्य का नाम मोहनवीणा रखा—जिसकी आलोचना हुई क्योंकि, उनसे अपरिचित, पिछले पचास या चालीस के दशक के उत्तरार्द्ध में कलकत्ते के प्रसिद्ध सरोदवादक, राधिका मोहन मैत्र ने रबाब और सुरसिंगार को जोड़कर जो एक वाद्य बनाया था, उसका भी वही नाम दिया था। विश्वमोहन एक अद्भुत प्रवीण व्यक्ति हैं, 1994 में उन्होंने राई कूडर के साथ बनाये अपने एलबम 'ए मीटिंग बाइ द रिवर' के लिए ग्रैमी पुरस्कार जीता था—जीतने वाले केवल तीसरे भारतीय।

चीनी संगीतकारों के साथ ऐसा ही कार्यक्रम बनाने की बहुत दिनों से मेरी चाह थी। परम्परागत चीनी संगीत बड़ा सुन्दर है। उनके यहाँ अपूर्व वादक हैं, और उसके बहुत से स्केल करीब-करीब जापानी स्केलों की तरह ही हैं। हो सकता है कि भविष्य में मैं यह कर सकूँ। इंडोनेशियाई गेमलान के सम्बन्ध में भी कुछ करना बहुत पसन्द करूँगा। देखिए क्या होता है!

1979 में हिन्दी फिल्म 'मीरा' रिलीज़ हुई थी, एक और फिल्म जिसमें ध्वनि-संयोजन मेरा था। प्रतिष्ठि कवि, लेखक, गीतकार और फिल्म-निर्देशक एस.एस. गुलज़ार के द्वारा निर्देशित, यह पन्द्रहवीं शती के राजस्थान की कवयित्री और साध्वी के जीवन पर है, जो एक महारानी थीं। वे एक कृष्ण-भक्त थीं जिन्होंने सुन्दर भजन लिखे और गाये, जो आज भी प्रसिद्ध हैं। यद्यपि बॉक्स-ऑफिस हिट के रूप में नहीं, फिर भी बड़ी संवेदनशीलता और सुन्दरता के साथ बनायी गयी यह फिल्म थी। कुछ गानों की बड़ी तारीफ हुई, और मुझे यह करने में बड़ा आनन्द आया। गायिका के रूप में लता मंगेशकर मेरी पहली पसन्द थी, मगर निर्देशक और उनके बीच कुछ गलतफहमी के कारण, उनके बदले हमने वाणी जयराम को गायन के लिए रखा था। वाणी ने इसे बड़ा सुन्दर रूप दिया, और तब से दक्षिण भारतीय फिल्मों में सबसे अधिक जाने-माने पार्श्वगायकों में वे एक हैं।

सत्तर के दशक में रवि भारतीय/जैज़ के एक मिश्रण की सम्भावनाओं की पूरी तरह खोज में एकाग्र

रहे। यद्यपि जैज़ और भारतीय शास्त्रीय संगीत दोनों में स्वतन्त्रलयकारी की समानता को छोड़ अधिक गहरी कोई समानता नहीं है, ऐसा प्रणयाभिसार एक चुनौती था। ऐसे संगीत-रूप के लिए उनके भीतर प्रेरणा, तीस के दशक में उनके बचपन में कॉटन-क्लब जैसे जैज़-स्थलों में जगी थी। आगे के वर्षों में बड शैंक और जॉन कॉल्ट्रेन से सम्पर्कों के अतिरिक्त, उन्होंने भारतीय संगीत की प्रारम्भिक शिक्षा डॉन एलिस को दी थी (जिन्होंने हरिहरराव के साथ शिक्षा ली) और डिज़ी गिलेस्पी से भी उनकी अच्छी मित्रता थी 'वर्ल्ड पैसिफिक' की एक रिकॉर्डिंग के लिए रवि ने एक लयतालबद्ध रचना की भी व्यवस्था की थी और अल्लारखा और जैज़ ड्रमवादक बड्डी रिच के लिए उसे संचालित भी किया था, जिसका सुन्दर शीर्षक 'रिच आ ला राखा' दिया गया था। उन्होंने 1980 में बम्बई में एक विशेष रूप से आयोजित जैज़-उत्सव में भारत आए कुछ अमरीकी जैज़ लोगों का साथ दिया, जिनमें जॉन हैंडी (ऐल्टो सेक्सोफोन), जॉर्ज एडम्स (टेनर सैक्स), माइक रिचमंड (स्ट्रिंग बास) और बम्बई वाले की-बोर्ड वादक लुई बैंक्स थे। रवि ने संयुक्त रचनाओं की श्रृंखला, उनके द्वारा और भारतीय वाद्यों पर बहुत से स्थानीय संगीतकारों के द्वारा बजाने के लिए तैयार की। उन्होंने इसका नाम दिया 'जैज़माइन'।

अतीत में अनौपचारिक रूप से मेरे साथ कुछ बैठकों में जॉन हैंडी ने भारतीय संगीत सीखा था, और आलूभाई के साथ रिकॉर्ड भी किया था। जॉन कुछ दूसरे प्रसिद्ध संगीतकारों के साथ एक जैज़-उत्सव के लिए बम्बई आए। मुझसे एक विशेष रचना के लिए कहा गया, जो एक लम्बी चीज हुई—एक प्रकार का वेराइटी शो—जिसमें अलग-अलग की सम्बन्धित रचनाएँ एक साथ जोड़ी गयी थीं। आरम्भ में गायन और ऑरकेस्ट्रा के साथ संस्कृत श्लोक गाये गये, तब मैंने ख्याल और ठुमरी शैली रखी और लोक संगीत, और उसके बाद यह लोकसंगीत से जैज़ तक पहुँचा। जैज़-रचना में कुछ मूल भाव (मोटिफ़) का विस्तार किया गया और तब कुछ स्वतन्त्र लयकारी उन अद्‌भुत संगीतकारों के द्वारा की गयी।

पोलीडॉर के द्वारा उस अवसर की एक जीवन्त रिकॉर्डिंग की गयी। किन्तु मैं विश्वास न कर सका जो उन्होंने किया। एक आदमी जर्मनी से दूरी तय करता आया विशेषकर उसे टेप करने, और मैंने पाया कि वह एक साधारण टू-ट्रैक मशीन का ऑडिटोरियम से इस्तेमाल कर रहा था। स्वभावत: ध्वनि असन्तोषजनक थी, चाहे जितना भी इसे सुधारने का प्रयास किया। फिर भी, एक जीवन्त रिकॉर्ड, 'जैज़मीन' बनाया गया।

'इस रचना में मैंने एक ओर तो भारतीय शास्त्रीय और लोकसंगीत और दूसरी ओर जैज़-संगीत के बीच संगम और परस्पर आदान-प्रदान खोजने का प्रयत्न किया है। मैंने इसका नाम 'जैज़मीन' दिया है। इन रचनाओं में मेरा उद्देश्य रहा है निकालना, अर्थात 'खोदकर निकालना', जैज़ की आत्मा को और इसे चमेली पुष्प की सुगन्ध से व्याप्त करना, जो अद्वितीय रूप से भारतीय है। परिणाम है 'मेरा जैज़' या 'जैज़माइन'।

रवि की बहुआयामी प्रतिभा का विस्तार उन्हें विभिन्न संगीत शैलियों के बीच आने जाने की क्षमता प्रदान करता है यद्यपि उन्हें वे भारतीय आधार पर ही मढ़ते हैं। सभी प्रकार के संगीत और जीवन के प्रति उनकी ग्रहणशीलता के आजीवन दृढ़ निश्चय ने यह सुनिश्चित किया है कि संगीत की तकनीक में हुई आधुनिकतम प्रगति के प्रति खुलापन रखते हैं, उदाहरण के लिए शीघ्र ही उन्हें 'स्पर्द्धी' की सम्भावनाओं को अंगीकार करते देखा गया है।

ऐसी जिज्ञासा को पैंतरेबाजी की चाह कहकर टाला नहीं जा सकता। गुणवत्ता और ईमानदारी हमेशा उनके प्रयोगों का मूल स्वर रही है। अगर वे कम कठोर हुए रहते, तो बेशक उन्होंने 60 के दशक के आखिर में अधिक बाजी मार ली होती। अतः संगीत के बहुरंगी परिधान के साथ यह इस आदमी की विशेषता थी कि जैज़ शैली में काम करने के तुरन्त बाद आनन्दपूर्वक फिर जुबीन मेहता के साथ मिलकर वे पश्चिमी शास्त्रीय संगीत की ओर लौट आए।

60 के दशक में जुबिन मेहता से परिचय के बाद के वर्षों में, बीच में एक बार मैं उनसे मिला था, लेकिन 1980 की बात है जब हम अधिक निकट हुए। 1971 में एल.एस.ओ. के साथ 'कॉन्सर्टों फॉर सितार एंड ऑरकेस्ट्रा' पूरा करने के बाद, 70 के दशक के आखिर तक मैंने एक अन्य के साथ प्रयोग करना चाहा। 1977 में जुबीन मेहता निर्देशक के रूप में 'द न्यूयॉर्क फिल्म हार्मोनिक' में वे नियुक्त हो गये थे, जबकि मैं भी 'द बिग ऐपल' में काफी समय दे रहा था। जुबीन और मैंने उस योजना के बारे में विमर्श किया जो मेरे मन में थी। उनकी बड़ी रुचि थी और उस ऑरकेस्ट्रा से कार्यादेश भी प्राप्त किया।

उन्होंने राय दी कि मैं 'लिंकन सेंटर' के 'ऐवरी फिशर हॉल' में प्रात:काल आया करूँ जब वे ऑरकेस्ट्रा के साथ रिहर्सल कर रहे होते, जिससे कि मैं सारे संगीतकारों और उनकी ध्वनियों, उनकी सम्भावनाओं और सीमाओं, और कितनी दूर तक उनसे काम मैं ले सकता हूँ इससे परिचित हो सकूँ।'' मेरे विचारों को रचना के बारे में ठोस रूप देने के लिए यह सचमुच बड़ा सहायक था, और मैंने पाया कि उन लोगों के बीच बाँसुरी-वादक जूलियस बेकर सहित कुछ अपूर्व संगीतकार थे। उन सबों से मिलने के बाद मैंने सोलो अंशों के लिए खास लोगों को दिमाग में रखकर रचना लिख ली। इस प्रकार मेरा दूसरा सितार कॉन्सर्टो अस्तित्व में आया। हमने अप्रैल, 1981 में इसका प्रथम प्रदर्शन किया और मैंने इसे जुबीन को समर्पित किया था।

मैंने इसे एक नाम दिया जैसे अब मैंने इस पुस्तक का नाम 'रागमाला' दिया है, जिसका अर्थ है 'रागों की माला'। एक के बाद दूसरे मैंने चालीस भिन्न राग लिये; शुरू में हम लोगों ने हर राग की लम्बी रचनाएँ बजाईं, और इसके बाद धीरे-धीरे प्रत्येक का विस्तार कम होता गया, जिससे कि अन्त में वे रागों की झलक मात्र थे, प्रत्येक 8 से 16 बार का। मैं इससे बहुत प्रसन्न हूँ। इसमें बहुत से ऐसे वाद्यों का प्रयोग हुआ था जो प्रथम कॉन्सर्टो में नहीं थे, जैसे 'ब्रास सेक्शन' और विंड इन्स्ट्रुमेन्ट्स, जिसके कारण सुनने में यह बिल्कुल भिन्न लगता था।

फिर भी मेरे प्रथम कॉन्सर्टों के प्रदर्शन से यह अधिक कठिन साबित हुआ, विशेषत: आरम्भिक गति में, जहाँ मैं प्रात:कालीन राग ललित को लेता हूँ, जिसकी बनावट पश्चिमी कानों के लिए असामान्य है। इसके स्केल में माइनर सेकेंड और माइनर सिक्स्थ स्वर हैं, और पंचम नहीं, लेकिन इसका चौथा स्वर सामान्य और ऊँचा दोनों है। इसे बजाते हुए संगीतकारों को कठिनाई हुई।

सर्वोत्तम संचालक के रूप में उस्ताद जुबीन मेहता बहुत ऊँचा स्थान रखते हैं और पश्चिमी शास्त्रीय

संगीत की दुनिया में बहुत आदर अर्जित करते हैं, फिर भी उनमें कुछ बाल-सुलभ गुण शेष हैं और वे बड़े मजेदार और यथार्थवादी हो सकते हैं। वे गर्म मसालेदार खाना बहुत पसन्द करते हैं (कहा जाता है कि सादा खाने में मिलाने के लिए वे अपनी जेब में लाल या हरी मिर्च का एक छोटा टिन रखते हैं) और मेरे कॉन्सर्टो की रचना करने के पूर्व उन्होंने सलाह दी थी, 'इसे कुछ गर्म मिर्च की तरह बनाइए। इसे कठिन बनाइए।' मैंने सचमुच इसे बहुत दुरूह बनाया—और हमारे सामने समस्याएँ आईं। यह उतने सही तरीके से नहीं बजाया गया जैसा कि मैं पसन्द करता। जुबीन ने इसके लयात्मक ढाँचे के भाव को समझकर इसका आश्चर्यजनक संचालन किया—संश्लिष्ट चक्रों की रचनाएँ जैसे साढ़े छः या साढ़े तेरह मात्राओं और क्रॉस रिद्मस को—लेकिन दुर्भाग्य से कुल मिलाकर परिणाम यह हुआ (जैसा कि अब कभी-कभी प्रथम कॉन्सर्टो में हुआ था) कि हर बार मैंने इसे जब बजाया मैंने खुद गड़बड़ कर दिया, क्योंकि बेसुरी आवाजों और गलत तालों पर जोर जो मुझे पृष्ठभूमि में दूसरे वादकों से सुनाई पड़ते थे मेरी एकाग्रता भंग करते थे।

दूसरे कान्सर्टो से मैं बहुत डरता हूँ क्योंकि यह प्रथम से बड़ा कठिन है। निस्सन्देह ऑरकेस्ट्रा के साथ बजाना सोलो सितार वादन की तरह नहीं होता, जब मैं एकछत्र राजा हो जाता हूँ...नेतृत्व करनेवाला, संचालक और वादक। सोलो बजाते समय मैं किसी दूसरे पर निर्भर नहीं करता, और चूँकि यह सब स्वतन्त्र रचना है मैं जो चाहूँ कर सकता हूँ। लेकिन एक ऑरकेस्ट्रा के साथ स्थिति बहुत भिन्न होती है।

जुबीन के लिए मुझमें बड़ा ऊँचा सम्मान है, केवल इसलिए नहीं कि वे मेरे देश के हैं, बल्कि इसलिए भी कि मैं उन्हें व्यक्तिगत रूप से जानता हूँ, और वे एक अपूर्व संगीतकार हैं। साठ के दशक से जब से हम लोगों का सम्पर्क शुरू हुआ तब से वे भी भारतीय संगीत से अधिक परिचित और इसके रसिक हुए हैं। कॉन्सर्टो में पूरे काम में वे बड़े सहायक और सहयोगी रहे हैं और मेरे प्रति बड़ा प्रेम और आदर दिखाया है।

अप्रैल, 1989 में फिर मैंने उनके साथ कुछ हफ्ते बिताए जब हम दोनों ने 'यूरोपियन यूथ ऑरकेस्ट्रा' के साथ भ्रमण किया, जिसमें सारे यूरोप के प्रतिभाशाली युवा संगीतकार हैं, मोटामोटी 18 से 24 वर्ष के बीच के। लन्दन और मैड्रिड से हम लोगों ने शुरू किया और इसके बाद कलकत्ता, बम्बई और दिल्ली में प्रदर्शन करते हुए भारत तक की यात्रा जारी रखी। भारत में ओबेराय होटल समूह के द्वारा बड़े उत्तम ढंग से व्यवस्था की गयी थी। हमें बड़ा मजा आया और बहुत स्मरणीय अनुभव हुए। बड़ा आनन्दप्रद था बच्चों के साथ बजाना और भ्रमण करना—छोटी उम्र के और जीवन से परिपूर्ण, इतने सुन्दर संगीतकार जबकि जुबीन बड़े हँसोड़ और मजेदार थे। उन्होंने कुछ पश्चिमी रचनाओं का संचालन किया और तब मेरे प्रथम सितार कॉन्सर्टो का, शुरू की गत को छोड़कर।

यद्यपि मैंने यह विशेष रचना 1970 में लिखी थी, भारत ने इसे पहली बार सुना था। इन कॉन्सर्टो का प्रसारण दूरदर्शन द्वारा (हमारा राजकीय टी.वी. स्टेशन) किया गया जिससे जहाँ हम लोगों ने कार्यक्रम नहीं दिए थे, वहाँ के लोग भी इसे देख और सुन सकें और इसके बारे में कुछ प्रशंसा भरी रिपोर्टें आईं। अपने देश में एक रचना के लिए इतनी देर से मान्यता प्राप्त करना बड़ा अजीब लगा। एक वादक के रूप में भारत में प्रशंसित होने से मुझे हमेशा सन्तोष रहा है, लेकिन क्षोभ होता है कि मेरे रचनात्मक पक्ष के बारे में वहाँ बहुत कम जानकारी है, हालाँकि धीरे-धीरे यह बदला है—और देर आयद दुरुस्त आयद।

जुबीन ने थ्री टेनर्स (जोसे कारेरास, प्लासिडो डोमिंगो और लुसियानो पॉवरोती) के साथ अपनी रचना से लोगों की आँखों और कानों को आकर्षित किया है, जो एक अद्‌भुत सहभागिता है खासकर वह कार्यक्रम जो 1990 के वर्ल्ड कप के लिए उन लोगों ने रोम में दिया था। जुबीन की छड़ी के निर्देश पर तीन सर्वोत्तम आवाजों को एक साथ सुनना कितना बड़ा सुख था! 1994 में उन लोगों ने लॉस एंजिलिस में एक और कार्यक्रम दिया इस बार मिला-जुला अधिकतर पॉपशैली का, यद्यपि जिसने मुझे स्तब्ध कर दिया वह था पॉवरोती का गाते समय चुइंगम खाते रहना। फिर भी कोई भी देख सकता था कि वे तीनों

आनन्द ले रहे थे, और हॉलीवुड के मशहूर लोगों के साथ युवा श्रोताओं ने उसका स्वाद लिया। हम लोग कभी-कभी साथ कार्यक्रम देना जारी रखे हुए हैं—बहुत हाल में मार्च, 1997 में लन्दन के बारबिकन हॉल में उन्होंने मेरे प्रथम सितार कॉन्सर्टो का संचालन किया।

ज़ुबीन मेहता : यह वस्तुतः दो मित्रों का साथ आना और स्टेज पर साथ होना था जिसने हम लोगों के सहयोग को सम्भव बनाया। संगीतकार एक दूसरे का मोल समझते हैं। भिन्न संसार के सहकर्मियों का बात करना और एक दूसरे को सुनना बड़ा सुन्दर है। और द्वितीय कॉन्सर्टो में रवि जी के साथ मेरा सहयोग वह था जिसने मुझे किसी भी अन्य व्यक्ति से अधिक शिक्षा दी।

हर आदमी चाहता है कि जैज़ और शास्त्रीय संगीत परस्पर मिल जाएँ, या भारतीय संगीत और पश्चिमी शास्त्रीय संगीत, लेकिन मूलतः कागज पर यह असम्भव है! रवि के पहले और दूसरे कॉन्सर्टो के साथ प्रयास किये गये, हालाँकि ऑरकेस्ट्रावादक वस्तुतः स्वतन्त्र लयकारी नहीं कर सकते, खासकर भारतीय रूप में। रवि, जब वे बजाते हैं, एक स्वतन्त्र पक्षी हैं। वे आकाश में उड़ जाते हैं। वे ऊँची उड़ानें भरते गरुड़ हैं। इसलिए जब वे ऑरकेस्ट्रा के साथ बजाते हैं तो बँध जाते हैं। दूसरे कॉन्सर्टो की रचना के समय मैंने कहा था, 'अपनी स्वतन्त्र लयकारी के लिए जगह रखिए'। रिहर्सलों के बीच वे अपने को बहुत बन्धन में अनुभव करते थे क्योंकि उन्हें अपने को दी गयी ताल-मात्राओं तक सीमित रखना होता था।

न्यूयॉर्क में हम लोगों ने इस कॉन्सर्टो का चार या पाँच बार वादन किया, और तब बाद में यूरोप में—सदा तुमुल स्वागत हुआ। इस महान, महान संगीतकार, भारत के जस्का हेफेट्ज, को इतना सम्मानित होते देख मेरा हृदय सचमुच आनन्द से भर गया। मैं नहीं समझता कि भारतीयों ने उसी प्रकार इसे स्वीकारा, इस तथ्य के कारण कि पश्चिम में स्वतन्त्र लयकारी का हमें प्रशिक्षण ही नहीं है, यद्यपि इस प्रयास में न्यूयॉर्क फिल हार्मोनिक के संगीतकारों ने प्रयास में स्वयं को भी पार कर लिया। भारतीय राग का विकास चाहते हैं—वे स्वतन्त्र लयकारी सुनना चाहते हैं—जो मिश्रण में मुश्किल से सम्भव था।

लेकिन यह एक बड़ी प्रभावोत्पादक रचना है और यह सहभागिता अद्वितीय थी। यह सितार वादक और ऑरकेस्ट्रा से उच्च दक्षता की माँग करता है, और सचमुच पश्चिम में इसकी बड़ी अच्छी सराहना हुई। और रवि की तरह के लोग अन्तरिक्ष में उड़ने और हम सबों से ऊपर उड़ने को प्रोत्साहित किये जाने चाहिए, जैसाकि उन्होंने आजीवन किया है।

मैं हर्षोत्तेजित था जब मुझे संगीत देने को कहा गया एक बड़ी फिल्म 'गाँधी' के लिए—भारत में कभी भी बनी सर्वाधिक महत्त्वपूर्ण फिल्मों में एक—लेकिन शुरू से ही कुछ विषम भावना थी क्योंकि कभी भी यह स्पष्ट नहीं हुआ कि स्थिति क्या है। माना जाता था कि उस फिल्म के लिए एक दूसरे संगीत निर्देशक, जॉर्ज फेंटन, थे और मैंने किसी फिल्म में उस तरह कभी भी किसी दूसरे के साथ काम नहीं किया था। ऑरकेस्ट्रा और व्यवस्था में मेरी मदद के लिए हमेशा कोई आदमी रहता था, लेकिन इसके पहले मुझे संगीत निदेशक की भूमिका में सहभागिता नहीं करनी पड़ी थी। मैंने इसे निर्देशक रिचर्ड एटेनबरो को समझाया जब वे, जॉर्ज फेंटन और मैं 1981 में बंबई में मिले। रिचर्ड ने कहा कि पार्श्व संगीत के लिए ऑरकेस्ट्रा का होना जरूरी था, खासकर पश्चिमी दर्शकों के लिए, जो अधिकांश जॉर्ज का दायित्व होगा। मेरा लगाव मूल गीत रचनाओं और भारतीय वाद्यों के निर्देशन तक रहेगा।

कथा के आधार-संगीत के लिए मैंने एक विशेष राग पर जोर जरूर दिया जिसकी रचना मैंने महात्मा गाँधी की 1948 में हत्या के कुछ दिन बाद की थी। उस समय बम्बई में दुपहर का मेरा एक रेडियो

प्रोग्राम था, और मुझे बिना तबले की संगत के कुछ शोक संगीत बजाने को कहा गया—केवल एक आलाप। मैं ठीक प्रसारण के करीब दो घंटा पूर्व यह तय करने की मुश्किल में था कि कौन राग बजाऊँ। तब एक विचार आया; 'गाँधी' नाम के बारे में सोचते हुए मैंने सरगम के तीन स्वर लिये जो इसके अनुकूल पड़ते हैं; ग, नि और ध (तीसरा, सातवाँ और छठा स्वर)। मैंने दोनों सातवें और छठे को सपाट कर दिया और दूसरे स्वर रे के अवसरानुकूल प्रयोग से एक धुन विकसित हो गयी। मैंने मन में इस ढाँचे का अनुसरण किया और स्टूडियो में सुर मिलाकर तत्क्षण रचना करते हुए सितार पर इसे निकाल लिया। धुन में यह स्वर बार-बार टेक के रूप में आता है। तुरन्त इसने मुझे रचना का पूरा ढाँचा दे दिया जिसे मैंने बजाया।

मेरे नये राग की कुछ समानता परम्परागत लोकप्रिय पाँच सुरों के राग मालकौंस से थी, जिसमें तीन स्वर सपाट हैं—तीसरा (ग), छठा (घ) और सातवाँ (नि)—और न पाँचवें (प) न दूसरे (रे) का प्रयोग होता है। जब रेडियो उद्घोषक ने पूछा कि मैं क्या बजाने जा रहा हूँ, तो मुझे जल्दी से सोचना पड़ा। गाँधी का पूरा नाम मोहनदास करमचंद गाँधी था। इसलिए उनके नाम के प्रथम शब्द को वैसे ही राग या मालकौंस से जोड़ते हुए मुझे 'मोहनकौंस' नाम मिल गया।

इस आवृत्ति-संगीत के साथ ही मैंने दूसरी भारतीय चीजें 'गाँधी' में दीं। जॉर्ज फेंटन ने कुछ धुन-रचनाओं को जिन्हें मैंने लिखा था, साथ ही स्वयं कुछ अपनी मौलिक चीजें देते हुए पश्चिमी ऑरकेस्ट्रा संगीत के लिए सजाया था। दुर्भाग्य से मेरा मुख्य खंड, एक रचना जिसमें महात्मा जी के मन-पसन्द भजन गाये गये थे ठीक अन्त में आई जब शीर्षक आ रहे थे। चूँकि बहुत कम लोग फिल्म खत्म होने के बाद शीर्षक देखने के लिए रुकते हैं बहुतों ने इसे नहीं देखा होगा।

लेकिन अगर मैं उस संगीत से पूरा सन्तुष्ट न भी था और सब मैं खुद करना पसन्द करता, फिर भी फिल्म का सम्पूर्ण प्रभाव बहुत ऊँचा था। हर आदमी विह्वल था और मैं महसूस करता हूँ कि यह अपना इच्छित प्रभाव उत्पन्न कर सकी। मैंने इसे लन्दन, न्यूयॉर्क और लॉस एंजिलिस में रिलीज होते देखा, और इसका बड़ा असर हुआ, सबसे ज्यादा युवा लोगों पर। यह बहुत बड़ी बात थी कि कैसे गाँधी का शान्ति और अहिंसा का सन्देश इतने प्रभावशाली ढंग से पहुँचा।

प्रामाणिकता की दृष्टि से, बहुत से दोष थे। महत्त्वपूर्ण लोग जिन्होंने गाँधी के जीवन में महत्त्वपूर्ण भूमिका निभाई थी, जैसे रवीन्द्रनाथ टैगोर और सुभाषचन्द्र बोस छोड़ दिए गये थे और जो लोग दिखाए

गये थे उनमें से बहुतों से जीवन में भेंट कर चुकने के कारण मैंने अनुभव किया कि जिन अभिनेताओं ने उनके चरित्रों को निभाया था वे उपयुक्त नहीं लगते थे; यद्यपि उन लोगों के लिए जो उन्हें जानते नहीं थे, इसका कोई खास मतलब नहीं था। चाहे जो हो, सम्पूर्ण प्रभाव फिर भी बड़ा सन्तोषजनक था। जहाँ तक बेन किंग्स्ले की बात है, गाँधी के रूप में उन्होंने बहुत बढ़िया काम किया था। यह फिल्म ऐटेनबरो के जीवन की सबसे अच्छी घड़ी थी, एक व्यापारिक सफलता और आठ ऑस्करों की विजेता, हालाँकि संगीत के लिए नहीं, जो, फिर भी, सर्वोत्तम मौलिक रचना के लिए मनोनीत हुआ था।

1981 के अन्त के आसपास, जब मैं बम्बई में था, भारतीय सेना के जनरल सेठना और जनरल नरिन्द्र सिंह ने मुझसे सम्पर्क किया और पूछा कि क्या मैं नवें एशियाई ओलिंपिक्स (जिसे एशियाड कहते हैं) के लिए संगीत और कला में निर्देशन कर सकता था जो 1982 में दिल्ली में आयोजित होनेवाले थे। यह एक बड़ी प्रतिष्ठा का अवसर था और उसके लिए बुलाया जाना एक बड़े सम्मान की बात थी। मेरी चिन्ताएँ सिर्फ यही थीं कि संगीत के अंशों की रचना के लिए मुझे कलात्मक स्वतन्त्रता चाहिए (उनके मूल दिशा-संकेतों का अनुसरण करते हुए) और यह कि मैं अपने कार्य-सहायकों को चुनूँगा। उन लोगों ने मुझे पूरी छूट दी। कई हफ्तों तक तैयारियाँ चलती रहीं, किन्तु सारी व्यवस्थाएँ अत्यन्त सुयोग्य थीं। यह पहली बार था कि मैंने सेना के लोगों के साथ काम किया था और यह आनन्द की बात थी, वैसे लोगों के साथ जो इतनी अच्छी तरह संगठित, अनुशासित और सहायता को तत्पर थे।

मैं आरम्भिक और अन्तिम अनुष्ठानों, कुछ अन्य नृत्य कार्यक्रमों और भव्य समापन रचना के लिए उत्तरदायी था। सम्पूर्ण संगीत बम्बई में एच.एम.वी. स्टूडियो में पहले ही रिकॉर्ड कर लिया गया था और तब स्टेडियम में बड़े ध्वनिविस्तारकों पर बजाया गया था। 'हिम ऑफ द एशियाड' के लिए जो मुख्य आधार-गीत (थीम) था, मैंने हिन्दी के प्रतिष्ठित कवि पंडित नरेन्द्र शर्मा के गीत को संगीत में बाँधा था, जिसकी प्रथम पंक्ति थी 'स्वागतम् शुभ स्वागतम्'। एक कोरस-ग्रुप के द्वारा हिन्दी में गाया गया और बाद में अभिनेता अभिताभ बच्चन के द्वारा अँग्रेजी रूपान्तर में इसका पाठ किया गया, जो करीब बीस वर्षों से भारतीय फिल्मों में अविश्वसनीय रूप से सबसे लोकप्रिय सुपरस्टार थे—उनकी आवाज बैस बैरिटोन है। इसके आगे भारतीय नौ-सेना के बैंड द्वारा इसका वाद्य-रूपान्तर बजाया गया।

संगीत में मेरा सहयोग मेरे बाँसुरीवादक शिष्य, विजय राघव राव कर रहे थे, जो मेरे साथ भारत में फिल्मों और अन्य प्रस्तुतियों में बहुत सी रचनाओं पर काम कर चुके थे जिनमें मीरा, जैज़मीन, गाँधी और उदय-उत्सव शामिल हैं। वे स्वयं एक प्रभावशाली रचनाकार हैं (उन्होंने बहुत फिल्मों और बैले में संगीत-रचना दी है) और अत्यन्त बहुआयामी प्रतिभावाले। कुछ अर्थों में वे मेरे ही प्रतिरूप हैं; संगीतकार होने के साथ ही पहले वे एक नर्तक थे। वे अँग्रेजी और अपनी मातृभाषा तेलुगु में एक महत्त्वपूर्ण कवि भी हैं। नृत्य रचना के लिए मैं अपने भतीजे आनन्दशंकर और नरेन्द्र शर्मा (दादा के छात्र, इसी नाम के हिन्दी कवि नहीं) को ले आया। नरेन्द्र अल्मोड़ा केन्द्र के एक छात्र और प्रसिद्ध नर्तक थे और अब वे एक जाने-माने नृत्य रचनाकार हैं।

कार्यक्रमों की सफलता ने मुझे गर्व से भर दिया। वे सभी एक नयनाभिराम दृश्यावली बन गये थे। स्टेडियम के बीच की भूमि पर नाचते किशोर-किशोरियाँ; नादस्वरम (रीड का तेज आवाज का एक वाद्य) के साथ रंगभूमि का चक्कर लगाते तीस सुसज्जित हाथी जो विशेषकर केरल से मँगाये गये थे, चेन्दा और माद्दलम (ड्रम), और झाँझ; इसके बाद अपने चमकीले परिधानों में कथकली नर्तक और भारत के सभी भागों से आए अपने रंग-बिरंगे वस्त्रों में लोक-नर्तक। यह सब मेरे लिए उपलब्धि के उन सर्वाधिक सन्तोषप्रद भावों में एक था जो सभी बड़े कार्यक्रमों में मैंने पाया है जिनसे मैं जुड़ा रहा हूँ।

कुछ अजीब दृश्य भी थे। एक खास दृश्य जो अभी भी याद है, वह है आधे दर्जन लोगों का बड़ी-बड़ी बाल्टियों और कुदालों के साथ हाथियों के पीछे भागना, इस बात से चौकन्ने कि कहीं कोई हाथी लीद का विशाल गोला न गिरा दे।

जब एशियाड समाप्त हुआ उसके ठीक बाद, जब मैं अभी भी विजयोन्माद के आनन्द में था, मुझे मद्रास से कमला का लम्बी दूरी का फोन मिला। उसने मुझसे कहा कि मेजदा गम्भीर रूप से बीमार थे और मुझे तुरन्त आ जाना चाहिए। इसके बाद जो भी वायुयान मिला मैंने पकड़ लिया और पहुँचने पर एक नर्सिंग होम में उन्हें कोमा में पड़ा पाया। उन्हें इस रूप में, कोई चीज सुनने, बोलने, सोचने और अनुभव करने में असमर्थ और एक ट्यूब के द्वारा खिलाये जाते हुए देखना हृदयविदारक था। मेरे वहाँ जाने के तीसरे दिन वे मर गये। परम्परागत रूप से अन्तिम संस्कार करना सबसे बड़े लड़के का कर्तव्य होता है, लेकिन कुमार के लॉस एंजिलिस में होने के कारण, मेजदा को श्मशान लाकर यह भूमिका मैंने निभाई।

यह तीसरी मृत्यु थी जो मैंने देखी थी। पहली थी मेरे भाई भूपेन्द्र की, दूसरी मेरे नाना की—और अब मेरे प्रिय मेजदा की। इसके बाद बहुत दिनों तक मैं सुन्न और खाली-खाली अनुभव करता रहा।

मद्रास में उस अवसर पर मेरी उदासी कमला की उपस्थिति के कारण और बढ़ गयी, क्योंकि हम दोनों का सम्बन्ध एक वर्ष पूर्व ही कलकत्ता में टूट चुका था। विस्तार से अपने उलझे हुए व्यक्तिगत जीवन के बारे में और बताऊँगा।

अगस्त, 1983 तक मैंने चीन में कभी भी कार्यक्रम नहीं दिया था। अतीत में 1935 में हम लोग चीन की एक यात्रा शुरू करनेवाले थे जब मेरे पिता की मृत्यु के बारे में समाचार आया, और वह यात्रा रद्द हो गयी थी। इसलिए जब अन्ततः पीकिंग सरकार के निमन्त्रण पर मैं पहुँचा तो वहाँ होने से बड़ा हर्ष हुआ। मैं केवल चार स्थानों पर गया—पीकिंग, कैंटन, शंघाई और जेचुआन प्रान्त के चेंगदू। मैंने कैंटन और शंघाई को पसन्द नहीं किया, हालाँकि पुराने संगीत संरक्षण-केन्द्रों और पुरानी फिल्मों और पुस्तकों के परिचित दृश्यों को देखना अच्छा लगा, फिर भी इन्होंने मुझे बहुत आकर्षित नहीं किया। जेचुआन प्रान्त और स्वयं पीकिंग को मैंने बड़ा मोहक पाया।

हमारे मेजबानों ने हमें कुछ आश्चर्यजनक दृश्य दिखाए और लगातार याद दिलाया कि उनकी संस्कृति चार या पाँच हजार वर्ष पुरानी थी, लेकिन एक भारतीय के रूप में उसने मेरे अपने देश के प्रति प्रेम और प्रशंसा को और बढ़ा दिया। हम लोग भी करीब 5000 वर्ष पुरानी संस्कृति की बात कर सकते हैं लेकिन हमारी संस्कृति में हर चीज अभी भी जीवन्त है। यह एक जीवन्त संस्कृति है; हमारे संगीत और नृत्य जीवन्त कलाएँ हैं। हो सकता है थोड़ी संशोधित होती हुई वे विकास की एक प्रक्रिया से गुजर रही हों, लेकिन वे कुछ सौ वर्ष पूर्व पूर्ण रूप से खत्म नहीं हुईं, जैसी कि स्थिति चीन में थी। चीन में सारी कलाएँ केवल प्राचीन धरोहर की चीजें लगीं। फिर भी हम लोगों ने उनके कुछ पुराने पारम्परिक संगीत का आनन्द लिया, और मैं उनके महत्त्वपूर्ण पीकिंग-ओपेरा से बहुत प्रभावित हुआ, यद्यपि वास्तव में सबसे अच्छी कम्पनी पीपुल्स रिपब्लिक में नहीं बल्कि ताइवान में है। असली पीकिंग ऑपेरा-ग्रुप उन महान समृद्धियों में एक था जिसे च्यांग काई शेक अपने साथ लाए थे जब वे मुख्य भूमि (मैन लैंड) से 1949 में पलायन कर गये थे।

चीनी लोग भारत के बारे में उतनी जानकारी नहीं रखते थे। सचमुच लगता था कि उन्हें दूसरी संस्कृतियों के लिए ज्यादा आदर नहीं था। वे अपनी ही संस्कृति में रमे थे लेकिन बैले, ऑपेरा, सिम्फनी ऑरकेस्ट्रा इत्यादि से आजकल उनकी अपनी संस्कृति का बहुत पश्चिमीकरण हो चुका है। प्रथम साम्यवादी सरकार के द्वारा बहुत दिनों तक संरक्षण-केन्द्र बन्द कर दिये गये थे, लेकिन वे फिर खुल गये हैं और हावी हो गये हैं। फिर भी—और मैं सचमुच भाग्यशाली और सुखी हूँ—मुझे खुद कोई समस्या नहीं हुई। एक हजार से डेढ़ हजार श्रोताओं के समक्ष, व्याख्यान-प्रदर्शनों के साथ मैंने संरक्षण-केन्द्रों में पीकिंग में कार्यक्रम दिए, और वे सभी आश्चर्यजनक रूप से सफल रहे।

अगर कोई मुझसे पूछता है, 'आप चीन में सबसे महत्त्वपूर्ण चीज क्या पाते हैं'? तो मैं कहता हूँ

भोजन। मैं हमेशा चीनी भोजन का बहुत शौकीन रहा हूँ, लेकिन संसार भर में चीनी रेस्त्राओं में बार-बार जाकर मैंने बराबर पाया है कि चीन के बाहर हर नगर में जो चीनी खाना आप पाते हैं वह कुछ-न-कुछ स्थानीय पाक-कला या उस देश के लोगों की रुचि से प्रभावित हो गया है। चीन में चीनी भोजन खाना कुछ बिल्कुल अलग बात है। जितने प्रकार हमें मिले उस पर मुझे विश्वास ही नहीं हुआ—यह भोजन के उन प्रकारों की तरह है जो भारत में हम पाते हैं। लेकिन भारत में यूरोप की तरह, विभिन्न प्रकार की बहुत सी जातियाँ हैं। इतनी भिन्न भाषाओं, संस्कृति और लोगों के साथ की इस विविधता को आसानी से समझा जा सकता है। विशाल जनसंख्या के साथ चीन एक विशाल देश है, लेकिन केवल दो मुख्य भाषाओं के साथ यह मुझे हमेशा अधिक एकरूप लगा था—जब तक इसके रेस्तराओं के हमें अनुभव नहीं हुए थे। मैं आपको बता नहीं सकता कि कितना अद्‌भुत भोजन हम लोगों को हर जगह मिला! बहुत गर्म और मसालेदार खाने से लेकर बहुत सादा, लेकिन हमेशा कुछ सूक्ष्म अंतर के साथ, मगर हमेशा बड़ा स्वादिष्ट।

मेरा सबसे अच्छा सितार जो 1957 में नोडु मल्लिक के द्वारा मुझे दिया गया था, आज भी अभी तक मेरे साथ है, मगर हाल के वर्षों में, इसने दो बुरी दुर्घटनाएँ झेली हैं। जब नोडू ने मेरे साथ भ्रमण करना छोड़ दिया था उसके बाद, 80 के दशक के आरम्भ में मिलान की एक यात्रा में ठीक गर्दन के ऊपर यह दो टुकड़ों में टूट गया। यह पहली बार था जब एक हवाई यात्रा में मैं अपना सितार एक बक्से में ले गया था। लगता है बक्सा बनाने के तरीके में कोई गड़बड़ी हो गयी थी—जैसा मैंने पाया, जब पहुँचने पर मैंने इसे खोला—संगीत समारोह के एक दिन पहले। मेरे सभी सितार मेरे लिये खासियत रखते हैं (मैं हमेशा उनके टूट जाने या धूप में पड़ने या नमी लगने के बारे में भयभीत रहता हूँ) लेकिन नोडू वाला तो सबसे महत्त्वपूर्ण था। मेरा दिल टूट गया था, ठीक उस सितार की तरह। कुछ भी नहीं किया जा सकता था और समारोह को रद्द करना पड़ा।

मैं सितार को भारत ले आया। किन्तु उस समय नोडू का स्वास्थ्य कलकत्ते में खराब था, और मुझे उस दुर्घटना के बारे में उनसे कहने की हिम्मत नहीं थी। उन्होंने हमेशा मुझे यात्रा में सितार को बक्से में कभी नहीं रखने को कहा था, और यही कारण है कि बहुत वर्षों तक मैंने सितार को हमेशा खुद ढोया था—एक अतिरिक्त हवाई टिकट खरीद कर भी जिससे कि यह मेरी बगलवाली सीट पर पड़ा रहे। लेकिन यह बड़ा मुश्किल हो रहा था खासकर सुरक्षा के बढ़ते खतरों के कारण। हर जगह मुझे सितार के खोल को खोलना पड़ता था, वाद्य यन्त्र को हवाई अड्डे के अधिकारियों को दिखाने के लिए, और तब भी वे शक करते थे। वे तूंबी पर चोट करते थे—जो बड़ा तुनुक होता है—मानो उसके भीतर कोई बम या तस्करी के लिए कोई ड्रग हो, और आखिरकार मैंने एक के इस्तेमाल का फैसला लिया था। नोडू को कुछ कहे बिना दिल्ली में मैंने 'रिखिराम एंड सन्स' में सितार की मरम्मत करा ली थी। दोनों टुकड़े साथ जोड़ दिए गये थे, और हालाँकि मुझे लगता है कि इसने फिर एकदम पहले जैसी आवाज पैदा नहीं की, ये उससे बहुत मिलती-जुलती है।

रिखिराम एक अद्‌भुत वाद्य बनानेवाले थे जो शुरू में लाहौर से आए थे, लेकिन विभाजन के बाद दिल्ली में बस गये थे जहाँ उन्होंने अपनी दूकान खोल ली थी। उनके अपने सितारों में निस्सन्देह कलकत्ते के सितारों की बारीकी नहीं है, लेकिन धीरे-धीरे उन्होंने अपने पुत्र विशनदास शर्मा को सिखा दिया जिन्होंने अपने पिता की मृत्यु के बाद कारखाने को और बढ़ा दिया। वे बहुत तरह के वाद्यों की मरम्मत करने और उन्हें बनाने में माहिर हो गये। नोडू के सितार की मरम्मती विशनदास को मेरा पहला कार्यभार था। एक या दो वर्ष बीतने पर नोडू की मृत्यु के बाद फिर भी मेरे लिए दूसरा कोई नहीं था, इसलिए मुझे अधिक-से-अधिक विशनदास का उपयोग करना पड़ा। शुरू में वे मेरी शैली का जवारी नहीं बना सके, मगर उन्होंने जल्दी सीख लिया और कुछ समय बाद वे करीब-करीब वैसा बना लेते थे। अब वे वैसे व्यक्ति हैं जिन्हें अपने वाद्यों के रख-रखाव के लिए मैंने चुन लिया है—और मेरी बेटी और कुछ मेरे

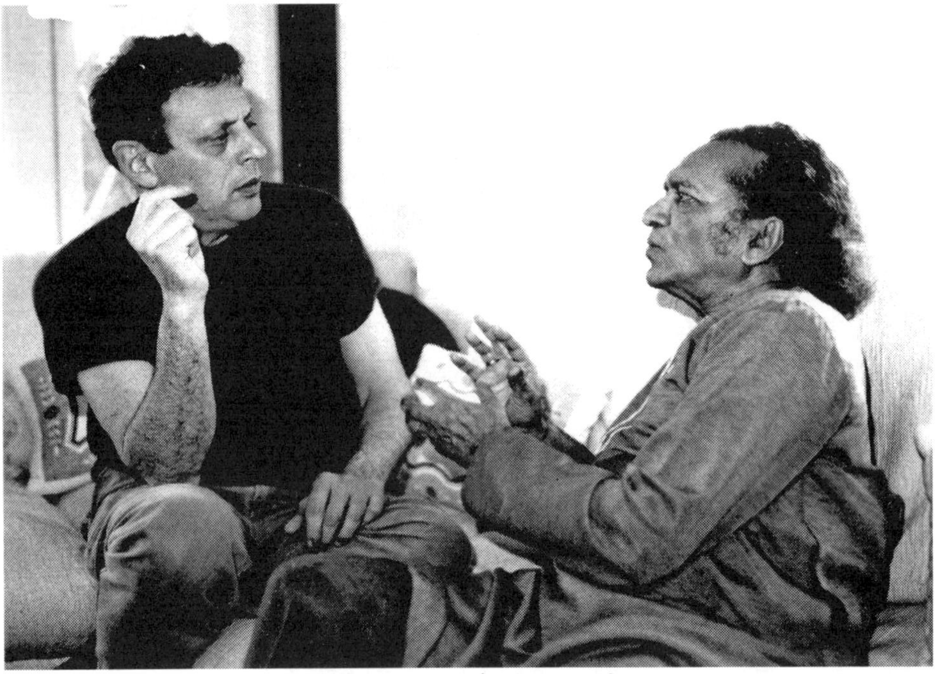

1989 में फिलिप ग्लास और रवि काम करते हुए

छात्रों के वाद्यों के लिए भी। अपने दो बेटों अजय और संजय की मदद से विशनदास अब सबसे अच्छों में एक हैं। जब सितम्बर, 1996 में फिला-डेलफिया में एक वादन से लौटती हवाई यात्रा में तूंबी फटने से उसी प्रकार की एक दुर्घटना हुई तो एक बार फिर उन्होंने इसे हमारे लिए मरम्मत कर दिया, सन डियागो में मेरे छात्र टॉनी कारासेक के द्वारा तात्कालिक कामचलाऊ मरम्मती के बाद। विशनदास मेरे शिष्य भी हैं।

आजकल जब मैं यात्रा करता हूँ तो एक दूसरा सितार अपने साथ रखता हूँ, विशनदास ने जो मेरे लिए बनाया था उससे थोड़ा छोटा, क्योंकि मैं अपने मुख्य सितार को कुछ हो जाने के बारे में बड़ा डर गया हूँ। यह दूसरा थोड़ा छोटा है और सुर डी से मिलाया गया है। उच्चतर स्वर सितार कॉन्सर्टों के लिए आदर्श है। मेरा मुख्य सितार आधा स्वर नीचे है, सी-शार्प।

कलकत्ते के वाद्य यन्त्र बनाने वालों में, जहाँ तक मुझे याद है, कनाईलाल और उनके भाइयों के मरने के बाद दो प्रमुख रहे हैं। हिरेन राय बड़े प्रसिद्ध हुए। उनकी ध्वनि की शैली मेरे लिए उपयुक्त नहीं थी, लेकिन उन्होंने हर दूसरे प्रमुख सितार वादकों के लिए सितार बनाए, और साठ के दशक के मध्य सितार की बाढ़ आने से, सारे संसार से बनाने के आदेश आने लगे थे। भारत के सभी सितार निर्माताओं ने लाभ उठाया—उन लोगों ने लाखों रुपये बनाये। दूसरा प्रमुख नाम था हेमेनसेन, एक सितार निर्माता, जिन्होंने आलू भाई के कहने से सरोद बनाना भी शुरू किया और सरोद के सच्चे निपुण निर्माता हुए। ये दोनों कारीगर कलकत्ते में एक दूसरे के बहुत निकट एक ही मार्ग पर अवस्थित थे। दो वर्ष पूर्व हिरेन राय मर गये, पर हेमेन अभी भी वहाँ हैं, और दोनों को पुत्र थे जो वही काम करते हैं।

साठ के दशक से, करीब-करीब सभी विदेश यात्राओं में, रवि ने तबले पर संगत के लिए अल्लारखा का नियमित उपयोग किया था। वे एक दूसरे के बहुत निकट पहचाने जाते थे, खासकर भारत के बाहर (चूँकि भारत में रवि ने दूसरे तबला वादकों के साथ काम करना जारी रखा था) एक दूसरे से अलग होने के पहले करीब 27 वर्षों तक उनकी सहभागिता 1985 तक चली।

सबसे लम्बे समय तक जिस किसी तबला वादक ने मेरे साथ संगत की वे अल्लारखा थे; एक अभूतपूर्व वादक, महान गुणी, आश्चर्यजनक ध्वनि उत्पन्न करने की प्रवीणतावाले, वादन के रूमानी और विनोदी सन्दर्भ के साथ। एक व्यक्ति के रूप में उनका इतना अच्छा स्वभाव है, लगभग एक बच्चे की तरह—और वस्तुत: मुझे उन्हें बच्चे की तरह रखना पड़ा, खासकर पहले दस वर्षों तक या कुछ ऐसे ही, क्योंकि वह एकदम अँग्रेजी नहीं बोल पाते थे। मुझे हर प्रकार से उनकी मदद करनी पड़ती थी। शुरू में एकाध बार पीना चाहते थे, पर सलाह पर उन्होंने कार्यक्रम के बाद फुर्सत के समय तक इसे सीमित कर दिया था। इसके बदले वे टी.वी. के आदी हो गये! आई स्पाई, मिशन इम्पॉसिबुल, हवाई 5—ओ और बोनैन्ज़ा (जो मेरे भी पसन्दीदा प्रोग्राम थे) पुरानी महान कृतियाँ जैसे 'बेन हर', 'स्पोर्टकस' और 'द टेन कमान्डमेन्ट्स' (जिसे वे और भी ज्यादा पसन्द करते थे) और पश्चिमी काऊ-ब्वॉय—फिल्मों के देखने ने अमरीकी अँग्रेजी सीखने में उनकी मदद की थी।

किन्तु 80 के दशक के मध्य तक हम दोनों पर उम्र का प्रभाव अधिक पड़ रहा था। न केवल संगतकार के रूप में बल्कि मेरे कन्धे पर लटकाने वाले झोले को ढोने के लिए भी, सभी फार्मों को भरने के लिए और दूसरे कई तरीकों से मदद के लिए, मुझे किसी कम उम्र के आदमी की जरूरत थी। बम्बई में उनके परिवार और उनके छात्रों को भी उनकी अधिक जरूरत थी। 1985 में हम लोगों ने साथ छोड़ दिया और कलकत्ते के युवक कुमार बोस मेरे नियमित संगतकार हो गये। एकाध वर्ष तक अल्लारखा और उनके अनुयायियों का मन कुछ दुखी हुआ लेकिन अब हम फिर मित्र हो गये हैं। भारत में प्रतिवर्ष विशेष समारोहों में वे मेरे साथ संगत करते हैं।

कुमार की शैली मूलत: पौरुष युक्त पखावज वाली है, अपने गुरु की, बनारस के मेरे मित्र किशन महाराज, मगर आज के युग के होने से कुमार (बाएँ हाथ के तबला वादक) बहुआयामी प्रतिभा के हैं। उनका व्यक्तित्व उतना ही प्रभावशाली है जितना उनका वादन, शक्तिशाली और उत्तेजक। 1991 तक वे हर जगह मेरे नियमित तबलावादक रहे, करीब 5 वर्षों तक। उसके बाद से मैं युवा पीढ़ी के कई भिन्न तबला वादकों को अवसर देता रहा हूँ, यद्यपि जब भी सम्भव हो मैं जाकिर हुसैन, स्वपन चौधरी या कुमार को रखना पसन्द करता हूँ।

हम जाकिर हुसैन में अल्लारखा का ही अद्‍भुत विस्तार पाते हैं, उनके पुत्र। मैंने जाकिर को बचपन से जाना है और जब वे किसी समारोह में मेरे साथ संगत करते हैं तो बड़ा सुखद होता है। तीन या चार वर्ष की उम्र में ही वे तबला के प्रति आकृष्ट हो गये थे और पहले ही उनके पिता ने उन्हें सिखाना शुरू कर दिया था। मेरे कार्यक्रमों में, अक्सर अपने पिता की गोद में बैठे, सुनते और ताल देते हुए कभी-कभी झपकी लेते कार्यक्रम के अन्त में, लेकिन सबके ऊपर संगीत का आनन्द लेते हुए, इस बच्चे को रात-रात भर बैठे देखकर मैं चकित होता था। छोटे से जाकिर के प्रति मैं बड़ा आकृष्ट हो गया था और जानता था कि वह कोई अपूर्व चीज बनने जा रहा है—और सचमुच यही हुआ भी। मैंने उसे एक खिलते हुए कलाकार से असाधारण प्रतिभा और तब पूर्ण प्रस्फुटित चीज के रूप में बढ़ते देखा है जो वे आज हैं।

परम्परागत पंजाब घराने और पिता की अपनी शैली जिसमें वे प्रशिक्षित हुए के अलावा जाकिर न केवल सभी दूसरे घरानों की तबला वादन-शैली में दक्ष हैं बल्कि नक्कारा, मृदंगम, ढोलक, बौंगो, जैज़, अफ्रीकी ड्रम में भी—सूची बढ़ती ही जाती है। उन्होंने यह सब संचय किया और अपने तबले को इस हद तक समृद्ध किया है कि अपने श्रोताओं को दीवाना बना देते हैं। उन्हें सौन्दर्य, यौवन और यौन-सम्मोहकता और साथ ही शिष्टाचार, बुद्धिमत्ता और हास्यविनोद का वरदान भी मिला है जिन सबों ने उन्हें कहीं भी सर्वश्रेष्ठ और लोकप्रिय वादक बनाने में सहायता दी है। इस सबके साथ ही उन्होंने अपना सन्तुलन और विनम्रता कायम रखी है, खासकर, सच्ची भारतीय परम्परा में, बड़े-बूढ़े संगीतकारों और दूसरे लोगों को जो उनसे उम्र में बड़े हैं, आदर देने में। हाल में हम लोग बहुत निकट हो गये हैं और मैं उन्हें पुत्र की तरह प्यार करता हूँ।

स्वपन चौधुरी एक दूसरे अपूर्व तबलावादक हैं। दायें हाथ के चमेटे पर स्वपन जो आवाज निकालते हैं वह अद्वितीय है। दूसरे दो तबलावादक जिनके सिद्धहस्त सुर मिलान और आवाज निकालने की मैंने बड़ी तारीफ की वे थे बनारस के सामता प्रसाद और कनाईदत्त।

हाल में इधर तबलावादकों का बहुत ज़ोर बायाँ (डुग्गी) पर है। यह प्रचलन कुमार और जाकिर के द्वारा शुरू किया गया है और अब अधिकतर तबलावादकों के द्वारा अनुसरण किया जाता है, लेकिन यह नयी चीज नहीं है; पुराने जमाने के सबसे प्रसिद्ध तबलावादक बीरू महाराज थे जो एक पूरी धुन को तेज गति से केवल बायें पर बजा सकते थे, केवल अपनी हथेली के कलाईवाले भाग के दबाव से। बनारसी तबलावादक इसमें माहिर थे। मुझे महान कंठे महाराज को सुन पाने का भी सौभाग्य प्राप्त हुआ है (किशन महाराज के चाचा और गुरु) जो बायें से ताल-लयगत आश्चर्य पैदा कर देते थे।

1985 के आस-पास बनी और कलकत्ते में अन्तर्राष्ट्रीय सफलता प्राप्त, मृणाल सेन द्वारा निर्देशित फिल्म 'जेनेसिस' में संगीत देने का सुख भी मैंने प्राप्त किया। यद्यपि डायलॉग हिन्दी में था और फिल्म की ज्यादातर शूटिंग राजस्थान के उत्तरी भाग में हुई थी, इसका वित्तनिवेश और निर्माण ब्रसेल्स की एक कम्पनी द्वारा किया गया था। शबाना आज़मी और ओमपुरी की भूमिकाओं के साथ एक सीधी-सादी कहानी पर बनी जेनेसिस एक अत्यन्त श्रेष्ठ फिल्म थी। पेरिस में एक स्टूडियो में मैंने तत्काल संगीत रिकॉर्ड किया था, बस थोड़े से संगीतकारों का उपयोग कर। कुमार बोस, अत्यन्त बहुमुखी प्रतिभावाले कमलेश मैत्र (जो बर्लिन में रहते हैं, और 'डार्क हॉर्स' वाली मेरी यात्रा में मेरे साथ रहे थे) और चेलो और दूसरे वाद्यों पर दो स्थानीय कलाकार।

1987 में रवि सोवियत यूनियन लौटे, जो असाधारण प्रतिक्रिया उन्हें रूसी जनता से मिली, वह अत्यन्त विडम्बनापूर्ण थी, नौकरशाही अन्यमनस्कता को देखते हुए जो उन्हें 1967 में मिली थी। हिप्पी-गुरु के दुष्प्रभाववाले बोझ से मुक्ति और शास्त्रीय सम्मान फिर से प्राप्त करने के वर्षों के प्रयास के बाद लौटते हुए उन्हें अपने अतीत की प्रतिध्वनि का ही सामना करना पड़ा था।

यू.एस.एस.आर. की मेरी तीसरी यात्रा सचमुच एक आश्चर्य थी। मैंने बोलशोई थिएटर, चाइकोव्स्की हॉल और लेनिनग्राद के सर्वोत्तम हॉल में कार्यक्रम दिया। 1987 तक सोवियत यूनियन में अधिक संगीत धीरे-धीरे प्रवेश कर गया था, और जनता मेरे और जॉर्ज के सम्बन्ध के बारे में सब कुछ जानती थी। आश्चर्य से मैंने पाया कि रूस में हिप्पी थे, उसी तरह के कपड़े पहने जो पश्चिमी हिप्पी साठ के दशक के उत्तरार्द्ध में थे। एक कॉन्सर्ट-स्थल पर वे बॉक्स ऑफिस के ऊपरवाली शीशे की छत को तोड़ने की कोशिश कर रहे थे, क्योंकि मेरा कॉन्सर्ट बिक चुका था और उन्हें भीतर नहीं आने दिया गया था। बाद में जब मैं हॉल के बाहर निकला तो बड़ा शोर-शराबा हो रहा था—वे चिल्ला रहे थे, 'रविशंकर! जयगुरु! जयगुरु!' मुझे तो विश्वास ही नहीं हुआ! लगता ही न था कि मैं सोवियत रूस में हूँ, क्योंकि मेरी इसकी स्मृति अलग किस्म की थी। स्पष्ट था कि उस संगीत और उसके लिए आग्रह को वहाँ पहुँचने में बड़ा लम्बा समय लगा था।

कार्यक्रम के बाद इसी प्रकार का दृश्य मास्को रेलवे स्टेशन पर उपस्थित हुआ जहाँ हम लेनिनग्राद के लिए ट्रेन पकड़ने गये थे। पचास या साठ युवाओं का दल स्टेशन में ही मेरी प्रतीक्षा कर रहा था और मेरे पहुँचने पर उन्होंने पुष्पोपहार देते हुए मेरा आलिंगन किया—मानो यह पुनः साठ के दशक का मध्य हो। अस्सी के दशक के मध्य में और सबसे ऊपर मॉस्को में यह देखना अजीब था। वे मेरे पीछे-पीछे स्टेशन में पुकारते हुए आए, 'र...वि! रवि! हम आपसे प्यार करते हैं, हम आपसे प्यार करते हैं, जय गुरु!' बड़ी कठिनाई से हम लोग ट्रेन में चढ़े, लेकिन तब तक लगा कि उनमें सैकड़ों प्लेटफार्म पर आ गये थे, चिल्लाते हुए। जैसे ही ट्रेन खुली, सभी लड़के ट्रेन के साथ-साथ दौड़ते प्लेटफॉर्म के अन्त तक गये—और मैं डर गया था कि कोई प्लेटफार्म के किनारे और ट्रेन के बीच की खाली जगह में गिर जाएगा। सोविय रूस में यह होते देखना एक मर्मस्पर्शी और स्मरणीय अनुभव था। कार्यक्रम तो बिक

चुके थे और प्रशंसापूर्ण समीक्षाएँ निकली थीं।

लॉस एंजिलिस में फ्रैंक सेराफिन नाम के मेरे एक अच्छे मित्र हैं, सबसे मजेदार और प्रिय लोगों, जिन्हें मैं जानता हूँ, में से एक। आधुनिकतम ढंग के सिन्थेसाइज़र और एमुलेटर से लैस, उनके पास एक रिकॉर्डिंग स्टूडियो है जहाँ वे विशेष प्रभाव उत्पन्न करनेवाले संगीत का निर्माण करते हैं जो बहुत फिल्मों में उपयोग में लाया गया है, जैसे वाल्ट डिस्नी के 'ट्रॉन' में। यह 1983 के आसपास की बात है कि मैं पहली बार उनके स्टूडियो में बैठा था और मैंने उन सारे अचम्भों को देखा जो की-बोर्ड के सहारे इन मशीनों के साथ किये जा रहे थे। वे सब अब आम बात हो गये हैं, लेकिन उस समय ऐसा नहीं था। जो तकनीक उन्होंने दिखाई उस पर मुझे विश्वास ही न हुआ, उन्होंने मेरे सितार का एक ही स्वर एक फ्लॉपी डिस्क पर रिकॉर्ड किया, उसे एमुलेटर में रखा—और तब मैं की-बोर्ड पर एक स्टेकैटो सितार बजा सकता था! तानपूरा और गायन के साथ भी हम लोगों ने वह किया और ताली की एक आवाज के साथ भी। मैं इससे बड़ा प्रेरित हुआ।

भारत लौटने के पूर्व, केवल मनोरंजन के लिए मैंने दो या तीन रचनाएँ कीं। वे नयी या भिन्न तरह की लगती थीं। अलग-अलग वाद्य-ध्वनियों और मौखिक आवाज भी पैदा करते हुए मैंने की-बोर्ड पर स्वयं सब कुछ बजाया। यहाँ-वहाँ फ्रैंक ने कुछ कॉर्डों पर हाथ लगाया।

लॉस एंजिलिस के इलाके में संगीत के मेरे सभी साथी जिन्होंने रचनाएँ सुनीं बड़े प्रसन्न हुए। एक प्रदर्शन किया गया और अनेक अच्छी प्रतिक्रियाएँ आईं, लेकिन साथ ही यह समस्या खड़ी हुई कि रिकॉर्ड कम्पनियाँ यह नहीं जान पायीं कि इन्हें किस खित्ते में रखा जाए। वे इसका वर्गीकरण जैज़, पॉप, लोक संगीत या पाश्चात्य, भारतीय और शास्त्रीय के रूप में न कर सकीं, और उस समय 'न्यू एज' का नाम अभी प्रचलन में नहीं आया था, इसलिए दुर्भाग्य से मेरा प्रदर्शन, जो कोई इसमें रुचि लेता उसकी प्रतीक्षा में, धरा रहता था।

शान्ता के साथ नृत्यांकन करते रवि

कुछ महीने बाद कुछ अन्य रचनाओं के साथ एलबम पूरा करने की इच्छा से लॉस एंजिलिस लौटा। मैंने लक्ष्मीशंकर, अपने पुत्र शुभो, आशीष खाँ और स्वपन चौधुरी को पकड़ा और ट्रैकों में गायन, सितार, सरोद और तबला को जोड़ दिया, चार या पाँच रचनाओं के साथ, जिससे कि यह पूरा रेकॉर्ड बन गया। मेरी पसन्दीदा रचनाओं में से एक पर, सितार, सरोद, गायन और (मुख्यत:) सिन्थेसाइज़र की पृष्ठभूमि में, मैंने हिन्दी की एक पंक्ति गायी, 'तन मन धन चरण पर वारूँ।' यह मेरी माँ को समर्पित था।

रिकॉर्डिंग के इस संग्रह में शैलियों के कई

प्रकार थे, ज्यादातर मेरे की-बोर्ड वादन पर आधारित, जबकि कुछ में जैज़ का स्पर्श था और कुछ में गायन प्रमुख था, लेकिन वे सभी अपने-अपने ढंग से अच्छे बने। मैं प्रसन्न था और हम सबों ने इस प्रयास का आनन्द लिया था। फ्रैंक ऐसे मज़ाकिया आदमी हैं : जब हम सभी एक जैज़-प्रभावित रचना के लिए एक नाम की खोज में लगे थे, उन्होंने मेरे पहलेवाले रचना-शीर्षकों 'वेस्ट मीट्स ईस्ट' और 'ईस्ट ग्रीट्स ईस्ट' की परम्परा में एक सुझाव दिया—'वेस्ट ईट्स मीट'!

कुछ महीने बाद यूरोप की यात्रा करते समय मैंने इंग्लैंड में जॉर्ज हैरिसन के घर पर उनके स्टूडियो में एक और रचना की रिकॉर्डिंग की। मेरे सितार और मार्कण्डेय मिश्र (एक स्थानीय संगीतकार जो थोड़े ही दिन बाद मर गये) के तबला वादन के साथ, जॉर्ज ने ऑटो हार्प और रे कूपर ने मरिम्बा बजाया। इस रचना का जॉर्ज के घर के नाम पर हमने नाम दिया 'फ्रायर पार्क।'

ट्रैक करीब चार वर्षों तक धरे रहे, कोई उन्हें निकालनेवाला नहीं था। भगवान का धन्यवाद कि इसी बीच 'न्यू एज' नाम उभरा। पीटर बाउमान ने, जो पहले जर्मन बैंड 'टैंगरीन ड्रीम' में थे, हाल में लॉस एंजिलिस में एक नये नाम की संस्था 'प्राइवेट म्यूज़िक लिमिटेड' खोली थी, और जब उन्होंने टेप सुना तो उसे पसन्द किया और कहा कि वे उसे रिलीज करने जा रहे थे। अन्ततः यह रेकॉर्ड जिसे हमने 'तन मन' नाम दिया था 1987 में प्रकाशित हुआ। इसका आवरण बड़ा आकर्षक था, सारी रिलीजों में मेरा मनपसन्द, एक तस्वीर के साथ जो एक अनजाने पेड़ की तरह लगता था, लेकिन वास्तव में पानी के भीतर का एक मूँगा-वृक्ष है। पीटर इससे बड़े हर्षित थे, और हमने तीन रेकॉर्डों के एक अनुबन्ध का समझौता किया।

बाउमान के संस्था-नाम से रवि की दूसरी रिलीज, उनकी 1988 की दूसरी रूस-यात्रा में क्रेमलिन के बीच उनके अभूतपूर्व श्रव्य और दृश्य प्रदर्शनों के अवसर पर रिकॉर्ड की गयी थी। भारतीय परम्परा संगीत और रूसी संगीत के बीच पारस्परिक प्रभाव की खोज करते हुए उन्होंने रचनाओं की एक श्रृंखला तैयार की। इस संग्रह का नाम दिया गया—स्वर-मिलन, लेकिन यह दो विशिष्ट राष्ट्रों के सम्मिलन का भी प्रतीक था।

एक बार फिर उन्होंने 120 से अधिक संगीतकारोंवाले संयुक्त भारतीय और रूसी वाद्यवृन्द के लिए अद्भुत संगीत लिखते हुए प्रत्येक संस्कृति के सर्वोत्तम तत्त्वों को एक साथ जोड़ने की दक्षता प्राप्त की थी।

हमारी सरकार ने एक विशेष 'फेस्टिवल ऑफ इंडिया' आयोजित किया था, सांस्कृतिक कार्यक्रमों की एक श्रृंखला, जो पहले अमेरिका और ब्रिटेन में हुआ, और तब जून, 1987 से आरम्भ कर पूरे एक वर्ष तक सोवियत रूस में। समापन समारोह 5, 6 और 7 जुलाई, 1988 को मॉस्को में क्रेमलिन के 'पैलेस ऑफ कल्चर' में आयोजित हुआ था। मुझसे शान्ति-सन्देश परक एक विशेष संगीत-रचना देने के लिए कहा गया था।

ऑरकेस्ट्रा और कोरसवाली कुछ रचनाओं की मैंने अवधारणा की, जो कुल मिलाकर डेढ़ घंटे चलीं। सोलह भारतीय संगीतकारों के साथ, जो मेरे साथ आए थे, सोवियत संगीतकारों की तीन मण्डलियाँ थीं। मॉस्को फिलहार्मोनिक की चैम्बर ऑरकेस्ट्रा, संस्कृति मन्त्रालय का राजकीय कोरस और रूसी लोकसंगीत दल। हर चीज को एक साथ रखना कितना कठिन था, आप मुश्किल से विश्वास करते! प्रदर्शन में कुछ रचनाओं का संचालन मैंने स्वयं किया और मेरे सहायक असित देसाई ने शेष का संचालन किया। आखिर में एक ही चीज थी जिसके लिए मैंने सितारवादन किया, पृष्ठभूमि में सम्पूर्ण मंडली के साथ भव्य समापन-अंश 'बहुरंग' में अन्तिम रचना (मिश्र पीलू पर आधारित)।

यह प्रदर्शन एक अनुभव था जो मैं कभी नहीं भूलूँगा। करीब 5000 लोग उपस्थित थे। अन्त में हम लोगों ने 'शान्ति-मन्त्र' दुहराया, जिसमें रूसी क्वायर के साथ भारतीय गायकों ने पारम्परिक नम-तुम की गायनशैली में गाया, संस्कृत के शान्ति-मन्त्र के साथ जिसका अन्त में पाठ किया गया : 'शान्ति हो

पृथ्वी पर, जल-आकाश, वृक्षों-वायु-मन—शरीर और ब्रह्माण्ड की प्रत्येक वस्तु में' इस अंश के दरम्यान बोलशोई थिएटर के नृत्य रचनाकारों ने कुछ विशेष प्रभाव जोड़े थे पृष्ठभूमि में बैले-नर्तकों के द्वारा हाव-भाव प्रदर्शन के साथ। कलात्मक एकता की यह अभिव्यक्ति इतनी प्रभावशाली थी कि करीब सारे श्रोता अश्रुपूर्ण थे। मैं भी अपने को न रोक सका था।

पीटर बाउमान के द्वारा, जो स्टेट्स से चलकर आए थे, इसकी जीवन्त रिकॉर्डिंग हुई थी, जबकि रिकॉर्डिंग करनेवाला दल एक ट्रक से लन्दन से आया था। 'रविशंकर इन साइड द क्रेमलिन' नामक एलबम एक सुन्दर आवरण के साथ अगले वर्ष रिलीज़ हुआ।

क्रेमलिन-उत्सव के बाद मैं एक कॉन्सर्ट के लिए रीगा गया। वर्षों पहले मेरे भाई एक ट्रूप के साथ वहाँ गये थे, मगर मैं उन लोगों के साथ नहीं गया था। लैटविया के लोग आश्चर्यजनक रूप से ऐसे मैत्रीपूर्ण थे और इतने संगीतमय—उन्होंने मुझे सच्चा आनन्द दिया। अपने श्रोताओं से मिलनेवाली हार्दिक प्रशंसा और प्रेम से बढ़कर किसी कलाकार के लिए कुछ भी अधिक सम्मानजनक नहीं होता।

'प्राइवेट म्यूजिक' त्रयी के अन्तिम भाग ने 'चैपैकुआ' के लिए फिल्म-संगीत रचना के समय रवि की 1965 में युवा फिलिप ग्लास से भेंट की ऐतिहासिक उपलब्धि देखी। उनकी कम्पनी के अध्यक्ष रॉन गोल्डस्टीन की सलाह पर बाउमान ने रवि से ग्लास के साथ फिर काम करने का प्रस्ताव किया। नये युग के संगीत के नाम पर यह एक और असाधारण और बहुत मौलिक कृति प्रमाणित हुई, एक सफलता जो उस एलबम के पीछे प्रचार-भावना की कमजोरी के कारण रवि की दृष्टि में दोषपूर्ण थी, अपने क्षेत्र में प्रत्येक कलाकार की प्रतिष्ठा को देखते हुए इसे समझना कठिन था।

पहली बार जब मैं उनसे मिला था तब से फिलिप ग्लास बेशक बहुत प्रसिद्ध हो चुके थे। मैंने उनकी मंचीय कृतियाँ, गाँधी के जीवन पर आधारित 'सत्याग्रह' और 'आइन्स्टीन ऑन द बीच' सुनी थीं। उनका संगीत एकदम भिन्न लगता था, उनकी विशेषता थी रचना-अंशों की अन्तहीन आवृत्ति। मैं सचमुच दोनों से, उनके संगीत और उनसे, प्रभावित हुआ था—वे सदा बहुत विनम्र रहे हैं।

1989 की गर्मियों में किसी समय पीटर बाउमान ने सलाह दी थी कि फिलिप को और मुझे कुछ साथ मिलकर प्रयास करना चाहिए। पहले तो मैंने उनसे कहा कि मैं कुछ आश्वस्त नहीं हूँ। जहाँ तक मैं जानता था कि फिलिप उस रूप में एक वादक नहीं थे। मैं उन्हें एक रचयिता अधिक समझता था, हालाँकि उनका अपना दल था, और मुझे यह स्पष्ट नहीं था कि हम लोग एक साथ कैसे बजा सकते थे। लेकिन प्रयास करने में मेरी रुचि थी क्योंकि यह बड़ी उपयोगी चुनौती लगती थी और मैं हमेशा नये प्रयोग करना पसन्द करता हूँ—क्यों अपने को दुहरायें यदि आप कुछ नया कर सकते हैं? फिलिप और मेरे बीच पीटर ने लॉस एंजिलिस में एक भेंट आयोजित की, और इस प्रकार बीस वर्षों से अधिक के अन्तराल के बाद हम फिर मिले, और तीन या चार दिन हमने साथ बिताये।

हम दोनों साथ क्या कर सकते थे इस बारे में शुरू में हम थोड़े संशयग्रस्त थे, लेकिन तब पीटर ने एक उत्तम विचार दिया। उन्होंने राय दी, 'क्यों नहीं आप दोनों में से प्रत्येक एक छोटी रचना लिखे—एक मूल-भाव (थीम) की तरह? उसके बाद आप रचनाओं का आदान-प्रदान करें और प्रत्येक अपने ढंग से उन्हें जोड़ें और व्यवस्थित करें।' हम दोनों को लगा कि हम ऐसा कर सकते थे। अपने विचारों को आजमाने एकाध दिन बाद हम लोग फिर मिले। फिलिप ने मेरे लिए दो छोटे अंश (पैसेज) पियानो पर बजाये जो उन्होंने लिखे थे, सम्भवत: प्रत्येक में सोलह बार, और मैंने उन्हें लिख लिया। इसके बाद तब मेरी बारी थी। आपसे सच कहूँ, मैंने अभी तक कोई रचना की नहीं थी। फिर भी, मेरी कुछ धारणा थी कि आधार रूप में कौन से रागों का उपयोग करूँ, अत: तत्क्षण मैंने दो थीमों पर फैसला लिया। मैंने उनके लिए उन्हें पियानो पर गाया और बजाया, और उन्होंने उसी तरह उसे लिख लिया। हम लोग उन्हें सुव्यवस्थित करने और अलग-अलग रिकॉर्ड करने के लिए चले गये। अपनी रचना का हम लोगों ने एक

अलग ट्रैक बना लिया; मेरा था, 'प्रशान्ति' जिसका अर्थ है 'शान्त अवस्था।' बम्बई के प्रवीण संगीतकार सुरेश लालवानी की सहायता से (जो मेरी कुछ परियोजनाओं में मेरे सहायक रहे हैं) मैंने स्थानीय कलाकारों के साथ मद्रास में तीन ट्रैक बनाए, और फिलिप ने न्यूयॉर्क में अपने तीन ट्रैक अपने संगीतकारों के साथ बनाये, सी.डी. 'पैसेज' उन छः टुकड़ों के साथ मिलकर बना है।

फिलिप ग्लास : 'पैसेजेज़' इतना अच्छा बना है उसका मेरी समझ से कारण है कि जब मैं उन चार टुकड़ों को सुनता हूँ जिन्हें हम लोगों ने साथ बनाये, तो मुझे नहीं लगता कि मैं किसका संगीत सुन रहा हूँ। हम लोग नहीं चाहते थे कि हममें एक लिखे और दूसरा उसे संगीत से सजाये; हम ऐसा कुछ करना चाहते थे जो अधिक गहराई से रचना करने और कल्पना करने की प्रक्रियाओं को मिलाये। जब कोई मुझसे कहता है, 'किसने इसे लिखा?' तो मैं सचमुच नहीं जानता कि क्या कहूँ—केवल दो टुकड़ों को छोड़कर जिन्हें हम लोगों ने स्वयं अलग-अलग किया था, मैं समझता हूँ यह बड़ा सुन्दर भी था—दोनों में प्रत्येक को रेकॉर्ड पर एक क्षण मिलाना जहाँ से हम विस्तार कर सकते थे। कलात्मक रूप से यह एक बड़ी सन्तोषप्रद परियोजना थी, इसका नृत्य में रूपान्तरण किया गया है और फिल्म में उपयोग किया गया है; लोगों ने सी.डी. का आनन्द लिया है और तारीफ की है।

यह एक दूसरे स्तर पर रवि से मेरे सम्बन्ध को प्रगाढ़ करने का तरीका भी था, क्योंकि उसके पहले मैं हमेशा छात्र रहा था। अब हम सहभागी थे, और कुछ भिन्न पृष्ठभूमियों और व्यक्तित्वों के साथ दो रचनाकारों के बीच जितना एकत्व हो सकता था, हमने किया। फिर भी मेरे लिए इसमें गुरु-शिष्य सम्बन्ध का एक सशक्त तत्त्व था, जहाँ अभी भी वे गुरु थे और मैं उनके चरणों में बैठा था, हमारी प्रथम मुलाकात से करीब पचीस वर्ष बीत चुके थे और हमारे सम्बन्ध बहुत बदल चुके थे। लेकिन जब एक बार हम लोगों ने काम करना शुरू कर दिया तो मैंने पाया कि मैं उनसे अभी भी सीख रहा था। उन्होंने स्वाभाविक रूप से एक शिक्षक की भूमिका निभाई और स्वभावतः मैंने उनके छात्र की भूमिका।

मैं सचमुच उन्हें अपने शिक्षकों में से एक समझता हूँ, वास्तव में मैं कहा करता था कि मेरे दो महत्त्वपूर्ण शिक्षक थे रवि शंकर और नाडिया बोलैंगर। शिक्षा देना उनके लिए एक स्वाभाविक कार्य है, चाहे आप अपने को उनका छात्र कहें या नहीं। विचारों, कार्य-कौशल और संगीत की तकनीकी समझ में वे बड़े उदार हैं। अगर कोई चीज़ है जो आप नहीं जानते तो वे चाहते हैं कि आप जानें। उनके शिक्षण का प्रभाव ज्ञान की साझेदारी की उनकी इच्छा से आता है।

पश्चिम में हम एक धर्म-निरपेक्ष समाज में रहते हैं। हमारा संगीत, हमारा कलात्मक जीवन, हमारा बौद्धिक जीवन, हमारा आध्यात्मिक जीवन, हमारा धार्मिक जीवन—सभी अलग-अलग हैं। रवि के लिए इस प्रकार के अलगाव उतने कठोर नहीं हैं। यह कुछ ऐसी चीज थी जिसे उनमें मैंने पहली बार देखा। उनके लिए ये सब एक साथ प्रवाहित होते हैं।

1989 में 'बर्मिंघम टूरिंग ऑपेरा कम्पनी' के लिए एक संगीत-नाट्य की रचना का उत्प्रेरक अवसर मुझे दिया गया। यह मेरी पत्नी सुकन्या की एक पहल के नतीजे के रूप में खास तरह से घटित हुआ—यद्यपि यह हमारे विवाह के पहले की बात थी। जुलाई, 1988 में ससेक्स के क्रॉली में दक्षिण एशियाई संगीत और नृत्य पर आयोजित होनेवाले ब्रिटेन के प्रथम राष्ट्रीय उत्सव में मुख अतिथि के रूप में मेरे प्रदर्शन की व्यवस्था करने में वह पहले से ही लगी थी। 1988 में ग्रीष्म के आरम्भ के एक सुन्दर धूप मेरे दिन को एक नयी मंचीय प्रस्तुति का विचार उत्पन्न हुआ जब हम लोग लन्दन में बकिंघम पैलेस के निकट सेंट जेम्स पार्क में एक साथ टहल रहे थे। हम एक दूसरे के प्रति बहुत प्रेमासक्त थे, हमारे मन मिल गये थे, और इस बात ने मुझे प्रेरित किया।

अपने साथ निरन्तर लगी निराशा की भावनाओं को उससे कहते मैं अपने हृदय का बोझ हल्का कर

रहा था : 'सुकन्या, मैं जिन कार्यों को करना चाहता हूँ उनका दशमांस भी नहीं कर सका हूँ'। जब उदाहरण के रूप में उसने मेरे मन के किसी विचार के बारे में पूछा मैंने अपने आप एक पूरे बैले के लिए एक कहानी का वर्णन कर दिया, महाराजाओं, राजकुमारों और षड्यन्त्रों की राजस्थानी कथा-आधार के साथ कल्पना का मिश्रण करके, मुझे सन्तोष हुआ कि वह बड़ी प्रभावित हुई और बोली कि वह कोई उपाय कर इसकी प्रस्तुति का प्रयास करेगी। सौभाग्य की बात थी, मेरे लन्दन छोड़ने के बाद उसने सुना कि बर्मिंघम टूरिंग कम्पनी वाले मेरे साथ एक ऑपेरा करने में रुचि रखते थे। जब उसने मुझे सूचित किया, मैं बड़ा प्रफुल्लित हुआ।

यह सब बड़ी तेजी से घटा। उसने कलानिर्देशक ग्राहम विक से लन्दन आकर मुझसे मिलने की व्यवस्था की, और मैंने उन्हें समझाया कि अगर इसे एक ऑपेरा बनना है तो हमें भारतीय संगीत के लिए अँग्रेजी को लिखने की जरूरत होगी, जो अभी तक नहीं हुआ था। मैंने सलाह दी कि हमें मिली-जुली प्रस्तुति का अधिक प्रयास करना चाहिए, एक नृत्य-नाट्य, जिसमें नृत्य, बैले, माइम अभिनय, और हिन्दी में संगीतपूर्ण डायलॉग हों भारतीय विषयों पर आधारित। हमने इसका नाम 'म्यूज़िकल थिएटर' रखना तय किया, और थोड़े समय तक बात वहीं तक छोड़ दी।

इस परियोजना पर आगे विमर्श के लिए तब ग्राहम विक मेरे पास आए जब उस वर्ष के अन्त में मैं दिल्ली में था। सुकन्या और असित देसाई की उपस्थिति में, हमारी प्रथम भेंट में उन्होंने, समकालीन युग और समस्याओं से जुड़े विषय की अपनी पसन्द बताते हुए, पूछा कि शो की कहानी क्या होगी।

सुकन्या शंकर : यह बिल्कुल असाधारण बात थी कि किस तरीके से रवि जी ने उस कहानी की कल्पना की। पहले उन्होंने छुट्टी ली और बाथरूम गये, और तब जब कुछ देर के बाद लौटे तो उनके चेहरे पर एक मुस्कराहट थी। उन्होंने कहा कि वे प्रेरित हो गये हैं और आधुनिक युग की समस्याओं के लिए उन्हें उचित कहानी का विषय मिल गया है—ड्रग (वे कहते हैं कि उनकी बहुत सी कलानिपुण रचनाएँ या दिमागी उपज शौचालय में पैदा होती हैं)। शीघ्र ही उन्होंने वह कहानी 'घनश्याम' कहनी शुरू की एक टेप पर, जबकि ग्राहम, असित और मैं बड़े मनोयोग से सुनते रहे—वे एक बार भी रुके नहीं! लगा कि वे कोई कहानी पढ़ रहे हों या कोई अच्छी तरह तैयार किया स्क्रिप्ट। हमें अपने कानों पर विश्वास नहीं हो सका। वस्तुत: मेरी प्रतिक्रिया थी कि मैं फिर कभी उनका विश्वास नहीं करूँगी, क्योंकि वे तत्काल और विश्वसनीय रूप से कहानियाँ गढ़ सकते थे!

घनश्याम की कथा मुझे एक तात्कालिक स्फुरण की तरह मिली। इसी तरह ऐसा कभी-कभी घटित होता है। मैं ग्रह-नक्षत्रों में विश्वास करता हूँ। मैं नियति में विश्वास करता हूँ। मैं विश्वास करता हूँ कि लोग उचित स्थान पर उचित समय में हैं और हर चीज उसके परिणामस्वरूप हो रही है। कभी-कभी मुझे अपने अन्तर्ज्ञान से लगता है कि किसी विचार का अनुसरण करना चाहिए और जब कभी ऐसी बात हुई है, मैंने उसका अनुसरण किया है और वह फलीभूत हुआ है।

ग्राहम मेरे विचार पर मुग्ध थे और इस पर सहमत हुए थे कि यही चीज थी कि जिस पर हम लोगों को काम करना चाहिए। तुरन्त रिहर्सल शुरू हो गये। अपनी अवधारणा की नृत्य-रचना में सहयोग के लिए शान्ता और धनंजय को जो श्रेष्ठ नर्तक हैं मद्रास से बुलाया, जबकि अपने आप मैं रचना कर रहा था और संगीत को व्यवस्थित कर रहा था। मैंने संगीतकारों को चुना—अधिकतर अपने छात्रों को—और वायलिन को छोड़कर और बाद में वाइब्राफोन की तरह आवाज पैदा करने के लिए सिंथेसाइजर के साथ मैंने पूर्णत: भारतीय वाद्यों का उपयोग करना तय किया। वर्मिंघम में आखिरी रिहर्सल के समय मेरे लड़के, शुभो ने साथ दिया।

ब्रिटेन में 1989 में हम लोगों ने 'घनश्याम—ए ब्रोकेन ब्रांच' का चौदह बार प्रदर्शन किया, और 1991 में हमने बम्बई, कलकत्ता, मद्रास और दिल्ली में इसका प्रदर्शन किया। संगीत और नृत्य रचना

दोनों दृष्टियों से अपनी कृति से मैं बहुत सन्तुष्ट था।

ब्रिटिश शो के लिए हमारे सर्वश्रेष्ठ कत्थक नर्तकों में से एक जयपुर घराने के दुर्गालाल के द्वारा मुख्य चरित्र 'घनश्याम' की भूमिका निभाई गयी। दुर्गालाल आकर्षक रूप से सुन्दर और पुरुष की काठी के थे। उनका सुखी पारिवारिक जीवन था, बड़े धार्मिक और लतों या बुरी आदतों से बेदाग थे, और हर आदमी उन्हें प्यार करता था, सबके सब, इसलिए जब उनकी मृत्यु हुई तो यह एक भयानक आघात था। उनके असामयिक निधन से हम सभी स्तब्ध थे, और उनकी मृत्यु की भयावह परिस्थितियों ने इसे और विस्मयकारी बना दिया था। 'घनश्याम' में केन्द्रीय चरित्र ड्रग का आदी होकर अपना जीवन नष्ट कर लेता है। जब वह ग्राम देवता शिव की मूर्ति से बहुमूल्य रत्न चुरा लेता है, उसके बाद उसके काम का पता चलता है और वह ग्रामीणों के द्वारा खदेड़ा जाता है। जान बचाने के लिए भागते समय उसे एकाएक हार्ट अटैक होता है और वह गिरकर मर जाता है। 'घनश्याम' में जब दुर्गालाल ने इस चरित्र की भूमिका करनी समाप्त की, उसके तीन माह बाद, उन्होंने एक नियमित सोलो प्रोग्राम देने के लिए लखनऊ की यात्रा की, और अन्तिम भाग में चक्करों का प्रदर्शन करने के बाद उन्हें भी एक भीषण हार्ट अटैक हुआ और वो मर गये।

भारत के लिए हम लोगों ने एक युवा नर्तक, मौलिक शाह, का उपयोग किया, जो प्रशंसनीय थे, हालाँकि दुर्गालाल का न रहना हम सबों को बड़ा खलता था। प्रदर्शनों का भारत और ब्रिटेन दोनों में स्वागत हुआ और शीघ्र ही किसी रोज प्रदर्शनों की दूसरी शृंखला उपस्थित करने की आशा करता हूँ।

1990 में एक छोटी फिल्म 'द टाइगर एंड द ब्राह्मिन' के लिए संगीत देने को मुझसे कहा गया। यह न्यूयॉर्क की 'रैबिट ईयर्स' नामक एक कम्पनी के द्वारा बनाई जा रही थी, जो मुख्यतः बालकों को ध्यान में रखकर संसार-भर की लोक-कथाओं के जीवन्त रूपान्तर वाले वीडियो में खासकर के काम कर रही थी। 'द टाइगर एंड द ब्राह्मिन' 'ईसप के फेबुल्स' की तरह की प्राचीन पुस्तक पंचतन्त्र की कहानियों में एक पर आधारित भारतीय पृष्ठभूमि की एक मनोरंजक कथा है, एक ब्राह्मण पुजारी के बारे में जो एक सियार की बुद्धिमानी से बाघ के द्वारा खाये जाने से बचाया जाता है।

एक के बाद एक आते स्थिर चित्रों के द्वारा जीवन्तता दिखाई जाती है, और कहानी अभिनेता बेन किंग्सले के द्वारा कही जाती है जिनकी प्रभावशाली आवाज पृष्ठभूमि के संगीत के साथ धीरे-धीरे कहानी को आगे बढ़ाती है। 'रैविट ईयर्स' की मालकिन 'डोरिस सॉटनिक' और उनके पति मार्क ने दिल्ली में मुझसे भेंट की और ऐनिमेशन लिए जाने के पूर्व मैंने वहाँ एक स्टूडियो में संगीत रिकॉर्ड किया। मैंने सितार बजाया और अन्तिम शीर्षक प्रकरण में सात दूसरे संगीतकारों का उपयोग किया, कुछ अपने छात्रों को मिलाकर। रचना करते समय सबकुछ जिस पर मुझे काम करना था बेन किंग्सले की आवाज का साउंड ट्रैक (जिसे इंग्लैंड में पाइन वुड स्टूडियो में रिकॉर्ड किया गया था) और इन पंक्तियों के साथ चरित्रों के कार्यों के समय। ऐनिमेशन बाद में चित्रित किये गये। मुझे कुछ रेखाचित्र दिखाए गये, लेकिन मैंने कहा ब्राह्मण का उन लोगों का चित्रण अच्छा नहीं था—वह अफगानिस्तान के पठान की तरह ज्यादा दिखाई पड़ता था। इसलिए मैंने सुझाव दिया कि एक औसत ब्राह्मण पुजारी कैसा दिखाई पड़ता है, और सहायता के लिए मैंने भारतीय महाकाव्यों की कुछ जीवन्त कथा पुस्तकें दिखाईं।

फिल्म आखिरकार बड़ी सुन्दर बनी, और समय-समय पर अमरीकी टेलीविजन पर इसका प्रसारण किया जाता है। 1994 में मैकमिलन और मैक ग्रॉ हिल के द्वारा एक वीडियो दल एन्सीनिटास में मेरे घर भेजा गया, और उन लोगों ने पूरे अमेरिका में स्कूलों में विशेष पाठ्यक्रम के रूप में दिखाने के लिए मुझे फिल्मों की इस शृंखला को शुरू करते और विचार विमर्श करते रिकॉर्ड किया।

90 के दशक के बाद से रवि ने स्टूडियो रिकॉर्डिंग कम बनाई है, हालाँकि अधिकतर अभी निर्माण

प्रक्रिया में है। फिर भी उन्होंने बढ़ती संख्या में विशेष कॉन्सर्टों में बजाया है। उदाहरण के रूप में 1989 में लन्दन के बार्बिकन हॉल में एक बड़े समारोह में अपने इलाहाबाद की प्रथम प्रस्तुति की 25वीं वर्षगांठ मनाई। तब 'फुकुओका एशियन कल्चरल प्राइजेज़' के अवसर पर सितम्बर, 1991 में प्रतिष्ठित ग्रैन्ड प्रिक्स पुरस्कार प्राप्त करने के बाद वे 1995 में बजाने के लिए वहाँ जनवरी में फिर लौटे, साथ ही टोकियो में खचाखच भरे हॉल में वादन किया। 1995 में उन्होंने सारे संसार भर के नगरों, सिंगापुर, दिल्ली (सिरीफोर्ट में), पैसेडेना और लन्दन जहाँ उन्होंने 'लन्दन सिम्फनी ऑरकेस्ट्रा' के मुख्य अतिथि के रूप में बार्बिकन सेंटर में कार्यक्रम दिया, उसके साथ उन्होंने अपने 75वें जन्मदिन का उत्सव मनाया। उनके काम करने की गति ध्यान देने योग्य है—उनकी 1997 के कार्यक्रम सूची में थाईलैंड, बांग्लादेश, स्विट्जरलैंड, हंगरी, टर्की, इटली, ब्रिटेन, स्पेन और जापान, साथ ही उनके दोनों घरवाले देश भारत और यू.एस.ए. थे और लक्ष्य के धीमा होने का कोई लक्षण दिखाई नहीं देता था। अवकाश ग्रहण वस्तुतः कोई इरादा नहीं है।

1991 में बम्बई के एक कॉन्सर्ट के लिए मैंने वर्तमान पीढ़ी के तबला वादन के शिखर कलाकारों को एक ही साथ एक ही समय मंच पर लाने की व्यवस्था की—जैसे जाकिर हुसैन स्वपन चौधुरी और कुमार बोस। इस अवसर के लिए मैंने दस मिनटों की एक रचना 'छलकते घड़े' नाम से की। कहानी तीन बर्तनों की है : एक पूरा भरा, एक खाली और एक आधा भरा। खाली बर्तन उदास है और रोता है कि उसमें पानी नहीं है, जबकि भरा बर्तन पहले तो बड़ा घमंडी है लेकिन आधा भरे बर्तन के बीच बचाव के बाद भरा बर्तन कुछ पानी खाली बर्तन में उड़ेल देता है, जिससे तीनों प्रसन्न हो जाते हैं। मैंने श्रोताओं को यह कहानी कही और तब तीनों तबलों से बर्तनों की आवाजें निकलवाईं, जैसे-जैसे हर पात्र में पानी की सतह बदलती है उसी तरह ध्वनि परिवर्तन के साथ—कुमार पूरा भरा बर्तन, स्वपन आधा भरा और जाकिर खाली बर्तन। एक सरल किंतु प्रभावशाली कहानी और श्रोता झूम उठे।

मध्यान्तर के बाद पहले मैंने उनमें से प्रत्येक के साथ अलग-अलग संगत में सितार वादन किया, और तब पाइस डे रेजिसटेंस के लिए सबों के साथ बजाया। इस स्तर के तीन तबला वादकों को एक साथ पाना बहुत दुर्लभ है। मैंने एक दिन पूर्व बनाई गयी गत बजाई और हम लोगों ने केवल आधे घंटे का एक ही रिहर्सल किया था, लेकिन गत एक विचित्र ताल चक्र में थी—मैंने उनमें से प्रत्येक से एक अलग ताल बजवाया, सबों के ताल को सम पर या एक साथ लाते हुए। एक झपताल बजा रहा था (दस मात्रा), दूसरा एक ताल में था (बारह मात्रा) और तीसरा पंचम सवारी (पंद्रह मात्रा)। सारे उपस्थित संगीतकार आनन्द विह्वल थे क्योंकि शास्त्रीय चौखटे में यह एक नई अवधारणा थी। अन्त की ओर यह थोड़ा कोलाहल पूर्ण हो गया जब सभी एक साथ बजाने लगे, लेकिन फिर भी यह एक महान सफलता थी। उस गत रचना के अतिरिक्त प्रदर्शन का शेष भाग स्वतन्त्र लयकारी था। अन्त में हम लोगों ने एक लम्बी रचना अन्तिम तिहाई के साथ एक साथ बजाई। भविष्य में इस साहसिक प्रयत्न की मेरी और भी योजनाएँ हैं।

कलकत्ते में मेरे एक प्रिय व्यक्ति, रॉबिन पॉल की एक 'जलसाघर' नामक संस्था है जिसमें सालों तक मेरे लिए कॉन्सर्टों का आयोजन किया गया है। कुछ महत्त्वपूर्ण समारोह स्थलों में पुराना किला 'मार्बल पैलेस', 'विक्टोरिया मेमोरियल हॉल' और रवीन्द्र नाथ टैगोर का पुश्तैनी मकान रहे हैं।

कुछ विशेष प्रदर्शन 1993 में आयोजित किये गये थे, राजीव गाँधी मेमोरियल फाउंडेशन के सहायतार्थ और बोस्निया युद्ध की ओर ध्यानाकर्षण के लिए वाशिंगटन और लन्दन में 'कॉन्सर्ट फॉर पीस' की शृंखला। 'वाशिंगटन नैशनल कैथेड्रल' जुलाई में दो दिनों से ज्यादा करीब दस हजार उपस्थित लोगों से खचाखच भरा था। इस शांति प्रोग्राम को आयोजित करने का श्रेय हमारी महान मित्र सिंथिया टॉमस को जाता है। इसके बाद शान्ति सम्बन्धी अगले कार्यक्रम के लिए नवम्बर में रॉयल एलबर्ट हॉल में मैंने बजाया जिसमें जाकिर हुसैन मेरी संगत कर रहे थे। यह हर्षोत्फुल्ल रात थी—'मॉमेन्ट रिकॉर्ड' के द्वारा इसका एक सी.डी. निकाला गया है।

उस अवसर पर फेस्टिवल हॉल में मेरे मित्र डॉ. एल. एम. सिंघवी उपस्थित थे, जो हाल तक यूनाइटेड किंगडम में हमारे हाई कमीश्नर थे। इस महत्त्वपूर्ण पद पर उन्हें देखना बड़ा सुखद रहा है। मैंने हमेशा सोचा है कि हमारी सरकार को थोड़े से देशों में कुछ भारत उत्सव आयोजित करने के साथ ही, विदेशों में भारत की छवि और अधिक उजागर करनी चाहिए। विदेश के हमारे दूतावास भारत की सही छवि प्रस्तुत करने में जनसम्पर्क के माध्यम से बहुत कुछ कर सकते हैं। अपने जीवन के अनेक वर्षों में मैंने दूतावास के कुछ शीर्ष अधिकारियों को जाना है जिन्होंने प्रशंसनीय कार्य किये हैं, जैसे सरदार पन्निकर, श्रीमती पंडित, बी.के. नेहरू और के.पी.एस. मेनन (यदि कुछ नाम लें) और कुछ नीचे तबके के अधिकारियों को भी। किन्तु ये लोग दुर्भाग्य से कम रहे हैं।

डॉ. सिंघवी बड़े ओजस्वी व्यक्ति हैं। उन्होंने भारत के लिए बहुत कुछ किया है और कर रहे हैं। वे न केवल बड़े दक्ष हैं बल्कि एक बड़े मिलनसार मनुष्य भी। उन्होंने और उनकी अच्छी पत्नी कमला ने प्रत्येक व्यक्ति का हृदय जीत लिया है, जो भी उनसे मिला है। हमारे देश का प्रतिनिधित्व करने के लिए वे एक अप्रतिम राजदूत हैं।

जिस तरह रवि के तेज प्रकाश की चमक कायम है, वय की परिपक्वता के साथ अपनी कला के लिए सच्ची प्रशंसा प्राप्त करने का सन्तोष भी उन्हें मिला। सम्मान पर सम्मान उन्हें मिले हैं। इनमें हैं— भारत-रत्न (1999) का सर्वोच्च नागरिक सम्मान साथ ही ग्यारह डाक्टरेट की मानद उपाधियाँ, स्वीडन का पोलर म्यूजिक प्राइज (1998), जापान का प्रीमियम इम्पीरियेल (1997), फ्रांस का (कमांडर डि एल आर्डर डेस आर्ट्स (1985) एट डेस लेटर्स और मनीला का रैमन मैग्सेसे पुरस्कार (1992)। स्वदेश से भी इसके आगे मान्यताओं का कोष प्राप्त हुआ है... फेलोशिप ऑफ संगीत नाटक अकादमी, ललित कलाओं की भारत की प्रमुख संस्था (1975); 1982 में इंदिरा गाँधी द्वारा प्रदत्त विश्व भारती का देशिकोत्तम पुरस्कार, भोपाल का कालिदास सम्मान पुरस्कार और भी. एस.टी. उद्योग का स्पिरिट ऑफ फ्रीडम पुरस्कार दोनों 1990 में; राजीव गाँधी एक्सेलेंस अवार्ड (1991); और एक इंडियन आर्मी स्पेशल अवार्ड (1985)। भारतीय संसद के ऊपरी सदन राज्यसभा के लिए प्रधानमन्त्री राजीव गाँधी द्वारा उन्हें मनोनीत किया गया था, 1986 और 1992 के बीच सांसद के रूप में सेवा देते हुए वे रहे।

फिर भी, परीक्षा के समय भी आए हैं। वादन कार्य को छोड़ें, कुछ रूप में देखा जाए तो यह एक मामूली आश्चर्य नहीं है कि वे अभी भी हमारे साथ हैं। दो बार हृदय-गति रुकने, चार बार

बाइपास सर्जरी और उच्च रक्तचाप और ऐंजाइना की गम्भीर समस्याओं के साथ बहुत दिनों से वे हृदय-रोग से परेशान रहे हैं। दो ऐंजियोप्लास्टी ऑपरेशन के साथ 1994 में उनके दाहिने कान का ऑपरेशन हुआ और दाहिने कन्धे का जो गिरने से टूट गया था, जिसने करीब दस हफ्तों तक उन्हें सितार उठाने से रोक दिया था— ऐसे प्रतिबद्ध संगीतकार के लिए अकल्पनीय निराशा का समय (उनकी बेटी अनुष्का ने हाल में कहा था, 'अगर वे और सितार न बजा सके तो वे मर जाएँगे)। इसके साथ यह भी जोड़ दें कि 1995 में कलकत्ते में उन्हें बिजली का झटका भी लगा था जब वे शावर के नीचे नहा रहे थे, और लगता है नियति उन्हें कष्टों का उन्मुक्त दान दे रही है, जबकि वह अभी तक निश्चित भी कर रही है कि वे प्रत्येक परीक्षा से निकल आएँ।

एक कलात्मक निराशा भी रही है। संगीत में वे उतने ही रचनात्मक और संकल्पयुक्त हैं जितने कभी भी थे, लेकिन बढ़ती उम्र और स्वास्थ्य-समस्याओं का अर्थ रहा है कि जिस प्रकार के कार्यादेश वे चाहते हैं वैसे अन्तिम कुछ वर्षों में बहुत कम मिले हैं। उनका अन्तिम स्वप्न (या खुजली, जैसा वे कहते हैं) है पश्चिम को और भी अधिक भव्य श्रव्य-दृश्य (ऑडियो-विजुअल) प्रस्तुतियाँ देना। आज तक ऐसी प्रस्तुतियों के मंचन के खर्च ने 'घनश्याम' जैसी प्रस्तुति को दुबारा प्रदर्शित करने से उन्हें रोका है, और बीते दिनों में अपना पैसा खर्च कर वे इतनी बार नुकसान उठा चुके हैं कि ऐसा नहीं कर सकते। लेकिन उनके यश और सामंजस्य की क्षमता को देखते हुए नातिदूर भविष्य में उसी प्रकार के भव्य प्रदर्शन समारोह के लिए आरोहण नहीं करेंगे, यह शर्त लगाने की मूर्खता कोई नहीं करेगा।

रचनात्मक प्रस्तुतियों के रूप में भविष्य में मेरी अनेक योजनाओं के अतिरिक्त एक और स्वप्न है जिसे अभी साकार करना है। मैं भारत में एक केन्द्र स्थापित करना चाहूँगा जिसमें एक शोध-विभाग और एक संग्रहालय होगा, मेरी सारी रिकॉर्डिंग, वीडियो और लिखित सामग्रियों का, और जिसमें कुछ शिष्यों के लिए आवास और सुविधाएँ होंगी जैसे प्राचीन गुरुकुल प्रणाली में होती थीं। यह एक ऐसा स्थल भी होना चाहिए जहाँ मैं स्वयं संगीत-प्रस्तुतियों के लिए रचनात्मक कार्य, बैले, ऑरकेस्ट्रेशन, फिल्म और नये माध्यम में भी कार्य कर सकूँ। दिल्ली के चाणक्यपुरी क्षेत्र में हमारे पास कुछ जमीन है जिसे हम लोगों ने सरकार से बहुत कम दर पर लिया था, यह देखते हुए कि यह उत्तम स्थान का उत्तम प्लॉट राजदूतावास परिसर में है। अगर यह सम्भव होता है तो बहुत बड़ी बात होगी, किन्तु शासनतन्त्र की नौकरशाही के कारण सारी बातों को अन्तिम रूप देने में बहुत समय लग रहा है।

इस सन्दर्भ में सुकन्या मेरी बड़ी शक्ति और प्रेरणा रही है, जैसे हर चीज में। मैं उसे बड़ी गहराई से प्यार करता हूँ। मेरे सारे स्वप्नों को पूरा करने में वह अथक परिश्रम करती रही है। घनश्याम की प्रस्तुति की तरह कुछ स्वप्न तो साकार हो गये हैं, और मुझे पूरा विश्वास है कि उसकी और कुछ दूसरे प्रिय लोगों की सहायता से यह महत्त्वाकांक्षा भी पूरी होनी सम्भव होगी।

आठ

जोगेश्वरी

शुभो, मेरा पुत्र। उसे खो देना हृदयविदारक था।
सितम्बर 15, 1992।

मैं चाहता था कि शुभो में थोड़ी अधिक क्रियाशीलता होती। उसके पास दूसरा सब कुछ था; संगीत तो रक्त में था और सितार पर अद्‌भुत स्पर्श, विशेषत: बायें हाथ का। अपनी माँ अन्नपूर्णा से बहुत दिनों तक और बाद में मुझसे अच्छे प्रशिक्षण से उसने लाभ उठाया था।

उसने संगीत-शिक्षा देर से शुरू की। जब वह छोटा था, बाबा ने सरोद में उसका प्रवेश कराया था, जैसा कि उन्होंने अपने सभी पोते-पोतियों के साथ किया था, लेकिन वह बहुत मामूली था। 1949 में जब हम दिल्ली चले आए उसके बाद हमने पाया कि शुभो की चित्रकारी में गहरी रुचि थी, और हर चीज जो वह बनाता था असाधारण थी। मेरे सभी कलाकार मित्र कहते थे, 'इस लड़के में प्रतिभा है! उसे प्रोत्साहित किया जाना चाहिए', और मैं महसूस करता था कि केवल इसलिए कि वह मेरा बेटा है, हमें उसे संगीत में लाने की जबर्दस्ती नहीं करनी चाहिए अगर उसकी प्रतिभा दूसरे क्षेत्र में है (अब मैं सोचता हूँ कि यह एक गलती थी)। एक ललितकला के शिक्षक के आने और उसे पढ़ाने की व्यवस्था की गयी, और वह माड्र्न स्कूल में पढ़ भी रहा था। कुछ समय बाद उसने सितार का अभ्यास शुरू जरूर किया, लेकिन यह उसके स्कूल के कार्य और चित्रकारी के अतिरिक्त था।

1961 में हमारे बम्बई चले जाने के बाद तीन वर्ष उसने ललितकला का अध्ययन प्रसिद्ध सर जे.जे. कॉलेज ऑफ आर्ट्स (जहाँ उदय ने पहले पढ़ाई की थी) में किया, हालाँकि उसने पाठ्यक्रम पूरा नहीं किया। मैं भ्रमण में कॉन्सर्ट करता, फिल्मों और बैले के लिए संगीत देने को यात्रा करता हुआ इतना व्यस्त था कि उसे संगीत सिखाने के लिए मेरे पास समय नहीं था। यही समय था जब अन्नपूर्णा ने वह भार सँभाला, वह उसे काफी समय देने में सक्षम थी और उसका कुछ कड़ा प्रशिक्षण हुआ। उसकी शिक्षा के द्वारा उसके बायें हाथ के कौशल का अद्‌भुत विकास हुआ, अत: वह सुन्दर मीड़ों के साथ धीमा आलाप बजाने में दक्ष हो गया, लेकिन वादन के दूसरे अंगों के लिए उसे दाहिने हाथ की पर्याप्त दक्षता प्राप्त नहीं हुई। लय के अनेकश: गणितीय परिवर्तनों पर नियन्त्रण विकसित करने की उसे जरूरत थी—जिसे हम लयकारी कहते हैं।

1970 के आरम्भ में जब मैं बम्बई में ठहरा था, मुझे शुभो का 'त्राहिमाम' फोन अपने होटल में मिला, बड़ी धीमी आवाज में मुझे तुरत घर आने और उसे वहाँ से ले चलने को कहते हुए। मैं नहीं जानता था कि क्या घटित हो रहा था और उसके स्वर से डर गया था, अत: शीघ्र मालाबार हिल वाले फ्लैट में पहुँचा जहाँ मैं साढ़े तीन वर्षों में नहीं गया था जब से मैं हमेशा के लिए चला आया था। वहाँ मैंने शुभो को बीमार पड़े देखा। वह एक छोटे बच्चे की तरह आवेग से मुझसे लिपट गया और मुझसे अपने साथ अमेरिका ले चलने की याचना की। चूँकि वह अपनी माँ के उग्र स्वभाव और कर्कशता को अब और

नहीं सह सकता था—केवल संगीत के ही सम्बन्ध में नहीं, बल्कि ऐसे भी। अट्ठाईस वर्ष के युवक के मुँह से ऐसा सुनकर मेरा हृदय पसीज गया और क्रोध भी आया। फिर भी मैं कोई झमेला खड़ा करना नहीं चाहता था, और अपने पर नियन्त्रण रखा जब अन्नपूर्णा क्रोध में चिल्ला रही थी, 'हाँ, ले जाओ उसे! मुझे उसकी जरूरत नहीं है!' हम लोगों के चले जाने के बाद मुझे मालूम हुआ कि अपने जीवन का अन्त कर देने के लिए शुभो ने नींद की आठ या दस कड़ी गोलियाँ खा ली थीं। सौभाग्य से डॉक्टर समय पर पहुँच गया था और कै कराकर शुभो का पूरा पेट खाली कर दिया था।

उसकी व्याकुलता देख मुझे उसे ले जाना पड़ा, यद्यपि मैं जानता था कि बाद में इसे उसकी माँ से अलग करने और संगीत-जीवन को बाधित करने के रूप में चित्रित किया जाएगा—और आखिर में कुछ लोगों ने मेरे कार्य की यही व्याख्या की भी। पहले मैं उसे बम्बई के उपनगरीय क्षेत्र में मेजदा के घर कुछ दिनों के लिए ले गया, और बाद में अपने छात्र राम राव के घर, कुछ हफ्ते के लिए, बंगलौर, जिससे कि वह चंगा हो सके, क्योंकि उसकी हालत खराब थी। अपनी वचनबद्धता के कारण मुझे शीघ्र ही कैलिफोर्निया के लिए चल देना पड़ा, लेकिन पीछे भारत में शुभो के साथ कमला रह गयी। जब वह काफी चंगा हो गया था, वह और कमला मेरे पीछे लॉस एंजिलिस आए। डोरियन एवेन्यु वाले मेरे हॉलीवुड के स्वीमिंग पूल सहित किराये के मकान पर उनके आने के बाद, वह अपने नये वातावरण को देखकर खुश हो गया था।

अब मुझे आपको बताना है कि मैं अपने को अपराधी अनुभव करते हुए चिन्तित था कि जब वह सयाना हो रहा था, मैं उसके लिए ज्यादा कुछ करने में सक्षम न हो सका। वह अपनी माँ का लड़का था। एक या दो हफ्ते के भीतर मैंने उसके लिए एक छोटा अपार्टमेंट और चलाने के लिए एक फोर्ड मस्टैंग दे दिया। कमला और मैं ज्यादा दिन किराये के मकान में नहीं ठहर सके, करीब छः हफ्ते बाद हाइलैंड एवेन्यु के विला में चले आए।

पहली चीज जो मैंने की वह थी उससे पूछना कि वह साफ-साफ कहे कि वह क्या करना चाहता था। मैं नहीं चाहता था कि वह सितार छोड़ दे; लेकिन अगर वह चित्रकला जारी रखने को आतुर हो तो यह ज्यादा अच्छा था कि वह उसका अनुसरण करे, हालाँकि वह सितार का अभ्यास भी बनाए रख सकता था। इसलिए उसने लॉस एंजिलिस में कॉलेज ऑफ आर्ट्स में प्रवेश ले लिया जहाँ उसने ग्राफिक आर्ट की पढ़ाई की। दुर्भाग्य से उसने कोर्स खत्म नहीं किया। मैंने उसे जो वह करना चाहे चुनने की आज़ादी दी थी, और उसे अमरीकी आत्मनिर्भरता की अवधारणा रास आ गयी।

शुरू में मैं उसके सितार-वादन को जारी रखने को उत्साहित करने पर जोर देता रहा। अपने आने के एक या दो वर्ष के भीतर वह पहले ही मेरे साथ न्यूयॉर्क के कार्नेगी हॉल और सैन फ्रांसिस्को में कार्यक्रम दे चुका था। लेकिन शास्त्रीय संगीत की अपेक्षा फिल्मी गाने अधिक पसन्द करते हुए धीरे-धीरे उसकी रुचि खत्म हो गयी, और वह कम रियाज़ भी करने लगा। यद्यपि मैं आर्थिक रूप से उसकी मदद कर रहा था, कुछ अलग से पैसा कमाने के लिए उसने मदिरा की एक दूकान में नौकरी कर ली।

आखिर में उसकी भेंट लिंडा से हुई और वह उसके प्रेम में पड़ गया, और वह अपार्टमेंट में चली आई। जिन दमित इच्छाओं के वातावरण में वह बड़ा हुआ था, मैंने यह जानते हुए इसमें हस्तक्षेप नहीं किया। लेकिन कुछ समय बाद जब उसने कहा कि वह उससे विवाह करना चाहता था, मैं अप्रसन्न हुआ। मैं जानता था कि जीवन में स्थायित्व (संगीतकार या कलाकार के रूप में) न प्राप्त करने के कारण आर्थिक स्थिरता न होने से वह विवाह के लिए उपयुक्त समय न था, लेकिन चूँकि वह अड़ गया था, मुझे झुकना पड़ा। जब भारत, न्यूयॉर्क और संसार भर में समय बिताने के लिए मैंने लॉस एंजिलिस छोड़ दिया उसके बाद उसी समय के आसपास उसने पूरी तरह सितार छोड़ दिया। मैंने उसकी सहायता जारी रखी और ऑरेंज काउंटी में एक घर खरीदने में उसकी मदद की। लेकिन मैं उसकी निष्क्रियता से दुखी था—विशेषतः इसलिए कि वह अमेरिका में रह रहा था जहाँ स्वतन्त्रता के साथ आत्म-निर्भरता होती है।

शुभो शंकर, रवि शंकर के पुत्र

इतने वर्षों अलग-अलग रहने की क्षतिपूर्ति में उसे हर आराम देना चाहते हुए मैंने जरूरत से ज्यादा ही पूर्ति की जब वह पहली बार अमेरिका आया था। आगे चलकर इसने शायद उसकी ऊर्जा और प्रेरणा की कमी को और बढ़ाया ही।

कुछ समय बाद कुछ वर्षों तक उसने ग्राफिक आर्ट्स की एक नौकरी की जरूर। उसके और लिंडा के दो बच्चे थे—एक लड़का सोम और एक लड़की कावेरी—और वह उन्हें बहुत प्यार करता था। यद्यपि शुरू में मैं इस शादी से नाखुश था। शीघ्र ही लिंडा मुझे पसन्द आने लगी थी, और मैं उसके द्वारा अधिकतर घरेलू और दूसरे बोझों का दायित्व उठा लेने की तारीफ करता था। यह कहते हुए मुझे खुशी होती है कि धीरे-धीरे पिछले कुछ वर्षों में हम लोग बड़े आत्मीय हो गये हैं।

उसे सितार तक वापस लाने के लिए मनाने में हालाँकि करीब आठ वर्ष लग गये थे। एक बार फिर जब कभी मैं लॉस एंजिलिस आता मैंने उसे सिखाना शुरू किया, और जितना सम्भव था उससे रियाज करवाता था। उसे एक लयदार बनाने (लयकारी में प्रवीण) के लिए सभी संश्लिष्ट लयकारियों, जिसकी उसे जरूरत थी, पर जोर डालते हुए और तरह-तरह की द्रुतगतों तानों, बोलों और तोडा और झाला (जब तेज़ चिकारी—बगलवाला तार—को चोट कर मुख्य धुनवाले तार के साथ बजाया जाता है) के प्रशिक्षण की लम्बी बैठकें मैं उससे करवाता था। ये पहलू थे जिन पर काम करने की उसे जरूरत थी। मैं यह भी चाहता था कि वह बस घर में या कुछ शौकिया लोगों के लिए नहीं वरन् कॉन्सर्ट में भी बजाये, तब वह एक कार्यक्रम देनेवाला कलाकार हो जाता। इसलिए मैं उसे अपनी यात्राओं में मुझे वादन में सहायता देने के लिए ले जाता था और वादन-दक्षता के लिए हम कठिन परिश्रम करते थे। वह बहुत अच्छा करने लगा था।

यह एक-दो वर्षों का समय था जब हम एक दूसरे के निकटतम हो गये थे। फिल्में देखते हुए, टहलने जाते हुए, और सान्टा मोनिका, हॉलीवुड और पश्चिमी लॉस एंजिलिस में विभिन्न थाई, चीनी और भारतीय रेस्तराओं का जायजा लेते हुए, हम साथ दो मित्रों की तरह थे। हम लोग विभिन्न पार्टियों में जाते जहाँ वह फिल्म, रिकार्डिंग और शो-बिजनेस के लोगों से मिलता और खुश होता था।

हास्य-विनोद में बल्कि हम लोग एक दूसरे का साथ बच्चों की तरह देते थे, और कुछ मजेदार समय भी आए। एक हिन्दू-आश्रम में आयोजित गंडा बँधाने के एक अनुष्ठान की मुझे याद है जिसमें मेरा एक अमरीकी छात्र स्टीव स्लॉवेक मेरे शिष्य के रूप में दीक्षित हुआ था। उन औपचारिक विधानों के लिए जो पुरोहित था वह बड़ा विद्वान था, लेकिन वह भारत के पूर्वी भाग का था और संस्कृत का उसका उच्चारण उसकी मातृभाषा से बड़ा प्रभावित था। वह वेद और उपनिषदों के कुछ मन्त्रों का पाठ कर रहा था, और हर श्लोक के बाद वह उनका अँग्रेजी रूपान्तर भी करता था जिसका उच्चारण भी बड़ा भारतीय था। अन्तिम पंक्ति 'ओम् शान्तिः शान्तिः, शान्तिः' बोलने के बाद, तीन बार इसका अनुवाद 'लेट देयर बी पीस' के बदले उसने कहा, 'लेट देयर बी पिस्स'। शुभो की और मेरी नजरें मिलीं और हम हँसते-हँसते दुहरे हो गये! हमें प्रायः साथ इस तरह की खिलखिलाहटों का दौरा पड़ता था, उसके भीतर बाल-सुलभ मधुर गुण था।

यू.एस.ए. में कुछ वर्षों तक उसने मेरी सारी यात्राओं में साथ कार्यक्रम दिया, और एक बार यूरोप में। और गहरे प्रशिक्षण के लिए वह एक वर्ष के लिए भारत भी आया था, ज्यादातर मेरे दिल्ली आवास पर जहाँ कुछ और छात्र भी रहते थे। कुछ मेरी रचनात्मक चीजों के स्टूडियो-रिकार्डिंग में उसने वादन किया, लॉस एंजिलिस में 'तन-मन' और मद्रास में 'पैसेजेज़' और साथ ही मेरी पचासवीं वर्षगाँठ के लन्दन के बारबिकन हॉल वाले कॉन्सर्ट में और 'घनश्याम' संगीत-नाट्य की यात्रा में यू.के. में।

प्रसिद्ध माता-पिता के बच्चों को उन उम्मीदों को पूरा करने की समस्याओं का सामना करना पड़ता है जिनकी अपेक्षा उससे की जाती है, और शुभो को यह बोझ झेलना पड़ता था। अन्नपूर्णा का और मेरा पुत्र होने का, बाबा का नाती होने का, अली अकबर का भान्जा होने का दायित्व उसके आत्मविश्वास, गर्व और आत्मसम्मान को प्रभावित कर देता था। वह वस्तुतः लड़ाकू नहीं था और कुछ झुक जाता था।

फिर भी बाद में वह अपने गुणों की शक्ति प्राप्त कर सका। वह सचमुच अच्छा कर रहा था और एक अधिक सधा संगीतकार बन रहा था। इसके अतिरिक्त उसने कैलिफोर्निया में कुछ भारतीय मंच-प्रस्तुतियों और बैले के लिए संगीत देना भी शुरू किया था, जिसमें नर्तक विजिप्रकाश का रामायण का नाटक भी था, जिन सभी चीजों की तारीफ हुई। अपनी धुनें और गीत बनाते हुए इस रचनात्मक काम के लिए उसमें सच्ची प्रतिभा थी, और उसकी आवाज भी अद्भुत थी जिसके वजन और गुण ने हर व्यक्ति के मर्म को छुआ। मैं हमेशा सोचता था कि फिल्म-संगीत के लिए, जो निस्सन्देह हमारे देश में बड़ा लोकप्रिय है, वह एक बड़ा सुन्दर पार्श्वगायक हो सकता था। बाद के जीवन में इन सफलताओं ने उसके आत्मविश्वास को जरूर बढ़ाया।

लेकिन अपने अन्तिम कुछ महीनों में उसने हर आदमी से किनारा कर लिया, मुझसे भी, और जब वह ब्रॉन्कियल न्युमोनिया से ग्रस्त हुआ तो उसने उचित डॉक्टरी चिकित्सा लेने की परवाह नहीं की। मैं नहीं जानता था कि स्थिति इतनी खराब है जब तक कि एक दिन बिना बताये वहाँ मैं पहुँच नहीं गया, और यह देखकर आहत हुआ कि वह इतना बीमार लगता था। मैं स्वयं ऐंजाइना झेल रहा था और ऐंजियोप्लास्टी के लिए मेरे अस्पताल जाने के एक रोज़ पहले की बात है, इसलिए मैंने लिंडा से शुभो की हालत के बारे में बात की और उसे एक डॉक्टर की देख-रेख में रखवाया। मैंने बम्बई अन्नपूर्णा को फोन करना चाहा, और चूँकि वह वहाँ नहीं थी मैंने उसके दूसरे पति रूशी से कहा कि अन्नपूर्णा को सूचित कर दें कि शुभो बहुत बीमार है। दुर्भाग्य से वह न आ सकी।

मेरे ऑपरेशन के एक हफ्ते बाद मुझे डाइभरटिकुलाइटिस का तेज दौरा पड़ा और मैंने गहन चिकित्सा

केन्द्र (इंटेंसिव केयर) में छः दिन बिताये। मेरी हालत खराब थी, फिर भी मैं जानने की कोशिश करता रहा कि शुभो कैसा है। अस्पताल से मुझे छुट्टी मिलने के बाद जॉर्ज हैरिसन ने मुझसे भेंट की और कुछ दिन बाद लैंकास्टर में वे मुझे एक आयुर्वेदिक केन्द्र में मैसाच्युसेट्स में ले गये, थोड़े दिन आराम के लिए; उसके बाद इस विश्वास के साथ हम लोग लन्दन चले गये कि शुभो की देखभाल हो रही थी। किन्तु मेरे लन्दन पहुँचने के दूसरे दिन, 15 सितम्बर को, खबर आई कि उसकी मृत्यु हो गयी।

यह मेरे लिए एक भयानक आघात था। शुभो इतना अड़ियल था; हर आदमी भी उसकी मदद को तैयार था लेकिन उसने सभी सम्बन्ध तोड़ लिये थे। केवल अपने स्वास्थ्य का ख्याल न रखते कच्ची उम्र में मर जाना, कितनी दुखद लज्जा की बात।

कुछ मुझे लगता था कि सदा से वह एक बच्चे की तरह था। वह बड़ा हँसोड़, मृदु और स्नेहपूर्ण था। कई तरह से वह मेरी तरह था इस अर्थ में कि हम दोनों में समस्याओं को टाल जाने की एक वृत्ति रही थी उन स्थितियों को सहते जिनमें हम नाखुश हैं, इसलिए कि दुख से बच सकें (और जहाँ तक मेरी बात है, उच्च रक्तचाप और ऐंजाइना के दिमागी भूत की अति उत्तेजना से)। आखिरकार होता यह है कि आदमी चीजों को हाथ से निकल जाने देता है और तब अतिप्रतिक्रिया से सब गड़बड़ कर देता है। मेरे भीतर भी एक बालक है जो कभी सयाना नहीं हुआ, जो विस्फारित आँखोंवाला, उत्कंठित और शैतानी भरा है, और हो सकता है कि शुभो को वह प्रवृत्ति उत्तराधिकार में मिली हो। किन्तु वह कई तरह से भिन्न भी था; वह दायित्व और अनुशासन से भागता था और कभी भी अपने जीवन पर नियन्त्रण न रख सका। फिर भी लोग उसे बहुत चाहते थे, एक चरित्रवान और परिवार के प्रति समर्पित आदमी, और सचमुच मुग्ध कर देनेवाला। इधर-उधर का खाना और कोकाकोला के बावजूद (और वस्तुतः एक चेन-स्मोकर होने से) वह अच्छे खाने का शौकीन भी था और खुद एक बढ़िया, खासकर भारतीय खानों का, रसोइया हो गया था।

यह जानकर मुझे कुछ सान्त्वना मिली है कि उसने कालक्रम से कला जगत में अपनी जगह बना ली थी। मैं इससे भी प्रसन्न था कि, बहुत वर्षों तक अपनी माँ के प्रति कड़वाहट के बाद, अन्तिम कुछ वर्षों में वह फिर उसे बहुत चाहने लगा था। यद्यपि इस बात ने उसके और मेरे बीच कुछ और ज्यादा दूरी कायम कर दी, मैं खुश था कि उसने उससे सम्बन्ध में सुधार का आराम पा लिया था।

किसी आदमी के एकमात्र पुत्र की मृत्यु पर की गयी टिप्पणी में कुछ महत्त्वपूर्ण जोड़ना असम्भव ही है। रवि ने जो सर्वोत्तम लाभ शुभो के लिए देखा उसी के लिए सदा काम किया; फिर भी वियुक्त पिता के मन को दुखद प्रश्न सालते ही रहते हैं। क्या वे कुछ और कर सकते थे? क्या उन्हें शुभो का साथ अधिक देना चाहिए था, जब वह छोटा था? क्या और पहले संगीत में दिया गया प्रशिक्षण उसे और अच्छी दिशा देता? क्या उन्हें उसके साथ और दृढ़ता से पेश आना चाहिए था?

मृत्यु हम सबों को आती है और हममें प्रत्येक को इसका अपने ढंग से सामना करना पड़ता है। पवित्र गंगावाले बनारस शहर में उत्पन्न रवि, जीवन की शक्तिशाली नदी के अनन्त प्रवाह के बारे में सब कुछ जानते हैं।

प्रथम विवाह के टूट जाने के बादवाले वर्षों में रवि का व्यक्तिगत जीवन निस्सन्देह उलझन भरा हो गया था। सत्तर के दशक के आरम्भ तक उनके अन्नपूर्णा के साथ कष्टमय सम्बन्ध ने बहुत पहले विवाह के विषय में उनका भ्रम तोड़ दिया था, और संसार भर में उनकी महान सफलता ने स्त्रियों के लिए उनके चुम्बकीय आकर्षण को बढ़ा देने का काम किया था। इसके अतिरिक्त उनकी आसक्ति ने उन्हें और प्रगति दी।

1970 के आरम्भ में लन्दन के ट्रैफलगर स्क्वायर में सुकन्या

आपमें से बहुतों को यह सुनकर आश्चर्य नहीं होगा कि मैं सदा स्त्रियों के प्रति आकृष्ट रहा हूँ। संगीत के क्षेत्र में रचनात्मक कार्य के लिए मेरे मन को उकसाती हुई और मुझे क्रियाशील रखने के लिए सामान्य रूप से उत्प्रेरित करती हुई, बचपन से ही वे मेरी प्रेरणा का स्रोत रही हैं। अलग-अलग समय भिन्न-भिन्न औरतों ने मुझे बहुत कुछ दिया है, और बदले में मैंने भी अपने को पूर्णत: समर्पित किया है जिनके साथ भी मैं उस समय रहा हूँ, चाहे जितना लम्बा या छोटा यह साथ रहा हो।

अन्नपूर्णा को हमेशा के लिए छोड़ देने के बाद मैं यहाँ-वहाँ कई प्रणय-प्रसंगों से गुज़रा हूँ, और एक बार फिर उसी प्रकार का हो गया हूँ जैसा अठारह वर्ष की आयु में था—मैं महसूस करता था कि अलग-अलग स्थानों में अलग-अलग स्त्रियों से प्रेम-सम्बन्ध रख सकता था। यह हर बन्दरगाह में एक लड़की प्राप्त करने जैसा था—और कभी-कभी यह एक या अधिक भी होती थी। फिर भी कमला मेरे साथ हमेशा रही, और 1967 के बाद हम साथ पति-पत्नी की तरह रहे।

रवि का कमला से सम्बन्ध सचमुच दीर्घकालिक था। फिर भी, 1972 के अन्त में भाग्य के इंगित पर, रवि की भतीजी विजी ने अपनी सखी सुकन्या से पूछा कि क्या वह अगले मार्च में लन्दन में रॉयल ऐलबर्ट हॉल कॉन्सर्ट में तानपूरे पर रवि के साथ संगत करने में उसका साथ दे सकती है। अठारह वर्ष की सुकन्या मद्रास की थी और कर्नाटक गायन शैली में काफी प्रवीण थीं। वह हाल में लन्दन आयी थीं और विजी, उसकी माँ लक्ष्मी और कमला से भी बड़ी अन्तरंग थीं। सुकन्या के लिए यह अवसर एक स्वप्न की तरह था।

सुकन्या शंकर : मैं रवि जी से मिली उसके पूर्व वे वैसे व्यक्तियों में से एक लगते थे जिनका सान्निध्य असम्भव लगता था। वे ऐसे व्यक्ति थे जिसके बारे में कोई सुन सकता था प्रशंसा कर सकता था लेकिन अपने सर्वोच्च स्वप्न में भी मैंने नहीं सोचा था कि मैं उनसे मिलने जा रही थी। अत: जब मैंने विजी से सुना कि वे लन्दन आ रहे थे, और जब उसने मुझसे पूछा कि क्या मैं उनके साथ तानपूरा बजा सकती थी, तो मैं करीब-करीब बेहोश हो गयी! मैं इसका विश्वास ही न कर सकी।

हम लोग कॉन्सर्ट के कुछ दिन पहले मिले। मैंने उन्हें सीढ़ियाँ उतरते देखा, नीचे उतरती हुई यह देवतुल्य मूर्ति, और मैं तो स्तब्ध रह गयी थी। मैं बात भी न कर सकी! मैं नहीं जानती थी कि क्या बोलूँ, और जब उन्होंने बात करनी शुरू की, मैं बस मुस्कराई। ईमान की बात कहूँ मैं इतनी घबरा गयी थी उन्हें प्रत्यक्ष देखकर, इतने निकट से—और वे इतने आश्चर्यजनक रूप से सुन्दर व्यक्ति थे! वह दृश्य सदा मेरी स्मृति में रहा है, उनका सीढ़ी से नीचे उतरना।

हम लोगों ने चार्ल्सस्ट्रीट में उनके घर पर, जिसे जॉर्ज ने उधार दिया था, उनके साथ रिहर्सल किया—एक सुन्दर अनुभव। और इसके बाद स्वयं कॉन्सर्ट—मेरे लिए यह स्टेज पर होने का प्रश्न न था, न ऐलबर्ट हॉल में तानपूरा बजाने की उत्फुल्लता, बल्कि सबसे अधिक उनके साथ होने का आनन्दातिरेक।

मैंने सुकन्या को बहुत आकर्षक और हँसमुख पाया, जीवन और आत्मिक ऊर्जा से परिपूर्ण। ऐलबर्ट हॉल में वह और विजी तानपूरे के साथ मेरी दोनों तरफ बैठीं। अल्लारखा तबला बजा रहे थे।

निस्सन्देह तानपूरा बजाना कोई बड़ी बात नहीं है; आदमी केवल हमारे संगीत की पृष्ठभूमि में उसे बजाकर भन-भन आवाज निकालता है। शुरू के दिनों में पश्चिम में, यह बड़ी परेशानी में डाल देनेवाला लगता था जब लोग कभी-कभी कार्यक्रम के बाद संगीतकारों को बधाई देने में तानपूरावादक को भी शामिल कर लेते थे—जैसे पियानोवादक के पेज उलटनेवाले को बधाई दी जाय! उस व्यक्ति को जो पन्ना उलटता है या तानपूरा बजाता है, संगीत जानना है, लेकिन वस्तुत: वह कार्यक्रम नहीं दे रहा होता है। फिर भी यह पाकर कि वह बहुत संगीतमय है, सही ताल का अनुसरण करने में सक्षम है (सत्रह मात्राओं का एक संश्लिष्ट चक्र) जो उस शाम मैं बजा रहा था, मैं सुकन्या से बहुत प्रभावित हुआ था।

आरम्भ से ही सुकन्या ने रवि के प्रति एक असाधारण आकर्षण अनुभव किया। यह सम्बन्ध बड़ा हार्दिक हो गया लेकिन इस समय यह आगे न बढ़ सका। सचमुच 1971 में सुकन्या ने विवाह कर लिया था और लन्दन में एक बैंक में काम में लग गयी थीं। उनका विवाह स्नेहयुक्त तो था मगर बहुत अन्तरंगता न थी। वे सन्तुष्ट थीं कि उनकी और उनके पति की रुचियाँ भिन्न हों, क्योंकि इससे उन्हें अपना अलग जीवन बिताने की क्षमता मिलती थी, जिसमें रवि से भेंट होनी भी शामिल थी जब वे लन्दन आते थे।

अधिकतर जब मैं कार्यक्रम देने लन्दन आता या उधर से गुज़रता तो ईटनम्यूज में ठहरता—जिस घर को चार्ल्स-स्ट्रीट के बाद जॉर्ज ने मुझे उधार दिया था—और बाद में उसे लौटा देने के बाद जब मैं विभिन्न होटलों जैसे 'द कम्बर लैंड', 'बेली का होटल', 'द चर्चिल' में ठहरता तो हम लोगों की भेंट होती थी। फिर भी उस समय कुछ ज्यादा नहीं हुआ। मेरी तरफ से एक कठोर वर्जना थी, हो सकता है उस स्थिति में दूसरे किसी के साथ मैं आकर्षण को रोक नहीं पाता, क्योंकि तब तक विभिन्न जगहों में मेरे प्रणय-सम्बन्ध हो चुके थे। लेकिन चूँकि विजी की इतनी अच्छी दोस्ती थी और वह मुझे काकू कहती थी, मैं किसी कमजोर क्षण के सामने झुकना नहीं चाहता था। मेरा आत्म-नियन्त्रण कुछ वर्षों तक चला जब अन्ततः यह सम्भव न रहा। 1978 में सुकन्या मेरे एक कार्यक्रम में ग्रीनिच आई—और वहीं यह शुरू हुआ।

सुकन्या शंकर : मैं रविजी के गहरे प्रेम में पड़ गयी थी, अपने स्नेह और उदारता से उन्होंने मेरे हृदय को छू लिया था जबकि उनकी गहरी विनोदप्रियता और हाज़िरजवाबी से मैं बड़ी प्रभावित हो गयी थी। हम लोग बहुत बार मिले। मैं उनके कॉन्सर्टों में जाती थी। हम लोग फिल्में देखने जाते, हम लोग रेस्तराँओं में जाते थे। कभी कुछ नहीं हुआ, लेकिन मुझे लगता है अन्तर्मन में मैं उन्हें हमेशा प्यार जरूर करती रही थी, क्योंकि उस समय भी जिस किसी दिन वे लन्दन पहुँचते, उस साल मेरे लिये वह सबसे महत्त्वपूर्ण तारीख होती थी। मैं उनके लिए रसोई बनाने और उनके लिए सफाई करने की प्रतीक्षा करती, उनके कपड़े धोना और इस्तिरी करना मात्र मेरे लिये कितना बड़ा सुख था! मैं नहीं चाहती थी कि कोई दूसरा यह काम करे, मैं उनके साथ होने के लिए कुछ भी बलिदान कर देती और जब वे रियाज़ करते, उनके दिव्य संगीत को सुनती थी।
ग्रीनिच में उस रात उन्होंने मन में कोई योजना जरूर बनाई होगी, क्योंकि उन्होंने राग यमन कल्याण बजाया और बस मेरी ओर देखा। आह! वही तो मुझे चाहिए था! अगर मेरा वश चलता तो मैं ठीक उसी समय अपने पति को छोड़ देती, क्योंकि मेरे लिये यह बिल्कुल स्पष्ट था कि मैंने प्रथम बार प्रेम किया था।

फिर भी यह उलझन भरी स्थिति थी। अपने पति के साथ रहती सुकन्या विवाहिता थी, और मेरी उलझी रागात्मक स्थितियों के कारण मैं नहीं चाहता था कि वह डाइवोर्स कर दे—इस स्थिति का सामना करने का कोई उपाय न था। साथ ही मेरे लिये यह सम्बन्ध उतना महत्त्वपूर्ण न था जितना उसके लिए। विवाह तो मेरे मन से बहुत दूर था। इसके मेरे पूर्वानुभव के कारण मुझे इस पूरी संस्था के प्रति आदर नहीं था। इस कारण मैंने उस पर दबाव दिया कि वह डाइवोर्स न करे, जिससे कि न केवल उसके पति, बल्कि जहाँ तक सम्भव हो, हर आदमी को हमारे सम्बन्ध से अनजान रहना चाहिए।

दूसरा कारण था लन्दन में मेरा एक प्रिय मित्र (जिसका नाम मैं यहाँ लेना नहीं चाहता) जिसने बहुत वर्षों तक मुझे प्रभावित किया था। वह मेरा विश्वासपात्र और सलाहकार हो गया था, और मैं सचमुच उसे एक छोटे भाई की तरह प्यार करता था। इस मामले में मैं बड़ा कमज़ोर था, किसी मित्र की या गुरु टाटबाबा की राय या निर्देश पर निर्भर : अगर मैं महसूस करता कि सचमुच मेरा ख़याल रखता है तो जो कुछ भी वह कहता उसका मुझ पर बड़ा प्रभाव पड़ता था। मेरा यह खास दोस्त मेरे सारे सम्बन्धों के बारे

में जानता था क्योंकि मैं उसे हर चीज बता देता था। उसने सुकन्या के साथ मेरे प्रणय पर आपत्ति नहीं की, लेकिन उसने सावधान जरूर किया कि विवेक आवश्यक था। उसने उन सभी भयानक परिणामों के बारे में मुझे कहा जो इस सम्बन्ध के होते, यदि लोग इसे जान जाते। भारत में हमारे यहाँ एक बड़ी बीमारी है कि 'लोग क्या कहेंगे?' खासकर उन लोगों के बीच जो प्रसिद्ध हैं या दायित्वपूर्ण पद पर हैं। यह हमेशा मेरे मन में था कि मेरी प्रतिष्ठा उनकी नज़रों में गिर सकती है—उस आसन से जिसका सदा मैंने उपभोग किया है। अत: यद्यपि सुकन्या और मैंने एक-दूसरे को समर्पित कर दिया था और मैं उससे अलग नहीं रह सकता था, साथ ही मैं नहीं चाहता था कि वह अपने पति को छोड़े और बात खुल जाए। उसने मुझे काकू कहना भी जारी रखा था जिससे लोगों को कोई शक न होता था।

उसके लिए मेरा काम-भाव अतृप्त था, और उससे कभी मन नहीं भरता था। हम लोग परस्पर इतने प्रेम में थे और तौभी मैंने जब लन्दन छोड़ दिया तो एक साथ कई महीने अलग रहा और अब दूसरे लोग थे जिनसे मैं सम्पृक्त हो गया था, कमला (उस समय भारत में थी) को मिलाकर। भावनात्मक रूप से यह हर व्यक्ति के लिए बड़ा झमेला हो गया, मेरे साथ भी, क्योंकि उन सबों की व्यथा मेरे हृदय में प्रतिबिम्बित हो रही थी। अब मुझे अचरज होता है कि कैसे मैं भिन्न नगरों में एक ही साथ दो या तीन स्त्रियों से प्यार कर सका, जैसा कि मैंने उस समय किया था।

तब, 1979 में, सू जोन्स ने हमारी सुन्दर बच्ची गीताली नोरा जोन्स शंकर को जन्म दिया। नोरा या गीतू जैसा मैं उसे पुकारता था, का जन्म 30 मार्च को न्युयार्क में हुआ था इसलिए उसका जन्मदिन वही है जो शुभो का है। दुर्भाग्य से उस समय मैं भारत में था लेकिन उसके जन्म पर बड़ा खुश था। यह अद्‌भुत था और एक शिशु के रूप में मुझे उसकी बड़ी सुखद स्मृतियाँ हैं। मेरे तीन बच्चों में, गीतू और शुभो दो थे जिनके साथ उनकी शैशवस्था में मैंने काफी समय बिताया। एक बच्ची के रूप में गीतू मुझे रियाज़ करते सुनती थी और एक छोटे गिटार पर तार झनझनाने भी लगी थी। मेरे पास एक छोटा सितार था जो इस आशा से बनाया गया था कि यह उसे अच्छा लगेगा, लेकिन भारतीय संगीत उसके लिए नहीं था। हम लोगों ने साथ-साथ न्यूयार्क या अमेरिका की दूसरी जगहों में समय बिताये, और वे लोग दो बार भारत आये, जब हमलोगों ने काश्मीर का भ्रमण किया और एक हाउसबोट में ठहरे। मैं उन दिनों की याद करता हूँ जब सू और मैंने साथ बिताये। किन्तु साथ ही मैं संसार-भ्रमण और दूसरे के साथ परस्पर प्रेम-व्यवहार में भी व्यस्त रहा इसलिए मैं हमेशा वहाँ नहीं रहा। मेरा जीवन भावनाओं की एक उलझन रहा, और मैंने लोगों को व्यथित भी किया।

सुकन्या शंकर : रवि जी बीच-बीच में मुझे फोन किया करते थे और मुझे उन फोनों की प्रतीक्षा रहती थी और मैं उन्हें निरन्तर पत्र लिखती थी यद्यपि उन सारे वर्षों में उन्होंने मुझे एक भी पत्र नहीं लिखा। मुझे उनसे केवल यही शिकायत है।

हम दोनों की लड़की अनुष्का 9 जून, 1981 को पैदा हुई थी। वह एक नियोजित सन्तान थी : जीवन में मैंने पहली बार एक शिशु की चाहत की थी—मैं बच्चा रवि जी से चाहती थी और मुझे परवाह न थी कि मेरी शादी उनसे हुई थी या नहीं। उन्होंने मुझसे स्पष्ट कहा था कि वे एक पिता बनने के झमेले में पड़ना नहीं चाहते। यह पूर्णत: मेरा निर्णय था, उसे पाने का। दूसरे से विवाहित होने और रवि जी के अनुष्का को अपनी लड़की की तरह स्वीकार न किये जाने के कारण, मुझे उनकी इच्छा को मानने के अलावा कोई उपाय न था।

पहले सुकन्या की हमारी सन्तान की इच्छा पर मैं खुश था। लेकिन जब वह गर्भवती थी, पश्चाताप और लज्जा के कारण, मैं 'लोग क्या कहेंगे' वाली बीमारी से प्रभावित हो गया। मैं कई दिशाओं में खिंच रहा था, और बड़ा घबराया था। मैंने पहली बार अनुष्का को देखा जब वह तीन महीने की बच्ची थी—इतनी सुन्दर बच्ची! उसके बाद मैं जब कभी लन्दन में होता, उन दोनों से मिलता। सुकन्या उसे मेरे होटल में लाती, मगर मैं भी सम्पृक्त न होने का प्रयास कर रहा था, लोगों में जो मेरी छवि थी उस पर

प्रभाव पड़ने के डर से लोगों के सामने कहता भी न था कि वह मेरी बच्ची है। उस समय मैं बड़े द्वन्द्व के दिनों से गुज़र रहा था जो मन में बड़ा तनाव उत्पन्न कर रहा था। मानसिक तनाव बढ़ रहा था और मेरे स्वास्थ्य को प्रभावित कर रहा था, खासकर मेरे हृदय को। फिर भी मैं अनुष्का और सुकन्या के प्रति अपने व्यवहार में की गयी गलतियों को महसूस करता हूँ और सचमुच उसके लिए मुझे बहुत खेद है।

अनुष्का के जन्म के समय तक कमला के साथ मेरे सम्बन्ध जो इतने दिनों चले थे, रुक गये। वह इतने वर्षों तक मेरे नये कारनामों को सहती चली गयी थी इस आशा में कि मैं किसी दिन उसे दुख देना बन्द कर दूँगा—यद्यपि उसने कभी अपनी व्यथा व्यक्त नहीं की। एक तरह से उसके व्यक्तित्व का यह एक पहलू था जो मुझे सबसे अधिक आकर्षित करता था। उसके साथ मैंने कभी बहाना नहीं किया। मैं उससे एकदम स्पष्ट था और दूसरों के साथ हुए अनुभवों के बाद और अधिक आनन्द से उसके पास पहुँच जाता था।

लेकिन उस समय उसके भीतर कुछ टूट गया। अब वह और बर्दाश्त नहीं कर सकती थी, खासकर जब उसने जाना कि पश्चिम में 1979 में पैदा मेरी एक बेटी है (यह मेरी पहली बेटी थी, उसकी माँ नहीं चाहती कि कोई मुझसे उनका सम्बन्ध जोड़े, या कोई सम्पर्क रहे, और अनजानेपन की उनकी इच्छा का मैं आदर करता हूँ) 1981 के शुरू में कमला ने मुझे छोड़ दिया, इससे मुझे सचमुच बड़ी उदासी हुई।

कमला मेरे जीवन का महत्त्वपूर्ण अंग रही है। हम लोगों ने साथ वर्षों बिताये पचास के दशक के उत्तरार्द्ध से आरम्भ करके भारत और सारे संसार की यात्रा करते, बनारस में घर 'हेमांगना' बनाकर और 1967 से गरिमायुक्त अवधि का आनन्द लेते हुए जब हमारा ठहराव लॉस एंजिलिस में था और हम लोग एक साथ बस गये थे। हमारे बीच बड़ा प्रेम और समझदारी थी। सच्चे प्रेम और भक्ति के साथ वह मेरा बड़ा खयाल रखती थी और हम लोगों ने कुछ बड़े सुखद दिन साथ बिताये। उन सभी सुन्दर वर्षों के लिए मैं सदा उसे याद रखूँगा।

धीरे-धीरे वह सुकन्या और अनुष्का को स्नेहपूर्वक स्वीकार करने लगी थी और हम कभी बीच में मद्रास में मिलते हैं। सुकन्या ने कमला के लिए अपनी गहरी पसन्द कायम रखी है।

जब शुभो ने मेरे साथ 1970 में यू.एस.ए. जाने के लिए अपनी माँ को छोड़ दिया, तो हम लोग पूर्णत: अन्नपूर्णा से कट गये थे। मुझे शीघ्र पता चला कि बहुत अफवाहें फैल गयी थीं कि उसे ले जाकर मैंने कितना भयानक काम किया था। वर्षों तक मैंने अन्नपूर्णा को नहीं देखा, मगर बम्बई में भूलाभाई देसाई मेमोरियल इन्स्टीट्यूट की बगल में जब वह नये फ्लैट में रह रही थी जिसे उसके लिए मैंने खरीदा था, मैं बराबर सहायता कर रहा था। टाटा के बड़े व्यापारिक घराने के द्वारा संचालित 'नेशनल सेण्टर फॉर परफॉर्मिंग आर्ट्स' में संगीत में मास्टर क्लास पढ़ाने की सम्मानपूर्ण नौकरी की उसके लिए मैंने व्यवस्था कर दी थी। यह भी मेरे दबाव के कारण हुआ कि लिंडा से शादी करने के पहले उसका आशीर्वाद लेने शुभो ने भारत की यात्रा की।

फिर 1980 तक अन्नपूर्णा और मैंने एक दूसरे को नहीं देखा। जब मैं बम्बई में था हम दोनों के एक मित्र और सहानुभूति रखनेवाले व्यक्ति ने उससे मेरे मिलने की व्यवस्था की। उसने मेरे लिये बड़ा बढ़िया खाना तैयार किया था, और हम दोनों शुभो और उसके परिवार, मेरे स्वास्थ्य वगैरह की बातें करते हुए बड़ी हार्दिकता से मिले। मैंने तब उससे पूछा कि यह कैसे हुआ कि कुछ उसके भक्त और छात्र मेरे बारे में तरह-तरह की अफवाहें और झूठ फैलाने में मदद कर रहे थे—जिसमें कुछ तो पत्रिकाओं में प्रकाशित भी हुए थे—इस आशय के कि आर्थिक रूप से मैं उसकी बिल्कुल मदद नहीं कर रहा था; कि वह कहीं बजा नहीं रही थी उसका कारण था (पढ़ाने के अतिरिक्त) कि मैंने उससे वचन लिया था कि वह ऐसा

नहीं करेगी; और कि मैंने एक तरह से शुभो का उससे अपहरण कर लिया था। उसने कहा कि उसने इस सबमें स्वयं कोई भाग नहीं लिया था, लेकिन मुझे वचन दिया कि जो इसके उत्तरदायी हैं उनसे वह कहेगी कि भविष्य में ऐसे झूठ न फैलाएँ। हम प्रेमपूर्वक अलग हुए।

यह करीब एक वर्ष बाद की बात है कि उसने शान्ति से और परस्पर सहमति से डाइवोर्स की माँग की। इसने मुझे चकित किया—क्योंकि 1967 से ही उससे डाइवोर्स के लिए कह रहा था, और उसने हमेशा दृढ़तापूर्वक इनकार किया था। अगर कभी उसने सहमति दी होती तो मैं कमला से विवाह कर लेता। जब मैं बम्बई में था, चिट्ठी मिलने के बाद तुरन्त हम दोनों फिर मिले। मैंने अन्नपूर्णा से पूछा कि क्यों इतने वर्षों बाद उसने वह किया था जो उसे बहुत पहले करना चाहिए था। क्या उसे कोई मर्द मिल गया था? मैंने पूछा—'क्योंकि ऐसी बात हो तो मुझे उसके लिए बड़ी खुशी होगी।' किन्तु उसने जवाब दिया, 'नहीं! सभी मर्द एक जैसे होते हैं' (वस्तुत: उसने उनके बारे में बहुत बातें कहीं)। 'बस मेरा दम घुटता है' उसने मुझसे कहा कि मैं उसे 'मुक्ति' दे दूँ। मैंने कहा कि अगर यही वह चाहती थी तो मेरे लिए अच्छी बात थी और मैंने अपने वकील के द्वारा व्यवस्था कर दी। एक साल के भीतर 1982 में डाइवोर्स हो गया, मेरी सहमति से एक सम्मानपूर्ण आर्थिक समझौते के साथ।

सबसे बड़ा आश्चर्य तो अगले वर्ष मुझे मिला जब मैंने सुना कि उसने अपने से एक बहुत कम उम्र के आदमी, जो वर्षों तक उसका छात्र रहा था, रूशी पंडया, से शादी कर ली थी। असल में मैं उससे मॉन्ट्रियल में साठ के दशक में मिला था जहाँ वह उस समय रहता था, और कुछ बार लॉस एंजिलिस में जहाँ उसने भगवद्गीता का एक रेकॉर्ड बनाया था जिसमें आशीष खाँ ने संगीत दिया था और मैंने इसके कुछ प्रसिद्ध श्लोकों का पाठ किया था—स्वयं रूशी के द्वारा अँग्रेजी में अनूदित, जहाँ तक मुझे याद है। करीब उन्हीं की उम्र का होने से वह शुभो और आशीष का अच्छा मित्र था, और मैं भी उसे बहुत पसन्द करता था। आलूभाई से सितार सीखने के लिए वह सैन फ्रांसिस्को चला गया था, और तब मैं समझता हूँ कुछ समय बाद अन्नपूर्णा से सीखने के लिए उसने नियमित रूप से बम्बई जाना शुरू किया। उसने सम्मोहन चिकित्सा पढ़ा है और विशेषज्ञता प्राप्त की है—वह उसमें माहिर है, और भारत की संस्थाएँ उसे खोजती हैं।

अन्नपूर्णा निश्चित रूप से सुरबहार की सर्वोत्तम वादिका है; सचमुच यह दुख की बात है कि वह लोगों के लिए नहीं बजाती। अतीत में चालीस के दशक के उत्तरार्द्ध में वह निस्संदेह हमारी मंडली की एक सदस्या थी और कलकत्ता, बम्बई और दिल्ली में 'द डिस्कवरी ऑफ इंडिया' के लिए उसने मेरी रचनाओं को सितार पर बजाया था। यद्यपि वह हमेशा जनसमूह के सामने जाने में हिचकती थी, कई बार बम्बई और दिल्ली की संगीत गोष्ठियों के लिये मेरे साथ सुरबहार पर जुगलबन्दी देने के लिए मैंने उसे मनाया था। एक बार 1956 में, मुझे छोड़ देने के बाद, उसने कलकत्ते में एकल वादन किया था और आलूभाई के साथ उस नगर में रह रही थी और उनके कॉलेज में पढ़ा रही थी। लेकिन वह हमेशा एकान्तसेवी रही है, जनसमूह के समक्ष प्रदर्शन नहीं करते हुए, संभवत: कुछ परिचितों और छात्रों के सामने बजाने को छोड़कर। रूशी से उसके विवाह की अच्छी खबरें मेरे कानों तक पहुँची हैं, कि वह सचमुच उससे अच्छा व्यवहार करता है और यह कि वह सुखी है, स्वास्थ्य और मानसिक दशा बहुत अच्छी है और पढ़ाने में अधिक व्यस्त रहती है। समस्याओं से भरे हमारे वर्षों के बाद अब मैं अन्नपूर्णा के बारे में खुश हूँ और उसके जीवन में शान्ति और सुख लाने के लिए रूशी को धन्यवाद देता हूँ।

सुकन्या शंकर : एक छोटी बच्ची के रूप में भी अनुष्का में चौंका देनेवाली एक वृत्ति है। एक रोज़ वह टेलीविज़न प्रोग्राम देख रही थी जिसमें रविजी को दिखाया गया था, और उसकी पहली प्रतिक्रिया थी, 'बाबा ठीक मेरी तरह दिखते हैं, है न?' मैंने सोचा, 'मैं उसे क्या कहूँ?'

उसने हमेशा उनका एक पिता के रूप में आदर किया था, और वह जानती थी कि उसे उनके साथ अच्छा बर्ताव करना था। उनका हम लोगों के पास आना हमेशा एक सर्वोत्तम घटना होती थी। न

जाने कैसे, एक चुम्बक की तरह वह केवल हमेशा उनके पास जाना चाहती थी। मुझे याद हैं वे घटनाएँ जब वह बहुत छोटी थी, जहाँ बहुत से लोग उपस्थित थे और वह केवल उनके पीछे जाना चाहती अथवा उनका पाँव पकड़ना चाहती थी। अगर हम चाय भी पी रहे होते, तो मैं बहुत डर जाती थी कि कहीं उनके कप की चाय में बिस्कुट डुबोने को वह अड़ न जाए, सबों के सामने। वह किसी की बात नहीं सुनती थी! वह बस उनके पास जाना चाहती थी।

अपने बचपन से ही बड़ी असाधारण होने के सभी लक्षण अनुष्का दिखा रही थी : इतनी प्रतिभाशाली, अत्यन्त बुद्धिमती, नकल उतारनेवाली और विनोदयुक्त और सभी दुर्लभ गुणों से भरी। वह हमेशा अपनी उम्र से कुछ साल बड़ी लगती थी, एक शिशु थी तब से भी, और सचमुच मुझे कहने में गर्व है कि सुकन्या ऐसी अभूतपूर्व माँ रही है जिसने उस विषम परिस्थिति में भी उसे इतनी अच्छी तरह पाला-पोसा। मेरे प्रति उसके प्रेम के अतिरिक्त उसका पूरा ध्यान अनुष्का पर केन्द्रित था और उन परिस्थितियों में जो सर्वोत्तम हो सकता था उसने उसे दिया।

जिस चीज की मैं विशेष प्रशंसा करता हूँ और जिसका परिणाम मैं अब देखता हूँ, वह है कि इंग्लैंड में पैदा होने और अँग्रेजी वातावरण में सयानी होने के बावजूद—अँग्रेजी नर्सरी स्कूल में पढ़ने के बाद भी—वह वहाँ के बहुत से भारतीय बच्चों की तरह नहीं हुई जो मुश्किल से अपनी भाषा या भारत के और उसकी सांस्कृतिक धरोहर के बारे में कुछ भी जानते हैं। जब कभी वह घर होती, सुकन्या (और कभी-कभी उसकी माँ) अनुष्का को भारत के बारे में बताती रहती, भारतीय नृत्य और कथाएँ पढ़ाती, देवताओं और देवियों पर सुन्दर श्लोक पढ़ाती, रामायण और महाभारत पढ़कर उसे सुनाती और गीतों की शिक्षा देती। सुकन्या की आवाज सुन्दर है और कर्नाटक-शैली का अति-सुन्दर ज्ञान। उसने अनुष्का को अपनी मातृभाषा तमिल भी पढ़ाई। अनुष्का पूरी अँग्रेजी संस्कृति के साथ पली-बढ़ी थी, निखालिस अँग्रेजी उच्चारण के साथ, और साथ ही अद्‌भुत भारतीयता का पोषण भी उसे मिल रहा था। एक अपूर्व सम्मिश्रण! आज यह उसके संगीत में स्पष्ट है, जिसमें वह पियानो से तत्क्षण सितार पर जा सकती है और हर चीज में ऐसी ही है, वह सर्वगुणसम्पन्न बच्ची है, और हम लोगों के हृदय उसके लिए प्रेमाकुल रहते हैं।

फिर भी बहुत कारणों और बहुत लोगों से संलग्नता से अस्सी के दशक में कई वर्षों तक सुकन्या के साथ मैं रहा या न रहा। जब रहा तो मैं सर्वतोभावेन जीवन समर्पित करता रहा—कुछ बचाकर रखना न था, किन्तु जब चला जाता तो बस सम्बन्ध तोड़ देता।

सुकन्या शंकर : मेरे लिए बहाना करने का तनाव अत्यधिक बढ़ रहा था। मैं अपने पति को छोड़ने का प्रयत्न कर रही थी, मगर मुझे रवि जी के इसी दोस्त से धमकियाँ मिल रही थीं कि अगर मैंने ऐसा किया तो मैं फिर रवि जी को कभी देख नहीं पाऊँगी। कुछ समय तक मैंने सहा, किन्तु अन्त में मैंने निर्णय किया कि मैं अब और सह नहीं सकती थी, और मैं अलग हो गयी। 1987 में हमारा डाइवोर्स हो गया।

डिक्री मिलने के पहले, मैं छः माह तक भारत में थी। 3 दिसम्बर, 1986 को रवि जी ने मुझे बंगलौर से लन्दन में फोन किया था और भारत आने को निमन्त्रित किया था। उस समय वे मेरे प्रति बड़े अनुरागपूर्ण थे और मैंने 10 तारीख को यात्रा करने की तैयारी की। 5 तारीख मेरा जन्मदिन था। 4 तारीख को वे कोयम्बटूर चले गये थे, लेकिन मेरे जन्मदिन पर उन्होंने फोन नहीं किया। मैं अचरज कर रही थी कि उन्होंने फोन क्यों नहीं किया था, क्योंकि उन्होंने मुझे कहा था कि वे करेंगे। करीब तीन बजे मैंने उन्हें इंग्लैंड से फोन किया। पहला वाक्य जो उन्होंने मुझसे कहा वह था, 'यदि तुम मुझसे प्रेम करती हो तो अब और फोन न करना।'

केवल 4 तारीख को एक फोन के द्वारा यह मित्र रविजी को अपने मन को बिल्कुल बदलने में कामयाब हो गया था। उन्होंने मुझे पूर्णतः अस्वीकार कर दिया था—वे फोन पर भी मुझसे बात करना नहीं चाहते थे। अन्तिम मिनट में मैं अपनी सारी योजना बदल न सकी। इसलिए मैंने अपनी

1975 इंग्लैंड, बरमिंघम, रवि के साथ तानपूरे पर सुकन्या

नौकरी और हर चीज छोड़ दी और अनुष्का के साथ छः महीने के लिए 10 सितम्बर को भारत चली गयी।

1986 में मैं ऐंजाइना से बहुत बीमार हो गया। 1974 में जिस भय का मैंने अनुभव किया था, उसके बाद मैं अपने स्वास्थ्य का अधिक ध्यान रखने लगा था, लेकिन मेरे जीवन-क्रम की क्षिप्रता और मेरी भावनात्मक उथल-पुथल रह ही गयी थी। 1977-78 में मैंने उँगली में थोड़ी सुन्नता अनुभव की थी और लगा कि धमनी में कुछ अवरोध रहा था। लेकिन 1986 में कष्ट बड़ा गम्भीर था। सितम्बर और अक्टूबर में आयुर्वेदिक चिकित्सा के लिए दक्षिण भारत गया, शाकाहारी जीवनचर्या अपनाते और अपने सारे बाल मुँड़ाकर। लेकिन मेरे हृदय की स्थिति के कारण इसका ठीक उलटा प्रभाव हुआ। मानसिक अवसाद और दुस्वप्नों से आक्रान्त, मैं दुर्बल हो गया। मेरा मन इतना कभी नहीं घबराया था। लगता था मुझे एक पिशाच ने पकड़ लिया है, मैं विश्वास करने लगा था कि किसी ने मुझ पर जादू-टोने का प्रयोग कर दिया था। मैं हर आदमी से गुस्सा करता था—किसी से भी ज्यादा अपने से—लेकिन मेरी सारी भावनात्मक समस्याएँ ऐसे चरम बिन्दु पर पहुँच गयी थीं कि मैं तनाव झेल नहीं पा रहा था। और कभी-कभी और क्रोध और निराशा को सुकन्या पर उतारता था—बहुत दूर से फोन पर भी।

दक्षिण में करीब दो माह के बाद मैं नवम्बर में दिल्ली आया, और अस्पतालों में जाँच के लिए आते-जाते बड़ा बीमार हो गया था। एक हल्के हार्ट अटैक के बाद डॉक्टरों ने जोर दिया कि मुझे बाइ-पास सर्जरी करानी चाहिए, लेकिन मैं इसके खिलाफ लड़ने का प्रयास कर रहा था। धीरे-धीरे वजन खोते हुए, उस समय मैंने सभी गलत चीजें कीं। हालत इतनी खराब हो गयी थी कि करीब बड़े दिन के समय मुझे औषधीय चिकित्सा के लिए न्यूयॉर्क की यात्रा करनी पड़ी, शुभो, डॉक्टर चोपड़ा (दिल्ली में मेरे डॉक्टर) और लन्दन के एक प्रिय मित्र, निशीथ गांगुली के साथ।

10 दिसम्बर, 1986 को न्यूयॉर्क के लेनॉक्स हिल हॉस्पिटल में डॉक्टर टॉलरी की देख-रेख में डॉक्टर इउजीन वॉल्श के द्वारा मेरे हृदय की क्वाड्रुपल बाइ-पास सर्जरी की गयी। डॉ. टैलुटी की देखरेख में ऑपरेशन के बाद मैं आराम के लिए उस नगर में ठहर गया और फरवरी में मैं प्रिय दम्पती शीला और प्रेम त्रिकन्नाद के यहाँ, जिन्हें मैं बड़ा स्नेह करता था, डेढ़ महीना ठहरने के लिए सान डियगो चला गया। निशीथ मेरी अच्छी देख-भाल करते करीब साढ़े चार माह मेरे साथ रहे। वह हमेशा बड़े उत्फुल्ल रहते हैं, खुश और प्रसन्नचित्त—एक असाधारण आदमी—और उनकी उपस्थिति से मेरी आत्मिक शक्ति को बड़ा संबल मिलता था।

शीला और प्रेम ने मेरा एक अन्य दम्पती से परिचय कराया जिनसे मैंने बड़ी सुन्दर मित्रता स्थापित की है; पूर्ण और गोपा पट्टनायक। ये उड़ीसा के एक बड़े कलात्मक परिवार के लोग हैं, करीब अनुष्का की उम्र की तीन जवान लड़कियों के साथ जो ओडिसी नर्तकियाँ हैं। वे सान डियगो के नॉर्थ काउंटी के एनसिनिटास में रहते हैं, मैंने जिन स्थानों को कभी देखा है उनमें सुन्दरतम। मैं उस इलाके पर मुग्ध हो गया। 1992 सितम्बर में मेरे ऐंजियोप्लास्टी ऑपरेशन के बाद, पूर्ण और गोपा ने बहुत दयापूर्वक मेरे स्वास्थ्य लाभ के समय मेरी देख-भाल की।

अपनी बाइपास सर्जरी के बाद, मैं मन में इस स्थिति में अभी भी सुकन्या के विरुद्ध प्रभावित था, अभी भी उसे अस्वीकार करते हुए। हालाँकि सौभाग्य से ऑपरेशन के चार महीने के भीतर मैं अपने प्रथम कॉन्सर्ट (मेरे 67वें जन्मदिन पर) और उसके बाद यू.एस.ए. में सात और में बजाने में सक्षम हुआ, और मुझमें नवजीवन का भाव फिर विकसित हुआ। इस पुनर्जीवन के साथ क्रमश: मैं पुन: उसके प्रति अनुरागमय अनुभव करने लगा था।

सुकन्या शंकर : 1987 में अगले वर्ष इंग्लैंड के क्रॉले में निश्चित आयोजन के लिए दक्षिण एशियाई संगीत और नृत्य के प्रथम 'नयी किरण' उत्सव के लिए योजनाएँ एक साथ बननी शुरू हो गयीं। इसके लिए मैंने रविजी द्वारा वादन की व्यवस्था की, मगर मैंने उनसे सीधे सम्पर्क नहीं किया। मैंने उनके एजेंटों के माध्यम का सहारा लिया, 1987 के मध्य में मैंने उनसे संक्षिप्त भेंट की, जब वे यूनाइटेड स्टेट्स से लन्दन होकर गुज़रे, लेकिन कुछ बात न बनी, सब कुछ बहुत अन्यमनस्क था। इसके बाद फिर उन्होंने मुझे दिल्ली से फोन करना शुरू किया। पहले तो मैंने इसे गम्भीरता से नहीं लिया। मैं खुश थी कि उनसे सुनने को खबर मिल रही थी, लेकिन मैं उनके व्यवहार से इतनी दुखी थी कि अब एक बार फिर अपनी आशाएँ खड़ी करने नहीं जा रही थी। तब मेरे जन्म-दिन की सुबह उन्होंने मुझे सात बार मुबारकबाद देने के लिए दिल्ली से फोन किया। 20 सितम्बर को उन्होंने सिंगापुर से फोन किया, जहाँ उनका एक कॉन्सर्ट था, और वे बड़े स्नेहपूर्ण लगे।

लन्दन आने की उन्होंने योजना बनाई थी, और मैंने पहली बार उन्हें बिना सितार के साथ पहुँचते देखा। मैं वह दिन कभी नहीं भूलूँगी : 22 नवम्बर, 1987। कभी अकेले यात्रा नहीं करते; कोई न कोई उनके साथ रहता है, या तो कोई तबलावादक या कोई छात्र। मगर इस अवसर पर मैंने उन्हें अकेले आप्रवासन कार्यालय से आते देखा, हाथ में कोई सितार नहीं। मैं समझती हूँ यह एक विशेष आनन्दोपहार था।

1987 में कॉन्सर्टों के लिए सोवियत रूस भ्रमण करने के बाद (जहाँ मुझे हिप्पी की तरह सारी प्रशंसा मिली) मैंने अपने सितार अपने छात्रों के साथ दिल्ली भेज दिए, और बस सुकन्या के साथ रहने को केवल एक सूटकेस के साथ विशेषत: लन्दन आया। बेली के होटल में मैंने आनन्द में उन्मत्त चार दिन बिताये। मैंने सचमुच उसके लिए प्रेम का एक ज्वार उमड़ते अनुभव किया था, और चीजें करीब सामान्य हो रही थीं।

1988 के वसन्त में मैं दूसरी बार जब लन्दन आया, प्रेम प्रगाढ़तर था। हालाँकि यह एक तूफानी

यात्रा भी थी, चूँकि अपने अन्तरंग मित्र से बड़ा झगड़ा हुआ। इतने खुलेआम सुकन्या के लिए मेरे यह सब करने पर वह गुस्से से लाल था। मैं भी आपे से बाहर हो गया। हम लोगों में तू-तू, मैं-मैं हुई और वह रूठा और बाहर चला गया। दुर्भाग्य से यह बड़ा सम्बन्ध-विच्छेद था और यह अन्तिम बार था जब मैंने उसे देखा था।

मैं भी कभी-कभी लोगों पर गुस्से से पागल हो जाता हूँ, लेकिन जब तूफान गुज़र जाता है और मैं महसूस करता हूँ कि मैं गलत हूँ तो मैं माफी माँगता हूँ। अगर बात उल्टी हो तो मैं क्षमा प्रदान करता हूँ। 'मुझे दुख है' ऐसा कहने में मुझे कभी दिक्कत नहीं हुई है, अगर दूसरा आदमी गलती में हो, तब भी—मगर मुझे मुश्किल से ऐसे लोग मिले हैं जो कहते तो हैं कि वे दुखी हैं या कम-से-कम बात पर चर्चा करते हैं, सब चीज साफ कर लेते हैं और मुद्दे को हमेशा के लिए खत्म कर देते हैं इसके बदले कि वे उसे ढोते हुए तन-मन से बीमार हो जाएँ।

अपने मित्र के साथ इस झगड़े के बाद मैं इतना दुखी था कि एकाध दिन बाद उसे फोन करके समझौता कर लेने का प्रयास किया, लेकिन उसने साफ कहा कि मैं अब फिर उसे फोन या सम्पर्क न करूँ। बाद में उसने मुझे दो विष बुझे पत्र भी लिखे। यद्यपि तब से बाद के वर्षों के दरम्यान मुझे अपने मित्र से पता चला है कि उसे भी मेरी अनुपस्थिति खलती है, लेकिन उसका क्रोध सुकन्या के प्रति कम

नहीं हुआ है, जिसे हमारी मित्रता के टूटने का वह दोष देता है। अतः मैंने यह दृष्टिकोण अपनाया है कि जिसे मैं प्यार करता हूँ, जो मेरी पत्नी है और मेरी बेटी की माँ, उसे जब तक वह स्वीकार नहीं करता तब तक समझौते का कोई अवसर नहीं है। यह हम दोनों के बीच का अवरोध है, हम लोग जिन्होंने मित्रों के रूप में हँसी-खुशी के बहुत वर्ष बिताये। मुझे उसकी अनुपस्थिति जरूर बहुत खलती है—यह बड़े दुख की बात है!

लेकिन वह समूचा प्रकरण अब समाप्त हो गया था। सुकन्या के बारे में मेरा दिल बहुत साफ हो गया था।

सुकन्या शंकर : जब उनका अपने मित्र से सम्बन्ध-विच्छेद हुआ, यह ऐसी चीज थी जिसकी मुझे बिल्कुल आशा न थी। रवि जी के जीवन में बहुत वर्षों तक इतने महत्त्वपूर्ण रहे थे, कोई इसे डिगा नहीं सकता था।

मुझे याद है, एक दिन रवि जी ने अपनी जेब में देखा और 400 पौंड नकद पाये। उन्हें याद नहीं था कि कब उन्होंने यह पैसा वहाँ रखा था। वह बोले, 'मुझे उम्मीद न थी कि यह पैसा यहाँ होगा, इसलिए इससे मैं तुम्हारे लिये कुछ खरीद देना चाहता हूँ।' वह टैक्सी में मुझे घर छोड़ने जा रहे थे, और दूकानें बन्द ही हो रही थीं, लेकिन अपने आप उन्होंने टैक्सी-ड्राइवर को रोकने को कहा। किलबर्न हाई रोड पर वे एक भारतीय दूकान में गये और मेरे लिए एक अँगूठी खरीदी। उन्होंने जोर दिया कि हीरे की एक ही होनी चाहिए लेकिन बताया नहीं कि क्यों। उन्होंने मुझसे कहा कि किसी को न बताऊँ और स्वभावतः मैंने मान लिया कि इसका अर्थ था कि कोई खास बात न थी। मैंने उनके कहने से अँगूठी पहन ली थी, मगर मैंने केवल एक मित्र को बताया था। दो दिन बाद हम बुडापेस्ट गये। पहले दिन, उनके कार्यक्रम के पहले, होटल के सुइट में उनका एक इन्टरव्यू था, और कुछ हंगेरियन मित्र और उनके छात्र उपस्थित थे। उन्होंने मुझसे कहा कि मैं बेडरूम में ही रहूँ जब तक वे उन लोगों से बात करें; 'मैं तुम्हें बाद में अन्दर बुलाऊँगा।' मैंने सोचा; ठीक है, वे अभी भी मुझे छिपा रहे हैं। लेकिन करीब दस मिनट के आसपास उन्होंने मुझे भीतर बुलाया और यह कहते हुए मेरा परिचय दिया, 'यह सुकन्या है मेरी मंगेतर।' मेरे पैर करीब-करीब लड़खड़ा गये। उन्होंने कभी औपचारिक रूप से मुझसे कुछ नहीं कहा था।

मैं तत्काल कुछ जवाब न दे सकी, क्योंकि वे सभी लोग वहाँ उपस्थित थे। तुरन्त वे कुमार बोस और हर आदमी को कहने लगे कि मैं उनकी मंगेतर थी, और मेरी अँगूठी उन सबों को दिखाने लगे। यह बिल्कुल हक्का-बक्का कर देनेवाला था।

यह एक क्रमिक निर्णय था, हाँ और ना के बीच मैं हिचक रहा था, लेकिन जिस क्षण मैंने अँगूठी खरीदी तब से, मैं समझता हूँ, मैंने कम-से-कम मन में पूरा फैसला ले लिया था। लेकिन तो भी मैंने इसे पूरी तरह सोचा न था।

बहुत दिनों तक मैं अपने विश्वासपात्र के द्वारा भय से भर दिया गया था और मुझे सलाह दी गयी थी कि सब चीज को मैं एक भेद के रूप में रखूँ। अब तक मेरा हृदय सुकन्या और अनुष्का के लिए गहरे और प्रगाढ़ प्रेम से भर गया था, और मेरा मन उनके प्रति पाप करने के अपराधभाव और पश्चाताप के बोझ से दब गया था। तितली की तरह की अपनी जीवन-शैली को हमेशा के लिए बदल देने का और फिर विवाह कर लेने का निर्णय मैंने ले लिया था।

सुकन्या शंकर : तब भी हम लोग विवाह या दूसरी चीज पर बात कभी नहीं करते थे। उन्होंने कभी मुझसे प्रस्ताव नहीं किया; उन्होंने बस विवाह निश्चित कर दिया। जनवरी, 1989 में उन्होंने भारत से मुझे फोन किया, और मुझे वहाँ अनुष्का के साथ आने और छुट्टियाँ मनाने को कहा। उन्होंने कहा कि हम लोग बनारस जा सकते थे, और मैं उनके भाई देवेन्द्र और उनकी पत्नी कृष्णा से भेंट कर सकती थी। यह बात फायदे की थी कि वे चाहते थे कि मैं उनके परिवार से मिलूँ। तब

उन्होंने कहा, 'तुम मद्रास जा सकती हो और इसके बाद हैदराबाद और मैं कलकत्ता से हैदराबाद 21 जनवरी को आऊँगा।' 22 को उनका हैदराबाद में सुबह एक कॉन्सर्ट था और उन्होंने कहा था, '23 एक अच्छा दिन है, और हम लोग इस मन्दिर में जाएँगे और 24 को हम लोग ठहर सकते हैं, और 25 को वापस चले जाएँगे।'

अतः मैंने पूछा, 'एक अच्छा दिन, किसलिए?' उन्होंने जवाब दिया, 'एक बड़ा सुन्दर मन्दिर है, और वहाँ हम लोग विवाह कर लेंगे।' मेरी प्रतिक्रिया तुरन्त फोन रख देने की हुई, क्योंकि मेरा गला बहुत भर आया था, मैं उसके बारे में फोन पर उनसे बात न कर सकी!

यद्यपि सारी बात के बारे में मैं घबरा गया था, मैंने इसकी योजना वहाँ भारत में बनायी। मैंने एक तिथि देखी जो शुभ थी और मैंने विचार किया कि तभी हमें इसे करना अच्छा रहेगा। बात यही थी! और यह अद्‌भुत था—मन्दिर में विवाह। यह सब मेरे बड़े पुराने एक मित्र मोहन हम्मादी के द्वारा व्यवस्थित किया गया था (दुर्भाग्यवश कुछ रिकॉर्डिंग के काम के चलते हमारे सम्बन्ध में अब कुछ कड़वाहट आ गयी है)।

मैं किसी को बताना नहीं चाहता था; केवल सेजदा जो उस समय इक्यासी वर्ष के थे, और मेरी भाभी को छोड़कर। करीब दस या बारह लोग कलकत्ता, दिल्ली और हैदराबाद से आए और सुकन्या की बहन बंगलौर से।

सुकन्या शंकर : सेजदा और कृष्णा दी से मुझे बड़ा प्रेम हो गया। मैं जानती थी मुझे सेजदा से पूरा समर्थन प्राप्त था, क्योंकि बनारस में उन्होंने रवि जी का हाथ अपने हाथ में लेकर कहा, 'अगर तुमने इस लड़की का अपमान किया, तो तुम कहीं के न रहोगे!' तब से उन्होंने मेरे हृदय में एक विशेष स्थान बना लिया है।

ऐसा माना जाता था कि कुछ निकट मित्रों को छोड़ विवाह के बारे में किसी को पता नहीं था, फिर भी किसी ने भेद खोल दिया। विवाह के एक दिन पूर्व हर आदमी हैदराबाद से हम लोगों को फोन कर रहा था, टाइम मैगज़ीन भी। एक आदमी चुपके से घुस आया और उसने तस्वीरें ले लीं, और दूसरे दिन हर जगह यह मुखपृष्ठ पर था।

पूरे भारत में सभी समाचार-पत्रों में यह जंगली आग की तरह फैल गया। सबसे बड़ी सनसनी थी हम लोगों की उम्र में अन्तर—प्रेस ने हम लोगों की उम्र में चौंतीस वर्ष के अन्तराल पर एक बड़ी कहानी गढ़ ली। सारी पत्रिकाओं में इन्टरव्यू के द्वारा सुकन्या अत्यन्त प्रसिद्ध हो गयी। बाद में स्त्रियों की प्रमुख पत्रिका 'सैवी' में हम दोनों की एक नाटकीय तस्वीर के साथ आवरण-कथा छपी। इसने उसका नाम घर-घर में फैला दिया।

सुकन्या शंकर : मैं नहीं समझती इसके बाद हमने कभी मुड़कर देखा। मुझे कुछ बुरे अनुभवों से गुज़रना पड़ा, लेकिन अब मैं इतनी खुश हूँ कि अगर मुझे चुनना पड़ा कि अगले जीवन में क्या घटित होगा और अगर मैं जान जाऊँ कि अन्ततः वे मेरे होंगे, तो मैं पुनः उन सारी व्यथाओं और दुखों को बिना हिचकिचाए प्रसन्नता से झेल लूँगी।

1993 से सुकन्या, अनुष्का और मैंने कैलिफोर्निया में अपना घर बसा लिया है। यह तब की बात है जब मैं पूर्णा और गोपा पट्टनायक के साथ सितम्बर, 1992 में ठहरा हुआ था कि सौभाग्य से निकट ही हम लोगों ने एक घर पा लिया जो हमारे लिए आदर्श लगा। हम लोगों ने इसे खरीद लिया, और पेशे से एक वास्तुशिल्पी, पूर्णा ने कुछ बड़े परिवर्तन जब कर दिए थे, उसके बाद सुकन्या, अनुष्का और मैं 1993 में वैलेंटाइन-डे को भारतीय पद्धति से गृहप्रवेश का अनुष्ठान कर उसमें चले गये। साल में अधिकतर वहाँ रहते हैं, जाड़े को छोड़कर जब मैं हमेशा करीब तीन महीनों के लिए भारत चला जाता हूँ। एनसिनिटास संसार के एक सुन्दर भाग में है, आनन्ददायक दृश्यावली से समृद्ध और सालोभर सुन्दर मौसम वाला।

बहुत बार मेरे भीतर का बालक आहत होता है जब उसका इस प्रश्न से सामना होता है कि 'इस पुराने शरीर के पिंजड़े में' मैं क्या कर रहा हूँ? कहा जाता है कि कोई युवा है यदि वह महसूस करता है—मैं इसमें विश्वास नहीं करता। मैं जो इतना नटखट, सदाबहार आदमी, ठिठोली करता, घोड़े की तरह उछलता इतनी ऊर्जा के साथ, हमेशा मनोरंजन करनेवाला, रचनात्मक होने से इतना कुछ देने को प्रयत्नरत—मैं क्यों नहीं उछल और दौड़ सकता हूँ, पाँच या दस घंटों तक निरन्तर लम्बा सितारवादन कर सकता हूँ और तब उसके बाद घंटों प्रेम कर सकता हूँ, सब कुछ बिना उचित भोजन और नींद के, जैसाकि मैंने वर्षों किया? यद्यपि यह गतिशील युवाभाव अब भी विद्यमान है मेरे भीतर, अब मुझे इस जर्जर शरीर-यन्त्र का खयाल औषधी और डॉक्टरों की देखरेख में रखना है।

याद रखिये, उम्र के बावजूद कुछ बालसुलभ लक्षण मुझमें शेष रह गये हैं, जैसे मेरी जिज्ञासा—हमेशा जानने की इच्छा रखती हुई कि क्या हो रहा है समाचारों में, खेलकूद में, राजनीति में, खोजों में, साहित्य, कलाओं में। यद्यपि मैं उतनी फिल्में नहीं देखता जितनी पहले के दिनों में देखता था, मैं अभी भी सिनेमा को प्यार करता हूँ, और कभी-कभी मुझे टी.वी. और वीडियो की मौज होती है जिससे सुकन्या को तकलीफ होती है। हर सुबह नाश्ते और चाय (हमेशा दार्जिलिंगवाली, गेरी गनपराऽद) के साथ हर सुबह अखबार पढ़ने का मैं दीवाना हूँ और कभी भी 'टाइम', 'न्यूज़वीक' या 'नेशनल ज्यॉग्राफिक' पढ़ने में मुझे गफलत नहीं होती। मैं ईश्वर को धन्यवाद देता हूँ कि मेरा दृष्टिकोण कभी ऊबने का नहीं।

किसी कार्यक्रम देनेवाले कलाकार के लिए बढ़ती उम्र अपनी समस्याएँ खड़ी करती हैं। आपकी उम्र जितनी बढ़ती है, अपने द्वारा स्थापित मानदंड को बनाये रखने के लिए आपको और कठिन मेहनत करनी होती है, जिससे आपके और आपके पारिवारिक जीवन पर असर पड़ता है। फिर भी मैं अनुभव करता हूँ कि मैं एक बेहतर संगीतकार हूँ और अब मेरा मन और अधिक रचनात्मक हो गया है। हमेशा से अधिक मैं उस आनन्दातिरेक का अनुभव करता हूँ जो स्वत:स्फूर्त्त लयकारियों से आता है। जब मैं स्टेज पर होता हूँ आह्लाद का यह भाव मेरी सभी बीमारियों को ढँक देता है। यद्यपि कभी-कभी मैं अनुभव कर सकता हूँ कि कुछ वर्ष पहले का वह हस्तकौशल नहीं है, जनसमूह के समक्ष वादन में मेरे हाथ रहस्यमय ढंग से फ्रेट पर नाचते ऐसी कारीगरी की चीजें कर देते हैं जो, मैं समझता था, अब सम्भव नहीं है।

कभी-कभी एक बेचैनी मुझमें आ जाती है। मुख्यत: अर्थाभाव के कारण अपनी रचनात्मक और कलात्मक प्रेरणा को तृप्त न कर पाने की असमर्थता से मैं नये बैले या वाद्यवृंद के लिए सुन्दर संगीत-

रचना करने में निराश हो जाता हूँ। कभी-कभी अपनी किशोर-वय बेटी की बढ़ती उम्र की समस्याओं से मैं तनावों का अनुभव भी करता हूँ हालाँकि उस तरह के तनाव का कोई उपाय नहीं है, या शिष्यों के कारण उठी समस्याओं से। हाल में खासकर एक व्यक्ति रहा है जिसने मुझे तकलीफ दी है, एक जवान उभरता हुआ तबलावादक जिसे शिष्य के रूप में मैंने ग्रहण किया, जो कि वर्षों तक मेरे कई अन्य छात्रों के साथ मेरे द्वारा प्रशिक्षित हुआ। मैंने कुछ अन्तर्राष्ट्रीय कॉन्सर्ट की यात्राओं में उसे अपने साथ चलने का अवसर भी दिया जो सामान्यत: ऐसे अपरिपक्व वादक को मैंने कभी नहीं दिया होता। वह सचमुच इसके लिए तैयार न था मगर मैंने केवल स्नेह के कारण ऐसा किया। तब मैंने पाया कि उसने एक पाप इतना जघन्य किया था कि परमात्मा ही उसे क्षमा कर सकता था। स्वभावत: उसे हट जाना पड़ा।

मैं और भी छोटी-छोटी बातों से दुखी होने की प्रवृत्ति रखता हूँ, हालाँकि मेरे लिए वे बड़ी महत्त्वपूर्ण लगती हैं। किसी ने जो छोटी भी सेवा की है उसे उसके लिए कुछ दिया गया है? क्या मेहमानों को चाय या खाना मिला है? उनकी छोटी-छोटी सुविधाओं के बारे में भी मैं बहुत चिन्तित रहता हूँ। जहाँ तक मेरे छात्रों का सवाल है, मुझे चिन्ता रहती है कि उन्हें कोई चोट न पहुँचे, और जो छोटी-छोटी चीजें भी वे मेरे लिए करते हैं उनके लिये मैं अत्यन्त आभारी होता हूँ—यद्यपि मैं जानता हूँ कि अतीत में बहुत से संगीतकारों ने अपने छात्रों के साथ बहुत रुक्ष व्यवहार किया है, कड़े नियमों और विधानों के साथ, मुश्किल से उस स्नेह को प्रकट करते हुए जो वे अपने हृदय में अनुभव करते होंगे। मैं अपने वेतनभोगी नौकरों की चिन्ता रखता हूँ, किसी भी सेवा के लिए जो वे मुझे देते हैं। मेरे नाम का मध्य भाग 'वरी' (चिन्ता) होना चाहिए।

फिर भी यद्यपि मैं प्राय: इन चिन्ताओं से घिरा रहता हूँ, मैं प्राय: अनुभव करता हूँ कि विवाह के पूर्व की स्थिति से अधिक शान्ति की अवस्था प्राप्त करने में मैं समर्थ हुआ हूँ। कौन जानता है कल क्या होगा? कोई भविष्यवाणी नहीं कर सकता। हो सकता है भूकम्प हो जाए, एक अणुबम फट जाए, स्वास्थ्य के खतरे आ जाएँ, कुछ भी, लेकिन जैसी स्थिति है मैं अब बहुत से तनावों से बहुत अधिक मुक्त अनुभव करता हूँ जो वर्षों-वर्षों तक मैंने भोगे हैं। वे भावनात्मक समस्याएँ जो मेरी जीवन-शैली में निहित रही हैं, हर सम्भव ढंग से हर आदमी को खुश रखने का प्रयत्न करते, और मुझमें जो सर्वोत्तम है उसे न केवल शरीर से वरन् भावना से भी देने की। सुख और आनन्द के ज्वार भी आए किन्तु वह जीवन एक बोझ था और अब मैं बहुत अधिक सुखी अनुभव करता हूँ, सुकन्या बड़ी बुद्धिमती, स्नेहभरी और ध्यान रखनेवाली है। मैं अपने पर गर्व करता हूँ कि मैंने उससे विवाह करने का निर्णय लिया, और मुझे खेद है कि मैंने बहुत पहले यह क्यों नहीं किया। वह सचमुच एक अद्‌भुत प्राणी है, और मुझे उसमें नये गुण मिलते रहते हैं।

वह बड़ी भारतीय है और फिर भी लन्दन में बहुत वर्ष व्यतीत कर चुकने पर, उसके पास सोचने का पश्चिमी ढंग भी है जिसकी मैं बड़ी तारीफ करता हूँ : इन्तज़ाम करने का गुण, तेज़ बुद्धि, बहुत स्पष्ट विचार और लोगों और समस्याओं की एक पैनी परख। उसे अपने में बड़ा विश्वास भी है। मुझे क्या करना या न करना चाहिए, इस बारे में वह हमेशा मुझे अपनी स्पष्ट राय देती है। वस्तुत: शुरू में मैं इसका विरोध करता था, क्योंकि कोई मुझे कहे कि मुझे क्या करना चाहिए इसे मैं कभी नहीं मान सकता था। कभी-कभी वह निर्मम रूप से स्पष्टवादी हो जाती है, और उसके बारे में गलतफहमी हो सकती है, लेकिन जो लोग उसे जान गये हैं इस गुण के लिए उससे बड़ा स्नेह करते हैं, साथ ही उसके ज़ोरदार ठहाकों के लिए उसके प्रति श्रद्धा रखते हैं। दूसरा अद्‌भुत गुण जो मैं उसमें पाता हूँ वह है बच्चों के लिए उसका अत्यधिक प्रेम (अपनी माँ से उत्तराधिकार में प्राप्त) और पशुओं के लिए। चाहे यह एक बिल्ली, कुत्ता, रकून, बन्दर, हाथी या बाघ हो, उसे कोई डर नहीं! मैंने उसे सीधे भयानकतम कुत्तों के पास जाते देखा है और वे उसके सामने एक पालतू बिल्ली बन जाते हैं : लेकिन, बाप-रे-बाप, उसकी हालत देखते ही बनती है जब उसका सामना एक तिलचट्टे, मकड़े, चूहे या छिपकली से हो जाए—वह चिल्लाकर आसमान सर पर उठा लेती है।

शुरू-शुरू में एक उत्तर भारतीय से विवाहित होने से समंजस होने में उसे कुछ बड़ी हास्यास्पद समस्याएँ हुई थीं, चूँकि हम लोगों के एकाध रिवाज़ हमारे दक्षिण के भाइयों से अलग हैं। जापानियों की तरह सारे देश के भारतीयों ने शिष्टाचारपूर्वक व्यवहार पर बड़ा जोर दिया है—बड़ों को देखकर खड़ा हो जाना, विनम्रतापूर्वक बोलना और युगों पुराने आदरपूर्ण आचरणों का पालन, जैसे प्रणाम, नमस्कार या मुसलमानों के द्वारा आदाब। फिर भी, उत्तर भारतीयों में स्वभावत: व्यवहार में एक दिखावापन है, जो ऐतिहासिक दृष्टि से सोलहवीं शताब्दी के बाद मुगल शासकों द्वारा शिष्टाचार और सदाचार (अदब और तमीज़) पर अत्यधिक ज़ोर डालने से आया है। मुगलों का आचरण पर प्रभाव पूरे उत्तरी भारत और अधिकतर सामाजिक वर्गों में व्याप्त हो गया, और पुश्त-दर-पुश्त हम इसे एक अति तक पहुँचा चुके हैं। अब हम लगातार झुकते और पैर छूते दिखते हैं। यह शिष्टाचार एक प्रकार की दिखावटी विनम्रता में व्यक्त होता है, जिसे कभी-कभी भोंड़े ढंग से नख़रा कहा जाता है। उदाहरण के लिए, जब कोई आदमी किसी दूसरे के घर पहुँचता है, उसे हमेशा चाय, नमकीन या कुछ दिया जाएगा; फिर भी, चाहे जितना भी वह प्यासा या भूखा हो, वह अपने आपको इसे अस्वीकार करता पाएगा, जबकि वह गहरी कृतज्ञता के पुल बाँध देगा। फिर भी उसका मतलब हो सकता है 'हाँ'। इसलिए उसका मेज़बान देने के लिए अड़ेगा, जबकि मेहमान इनकार करता रहेगा; 'मैंने तो सपने में भी नहीं सोचा था कि आप एक नाचीज़ के लिए इतनी तकलीफ़ करेंगे!' ये सब बातें दो-तीन बार दुहराई जाएँगी, इसके पहले कि आखिरकार या तो मेहमान स्वीकार करता है या मेज़बान फैसला करता है कि अब 'नहीं' को मान जाना चाहिए।

यह उत्तर में सामान्य व्यवहार है, लेकिन चूँकि मुगलों का प्रभाव मुश्किल से दक्षिण पर पड़ा, वहाँ इस तरह का दृश्य नहीं दिखता। दक्षिण भारतीय होने से और पश्चिमी प्रभाव होने से भी सुकन्या को ऐसे दिखावे वाले शिष्टाचार की आदत नहीं थी, जिससे हमारे विवाह के आरम्भिक दिनों में हमारे बीच संप्रेषण में मजेदार खाई हो जाती थी। जब तक उसे इसके अर्थ का पता न चला, वह मेहमानों के आरम्भिक अस्वीकार को सही मान लेती थी, और वे प्यासे और घबराये रह जाते थे!

संगठन की उसकी बड़ी प्रतिभा का परिणाम है कि पहली बार मुझे काम के तरीके और पैसे-कौड़ी के हिसाब में जो गड़बड़ी रही है उसे सँभालनेवाला मिला है। मुझे शक है कि किसी दूसरे शास्त्रीय संगीतकार ने कार्यक्रमों और संगीत के विभिन्न प्रयासों से उतना पैसा कमाया हो जितना मैंने कमाया है। फिर भी, पैसे के मामले में मैं बड़ा कमज़ोर रहा हूँ—मैं खर्च करता चला गया। मुझे हमेशा लोगों का स्वागत करना और उन्हें उपहार देना अच्छा लगा है, और मैं कभी अकेले खाना पसन्द नहीं करता, बल्कि मैं दस लोगों को अपने साथ खिलाना पसन्द करता हूँ। जहाँ तक मेरी लम्बी दूरी के फोनों का प्रश्न है...! मैंने कभी पैसे की चिन्ता नहीं की, कभी कमी महसूस नहीं की, क्योंकि वर्षों तक यह हमेशा आता रहा।

फिर भी, मैं अपनी आर्थिक स्थिति के बारे में डरने लगा। अच्छी जीवन-शैली की आदत बना लेने के कारण, जहाँ कि संसार भर में सभी सफल संगीतकार करते हैं, मैं बढ़िया ढंग से रहने का आदी हो गया था। किन्तु मेरे स्वास्थ्य की समस्याओं और यात्रा के कारण (उलझी व्यवस्थाएँ, समय साध्य औपचारिकताएँ, सुरक्षा-प्रक्रिया, हमारी पार्टी के सभी वाद्ययन्त्रों के बक्सों की चेकिंग, हवाई अड्डों पर प्रतीक्षा के कारण...) मैं बड़ी फीस लेकर, प्रदर्शन करने को कम कर देना अच्छा समझता गया। वर्षों तक मैंने सेक्रेटरी नहीं रखा, अधिकांशत: अपनी यात्राओं का खयाल मैं खुद रखता था। एजेंटों, एकाउंटेंटों और सॉलिसिटरों ने मेरी सहायता की, मगर वे भी अधिकतर यूनाइटेड स्टेट्स और यूरोप तक सीमित थे। यह केवल सत्तर के दशक के मध्य से हुआ कि मैंने उन्हें भारत में भी नियुक्त करना शुरू किया। और हर तरह से बहुतों ने मेरे पैसे लूटे थे। मेरे मित्र, जिससे मेरी अनबन हो गयी थी, ने एक अच्छी चीज जो की वह थी मेरी कुछ कमाई को बचाकर रखना, जिसके लिए मैं कृतज्ञ हूँ। फिर भी मेरे पास बहुत कम बचा था। सुकन्या ने इस सबको ठीक करने में बड़ा कठोर परिश्रम किया है।

1988 तक, कभी-कभी चुपके मिलने के अतिरिक्त, मैं यथासम्भव जैसे सुकन्या से अलग रहा था, वही बात छोटी और प्रिय अनुष्का के साथ भी हुई। और शादी के बाद यद्यपि दोनों से मेरे सम्बन्ध में हर चीज बदल गयी थी, सुकन्या का समय और स्नेह—जो उस समय तक पूर्णतः अनुष्का पर केंद्रित था—अनुष्का और मेरे बीच बँट गया था। हमारी अत्यन्त संवेदनशील और बुद्धिमती लड़की ने स्वभावतः अपने उन सयानी होने के वर्षों में आहत और एकाकी अनुभव किया था। उसके और मेरे बीच इकसठ वर्षों के अन्तर और साथ ही मेरे हृदय की हालतों से उत्पन्न मेरी सीमाओं के कारण मैं उसके साथ एक पिता की तरह सम्बन्ध-निर्वाह न कर सका जैसा कि एक पिता सामान्यतः एक पुत्री के साथ करता है। सब चीजों के ऊपर जो मैं पहले उसे न दे सका था, जिस अवधि में वह बड़ी हो रही थी : मैं अब उसके साथ दौड़, कूद, खेल, पीठ पर चढ़ा या घोड़े की तरह दौड़ नहीं लगा सकता था।

एक चीज जो हम लोगों को निकट ले आई वह थी संगीत। यह सुकन्या का विचार था कि मैं एक छोटे सितार पर मौलिक चीजों से शुरू कर सिखाना शुरू करूँ। जिस चीज में उसका मन लग जाता उसमें उसकी प्रतिभा अद्‌भुत थी, और मेरे हृदय को प्रसन्नता से भरती उसने बहुत तेज़ी से सीखा। बहुत से असामान्य प्रतिभावाले बच्चों की तरह, मेरे साथ बैठकर एक ही समय वह घंटों सीख सकती थी, लेकिन अकेले में उसमें हमेशा अभ्यास से जी चुराने की वृत्ति रही है या उसने इसे बेमन से किया है। यद्यपि अपने छात्रों पर मैंने हाथ कभी नहीं उठाया है, अगर वे सीखने में धीमे रहते हैं तो बाबा का भाव मेरे अन्दर जग जाता है : मेरी आवाज, अभिव्यक्ति और नजरें बदल जाती हैं, मैं अशान्त हो जाता हूँ और अपने छात्रों के लिए एक आतंक बन जाता हूँ। यद्यपि उन निर्माण के वर्षों में भी अनुष्का कभी मन्द नहीं रही, बैठने की मुद्रा ठीक करने, हाथों को ठीक रखने, मींड़, बोल और विभिन्न आरम्भिक अभ्यासों में दक्षता प्राप्त करने में उसे समय लगा, जैसा कि हर के साथ होता है। बेचारी के छोटे-छोटे हाथ दर्द करने लगते थे और उसकी कोमल उँगलियाँ तारों से कट जाती थीं, लेकिन अपनी ओर से जैसी कि मेरी आदत थी, मैं अपनी अधीरता दिखाता और आग्नेय नेत्रों से उसे देखता! और तब मैं उसके सुन्दर होंठों को

काँपते और उसकी आँखों में आँसू आते देखता, और मेरा हृदय पसीज जाता था। एक या दो वर्ष के भीतर मैंने अपने क्रोध को वश में करना और उसे संगीत का रस लेना सिखा दिया। चूँकि समय बदल गया है, पाठ के पहले और बाद में मुझे प्रणाम न करने की आजादी भी मैंने दे दी है, जैसा मैंने बाबा के साथ किया था या मेरे छात्र मेरे साथ करते हैं, और जो अभी भी प्रचलित रिवाज है (हालाँकि जब किसी वादन में वह मेरे साथ संगत करती है, कार्यक्रम के पहले और बाद में वह प्रणाम जरूर करती है)।

जितना मैं चाहता हूँ उतना उसके अभ्यास न करने के बावजूद, अपनी असामान्य मेधा से उसने बहुत शीघ्र विकास किया है। सुकन्या के जोर देने से फरवरी, 1995 में दिल्ली में मेरे जन्मदिन की 75वीं वर्षगाँठ पर आयोजित संगीत समारोह में अनुष्का ने प्रथम सितार-वादन किया। इस बारे में इस पर सुकन्या से मेरा लम्बा विचार-विमर्श हुआ था, क्योंकि इसके पहले कि वह धीरे-धीरे घर पर या प्राइवेट वादनों के अधिक अनुभवों के साथ किसी बड़े प्रोग्राम की तैयारी कर ले, मैं एकाध वर्ष रुकने के पक्ष में था। लेकिन अब मैं सुकन्या से सहमत हो गया हूँ (पुनः चूँकि समय बदल गया है) कि आजकल बच्चे, जगमगाहट, और संचार-माध्यमों के ज्वार से घिरे, बिना प्रोत्साहन के वे जल्दी ही निराश हो जाते हैं और उनकी रुचि घटने लगती है।

अपने प्रथम-प्रवेश के बाद अनुष्का ने मेरी सहायता करते भारत के बड़े नगरों और सारे संसार में विभिन्न जगहों में समारोहों में कार्यक्रम दिया है। कलाप्रदर्शन का गुण उसमें जन्मजात है, सन्तुलन, आत्मविश्वास और इसके साथ अपने सुन्दर आकर्षक व्यक्तित्व को मिलाकर वह श्रोताओं की शाबाशी लेती है। उसने बड़ी शीघ्र सफलता प्राप्त की है, धूम मचा देनेवाली एक किशोरी, यद्यपि उसकी उम्र में किसी को अधिक प्रतीक्षा करनी चाहिए। हमारे संगीत की गहराई को आत्मसात करने में सालों-साल लगते हैं, और स्वतन्त्र लयकारी और उच्च स्तरीय वादन में योग्य होने में, और तब भी प्रक्रिया कभी नहीं रुकती। मैं इसे अपने अनुभव से जानता हूँ, मैं अब भी सीख रहा हूँ जब मैं सतहत्तर की उम्र में पहुँच रहा हूँ। मेरा विश्वास है कि वह भी भविष्य में इस दृष्टिकोण की गम्भीरता के प्रति ईमानदार रहेगी।

वह बड़ा अच्छा बजाती रही है, खासकर हाल के महीनों में, न केवल तेज़ी या स्पष्टता के लिहाज से बल्कि भावपूर्णता की दृष्टि से भी। मेरी कुछ स्वत:स्फूर्त लयकारियों की हू-ब-हू आवृत्ति कर देने का उसमें ऐसी अद्‌भुत गुण है कि गह श्रोताओं को भौंचक कर देता है, और मुझे बड़ी खुशी देता है। मुझे कितना गर्व होता है! वह मुझे प्रेरित करती और मुझमें जो सर्वोत्तम है उसे व्यक्त करती है, दोनों जगह, जब मैं सिखाता हूँ और मंच पर। मैं बड़ी ऊँचाई तक उड़ता हूँ और तब उसकी आँखों में गहरी प्रशंसा देखता हूँ जो मुझे अभिभूत कर देती है। मेरा हृदय उसके लिए प्रेम से ऐसा भर उठता है कि मुझे लगभग पीड़ा होने लगती है।

सुकन्या और मैं दोनों अनुष्का को पाकर सुखी हैं। मैं अपने भीतर एक गहरी प्रेरणा का अनुभव करता हूँ कि मुझे जीना चाहिए अनुष्का को देने के लिए, जो कुछ भी दे सकूँ, न केवल मेरी पुत्री के रूप में बल्कि एक शिष्या के रूप में भी। उसमें सभी चिह्न हैं—लक्षण—कि जो मैं उसे दे सकता हूँ उसे आत्मसात् करने और आगे विकसित करने के लिए वह आदर्श व्यक्ति है, अत: मैं इसका बड़ा आनन्द लेता हूँ। इसलिए नहीं कि यह उसके प्रति मेरा ऋण है; मात्र कर्तव्य से बढ़कर यह एक सच्चा आनन्द है।

तिगुनी उम्र का पिता होने से, मैं जानता हूँ मैं एक अच्छा बाप नहीं हूँ। मुझे छोटे बच्चों के साथ व्यवहार और उनके चोंचलों के लिए धैर्य नहीं रहा है और मैं निरन्तर जेट-यात्रा वाले जीवन के कारण एक पिता के कर्तव्य का निर्वाह न कर सका। मैंने उन सुन्दर आरम्भिक निर्माण के वर्षों को खो दिया जब मैं अनुष्का के साथ हो सकता था और उसकी संगीत-शिक्षा बहुत पहले आरम्भ कर देता। इसी तरह मैंने शुभो के आरम्भिक बाल्यकाल को खो दिया और पश्चिम में अपनी दूसरी लड़की का। अनुष्का के साथ उन वर्षों की क्षति-पूर्ति करने का मुझे अवसर है।

यह सार्वदेशिक सत्य है कलाकारों और मनोरंजनकर्ताओं के बीच, खासकर संगीतकारों के बीच,

कि सफलता पारिवारिक जीवन के लिए एक अभिशाप बनकर आती है। सफलता के लिए अधिकांश समय एक कलाकार को अन्दर से स्वार्थी होना पड़ता है। अपनी ऊर्जा और एकाग्रता की ईर्ष्यापूर्वक रक्षा करते हुए जिससे कि वह उन्हें अपने कलाप्रदर्शन में लगा सके, अक्सर उसे अपने श्रोताओं की माँगों को पारिवारिक माँगों के आगे रखना होता है। अगर वह नहीं करता तो उसके कला-जीवन की हानि होती है। यह वही बात है कि 'यदि आप गर्मी बरदाश्त नहीं कर सकते तो रसोईघर के बाहर हो जाइए।' सफलता का भी नशा होती है। श्रोताओं की प्रशंसा अभिभूत कर देनेवाली संवेदना होती है, और हर आदमी जो इसे महसूस करता है, इसकी शक्ति से परिचित होता है। पैसे और मिलनेवाली जीवनशैली से प्रशंसा अधिक बड़ी प्रेरकशक्ति है। इसीलिए जब तक वह पंगु न हो जाए, एक कलाकार अवकाश ग्रहण करना नहीं चाहता। मेरा विश्वास कीजिए, मैं अपनी बात की पुष्टि में इसे नहीं कह रहा हूँ, यह बताने के लिए नहीं कि मैं क्यों एक अच्छा पिता नहीं हुआ। किसी आदमी के लिए जो किसी कला के प्रदर्शन में उपलब्धि के किसी पद या सम्मान तक पहुँच जाता है, काम करने का एक नशा हो जाता है, वह चाहे या न चाहे। जो निकट परिवार है हमेशा उसे घाटा होता है, और यह स्थिति मेरे जीवन में सभी स्त्रियों और मेरे सभी बच्चों के साथ रही है, सुकन्या और अनुष्का को मिलाकर भी।

भारतीय संगीत सीखने के साथ अनुष्का पियानो भी बजा रही है, जिसमें वह बड़ी प्रवीण है, और मैं उसे गायन सीखने के लिए प्रोत्साहित करता हूँ क्योंकि यह हमारे सारे शास्त्रीय संगीत का उद्‌गम है और इसे जानना परमावश्यक है। मैं चाहता हूँ कि वह और जाने, भारतीय और पाश्चात्य संगीत की सारी बारीकियों को जाने, क्योंकि मेरी राय में ज्ञान सदा अपने को और समृद्ध करता है।

मेरा यह विश्वास शायद बाबा के एक लक्ष्य के प्रति समर्पण वाले विश्वास के विपरीत है जो उनकी कहावत में चरितार्थ है कि 'एक साधे सब सधे, सब साधे सब जाय'। अधिकांश स्थितियों में यह सत्य है। बाबा का मुख्य वाद्ययन्त्र था सरोद, और यह उस पर उनकी एकाग्रता हो सकती है, साथ ही उनकी अविश्वसनीय प्रतिभा जिससे हर चीज आसानी से उनके पास आ गयी। तो भी बाबा के अपने जीवन का फिर विचार कीजिए। वे इतने बहुआयामी प्रतिभावाले थे। गायनशास्त्र का उन्हें अपूर्व ज्ञान था, और वे बहुत से वाद्य बजाते थे। औसत आदमियों के लिए यह बहुत मुश्किल है, लेकिन लोग जो बहुत प्रतिभासम्पन्न हैं विविध प्रकार के ज्ञान को अर्जित कर सकते हैं और प्रत्येक ज्ञान दूसरे ज्ञान को ऊँचा करता है। मेरे अपने जीवन में मंचनृत्य और सभी दूसरे प्रकार के ज्ञान जो वर्षों मैंने प्राप्त किये विशेषत: अपने युवाकाल में, उसने मेरी बड़ी मदद की। अनुष्का में यह खास बात है कि वह सचमुच भारतीय संगीत से पाश्चात्य संगीत में जा सकती है और जब वह उन्हें बजा रही हो उसकी पूर्ण एकाग्रता प्रत्येक में है। हर आदमी इस तरह का काम नहीं कर सकता, मगर कुछ लोगों को ईश्वर का आशीर्वाद प्राप्त है और उन्हें वह विशेष गुण है। निश्चित रूप से अनुष्का एक उदाहरण है। वह दूसरे विषयों में भी बड़ी ऊँचाइयाँ प्राप्त कर सकती थी; एक लेखिका, नर्तकी, एक अभिनेत्री और एक मॉडेल के रूप में भी।

अनुष्का और मैं अपनी युवावस्था में कैसा था, इन दोनों में कुछ महत्त्वपूर्ण समानताएँ हैं। उसकी प्रतिभा बहुआयामी है और बहुत सी चीजों में उसकी रुचि है और वह खुले रूप में रोमांटिक है—सदा प्रेम को प्रेम करती, या व्यथा में, अत्यन्त तुनुकमिजाज़ और आवेग के संवेदनशील दौरेवाली! उस पर अतिरिक्त बोझ और मन की भटकनें हैं जिनसे मुझे सचमुच कभी गुज़रना नहीं पड़ा : स्कूल, होमवर्क, प्राइवेट ट्यूशन, पियानो के पाठ, उसके किशोरवय-मित्र और फोन पर बात-चीत! मेरे साथ अन्तर इस बात में था कि जब मैंने गम्भीरता से सितार को लिया, तो पहले ही मैं अठारह का हो चुका था और दुनियादारी से अच्छी तरह वाक़िफ़ हो गया था : मुझे एक नये सिरे से शुरू करना था और पूरे मनोयोग से अपनी मर्जी से संगीत और बाबा को समर्पित करना था। और कैलिफोर्निया की अपेक्षा मैहर में एकाग्र साधना अधिक आसान थी।

कुछ समय तक उसके 'दूसरे' पक्ष, आधुनिक किशोरवय वाले, ने मेरे लिये दिक्कत पैदा की;

लेकिन, सुकन्या को पुनः धन्यवाद, मैं इसका और अभ्यस्त हो गया हूँ। मैं महसूस करता हूँ कि मुझे शिकायत करने के लिए कुछ नहीं है, खासकर जब मैं देखता हूँ कि कितनी जल्दी वह भारतीयता तक पहुँच जाती है, और मेरे क्षेत्र संगीत तक, आत्मविश्वास के साथ वह दोनों के बीच संतुलन रखती है। वह सच्ची मिथुन राशि की है।

अन्त में, चाहे जितना भी मैं बातों को प्रभावित करना चाहूँ, वह क्या होने जा रही है वह उसके अपने कर्मों का फल है। लेकिन इतनी बात के बारे में निश्चित हूँ कि अत्यधिक समझदार, अनुप्रेरित और एकाग्र होने से, वह चाहे जो करे उसमें वह महान होगी। मैं उसे बड़ी गहराई से प्यार करता हूँ और कभी उसे उतना व्यक्त नहीं कर पाता।

मैंने सचमुच अपना जीवन जिया है; मैंने इसे पूर्णतः देखा है, पूर्णतः किया है और इस क्षण प्रसन्नतापूर्वक विदा हो सकता हूँ। कई बार मृत्यु ने मेरे दरवाजे पर दस्तक दी है, मगर मैंने इसे थोड़ा और ठहरने को कहा है, क्योंकि मैं अभी भी जीना चाहता हूँ, विशेषतः अनुष्का के लिए।

अपनी युवावस्था और लोकप्रियता के शिखर पर मुझे हर चीज मिली जो मैंने चाही और स्त्रियों के साथ अवसर भी मिले। मैं बेचैन और अपरिपक्व था, एक अन्धड़ की तरह, और किसी चीज या किसी के बारे में मैंने परवाह न की। मैं सारी भावनात्मक समस्याओं को, हर आदमी को यथासम्भव खुश रखने की कोशिश करते हुए, ढो सका। फिर भी मैं किसी भी एक व्यक्ति से पूरा सन्तुष्ट न रहा, इस अर्थ में कि मैं वह न पा सका जिसके लिए मैं किसी के पास गया। यह केवल एक कहने की बात या बहाना नहीं है, यह सत्य है। प्रेम की धारणा से ही प्रेम करता हुआ, मैं अनुभव करता था कि मैं पूर्णतः प्रेम में हूँ; लेकिन हमेशा इसे नष्ट करने के लिए कुछ विसंगत घटित होता था।

बहुत समय तक सारे संसार में बहुत से लोगों में शारीरिक और भावात्मक रूप से मैंने अपने को बाँटा। सारे आनन्द और सुख के साथ-साथ मैंने उन्हें अनुभव किया और उन्हें दिया, बहुत से चोंचले थे, बहुत व्यथा, ईर्ष्या, आशा, अधिकार-भाव, और दिल का टूटना। जब मैं अपेक्षाकृत कम उम्र का था, मैं इस बात से निपट सकता था कि मेरा जीवन चिन्ता, गलतियों और दुख से भरा था, क्योंकि मैं व्यस्त,

रचनाशील, उत्साहयुक्त, स्वाधीन और मस्तमौला था—और यह सब दुख को परास्त कर देते थे।

लेकिन तब वह समय आया जब मेरे जीवन की घटनाओं ने मुझे पकड़ लिया और मुझे बहुत आलोचना का सामना करना पड़ा। मेरा स्वास्थ्य भी गिर रहा था। मैंने अनुभव किया कि मैं इस बोझ और तनाव को अब और नहीं झेल सकता, और इसने मुझे अपनी 'मौलिक अन्तर्वृत्तियों' और 'प्राणघातक आकर्षणों' को नियन्त्रित करने को विवश कर दिया। मैंने महसूस किया कि मैं फिर उन दूसरे सम्बन्धों का निर्वाह नहीं कर सकता, और मैं चाहता भी न था। परिवर्तन की यह अन्तर्प्रेरणा मुझ पर ऊपर से थोपी नहीं गयी थी। यह भी मेरे अन्तर से आयी थी। अपने हृदय की गहराइयों में मैंने इस इच्छा का अनुभव किया कि अपना सारा प्रेम और सारी ऊर्जा सुकन्या और अनुष्का में ही प्रवाहित कर दूँ।

अन्ततः अपने जीवन को सचमुच दूसरे के साथ भोगने और उन पर निर्भर होने ने स्वभावतः मुझे सीमित कर दिया है और दायित्व दिया है, कुछ चीजों का सामना करने को विवश किया है जिन्हें पहले मैं नज़रअन्दाज कर देता था। लेकिन हर चीज का लाभ और घाटा होता है, और अपने ढंग से नयी पारिवारिक चिन्ताएँ कभी-कभी स्वागतयोग्य लगती हैं और पुरानी आवेगात्मक और भौतिक चिन्ताओं की अनुपस्थिति से, जिन्होंने हमेशा तंग किया है, सामंजस्यपूर्ण हो गयी हैं।

इसका यह अर्थ नहीं कि जब मैं किसी सुन्दर लड़की को देखता हूँ तो उसकी तारीफ नहीं करता, और मैं अभी भी पाता हूँ कि स्त्रियाँ मेरे प्रति आकृष्ट होती हैं। मगर मैं पीछे लगने की अब और मूर्खताएँ नहीं करता। अब मेरी सुकन्या है जिसे मैंने अन्तिम रूप से चुना और जिसे पूर्णतः प्यार करता हूँ और मैं सुखपूर्वक एक ठौर हो गया हूँ। मूलतः मैं एक नारी वाला पुरुष हूँ, लेकिन जीवन-शैली आपको बदल सकती है जैसा यह अधिकांश लोगों के साथ करती है जो प्रसिद्ध हो गये रहते हैं। सुकन्या ने मुझे प्रेम और बहुत अधिक शान्ति दी है, और इसका मैं बहुत मूल्य समझता हूँ।

जब कोई चीज बहुत अच्छी लगती है तो हम अपनी भाषा में कहते हैं—'नज़र न लगे'। यह 'टचवुड' कहने की तरह है। सुकन्या का आवेग और प्रेम बहुत गहरे हैं। इस अर्थ में वह एक अग्निशलाका है कि वह बहुत ईर्ष्यालु हो सकती है, और स्वयं एक ईर्ष्यालु व्यक्ति होने से मैं अनुभव करता हूँ कि यह वस्तुतः सच्चे प्रेम का लक्षण है। अगर ईर्ष्या नहीं है तो इसका मतलब है कि आप किसी के लिए बहुत परवाह नहीं करते। इसके ऊपर, ईर्ष्यालु होने के लिए उसके पास पर्याप्त कारण भी हैं, मेरे अतीत के कारण, जबकि मेरे लिए कोई कारण नहीं है। मैं उसकी चारित्रिक शक्ति, ईमानदारी और मेरे लिए प्रेम के बारे में बहुत आश्वस्त हूँ।

नौ

मोहन कौंस

सड़सठ वर्षों के संगीत जीवन-क्रम के साथ अभी भी सक्षम रविशंकर यह विचार करने में काफी समर्थ हैं कि उनके जीवनकाल में भारतीय संगीत की कैसी दिशा रही और भविष्य में यह कैसी ग्रहण करेगा। भारतीय संगीत की समझ के लिए परम्परागत घराना-प्रथा की धारणा केन्द्रीय महत्त्व की है। उत्तर भारत में अधिकतर प्रयुक्त शब्द 'घराना' (एक पुराना नाम परम्परा भी बहुतों के द्वारा प्रयुक्त होता है, विशेषत: दक्षिण में) का मतलब है संगीत-परम्परा का एक विशेष केन्द्र था परिवार जिसकी गायन या वादन की अपनी शैली होती है। इस शब्द का कला के दूसरे रूपों के लिए भी प्रयोग किया जाता है—हर चीज, नृत्य और हस्तशिल्प से लेकर कुश्ती तक—लेकिन स्वभावत: यहाँ हमारा सबसे अधिक सम्बन्ध संगीत से है।

उत्तर भारत की हिन्दुस्तानी संगीत-शैली के सम्बन्ध में आज जिन प्रभावों को प्राप्त करने का हमारा सौभाग्य रहा है, वे पहले की पीढ़ियों के द्वारा हमें प्रदान किये गये हैं। महानतम संगीतकारों में से कुछ इतने रचनाशील हैं कि जिस घराने के वे अनुयायी हैं उसमें एक नया आयाम, एक नया जीवन जोड़ते हैं, और उनकी शैली इतनी आकर्षक हो जाती है कि उनके अपने परिवार या शिष्यों के द्वारा धरोहर में पाने के साथ ही, दूसरे भी इसे सीखने को आकर्षित हो जाते हैं। अत: हमारे इतिहास के भिन्न कालों में भिन्न-भिन्न घराने हुए हैं, विकास की एक निरन्तर प्रक्रिया में कुछ उभरे हैं, कुछ कमजोर होकर नष्ट हो गये हैं, कुछ ने दूसरा नाम ग्रहण कर लिया है, कुछ दूसरों के साथ मिलकर मिश्रित शैली बन गये हैं; इसी तरह शताब्दियों तक चलता रहा है।

भारतीय शास्त्रीय संगीत के प्रसिद्ध घरानों के नाम उस स्थान जहाँ कोई प्रसिद्ध संगीतकार रहता था, उसकी गायन शैली या वाद्ययन्त्र जो वह बजाता था, के नाम पर रखे गये हैं। उदाहरण के लिए खयाल के जानेमाने घराने शताब्दी के आरम्भ से ग्वालियर, जयपुर, पटियाला, किराना, आगरा और अतरौली रहे हैं। गायन की खास शैली या विशेषता इन घरानों में से हर एक से निकट से जुड़ी है। वाद्ययन्त्रों के घरानों के साथ भी यही बात हुई। बहुत से प्रसिद्ध घराने जैसे बीनकार, रबाबिया और सेनिया महान मियाँ तानसेन और उनके वंशजों से निकले, जो मुगल शासनकाल में शुरू में दिल्ली में थे, और बाद में जयपुर, बनारस, रामपुर और दूसरी जगह चले गये। दूसरे घराने भी पैदा हुए; गायनवाले ध्रुपद और धमार के पुराने रूपों से भी निकले, जैसे खयाल, टप्पा और ठुमरी में; और वाद्ययन्त्र के घराने उन महत्त्वपूर्ण संगीतकारों, जो सितार, सरोद, सारंगी या तबला (जिसने पुराने परम्परागत पखावज को ढँक लिया) पर अपनी विशेष शैली के लिए प्रसिद्ध थे, के साथ जुड़ गये।

यह हमेशा याद रखना चाहिए कि हमारी परम्परा मौखिक रही है, और यह आवश्यक रूप से, क्योंकि एक लिखित संगीत-रचना से कोई स्वतन्त्र लयकारी नहीं कर सकता। इसलिये यद्यपि हमारा संगीत सामवेद के मन्त्रपाठ से निकला, एक प्रदर्शनकारी कला के रूप में शताब्दियों से होकर यह विकसित हुआ, और यह अब भी विकसित हो रहा है। इस प्रकार शास्त्रीय संगीत का गायन, अभिव्यक्ति में और

बहुत से गाये जानेवाले गीतों की आध्यात्मिकता को छोड़कर युगों पुराने वैदिक मन्त्रपाठों से बहुत सम्बन्ध नहीं रखता (वेदों और उपनिषदों का मन्त्रपाठ ब्राह्मण शास्त्रियों के द्वारा जीवित रखा गया है, लेकिन समकालीन शास्त्रीय संगीत-शास्त्र से अलग यह एक भिन्न क्षेत्र है)।

इसलिए हम लोग अपने संगीत के विकास-बिन्दु को ठीक-ठीक नहीं पकड़ सकते, निश्चित ही उतनी आसानी से नहीं जितनी आसानी से कोई पाश्चात्य संगीत को बता सकता है। पाश्चात्य संगीत की नींव उसी के समान धार्मिक संगीत में है—ग्रेगोरियन पाठ और पुराना चर्च-संगीत, लेकिन अन्तर यह था कि वहाँ यह एक रचित संगीत था, लिखा हुआ, और इसलिए बिना कठिनाई के कोई पहचान सकता है कि कोई रचना तेरहवीं शताब्दी की है या बरोक, बीथोवेन या शोएनबर्ग की। भारत में घराना-शैलियों में परिवर्तनों को हम ठीक-ठीक उसी तरह नहीं बता सकते। कुछ हद तक, खासकर पन्द्रहवीं शती के उत्तरार्द्ध से विकसित संगीत के बारे में हम अन्दाज कर सकते हैं कि कब से संगीत के रूप में नम-तुम, आलाप, ध्रुपद और धमार क्रमश: प्रतिष्ठित हो गये, दो परम्परागत वाद्ययन्त्र के साथ : बीन (उत्तरी भारत की वीणा) और दोमुँह का पखावज। बाद में आनेवाले वाद्य थे रबाब, सुरसिंगार और सुरबहार, तारवाले वाद्य जो ध्रुपद-शैली के बाद आए। मध्य उन्नीसवीं शताब्दी से गायन की खयाल-शैली, सितार, सरोद, तबला और सारंगी के आने के साथ लोकप्रिय हो गयी। लेकिन इन सारी शैलियों और उनकी उत्पत्ति का ज्ञान अगली पीढ़ियों को मौखिक रूप में प्रदान किया गया, एक गुरु से दूसरे तक, न कि भावी सन्तानों के लिए संगीत-रचनाओं के रूप में रिकॉर्ड कर दी गयी। ठीक इसी मौखिक परम्परा के कारण हर पीढ़ी के साथ हमारे संगीत का निरन्तर विकास हुआ है।

(हो सकता है, यद्यपि सामान्यत: शास्त्रीय संगीत में हम लोगों को हर चीज जबानी याद करते, आत्मसात करते मौखिक रूप से सीखनी होती है, अगर हम चाहें तो अपने संगीत को अपनी सरगम-प्रणाली में सा-रे-ग-म-प-ध-नि-सा नामों से लिख सकते हैं। यह प्रधानत: केवल स्मरण में सहायक है, लेकिन बीसवीं सदी के आरम्भ से पुरानी गीत-रचनाओं के संग्रह के लिए यह स्वरलिपि अधिकाधिक प्रसिद्ध संगीतकारों और संगीत-शास्त्रियों के द्वारा प्रयुक्त की गयी है; आज व्यापारिक पक्ष में इसका आम उपयोग समय की कमी वाली फिल्मों, मंचप्रदर्शन, रेडियो और टेलीविजन के लिए बैठकर बजानेवाले कलाकारों के द्वारा हो रहा है। दाहिने हाथ से हर स्वर के बजाने के तरीकों के लिए विशेष चिह्नों का आविष्कार करके मैंने चालू स्वर-लिपि में कुछ परिवर्तन किये हैं। चालीस के दशक के मध्य से मैंने अँग्रेजी के अक्षरों एस, आर, जी, एम, पी, डी, एन एस को सा रे ग म प ध नि सा के बदले लिखने पर ज़ोर दिया)।

आधुनिक जन-संचार माध्यमों के पहले के दिनों में उत्तर भारत में कोई आदमी सशरीर ही संगीत सुन सकता था, या तो वहाँ जहाँ संगीतकार रहता था या महाराजा या नवाब के दरबार में जो उसे नियुक्त करते थे; बहुत कम वह किसी विशेष अवसर पर बड़े नगरों में कार्यक्रम देता था। संगीत-समारोह या गोष्ठियाँ नहीं थीं, इसलिए किसी बड़े संगीतकार के लिए वादन-कार्यक्रम देना बहुत मुश्किल से होता था। सभी संगीतकार किसी आश्रयदाता पर निर्भर थे; उन्हें आर्थिक सहायता और जमीन दी जाती थी, रहने की जगह और खाने-पीने की सुविधाएँ जिससे कि यदि वे चाहें तो दस-बीस (और कभी-कभी इससे भी ज्यादा) शिष्यों को रख सकते थे, सभी उनके साथ रहते और सीखते। उन्हें कोई चिन्ताएँ एकदम नहीं थीं, चूँकि वे केवल एक सम्भ्रान्त वर्ग के लिए ही गायन-वादन करते थे। करीब सौ बरस पहले से शुरू करके कुछ तीन मिनट चलनेवाले ग्रामोफोन रेकॉर्ड होते थे, लेकिन महान संगीतकारों में से बहुत रिकॉर्ड करना इनकार इस डर से करते थे कि उनके संगीत के साथ उनका जीवन और उनकी आत्मा रिकॉर्डिंग मशीन में खींच ली जाएगी और वे मर जाएँगे! इसका मतलब था कि यद्यपि हमारा संगीत युगों पुरानी परम्परा में जीवित और विकसित होता रहा, उत्तर में अधिकांश लोगों का सम्पर्क इससे नहीं के बराबर था (दक्षिण में स्थिति भिन्न थी। परम्परागत रूप में वहाँ अधिकतर संगीतकार मन्दिरों के प्रांगण

में नियमित कार्यक्रम देते थे, इसलिए जनसमूह को उन्हें सुनने का सदा अवसर मिलता था)।

अक्सर गुरु (या उस्ताद जैसा कि मुसलमान अपने शिक्षकों को कहते हैं) कुछ संकुचित मन के होते थे, और सबसे अच्छी तालीम अपने परिवार के लोगों को देने तक सीमित थे। छात्रों के वर्गीकरण भी थे, अलग-अलग कोटियों में उन्हें बाँटकर अलग कर दिया जाता था। यह स्वाभाविक था मगर कभी-कभी दुर्भाग्यपूर्ण; अगर सबसे अच्छी तालीम बेटे या निकटतम सम्बन्धी को देने तक सीमित थी और वह अल्पायु मर गया, तो सर्वोच्च कोटि की शैली के बदले कम स्तर की तालीम दूसरों को दे दी जाती थी!

राज्याश्रय के काल में बहुत से दरबारी संगीतकारों ने आमदनी का अन्य स्रोत भी पाया—जो रियासतों के पतन के साथ ज्यादा महत्त्वपूर्ण हो गया—बाई जी लोगों को संगीत सिखाना जो अधिकतर देशी रियासतों के मुख्य नगरों या अँग्रेज़ों के नियन्त्रण वाले नगरों जैसे बम्बई, कलकत्ता और दिल्ली में रहती थीं। ये अत्यन्त निपुण महिलाएँ रईसों, जमींदारों और व्यापारियों की बड़ी चहेती थीं; कुछ का उनसे प्रणय-सम्बन्ध भी होता था। वे संगीत, नृत्य, साहित्य, और बहुत-सी अन्य कलाओं की बहुत अच्छी जानकार और सुन्दरता और आकर्षक व्यक्तित्व, सुन्दर तौर-तरीके और बोलचाल और कामसूत्र के उच्च यौन-ज्ञान के सम्पन्न होती थीं। (कुछ तरह से परम्परागत जापान की उच्चवर्गीय गीशाओं के समान थीं)। धनी और रईस अपने जवाँ बेटों को सर्वआयामी पूर्ण शिक्षा ग्रहण करने के लिए वार-वधुओं के पास भेजते थे।

इनमें से बहुत सी बाई जी जानी-मानी कत्थक नर्तकियाँ या खयाल, ठुमरी और ग़ज़ल गायिकाएँ हो गयीं—प्रसिद्ध दरबारी संगीतकारों की छत्र-छाया में। किसी राजकुमार या जमींदार के द्वारा किसी विशेष अवसर के उत्सव में भव्य भोज और मदिरा-पान के आयोजन का आम रिवाज़ था जिसके बाद एकत्रित मेहमानों के लिए बाई जी द्वारा प्रस्तुत गायन, नृत्य और शायरी का एक मुज़रा होता था। अच्छे भोजन से प्रसन्न मेहमान बाई जी लोगों पर उपहारों की वर्षा करते थे, जिसके परिमाणस्वरूप बहुत सी बड़ी धनी हो जाती थीं। उन्हें प्रतिभा प्रदान करने के कारण, बाईजी लोग अक्सर उन संगीतकारों का

पूजन करने आती थीं जिन्होंने उन्हें सिखाया था, उन्हें अपना प्रेमी मानती हुई भी, जो स्वभावतः उनके पद के लिए अच्छा था।

मुजरे की यह समूची प्रथा उन्नीसवीं सदी के मध्य से स्वतन्त्रता प्राप्ति तक अपने चरमोत्कर्ष पर थी। ये शायद लखनऊ और बनारस में बहुत आम थे जो कत्थक के बड़े केन्द्र भी हो गये, कथा कहने का एक नृत्य-रूप, जो इन मुजरों के द्वारा लोकप्रिय हो गया। ठुमरी का अर्द्धशास्त्रीय संगीत-रूप जिसकी रचना अधिकांशतः शृंगारिक और युवाकृष्ण के प्रणय-अभिसारों के विषय में है, फला-फूला, मुजरों में यौन-पक्ष समय के साथ बढ़ता गया, और चूँकि इसकी धारणा कुछ सस्ती हो गयी, यह एक सामाजिक वर्जना हो गया। इस पतन के साथ कुछ संगीतकार अपनी सामाजिक प्रतिष्ठा भी खोते चले गये (कुछ कत्थक नर्तकों, जैसे उत्कृष्ट बिरजू महाराज के प्रयत्नों को धन्यवाद कि पिछले दो या तीन दशकों में इस शैली ने महान भव्य कलात्मक नृत्य रूप में पुनः प्रतिष्ठा प्राप्त कर ली)। लेकिन बहुत समय तक रईसों के बीच बाई जी वाली संस्कृति एक भव्य और सुन्दर जीवन-शैली के रूप में प्रचलित रही थी।

भारत की आजादी के बाद हर चीज बदल गयी। यह महाराजाओं और धनी जमींदारों की बड़ी शक्ति का अन्त था, जो अपने राजमहलों, हाथियों, दरबारी विदूषकों और रखैलों को कायम रखने में अक्षम होने के साथ ही अब और अधिक अपने संगीतकारों को रखने में समर्थ न थे। हमारे महान संगीत विशारदों में से बहुतों को अधिक पैसे के लिए दूसरे क्षेत्र में जाना पड़ा—बड़े नगरों में, ऑल इंडिया रेडियो के वायुतरंगों पर जाकर, रेकॉर्ड बनाते हुए और संगीत-समारोहों, उत्सवों और संगीत-गोष्ठियों में कार्यक्रम देते हुए। कुछ लोगों को प्राइवेट ट्यूशन के लिए फीस भी माँगनी पड़ी।

रेडियो, ग्रामोफोन रेकॉर्ड, टेप रिकॉर्डर, टेलीविजन, वीडियो और कॉम्पैक्ट डिस्क के आगमन के बाद से चीजें बड़ी तेजी से विकसित होती रही हैं। पहले के युगों में नगरों की दूरियों के कारण घरानों की पवित्रता को कायम रखना आसान था। ग्वालियर और आगरा या पटियाला और लखनऊ बहुत दूर अलग थे, जिससे नये उभरते छात्रों को किसी दूसरे घराने की किसी आकर्षक चीज सुनकर 'प्रदूषित' होने से बचाते थे। अब लोग बहुत प्रकार के संगीत सुन सकते हैं। शास्त्रीय संगीत रईसों तक सीमित होने से आगे बढ़कर सामूहिक बाजार का क्रियाकलाप हो गया है। ऑल इंडिया रेडियो के आरम्भिक काल से संगीतकार और जनसाधारण पर सभी भिन्न घरानों के प्रभाव हुए हैं। नयी पीढ़ी के संगीतकारों ने दूसरे घरानों के सर्वोत्तम विचारों को लेना और मिश्रण विकसित करना शुरू किया। परम्परागत ढंग की शिक्षा के ह्रास के साथ यह आज एक फैशन हो गया है विशेषकर नये उभरते प्रतिभावान छात्रों में जिन्हें किसी बड़े गुरु से सीखने का अवसर नहीं मिला है। इसके बदले वे किसी संगीत के औसत उस्ताद से सीख लेते, भिन्न रिकॉर्डों को सुनते और तब हर चीज को आत्मसात् करने में अपनी प्रतिभा का उपयोग करते कलाकार बन गये। एक औसत श्रोता इनमें से किसी संगीतकार और जिसने किसी महान गुरु से सीखा है, के बीच गुण का अन्तर नहीं बता सकता, लेकिन एक बड़ी खाई रह जाती है। हम लोगों के पास कुछ युवा लोग जरूर हैं जो शैली की एक पवित्रता कायम रखने में समर्थ रहे हैं, लेकिन सामान्यतः युवा लोग महसूस करते हैं कि एक खास घराने तक सीमित रहना अब काफी नहीं है।

निस्सन्देह हमें परिवर्तन से डरना आवश्यक नहीं है। पिछली शताब्दी में हमारा संगीत तेजी से विकसित हुआ है, फिर भी परिवर्तन इसका हमेशा एक लक्षण रहा है। मौखिक परम्परा और सीखने की गुरु-शिष्य वाली प्रथा के कारण बार-बार छात्र का संगीत उसके गुरु के संगीत की ही तरह लगेगा, लेकिन क्रमशः वह जब स्वायत्तता प्राप्त कर लेगा तो यह भिन्न रूप से प्रस्फुटित हो सकता है, विशेषतः अगर वह स्वतःस्फूर्त विचार और तकनीक को जोड़ता और संगीत को नया आयाम प्रदान करता हुआ एक रचनात्मक कलाकार है।

बहुत बार नवीनता प्रदर्शित करनेवालों को शुरू में कड़ी आलोचना का सामना करना पड़ा है, जैसाकि मैंने स्वयं अनुभव किया है। कोई रचनाशील संगीतकार जो कोई नया ढंग या विचार मिलाता है उसे

इससे गुज़रना पड़ता है—मेरे गुरु बाबा अल्लाउद्दीन खाँ सहित, जिन्होंने हिन्दुस्तानी वाद्यसंगीत को उस साँचे में ढाला जिसे आज हम जानते हैं। पन्द्रहवीं सदी के उत्तरार्द्ध में महान मियाँ तानसेन जब संगीत में विकास की ओर बढ़े तब भी विरोध हुआ था। सदा एक नवोन्मेषक को विरोधियों का सामना होता है जो चिल्लाते हैं कि संगीत को भटकाया जा रहा है। किन्तु गहरे शास्त्रीय संगीत की नींव पर आधारित अगर नये विकास सार्थक हैं तो वे शीघ्र ही परम्परा के अंग हो जाते हैं। इसी प्रकार हमारा संगीत आज के उच्च अनुपातों तक पहुँचा है और यही कारण है कि यह जड़ नहीं हुआ, जैसे कि बहुत पुरानी संस्कृतियों के साथ अनेक सदियों में हुआ है।

आजकल हमारी चालू घराना-प्रथा धीरे-धीरे कमज़ोर होती लग रही है, और भविष्य में नये नामों के साथ नये घराने कुछ उनकी जगह ले लेंगे जो आज हैं, जब तक वे फिर अपनी बारी में नये घरानों से स्थानापन्न हो जाएँगे। यह प्रथा पूर्णत: मरने नहीं जा रही है—लोग जानेंगे कि कौन खास शैली आगरा और किराना घरानों (और दूसरों) से जोड़ी जाती है। फिर भी, यह पुराने घरानों तक सीमित नहीं रहेगी। विकास जो आते हैं, जो सुन्दर हैं रह जाएँगे, और वे जिन्हें लोग कम पसन्द करते हैं, धीरे-धीरे मर जाएँगे, जैसाकि हमेशा हुआ है।

अब जो अन्तर है वह परिवर्तन की क्षिप्रता में है। पूर्वकाल की घराना-प्रणाली का विकास एक बहुत धीमी प्रक्रिया था, शायद यही कारण है कि उस समय लोगों ने कम आपत्ति की होगी, क्योंकि अपने जीवनकाल में उन लोगों ने अनुभव नहीं किया होगा कि धीरे-धीरे परिवर्तन हो रहे थे। फिर भी, हाल में विकास तेज हुआ है, और बहुत लोग इस जेट-युग में इसकी क्षिप्रता, इसकी संप्रेषण की तीव्रगति से घबरा गये हैं। संसार सचमुच बहुत छोटा हो गया है।

तथापि मैं आशावान हूँ कि कुल प्रभाव मिलाकर संगीत को समृद्ध करने के लिए ही होगा। हम लोग अपना संगीत (जैसाकि पहले से ही बहुत लोग चिल्ला रहे हैं) खोने नहीं जा रहे हैं। यह केवल, और अधिक संगठित रूप में तथा कभी-कभी और अधिक सुन्दर रूप में, कुछ भिन्नता के साथ प्रस्तुत किया जा रहा है। हमारी परम्परा की अच्छी चीजें हमारे साथ, लगता है, बच जाएँगी—हम अपनी आधुनिक कम्प्यूटर टेक्नॉलाजी का खासकर रिकॉर्डिंग में, करीब-करीब हर चीज के संरक्षण में सहयोग ले रहे हैं। जैसाकि, हो सकता है, दूसरे क्षेत्रों में हमने कुछ काफी अद्‌भुत चीजें खो दी हों (और हमें उन कोषों को बचाने के लिए सचेत रहना चाहिए जो बचाने योग्य हैं), लेकिन हमें स्वीकार करना है कि यह कभी-कभी होता है। आप कुछ खोते हैं—आप कुछ पाते हैं!

इन बहुत सम्भव परिणामों में एक होगा कि आज के महानतम कलाकारों को चारों तरफ नयी संगीत-परम्पराएँ बन जाएँगी—वे जिन्होंने कोई नया तरीका जोड़कर या जिन घरानों का उन्होंने अनुसरण किया है उनकी शैली की किसी विशिष्टता पर जोर देकर संगीत को आगे बढ़ाया है। यह ज्यादातर देखा जाता है कि इनमें से एक स्वयं रवि के चारों ओर बन रही है। आज कोई पाता है कि नयी पीढ़ी के अधिकतर संगीतकार ज्यादा या कम रवि जैसे प्रसिद्ध वादकों के बाज से प्रभावित हैं।

सबसे सीधा तरीका जिसमें उनका उत्तराधिकार अग्रसर किया गया या किया जा रहा है वह उनके माध्यम से जिन्हें उन्होंने पढ़ाया है। गुरु के रूप में उनके आधी शताब्दी के जीवन में उनके बहुत से छात्र रहे हैं और उनमें काफी संख्या को शिष्य कहा जा सकता है (दोनों पक्षों में एक भेद है जो न केवल गंडा-विधान की औपचारिकता में है बल्कि उसका सम्बन्ध प्रतिभा से भी है, समर्पण, प्रेरणा, श्रद्धा और कठोर परिश्रम। एक गुरु अनुभव कर सकता है कि कब एक छात्र शिष्य हो गया है; गंडा गौण हो सकता है, केवल एक तकनीकी चीज, यद्यपि एक पवित्र विधान और सामूहिक स्वीकृति को गलत नहीं कहा जा सकता)। इस पुस्तक में उन्होंने कई ऐसे निकटतम और प्रियतम शिष्यों का जिक्र किया है, लेकिन बहुत से हैं जिनका उल्लेख होना चाहिए,

जमालुद्दीन भारतिया (सितार), जया विश्वास (सितार), दीपक चौधुरी (सितार और रचनाकार), रामराव (सितार), कार्तिक शेषाद्रि (सितार), विनय भरत राम (गायन), अरुण भरत राम (सितार), पार्थ सारथी (सरोद), शुभेन्द्र राव (सितार), मंजु मेहता (सितार), स्टीव स्लावेक (सितार), नरेन्द्र बटाजू (सितार), एम. जनार्दन (सितार), गौरव मजूमदार (सितार), समरेश चौधुरी (गायन), बरुन पाल (गिटार) और निस्सन्देह दूसरे भी। उनमें बहुत अब साठ की उम्र पार कर गये हैं, अधिकतर उच्चकोटि के जाने-माने वादक-गायक हो गये हैं। रवि को उन सबों पर बहुत गर्व है।

भविष्य में आज के संगीतकारों की शैली पर आधारित घराने होंगे। पहले से ही हम अली अकबर खाँ-घराना का नाम सुन रहे हैं, एक विलायत खाँ-घराना और एक रविशंकर घराना। यह सच है कि बहुत से हमारे छात्र या दूसरे युवा संगीतकार हैं जो मेरी व्यक्तिगत शैली का अनुसरण करते हैं। आलूभाई, बाबा के कुछ वरिष्ठ छात्र और मैं अपनी वादन शैली को मैहर-घराना कहता हूँ। हम इसे सेनिया बीनकार कहना जारी रख सकते थे, जो बाबा की मुख्य परम्परा जानी जाती थी, लेकिन बाबा ने भी भिन्न घरानों के बहुत से दूसरे लोगों से सीखा और वे उन सब में प्रवीण थे। एक जादूगर की तरह वे स्वेच्छा से एक शैली से दूसरी शैली तक जा सकते थे। सबके ऊपर उनकी एक मिश्र शैली थी, जिसे हम मैहर कहना पसन्द करते हैं। फिर भी आज यह लगता है कि बाबा के कुछ शिष्य अपने गुरु से अलग ढंग से बजाते हैं। अगर आप आलूभाई का उदाहरण लें तो उन्होंने सारा प्रशिक्षण बाबा से लिया है, इसके अलावा उनका एक विशेष स्पर्श है, एक अभिव्यक्ति, शैली और रागों का वादन जो पूर्णतः उनका अपना है। अगर यह कहना जल्दीबाजी होगी कि कोई अली अकबर घराना है या इस रूप में कोई रविशंकर घराना—और मैं सोचता हूँ कि ऐसा ही है—तो कोई कम-से-कम अली अकबर बाज या रविशंकर बाज इत्यादि की बात कर सकता है। बाज शब्द का अर्थ है वाद्य को बजाने की एक शैली (सरोद बाज या सितार बाज) या किसी प्रसिद्ध संगीतकार की शैली या बाज जो किसी विशेष घराने से सम्बन्धित है जिसे किसी वादक ने शुरू किया (कंठ संगीत में इसका पर्याय है गायकी)।

सभी महान संगीतकारों में जिनसे सौभाग्यवश पूरे बाल्यकाल में मेरा साक्षात्कार हुआ, कुछ ने मुझ पर बड़ा गहरा प्रभाव छोड़ा : फैयाज़ खाँ, अब्दुल करीम खाँ, यूसुफ अली खाँ, रामेश्वर पाठक और विशेषतः अब्दुल वाहिद खाँ। लेकिन स्वभावतः यह किसी से भी अधिक बाबा थे जिन्होंने मुझे प्रेरित किया। यह केवल यह बात न थी कि उन्होंने क्या सिखाया (हालाँकि वही खुद बहुत ऊँचा था) बल्कि वह उल्लास और आवेग जो उन्होंने मुझमें संप्रेषित किया। इसके बाद उनकी कठोर शास्त्रीयता और उदारता का मेल। अधिकतर वे बड़े रीतिवादी और परम्परावादी थे, लेकिन कभी-कभी वे लीक से हटकर उदार नवीनतावादी हो जाते थे। एक असाधारण सरोदवादक होने के साथ ही वे एक अतिश्रेष्ठ ड्रम-वादक भी थे, वे अनेक भिन्न मूलों से निकले असंख्य ताल-लय-प्रधान छन्दों के (मात्रिक छन्द) उस्ताद हो गये और अपनी शैली में उनके तत्त्वों को, लोक संगीत के तत्त्वों के साथ भी, समाहित कर लिया था। उनकी संगीत-दृष्टि अद्वितीय थी जिसने चमत्कारपूर्ण और हमेशा उचित ढंग से अपनी स्वतःस्फूर्त लयकारियों में नये प्रभावों को समेटते इतनी बड़ी छलाँग की क्षमता उन्हें प्रदान की।

संगीत और नृत्य में इतने विभिन्न प्रभावों का बचपन से साक्षात्कार करने के साथ, मैंने उनकी असाधारण स्वतन्त्रलयकारी की योग्यता से अपने को जोड़ा और गहराई से इसे आत्मसात किया। अपनी रचनात्मक प्रेरणा के साथ मैंने हमेशा संगीत को उसी तरह विकसित करने का प्रयत्न किया। मेरे एक ही गुरु थे, बाबा। बाबा से जो तालीम मैंने हासिल की मैं (अगर ऐसी जरूरत पड़े) उनकी मिश्रित शैली में उन सभी मौलिक चीजों को अलग-अलग बता सकता हूँ जो अनेक गुरुओं से प्रशिक्षण में उन्हें प्राप्त हुई थीं, साथ अपनी स्वतन्त्र रचनात्मकता जो बाबा ने दिखाई। मैंने वही किया है; उनकी तालीम के अलावा मैंने पिछले पचास वर्षों में अपनी पहुँच और नवीनताओं को जोड़ा है इस तरह अपनी शैली का निर्माण

करते हुए। जब ऐसी शैली का अनुसरण छात्रों और नयी पीढ़ी के द्वारा किया जाता है तो ऐसे ही एक नये घराने की शुरुआत होती है।

अगर मैं कहूँ तो मैंने बहुत सी नयी चीजों का सितारवादन में प्रवेश कराया है, खुद वाद्ययन्त्र में ही, जिस तरह मैंने इसका सुर मिलाया या तार चढ़ाये हैं एक अलग रंग देते हुए; ध्वनि निकालने में, तारों पर अपने ढंग से अलग वजन और स्पर्श के साथ चोट करते; और बेस तारों पर जोर डालते हुए भी जो सुरबहार पर बिताये मेरे वर्षों से विकसित हुआ। आलाप और खासकर जोड़ अंगों को बजाते मैंने सुरबहार की विशेषताओं को जोड़ा जो, मैं समझता हूँ, मेरा अपना विशेष गुण है। विभिन्न तालों में अतिविलम्बित से द्रुत तक, असंख्य विविधताएँ उत्पन्न करके, मैं विनम्रतापूर्वक मानता हूँ कि मैंने सितारवादन के कोष को समृद्ध किया है, और युवा वादकों में से कुछ को मेरी नवीनताओं का अनुसरण करते देखना बड़ा सन्तोषप्रद है चाहे वे मेरे प्रत्यक्ष शिष्य न भी रहे हों।

रागों और तालों के क्षेत्र में मैंने भारतीय संगीत के अनेक पहलुओं पर काम किया है। तीस भिन्न राग तो मेरी अपनी सृष्टियाँ हैं जिनमें नटभैरव (जिसे बहुत पीछे मैंने 1945 में बनाया), बैरागी, अहीर ललित, तिलक श्याम, मनमंजरी, पंचम से गारा, परमेश्वरी, योगेश्वरी, चारुकौंस, बैरागी तोड़ी और राज्य कल्याण (अन्तिम जिसे 1992 में राज्य-सभा छोड़ने के अवसर पर रचा) और बहुत से दूसरे हैं। उनमें से कुछ चारों तरफ गाये और बजाये जाते हैं, साथ ही मेरी बहुत सी मन्द और द्रुत गत वाली रचनाएँ, यद्यपि दुर्भाग्यवश बहुत से वादक नहीं जानते (या स्वीकार करना नहीं चाहते) कि वे मेरी रचनाएँ बजा रहे हैं। यह बहुत दुखद है, और मैं आश्वासन देता हूँ कि मैं उन पर पुनः दावा करने का हंगामा नहीं करना चाहता—लेकिन सच्चाई यही है!

मैंने सभी विभिन्न रागों में हजारों हज़ार गतों और दूसरी बन्दिशों की सृष्टि की है और उन्हें संगीतबद्ध किया है (ताल-चक्र में बँधी कितनी भी लम्बी, गायन या वादन की रचनाओं के लिए प्रयुक्त शब्द)। सैकड़ों गीत शास्त्रीय शैली के भी, और हम लोगों के संगीत के भिन्न रूपों जैसे ध्रुपद, खयाल और ठुमरी पर आधारित अर्द्धशास्त्रीय गीत।

कर्नाटक शैली ने मुझे पर्याप्त अंश में प्रेरित किया है। बारह या तेरह वर्ष की आयु में मद्रास में कर्नाटक संगीत से मेरा अनुराग हो गया, जबकि मैंने पहली बार महान गायिका और वीणा-वादिका वीणा धानम को सुना, बाल सरस्वती की दादी को। उसके बाद बाल और उनके गुरु कंडप्पन पिल्लै के साहचर्य ने मुझमें इसका अनुराग और बढ़ा दिया। मद्रास में प्रथम वादक-संगीतकार के रूप में नियमित कार्यक्रम देने के कारण बहुत वर्षों तक मैंने उन दिनों के सभी श्रेष्ठतम कर्नाटक संगीतकारों के बारे में जाना, जैसे टाइगर वरदाचार्य, महाराजपुरम विश्वनाथम्, अरियाकुडि रामानुजम अय्यंगर, वीणावादक करियाकुडि साम्बशिव अय्यर, पालघाट मणि, मृदंगम पर जी.एन. बाल सुब्रह्मण्यम और अन्य महाविशारद। जी.एन. बी. और मैं अच्छे मित्र हो गये। मैं इतना भाग्यशाली था कि उन सबों और मद्रास के श्रोताओं की भी प्रशंसा और प्रीति पा सका।

अतः उत्तर भारतीय संगीतकारों के बीच मेरे द्वारा किरवानी, चारूकेशी, वाचस्पति, सिंहेन्द्र, मध्यम, मलयमारुतम, नटभैरवी, हेमवती, अरभी और दूसरे रागों को जो सभी कर्नाटक मूल के हैं, लोकप्रिय बनाने की मेरी सफलता बड़ी सन्तोषप्रद रही है। मैं उन्हें असली कर्नाटक शैली में नहीं बना सकता था, इसलिए अपनी व्याख्याओं और सजावटों के साथ, नये गीतों और बन्दिशों को मिलाकर, मैंने उनका हिन्दुस्तानी रूप आरम्भ किया। ये आजकल अधिकांश वादकों के द्वारा बजाये जाते हैं।

ताल-लय के प्रति कर्नाटक प्रणाली की गणितीय शुद्धता और उनका सटीक प्रयोग भी विस्मयकारी है। मेरी सबसे बड़ी पसन्दों में एक है गणितीय शुद्धता के साथ मात्रा के ढाँचों से संयुक्त सितारवादन की संश्लिष्ट रचनाएँ, जिनका स्वतन्त्र संश्लिष्ट तिहाई-रचनाओं से समापन होता है। बहुत पीछे 1945 में मैं कर्नाटक शैली की निश्चित गणना-प्रणाली से अपने संगीत में दक्षिण के मृदंगवादकों के जटिल तरीकों,

उत्तर भारतीय पखावज और तबला-विशारदों के तरीकों और उत्तर भारतीय कत्थक नर्तकों की लयकारी के साथ मिलाकर इन सबके सार-तत्त्व को आत्मसात् कर रहा था। यह सारी जानकारी आत्मसात् करनी जरूरी है (जैसे कम्प्यूटर में आँकड़े भरे जाते हैं) जिससे कि परिपक्वता के साथ, बहुत वर्षों बाद, कोई अपने आप गणितीय और कलात्मक दोनों प्रकार की किसी नयी चीज की रचना कर सकता है जिसकी परिणति एक वैज्ञानिक और सुन्दर शैली में होती है, एक बड़ा आनन्ददायक अनुभव! कुछ संगीतकार और श्रोता समझते हैं कि मैं इन चीजों को इस तरह बजाता हूँ जिसे वे 'हिसाबी' और 'बन्दिश' कहते हैं, लेकिन यह सही नहीं है; हर रचना बिना पूर्व योजना के रची जाती है। लगता है कि करीब-करीब हर वादक मेरे इस लयकारी अंग से प्रभावित हुआ है (मेरी लयात्मकता और शैली से)।

यह बड़ी विचित्र बात है कि कर्नाटक प्रणाली जो उत्तर के बाहरी लोगों द्वारा लाए प्रभावों से अछूती अपने को अधिक शुद्ध होने का दावा करती है, कुछ परम्पराओं का अनुसरण नहीं करती जिनका उत्तरी प्रणाली में कठोरता से पालन किया जाता है, जैसे समयाधारित रागों का सिद्धान्त जिसके अनुसार प्रत्येक राग दिन या रात के किसी खास समय से सम्बन्धित है। कहा जाता है कि कर्नाटक संगीतकारों ने इस परिपाटी को सौ वर्ष पहले त्याग दिया, सम्भवतः इस कारण कि उन्होंने आज के अपने कॉन्सर्टों का पूर्वानुमान कर लिया जिसमें अधिकतर संगीत कार्यक्रम 4 बजे संध्या से 11 बजे रात के बीच आयोजित होते हैं। दूसरी भिन्नता जिसने मुझे सदा विस्मित किया है, यह है कि जब वे बहत्तर मेलाकर्त्ता (स्केल) रागों में कोई बजाते हैं तो वे वादी और संवादी का पालन नहीं करते—हमारे लिये किसी राग में दो सबसे महत्त्वपूर्ण स्वर। वे स्वतन्त्रता से उन पर जोर देते या उन्हें जोड़ते वे प्रत्येक स्वर को बराबर तत्त्व देते हैं। हिन्दुस्तानी प्रणाली में हम उन्हीं पाँच स्वरों से पाँच स्वर वाले तीन या चार अलग रागों की सृष्टि कर सकते हैं, केवल भिन्न मिश्रणों का उपयोग करके या विशेष स्वरों पर जोर डालते हुए।

मेरी दूसरी बड़ी पसन्द है किसी प्रोग्राम के अन्तिम भाग में, जो अक्सर अर्द्धशास्त्रीय ठुमरी शैली या लोकधुन में होता है, दूसरे प्रभावों को मिलाना जिसे रागमाला के नाम से जानते हैं। एक स्वतन्त्र रोमानी भाव से, कोई एक के बाद दूसरे रागों या लोकधुनों का संकेत देता जाता है, हालाँकि हमेशा मूलभाव या गत पर लौटते हुए।

मेरा एक आविष्कार जो कुछ सितारवादकों में लोकप्रिय हो गया है, वह है हुक-पद्धति, जिसके द्वारा कोई अधिक तेज गतों में सितार पर तीसरे और चौथे तारों को बन्द कर सकता है जब उनकी जरूरत न हो। परदे पर तीन या चार जगहों पर हुक लगे होते हैं जहाँ वे बायें हाथ के संचालन को बाधित नहीं करते। जब हम लोग कोई बहुत तेज तान या झाला बजाते हैं, कभी-कभी उन तारों से एक झंकार होती है और एकदम विसंगत हो सकती है, कुछ बेसुरी लगती हुई। इसे दूर करने के लिए जब मैं आलाप और जोड़ अंगों के बाद उन्हें बजाना रोक देता हूँ, तो वे बस हुक के नीचे फँसा दिए जा सकते हैं। वहाँ चुने हुए राग के अनुसार उन्हें तीसरे चौथे, पाँचवें या छठे स्वर से मिलाया जा सकता है, इस तरह एक अतिरिक्त प्रभाव उत्पन्न करते हुए। आज भी मैं यह पता लगाने की कोशिश कर रहा हूँ कि क्या सितार पर ध्वनि उत्पन्न करके मैं बहुत अधिक चीजों में सुधार कर सकता हूँ।

मेरे जीवन की यह विशेष चिन्ता रही है कि एक संगतकार के रूप में तबलावादक के लिए एक नये तरीके को प्रोत्साहित करूँ। बहुत तबलावादकों ने या तो मुझसे सीखा है या मुझसे प्रभावित रहे हैं, और मैंने हजारों बन्दिशें बनायी हैं : तिहाइयाँ, चक्करदार, परन, टुकड़े और फरमाइशी बन्दिशें, जिनका मैं सितार पर वैसे ही उपयोग करता हूँ जैसे तबले पर। अब प्रचलन में बहुत से ताल हैं जिन्हें सितार वादन में लोकप्रिय बनाने के लिए मैं जिम्मेवार रहा हूँ; रूपक ताल (सात मात्रा), झपताल (दस मात्रा), एक ताल (बारह), आड़ा चौताल (चौदह), धमार (चौदह), पंचम सवारी (पन्द्रह) और बहुत से दूसरे साढ़े चार से लेकर 108 मात्राओं तक।

पश्चिम में तबलावादक को अधिक प्रमुखता देने का रिवाज़ भी मैंने शुरू किया। आरम्भिक वर्षों

में वादन के बाद के अन्तराल में हम लोग करीब दस मिनट के एकल तबलावादन से शुरू करते थे, जिस बीच मैं श्रोताओं को घनवाद्य की भाषा के बारे में बताता था : कैसे हाथ या उँगलियों से निकाली गयी प्रत्येक ध्वनि का पर्याय एक मौखिक ध्वनि है। वास्तव में यही तरीका है जिसमें शिष्य अपने गुरु से सीखता है, एक बार जब वह आरम्भिक तकनीक में दक्षता प्राप्त कर चुका होता है। प्रदर्शन के रूप में मैं बहुत सरल शब्दों को कहता था, जैसे 'ता, तिन, ना, तिरकिट, धा, धिन, किडनक', और तबलावादक उन्हें अपनी डुग्गी पर निकालता था। मैं तब कुछ निश्चित आकर्षक रचनाओं का पाठ करता, और चाहे वे जितनी संश्लिष्ट हो, मेरा साथी हू-ब-हू उनकी नकल उतार देता था, हमेशा श्रोताओं की अधिकतम प्रशंसा पाता हुआ। महान तबलावादकों में, जब वे एकल वादन प्रस्तुत करते हैं, ऐसे बोलों को निकालना और उन्हें बजाना एक सामान्य रिवाज़ है।

मेरे कॉन्सर्टों की एक नियमित विशेषता है सवाल-जवाब वाला अंश। इस चीज का उत्स भी दक्षिण भारतीय प्रणाली में था, जिसमें कॉन्सर्टों के बीच-बीच में मृदंगम, घटम और मंजीरा का दर्शनीय आदान-प्रदान होता है। शुरू में प्रत्येक कर्नाटक घनवादक अपनी बारी में सम्भवत: 32 बार की कोई चीज बजाता है, तब आठ, तब चार, दो, एक और आधा चौथाई भी—जब तक वे एक साथ नहीं बजाने लगते हैं एक अत्यधिक बढ़त में समाप्त करते हुए। जब मैंने इन्हें अपने बचपन में अनुभव किया, इन रोमांचक प्रदर्शनों ने मुझे इतना प्रभावित किया कि बाद में अपने वादन समारोहों में इसे लागू किया, पहले सितार और तबले के बीच, और इसके बाद चालीस के दशक के मध्य से बड़े आकर्षक विकास में, जब मैंने सवाल-जवाब बजाना शुरू किया, स्वयं सितार पर और आलूभाई सरोद पर। मैंने अपने छात्रों के साथ भी ऐसा ही किया है जब उन्होंने वादन में मेरा साथ दिया है, और कभी-कभी जब मेरे साथ दो तबलावादक संगत करते रहे हैं।

तबलावादकों को यह अवसर देने के लिए, जिसकी इजाजत किसी दूसरे ने नहीं दी थी, जब मैंने इसे शुरू किया तो भारतीय समीक्षकों और संगीतकारों और संगीतप्रेमियों के द्वारा मेरी बड़ी बुरी आलोचना हुई। तबलावादकों को जरूरत से ज्यादा बढ़ावा देकर या एक शोर पैदा कर तबलावादकों को बिगाड़ देने

के लिए मेरी उन्होंने भर्त्सना की थी। पश्चिम में बड़ी सफलता के साथ इस रिवाज़ को शुरू करने के बाद, यह सिर्फ स्वाभाविक था कि मैं इसकी आवृत्ति भारत में भी करूँ, और उसी समय की बात है जब सचमुच कुछ लोग नाखुश हुए। लेकिन इसने हमारे कुछ तबलावादकों की प्रतिष्ठा बढ़ा दी थी और उन्हें और अधिक प्रसिद्ध कर दिया था। आज भी मेरे अधिकतर वादन समारोहों में एकल तबलावादन रखा जाता है।

ज़ाकिर हुसैन : अपने संगीत-जीवन में एक वादक के रूप में सबसे महत्त्वपूर्ण चीजों में एक जो मैंने सीखी, वह एक छोटी-सी चीज थी जो रवि जी ने बताई; मंच पर ऐसे कोण पर बैठना जहाँ से जिसके साथ आप काम कर रहे हों उस दूसरे संगीतकार को देख सकें। मैंने इसे सोचना शुरू किया और मैंने अन्य तबलावादकों को दूसरे संगीतकारों के साथ बजाते देखा, और वह यह देखने की तरह था कि 'यहाँ है मुख्य वादक, और यहाँ है एक तबलावादक, हम दोनों श्रोताओं को देखते हैं और हम दोनों के बीच कोई सम्पर्क नहीं हो रहा है।' कभी-कभी नज़र मिल जाती होगी, लेकिन बस इतना ही और एकाएक मैंने अनुभव किया कि वे कहना क्या चाहते हैं।

वे बहुत थोड़े वादकों में एक रहे हैं—शायद प्रथम—जिन्होंने संगत करनेवाले को प्रमुखता दी। उनके पहले आपने कभी किसी वादक को अपना यन्त्र नीचे रखते, समय का अन्तराल देते और तबलावादक को आरम्भ करने देते नहीं सुना होगा। तबले के संगतकार को आगे लाने का श्रेय केवल उन्हें ही है। उन्होंने इस पूरे विचार का प्रवेश काराया कि 'यहाँ है यह वाद्य जो मंच पर जो कुछ हो रहा है, उसके सहयोग में अविश्वसनीय काम कर सकता है। उसे सिर्फ पृष्ठभूमि में पड़े मत रहने दीजिए, उसका उपयोग कीजिए। हम एक योजना बनाएँ जो इसके मोल को बढ़ाए' किसी राग की सृष्टि के सारे पहलुओं का एक सामूहिक प्रयत्न होना, मैं समझता हूँ, एकमात्र उन्हीं की धारणा है।

कम-से-कम पिछले दो या तीन दशकों के वर्षों में भारतीय शास्त्रीय संगीत में सबसे गरिमायुक्त और विशाल जो मूर्ति थी, वह रवि जी रहे हैं। भारत के हज़ारों दूसरे संगीतकारों की तरह जो उन्हें सुनते हुए और उनके प्रदर्शन देखते हुए सयाने हुए हैं, मैं जानता हूँ कि मैंने जान-बूझकर एक वादक के रूप में उनके अनुरूप अपने को ढालने की कोशिश की है। मैं जानता हूँ कि मैंने हमेशा उन्हें ध्यान से देखा है और जो चीजें वे मंच पर करते हैं उन्हें याद रखने की कोशिश करता हूँ, जिस तरीके से वे प्रतिक्रिया करते हैं, जिस तरह वे बातें करते हैं और जिस तरह वे लोगों से अपना सम्बन्ध स्थापित करते हैं; वह सहजता और इत्मीनान, फिर भी नियन्त्रण और प्रभविष्णुता। मेरी इच्छा है कि जब मैं मंच पर होऊँ तो उनका दसवाँ भाग भी अपने कार्यक्रम में दे सकूँ। मैं जो कुछ हूँ उसका बहुलांश निश्चित उनके व्यक्तित्व से प्रेरित हुआ है और यह केवल संगीत-क्षेत्र में ही नहीं व्यक्तिगत रूप में कह रहा हूँ। मेरा व्यक्तित्व, जिस ढंग से मैं बोलता हूँ, जिस तरह से मैं अपने को प्रस्तुत करता हूँ, जिन शब्दों को मैं चुनता हूँ—हर चीज में।

और इस पर ध्यान दिया जाना चाहिए कि दूसरे संगीतकारों पर रवि के प्रभावों के लाभ को सत्यापित करने में ज़ाकिर कितनी अच्छी स्थिति में हैं। वे रवि के बहुत निकट पले-बढ़े (जिन्हें वे चाचा कहते हैं) और नियमित रूप में उनके कार्यक्रमों में साथ देते हैं। भारतीय संगीत के बहुत से परिपक्व संगीतकारों ने टिप्पणी की है कि अपने ढंग और संगीत की प्रवीणता में ज़ाकिर उन्हें किसी दूसरे की नहीं युवा रविशंकर की याद दिलाते हैं।

शास्त्रीय रूपों में नवीन परिवर्तनों से जिन आलोचनाओं का मैंने सामना किया है उनके अलावा बहुत सी दूसरी, सारे संसार के संगीतकारों के लिए मैंने जो रचनाएँ की हैं, उनसे भी निकली हैं। चाहे जो भी नयी रचनाएँ मैं लिखता हूँ, वे सभी परम्परा आधारित हैं, रागों और तालों पर, वे एक बिल्कुल विदेशी संस्कृति से उखाड़कर आरोपित नहीं की गयी हैं। इस तरह की संगीत-रचना हमेशा भारत में हुई है,

कलकत्ता, 70 के अन्त में रवि, ज़ाकिर हुसैन के साथ

किसी नवीनतावादी संगीतकार के द्वारा जिसका आधार तो पुरानी नींव में रहा है, लेकिन जो बहुत सी नयी चीजें देखता और सुनता है। इसके बावजूद भारत में कुछ लोग निरन्तर भड़के हैं, मानो मैंने कोई अधर्म किया है। वे मेरे शास्त्रीय पक्ष को (एक वादक के रूप में) दूसरे रचनात्मक पक्ष (रचनाकार के रूप में) से अलग न कर सके।

कुछ नया सृजन करने की वृत्ति और प्रेरणा सदा मेरे भीतर थी। अपने बचपन में मैं अच्छा रेखाचित्र बना सकता था, मैं धुनें और गीत लिखा करता था (हालाँकि मुझमें, जो कुछ भी मैं लिखता था, उसे खो देने की एक बुरी आदत थी) और मेरे पास जीवन्त कल्पना थी। छत पर अपनी माँ के साथ लेटा हुआ और आकाश की ओर देखता हुआ, मैं बादलों में बहुत सारी आकृतियाँ देखा करता था; राजमहल, लोग, देवता, सुन्दर चेहरे। फर्श और दीवारों पर भी मैं उनके चित्र कल्पित करता था, आज भी करता हूँ।

अपने आरम्भिक वर्षों से मुझमें निस्सन्देह नाचने और चित्रकारी की अन्तर्वृत्ति और अवसर था। वैसे ही संगीत था किसी तबलावादक के सुनने के पूर्व भी, मैं हमेशा नये रूपों की खोज और किसी सूटकेस या जो भी कड़ी चीज हाथ लग जाय, उस पर बजाकर स्वतन्त्र लयकारी करता था।

जब मैं प्रेरित होता हूँ तो अनुभव करता हूँ कि मुझमें लिखने की भी आन्तरिक क्षमता है (हालाँकि निस्सन्देह इसका निर्णय तो पाठक करेंगे), लेकिन सबसे अच्छा मैं पहली बार में करता हूँ, काटना और सुधारना इतनी आसानी से नहीं आते। यद्यपि मैं कवि होने या बहुत शिक्षित होने का दावा नहीं करता, मेरे भीतर लिखने की स्वाभाविक प्रेरणा है, और मैंने हिन्दी और बंगला में सैकड़ों गीत लिखे हैं। कुछ अँग्रेजी में भी, यद्यपि अधिकतर का उपयोग हुआ या खो गये। केवल एक ही प्रकाशित हुआ, 'आई ऐम मिसिंग यू'।

फिर भी, संगीत या नृत्य से अलग मैंने किसी चीज पर कठिन परिश्रम नहीं किया। कुछ वर्षों तक मुझे नृत्य पर ध्यान केन्द्रित करना पड़ा—और मेरे भाई बड़े कड़े शिक्षक थे—लेकिन उसे छोड़कर मेरा

सारा ध्यान संगीत पर रहा है।

दादा के साथ होने ने मंच के सारे शिष्टाचार और कैसे किसी को मंच पर आना चाहिए, सिखाये—कभी ज्यादा गम्भीर नहीं या ज्यादा धृष्ट नहीं, और कभी भी बनावटी दाँत निपोर कर मुस्कराना नहीं। बाद में मैंने प्रस्तुति की इस जानकारी का उपयोग अपने कार्यक्रमों में किया, विशेषत: पश्चिम में। मैं एक उचित मंच के बारे में दृढ़संकल्प था, उसे एक भारतीय दरी से ढँकते आगे और बगल के भाग को काला करते जिससे लगे कि दरी उड़ रही हो, और उसके बाद यह सुनिश्चित करने में कि मेरे सभी सहयोगी वादक ऐसे रंग के आकर्षक वस्त्रों में हों जो परस्पर विसंगत न हो। मंच की बगल में जलती अगरबत्तियाँ भी श्रद्धा और अध्यात्म के वातावरण-निर्माण में योगदान करती थीं जो हर आदमी के संगीत के रस ग्रहण को उदात्त कर देता था।

दादा ने मुझे प्रकाश-व्यवस्था के बारे में भी सिखाया। नयी उम्र में ही प्रकाश का उपयोग और चेहरे और शरीर पर इसके प्रभाव की जानकारी मेरे बाद के जीवन में बड़ी उपयोगी प्रमाणित हुई। केवल मंच पर सावधानीपूर्वक उचित रंग के प्रकाश का प्रक्षेपण आवश्यक है, पूरे मंच को उजाले से भरना नहीं। अधिकांश भारतीयों के लिए लाल और भूरे-पीले प्रकाश का मिश्रण सर्वोत्तम है चूँकि यह एक स्वर्णिम आभा देता है जो हमारे चमड़े के रंग और सितार के लिए आदर्श है।

प्रस्तुति महत्त्वपूर्ण है। प्रदर्शन-कला पश्चिम में बड़ी भूमिका अदा करती है चाहे ऑपेरा गायक, जैज़ संगीतकार हो या पॉप स्टार हो, लेकिन हमारे देश में संगीतकार ज्यादा अनौपचारिक होते थे। बहुत बार अक्सर वे भदेस या लद्धड़ भी होते थे, लोगों के सामने अपनी चाल-ढाल दिखाते, खाँसते, बड़बड़ाते या श्रोताओं से या आपस में गप करते हुए। ये सारे तरीके पाश्चात्य श्रोताओं के लिए अभद्र होते और खुद संगीत से उनका ध्यान बँटाते थे, अत: जब मैं अपनी पहली यात्रा पर वहाँ निकला तो एक पेशेवर के रूप में मेरा अपने को प्रस्तुत करना आवश्यक था। अब यह हमारे सभी भारतीय वादक-गायकों में प्रचलित हो गया है, और मुझे प्रसन्नता है कि हम इसमें बहुत अच्छे हैं।

यद्यपि हमारे अधिकांश वादक अब मंच पर अधिक मँजे हुए हैं, उनमें से कुछ महसूस करते हैं कि कुछ दूसरे संगीतकारों को नीचा दिखाना है, या तो प्रत्यक्ष या परोक्ष रूप से। वे समझते हैं कि किसी स्थापित कलाकार की हत्या करके वे अपने को प्रतिष्ठित कर सकते हैं। एक तरह से यह बड़े दुख की बात है। मैंने हमेशा विश्वास किया कि सबसे अच्छा है कि संगीत को समझाया जाए और तब चुप हो जाया जाए। संगीत को ही बात करने दीजिए।

भारत का और इसके संगीत का भविष्य आज भी नयी पीढ़ी के हाथों में है। अगर कुछ संगीतकारों ने मेरा या मेरे समकालीनों का अनुसरण भी किया है तो जब हम लोग चले जायेंगे, यह उनका दृष्टिकोण और क्रिया-कलाप होंगे जो इसका पथ-निर्देश करेंगे, हमारे नहीं। कौन जानता है कि क्या होगा? कोई कभी नहीं बता सकता; लेकिन कम-से-कम भविष्य के बारे में मैं आशावान हूँ।

वर्षों तक मुझे करीब नयी पीढ़ी की और युवा-संस्कृति की जानकारी नहीं थी, और उनसे सम्बन्ध का कोई असली कारण नहीं था। पहली बार जब मुझे लगा कि क्या हो रहा है वह साठ के दशक का मध्य था, जब मैंने सभी बड़े परिवर्तनों को इतनी तेज़ी से इंग्लैंड, यू.एस.ए. में और सब जगह होते देखा—लोकसंगीत और हिप्पियों की बाढ़। अगले कुछ वर्षों में मैं उनके बारे में बहुत जानकार था, और मुझे अक्सर उनसे जोड़ा जाता था। कुछ तरह से मैंने इसे आघातपूर्ण पाया क्योंकि मैंने देखा कि कितनी जल्दी व्यापारिक जगत हर चीज का फायदा उठा सकता था, ध्यान-केन्द्रों से लेकर नशा के प्रसार तक। यह स्थिति भारत में भी थी जहाँ बिजली की तरह लोग एकाएक बड़ी मात्रा में सितार, कुर्त्ते, खासकर अगरबत्तियाँ और इत्तर बनाने लगे थे।

बच्चों का होना अक्सर बहुत समस्याओं पर आपके दृष्टिकोण के पुनर्मूल्यांकन के लिए आपको विवश करता है, लेकिन सत्तर के आरम्भिक दशक तक शुभो पहले ही सयाना हो चुका था और मुझे

उसके साथ किशोरवय की रहन-सहन की किसी समस्या का समाधान नहीं करना था। मैं जानता था कि अट्ठासी के दशक में एड्स के आगमन के साथ लोगों के दृष्टिकोण बदल रहे थे, लेकिन लगता है कि अन्तिम कुछ वर्षों में साठ के दशक की वापसी हो गयी है और जीवन-शैली फिर ढीली-ढाली हो गयी है। एक जवान बेटी के होने से मुझे हाल में इस चीज की अधिक चेतना बढ़ी है कि चीजें कैसे आमूल बदल गयी हैं, खासकर किशोरों में। पश्चिम में छोटी उम्र के लोग पहले से अधिक तेजी से सयाने हो रहे हैं। सभी नयी पत्रिकाएँ, विज्ञापन और फिल्में इतनी कामोत्तेजक हैं। हमेशा कम उम्र में बच्चे नशे का सेवन कर रहे हैं, डेटिंग कर रहे हैं, आत्महत्याएँ कर रहे हैं, घर से भाग रहे हैं या लालची लोगों द्वारा शोषित हो रहे हैं। दुधमुँहे बच्चों के लिए वे फैशन निकाल रहे हैं।

भारत में अब वही हो रहा है, खासकर कृत्रिम जीवनवाले नगरों जैसे दिल्ली, बम्बई, कलकत्ता, मद्रास, बंगलौर या हैदराबाद के अधिक सम्पन्न परिवारों के बच्चों के बीच। आज वे इतने भिन्न हैं, हर चीज की नकल करते हुए, जो पश्चिम में हो रहे हैं। कभी-कभी वे इसमें भी बाजी मार लेते हैं, जैसाकि कोई अक्सर करता है, जब कोई दूसरे की बन्दर की तरह नकल करता है। पश्चिम में मैं युवाओं को मेरे संगीत-समारोहों में आते और कई अपाश्चात्य विषयों में रुचि लेते पाता हूँ। भारत में युवा संभ्रान्तों में अधिकतर किसी धार्मिक या परम्परागत भारतीय संस्कृति पर हँसते हैं; वे लगभग इससे शरमाते हैं। वे अमरीकी बोल-चाल की भाषा बोलते हैं और उन्होंने न केवल अपने कान-नाक छेदवाने शुरू कर दिये हैं बल्कि अपने होठ और दूसरे अंग भी। वे पश्चिमी पॉप, रॉक, आर.एन.बी., रैप और टेकनो के अतिरिक्त कुछ नहीं सुनते, और अगर भारतीय संस्कृति में जो उनके निकटतम है, वह है भारतीय फिल्म-संगीत। कभी-कभार सुन्दर धुन को छोड़ अधिकांश भारतीय फिल्मी संगीत हर चीज जो भारत के बाहर चल रही है, उसका संकर-संस्करण मात्र है! सबसे हाल में घटित होनेवाली चीज है टेलीविज़न और वीडियो का आना। सैटेलाइट स्टेशन भारत के बाहर से प्रोग्राम प्रकाशित कर रहे हैं। दो या तीन वर्षों के अन्तराल में सैकड़ों चैनल आ गये हैं, और अभी आने को हैं।

जो कुछ हो रहा है उसके लिए आप स्वयं युवाओं को दोष नहीं दे सकते। ये व्यापार करनेवाले सेठ और मीडिया के आका हैं जो इस सामाजिक क्रान्ति को चला रहे हैं। पैसा मूल चीज है। ये लोग पैसे के अपने लोभ को युवाओं पर प्रक्षिप्त करते हैं, जनसाधारण को लालच देकर अपनी झोली भरते हैं। इस प्रक्रिया में हमारी सबसे बाद की पीढ़ी को सयानों की दुनिया को बेपर्दा दिखाया जा रहा है। मैं अनुभव करता हूँ कि संसार मेरे युवाकाल के बाद से बदल गया है, फिर भी जो घटित हो रहा है उसके बारे में चिन्तित हुए बिना मैं नहीं रह सकता। मैं वर्तमान से कटा होने का खतरा मोल ले रहा हूँ, लेकिन मैं विश्वास नहीं करता कि यह सब सत्य है। जो हो रहा है उसे मैं समझता हूँ क्योंकि वर्षों मैंने इसे पश्चिम में देखा है, और निश्चित ही मैं कट्टरवादी नहीं हूँ।

1996 के आरम्भ में जब मैं भारत में था, बी.बी.सी. के एक संवाददाता को जो एम.टी.वी. के लिए एक प्रोग्राम बना रहे थे, एक इंटरव्यू दिया। मैंने स्पष्ट कहा कि मेरे विचार में एम.टी.वी. बहुसंख्यक भारतीयों पर बुरा प्रभाव डाल रहा था, केवल बड़े नगरों के उन बच्चों को छोड़कर जो पहले से ही पश्चिमी जीवन-शैली के आदी हो गये हैं और जिनके दृष्टिकोण को यह कोई खास प्रभावित नहीं करेगा, लेकिन मैंने एक गलती की; मुझे स्पष्ट कहना चाहिए था कि श्रव्य-पक्ष की अपेक्षा यह उसका दृश्य-पक्ष है जिसकी मैं चर्चा कर रहा था। मैंने इसे स्पष्ट नहीं किया। क्योंकि जब कि पॉप संगीत की आवाज भारत में बहुत दिनों से चल रही थी और यह लोगों को वास्तव में उतनी परिवर्तित नहीं करती, मैं यह निश्चित महसूस करता हूँ कि उत्तेजक या भयानक और वीभत्स संगीत वीडियो के चित्र ध्वंसात्मक हो सकते हैं।

शीघ्र बहुत से पत्रकार और समाचारपत्रों में पत्र लिखनेवाले लोग मुझ पर टूट पड़े; 'उन्हें पॉप-संगीत के बारे में ऐसा कहने का साहस कैसे हो रहा है? वे स्वयं इतने आधुनिक रहे हैं, उन्हें कोई

अधिकार नहीं है।' कुछ संगीतकारों ने तो यहाँ तक कहा कि मैं एम.टी.वी. पर निर्णय देने या उसकी आलोचना करने की स्थिति में था ही नहीं, क्योंकि इन्हीं रॉक-संगीतकारों के कारण मुझे सफलता मिली थी!

इंटरव्यू में मैंने उसी तरह हमारी अपनी फिल्मों के बारे में भी उल्लेख किया था। औसत आदमी के लिए जो मनोरंजन का भूखा है, ये हालीवुड की नकल कर उसे दमित वासनाओं की अभिव्यक्ति का मार्ग देती हैं। ये बहुत लोकप्रिय हो गयी हैं। इन फिल्मों में बहुसंख्यक अश्लील और मूर्खतापूर्ण हैं, मार-पीट और हिंसा, पेट हिलानेवाले नृत्य, अश्लील संकेतोंवाले डायलॉग और गीतों वाली। वे यथार्थवाद की सीमा का अतिक्रमण कर हिंसा, रक्तपात और उत्पात की अति तक चली जाती हैं। इस प्रकार यथार्थवाद को अंगीकार करती हुई और समाज में बुरी चीजों का स्पष्ट चित्रण करने की कोशिश करती हुई, वे उन्हें वस्तुतः मनोरंजन के लिए उपयोग में लाती हैं। निस्सन्देह इसमें हॉलीवुड बड़ा गुरु है!

कभी-कभी यह कहना बड़ा मुश्किल होता है कि अनियन्त्रित लोक नैतिकता के परिणामस्वरूप एक औसत भारतीय का व्यक्तिगत आचरण कितना खराब हो रहा है। एक तरह से यह स्वयं मेरे युवाकाल में हुआ था। दस साल की उम्र में मैं सयानों की एक दुनिया में फेंक दिया गया था और मैं तेजी से सयाना हुआ, फिर भी मैं अपना जीवन बनाने के लिए उससे उबर गया। मैं काफी सौभाग्यशाली था कि एक खास चीज, संगीत, पर ध्यान केन्द्रित करने की मन:शक्ति मुझे मिली, जिससे मैं बदल जाने में सफल हुआ। अन्यथा मैं बर्बाद हो गया होता। मैं निश्चित ऐसा मानता हूँ। प्रतिभाशाली था, बिल्कुल ठीक, मगर बाबा के पहले मैंने शिक्षा या प्रशिक्षण या परामर्श का कभी उपयोग नहीं किया, किसी चीज में उचित रीति से नहीं जुटा। भौतिक जगत के आकर्षणों के प्रति हममें से बहुत कितने दुर्बल हैं! किसी रक्षक देवता ने जरूर मुझे पूरी बर्बादी से बचा लिया होगा!

व्याप्त टेक्नोलॉजी और बदलती नैतिकताओं के समूचे माहौल का परिणाम भारतीय शास्त्रीय संगीत भोग रहा है। मैं उत्तम कोटि के कुछ युवा संगीतकारों को जानता हूँ जो बहुत अधिक आधुनिक और अद्यतन जानकार हैं, मेरी तरह पुराने चलन के नहीं, और उनके लिए मैं बड़ी आशाएँ रखता हूँ। वे संगीत में गहरे गये हैं; और अगर उनकी तरह के लोग हैं और अपनी साधना कायम रखते हैं, तब हमारा संगीत नहीं मरेगा। दूसरी तरफ कुछ युवा संगीतकारों में दिखावे की प्रवृत्ति है, सिर्फ अपने लिये नाम कमाने की चिन्ता। वे संगीत-ज्ञान में गहरी रुचि नहीं रखते जिसकी हम अपनी परम्परा में कामना करते हैं। वे केवल छद्म श्रोताओं की तृप्ति करते हैं जिनमें बहुत कम सचमुच संगीत की समझ रखते हैं। उन्हें इत्मीनान से कुछ संगीतकारों के साथ बैठने और कोई विशेष राग बजाने को कहिये, और आपको अन्तर का पता लग जायेगा।

निस्सन्देह मैंने हमेशा माना है कि प्रस्तुति महत्त्वपूर्ण है, लेकिन उचित संगीतात्मक गहराई जरूर होनी चाहिए। मेरे अन्दर न केवल नाटकीयता की जानकारी है, बल्कि शुद्ध भारतीयता की भी और बाबा के प्रभाव की। मैं गिरगिट की तरह बदल सकता हूँ। इस अर्थ में कि मैं हमेशा आश्वस्त हूँ कि अपने प्रदर्शनों में परम्परा का बलिदान किये बिना मैं उसमें कुछ चमक जोड़ सकता हूँ। आज के कुछ युवा संगीतकारों के साथ एक समस्या यह है कि उन्होंने केवल मेरे प्रस्तुतीकरण के ढंग की नकल की है।

सौभाग्य से सामान्यजन और नयी पीढ़ी तक संगीत को लाने के उद्देश्य से कॉलेजों, स्कूलों और विश्वविद्यालयों में गायन-वादन कलाओं के लिए कुछ संस्थाएँ स्थापित हुई हैं। ऐसी मुख्य संस्था का नाम स्पिकमैके है जो अच्छी तरह संगठित है और पूरे भारत में तरक्की कर रही है। क्रमशः बहुत से संगीतकारों ने इसके आयोजनों के लिए कार्यक्रम देना पसन्द किया है। यह बहुत सहायता कर रहा है; युवाओं का एक बड़ा समूह हमारे शास्त्रीय संगीत में रुचि लेने को प्रोत्साहित किया जा रहा है, और वे इसकी ओर उन्मुख हो रहे हैं। इस प्रकार के और प्रयत्नों से हमारे संगीत का भविष्य अधिक आश्वस्त होगा।

हो सकता है हम केवल तेज़ परिवर्तन की एक अस्थायी अवधि से गुज़र रहे हों और कुछ समय

में सबकुछ सुस्थिरता प्राप्त कर लेगा। आकाश-कुसुम है यह, शायद! लेकिन मैं सचमुच विश्वास करता हूँ कि हमारे संगीत की महानता जो पहले ही हजारों वर्षों तक चलती आयी है, आगे भी प्रकाशमान रहेगी।

मैं अभी भी अपनी बैटरियाँ फिर से चार्ज करने प्रतिवर्ष भारत चला जाता हूँ, और एकाध वर्षों में शुरू करके एक बार फिर अपना अधिकांश समय अपने देश में बिताने का मेरा मन है। हर चीज के बावजूद भारत के लिए मुझे बड़ा प्रेम है, और एक दृढ़ विश्वास कि यद्यपि हम अपने हाल के इतिहास में सबसे बुरे युगों से गुजर रहे हैं, और यह और भी खराब हो सकता है, हम अन्ततः इससे उबर जायेंगे। एक भव्य अतीत और ऐसी आध्यात्मिक शक्ति वाला हमारा देश महान है। यह फिर उठेगा और यह मैं केवल आर्थिक दृष्टि से नहीं कह रहा हूँ (हालाँकि वह होगा) बल्कि इसके आत्मविश्वास और सांस्कृतिक जीवंतता की दृष्टि से भी।

कुछ लोग मानते हैं कि दुःख एक कलाकार के लिए अच्छा है, कि यह उसे सुन्दर और शक्तिशाली कला की सृष्टि के लिए कच्चा माल देता है। अगर यह सच है तो कोई सोच सकता है कि आधुनिक टेक्नॉलोजी और सुविधाएँ, और युवाओं की भिन्न चिन्ताएँ और आशाएँ कलाकारों के लिए सही वातावरण नहीं देतीं। लेकिन मैं विश्वास करता हूँ कि फिर भी बड़े कलाकार होंगे। बहुत लाड़-प्यार से वे खत्म नहीं हो जायेंगे।

यह सही है कि सभी विद्याओं में पुराने गुरु-चित्रकार, शिल्पी, कवि, नर्तक और अभिनेता और संगीतकार भी—बहुत बोझ से दबे थे। गरीबी बीमारी और दमन के बोझ के नीचे अपनी कला की सृष्टि करने को विवश थे। तो भी अगर वे आज की सुविधाओं का भोग न कर सके तो आपको याद रखना होगा कि जब किसी ने कोई चीज जानी नहीं है तो उसे उसकी चेतना भी नहीं होती। राजे, रईस और महाराजे थे जो बड़े कलाकार भी थे। अक्सर जो समान चीज होती है वह यह है कि वे बड़े कलाकार जिन्हें भौतिक असुविधाएँ पार करनी थी उन्होंने अपने सर्वोत्तम कार्य तब किये जब वे जवान थे और

पुत्री-शिष्या अनुष्का के साथ

सचमुच चालीस या पचास की उम्र तक पहुँचने के पहले मर जाते थे। जब आप युवा हैं तो आपके भीतर वह आग भी होती है और आपके मार्ग के अवरोधों को पार कर सकती है। बाद के जीवन में, हालाँकि यह तब भी संभव है, यह ज़्यादा कठिन है। अत: मैं महसूस नहीं करता कि दु:ख अपने आपमें आपकी कला के लिए अच्छा है।

दु:ख जरूर मुझे परेशान करता है। अगर मैं अपना हाथ आग में रखूँ तो मैं अनुभव करता हूँ कि दर्द जो होता है वह मेरी जिम्मेदारी है, लेकिन जब उसका कारण मैं नहीं हूँ तो मैं क्यों दु:ख भोगता हूँ? मैं विश्वास नहीं करना चाहता कि यह मेरा कर्म या नियति है। मेरा विश्वास कीजिए, मैं सचमुच अनुभव करता हूँ कि अधिक लोगों की तुलना में मैं असाधारण संवेदनशील आदमी हूँ—शायद तुनुक मिजाज़ ज्यादा अच्छा शब्द हो या आवेगमय। यह एक ही साथ वरदान और अभिशाप दोनों है। छोटी चीजें एकाएक मुझे प्रेरित कर सकती हैं और मेरी रचनात्मक वृत्ति को उद्‌भासित कर सकती हैं, लेकिन वे मुझे बहुत व्यग्र और क्रोधित भी कर सकती हैं, और मेरे प्रेरणा-प्रवाह को नष्ट भी कर सकती हैं।

यह चकित करनेवाली बात रही है कि कैसे अपने जीवन के सबसे दु:खद क्षणों में भी मेरी व्यथा ने उमड़कर अच्छी परिणति पा ली है जब अपने सितार के द्वारा मैंने उसकी अभिव्यक्ति करुण रस में की है। फिर भी, दूसरे समयों में जब चिंताओं से मैं दबा रहा हूँ, श्रेष्ठ वादन की प्रस्तुति को मैंने बहुत कठिन पाया है। इसका कोई निश्चित नियम नहीं। मैं पूर्णत: आत्मविश्वासपूर्ण और ऊर्जा से भरा हो सकता हूँ और तब या तो भोंड़ा या महान वादन कर सकता हूँ। स्त्रियाँ अक्सर मेरी प्रेरणा रही हैं, लेकिन कभी-कभी बिल्कुल उल्टा हुआ है। मैं सचमुच अचरज करता हूँ कि अच्छे प्रदर्शन का कारण क्या है। यह एक रहस्य है—और अन्तर्विरोध, मैं जानता हूँ! मूल बात यह है कि मैं हर प्रोग्राम के पहले सदा ईश्वर और गुरु से प्रार्थना करता हूँ, चाहे जितना आत्मविश्वासयुक्त मैं क्यों न होऊँ।

दो शब्द मुझे दुविधा में डालते हैं, 'प्रेम' और 'महान'। उन प्रत्येक का क्या अर्थ है, प्रत्येक की कसौटी क्या है? हर आदमी प्रेम शब्द का धड़ल्ले से प्रयोग करता है, खासकर जब वह युवा रहता है, लेकिन क्यों हम हमेशा कहते हैं, 'मैं तुमसे प्रेम करता हूँ' बनिस्बत इसके कि 'मैं तुम्हें पसन्द करता हूँ'; 'इस क्षण मैं तुमसे प्रेम करता हूँ' या बस 'मैं तुम पर आसक्त हूँ' या 'मैं तुमसे प्रेम नहीं करता' भी? हम इतने विकल्पों को नहीं कहते, और मुझे लगता है हम कह नहीं सकते! फिर भी मेरे लिए किसी तरह यह अक्सर दुविधा का कारण रहा है।

उसी प्रकार किसी को 'महान' कहकर प्रशंसा करने का क्या अर्थ है या खुद ही ऐसा कहा जाना? इसने बहुत दिनों तक मुझे बेचैन किया है, क्योंकि कभी-कभी मुझे 'महान' कहा गया है या एक 'प्रतिभा'। मैंने दूसरे लोगों को देखा है जो अपने बारे में इसमें विश्वास करते हैं, लेकिन ईमानदारी यह है कि, यद्यपि इस प्रशंसा ने कभी-कभी मेरे अहंकार को कुछ क्षणों के लिए बढ़ा दिया होगा, मैंने कभी अपने बारे में इसका विश्वास नहीं किया था इसे गम्भीरता से नहीं लिया।

फिर भी मैं आपसे बिल्कुल स्पष्ट कहता हूँ कि मैं सचमुच महान हो सकता था अगर मैं ऐसा विषय सुख भोगी, इतना बेरततीब और स्वभाव से आलसी न होता। जितना मैंने किया है उससे बहुत अधिक कठोर परिश्रम कर सकता था—जो कुछ लोगों को चकित करेगा, लेकिन यह सच है। अपने जीवन को पलटकर देखते मैं पछताता हूँ, चीज़ों को टालते और बस आलस्य से मैंने कितना समय गँवा दिया है। मैं और सीख, रियाज़ कर, लिख, प्रदर्शन कर और अधिक पढ़ा सकता था। कुछ नहीं करने के लिए बहाना बनाना आसान है, और यह लक्षण मैं बहुत लोगों में देखता हूँ। कुछ दूसरे हैं जो अविश्वसनीय रूप से कड़ी मेहनत करते हैं और निर्धारित अन्तिम समय के अनुसार सब कर लेते हैं—टैगोर, बाबा और मेनुहिन याद आते हैं—लेकिन मैं ऐसा कभी नहीं रहा, और यह मुझे लज्जित करता है।

अपनी पहली पुस्तक 'माई म्यूज़िक, माई लाइफ' का आरम्भ मैंने यह उल्लेख करते किया था कि अपनी परम्परा में हम तीन धारणाओं को कितना महत्त्व देते हैं—गुरु, साधना और विनय। परम्परागत रूप

से भारत में विनय का बड़ा मोल माना गया है, यद्यपि हम अपने बहुत से अग्रणी संगीतकारों को अहंकार की समस्या और 'मैं महानतम हूँ' की बीमारी से ग्रस्त पाते हैं! किसी को भी जानना चाहिए कि वह क्या जानता है और उसकी उपलब्धि क्या है, लेकिन साथ ही किसी को इसका भी होश रहना चाहिए कि कितना कम वह जानता है, इस दृष्टि से कि ज्ञान की कोई सीमा नहीं।

सर्वोत्तम उदाहरण जो मैं देख सकता हूँ जिसमें सच्ची विनय है, वह भारत का कोई नहीं है, वह हैं मेरे अच्छे मित्र यहूदी मेनुहिन। इस संसार में किसी दूसरे संगीतकार के बारे में मैं नहीं सोच सकता जिसने तुलनात्मक दृष्टि से सफल जीवन भोगा हो; एक बाल-प्रतिभा से आरम्भ कर अपने वायलिन-वादन और संचालन और असंख्य मानवतावादी कार्यों का आयोजन कर इतना यश अर्जित किया हो। सारे संसार में किसी दूसरे ने इतनी प्रतिष्ठा और इतना आदर नहीं पाया। फिर वे इतने विनम्र रहे हैं। 1995 में 'सितार टु गिटार' नामक अन्तिम शो के दिन ब्रसेल्स में भारतीय राजदूत के द्वारा एक लंच-पार्टी दी गयी थी, जिसमें यहूदी भाषण करने खड़े हुए। उन्होंने मेरे विषय में बड़ी प्रशस्ति भरी बातें कहीं—मुझे अपना गुरु बताते हुए जिसने भारत की महानता के प्रति उनकी आँखें खोल दी थीं—कि घबराहट में मुझे उन्हें रोकना पड़ा था! मेरी आँखों में आँसू थे। यह उनकी महानता का लक्षण है कि वे हर आदमी की प्रशंसा करते हैं। जवाब के रूप में मैंने दूसरे सभी उपस्थित भारतीय संगीतकारों से कहा : 'बस यह सब सुनिए जो पश्चिम के महानतम संगीतकारों में एक के मुँह से निकला है। भारत में मुश्किल से किसी में सच्ची विनय देखते हैं, केवल एक झूठी विनम्रता के विपरीत। जहाँ हम संगीतकार ऐसी धृष्टता से भरे हैं, हमें इस महान आदमी से सीखना चाहिए।'

इस अध्याय में मैंने हमारी संगीतप्रणाली की जड़ों और विकास को खोजना चाहा है, संकेत दिया है कि भविष्य में इसकी दिशा क्या होगी और समझाया है कि कैसे मेरे योगदानों ने इसके विकास को प्रभावित किया होगा और करना ये जारी रख सकते हैं। एक संगीतकार को अपनी उपलब्धियों का ज्ञान रहना चाहिए उन्हें सही परिदृश्य में देखते हुए। एक वादक के लिए आत्मविश्वास रखना आवश्यक है। मगर अति नहीं होनी चाहिए।

दस
परमेश्वरी

आपकी अद्यतन जानकारी के लिए मेरे बिल्कुल हाल के कार्याभियान के बारे में अवश्य बताना चाहिए। 'इन सेलिब्रेशन' नामक चार सी.डी. के वॉक्स वाले सेट (ऐलेन कॉज़लोव्स्की की सहायता से जॉर्ज हैरिसन द्वारा निर्मित) जिसे 'एंजिल रेकॉर्ड्स' ने 1996 के शुरू में निकाला, के बाद कम्पनी के अध्यक्ष स्टीव मर्फी ने भारतीय स्तुतिपाठों पर आधारित एक नया एलबम बनाने की सलाह दी। जॉर्ज ने इस विचार को पसन्द किया और पूरे निर्माण का कार्यभार लेने को सहमत हुए। 1996 के जनवरी और मार्च में हम लोगों ने मद्रास में आरम्भ किया, मगर तीन दिनों तक प्रतिदिन दो बैठकों से थोड़ी-सी रचनाओं से अधिक कुछ न निकला। आश्चर्यजनक रूप से संगीतात्मक और संवेदनशील इंजीनियर श्रीधर के प्रयत्नों के बावजूद 'मद्रास रिकॉर्डिंग स्टूडियो' के अत्यधिक व्यापारिक माहौल और व्यवस्था बड़ी अवरोधक और हतोत्साह करनेवाली थी।

ठीक 1974 की तरह, निचले तल्ले की दरी-बिछी फर्श पर बैठे सभी संगीतकारों (ज्यादातर गायक) के साथ एलबम की लम्बी अन्तिम बैठकें जॉर्ज के इंग्लैंड वाले घर के ड्राइंग रूम में शुरू हुईं जिसकी फ्रांसीसी खिड़कियों से बाहर बागीचे का आनन्ददायक दृश्य था। हम लोगों के लिए वहाँ हर चीज ठीक रखी गयी थी। कलाकारों के माइक्रोफोन से केबुल पहले तल्ले के स्टूडियो तक गये थे। कैमरों का रुख हमारी तरफ था जिससे कि ऊपर स्टूडियो में बैठे जॉर्ज और रिकॉर्डिंग इंजीनियर जॉन एचेल्स टी.वी. मॉनिटरों पर हमें देख सकते थे। हम लोगों ने इयर फोन भी पहने थे जो उन लोगों से जुड़े थे जिससे कि वे हमें परामर्श दे सकें। इस प्रकार मैंने तीन या चार रचनाओं का संचालन किया, और तब उसके बाद हम लोगों ने बाकी ट्रैकों की रिकॉर्डिंग करते स्टूडियो में पाँच या छः दिन लगाये।

यह मेरे अभी तक के सबसे चुनौती भरे कार्याभियानों में से एक था। यद्यपि अपनी अतीत की रचनाओं में प्राचीन धर्मग्रन्थों से मैंने संस्कृत श्लोकों का उपयोग किया है, उन्हें मुख्यतः मूल विषय के सन्दर्भ में ही लाया गया है। हमारे परम्परागत मन्त्रों की रिकॉर्डिंग के प्रति एक शास्त्री के रूप में मैंने बहुत अधिक गम्भीर प्रतिबद्धता निभायी है। मद्रास में वेदों और उपनिषदों के मन्त्रों की असली शास्त्रियों द्वारा रिकॉर्डिंग की, जिनकी पीढ़ियों ने वेदमन्त्रों की विशेषता प्राप्त की है। इसके अतिरिक्त मद्रास के गायकों और वादकों (और बाद मे लन्दन के) का अन्य छोटे पाठों और मन्त्रों के लिए उपयोग किया। पहले से ही दर्जनों एलबम मौजूद हैं जो उन्हीं पाठ-सन्दर्भों का उपयोग करते हैं, उनमें से कुछ पुजारियों के सीधे रिकॉर्डिंग का, कुछ और शास्त्रीय रागों के बन्धों का, और कुछ हल्के ढंग में उन्हें अधिक बाजारू बनाने के लिए उनका उपयोग करते हैं। इसलिए इस एलबम को, प्रामाणिकता बचाते, एक संगीतमय और आध्यात्मिक अनुभव बनाते, इसके सार्वजनीन प्रभाव किन्तु उसकी यथासम्भव गरिमा के साथ, भिन्न रूप देना आवश्यक था।

हम लोगों ने गणेश, सरस्वती और गुरु के परम्परागत संक्षिप्त मंगलाचरण से शुरू किया, लेकिन इनके अतिरिक्त प्राचीन चुने गये पाठ अधिकतर शान्ति, प्रेम, पारिस्थितिकी, कल्याण और प्रत्येक चीज

और प्रत्येक व्यक्ति की बन्धुता के विषयों पर थे। दो गीतों की पद्य रचना मैंने स्वयं की; 'मंगलम' संस्कृत में लिखित (लन्दन-स्थित भारतीय संस्कृति के अत्युत्तम केन्द्र 'भारतीय विद्या भवन' के डॉ. नन्दकुमार की सहायता से) और 'प्रभुजी', हिन्दी में। बाद वाले में मेरी और सुकन्या और कुछ स्थानीय गायकों की आवाजें हैं, जबकि जॉर्ज ने बास और अकोस्टिक गिटार बजाये। दूसरी रचनाओं में उन्होंने वाइब्राफोन, मारिम्बा, ऑटोहार्प और ग्लॉकेनस्पिएल बजाये, और पार्श्व से कुछ स्वर का योगदान भी किया। अन्तिम रचना 'सर्वेषाम्' के बिल्कुल आखिर में, जो 'ॐ शान्तिः शान्तिः शान्तिः' के पाठ से समाप्त होता है, उनकी आवाज विशेष रूप से प्रभावकारी लगती है।

यह विचित्र है कि कैसे वर्षों के प्रवाह में आप धीरे-धीरे लोगों में परिवर्तन देखते हैं, विशेषतः जब वे परिपक्व और अधिक शक्तिसम्पन्न होते हैं और अपने बारे में अधिक आश्वस्त (अपने आपको एक ही रूप में देखना अधिक कठिन है। जब मैं देखता हूँ तो जो दिखाई देता है वह अधिकतर ऋणात्मक पक्ष है—मैं इसकी अनुशंसा नहीं करता!)। इसके पहले मैंने कभी इतने निकट से जॉर्ज के साथ रिकॉर्डिंग में, ओवरडबिंग में, सन्तुलन करने में, मिश्रण और सम्पादन करने में काम नहीं किया था, और उनकी दक्षता और संवेदनशीलता से बहुत अधिक प्रभावित हुआ हूँ। एक संगीतकार के रूप में मेरे द्वारा उनका मूल्यांकन बहुत ऊँचे स्तर तक पहुँचा है।

प्रथम चार रचनाओं के अन्तिम मिश्रण के बाद उन्होंने उन्हें बजाकर मुझे सुनाया और मुझे रोमांच और एक गहरी आध्यात्मिक चेतना प्रदान करती हुई, वे अद्भुत लगीं। उस शाम वे आए और अपनी अश्रूपर्ण आँखों के साथ मेरा आलिंगन किया और केवल यह बोले, 'आपको धन्यवाद, रवि, इस संगीत के लिए।' उनकी भावतरलता का मेरे लिए बड़ा अर्थ था, और मेरी आँखें भी आँसुओं से भर गयीं। अगर शेष रचनाओं का भी ऐसा ही प्रभाव हो तो इसे पूरे कठिन कार्याभियान के दौरान जिन चिन्ताओं और दुखों ने मेरे मन को त्रस्त किया था उनके बावजूद सब कुछ रचने, संयोजन करने, रिकॉर्डिंग पर मेहनत से काम कर चुकने के लिए मैं अपने को परमसुखी मानूँगा। इसे पूरा करने में अपने कठिन श्रम, चिन्ता और प्रेम प्रदान कर इसे सम्भव बनाने के लिए मैं उनका हार्दिक धन्यवाद करता हूँ। मैं पुनर्जन्म में विश्वास करता हूँ, और मैं दूसरे जन्मों में अवश्य उनसे सम्बन्धित रहा होऊँगा। वे न केवल शिष्य या मित्र हैं; मैं उन्हें एक पुत्र की तरह प्यार करता हूँ।

इस एलबम पर एक दूसरी अच्छी बात घटित हुई : शुरू से ही मद्रास में मैंने यह सुनिश्चित किया था कि, संगीत के लिप्यन्तरण, संगीतकारों को निर्देश और रिकार्डिंग के बीच कुछ रचनाओं के संचालन में मेरी सहायता के लिए प्रवेश कर अनुष्का भी इसमें संलग्न हो। उसने इसे इंग्लैंड में जारी रखा। जैसे सभी दूसरी चीजों में, उसने जल्दी ही सीख लिया, बड़ा अच्छा काम किया और उसके लिए मुझे अत्यन्त गर्व का अनुभव कराते, उसने स्वयं इसका बड़ा आनन्द लिया।

कई तरह से मैंने इस रेकॉर्ड में अपना हृदय उँडेल कर रख दिया है, और इसके निर्माण में जॉर्ज ने वही किया है। मुझे आशा है कि आध्यात्मिक चेतना-सम्पन्न लोगों की आशाओं को यह पूरा करेगा। आपको इसका अधिकतम लाभ लेने में मदद के लिए मैं अनुशंसा करूँगा कि आप एकान्त में बैठकर, बन्द आँखों, धीमे प्रकाश और जलती अगरबत्तियों के साथ (या दूसरे आध्यात्मिक चेतनावाले लोगों के साथ) इसे सुनने का प्रयास करें।

जॉर्ज हैरिसन : मैं रवि के संगीत को प्रस्तुत करना पसन्द करता हूँ, क्योंकि मेरे लिये यह शिक्षा है और एक साथ काम करने का आनन्द। यह वस्तुतः आपकी आत्मा के लिए शान्तिदायक है, और यह ध्यान केन्द्रित करने या आत्मारोहण में आपकी मदद करता है।

इतने सारे वर्षों तक रवि के संगीत समारोहों में जाने के पीछे वही एक चीज है; कुछ देर सुनने के बाद मैं अपने आपको विस्मृत पाता हूँ, क्योंकि यह ध्यानयोग की तरह है; जब आप अधिक गहरे, और अधिक गहरे, और अधिक गहरे चले जाते हैं; एक स्थिति आती है जहाँ आप इतनी गहराई

के लिए उनके विशिष्ट प्रेम के विषय में कहते हैं। मेरे बाल्यकाल में यह सारी पृष्ठभूमि होने से और आराधक की (एक ब्राह्मण होने से) जीवनचर्या का सम्पूर्ण वातावरण पाने से मैं संगीत में बहुतों से अधिक शीघ्र आध्यात्मिकता की समझ और अनुभव कर सका।

कभी-कभी मैं अन्धे की तरह महसूस करता हूँ, आध्यात्मिक वातावरण के प्रति पूर्णतः ग्रहणशील और जो कुछ भी मुझे कहा जाता है उसे विश्वास करने को तत्पर, एक सरल ग्रामीण की तरह। जब कभी मैं बालाजी जाता हूँ, दक्षिण भारतीय आन्ध्रप्रदेश में स्वामी वेंकटेश्वर के मन्दिर, तो मेरा हृदय-कपाट उन आध्यात्मिक शक्तियों के प्रति पूर्णतः खुल जाता है जो वहाँ उपस्थित लगती हैं। मैं वही निष्कपट ग्रहणशीलता अनुभव करता हूँ जब मैं सरस्वती, कृष्ण, बुद्ध या जीसस क्राइस्ट के बारे में सोचता हूँ, या जब मैं किसी चर्च, सिनेगॉग या दूसरे किसी धर्म के ईश्वर के निवास में जाता हूँ। यह अन्ध-आस्था मेरी परम्परा का अंग है। यह मेरे हृदय और मन में है। मैं जानता हूँ मैं ऐसा आदमी हूँ जो किसी का अथवा किसी चीज का आश्रय लेना चाहता है या उसकी उसे जरूरत है।

लेकिन तब मैं कभी-कभी अपने से पूछता हूँ कि मुझे किसी पर निर्भर क्यों होना चाहिए। परमात्मा मुझमें है, इन मूर्तियों में नहीं। ये अवलम्बन हैं जो हैं जब हमें उनकी जरूरत होती है। सच्चा धार्मिक अनुभव अपने हृदय में पाया जाना है। बात युगों पुराने दार्शनिक प्रश्नों तक आती है : मैं कौन हूँ? मैं कहाँ से आया? मैं कहाँ जा रहा हूँ? मैं समझता हूँ मैं आत्मा और परमात्मा दोनों हूँ। मेरे भीतर दोनों हैं, खोजनेवाला और वह जिसे मैं खोजता हूँ।

इसलिए यह आश्चर्य नहीं कि मुझमें एक निरन्तर उद्वेलन और अन्तर्द्वन्द्व है—हो सकता है जैसे बहुत दूसरों में। मुझे लगता है कि यही जीवन का स्वभाव है : अन्तर्विरोध। और यह महत्त्वपूर्ण है कि यह मेरी पुस्तक में प्रतिबिम्बित हुआ है! यद्यपि मैं अनावश्यक दूसरों को चोट पहुँचाना नहीं चाहता (और अगर मैंने चोट पहुँचाई है किसी को जो मेरे प्रिय और अपने रहे हैं तो मैं उनसे ईमानदारी से क्षमा-याचना करता हूँ) मुझे अपनी कमजोरियों और अन्तर्विरोधों को व्यक्त करने में कोई चिन्ता नहीं रही है।

बाबा हमेशा कहते थे कि संगीत बेचने के लिए नहीं है; संगीत व्यापारिक उद्‌देश्य के लिए नहीं बना है। संगीत पूजा की तरह है, और संगीत के द्वारा आप ईश्वर की पूजा करते हैं। यद्यपि एक पेशेवर संगीतकार के लिए इस सिद्धान्त का पालन करना कठिन है, यह सच है कि संगीत के द्वारा, किसी भी माध्यम की तुलना में, आप बहुत अधिक शीघ्र देवत्व का अनुभव करते हैं, चाहे यह मन्त्रपाठ हो या योगक्रिया हो, देवत्व की स्थिति का अनुभव प्राप्त करने के लिए ये बड़ी लम्बी प्रक्रियाएँ हैं। संगीत सबसे क्षिप्र वाहक है। बाबा की तरह मैं युगों पुरानी कहावत 'नाद ब्रह्म'—ध्वनि ब्रह्म है, में विश्वास करता हूँ।

फिर भी, बहुत से दूसरे लोगों की तरह मेरा यह अभी तक अपूर्ण अन्वेषण है। आध्यात्मिक पूर्णता की एक तीव्र आकांक्षा मेरे पूरे जीवन में रही है, लेकिन मैं कभी वहाँ पहुँचने में समर्थ नहीं रहा हूँ, मर्त्य के ऊपर कभी उठ नहीं पाता। मेरे दो गीत, दोनों हिन्दी में लिखित, इस भाव को सरलता से लेकिन मैं उम्मीद करता हूँ, बड़े प्रभावपूर्ण ढंग से व्यक्त करते हैं। 'पैसेजेज़' नामक एलबम पर 'प्रशान्ति ट्रैक' का गाना 'हे नाथ' मेरे उत्तर ढूँढ़ने का भाव व्यक्त करता है—

हे नाथ...
हम पर दया कीजिये,
दूर कर अन्धकार,
ज्ञान का प्रकाश दीजिये,
लोभ, क्रोध, द्वेष दूर कर दीजिये

हृदय में
प्रेम, शांति भर दीजिये।

'प्रभु जी' इस प्रकार के भाव को व्यक्त करता है :

प्रभु जी दया करो
मन में, आन बसो
तुम बिन लागे सूना
खाली घट में प्रेम भरो
तंत्र मंत्र पूजा नहीं जानूँ
मैं तो केवल तुमको ही मानू
सारे जग में ढूँढ़ा तुमको
अब तो आकर बाँह धरो
प्रभु जी... !

'आइ एम मिसिंग यू' ने उसी हताश आध्यात्मिक खोज को रूपायित किया है—'हे कृष्ण तुम कहाँ हो?' इसी प्रकार मैंने अन्तिम एलबम पर भगवद्‌गीता की एक शब्दावली गायी 'मा फलेषु कदाचन' अर्थात् 'कभी फल की आशा मत करो।'

एकदम वहाँ पहुँचने का हम कभी भरोसा नहीं कर सकते। मेरे लिए यह संगीत का ही माध्यम है कि मैं अपने चरमलक्ष्य के निकटतम अनुभव करता हूँ।

ॐ

धुन रसिया

अगस्त, 1997

जीवन कभी स्थिर नहीं रहता, और जब से मैंने यह पांडुलिपि पूरी की, कुछ बड़ी घटनाएँ हुई हैं, जिनमें से कुछ को, हमारे प्रेस में जाने के पहले, अपने आखिरी विचारों के रूप में मैं अब आपके लिए लिख रहा हूँ।

'चैन्ट्स ऑफ इंडिया' एलबम प्रकाशित हो चुका है और जिन्होंने इसे सुना है उन कुछ लोगों पर इसका प्रभाव अभिभूत करने और हृदय जुड़ानेवाला रहा है। ठीक जैसी मैंने आशा और जिसके लिए प्रार्थना की थी, इसने उनके आध्यात्मिक अन्तस्तल को छुआ है। मेरा नया विचार इस संगीत को दृश्य रूप में प्रस्तुत करने का है, शायद मंच पर या फिल्म के रूप में। इस घोषणा से भी मैं गहरा अभिभूत हुआ हूँ कि 'जापान आर्ट एसोसिएशन' मुझे विश्व के सर्वश्रेष्ठ पुरस्कार 'द प्रैमियम इम्पीरिएल' से सम्मानित करने जा रहा है। उन्होंने मुझे इस अक्तूबर में यह सम्मान प्राप्त करने के लिए निमन्त्रित किया है।

मेरे कलाकेन्द्र की स्थापना की दिशा में भी कुछ विकास हुआ है। एक रविशंकर-सेंटर और एक रविशंकर फाउंडेशन दोनों स्थापित हुए हैं। दिल्ली में केन्द्र का भवन-निर्माण शुरू हुआ है, और हम लोग एक शाखा और सहयोगी संगठन की कैलिफोर्निया में योजना बना रहे हैं, जहाँ हम लोग संग्रहालय और मल्टीमीडिया-सुविधाओं का एक भवन लेने और आगे कलात्मक प्रस्तुतियों का आयोजन करने की भी आशा करते हैं।

और इसके बाद मैं अपने को यह कहने से नहीं रोक सकता कि हाल में मेरी एक अतिविशिष्ट व्यक्ति से जान-पहचान हुई है, राजकुमार चार्ल्स। जैसाकि आपने पहले पढ़ा होगा, पिछले दो या तीन दशकों में कुछ अवसरों पर पहले हम मिले थे, लेकिन हाल में हम लोग और निकट हुए हैं। उन्होंने सचमुच मुझे अभिभूत किया है और मैंने उनमें एक सुन्दर आत्मा को पाया है। मैं यह इसलिए नहीं कह रहा हूँ क्योंकि वे सर्वाधिक जाने-माने व्यक्तियों में एक हैं, उच्चतम सामाजिक प्रतिष्ठावाले, बल्कि कलात्मक संवेदनशीलता, ईमानदारी और सहानुभूति के लिए जो उनसे उद्भासित होती है।

एक दुखी स्वर पर आता हूँ, मैं अपने दो मित्रों के दुखद निधन पर आहत हुआ। नारायण मेनन, जो बहुत दिनों से बीमार चल रहे थे, स्वर्गीय हो गये हैं। रेखा को मेरी आन्तरिक शोक-संवेदना। और मेरे दिल में बड़ी गहरी पीड़ा हो रही है एक महान कलाकार और मनुष्य के लिए जो हमसे विदा हो गये हैं, शम्भु मित्र, जिन्हें मैं बम्बई के अपने इप्टा के दिनों से जानता हूँ। कलकत्ते के इस महान व्यक्ति के लिए मेरे हृदय में अगाध प्रेम और श्रद्धा थी।

हाल में पश्चिम की अपनी अट्ठारह वर्षीया पुत्री से मैं मिला जिसे मैंने करीब दस बरस से नहीं देखा था। मेरे साथ यूरोप की यात्रा करते हुए, उसने कुछ सप्ताह मेरे साथ बिताये। व्यथा और आनन्द का ऐसा मिश्रण था हम दोनों के लिए। वह एक बहुत अच्छी संगीतकार है, एक

जैज़पियानोवादिका। मैं आशा करता हूँ कि भविष्य में हम दोनों का सामान्य और सुखद सम्बन्ध रहेगा।

जैसा कि सारा विश्व जानता है, मेरा देश अभी स्वतन्त्रता के पचास वर्ष मना रहा है। 14वें-15वें अगस्त की वर्षगाँठवाली ठीक मध्यरात्रि को बम्बई में, ज़ाक़िर के द्वारा संगत किये जाते मैंने अनुष्का के साथ सितार-वादन किया। यह एक स्मरणीय अवसर था। मैंने विशेषरूप से एक नये राग 'सुवर्ण' और एक नये ताल 'जयन्ती' की रचना की थी। इस ताल में पचास मात्राएँ हैं, समानुपातिक ढंग से विभाजित 3-4-5-6-7-7-6-5 4-3! इसकी बड़ी प्रशंसा हुई।

वर्षगाँठ के इस उत्सव के समय बहुत से आयोजनों में सारे भारत में 'सारे जहाँ से अच्छा' का कार्यक्रम प्रदर्शित किया जा रहा है, फिर भी अभी भी बहुत कम लोग जानते हैं कि इसकी धुन मेरी रचना है—हमारी भारतीय सरकार के भी, जो अपने सारे राजकीय कार्यक्रमों में इसका उपयोग करती है। अत: बम्बई-कॉन्सर्ट के अन्त में 'रागमाला' खंड के दूसरे रागों को बजाने के बाद सहसा मैं 'सारे जहाँ से अच्छा' की अपनी धुन में फूट पड़ा। आधा दूर जाकर मैं रुक गया, अनुष्का और ज़ाक़िर को जारी रखने देते हुए, और श्रोताओं को सूचित किया कि जो प्रसिद्ध धुन वे सुन रहे थे वह मेरी अपनी रचना थी। तुमुल हर्षध्वनि हुई!

बहुत से लोग यह वर्षगाँठ मना रहे हैं, लेकिन इसके बावजूद, मैं बहुतों की तरह देश विभाजन की स्मृति से और हमारी वर्तमान कठिनाइयों की सच्चाई पर उदास भी हुआ हूँ। हमें बहुत काम करना है। लेकिन जब मैं पिछले पचास वर्षों की ओर मुड़कर देखता हूँ, मैं अवश्य एक संगीतकार के रूप में गर्व का अनुभव करता हूँ कि किसी अन्य देश ने कभी अपनी कलाओं और कलाकारों को सहायता, आश्रय, मान्यता देने में उतना नहीं किया है जितना भारत ने।

बम्बई में हमारे ठहरने के लिए ताजमहल होटल की छठी मंजिल पर एक सुन्दर सुइट हमें दिया गया था और महाराजाओं की तरह हमारी खातिरदारी की गयी थी। समारोह के दूसरे दिन, पन्द्रह अगस्त को, कुछ देर के लिए सुकन्या और अनुष्का बाहर गयीं और मैं बहुत देर तक खड़ा खिड़की के बाहर अरब सागर के अद्‌भुत परिदृश्य को देखता रहा—नौकाएँ, टिट्टिभ पक्षियों, और एलिफैंटा गुफा के साथ द्वीप को। नीचे हजारों लोगों को मैंने सोल्लास राष्ट्रध्वज फहराते और आनन्द मनाते, गेट वे ऑफ इंडिया के चारों ओर खुशी से घूमते स्वतन्त्रता दिवस मनाते देखा।

मेरे मन में सैकड़ों यादों का ज्वार उठा। मुझे याद आए सितम्बर, 1966 और वहाँ असंख्य एकत्र लड़के-लड़कियाँ घंटों लगातार चिल्लाते, 'रविशंकर—हमें जॉर्ज हैरिसन चाहिए।' बम्बई ऐसा नगर भी है, जहाँ मैं वर्षों रहा हूँ, जहाँ मैंने वस्तुत: अपने संगीत-जीवन का 1944 के अन्त से उचित आरम्भ किया। फिल्मी फ्लैश बैक की तरह और अधिक स्मृतियों की लहरें आईं : सारे संघर्ष और धीरे-धीरे नाम, यश और वैभव की सफलताएँ, चमक-दमक, सुख और दुख। कुछ मील दूर रहती अपनी पूर्व पत्नी के विषय में सोचा और कि कैसे यहीं कमला से मेरे सम्बन्ध शुरू हुए। इतने सारे मित्र, और दूसरे उतने मित्रवत नहीं, उनमें से बहुत अब जीवित नहीं हैं।

मैंने आकाश को अन्धकारमय होते देखा जब एक तरफ से काले मेघ इकट्ठे हो गये और वर्षा की एक झड़ी मेरी ओर आई : बम्बई का मानसून! अपने मन में मैं अनेक वर्षों के भावनात्मक उत्थान-पतनों का हिसाब लगा रहा था, और उस सौभाग्य के लिए कृतज्ञ अनुभव कर रहा था जो मेरे पास आया है—इतना प्रेमास्पद होने, प्रशंसित होने, अभी भी महत्त्वपूर्ण होने और अपने जीवन में अनुष्का और सुकन्या को पाने के सुखों और वरदानों के लिए। धीरे-धीरे हर चीज धुँधली होती गयी और मैंने अनुभव किया कि मेरी आँखें आँसुओं से भर गयी थीं और मेरा हृदय मेरे अपने मानसून से।

पश्च-लेख 2009

ठीक इसी समय, अगस्त, 1997 में, इस पुस्तक का प्रथम संस्करण मैंने पूरा किया। इसके तुरन्त पहले मेरे जीवन में एक बड़ा परिवर्तन हुआ था। गीतू या नोरा, जैसा वह अब अपने आपको कहती थी, ने मुझसे फिर सम्पर्क साधा था। इसके लिए मुझे सुकन्या और अनुष्का को बहुत श्रेय देना होगा। सुकन्या तो आरम्भ से ही नोरा का सप्रेम स्वागत करती रही जबकि नोरा अपनी सौतेली बहन के सहज-सम्पर्क में आ गयी। उस ग्रीष्म ऋतु में मेरे साथ यूरोप की यात्रा करती हुई नोरा ने हमारे साथ कुछ हफ्ते बिताये। हम दोनों के लिए यह व्यथा और आनन्द का अजब मिश्रण था।

इसी के बीच पुस्तक के अन्त का समय आया, जो एक तरह से गलत क्षण में आया। उस प्रथम संस्करण में मैंने जोड़ा कि हाल में मैंने पश्चिम की अपनी अठारह वर्षीय पुत्री से हाल में भेंट की थी जिसे मैंने करीब दस वर्षों से नहीं देखा था। लेकिन मैंने उसका नाम नहीं लिया था, यह उल्लेख करते हुए कि उसकी माँ ने नहीं चाहा था कि मैं उसे और उसकी बेटी को अपने संदर्भ में पहचान करूँ, अत:

फ्राँस की सरकार से मिले सम्मान, 'कमान्डयोर दान्स लॉर्डरे डे ला लेयोन द अन्योर' के अवसर पर रवि शंकर अपनी पुत्रियों अनुष्का शंकर और नोरा जोन्स के साथ, दिल्ली, सन् 2000
© ऐलन कोज़लोवोस्की

रवि शंकर अपनी पुत्रियों अनुष्का शंकर, नोरा जोन्स एवं पत्नी सुकन्या शंकर के साथ, दिल्ली, सन् 2000
© ऐलन कोज़लोवोस्की

उनके अज्ञातनाम रहने की इच्छा का मुझे पालन करना पड़ा। अब लौटकर सोचने पर लगता है कि उस समय मैं उसके बारे में लिखता। मैं बहुत चाहता था कि गलतियों से हुई त्रुटि पूरी कर दूँ, उन वर्षों की जब मैं उसके लिए वहाँ नहीं रहा। मैं कहूँ, मैं कभी भी एक अच्छा पिता नहीं बन पाया हूँ।

उसके बाद हमलोगों ने क्रमश: फिर प्रेमपूर्ण सम्बन्ध स्थापित कर लिया। हमलोगों के साथ एनसिनिटास या दिल्ली में रहने के लिए वह आती थी। और तब उसने अपनी प्रतिभा उजागर की। बच्ची के रूप में वह बड़ी संगीतात्मक थी, लेकिन उसने मुझसे कभी नहीं सीखा। न्यूयार्क में सिटी कॉलेज के अपने प्रिय मित्र एलिस बारनेट द्वारा उसे पियानो-प्रशिक्षण देने की व्यवस्था की थी और बाद में फोर्ट वर्थ जाने के बाद वह एक संगीतकार के रूप में पुष्पित होने लगी। लेकिन मैंने उसे तब तक नहीं सुना था जब पहली बार एनसिनिटास में स्वयं पियानो बजाते उसने हमारे लिए अपने गीत सुनाए। उसके स्वर की कोमलता और माधुर्य के हम कायल हो गये, अद्भुत लगा उसका संगीत। हमें पहले क्षण से ही लगा कि उसमें कुछ विशिष्ट गुण था, और हमने उससे अपने गीत रिकार्ड कराने का आग्रह किया। वह स्वभाव से एक संगीतकार है। उसका स्वर अद्वितीय है, पिछले साने की तरह—एक स्वर लगा कि वह श्रोता के हृदय को छू लेता है। वह आपके हृदय को आकृष्ट कर लेती है। अपने संगीत के रिकार्डों के साथ जो अद्वितीय सफलता उसने पायी है, इसके लिए मैं ईश्वर को धन्यवाद देता हूँ। हम दोनों के बीच अब सब कुछ सुन्दर है, और मैं बहुत खुश हूँ।

इस बीच, पिछले कुछ वर्षों और खासकर हाल में, उसकी माँ सू मेरे प्रति फिर स्नेहिल और मित्रवत हो गयी है। मुझे लगता है हमारे बीच मनमुटाव के वर्ष बीत गये हैं और मुझसे इससे खुशी होती है कि हमारे सम्बन्ध एक बार फिर अच्छे हो गये हैं।

2003 की फरवरी में उसके ग्रैमी अवार्ड्स पाने पर मैंने अपने को गौरवान्वित पिता महसूस किया। अपने प्रथम एलबम के लिए पाँच आशातीत पुरस्कारों के साथ नोरा न केवल उस रात की बड़ी विजयिनी

थी, बल्कि अनुष्का भी अपने एलबम 'लाइव ऐट कार्नेगी हॉल' के लिए वैश्विक संगीत श्रेणी में सबसे कम उम्र की भागीदार चुनी गयी।

अनुष्का मेरी एकमात्र शिष्या है जिसे मैंने प्रारम्भिक चरण से शिक्षित किया है और बीते दशक में मैंने, पहले मंच पर मेरा साथ देने से लेकर अपने कार्यक्रम देते और सुन्दर संगीत-मंडली की रचना करते हुए उसे बीते दशक में प्रभावी रूप से विकसित होते देखा है। वह सदा चीजों को इतनी जल्दी समझ जाती रही है, और उसकी रचनात्मकता तो आश्चर्यित करने वाली है, मगर उसके संगीत में भी वह आध्यात्मिक गुण है जो श्रोताओं की आत्मा को छू लेता है। वह मेरे सभी छात्रों में सर्वोत्तम है।

उसकी प्रतिभा दूरगामी है। नियमत: भ्रमण करते हुए और पाँच एलबम बनाकर वह पहले ही एक पुस्तक की रचना कर चुकी है, उसने एक फिल्म में भूमिका की है, और नृत्य किया है, कुछ मॉडलिंग की है और वह 'वर्ल्ड फूड प्रोग्राम' की एक राजदूत भी है। उसने ज्याँ पियरे रामपाल, मस्तिस्लाव रोस्त्रोपोविच और जोशुआ बेल के साथ जुगलबन्दी भी की है। बहुत भिन्न ऑर्केस्ट्राओं में मेरे सितार कॉन्सर्टों के साथ वह नियमत: एकलवादन करती है और जनवरी, 2009 में जब कार्नेगी हॉल में ऑर्फियस चैम्बर ऑर्केस्ट्रा ने मेरे तीसरे सितार कॉन्सर्टो का शुभारम्भ किया, अनुष्का एकलवदिका थी। उसने अन्य सांगीतिक रूप प्रभावों को भी अंगीकार किया है जैसे इलेक्ट्रॉनिका, फ्लैमैंको और पाश्चात्य शास्त्रीय संगीत। उसमें इतनी ऊर्जस्विता है कि मैं डरता हूँ, लेकिन वह इसे बड़ी दृढ़ता से कार्यान्वित करती है।

अनुष्का के प्रति मुझमें एक पिता की सामान्य चिन्ताएँ भी हैं और एक गुरु के रूप में विशेष अपेक्षाएँ भी। आज भी। आज की दुनिया उस दुनिया से बड़ी अलग है जिसमें मैं पला-बढ़ा। शायद वह हमेशा मेरे लिए आसान नहीं रहा है, लेकिन अब मैं आधुनिक आँखों से हर चीज देख सकता हूँ और मुझे कोई बेचैनी नहीं है। अभी तक अनुष्का के जीवन को रूपाकार देने में सुकन्या का बहुत श्रेय है, यदि उसकी देखभाल केवल मुझ पर छोड़ दी गयी होती, तो निश्चित ही मैं सब गड़बड़ कर देता। अब उसकी इतनी माँग है और वह प्रगति करती जा रही है। एक कली से खिलकर वह पुष्पित होने की प्रक्रिया में अपना सौरभ बिखेर रही है, और भावी और भी समृद्ध है। मैं सचमुच अपनी दोनों बेटियों को बहुत प्यार करता हूँ।

भरत वाक्य

जब मेरी पत्नी डायना और मैं 1952 में भारत आए, हमने एक नया संसार पाया। विकसित टेकनॉलोजी वाले पश्चिम के लोगों के लिए यह कल्पना कठिन है कि अस्तित्व की दूसरी शैलियाँ भी हो सकती हैं, दूसरी सभ्यताएँ। उस पहली यात्रा में रवि और भारत ने, संगीत के द्वारा, मुझे जो दिया वह था इतिहास के युगों के द्वारा मानवीय विचार, प्रेरणा, अनुशासन और स्वच्छन्दता का प्रकटीकरण।

हर चीज का सम्पूर्ण विश्लेषण, उसे अनेक सम्भावनाओं और सामंजस्यों तक ले जाना भारत की अपनी विशिष्टता है। क्या होता है जब आपके पास ऐसी सभ्यता होती है जो लगभग अविशृंखल तीन या चार हज़ार वर्षों से चली आती है? स्पष्टत: यह और अधिक संस्कारवती होती जाती है; हर आदमी जानता है वह वहाँ किसलिए है। नेहरू ने एक बार डायना और मुझसे कहा था कि भारत में पुश्तैनी कान साफ करनेवाले भी हैं। भारतीयों ने हर चीज के बारे में सोचा, कामवासना पर भी। संगीत में भी यही हुआ, जो नियमबद्धता और परम्परा की बड़ी उच्च शास्त्रीयता पर आधारित है, जहाँ आवेग, उत्तेजना, निर्बाध उल्लास और स्वतन्त्रलयकारी ऐसे प्रशिक्षण के द्वारा नियन्त्रित होते हैं, जिसने प्रत्येक विशेष स्वर, स्केल, सजावट, तरीका और विस्तार का नामकरण किया है। और फिर वहाँ नृत्य में, जो शुद्धगति है, किन्तु हर चीज नियन्त्रित है, भौंहों और नयनों के संचालन तक। निश्चित रूप से संस्कृति के, कला के, विचार के, दर्शन के क्षेत्र में भारतीयों ने वह उपलब्ध किया है जो पश्चिम ने विज्ञान में।

रवि सर्वाधिक अद्भुत शिक्षक और पथप्रदर्शक हैं, क्योंकि वे तरीका जानते हैं। आज पश्चिम में हममें से अधिकांश ने संग्रथन की क्षमता खो दी है। बिना शिल्प के, बिना अपनी उँगलियों, अपनी आँखों और अपनी सभी इन्द्रियों पर अधिकार रखे आप कला में विकसित नहीं हो सकते, किन्तु साधन ही पर्याप्त नहीं है। भारत में हर चीज का एक सौन्दर्यशास्त्र है जो हमारी दुनिया में पूरी तरह गायब है। पश्चिमी लोग अपना काम शुरू करते हैं, लेकिन वे अब किसी चीज़ को उतनी धार्मिक पवित्रता नहीं देते। स्वभाव से मानव एक धार्मिक प्राणी है। किन्तु मैं सोचता हूँ कि अगर हम बहुत दिन जीते रहे तो हम भारतीयों और उनकी परम्पराओं से सीखेंगे, और एक पूर्णत: भिन्न मार्ग का अनुसरण करेंगे।

रवि ज्ञान, नियमन और अनुशासन का प्रतिनिधित्व करते हैं—और फिर भी ऐसी स्वतन्त्रता का। स्वतन्त्रता जो बहुत गम्भीर विचार, कार्य, अभ्यास और अनुभव से प्राप्त की जाती है। वे हमेशा अपने मन और अपने हृदय में रचनात्मक जीवन जीते हैं। वे प्रणाली में एक यन्त्रमात्र नहीं हैं, मेरे जीवन में उनका बड़ा महत्त्व रहा है। कई प्रकार से वे श्रेष्ठतम संगीतकार हैं जिन्हें मैंने जाना है। यदि आप पश्चिम और पूरब की एक ही स्तर पर तुलना करेंगे तो शायद वे मेरे शिक्षक ईनेस्को, और बारटोक के बाद आएँगे, लेकिन बहुत निकट का तृतीय स्थान।

किसी स्रष्टा व्यक्ति में एक पारलौकिकता का गुण होता है, जैसे रवि में, जिसकी मैं बड़ी

प्रशंसा करता हूँ। लेकिन इसका यह अर्थ नहीं है कि वे उच्चतम रीति से नियमबद्ध नहीं हैं, और जो कुछ किया जाना है उस पर पूर्णत: ध्यान वे केन्द्रित कर सकते हैं, और उनकी दृष्टि स्पष्ट है। लेकिन वे उस प्रत्यक्ष को देखते हैं। वे देखते हैं जो हम नहीं देख सकते। जब वे किसी रचना की सृष्टि करते हैं तो वे किसी लोक में चले जाते हैं। जितनी वे सृष्टि करते हैं वे उस शक्ति के द्वारा उतने निर्देशित भी हो जाते हैं। और वह अंश जो नियन्त्रण से परे है, और जिसे पश्चिम का आदमी नियन्त्रित करना चाहता है ठीक वैसे जैसे वह किसी भूखंड या लोगों पर नियन्त्रण करना चाहता है—वह अंश हमें उस पार ले जाता है, और तब प्रज्वलित होकर अपनी गति स्वयं धारण कर लेता है। किसी वाद्ययन्त्र में दक्षता प्राप्त कर लेने के बाद हम स्वयं किसी ऐसी चीज के वाद्ययन्त्र हो जा सकते हैं जिसने हमें अपने अधिकार में कर लिया है।

रवि एक अत्यन्त सुसंस्कृत व्यक्ति भी हैं, उस रूप में बहुत पाश्चात्य—लेकिन बहुत भारतीय भी। जब एक भारतीय व्यावहारिक और सुसंस्कृत होता है तो आप एक बहुत उन्नत प्रकार का प्राणी पाते हैं। पश्चिम में प्राय: अच्छे लोग आवश्यकता से अधिक सरल होते हैं और धूर्त लोग बुरे; लेकिन रवि अपने गुणों के कारण संस्कारवान-शालीन-नैसर्गिक के बीच एक अद्‌भुत सन्तुलन रखते हैं। हमें उस प्रकार के व्यक्ति की जरूरत है जो दोनों संसारों को समझ सके।

हम कभी-कभार मिलते हैं, और हर बार जब मैं उन्हें देखता हूँ तो उनके स्नेह और व्यक्तित्व से अभिभूत हो जाता हूँ। वे संसार में सबसे मूल्यवान व्यक्ति हैं। सबके ऊपर, मैं उस क्षण के पीछे जो कुछ भी है उससे अनुप्राणित हो उठता हूँ जब दीपक जल जाते हैं और रवि और उनके सहयोगी काम करना शुरू कर देते हैं, अपनी पूजा अर्पित करते हुए, पृथ्वी तक उतना झुकते जितना कोई झुक सकता है और तब इस महत् प्रशिक्षण का उपयोग करते, इसकी प्रस्तुति करते जो स्वर्ग में है, पृथ्वी और स्वर्ग के बीच हर चीज पर अधिकार करते हुए, हमारी आत्मा को मुक्ति प्रदान करने के लिए।

—लॉर्ड मेनुहिन

कालानुक्रम

1920 : बनारस में जन्म (7 अप्रैल)
1928 : पिता से प्रथम भेंट
1929 : भाई उदय से प्रथम भेंट
1930 : उदय की मंडली के साथ पेरिस प्रस्थान (दिसम्बर)
1931 : पेरिस, मंडली का प्रथम प्रदर्शन (3 मार्च)
1932 : माँ का भारत लौटना
1932–33 : उदय-मंडली की चार अमरीकी यात्राओं में प्रथम (दिसम्बर, 1932—फरवरी, 1933)
1933 : संक्षिप्त यात्रा के लिए मंडली भारत लौटती है
(जुलाई-सितम्बर) रवीन्द्रनाथ टैगोर से भेंट
1933–34 : अमरीका की दूसरी यात्रा (अक्टूबर, 1933—फरवरी, 1934)
1934 : ग्यारह महीनों के लिए मंडली भारत लौटती है
उस्ताद बाबा अल्लाउद्दीन खाँ और अली अकबर खाँ से पहली भेंट (दिसम्बर)
1935 : पिता की मृत्यु
अलाउद्दीन खाँ एक साल के लिए उदय-मंडली में आते हैं
1936 : डेवन के डार्लिंगटन हॉल में ग्रीष्म-ऋतु बिताते हैं
(माता की मृत्यु, नवम्बर)
1937–38 : अमरीका की तीसरी और चौथी यात्रा
(जनवरी-फरवरी, 1937 और दिसम्बर, 1937—मार्च, 1938)
1938 : भारत में यज्ञोपवीत-संस्कार (मई)
अल्लाउद्दीन खाँ के साथ सात वर्ष के प्रशिक्षण के लिए मैहर गये (जुलाई)
1939 : इलाहाबाद संगीत-समारोह में प्रथम प्रस्तुति (दिसम्बर)
1940 : उदयशंकर इंडिया कल्चर सेंटर, अल्मोड़ा की स्थापना
1941 : अन्नपूर्णा से विवाह (15 मई)
1942 : पुत्र शुभेन्द्र का जन्म (30 मार्च)
1944 : परिवार के साथ बम्बई गमन (अक्टूबर) उदय के अल्मोड़ा सेंटर का बन्द होना
1945 : बम्बई में भारतीय जननाट्य संगठन में प्रवेश (जनवरी), इंडिया इम्मॉर्टल
'सारे जहाँ से अच्छा' के लिए नयी धुन बनाई
1946 : 'धरती के लाल' और 'नीचा नगर' का प्रदर्शन, इप्टा छोड़ देते हैं

1947 : इंडिया रिनासाँ आर्टिस्ट्स का संक्षिप्त संगठन, 'दि डिस्कवरी ऑफ इंडिया' का निर्माण
एच.एम.वी. इंडिया के साथ रिकार्डिंग
1948 : टाट बाबा से मिलते हैं। 'दि डिस्कवरी ऑफ इंडिया की फिर प्रस्तुति'
1949 : दिल्ली में ऑल इंडिया रेडियो में प्रवेश (फरवरी)
दिल्ली में 'झंकार म्यूजिक सर्किल' की स्थापना
1952 : दिल्ली में यहूदी मेनुहिन से मिलते हैं और उनके लिये वादन,
'वाद्य वृन्द' की स्थापना करते हैं
1954 : भारतीय संस्कृति शिष्टमंडल के साथ रूस की यात्रा
1955 : पाथेर पांचाली का प्रदर्शन
1956 : करीब दो वर्षों से अधिक के लिए उनसे अन्नपूर्णा अलग हो जाती है (जनवरी)
ऑल इंडिया रेडियो छोड़ देते हैं (जनवरी)
फिल्में : 'अपराजितो' और 'काबुलीवाला'
1956–57 : पश्चिम में एल.पी. और प्रथम एकलवादन यात्राएँ
1957 : फिल्में : 'ए चेयरी टेल' और 'द फ्लूट ऐंड दि ऐरो', बर्लिन फिल्म फेस्टिवल द्वारा
'काबुलीवाला' फिल्म (जून) के लिए सर्वोत्तम फिल्म-संगीत निर्देशक घोषित
1958 : दिल्ली में 'मेलोडी ऐंड रिद्म' की प्रथम प्रस्तुति (14–18 मार्च)
सांस्कृतिक शिष्टमंडल के अध्यक्ष के रूप में जापान-गमन (अप्रैल–जून)
'पारस-पत्थर'
'पेरिस में यूनेस्को म्यूजिक फेस्टिवल' : संयुक्त राष्ट्र दिवस समारोह में प्रदर्शन (24 अक्टूबर)
अन्नपूर्णा लौट आती हैं।
1959 : 'अपूर संसार'
1960 : प्राग स्प्रिंग फेस्टिवल में उपस्थित होते हैं
('अनुराधा' अपने स्कोर के लिए प्रेसिडेंट-पुरस्कार जीतती है)
1961 : 'सामान्य क्षति'
1962 : पाथेर पांचाली से विषय और स्वतन्त्र लयकारी। बम्बई में किन्नर म्यूजिक स्कूल की स्थापना करते हैं
बम्बई में 'मेलोडी ऐंड रिद्म' की दूसरी प्रस्तुति (नवम्बर)
1962–63 : 'चंडालिका'
1963 : 'गोदान'
प्राग स्प्रिंग और एडिनबरा उत्सवों में लीड्स में वादन
1964 : 'नव रसरंग'
1964–65 : यूसीएलए में अध्यापन (जनवरी–फरवरी)
1965 : 'चपैकुआ'
1966 : हैरिसन से भेंट (जून)
हैरिसन का भारत आगमन (सितम्बर–अक्टूबर)
बाथ फेस्टिवल : यहूदी मेनुहिन के साथ सह-वादन (25 जून)
'एलिस इन वंडरलैंड' (बी.बी.सी.टी.वी, 28 दिसम्बर)
1967 : 'वेस्ट मीट्स ईस्ट' की इंगलैंड में प्रस्तुति (जनवरी)
अन्नपूर्णा से विच्छेद, कमला चक्रवर्ती के साथ लॉस एंजिल्सि में एक घर लेते हैं (फरवरी)

लॉस एंजिल्स में किन्नर स्कूल की शाखा खोलते हैं (मई)
मांटेरेरी पॉप उत्सव
: सिटी कॉलेज, न्यूयॉर्क, में अतिथि प्रोफेसर बुएल जी गालागर
यू.एन. ह्यूमन राइट्स डे समारोह (10 सितम्बर)

1967–68 : 'राग' का फिल्मीकरण

1968 : उस वर्ष के कलाकार के रूप में बिलबोर्ड सम्पादकों द्वारा पुरस्कृत, 'वेस्ट मीट्स ईस्ट' ग्रैमी पुरस्कार जीतता है (फरवरी)
'वेस्ट मीट्स ईस्ट' का दूसरा खंड प्रस्तुत
फिल्में : चार्ली और वायला
'माई म्यूजिक माई लाइफ' का प्रकाशन
'फेस्टिवल फ्रॉम इंडिया' का डबल एल.पी. और अमरीका की यात्रा

1969 : वुडस्टॉक फेस्टिवल (अगस्त)

1970 : शुभो अमरीका में रहने आते हैं
कैलआर्ट्स के संगीत विभाग के अध्यक्ष

1971 : सितार और ऑरकेस्ट्रा के कॉन्सर्टो (नं. 1) की प्रथम प्रस्तुति लन्दन (28 जनवरी)
कॉन्सर्ट फॉर बांग्लादेश समारोह (1 अगस्त)
'जय बांग्ला' ई.पी. की प्रस्तुति (27 अगस्त)
न्यूयार्क में 'राग' की प्रस्तुति (नवम्बर)

1972 : कॉन्सर्ट फॉर बांग्लादेश साउण्ड ट्रैक
अल्लाउद्दीन ख़ाँ की मृत्यु

1973 : 'कॉन्सर्ट फार बांग्लादेश' को ग्रैमी पुरस्कार (फरवरी)
'शंकर फैमिली ऐंड फ्रेंड्स' की रिकॉर्डिंग (अप्रैल)
'ट्रांसमाइग्रेशन मैकेबर' की प्रस्तुति (1968 की फिल्म 'वायला' का साउंडट्रैक)
लॉस एंजिलिस में 'रविशंकर म्यूजिक सर्किल' स्थापित करते हैं

1974 : 'रविशंकर म्यूजिक फेस्टिवल फ्रॉम इंडिया' की रिकॉर्डिंग और यात्रा
अमरीका और कनाडा की 'डार्क हॉर्स' यात्रा (2 नवम्बर–20 दिसम्बर)
हृदय रोग वश हॉस्पीटल जाना (4–9 दिसम्बर)

1975 : यूनेस्को संगीत–पुरस्कार 'कॉन्सेल इंटरनेशनल डी ला म्यूजीक'

1976 : संगीत–नाटक अकादमी फेलो नियुक्त

1977 : उदय की मृत्यु (29 सितम्बर)
'वेस्ट मीट्स ईस्ट' एलबम की प्रथम सांगीतिक प्रस्तुति

1978 : 'राग अनुराग' का प्रकाशन
'ईस्ट ग्रीट्स ईस्ट'

1979 : पुत्री गीताली नोरा जोन्स शंकर का जन्म (मार्च 30)
: 'मीरा' फिल्म प्रदर्शित

1980 : जाज़माइन

1981 : कमला से विच्छेद (जनवरी)
सितार और ऑरकेस्ट्रा कॉन्सर्टो (नं. 2) की प्रस्तुति,

न्यूयार्क (23 अप्रैल)
पुत्री अनुष्का का जन्म (9 जून)
पद्मविभूषण से पुरस्कृत

1982 : 'गाँधी'
नवें ऐशियन गेम्स (एशियाड) के कला निर्देशक, दिल्ली
भाई राजेन्द्र की मृत्यु
'द साउंड ऑफ एशियाड' 82 प्रकाशित
रवि और अन्नपूर्णा का तलाक

1983 : 'गाँधी' के सन्दर्भ में एकेडमी पुरस्कार के लिए मनोनीत
दिल्ली में उदय-उत्सव
चीन की यात्रा करते हैं (अगस्त-सितम्बर)

1985 : 'रिद्मस ऑफ द वर्ल्ड' उत्सव, लॉस एंजिलिस (जून)
फ्रांस द्वारा 'कमांडियर डि एल ऑर्डर डेस ऑट्र्स एट डेस लेटर्स' सम्मान
भारतीय सेना से विशेष पुरस्कार

1986-92 : राज्य सभा के सदस्य, संसद का ऊपरी सदन

1986 : 'जेनेसिस'
न्यूयॉर्क में चार बाइ-पास ऑपरेशन (30 दिसम्बर)

1987 : ऑपरेशन के बाद 67वें जन्मदिन पर (7 अप्रैल) प्रथम वादन
'कालिदास सम्मान' (भोपाल, भारत)
'तन-मन' का प्रकाशन
रूस की तीसरी यात्रा

1988 : रूस के 'फेस्टिवल ऑफ इंडिया' के समापन-अंश के रूप में क्रेमलिन में वादन किया
यू.के. क्रौली में 'नयी किरण उत्सव' में मुख्य अतिथि (11-17 जुलाई)

1989 : सुकन्या से विवाह (23 जनवरी)
यूरोपियन ऑरकेस्ट्रा यात्रा के रूप में जुबिन मेहता के साथ यूरोप और भारत का भ्रमण किया (अप्रैल)
'रविशंकर इनसाइड द क्रेमलिन' का प्रकाशन
'घनश्याम-ए ब्रोकेन ब्रांच' का यू.के में निर्माण
लन्दन के रॉयल फेस्टिवल हॉल संगीत-समारोह में सितार-वादन का पचासवाँ वर्ष मनाया

1990 : 70वाँ जन्म-दिनोत्सव
ब्रिटेन के राज-परिवार के सामने वादन (अप्रैल)
'पैसेजेज'
भी.एस.टी. इंडस्ट्री का स्पिरिट ऑफ फ्रीडम पुरस्कार

1991 : 'द टाइगर ऐंड द ब्राह्मीन'
राजीव गाँधी एक्सेलेंस अवार्ड
फुकोओका एशियन कल्चरल प्राइजेज़ में ग्रैंड प्राइज मिला (3 सितम्बर)
'घनश्याम' की भारतीय प्रस्तुति

1992 : रैमन मैगसेसे अवार्ड (मनीला, फिलीपिन्स)

ऐंजियोप्लास्टी ऑपरेशन (सैन डिएगो, अमरीका) सितम्बर
शुभो की मृत्यु (15 सितम्बर)

1993 : कैलिफोर्निया के एनसिनिटास चले जाते हैं (14 फरवरी)
वाशिंगटन डी.सी. और लन्दन में शान्ति के लिए संगीत वादन समारोह
ऐंजियोप्लास्टी का दूसरा ऑपरेशन, सैनडियागो में (26 अगस्त)

1994 : कान और कन्धे के ऑपरेशन

1995 : 75वें जन्म दिन का उत्सव नयी दिल्ली के सिरी फोर्ट में संगीन-समारोह के साथ आरम्भ, जिसमें तेरह वर्षीय अनुष्का की प्रथम वादन-प्रस्तुति (27 फरवरी)
जिप्सी म्यूजिक के 'सितार टु गिटार' उत्सव में ब्रसेल्स में मेजबान के रूप में (24, 25 नवम्बर)

1996 : 'इन सेलिब्रेशन', पूर्वागत के एक 4 सी.डी. का प्रकाशन (फरवरी)
'चैंट्स फ्रॉम इंडिया' के रेकॉर्ड, मद्रास में (जनवरी, अप्रैल) और ब्रिटेन मे (जुलाई)

1997 : 'चैंट्स फ्रॉम इंडिया' का रिलीज (मई, अमरीका; सितम्बर, ब्रिटेन)
'प्रिमियम इंपीरियल' से पुरस्कृत
स्वतन्त्रता स्वर्ण जयन्ती उत्सव में बम्बई में प्रस्तुति (अगस्त)

1997 : आत्मकथा रागमाला का अँग्रेज़ी में प्रकाशन दिसम्बर

1998 : स्टॉकहोम का पोलर म्यूजिक पुरस्कार

1999 : भारत-रत्न से पुरस्कृत

2000 : फ्रांसीसी सरकार 'कमाण्डिउर डि ला लीजन डि ऑन्युअर' पुरस्कार प्राप्त
80वें वर्ष के जन्मदिन के उपलक्ष्य में 'फुल सर्किल' यात्रा का आरम्भ

2001 : नयी दिल्ली में रवि शंकर सेण्टर की स्थापना
ब्रिटेन से नाइटहुड की उपाधि प्राप्त
जॉर्ज हैरिसन की मृत्यु (29 नवम्बर)

2002 : 'फुल सर्किल' के लिए तीसरा ग्रैमी पुरस्कार : कार्नेगी हॉल 2000
डाक्युमेण्ट्री/कॉन्सर्ट फिल्म 'रविशंकर इन पोर्ट्रेट' का डी.मी.डी. प्रकाशन
जॉर्ज के लिए कॉन्सर्ट, रॉयल एलबर्ट हॉल, लंदन (29 नवम्बर)

2003 : अन्तिम बचे भाई देवेन्द्र की मृत्यु

2004 : यू.के. के डार्टिन्गटन फेस्टिवल में सम्मेलन का शुभारम्भ

2005 : लंदन के बी.बी.सी. में प्रथम संगीत-वादन कार्यक्रम

2006 : डबल न्युमोनिया से गम्भीर रूप से बीमार

2007 : यू.एस.ए. की यात्रा (अप्रैल)

2008 : 'फेयरवेल टू यूरोप' यात्रा पर लंदन और पेरिस में कार्यक्रम दिया

2009 : सितार और ऑर्केस्ट्रा नं. 3 के कॉन्सर्टो का शुभारम्भ (न्यूयार्क 31, जनवरी)

2010 : 'ईस्ट मीट्स वेस्ट' नामक संगीत रेकॉर्ड का शुभारम्भ
ऑस्ट्रेलिया और न्यूजीलैंड की यात्रा (मार्च)
'रॉयल फेस्टिवल हॉल लंदन' में सिम्फनी नं.1 का शुभारम्भ (जुलाई)

2011 : जीवनोपरान्त प्रदर्शित 'सुकन्या' नामक ऑपेरा का गम्भीर कार्यारम्भ किया
अन्तिम यूरोपीय वादन कार्यक्रम (जून से सितम्बर)

2012 : अन्तिम वादन समारोह भारत में (बैंगलोर, फरवरी, 7)
‘द लिविंग रूम सेशन पार्ट 1 का विमोचन, जो एक ग्रैमी से पुरस्कृत हुआ
अन्तिम वादन कार्यक्रम लांग बीच में (4 नवम्बर)
खबर मिली कि जीवनभर की उपलब्धि के लिए उन्हें ग्रैमी पुरस्कार मिलेगा
सैन डिएगो में मृत्यु (11 दिसम्बर)

रविशंकर द्वारा निर्मित राग

- नट भैरव
- अहिर ललित
- रसिया
- यमन मांझ
- गुंजी कान्हड़ा
- जन सन्मोदिनी
- तिलक श्याम
- बैरागी
- मोहन कौंस
- मन मंजरी
- मिश्र गारा
- पंचम से गारा
- पूर्वी कल्याण
- कामेश्वरी
- गंगेश्वरी
- रंगेश्वरी
- परमेश्वरी
- पलास काफी
- जोगेश्वरी
- चारू कौंस
- कौशिक तोडी
- बैरागी तोडी
- भवानी भैरव
- साँझ कल्याण
- शैलांगी
- सुरंजनी
- राज्य कल्याण
- बनजारा
- पीलू बनजारा
- सुवर्ण

मानद डिग्रियाँ

1968 : डॉक्टर ऑफ फाइन आर्ट्स, कैलिफोर्निया विश्वविद्यालय, सान्टा क्रूज
1970 : डॉक्टर ऑफ म्यूजिक, कॉलगेट यूनिवर्सिटी
1973 : डॉक्टर ऑफ म्यूजिक, खैरागढ़ विश्वविद्यालय,
डॉक्टर ऑफ लेटर्स, रवीन्द्र भारती विश्वविद्यालय
डॉक्टरेट, कलकत्ता विश्वविद्यालय
1980 : डॉक्टर ऑफ लेटर्स, बनारस हिन्दू विश्वविद्यालय
1984 : डॉक्टर ऑफ लेटर्स, दिल्ली विश्वविद्यालय
1985 : डॉक्टर ऑफ परफॉर्मिंग आर्ट्स, कैलिफोर्निया इंस्टीट्यूट ऑफ दि आर्ट्स
1987 : डॉक्टर ऑफ फिलॉसफी, इंस्टीट्यूट ऑफ इंटीग्रल स्टडीज, कैलिफोर्निया
1993 : डॉक्टर ऑफ म्यूजिक, न्यू इंग्लैंड कांजरवेटरी
1994 : डॉक्टर ऑफ म्यूजिक, हार्वर्ड यूनिवर्सिटी
डॉक्टर ऑफ म्यूजिक, विक्टोरिया यूनिवर्सिटी

❑❑❑

‘सारे जहाँ से अच्छा’ का मूल सांगीतिक अंकन

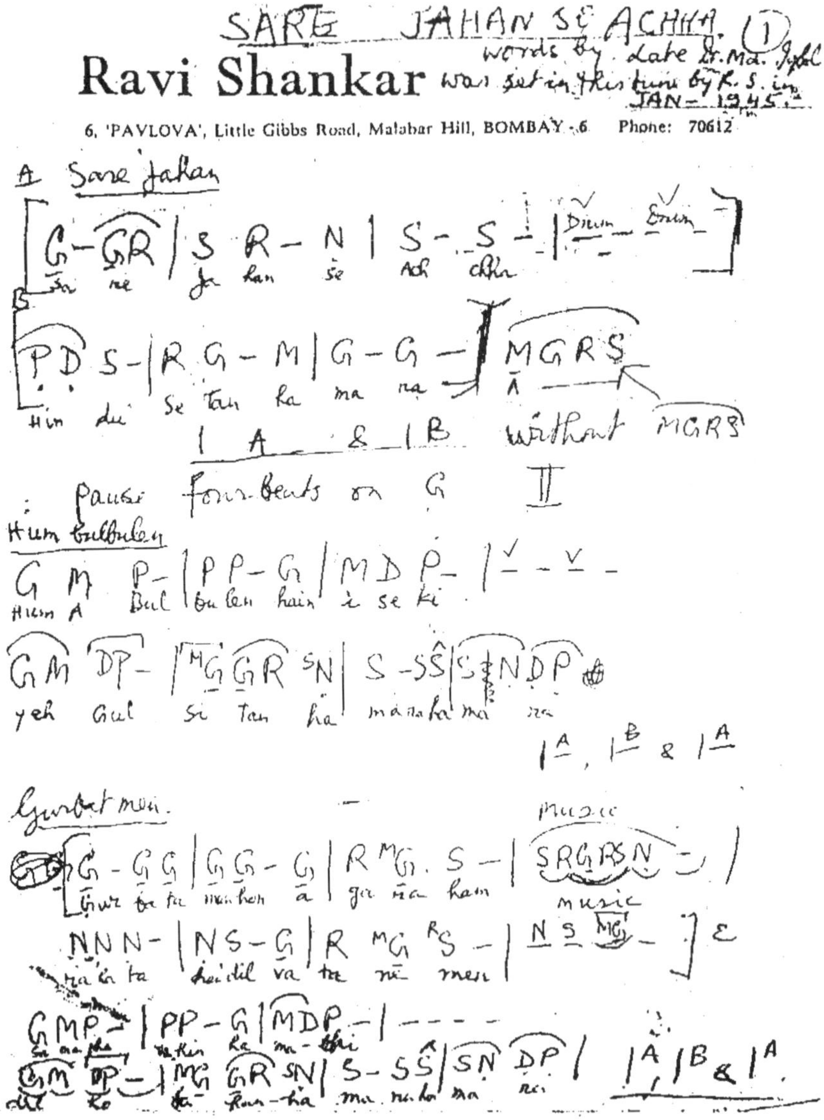